O charme da ciência e a sedução da objetividade

FUNDAÇÃO EDITORA DA UNESP

Presidente do Conselho Curador
Marcos Macari

Diretor-Presidente
José Castilho Marques Neto

Editor-Executivo
Jézio Hernani Bomfim Gutierre

Conselho Editorial Acadêmico
Antonio Celso Ferreira
Cláudio Antonio Rabello Coelho
José Roberto Ernandes
Luiz Gonzaga Marchezan
Maria do Rosário Longo Mortatti
Mario Fernando Bolognesi
Paulo César Corrêa Borges
Maria Encarnação Beltrão Sposito
Roberto André Kraenkel
Sérgio Vicente Motta

Editores-Assistentes
Anderson Nobara
Denise Katchuian Dognini
Dida Bessana

Maria Stella Martins Bresciani

O charme da ciência e a sedução da objetividade
Oliveira Vianna entre intérpretes do Brasil

2ª edição revista

© 2005 Editora UNESP

Direitos de publicação reservados à:

Fundação Editora da UNESP (FEU)
Praça da Sé, 108
01001-900 – São Paulo – SP
Tel.: (0xx11) 3242-7171
Fax: (0xx11) 3242-7172
www.editoraunesp.com.br
feu@editora.unesp.br

CIP – Brasil. Catalogação na fonte
Sindicato Nacional dos Editores de Livros, RJ

B849c
2.ed.

Bresciani, Maria Stella Martins
  O charme da ciência e a sedução da objetividade: Oliveira Vianna entre intérpretes do Brasil / Maria Stella Martins Bresciani. – 2. ed., rev. – São Paulo: Editora UNESP, 2007.

Inclui bibliografia
ISBN 978-85-7139-782-8

  1. Vianna, Oliveira, 1883-1951 – Visão política e social. 2. Características nacionais brasileiras. 3. Sociólogos – Brasil. I. Título.

0 7-3333.   CDD: 301
                                            CDU: 316

Editora afiliada:

Para Ettore, com carinho.
Para Tatiana, Marcelo, Bruno,
Thiely e Eduardo, pelo élan vital,
com esperança.
Alcir Lenhoro, em memória.

Sumário

Considerações preliminares   9

Parte 1
Identidades nacionais: uma questão sensível

Introdução   21

1 Entre paisagens e homens   49
   Razão e sentimentos: teorias estéticas e produção de emoções   67
   Uma comunidade de idéias e de preconceitos   88

2 O pecado da origem   101
   O inventário das diferenças   108
   Um projeto político, com certeza   137

Parte 2
O charme da ciência e a sedução da objetividade: Oliveira Vianna, cientista social

Introdução   151

3 A missão política da ciência   173

Métodos objetivos e lições do passado   174
Conceitos em comum: concordâncias e oposições   192

4 O postulado da diferença   217

O tempo e o meio formando homens   221
Povos, raças e etnias   245
A geografia e o meio social modelam corpos e almas   256
Assimilação e a formação da nacionalidade   279

5 Liberalismo, idéia exótica!   295

Onde muitos se encontram   298
"Esthetas de Constituições"   314
Sociabilidade e insolidariedade   330
As elites – a "alma" do corpo social   342
Estado autoritário – democracia social   353

6 Solidarismo e sindicalismo corporativista: a arquitetura política da harmonia   367

A terceira via – em busca da "paz social"   369
Vínculos e afinidades solidárias   390
Sindicalismo e Conselhos Técnicos – uma solução nacional   408
Centralização e descentralização – complementaridade dos opostos   433

Uma questão de estilo   455

Referências bibliográficas   487

Considerações preliminares

Em começos realmente plurais, esta pesquisa foi motivada por um certo desconforto: o de me defrontar, em 1971, recém-iniciados os estudos pós-graduados, com o rótulo colocado em um autor – Francisco de Oliveira Vianna: conservador, pensador de direita, pouco merecedor de crédito, exatamente pelas posições políticas assumidas. Seu nome compunha a lista de pensadores autoritários brasileiros ao lado de Alberto Torres, Francisco Campos e Azevedo Amaral, todos com produção bem fincada em *um lugar* teórico e político. Se a facilidade proporcionada pelo rótulo abria as portas para as análises de suas obras, esse lugar preestabelecido aprisionava a análise e conduzia necessariamente ao levantamento das características dessa vertente de pensamento, pouco espaço deixando para indagações mais livres.

Este estudo configura, pois, uma atitude de rebeldia, no sentido de ter presentes as posições assumidas na política, sem deixar de buscar caminhos alternativos para perscrutar os escritos de Oliveira Vianna como cientista social. Foi construído com base na recusa de pressupor *um lugar* determinado para o autor e a sua produção, e a partir dessa pré-suposição, enveredar por uma análise centrada na intenção de demonstrar a precisão do rótulo, aprofundar a investigação, ou seja, entrar pelos meandros da sua argumentação para, com esses procedimentos, reiterar a confirmação da correta designação do lugar do autor, de referendar, enfim, com maiores minúcias, um pré-juízo que estaria no ponto de partida – os lugares acadêmicos em que seus analistas se posicionam.

Aos poucos, ao me dar conta das semelhanças de suas análises com as de outros autores, contemporâneos seus, mas situados pelas análises acadêmicas em *outros lugares* teóricos e/ou políticos, o desconforto inicial desdobrou-se. Por mais que esses autores se posicionassem em vertentes analíticas diferentes, divergentes até, duas conclusões, colocadas na maioria das vezes já como ponto de partida, definiam as bases das análises da situação do Brasil e da condição de ser brasileiro entre os anos 1920-1950; análises cujo desenvolvimento desembocava infalivelmente em um projeto político, uns mais, outros menos bem delineados.

Grosso modo as duas posições eram as seguintes:

O sobrevôo analítico da situação do país no período partia da certeza de que as instituições de cunho liberal, base da república que se instalara com a Constituição de 1891, pouco tinham a ver com as condições sociais e o preparo político do povo brasileiro, que se movimentava mal em meio a elas. Todas as análises seguiam a linha de argumentação destinada a provar o disparate de o país se reger por formas políticas avançadas, pensadas e formuladas por pensadores de nações mais à frente na escala da civilização, e transpostas para uma nação regida por formas arcaicas de organização social e econômica, onde a política, ou seu arremedo, via-se refém das redes de poder local dominadas pelos grandes proprietários fundiários.

A segunda posição veio exposta por vezes já nas páginas iniciais dos estudos e imputava aos pais colonizadores o desacerto entre as idéias e instituições políticas e a condição do brasileiro, eles mesmos socialmente pouco estruturados à época do início da colonização e, de acordo com alguns, trazendo de Portugal para cá os resquícios da organização feudal e, sobretudo, povo mestiço servindo de ponte entre a Europa e a África. Pouco europeu.

Autores como Paulo Prado, Sérgio Buarque de Holanda, Gilberto Freyre, Caio Prado Júnior, em particular, e, bem mais tarde, Darcy Ribeiro, podiam ignorar ou até polemizar com as idéias e o projeto político de Oliveira Vianna, sem, no entanto, deixarem de se nutrir na mesma fonte

O charme da ciência e a sedução da objetividade

e estruturarem suas análises, embora com ênfases ou matizes diversos, nas mesmas hipóteses explicativs para a situação do Brasil nos anos 1920 e 1930.

Certamente o leitor dirá que Gilberto Freyre destoa dessa posição, ao menos no que diz respeito ao colonizador a quem rende o tributo de haver conseguido formar uma colônia em terras tropicais, apesar das condições adversas. Há, entretanto, uma brecha intrigante nos prefácios de *Casa-grande & senzala* que se desvela inteira em *Sobrados e mucambos*: o sucesso da colonização portuguesa no Brasil não resiste a 1822. O rompimento com a mãe-pátria abre as portas para que todo tipo de influência estranha adentre o país e seja avidamente absorvida pelos brasileiros, modificando seus costumes, gostos e caráter. O que implica, no mínimo, a constatação de que a formação do brasileiro não estaria tão bem consolidada por ocasião da Independência. O regime quase conventual da casa-grande completada pela senzala não resiste e se desdobra nos casarões urbanos apartados dos mucambos, nos namoros na janela, no piano, nos tecidos finos de vestidos, casacas e chapéus, no teatro e demais costumes condizentes com sociedades abertas a trocas variadas.

O desconforto cresceu e se acentuou no decorrer dos anos de ensino, pesquisa e orientação de trabalhos, tornando evidente os mesmos prejuízos, hipóteses explicativas, conclusões *a priori*, ou como possam ser denominadas essas certezas definidas já no ponto de partida de um estudo, contaminando (terrível metáfora!) a historiografia sobre o Brasil, escrita por estudiosos das mais diversas disciplinas das Ciências Sociais, que, além da História, se dispunham a fazer análises diacrônicas, como eram comumente denominadas nos anos 1970. A contaminação infiltrou-se insidiosa na seara da Teoria Literária e lá também nossos poetas, romancistas, escritores em geral passaram a ser analisados na mesma chave do desencontro entre instituições e sociedade até alcançar o lugar em que, pela teoria marxista, se petrificou nas "idéias fora do lugar".

O tripé positivista, que nas décadas de 1910 e 1920 sustentava os estudos de Oliveira Vianna e ao qual, talvez, até em seus últimos escritos manteve-se fiel e o levou, discípulo assumido de Alberto Torres, a postular o desencontro entre instituições políticas e a "realidade social" ou "realidade nacional", estava em definitivo substituído por uma teoria mais moderna e aceitável. Os conceitos da economia política e a noção de ideologia em chave marxista vieram, nos anos 1960, apoiar e explicar a constatação da impossibilidade de idéias e instituições liberais medrarem umas, ou serem adequadas outras, em países nos quais a escravidão permanecera século XIX adentro, mesmo após a Independência. Ainda nas primeiras décadas do século XX, o país não deteria a infraestrutura necessária para formar cidadãos, embora todos fossem livres perante a lei. Faltava-lhe base de sustentação para que as instituições se mostrassem mecanismos adequados à vida civil e política do país. Nem classes sociais claramente constituídas, nem consciência de classe, fosse ela burguesa ou proletária. A noção de consciência substituía a genérica noção liberal de opinião pública, fundamental para os argumentos de Oliveira Vianna e muitos outros nessa primeira metade do século XX. Em 1995, Darcy Ribeiro reitera com *O povo brasileiro* a figura de um povo por vir a ser, sempre colocado no futuro, sempre projeção, um projeto. Completa e confirma, assim, essa figura de uma população aprisionada, refém da imagem de homens e mulheres inacabados, malformados em sua condição de cidadãos, incapazes de manter as rédeas de seu próprio destino.

Esse foi, na seqüência dos anos, o crescer do desconforto que me instigou e me levou a estudar os escritos de Oliveira Vianna, certa de que o autor e seus textos permaneceriam desqualificados se insistíssemos em repisar o viés conservador de seu pensamento e projetos políticos – racismo, autoritarismo, para lembrar os mais insistentemente reiterados –, bem como desconhecer o potencial analítico de seu trabalho como cientista social. Em momento algum, é preciso que esteja bem claro, houve a menor intenção de desvincular esses dois aspectos do autor e sua obra, nem desvincular a análise da sociedade de seu projeto político. O que gostaria de enfatizar é que, a despeito da diferença de posições e projeções políticas de outros autores canonizados pela crítica bibliográfica como "os intérpretes do Brasil", não há a propalada ruptura entre seus procedimentos e o da maioria de seus contemporâneos. Todos eles se dobram ao determinismo mesológico: o espaço incerto

O charme da ciência e a sedução da objetividade

ocupado por Portugal, pouco definido entre a Europa e a África, teria moldado o físico e o caráter do colonizador, fazendo que, em terras do novo continente, esse homem passasse a sofrer o peso das condições adversas dos trópicos. O determinismo do meio ambiente aparece com maior ou menor ênfase nas explicações dos fracassos e sucessos do colonizador e forma um lugar-comum no qual os estudiosos se encontram. Desse lugar-comum os "intérpretes" retiram justificativas e explicações para os problemas constatados na Primeira República e ao longo da primeira metade do século XX, convergindo nas supostas distorções de todas as ordens resultantes da incompatibilidade entre instituições de cunho liberal e a população brasileira, atrasada e frágil.

Optei, portanto, por tomar outro caminho: cotejar seus textos com os de intelectuais seus contemporâneos, e mais, em vez de imputar-lhe, *a priori*, posições, vínculos teóricos e preconceitos raciais insistentemente a ele atribuídos, busquei colocá-lo em diálogo com autores-chave por ele mesmo indicados em textos e notas. Incapaz de percorrer todos, escolhi alguns: Hypollite Taine, a primeira e duradoura orientação teórica de Oliveira Vianna, mas também os solidaristas franceses que buscaram um rumo para a França derrotada pela Prússia em 1870 e que sustentaram as bases do *État providence* do pós-Segunda Guerra Mundial; deparei com Gustave Le Bon o mais conhecido dos autores preocupados com a força dos movimentos das multidões e seus líderes, que, desde 1789 e no decorrer do século XIX, mais insistentemente após a Comuna de Paris de 1871, escreveram ensaios e estudos baseados em pesquisas empíricas sobre o comportamento coletivo – mas encontrei também em seus textos autores que já nos anos 1920-1930 se voltavam para questões relacionadas à memória coletiva e à morfologia social, em especial Maurice Halbawchs. Certamente, ficaram de fora muito outros autores franceses, italianos e norte-americanos – sociólogos, antropólogos e estudiosos do Direito e das instituições políticas –, dos quais Oliveira Vianna recolheu subsídios importantes em apoio à sua defesa de um direito legal não discrepante ou divergente do direito costumeiro, questões do direito do trabalho, sindicalismo, formas de solidariedade capazes de constituir a base sólida para a identidade do brasileiro, formando a opinião pública e a cidadania. Na primeira parte do trabalho, busquei cotejar Oliveira Vianna com autores brasileiros seus contemporâneos; na segunda, ensaiei acompanhar seu diálogo com autores que lhe prestaram apoio teórico nas diversas facetas de sua pesquisa.

Quero sublinhar ainda uma característica dos autores brasileiros aqui presentes: a utilização de imagens de forte poder persuasivo, construídas com metáforas e outras figuras de linguagem, imagens de fácil assimilação e que ponteiam de forma abundante suas análises, dando título a livros como *Retrato do Brasil*, de Paulo Prado, e *Raízes do Brasil*, de Sérgio Buarque de Holanda, e mesmo *Evolução política do Brasil*, de Caio Prado Júnior, sem deixar de lembrar a força da figura polarizada e complementar de *Casa-grande & senzala*, de Gilberto Freyre. Os fumadores de ópio, associados por Oliveira Vianna à elite pensante brasileira, têm força bastante para induzir à imagem de homens de caráter fraco, de vida desregrada e irresponsável, imobilizados na alucinação causada pela alienação de si mesmo, pessoas vagando na fumaça entorpecente que suspende tempo e espaço. Onde estavam: Europa? Brasil? China? Não menos forte é a imagem de desterrados em nossa própria terra, mal plantados ou desenraizados por causa de um erro de cálculo dos colonizadores, como quis Sérgio Buarque de Holanda; mal de origem e origem de todos os desacertos subseqüentes, os quais faziam também a elite pensante pensar mal, ter olhos voltados para países civilizados, movidos pelo horror provocado em seus olhos pela "feia realidade brasileira". Alienados também, irresponsáveis certamente. Há ainda a imagem pretensamente positiva, formulada por Gilberto Freyre, desse português já formado em brasileiro no final do século XVI, dotado de um sensualismo exacerbado, tão próximo daquele colonizador voraz em seu apetite sexual, ser luxuriante, cobiçoso e perdulário, desenhado por Paulo Prado com as cores sombrias da tristeza e sua expressão cultural, o romantismo. Qual dentre essas é a imagem mais forte e convincente?

Há outros paralelos. Não é fácil escolher entre duas imagens a que detém maior poder de persuasão: as fachadas lantejoulantes, sem base ou estrutura, meras fachadas vazias destituídas de qualquer solidez, usadas por Oliveira Vianna para falar da fragilidade que atribuía às instituições políticas brasileiras; ou aquela formada por Buarque de Holanda ao dizer que o liberalismo constituía um erro grosseiro num país em que

O charme da ciência e a sedução da objetividade

faltavam solidariedade e uma clara delimitação entre família e Estado, entre privado e público, com uma elite incapaz de pensar, emotiva, levada facilmente pelo sentimentalismo? A figura exemplar do homem cordial, pouco polido, emotivo e autoritário, prisioneiro da subjetividade num mundo em que só os disciplinados e guiados por ações com vistas a fins objetivos contavam com a vitória, permaneceu a mais duradoura e a que mais se insinuou no foro íntimo do leitor, lá fincando a triste convicção de ser essa a causa de nossos desacertos, decisões equivocadas, cidadania mal-acabada – condição de cidadãos de segunda ordem.

Uma mesma idéia sempre repetida ganha foros de verdade comprovada: a imagem depreciada do brasileiro conduz sub-repticiamente o leitor a compor, ainda que fosse só para fins acadêmicos, a figura ressentida dos aqui nascidos. O brasileiro, ressentido consigo mesmo, ressentido com seus pais colonizadores pela herança maldita deixada em terras tropicais.

A viagem pelos textos de Oliveira Vianna foi tecendo outros liames com autores de origem diversa, cujas palavras ressoavam em seus escritos e em muitos dos outros "intérpretes" do Brasil seus contemporâneos. Recursos retóricos, preconceitos formados sem base de comprovação, posições afirmativas da impossibilidade de fincar civilização em terras tropicais – a imagem de um éden traiçoeiro escondendo a morte na abundância de alimentos, em suas águas cristalinas e copas de árvores acolhedoras e perfumadas, argumento estratégico usado por Tocqueville para colocar em paralelo com a aspereza das costas da América do Norte e o sucesso dos colonizadores que viera como recompensa ao árduo trabalho de domar terras hostis – me pareceram formar um fundo comum de asserções que acabaram por se tornar interpretações indiscutíveis. Voltaire, Montesquieu, Edmund Burke, Kant e outros autores setecentistas brotavam dos argumentos com os quais se interpretava o Brasil. Suas palavras foram recolhidas para serem cotejadas com explicações de autoridade e argumentos subjacentes aos textos desses autores, levando a certeza de ser difícil atribuir nacionalidade às idéias, como já ensinava Maria Sylvia de Carvalho Franco nos anos 1970. Foi instrutivo descobrir como idéias e argumentos se formavam com pedaços de outras/outros anteriores; idéias e argumentos certamente formulados em determinadas circunstâncias de tempo e lugar, mas arrancados de seu leito formador, passando a compor outros textos, mantidos ou não em seu pleno sentido primeiro. Os diálogos entre os autores lidos surgem por vezes claros e assumidos; em outros momentos, constituem apropriações transversais, nem por isso menos importantes. Surpreender essa trama complexa foi, creio eu, a lição maior tirada nesses anos de pesquisa, estudo e, em especial, aulas que nos obrigam a apresentar idéias de modo claro e convincente, ou pelo menos a instigar a reflexão.

Nunca me ocorreu a pretensão de estar elaborando um trabalho definitivo sobre Oliveira Vianna ou, pior ainda, de buscar resgatar do inferno um autor marcado pelo ferro ardente do autoritarismo. A preocupação primeira manteve-se cedendo sua primazia a outra que foi crescendo: a de tentar puxar um dos fios que formam esse imenso novelo que nos mantém reféns da imagem de um povo degradado, qualquer que seja o significado e grau de abstração dessa palavra; povo sempre em formação, sempre desencontrado de seu destino, incapaz de traçar seu próprio futuro. Não quero com isso dizer que desatar esse novelo implica descobrir e expor o reverso da medalha na afirmação oposta de identidade plena, mas sugerir que, tal como a idéia de povo, a noção de identidade tem suas "raízes" em tempos da História. Quis sim indicar o perigo de transformar em "clássicos" e intérpretes definitivos do Brasil os textos de autores que souberam captar preocupações políticas e sociais suas contemporâneas e delas fazer seu campo de estudo e ação consciente. Considerar seus textos interpretações canônicas constitui, a meu ver, uma traição a eles. Foram textos retirados do seu tempo próprio para serem cristalizados num lugar atemporal, como interpretação definitiva – um clássico a partir do qual as análises posteriores se ancoram, retiram das conclusões as bases, os pontos de partida para seus próprios percursos. Cristalizar a "explicação" de sucessos e fracassos em terras brasileiras formulada em um tempo preciso de lutas políticas implica, a meu ver, trair a própria intenção dos autores que escreveram seus trabalhos como instrumentos de luta e base de projetos delineados com anterioridade ao próprio texto escrito. Daí, nesses trabalhos, o ponto de partida já conter o ponto de chegada. Espero ter deixado claro nessas considerações preliminares uma outra recusa: a sepa-

O charme da ciência e a sedução da objetividade

ração entre pensamento e ação. Considero a escrita uma das formas em que a ação se expressa e, entre as armas disponíveis, uma das mais poderosas, graças ao seu alto poder de convencimento e persuasão.

Fico por aqui e deixo ao leitor a liberdade de ajuizar sobre os resultados dessa empreitada assemelhada a uma viagem em um navio que parou em vários portos, se desfez de parte de seu equipamento e quase soçobrou em alguns momentos. Afinal, colocar lado a lado autores classificados em posições diferentes, canonizados em seus lugares como verdadeiros ou falsos intérpretes do Brasil, não é tarefa nada fácil.

Nesse longo percurso fui estimulada por vários professores e colegas. Em 1971, Francisco Weffort considerou interessante um trabalho escolar sobre Oliveira Vianna, trabalho que Carlos Guilherme Mota, meu orientador, encaminhou a Eurípides Simões de Paula, que o publicou na *Revista de História da USP*. Octavio Ianni incentivou a continuidade desse estudo em duas ocasiões distantes no tempo, mas essenciais para que o trabalho prosseguisse. A dívida maior fica mesmo com o estimulante e insubordinado grupo de estudos que forma o Núcleo de História e Linguagens Políticas que reúne, desde o começo da década de 1990, colegas e alunos, bem como ex-alunos que se tornaram colegas em reuniões pautadas pela curiosidade intelectual e liberdade acadêmica. Ítalo Tronca, Mara Trevisan, Vavy Borges, Izabel Marson, Adalberto Marson e Edgar de Decca, cúmplices desde "quase" sempre e *compagnons de route* na Unicamp. Elizabeth Cancelli, Jacy Seixas, Márcia Naxara, Christina Lopreato, Marion Brepohl de Magalhães, Iara Lis Schiavinatto e Cynthia Machado, ex-alunas, colegas, amigas, cúmplices totais, além de grandes, inteligentes e ruidosas incentivadoras. Cada um/uma propôs leituras, sugeriu modificações e indicou imprecisões, colaborando com seu conhecimento especializado. É impossível traduzir em palavras a importância do grupo que partilha comigo a crença de que o trabalho intelectual expõe para quem quiser ver uma faceta lúdica formidável, incluindo a certeza de que o debate jamais deve se subordinar a hierarquias, certeza compartilhada pelos alunos parceiros do grupo: Beatriz Kushnir, Flávia Biroli e Daniel Faria. Claudine Haroche acumpliciou-se ao meu trabalho em 1986, mas também a esse grupo, antes mesmo de ele se formar, me "embarcando" para uma temporada de estudos e pesquisa em Paris, lendo, discutindo e corrigindo o francês de rascunhos de textos, oferecendo valiosas idéias e sugestões de temas e autores. Lá, fui por ela apresentada a Pierre Ansart, que se tornou meu, desculpe grupo, nosso aliado e exemplo de pensamento criativo e seriedade acadêmica nesses anos todos. Também na primeira estadia parisiense, apoiada pela Fapesp, tomei conhecimento, pelas mãos de José Leonardo do Nascimento, de textos de um autor – Hypollite Taine –, que depois se tornaria um objeto de estudo privilegiado. Ainda na França, outras cumplicidades se formaram em várias oportunidades, incluindo o pós-doutorado mantido pela Capes: Jacy Seixas me apontou semelhanças intrigantes entre as indagações e certezas da *inteligentsia* brasileira e os líderes operários; Dominique Cochart apresentou os solidaristas franceses, Ana Montóia foi leitora exigente, Yves Déloye abriu inúmeras portas acadêmicas e me fez ler Halbawchs. No Rio de Janeiro, Robert Pechman me conduziu à casa de Oliveira Vianna, ajudando, com alegria, a percorrer a enorme biblioteca, a anotar autores e verificar, para espanto meu, que meu objeto de pesquisa havia lido e fichado os sem-número de livros citados em seus trabalhos. Desfiz, nessas incursões, a dúvida crucial de que um certo oportunismo pragmático o tivesse levado a tantas citações. A amistosa recepção do pessoal da Fundação Oliveira Vianna foi providencial para reunir em pouco tempo um volume apreciável de informações. Ao CNPq, um agradecimento especial pelo apoio à pesquisa: a bolsa tornou exeqüíveis viagens, compra de livros, fotocópias de documentos; foi sem dúvida um estímulo vigoroso para prosseguir e finalizar o trabalho.

Impossível deixar de registrar um agradecimento especial a Márcia Naxara, que, em vários momentos, além daqueles em que com a turma do Núcleo de História e Linguagens Políticas leu e discutiu partes do texto, o leu na íntegra no final, e me ajudou a colocá-lo de pé com tudo o que de trabalho isso representa.

Guarujá, janeiro de 2004

Parte 1
Identidades nacionais: uma questão sensível

Parte I

Introdução

Nestes tempos de tantas revisões de trabalhos consagrados, releituras e aceitação de autores até há pouco tempo mantidos no rol dos malditos pelo mundo acadêmico, penso não ser inútil percorrer os escritos de Oliveira Vianna. Afinal, trata-se de autor de numerosa produção escrita e intelectual, que não se furtou a apresentar suas idéias em aulas, conferências e até em palestras difundidas pelo rádio. Uma pessoa pública, portanto, que permanece atada de forma irredutível ao governo ditatorial de Getúlio Vargas e ao Estado Novo. A avaliação negativa que o recobre nutre-se da simpatia, suposta ou efetiva, pelo autoritarismo político e pelos pressupostos do nacional-socialismo, mais o italiano que o alemão. Trata-se de um intelectual certamente afinado com as vertentes políticas autoritárias anteriores ao Estado Novo, algumas das quais sobreviveram, lançando pontes sobre o tempo que intermedeia os conturbados momentos pós-Segunda Guerra Mundial e os dias de hoje, tempo também marcado, de forma indelével, pelo golpe de 1964 e os vinte longos anos de ditadura militar.

Muito lido nas décadas de 1920 e 1930, Oliveira Vianna sofreu oposição cerrada de juristas liberais, como Waldemar Ferreira, ainda na década de 1930, e caiu em desgraça nos anos 1940, para não mais se recuperar das críticas de intelectuais importantes, como o historiador Sérgio Buarque de Holanda, e já em meados dos anos 1960, de Antonio Candido.

A adesão ao golpe de 1930, o elogio ao golpe de 1937 e ao Estado Novo, somados aos compromissos assumidos com o governo de Getúlio Vargas, foram fundamentais para fixar uma avaliação negativa de suas posições políticas no debate com seus opositores na época e, posteriormente, entre seus críticos. São constantes as referências à proposta de democracia autoritária fundamentada numa estratégia de Estado corporativista, para a qual colaborou ativamente na qualidade de assessor jurídico do Ministério do Trabalho, Indústria e Comércio entre 1932 e 1940, em particular no que se refere à legislação trabalhista sempre acusada de conter inspiração fascista. O alvo maior das críticas mais ríspidas de seus oponentes era, porém, a explícita aceitação de teorias raciais em estudos sobre a heterogeneidade da população do país, cujo objetivo maior – a integração nacional – pressupunha forjar uma identidade: a do "povo brasileiro".

Esses dois aspectos de sua pessoa pública – colaborador político e autor de extensa produção escrita, propondo e defendendo a necessidade de um Estado autoritário para o Brasil –, com freqüência os mais enfatizados nas avaliações críticas de sua trajetória, deram lugar ao repúdio largamente generalizado, tanto em relação ao consultor jurídico ativamente envolvido com a legislação trabalhista quanto ao cientista social e intérprete da história do Brasil, rotulado de saudosista dos tempos da monarquia e retrógrado em seu apego a valores do século XIX, pouco objetivo na recuperação de momentos específicos da história brasileira, descuidado na busca de respaldo em documentação digna de crédito e movido pelo intuito único de dar consistência a recortes temáticos convenientes ao modelo político autoritário por ele proposto.

As críticas seriam retomadas em 1969, no 'clássico' "Prefácio" de Antonio Candido à quinta edição de *Raízes do Brasil*, de Sérgio Buarque de Holanda (1969,p.XI-XIV). Ao tecer considerações sobre o "significado" do livro, Antonio Candido afirmava terem os homens de sua geração aprendido a refletir e a se interessar pelo Brasil em função de três livros – *Casa-grande & senzala*, de Gilberto Freyre; *Raízes do Brasil*, de Sérgio Buarque de Holanda, e *Formação do Brasil contemporâneo*, de Caio Pra-

O charme da ciência e a sedução da objetividade

do Júnior –, justificando a sua importância por representarem o "sopro de radicalismo intelectual e análise social que eclodiu depois da Revolução de 1930", e que não teria, apesar de tudo, sido abafado pelo Estado Novo. Logo em seguida, o autor prosseguia dizendo que, "ao lado de tais livros, a obra por tantos aspectos penetrantes e antecipadora de Oliveira Vianna já parecia superada, cheia de preconceitos ideológicos e uma vontade excessiva de adaptar o real a desígnios convencionais". Contrastando Oliveira Vianna e Gilberto Freyre, Antonio Candido chamou a atenção para o "intuito anticonvencional que nos parecia animar a composição libérrima de *Casa-grande & senzala*, com sua franqueza no tratamento da vida sexual do patriarcalismo e a importância decisiva atribuída ao escravo na formação de nosso modo de ser mais íntimo". É bem verdade que, em frase subseqüente, ele faria uma ressalva a *Casa-grande & senzala*, por conta dos "rumos tomados posteriormente pelo seu autor", sem deixar de reiterar os elogios ao livro, atribuindo-lhe "força revolucionária e impacto libertador" quando de sua publicação, nos anos 1930. Essas reflexões de caráter autobiográfico, definidas pelo autor como balanço do passado a que chegamos a certa altura da vida, ou mesmo como "testemunho" ou "registro de uma experiência", que poderia ser a de muitos contemporâneos seus, ganharam, a despeito das intenções do autor, o estatuto de paradigma e de divisor de águas da historiografia brasileira. São numerosos os trabalhos fundamentados nessa afirmação, alguns diretamente referidos ao "Prefácio", outros fazendo uso dele sem a devida referência.

O cuidado ou, diria até, o respeito acadêmico com que Antonio Candido se referiu a Oliveira Vianna, sem deixar de evidenciar suas críticas severas, contrasta com o tom ríspido e nada respeitoso da resenha de Sérgio Buarque de Holanda a *Instituições políticas brasileiras*, no final da década de 1940.[1] Com palavras duras e num tom cortante, o historiador rotula o trabalho como "um retrocesso do ponto de vista científico", e não hesita em relacionar as idéias e a atuação do consultor no Ministé-

---

1 A resenha de título "Cultura e política" consta da coletânea do autor, *Tentativas de mitologia* (1979, p.37-60). Originalmente, foi publicada em quatro partes em periódico de grande circulação; não consta na coletânea referência ao título do periódico.

rio do Trabalho com a "doutrinação dos fascismos". Estabelece até mesmo correlação com a "religião da 'terra' e do 'sangue'" adotada por ministros do ditador alemão Adolf Hitler. Buarque de Holanda manteria o mesmo estilo de crítica ao comentar a resenha e o autor na "Apresentação" de sua coletânea, talvez até por que o ano de 1979 repunha os fantasmas, mais que reais sem dúvida, dos governos autoritários e repressores de países envolvidos na Segunda Guerra Mundial, bem como o rescaldo dos anos subseqüentes.

Questão de estilo ou de circunstância? Talvez essa seja a questão que há algum tempo me intriga e que me motivou a prosseguir na pesquisa sobre o pensamento de Oliveira Vianna, um entre os muitos estudiosos que, na primeira metade do século XX, se debruçaram na busca do caráter, da "identidade" do povo brasileiro, e no "sentido" do Brasil, seus rumos para o futuro, exigindo o conhecimento preciso de seu passado.

Nem o homem da política ou o "técnico", como se autodenominava em sua atuação no governo, nem o cientista social parecem merecer estudos mais isentos. Ao estudá-lo, corre-se sempre o risco de ser tomado por alguém que, perigosamente, resvala para a recuperação indevida de um autor que melhor seria relegar ao esquecimento ou manter execrado como elemento espúrio da coorte dos pensadores políticos brasileiros.

Foi o que aconteceu com Wilson Martins, quando reconheceu nos trabalhos de Oliveira Vianna "toda a moderna orientação de nossos estudos de sociologia e de psicologia social". Martins seria por isso severa e sumariamente rotulado de "crítico e historiador da Literatura de tendências nitidamente conservadoras", por Dante Moreira Leite, no parágrafo imediatamente anterior ao que tece elogios a Nelson Werneck Sodré, a quem atribuía ter escrito a "melhor apreciação da obra de Oliveira Vianna", por "mostrar a falsidade irremediável dos seus métodos, a falta de um mínimo de informação de seus livros, bem como suas tolices e sua fidelidade ideológica à *aristocracia* brasileira"[2] (Leite, 1983, p.241 ss.).

---

2 Com relação à boa acolhida dos escritos de Oliveira Vianna, esse autor chega a dizer que "esses livros tiveram várias edições e foram citados a sério como se representassem algo mais que imaginação doentia de um homem que deve ter sido profundamente infeliz" (p.253).

O charme da ciência e a sedução da objetividade

A crítica fácil quanto à posição política de Oliveira Vianna e Wilson Martins, aliada, no que diz respeito ao primeiro, a considerações sobre a "coloração" da sua pele, o fato de ser mulato, desautorizam, a meu ver, o que de pertinente poderiam conter as observações de Moreira Leite sobre o autor por ele denominado de "arauto do fascismo", uma vez que, como bem apontou Abílio Guerra, "a facilidade, infelizmente, nem sempre é companheira do esclarecimento"[3] (1990, p.121-2).

Moreira Leite não se mantém isolado nessa posição crítica. Vários dos itens por ele arrolados orientam, unidos ou separadamente, a execração à pessoa pública de Oliveira Vianna em avaliações turvadas por considerações sobre o caráter do homem, levando de roldão para o lixo autoritário o conjunto de seus trabalhos. Assim, seus escritos foram desqualificados, tanto em termos dos recortes temáticos – rotulados de saudosistas da moralidade da senzala imposta pela população branca – quanto em termos do quadro teórico e dos diversos apoios de método de trabalho – o recurso das "teorias alheias", autores em sua maioria do século XIX: Gobineau, Le Play, Sighele, Le Bon, Tarde etc., considerados, até há muito pouco tempo, não merecedores de serem revisitados de modo menos pré-concebido. Moreira Leite não representa, já disse, um caso isolado. Embora sua crítica a Oliveira Vianna mereça severos reparos, ele se inclui entre vários autores que, antes e depois dele, e a partir de pontos de vista assemelhados, vêm tentando elaborar, como bem observou Mariza Corrêa (1998, p.21 ss.), "uma cartografia dos intelectuais brasileiros", na "tentativa de estabelecer alguma unidade sociológica num panorama social muito diversificado". O que, certamente, não ocorre sem problemas, pois, como diz Corrêa, ao analisarem os interpretadores ou descobridores do Brasil, eles também, de certa forma, o "redescobrem" segundo suas próprias perspectivas.[4]

Reler os escritos de Oliveira Vianna e avaliar sua prática política não acontece, portanto, sem algum receio por parte do pesquisador, que

---

3 Ele utiliza essa expressão para criticar a forma unilateral e pouco fundamentada em argumentos aceitáveis pela qual Moreira Leite "reduz a obra de Oliveira Vianna à expressão de uma psique esmagada por conflitos íntimos" (p.122).

4 Em *As ilusões da liberdade*, Mariza Corrêa faz uma avaliação crítica dessa produção e das dificuldades por ela colocadas pela própria inserção político-ideológica de seus autores.

teme ser visto de antemão como comprometido com a tentativa de buscar elementos positivos em sua trajetória, a fim de reabilitá-lo perante a comunidade acadêmica. É sempre um desafio visitar um autor que "foi mandado aos infernos", mas talvez não seja ocioso ir até lá, "fazer-lhe uma visita não diria amigável mas desarmada", como propôs José Murilo de Carvalho (1993, p.14).

Meu intuito neste estudo é exatamente buscar o bacharel em Direito, preocupado com questões jurídicas e constitucionais, que se lança num trabalho de cientista social com a convicção, amplamente aceita na primeira metade do século XX, de que a situação presente e os problemas econômicos, políticos e sociais do Brasil só seriam corretamente equacionados se sua história fosse bem analisada, desde os primórdios da colonização. Ou seja, estava convencido de que os problemas de diversas ordens, presentes nas primeiras décadas de experiência republicana, encontravam-se firmemente enraizados no começo da vida colonial. Um mal de origem a ser desvendado e devidamente purgado por uma ação política consciente. Origem essa responsável pela herança colonial lusa e pela identidade nacional imperfeitamente constituída, verdadeiros obstáculos à plena configuração do país como nação. Sua proposta de revisar a história do Brasil, na certeza de que os problemas do presente encontravam-se em vícios de origem, foi compartilhada por vários intelectuais seus contemporâneos, autores que, como ele, se propuseram a reapresentar esse percurso de quatrocentos anos. Constituem trabalhos de interpretação histórica, que embora fundamentados em campos conceituais diferentes, convergiam no tocante à crítica aos procedimentos correntes na historiografia de finais do século XIX e início do XX, alguns denominados pejorativamente de positivistas, outros de história dos eventos políticos.

Caio Prado Júnior (1963) expõe essa posição crítica em *Evolução política do Brasil*, seu primeiro ensaio de interpretação e de **síntese**, quando afirmou não ter como objetivo a narrativa seqüencial dos acontecimentos, mas de ter se proposto apenas a "dar a resultante média dos inúmeros fatos que compõem nossa história, a linha mestra em torno de que se agrupam esses fatos". Reconhece em Oliveira Vianna, a despeito das "por vezes grosseiras adulterações dos fatos", ter sido "o pri-

O charme da ciência e a sedução da objetividade

meiro, e o único até agora [1933], a tentar uma análise sistemática e séria da nossa constituição econômica e social do passado".[5] Em sua crítica, Caio Prado tinha em mira

> os nossos historiadores [que], preocupados unicamente com a superfície dos acontecimentos – expedições sertanistas, entradas e bandeiras; substituições de governos e governantes; invasões ou guerras – esqueceram quase que por completo o que se passa no íntimo da nossa história, de que estes acontecimentos não são senão um reflexo exterior.

Essa citação de Caio Prado Júnior é importante para meu argumento, pois mostra ser possível criticar, ainda que apenas com breves indicações, sem deixar de reconhecer o mérito do esforço de interpretação aberto às possibilidades de análise histórica oferecidas por outros domínios acadêmicos. Logo, há um hiato entre o reconhecimento crítico do contemporâneo e o estigma posterior, o que ao menos intriga, uma vez que encontramos, por exemplo, ampla referência a Oliveira Vianna como "erudito sociólogo" no trabalho clássico de Alfredo Ellis Junior (1944, v.235) sobre o bandeirismo paulista, publicado em 1944.[6] Quanto ao amplo reconhecimento, elogioso ou crítico, dos livros de Oliveira Vianna, ele é claro em vista das sucessivas reedições feitas com pequenos intervalos de tempo.

Assim, creio que, até certo ponto, vale para Oliveira Vianna a afirmação sobre o período do Estado Novo feita por Lúcia Lippi de Oliveira (1982), quando disse estar esse período "envolto em uma nuvem de relativo esquecimento", motivado pela redemocratização do pós-45 e, acrescento eu, pelo governo saído do golpe militar de 1964, ainda em vigência no início dos anos 1980. Tal afirmação perdeu sua força nos dias de hoje, uma vez que, nesses quase vinte anos vários estudos, entre os quais merece especial menção o de Alcir Lenharo (1986), vieram esclarecer, para o bem e para o mal, a política estadonovista e os estudos sobre Oliveira Vianna, cujos resultados mereceram um seminário no

---

5 Essa observação está na primeira nota da "Introdução à 1ª edição", de 1933.
6 Embora com algumas ressalvas, o autor mostra, por exemplo, ter Oliveira Vianna detectado a originalidade do Brasil colonial, mantendo-se coeso a despeito das grandes distâncias a separar os "nódulos sociais" em uma "área territorial imensurável" (p.562 ss.).

Instituto de Filosofia e Ciências Humanas da Unicamp em abril de 1991.[7] Getúlio Vargas, como estadista, tem passado por reavaliações positivas em certos textos, sendo sua imagem até colorida pela aura de "pai dos pobres" e "doador da legislação trabalhista", aura assegurada pela eleição democrática em 1950 para presidente da República. A pessoa pública de Vargas passou a fazer parte do panteão "populista", desfazendo-se de parte do peso negativo do período ditatorial, negatividade acentuada pelas coincidências inegáveis entre as duas ditaduras do século XX, 1937-1945 e 1964-1985, particularmente em relação à censura e à polícia política responsável pela repressão aos opositores do governo.[8] Esse mesmo peso negativo permanece marcando, entretanto, não todos, mas vários dos intelectuais que colaboraram direta ou indiretamente com o Estado Novo. E foram muitos... [9]

Oliveira Vianna carrega essa marca estigmatizante[10] mais que outros autores e políticos ativos nesse período, talvez porque, mesmo após a deposição do ditador Vargas, e em plena vigência da onda democrática do pós-Segunda Guerra Mundial, tenha permanecido em sua posição contra a corrente, dizendo mesmo: "Não se nutra a ilusão de que, com a vitória das democracias, o velho individualismo liberal voltará ao mundo. ... Não há reversibilidade possível: o Estado continuará afirmando-se cada vez mais neste novo ciclo da história...". Afirmando a necessidade imprescindível da "constituição da unidade moral da Nação de

---

7 Os trabalhos apresentados nesse seminário estão reunidos em coletânea organizada por Élide Rugai Bastos e João Quartim de Moraes (1993).

8 Elizabeth Cancelli é autora de importante trabalho sobre essa dimensão sombria da ditadura estadonovista (1993).

9 José Murilo de Carvalho lembra que "Quanto ao apoio à ditadura [de Vargas], foram muitos os intelectuais que aceitaram posições no governo e de quem não se cobra a adesão com tanto rigor como de Oliveira Vianna. Não se cobrou de Carlos Drummond, de Mário de Andrade, de Sérgio Buarque, e nem mesmo de Capanema", diz (1993, p.14). Também Sérgio Miceli estabelece, em longa e minuciosa lista de "colaboradores", a íntima conexão entre parte significativa da intelectualidade e o regime ditatorial do Estado Novo (cf. Capítulo 3, "Os intelectuais e o Estado", 1979b). Jarbas Medeiros, por sua vez, insere Oliveira Vianna entre os pensadores autoritários que mais colaboraram com o Estado Novo (1978).

10 Em artigo de 1995, Jeffrey D. Needell reafirma que Oliveira Vianna "has been marginalized into oblivion in his own country" (p.1).

O charme da ciência e a sedução da objetividade

modo a transformar a população brasileira ... numa Nação", mantinha-se convicto de que esta "haveria de ser Obra do Estado, realizando uma política nacional". Não qualquer forma de Estado, insistia, mas "obra de um Estado necessariamente forte".[11]

A posição reafirmada nesse texto de publicação póstuma ele expressou durante todo o período de atividade intelectual. Seus escritos, tanto os de intenção propagandística como os de sociologia e antropologia históricas, atêm-se, obsessivamente, à idéia de transformar a "massa-população em massa-Nação", pela ação de "uma elite desinteressada, de verdadeiros patriotas e sem localismos...". Diz com nitidez a missão a que se impôs, qual seja, a busca persistente das características do Brasil, do "caráter nacional", considerado passo anterior e imprescindível a qualquer definição da forma de Estado que mais conviria ao país. Seus textos somam-se à produção de muitos intelectuais das mais variadas áreas das ciências humanas que, antes e depois dele, preocuparam-se em definir "nossa identidade nacional".

Os escritos de Oliveira Vianna impõem-se assim como leitura obrigatória para os estudiosos da questão da "identidade nacional brasileira", o que amplia o alcance de suas colocações para muito além do estrito período marcado pela intensa produção intelectual de tendência nacionalista e/ou autoritária, que antecedeu e acompanhou a ditadura varguista, legitimando-a. A recente coletânea – *Um banquete nos trópicos: introdução ao Brasil* (Mota, 1999) – atesta essa persistência.[12]

Na expressiva relação de autores ainda hoje preocupados com a busca da "identidade nacional", historiadores e cientistas sociais o inserem de forma diversa: por vezes é colocado em uma seqüência cujo início estaria em meados do século XIX, e da qual seria um dos últimos representantes; outras vezes, está entre os que primeiro seguiram os

---

11 Trata-se do Capítulo 11, "O homem brasileiro e o mundo de amanhã", da coletânea *Problemas de organização e problemas de direção (O povo e o governo*, 1952, p.175). Há um recorte desse artigo no acervo da Fundação Oliveira Vianna, sob o Reg. n. 1.073.100, sem menção ao período e a data em que foi originalmente publicado.

12 Oliveira Vianna aparece nessa coletânea organizada por Lourenço Dantas Mota entre outros dezoito autores que pensaram a nacionalidade brasileira.

passos de autores das décadas finais daquele século, críticos do liberalismo, preocupados em desvendar a singularidade do "caráter nacional", aderindo a teorias de raízes românticas e/ou positivistas.

Na primeira opção, Nilo Odália (1993) o insere entre os derradeiros intelectuais que, por meio da análise histórica, se propuseram a contribuir para "nossa organização social e política", sendo, portanto, "um dos mais tardios representantes dessa corrente", cujo precursor seria Varnhagen, nos anos 1840.[13] No núcleo dessa linhagem historiográfica estaria fincada "a missão de constituir da herança legada pela colônia uma nação e um povo" (ibidem, p.145-56). Odália estabelece, assim, um vínculo explicativo entre a atividade do historiador Varnhagen e a independência do país, condição sem dúvida reconhecida e celebrada como a de um dos fundadores do Instituto Histórico e Geográfico Brasileiro (IHGB – 1838), um "trabalhador" da história pátria, como o nomeou Ângela de Castro Gomes (1996, p.79, 98).

A referência a Varnhagen e ao grupo de historiadores vinculados ao IHGB tem, entretanto, no artigo de Castro Gomes, um recorte bastante preciso e radicalmente diverso da orientação escolhida por Odália. No estudo sobre diversos autores que escreveram em momentos decisivos da vida política brasileira, a autora recua, é verdade, para o momento da fundação do IHGB e para a intenção de D. Pedro II de legitimar a condição de independência do recém-formado país, começando assim sua reflexão com Varnhagen. O recuo, entretanto, não configura uma decisão da autora em busca dos começos ou da fundação da história do Brasil independente. O que justifica esse recuo para meados do século XIX seria o próprio jogo político do Estado Novo e a dupla estratégia adotada pelo governo Vargas ao promover a produção de textos de propaganda política por meio da revista *Cultura Política* (março de 1941), órgão do Departamento de Imprensa e Propaganda (DIP – 1939), na intenção de recriar a

---

13 Carlos Guilherme Mota (1977) também coloca o autor no final de uma linhagem, na qual às "explicações autorizadas" de Varnhagen, Euclides da Cunha, Capistrano de Abreu e Oliveira Vianna vieram se contrapor um conjunto de autores que representarão o ponto de partida para o estabelecimento de novos parâmetros para o conhecimento do Brasil e de seu passado: Caio Prado Júnior (1933), Gilberto Freyre (1933), Sérgio Buarque de Holanda (1936) e Roberto Simonsen (1937).

O charme da ciência e a sedução da objetividade

tradição de escrita da história da "vida nacional" por meio do suplemento literário *Autores e Livros* do jornal *A Manhã*, fundado em agosto de 1941.

Nessa aproximação entre dois momentos há, portanto, uma acolhida à sugestão da própria estratégia de propaganda do Estado Novo, e, dessa maneira, sua "estratégia" de historiadora se aproxima da que adotei neste livro. Um percurso diferente das opções de Odália, cujos recortes analíticos são preestabelecidos por critérios de conjuntura, evidentemente externos aos textos dos historiadores analisados. Com isso, afirmo terem sido os próprios autores analisados neste estudo que entreteceram, por meio de diálogos, críticas, oposições e citações, um campo de **domínio comum** que denominamos de a moderna historiografia do Brasil, não mais restrita aos fatos políticos.

Odália percorre outro caminho, confirmado em trabalho posterior de maior fôlego, no qual define uma linhagem de intelectuais interessados em fundar a história do Brasil dentro de um particular quadro teórico, ou seja, dispostos em uma seqüência de "historiadores brasileiros que", em sua interpretação, estariam "submissos e dependentes das teorias importadas da Europa", e que por isso mesmo "se dilaceram na dicotomia de, ao mesmo tempo, terem de atender às imposições que condenavam o Brasil a um triste destino, e contribuírem para que a profecia altamente negativa ... não se realizasse". Tratava-se, afirma o autor, de "quase ato de vontade, em que se nega o destino prefixado pelos iluminares europeus". Linhagem de historiadores cujo começo estaria nos trabalhos de Varnhagen e Capistrano de Abreu em meados do século XIX, chegando ao século XX com Sílvio Romero e Oliveira Vianna, entre outros.[14]

Há, assim, em seu livro, a aproximação das obras de Varnhagen e de Oliveira Vianna, constituindo crítica a determinados estudos, seja por fazerem da história colonial brasileira "uma história de Portugal mal disfarçada e muito pouco elucidativa em relação a nós mesmos, seja por a aproximarem excessivamente dos processos europeus, transforman-

---

14 Para acompanhar uma apresentação mais detida de seus propósitos de pesquisa, recomendo ler a Introdução de *As Formas do Mesmo. Ensaios sobre o pensamento historiográfico de Varnhagen e Oliveira Vianna* (Odália, 1997).

do a história do Brasil em caso exemplar da acumulação capitalista que se realiza na Europa". Esses dois quadros teóricos implicariam, para Odália, um "quase servilismo metodológico e problemático em que se realiza a prática histórica de nossos historiadores", pouco úteis para "os objetivos de uma história brasileira". O importante para o autor fica na intenção de encontrar o *juste milieu*, o que implicaria "compreendermos que nossa história não é condicionada simplesmente pelas convulsões e transformações capitalistas externas, mas que, em seu interior, existe uma vida que reage, se adapta, repele, se amolda e se transforma, em razão de condições intrínsecas". A dialética entre as forças externas e internas de seu posicionamento teórico obedece à declarada intenção de reler nossa historiografia, "tentando sistematizá-la como um estilo de pensar o fato brasileiro, dando-lhe dignidade de experiência passível de ser pensada por si mesma ... e não com fenômenos gerais como o capitalismo, o imperialismo, etc.". Seu pressuposto, o de um "estilo [brasileiro] de pensar o fato brasileiro", difere radicalmente do que proponho seguir neste estudo, que nega a possibilidade de se pensar "nacionalmente" ou dentro do quadro de um "pensamento nacional".

Pela perspectiva adotada, Odália (1993, p.14) enfatizou a continuidade e a atualidade dos temas estudados por Varnhagen e Oliveira Vianna, uma vez que a importância deles no período dos últimos cem anos se manteve expressiva, em grande parte porque "a unidade brasileira tão enaltecida permanece, quer queiramos ou não, a ser um problema, que se repõe continuamente". Ainda uma vez, a relação entre identidade e homogeneidade da população se impõe no estudo de Odália como núcleo problemático de uma "pretensa homogeneidade ... que se pretende existir na sociedade brasileira, quando se insiste em suas características híbridas e miscigênicas", o que para ele tem implicações significativas por "apenas camuflar sua diversidade, como se esta fosse um mal e uma fonte de conflitos". Núcleo problemático da elaboração de nossa identidade, que, segundo Odália, já teria sido explicitado por Capistrano de Abreu, numa clara contraposição aos procedimentos de Varnhagen e sua crença em "uma unidade imprescindível para assegurar a emergência da nação brasileira". Desafio também enfrentado por Oliveira Vianna nos vários trabalhos em que recuou para os primeiros

O charme da ciência e a sedução da objetividade

tempos da colonização na composição de uma história do Brasil (ibidem, p.23-4). Odália coloca assim em diálogo os dois autores estudados: Varnhagen e Oliveira Vianna.

Em um livro publicado em 1999, Tania de Luca mostrou preocupação semelhante ao dirigir seu foco de pesquisa para um periódico, *Revista do Brasil*, que, entre 1916 e 1925, acolheu variadíssima gama de autores obstinadamente voltados para uma reflexão sobre o Brasil, "intentando abarcar sua especificidade". Os temas candentes dessas décadas iniciais do século, "a história, a geografia, a língua, a produção literária, o sistema político, as características antropológicas da população passaram a ser esmiuçados num esforço que, segundo seus mentores", diz De Luca, "permitiria aos brasileiros assenhorearem-se efetivamente do país". A autora sublinha a explícita intenção desses intelectuais de intervir "nos destinos do país" por meio de "soluções nacionais", o que teria estimulado essa vasta produção intelectual sintonizada com o manifesto-programa da revista no qual se expressava "o desejo, a deliberação, a vontade firme de construir um núcleo de propaganda nacionalista". Destacavam-se expressivamente entre os mais produtivos autores, alinhados a diferentes posições políticas, Monteiro Lobato, Paulo Prado, Arthur Motta, Alberto Rangel, Mário de Andrade, Roquette-Pinto, Olavo Bilac, Rui Barbosa, Sérgio Buarque de Holanda, Gilberto Freyre, mas também Oliveira Vianna, "pensador autoritário", Plínio Salgado, da "vanguarda modernista", Alceu de Amoroso Lima, do "renascimento católico".[15]

A *Revista do Brasil* precede os dois periódicos do Estado Novo analisados por Castro Gomes, que permitem apreciar a insistente recorrência aos mesmos temas – mestiçagem da população, origem recente do país, herança colonial – e trazem para o leitor de hoje "o quanto a atmosfera da época estava impregnada pelas noções de superioridade e inferioridade biológica, secularmente reafirmadas por filósofos, cientistas e políticos" (De Luca, 1999, p.46, 54, 132-3).

---

15 A listagem de De Luca foi aqui acrescida de alguns nomes constantes na parte em que Sérgio Miceli nomeia autores colaboradores da *Revista do Brasil* (1999, p.4).

Thomas Skidmore, autor de estudo relativamente recente (1994) sobre uma seqüência de cientistas sociais preocupados com a questão da identidade nacional no Brasil, atualizou o problema ao sentenciar que "há mais de um século intelectuais brasileiros agonizam sobre a identidade nacional de seu país" (ibidem, p.71). Adotando o ponto de partida bastante recorrente nos estudos sobre Oliveira Vianna, localizou-o entre os que, nas primeiras décadas do século XX, deram continuidade a uma corrente de pensamento iniciada nos anos 1870 por Silvio Romero e Euclides da Cunha, e que, em nome do "realismo" literário, criticava o romantismo, assumindo na orientação teórica de seus trabalhos preceitos positivistas e pressupostos científicos. Acrescenta o nome de Oliveira Vianna à segunda opção acima mencionada (Candido, 1988, p.36 ss.).

Skidmore difere também de Odália, Castro Gomes e De Luca, pois localiza essa insistência mais que centenária em outro registro, ao conferir a esses que denomina "arquitetos da identidade nacional brasileira" a condição de "criadores de mitos", epíteto fácil ou frase de efeito, que em seu texto carece de explicação mais fundamentada. Ou seja, interpreta os textos de Oliveira Vianna adotando o mesmo procedimento que reprova no autor analisado quando diz que, com uma única frase, ele teria enfeixado de modo conclusivo coisas díspares ou lhes atribuído valores imaginários. Skidmore adota exatamente o mesmo procedimento, ao comentar uma afirmação recortada de um dos trabalhos de Oliveira Vianna a respeito dos portugueses – "por uma lei de antropologia social, só emigram os caracteres fortes, ricos de coragem, imaginação e vontade" –, para com base nela concluir que "com uma única frase Vianna reabilitou os freqüentemente denegridos primeiros colonizadores". Logo em seguida, Skidmore repete idêntico procedimento ao dizer que o autor encontra "virtudes na história étnica do Brasil", fundamentando sua observação na seguinte citação: "Nunca tivemos aristocracia de raça. Pelo contrário, o nosso povo caldeia-se e funde-se sem lutas étnicas flagrantes". Para Skidmore, Oliveira Vianna selava com essa frase uma imagem que viria a ser corrente em nossa concepção identitária: "Assim, o mito do passado 'não violento' do Brasil recebeu uma de suas formulações clássicas" (Skidmore, 1994, p.78-9).

O charme da ciência e a sedução da objetividade

Posso acreditar que o tom um tanto irônico com que conduz seu trabalho se explica por Skidmore considerar pouco rigorosa a forma pela qual os intelectuais brasileiros se apropriavam das idéias vindas de fora. Há um comentário de Odália, no livro já citado, em que concorda com a observação de Skidmore em *Black into White*, no qual afirma a recepção defeituosa das teorias pensadas fora do país pelos autores brasileiros de finais do século XIX. Diversamente de Skidmore, porém, Odália justifica a apropriação de idéias como algo motivado pelas insuficientes "forças morais e intelectuais para renegarem o que recebiam como quintessência do cientificismo europeu", colocando em registro próximo de uma condição natural a suposta incapacidade intelectiva, ao reconhecer com ironia que, na verdade, esses autores fizeram esforços ou "deram tratos à bola para conciliarem-na com a realidade do país, que se formava diante de seus olhos".[16]

A observação de Skidmore quanto à proclamada incapacidade de reflexão dos homens de letras brasileiros mereceu de Márcia Naxara uma crítica contundente. A autora mostrou como ele mesmo, nesse estudo sobre o pensamento da elite do país quanto à raça e à nacionalidade na passagem do século XIX para o XX, já tomara como pressuposto de sua análise a pretensa má assimilação das idéias importadas da Europa. Naxara transcreve trecho elucidativo dessa posição, extraído do prefácio à edição brasileira de *Black into White*, no qual o autor sentencia:

> Os brasileiros liam tais autores, de regra sem nenhum espírito crítico. ... Caudatários, na cultura, imitativos, no pensamento – e cônscios disso – os brasileiros do meado do século XIX, como outros tantos latino-americanos,

---

16 Não quero fazer de Skidmore uma exceção. Essa avaliação da incapacidade criativa dos homens de letras brasileiros, e daí o descompasso resultante de idéias e instituições diante da "real" situação da sociedade, vem sendo a tônica das interpretações mais variadas nas diferentes disciplinas acadêmicas. A ampla aceitação dessa posição, presente em autores já citados (Sérgio Miceli, 1979, p.XIX; Jarbas Medeiros, 1978, p.5; Carlos Guilherme Mota, 1977, p.29), oferece uma interpretação cômoda pela sua simplicidade (nada é adequado nem pode dar bom resultado no país, dado o descompasso entre idéias e efetividade), alinhada à tendência predominante na interpretação da história do Brasil, marcada pelo duplo ressentimento em relação às "nossas" origens: a natureza tropical e a condição étnica dos homens.

estavam mal preparados para discutir as últimas doutrinas sociais da Europa ... (Naxara, 1998, p.85)[17]

Logo, um preconceito, mais que pressuposto a ser demonstrado, mantido no artigo de 1994, quando, após percorrer alguns autores, Skidmore chega até Roberto da Matta e Darcy Ribeiro, e conclui que, a despeito de evidências dos dados censitários, os intelectuais brasileiros insistiam em patinar em terra pantanosa, uma vez que "a 'fábula das três raças' e o mito da 'democracia racial' brasileira persiste". Aliás, terminava o artigo com uma observação atribuída a Heloísa Buarque de Holanda, ponderando que, talvez, a desmitificação do papel da raça devesse ser completada pelos estudos de gênero, para enfim se dar resposta à pergunta "Que país é este?".

Os caminhos diversos percorridos por Skidmore e Odália, autores que se detiveram mais longamente sobre os escritos de Oliveira Vianna, conduzem a conclusões opostas. Odália aceitou o peso das teorias, inclusive as racistas, na formação do meio intelectual brasileiro. Dirigiu, porém, seu foco para configurações culturais nas quais a busca de "identidade" constituiria passo necessário para a formulação de uma imagem do país, imagem que estaria na base das lutas políticas. Também é clara sua preocupação com uma persistente atitude fatalista: a de "estarmos condenados a esbarrar com formas miméticas de agir e pensar, que se levadas ao limite justificariam um ceticismo quanto à possibilidade de se alcançar o mínimo de autonomia, requerido para se poder falar em um pensar brasileiro". Skidmore, por seu lado, fecha o tema sobre a questão da miscigenação racial resvalando para o cediço terreno das disputas entre intelectuais em torno da aceitação ou não de uma pretendida "democracia racial" definidora do "caráter do brasileiro".

Impossível negar, contudo, atualidade à irônica afirmação de Skidmore sobre nossa obsessiva busca de identidade estar vinculada à questão racial. Darcy Ribeiro, em seu último livro, publicado em 1995, se

---

17 Deixo ao leitor buscar a opinião da autora sobre essa afirmação de Skidmore, que já na edição original de *Black into White* (1974) assevera, na p.21, que os abolicionistas brasileiros tinham dificuldade de distinguir raça de escravidão, pois tomavam as teorias da América do Norte e da Europa sem perceber suas últimas implicações.

O charme da ciência e a sedução da objetividade

propunha a enfrentar a questão da miscigenação para chegar a uma definição do "povo brasileiro", e uma coletânea mais recente reuniu autores também motivados a pensar e compreender a nacionalidade brasileira, "dilatando, na opinião do Editor, os horizontes de conhecimento da nossa realidade"(Ribeiro, 1995; Mota, 1999). Assim, o que decididamente incomoda no artigo de Skidmore fica para o registro no qual inscreve os autores que analisa: o de criadores de mitos ou na clara sugestão da incapacidade intelectual dos brasileiros para formularem a questão da identidade nacional sobre bases seguras.

Resta, entretanto, uma pergunta de caráter histórico a ser feita no que diz respeito à intelectualidade brasileira: por que, transposto o século XX, insistiríamos nessa indagação? Ela teve seus começos justificados pela independência do país em 1822; sua persistência na virada do século XIX para o XX pode ser explicada pelos movimentos abolicionista e republicano; ela se mantém com tonalidade nacionalista durante as décadas de 1920 a 1940, nos textos de autores críticos das instituições republicanas de cunho liberal e federativo, responsabilizando-as pelo que consideram ser a frágil unidade da nação. E em nossos dias, um autor como Darcy Ribeiro, de onde extraiu a força expressiva da mesma indagação? A questão parece ter sua razão de ser, uma vez que subsiste ainda neste começo do século XXI como tema relevante de estudos acadêmicos.

Vejamos. A questão da identidade brasileira é colocada com toda força na coletânea já mencionada *Introdução ao Brasil: um banquete no trópico,* não deixando dúvidas quanto à permanência do recorte nacional, não nacionalista certamente, mas apontando a necessidade de reavaliar autores-chave para compreender o Brasil de hoje. De modo coincidente, ao escolherem os autores para compor o menu do banquete, os convivas privilegiaram determinada seqüência de interpretadores do Brasil, ou seja, mostraram estar ainda viva na prática acadêmica a necessidade da releitura dos autores que fixaram uma interpretação e sua correspondente representação imagética, boa ou má, do que é o Brasil e ser brasileiro.

Entre os dezenove autores resenhados, encontra-se o artigo de Maria Hermínia Tavares de Almeida dedicado a Oliveira Vianna e seu "grande ensaio sobre os fundamentos históricos e sociais da política brasileira", *Instituições políticas brasileiras*, publicado em 1949, findo já o Estado Novo e a Segunda Guerra Mundial. Respeitando a cronologia tradicional da história do Brasil, a autora recua no tempo para indicar a longa persistência das preocupações de Oliveira Vianna, já presentes em seus primeiros escritos, nas décadas iniciais do século XX, quando do "intenso debate intelectual que precedeu e preparou o fim da República Velha e, sete anos mais tarde, o advento do Estado Novo"(M. H. Tavares de Oliveira in Mota, 1999, p.295-313). Amplia, certamente, a força crítica das idéias de Oliveira Vianna, acentuando a atualidade nelas contida, argumento que confere maior densidade à inclusão do autor na coletânea. A autora explicita essa atualidade por reconhecer existir ainda entre os brasileiros uma "arraigada rejeição aos partidos e à vida parlamentar" e, conseqüentemente, voltarem-se para a "exaltação do poder demiúrgico e modernizador do executivo", que a seu ver constitui "o núcleo duro do 'consenso desenvolvimentista', que, mais do que qualquer outra idéia organizou o espaço da luta política no Brasil no século XX".

O tema da busca da identidade nacional surge com força em todos os autores relidos e resenhados na coletânea, confirmando, na "Nota do Editor", a importância de seus textos para o mundo acadêmico contemporâneo:

> O Brasil — instituições, economia, cultura, história — é o tema que reúne dezenove estudiosos para apresentar o trabalho de mestres que, ao pensar a nacionalidade, foram decisivos para compreendê-la, de seus primórdios até hoje.

Para além das fronteiras do Brasil, a atualidade do tema da identidade nacional foi reconhecida em estudos recentes, entre eles, o do conjunto de pesquisadores reunidos em torno da complexa relação entre os sentimentos e as identidades, não só nacionais, mas também a das minorias sociais. Considero haver, entretanto, um deslocamento significativo nos trabalhos reunidos em *Razão e paixão na política* e em *Memória e (res)sentimento: indagações sobre uma questão sensível,*[18] resultado de estu-

---

18 A coleção de textos que compõem *Razão e paixão na política* (Seixas et al., 2002) foi originalmente apresentada no Colóquio sobre o mesmo tema, realizado na Unicamp em maio

O charme da ciência e a sedução da objetividade

dos dos pesquisadores do Núcleo História e Linguagens Políticas:[19] a sugestão de que a persistente questão da identidade une necessariamente razão e emoção, o que faz do tema das identidades um dos paradoxos da política. Os autores colocam a "gestão das paixões políticas", na feliz expressão de Pierre Ansart (1983), como questão a ser enfrentada por diferentes ângulos e disciplinas diversas.

Aceitando a premissa de que toda identidade, individual ou coletiva, é marcada por uma tonalidade afetiva e incessantemente transformada pelas emoções, sentimentos e paixões, os autores seguiram caminhos diversos, marcados pela interdisciplinaridade alguns, pela transdisciplinaridade outros. Essa via de acesso ao nível simbólico das identidades me pareceu fecunda desde o momento em que, em janeiro de 1991, nos propusemos a investir na reflexão conjunta sobre o caráter móvel das construções e desconstruções identitárias, nos detendo em seus aspectos paradoxais e nas múltiplas inter-relações por elas tecidas com a vida política. Não se buscou aferir sua possível adequação a uma pretendida "realidade histórica"; nos propusemos, sim, refletir sobre o modo de elaboração das imagens identitárias, o material utilizado por seus artesãos, a eficácia delas na definição de papéis sociais, nas acomodações e nas lutas políticas – no jogo político, em suma.

Com a preocupação de surpreender a elaboração das imagens identitárias e os argumentos que compõem seu enredo justificativo, propo-

---

de 1994. O dossiê "Sentiments et identités: les paradoxes du politique", organizado por Pierre Ansart, foi acolhido por *Les Cahiers du Laboratoire de Changement Social*, n.4, Paris: Université Paris 7, 1998. Por razões editoriais, nem todas as contribuições puderam compor o dossiê. Na revista francesa há uma versão preliminar abreviada do estudo sobre Oliveira Vianna aqui apresentado. Uma versão mais completa do texto encontra-se na coletânea *Morte e progresso: cultura brasileira como apagamento de rastros*, organizada por Francisco F. Hardman (1998, p27-61). Já *Memória e (res)sentimento: indagações sobre uma questão sensível*, coletânea organizada por mim e Márcia Naxara (2001), reúne as contribuições ao colóquio de mesmo título, realizado na Unicamp em 2000.

19 O Núcleo História e Linguagens Políticas, sediado no Instituto de Filosofia e Ciências Humanas da Unicamp, reúne pesquisadores de Universidades Federais (UFPR, UNB, UFU, UFSC) e do estado de São Paulo (UNESP e Unicamp). Pierre Ansart (professor emérito da Universidade Paris 7), Claudine Haroche (CNRS–Université Paris I), Yves Déloye (Université Paris 1 e Université de Strasbourg) e Geneviève Koubi (Université Paris 10 e Université Cergy-Pontoise) colaboram regularmente com os trabalhos do Núcleo.

nho neste estudo seguir uma trilha que enfatiza a dimensão mitológica ou lendária das identidades nacionais, entre outras. Trilha que me obriga a refletir sobre a importância estratégica, e aparentemente paradoxal, dos meios racionais mobilizados em construções discursivas cuja finalidade se expressa em provocar emoções e com elas atingir a adesão individual e coletiva às imagens propostas. Argumentos racionais que, nem por isso, recusam a utilização de figuras de linguagem tecidas com imagens e apelos emocionais de conteúdo romântico. Considero, portanto, correto indagar se não seria a questão do caráter nacional e da identidade nacional um fenômeno histórico próprio da assim denominada cultura ocidental e dos países que se auto-representam como membros da comunidade de nações civilizadas, ressaltando a dimensão eminentemente política das várias iniciativas nesse sentido, realizadas com mais ou menos êxito nesses países.

No mesmo conjunto de questões, outras perguntas merecem ser formuladas. Se considerarmos estar contido na palavra polissêmica – política – o poder imaginariamente a ela atribuído, poder-se-ia estender a mesma indagação à noção de identidade nacional? Como se formam, de onde vêm essas convicções tão largamente difundidas? Não estaria o êxito ou o fracasso dessas construções identitárias exatamente na maneira pela qual, recobrindo-as com argumentos racionais, seus autores utilizam imagens de forte apelo emocional? E mais, não estaria a questão das identidades nacionais solidariamente presa a questões políticas, sendo sempre retomada em momentos de turbulência ou incerteza, de ataques de inimigos externos e internos, reais ou imaginados, tal como nos colocam cotidianamente jornais, telejornais, revistas e livros ao apresentarem acontecimentos da atualidade? Seria então próprio das identidades sofrerem modificações, desde que se deslocando sempre num eixo cujo sentido original mantivesse sua força persuasiva? Não seriam, portanto, essas identidades um desses **lugares-comuns** que possibilitam a compreensão de informações e a troca de opiniões até em sistemas de comunicação frios e impessoais, apesar da sensação de proximidade proporcionada pela simultaneidade?

Se compreendermos dessa maneira a persistência da questão das identidades nacionais (e de outras identidades socialmente construí-

O charme da ciência e a sedução da objetividade

das), poderemos considerá-las um **lugar-comum** na acepção que lhe dá Myriam R. D'Allonnes: a de significarem mais que simples clichês e banalidades; de serem **lugares do "comum"**, ou seja, um fundo compartilhado de idéias, noções, teorias, crenças e preconceitos, permitindo a troca de palavras, argumentos e opiniões sobre uma comunidade política efetiva (1999). Nesse sentido, a identidade nacional se oferece como denominador comum que permite falar de lugares "diferentes", possibilitando diálogos e comparações, a despeito da instabilidade e dos múltiplos deslocamentos das imagens e representações que a constituem.[20] Há, sem dúvida, outra face desse lugar-comum, que dele exige respostas, soluções de problemas de caráter acadêmico e, também, de ação política; transposições que parecem ir além do campo da própria formulação idealizada, ideológica. Trata-se certamente de um lugar-comum cuja genealogia necessita ser interrogada.

Redireciono com tal procedimento as conclusões quanto ao fracasso da incessante busca de identidade atribuído aos intelectuais brasileiros em relação a seu país e à sua população. Fracasso que Skidmore, entre outros autores, aponta como incapacidade intelectiva da elite pensante do país perseguida pela obsessão da busca de uma origem (mítica) fundada nas três raças, e na recusa de colocar suas bases na disparidade gritante entre as classes sociais. Ou ainda, nas palavras de Darcy Ribeiro, "um povo em ser, impedido de sê-lo. Um povo mestiço na carne e no espírito ... Um povo, até hoje, em ser, na dura busca de seu destino". São imagens persistentes e fortes: imagens da nação inconclusa e identida-

---

20 Penso ser possível colocar essa indagação no mesmo campo problemático escolhido por D'Allonnes para a tão atual avaliação negativa do papel e/ou função da política. Ou seja, a autora localiza seu problema na opinião corrente sobre o progressivo enfraquecimento da política em função de sua ineficácia em proporcionar para a coletividade os benefícios que dela se espera. Desencantamento talvez fosse para a autora a palavra mais correta para nomear essas expectativas malogradas. Nessa linha de raciocínio, ela se indaga sobre uma suspeita quase intuitiva, que esse tão propalado enfraquecimento da política não possui a evidência a ele atribuída, não podendo, pois, ser considerado o horizonte intransponível de nosso tempo. Mas o que se entende por política, pergunta, propondo-se a romper com a força da compreensão do senso comum que considera um obstáculo para colocar a questão em outros termos. Assim, a autora se lança na busca dos começos desse **lugar-comum**, interrogando-se sobre sua genealogia como procedimento metodológico indispensável para romper o círculo de ferro que o encerra.

de ressentida, recalcada, frutos da incapacidade política de romper com a herança colonial ou de, na opinião de Gilberto Freyre, tendo logrado um perfil autônomo no período colonial, ter se submetido a uma recolonização cultural por outros países europeus, França e Inglaterra, sobretudo, na fase pós-Independência, e mais ainda a uma recolonização econômica e cultural persistente na relação de dependência das grandes potências, entre elas os Estados Unidos.[21]

As afirmações de Skidmore sobre a busca de uma origem mítica me levam a indagar sobre o **fundo mitológico** constitutivo de toda e qualquer construção de identidade nacional: a definição de uma origem, de um enredo histórico ou percurso coerente, de características físicas, psicológicas, culturais, definidoras e específicas de um país. Desafio e construção intelectual, portanto, ainda quando afirme se tratar de sentimentos. Definição que encontraria sua dificuldade maior sempre na presença evidente de grupos heterogêneos, mantidos muitas vezes dentro de uma unidade territorial e institucional pela força das armas e de leis repressoras. Definição recorrentemente revista e refeita, uma vez que vem colada no cerne das preocupações políticas cada vez que, efetiva ou imaginariamente, se apresenta o desafio de enfrentar um inimigo externo ou interno; cada vez que a noção de crise é utilizada para justificar e explicar uma nova indagação quanto ao "real caráter nacional", quanto à identidade da população de um país em meio aos países vizinhos ou às diferentes parcelas étnicas ou sociais postas em evidência por algum movimento político de crítica radical.

Sem dúvida, a questão da "identidade nacional" coloca problemas que necessitam ser enfrentados levando-se em consideração a polissemia do substantivo *identidade*. Há uma tensão, adverte Yves Déloye (2002, p.95-112), entre uma acepção sobre o que é igual, ou seja, de seres considerados idênticos em algum aspecto fundamental, e outra relativa ao que permanece igual a si mesmo ao longo do tempo. Essa "ten-

---

21 Gilberto Freyre expõe essa opinião em todos seus trabalhos. Conferir vários momentos em *Casa-grande & senzala* (1933) e em *Sobrados e mucambos* (1936). Cf. "Prefácio à Primeira Edição" de *Casa-grande & senzala* (1936, p.26) e na p.87 da edição do Círculo do Livro (s.d.) e no "Prefácio à Primeira Edição" de *Sobrados e mucambos* (1996).

O charme da ciência e a sedução da objetividade

são entre um princípio de coincidência e um princípio de permanência", prossegue o autor, "é encontrada em todas as reflexões sobre a identidade em política, e especialmente naquelas consagradas à questão da identidade nacional", dado que a polissemia do substantivo afeta o sentido do adjetivo *nacional*. Colocados lado a lado, substantivo e adjetivo podem, então, na primeira acepção, remeter à idéia de fronteira e de clausura identificatória, bem como à aptidão própria da noção de identidade nacional para desenhar um espaço político que se opõe a estrangeiro ou internacional; na segunda acepção, desloca seu sentido para dizer respeito ao que concerne a uma nação, ou ainda, ao que pertence ao Estado, é gerido e organizado no nível do Estado, ou seja, à capacidade do Estado-Nação de se apropriar do monopólio da formação da identidade nacional.

Déloye considera que esses modelos semânticos concorrentes operam com entendimentos diversos, que no primeiro caso privilegiam o caráter excludente e a reprodução do mesmo ao longo do tempo, e no segundo configuram a identidade nacional como o resultado de um trabalho história e culturalmente datado de homogeneização cultural, visando tornar idênticos os indivíduos. Logo, se o primeiro modelo naturaliza a "identidade" pelo nascimento em um território dado, o segundo, embora parta da concepção naturalizada de território, o país e sua representação simbólica – a Pátria – faz da vontade consciente a base constitutiva da identidade, aproximando Estado e Nação. Teríamos, neste último, a representação de um ato voluntário de reconhecimento "mútuo pelo conjunto dos cidadãos de uma pertinência a uma comunidade de valores que funda a integração nacional". Contudo, nos dois modelos evidencia-se o caráter de elaboração mental de qualquer que sejam as idéias de pertencimento e de identidade, inclusive a de identidade nacional, mesmo quando seu pressuposto repousa, como no primeiro caso, na suposição naturalizada do lugar de nascimento. Como construção mental, trata-se de algo confessa ou inconfessadamente aberto ao constante refazer perante demandas históricas e injuções políticas.

Assim, a persistência dessa indagação em numerosos países da denominada "cultura ocidental" constitui um dos eixos de preocupação deste trabalho. Diante de quais desafios se colocaria a necessidade desse repensar reiterativo a questão da identidade nacional? Quais as acepções inerentes às propostas de reconhecimento de uma identidade única ou unificada? Ainda, como e por que se transfere uma noção de caráter político para o campo dos conceitos acadêmicos? Não seria pertinente deslocar a questão para uma indagação que colocasse em paralelo, diferenciando-as, a genealogia da representação identitária e sua acepção como conceito analítico para a sociologia, a historiografia, a ciência política, a economia, a psicologia social? Talvez chegássemos, dessa maneira, a aquilatar a força da junção de palavras em campos diversos – o do projeto político e o teórico conceitual.

No caso de Oliveira Vianna, seus escritos ganham força expressiva quando inscritos entre os de intelectuais das décadas subseqüentes à instalação do regime republicano em 1889 e à aprovação da Constituição de 1891, quando vários deles cerram fileira na crítica à carta republicana de base liberal. Partindo de evidências que poderiam ser lidas em registro diverso, eles retomam alguns dos pressupostos do cientificismo e do republicanismo positivista do século XIX.[22] O que singulariza Oliveira Vianna em sua proposta de análise de viés nacionalista foi ter sido, segundo suas próprias palavras, um dos primeiros a se deter na "caracterização social de nosso povo ... de modo a ressaltar quanto somos distintos dos outros povos, principalmente dos grandes povos europeus", e a postular simultaneamente a diversidade interna ao próprio "povo" em termos de raças diferentes, mas também em termos de regiões distintas, seguro em sua "convicção contrária ao preconceito da uniformidade atual do nosso povo". Aderindo às sempre retomadas teses do determinismo do meio físico, ou seja, à "diversidade dos *habitats*", aliado às pressões históricas e sociais sobre os "elementos étnicos", distinguiu no território brasileiro "três histórias diferentes: a do norte, a do centro-sul, a do extremo-sul, das quais teriam resultado três sociedades diferentes: a dos sertões, a das matas, a dos pampas, com seus três tipos específicos: o sertanejo, o matuto, o gaúcho". Diversidade populacional, usos e costumes diversos, submetidos, a seu ver, a uma

---

22 Exemplo dessa posição teórica e política encontra-se na coletânea de artigos-manifestos proposta e organizada por Vicente Licínio Cardoso (1981), publicada em 1924 pelo Anuário do Brasil. Voltaremos a ela na segunda parte deste estudo.

O charme da ciência e a sedução da objetividade

"constituição idealista", que considerou representar o obstáculo maior à organização do Estado nacional, à unidade e à identidade do povo. Afirmou também em seu manifesto político de 1922, *O idealismo na evolução política do império e da república*, uma concepção voluntarista de integração nacional na proposta de ser mediante conhecimento do povo, sua estrutura, sua economia íntima e sua psique que se projetaria o modelo político adequado a forjar essa unidade pela ação centralizada no Estado autoritário.[23] Poderíamos vislumbrar, nessa tomada de posição, o nítido esboço do segundo modelo político indicado por Déloye, aquele que trabalha a noção de que uma população perdura no tempo sobre determinado território, cabendo ao poder estatal a tarefa de fundar a unidade sobre a diferença – em outras palavras, forjar a nação.

Não caberia somente aos adeptos declarados das concepções de cunho autoritário o apelo aos valores nacionais, aceitando como efetiva a diferença regional. Há também nesses anos 1920 uma disputa declarada pela primazia de determinadas partes do Brasil no que diz respeito à força formadora da "identidade nacional". O manifesto supostamente escrito e lido por Gilberto Freyre em Recife durante o Congresso de Regionalismo de 1926 reivindicava para a recém-denominada região Nordeste,[24] destacada do Norte mais amplo referido por Oliveira Vianna em seus primeiros trabalhos, a condição de berço da cultura brasileira autêntica, não contaminada pelas levas de imigrantes europeus aportados nas áreas Sudeste e Sul do país. Nas palavras de Freyre se encontram sugeridas queixas feitas *a posteriori* quanto à "re-europeização" do país no século XIX, simultânea à decadência da "sociedade patriarcal", levando consigo a casa-grande e seu complemento, a senzala, os *pater familia*, as sinhás, as escravas mucamas e mães de leite, os doces e salgados das cozinheiras negras, os usos e costumes suplantados pelo piano, teatro, hotéis e as modas modernas, o fim de toda uma época, anunciado desde que o país se tornara nação independente.

---

23 Essas idéias Oliveira Vianna defende em toda sua extensa produção. As citações foram retiradas da "Introdução", datada de 1918, de *Populações meridionais do Brasil*, e do Capítulo 1 de *O idealismo na evolução política do Império e da República* (1922).

24 Sobre a construção de uma idéia de "nordeste", ver o livro de Durval Muniz de Albuquerque Jr. (1999) e o de Moema Selma d'Andrea (1992).

A concorrência com o Sul, em particular o estado de São Paulo, é declarada no manifesto com acusações às "estrangeirices", à onda "de mau cosmopolitismo e de falso modernismo" da qual o Brasil estaria sendo vítima. No fluxo do nacionalismo, Freyre propôs substituir o "estadualismo separatista" instituído pela República por "novo e flexível sistema em que as regiões, mais importantes do que os Estados, se completem e se integrem ativa e criadoramente numa verdadeira organização nacional". Seria então o Nordeste o berço dos valores nacionais, região com "tradições ilustres e nitidez de caráter" que teriam prevalecido, menos pela superioridade econômica que "pela sedução moral e pela fascinação estética dos mesmos valores"(Freyre, s.d.).

Nesses anos 1920, os manifestos estavam na ordem do dia.[25] Podiam ter começos diferentes, mas todos convergiam para a denúncia da ausência de identidade nacional, decorrente da deformação imposta ao país pela cultura européia. Em 1924, Oswald de Andrade apresenta no *Manifesto pau-brasil* a imagem da nação jovem dividida entre "a floresta e a escola". É empolgante a seqüência de contrastes em que traça o perfil do "caráter brasileiro":

> A raça crédula e dualista e a geometria, a álgebra e a química logo depois da mamadeira e do chá de erva-doce. Um misto de "dorme nenê que o bicho vem pegá" e de equações. Condição anômala a ser superada pelo contrapeso da originalidade nativa para inutilizar a adesão acadêmica. A reação contra todas as indigestões de sabedoria. O melhor de nossa tradição lírica. O melhor de nossa demonstração moderna. Apenas brasileiros de nossa época. ... Práticos. Experimentais. Sem reminiscências livrescas. Sem comparações de apoio. Sem pesquisa etimológica. Sem ontologia. Bárbaros, crédulos, pitorescos e meigos. ... Ser regional e puro em sua época.

No texto feito de frases curtas e incisivas, como "A nossa independência ainda não foi proclamada", a retórica de cores emotivas cuidadosamente construída faz apelo ao **nós**, um nós ambíguo, impreciso, ou melhor, contraditório, a exigir uma volta poética às origens. E em nome

---

25 Lembro dos numerosos intelectuais preocupados com "os destinos do país" listados por Miceli (1979) e De Luca (1999).

O charme da ciência e a sedução da objetividade

da identidade – "o gavião de penacho" –, Oswald rotula de fatalidade a própria história do país na afirmação subliminar de que uma outra história teria sido possível tivesse a terra permanecido intocada pelo colonizador. Para tanto, propõe no manifesto o confronto com "toda a história bandeirante e a história comercial do Brasil. O lado doutor, o lado citações, o lado autores conhecidos. ... Fatalidade do primeiro branco aportado e dominando politicamente as selvas selvagens". Ou, como diria dois anos depois em explícita posição crítica às expressões culturais prevalecentes: "Contra todos os importadores de consciência enlatada"(Andrade, 1972, p.5, 9-10, 14). Uma recusa da própria história em seu duplo sentido?

Como não escutar, nessas palavras, o eco das camadas superpostas de idéias, teorias e preconceitos entretecidas com antigas lendas da idade de ouro, utopias cristãs da cidade/sociedade ideal, relatos de viagens, a curiosidade científica dos naturalistas? Sobretudo se elas ressoam no texto-manifesto do homem ilustrado em suas oposições entre simplicidade e complexidade, natureza e arte, origem e progresso, selvageria e sociabilidade?[26] Poderiam suas palavras ser tomadas como elogio ao exotismo, a única maneira de compor, enfim, **uma** identidade que privilegiasse um dos pares da oposição? O resultado dessa escolha não abre, contudo, outra possibilidade além do nivelamento de contrários na imagem da incompleta formação intelectiva dos supostamente civilizados, semibárbaros "macunaímas" também eles. Temos com Oswald de Andrade uma construção exemplar do círculo de ferro que encerra a intelectualidade brasileira na busca, a nós imposta, o que seria ainda uma ironia, da identidade, identidade autêntica inscrita nas próprias raízes autóctones. Quais? Eis o paradoxo.

No emaranhado de opiniões a proclamarem o pioneirismo das suas avaliações do Brasil, e falando a mesma coisa de modo diverso, forma-se o **lugar-comum**: a imagem do país desencontrado consigo mesmo. O redirecionamento do olhar analítico do cientista social para o interior do Brasil, como pregou Oliveira Vianna; a valorização das tradições da época da opulência da produção açucareira de Pernambuco como pa-

---

26 Lembro aqui da leitura de "Du bon usage des autres", de Tzvetan Todorov (1989, p.297 ss.).

drão da cultura nacional, como propôs Freyre; ou a absorção antropofágica do inimigo sacro, como queria Oswald de Andrade, são pontos sensíveis desse complexo novelo de idéias, opiniões, teses e convicções amplamente difundidas e partilhadas no meio letrado; pontos contraditórios rapidamente absorvidos na cristalização de uma imagem negativa e ressentida do país. A propalada incompatibilidade das idéias e das instituições de cunho liberal com a condição da população brasileira retoma seu leito discursivo novamente unindo fatos específicos a uma interpretação da história do país saturada de carga emocional negativa, ressentida em sua formulação pessimista, e altamente chocante pelo impacto da representação estética, a imagem de um país, e mais ainda, de uma nação de configuração inconclusa e identidade ressentida e recalcada.

Essa primeira questão remete a uma segunda: a que indaga sobre os limites impostos *a priori* aos temas construídos pelos historiadores e demais cientistas sociais quando estreitamente subordinados a recortes de viés nacional, ou seja, quando tomam um país em sua singularidade, perdendo-se na busca do específico, do discreto, do diverso perante outros países ou algum tipo ideal de país definido como paradigma. Ora, se não nos libertarmos dessa camisa de força estaremos reincidindo, com métodos propostos por teorias diferentes, em uma mesma e persistente obsessão, e não só nossa, tal como tenta fazer crer Skidmore. Quero com isso voltar ao que já afirmei sobre a construção de identidades nacionais: ainda quando se apóie em um marco historicamente datado, como no caso da chegada dos portugueses à costa brasileira, recorre-se com insistência a mitos ou lendas de origem, nas quais as características físicas do território, tanto quanto os traços genealógicos e o quadro cultural, constituem itens importantes na formação das características da população; obedece-se sempre a esse critério diferenciador constitutivo dos Estados nacionais modernos para conferir um sentido singular ao percurso histórico de um país. Caráter mítico recorrente, ainda quando as origens da nação sejam colocadas em um tempo cronológico recente.

Não me parece, pois, ocioso ou puro exercício de erudição concedermos o tempo e o espaço necessário a um preliminar e rápido percurso pela questão da tessitura de caráter e/ou das identidades nacionais no século XIX, dado ser recorrente no âmbito do universo de nossa "cultura ocidental".

1
Entre paisagens e homens

> Un voyageur ne connaît d'ordinaire que très imparfaitement
> le pays où il se trouve. Il ne voit que la façade du bâtiment;
> presque tous les dedans lui sont inconus.
> Voltaire (1910)[1]

A observação de Voltaire sugere a importância de ir além das impressões colhidas pelos sentidos, de não se deter nas aparências das coisas. Prossegue afirmando a necessidade de obter maiores esclarecimentos por meio da experiência e da conversação com pessoas ilustradas, do domínio da língua do país estudado. Foi escrita quando, de seu interesse pela Inglaterra, resultaram as *Lettres Philosophiques*, consideradas pelo contemporâneo Condorcet uma revolução que fez nascer entre os franceses o gosto pela filosofia e pela literatura inglesas, o interesse pelos costumes, política e conhecimentos comerciais desse povo e a difusão de sua língua na França. Considerado o primeiro dos historiadores no sentido moderno, propôs em seu *Essai sur les moeurs* um método de trabalho de larga e continuada aceitação, fundamentado sobre a seguinte premissa:

---

1 [Um viajante só conhece imperfeitamente o país onde se encontra. Ele vê apenas a fachada do edifício, quase tudo o que está no interior lhe é desconhecido.]

Dediquei-me a fazer, o quanto pude, a história dos costumes, das ciências, das leis, dos usos, das superstições. Vejo quase que somente histórias de reis; eu quero aquela dos homens.[2]

Segundo os preceitos de Voltaire, o importante no estudo de uma nação seria o que a singulariza como um povo – *des hommes*: a apreensão das idéias essenciais, libertas dos detalhes. Em sua confessa preferência pelo estudo *de l'esprit, des moeurs, des usages*, em detrimento da história militar e diplomática, podemos surpreender a fragilidade com que se teceram e se tecem imagens únicas e unificadoras, e refletir sobre a tarefa de descrever características encontráveis na paisagem, fauna e flora – e na população do país.

Esse procedimento presidiu vários trabalhos que expõem em detalhes os percalços sofridos pelos intelectuais franceses após o início da Revolução de 1789 e constitui, portanto, um exemplo de criação de identidade enraizada em uma origem recente, uma vez que o movimento revolucionário buscou encerrar um período da história do país e fundar uma nação a partir de bases completamente novas, negadoras mesmo da história anterior. Determo-nos na refundação da nação francesa pode ser elucidativo de processos de conformação de identidades nacionais sobre bases pretensamente racionais que, contudo, não deixaram de lançar mão de narrativas míticas.

No núcleo dos acontecimentos revolucionários encontra-se um ponto de extrema tensão: o curto período da experiência republicana de inspiração jacobina, instituição política sem precedentes na França anterior a 21 de setembro de 1792, quando a Convenção decide pela abolição da monarquia e pela instauração da Constituição de julho de 1793.[3] Rompia-se o vínculo de integração que unia o rei ao reino, construção

---

2 "Je me suis attaché à faire, autant que je l'ai pu, l'histoire de moeurs, des sciences, des lois, des usages, des superstitions. Je ne vois presque que des histoires de rois; je veux celle des hommes." A transcrição do trecho da carta de 1727 está na "Introdução" às *Lettres Philosophiques* (Voltaire, 1910, p.44). As observações sobre a história corrente e a que pretendia fazer estão em carta de 1744, cujo trecho foi transcrito na "Introdução" de Jacqueline Marchand da edição abreviada do *Essai sur les moeurs* (Voltaire, 1975, p.22).

3 São numerosos os estudos sobre esse período. Cito entre eles o de Olivier Le Cour Grandmaison (1992).

O charme da ciência e a sedução da objetividade

jurídica e teológica elaborada pelos teóricos da monarquia e designada pela expressão "corpo místico". A fé, o rei e o território não mais delimitavam um sentido e um sentimento de comunidade. Olivier Ihl afirma que a República, ao sancionar essa ruptura, fixaria uma nova representação da soberania na qual se mantinha a noção de unidade, privada, porém, de corpo e expressa na ficção que representa cidadãos reunidos pela reciprocidade de suas vontades conscientes (Ihl, 1996, p.119 e 330 ss.). Elaborar a junção entre a Nação e o Estado sobre a imagem e/ou representação do povo soberano seria a difícil missão enfrentada por muitos intelectuais contemporâneos desses acontecimentos, homens diretamente ligados ou não a funções de direção política. A construção da identidade da nação francesa saída do movimento revolucionário se insere no já citado segundo modelo de identidade nacional proposto por Déloye, aquele na qual sobreleva a relação entre território e ato de vontade, o que apaga a região ou a localidade e aproxima Estado e Nação da figura abstrata do povo soberano. Os obstáculos emotivos para a consolidação dessa representação abstrata desvelam-se para os próprios cidadãos na evidente instabilidade política.

Ato de vontade política e intelectual que, segundo Mona Ozouf, não ocorreria sem algumas dificuldades em relação a iniciativas, como a de estabelecer um corte radical com o que denominaram *Ancien Régime*, expresso na proposta de recomeçar a história da França adotando um novo calendário. Iniciativa que esses "fabricantes do calendário", diz a autora, não lograram realizar sem enfrentar grandes obstáculos, pois se tratava de "formar" os homens da revolução dentro do novo modelo revolucionário de contar o tempo (Ozoul, 1984). Iniciativa, entretanto, incapaz, diz ela, de dissolver as diferenças locais, "a originalidade irredutível das regiões". Iniciativa de conteúdo racional, indiferente a sentimentos, usos e costumes profundamente arraigados, proposta por homens aprisionados à indagação teórica dos historiadores do século XVIII: "o que é uma Nação?" Iniciativa, pois, de curta duração.

Longos anos de lições decoradas em manuais escolares tiveram maior êxito. Esses manuais celebravam, ainda no início do século XX, a geografia e a natureza harmoniosas da França, suas características predominantemente rurais, movendo-se ao ritmo das estações; solo próprio a manter homens bem enraizados num país onde uma Revolução encerrara um longo período da história e fundara a Pátria, uma pessoa moral (ibidem, p.185 ss.). Atribuíam à França uma identidade definida, vitoriosa a longo prazo, pois, como a autora indica, mostraria estar firmemente enraizada entre os franceses quando, em 1914, a população mostrou fraca resistência ao ardor patriótico de arregimentação para a guerra. As razões dessa euforia patriótica, infensa às divisões sociais expostas pelo ativo movimento operário, Ozouf as localizou no tom solene dos manuais escolares de educação cívica, falando do passado prestigioso da França, celebrando-a como o único país a fazer uma Revolução e a criar uma Pátria mediante um movimento revolucionário. O tom laudatório dos manuais escolares não lograva elidir o reconhecimento de terem-se dado alguns acontecimentos lamentáveis durante "os massacres de setembro e o Terror".[4] Apesar da brevidade dessa experiência republicana encerrada com a tomada do poder por Napoleão Bonaparte, prossegue a autora, "eles bastaram para constituir a pátria francesa e desenhar a imagem ideal do patriotismo francês". Seria nesses dez anos que os autores dos manuais encontrariam os critérios que lhes permitiram uma reinterpretação da história do país. Definida como ato de nascimento da verdadeira França, a Revolução se tornara, diz Ozouf, observatório privilegiado para "julgar acontecimentos e personagens", sendo desse estudo de "fatias do passado" que "o sentimento patriótico se outorga títulos de ancestralidade".

Não é minha intenção fazer desse recuo até o movimento de fundação da moderna pátria francesa uma dramatização erudita para com ela chegar às elaborações da identidade nacional no Brasil pós-1822. Com esse percurso, espero sugerir a fragilidade do tema quando proposto como busca de algo apreensível em algum tempo e em determinado lugar, minimizando sua estreita relação com a construção dos mitos fundadores que, como tais, podem ser revisitados, reinterpretados, reelaborados, enfim. Sempre com uma finalidade política, é preciso lembrar.

---

4 A referência é aos atos praticados pelos "tribunais populares" entre 2 de setembro e 2 de outubro de 1792, quando começa o massacre dos detidos em prisões, e ao período mais radical do movimento revolucionário sob o Comitê de Salvação Pública de orientação jacobina (cf. Ozouf, 1984, p.109 ss.).

O charme da ciência e a sedução da objetividade

Feitas essas indagações, penso ser importante voltar ainda à França para lembrar que lá também, no decorrer do século XIX, se impôs a necessidade de redefinição da identidade da nação. Houve, portanto, interrupções: o longo período, social e politicamente conturbado, estudado por Ozouf, não apresenta continuidade. Afinal, o movimento revolucionário iniciado em 1789, hoje visualizado num *continuum* cujo ponto culminante seria o regime republicano, sofreria "desvios" consideráveis com os dois Impérios napoleônicos, a restauração dos Bourbons e a Monarquia de Julho, até adquirir relativa estabilidade na Terceira República na década de 1870. Seria aliás, nesse momento, que homens de letras e políticos franceses voltariam a se indagar, uma vez mais no século XIX, sobre a identidade nacional, motivados, então, pela derrota diante da Prússia em 1870, seguida, não esqueçamos, da Comuna de 1871.

Exatamente nesse ano, diz Claudine Haroche, "a França tenta cuidar de suas feridas. Arrancando-lhe a Alsácia e a Lorena, a Alemanha acaba de infringir-lhe uma verdadeira mutilação afetiva. A liberdade, a fraternidade, os direitos parecem conspurcados".[5] Quando a autora alerta para as concepções diferentes de nacionalidade vivenciadas na França e na Alemanha, a questão expõe seu fundamento motivador principal na acepção não unívoca da noção de identidade nacional: em nome da "germanidade", os alemães justificavam a anexação da Alsácia – raça e língua fundem-se na mística romântica de pátria e nacionalidade; a França apoiava sua recusa à perda de território num terreno onde o viés romântico dos sentimentos – "das vontades e dos afetos" – mesclar-se-ia à racionalidade da consciência nacional.[6] Apesar da base diver-

---

5 "O que é um povo? Os sentimentos coletivos e o patriotismo do final do século XIX", de Haroche, consta da coletânea *Razão e paixão na política* (Seixas et al., 2002). O texto revisto foi publicado no já citado n.4 de *Les Cahiers du Laboratoire de Changement Social*, com o título "Les sentiments collectifs dans le patriotisme de la fin du XIXe siècle", p.27-42.

6 Déloye (2002) retoma o momento em que, na década de 1880, a questão da identidade nacional se coloca para a intelectualidade francesa após a derrota na guerra com a Prússia e mostra a concorrência de duas concepções, a racionalista e otimista dos republicanos, que pressupõe a afirmação do indivíduo e de sua disposição de aderir à Nação, e a concepção naturalista da Igreja católica, recorrendo à metáfora organicista de corpo na qual se cristaliza a identidade do cidadão francês como membro de uma comunidade religiosa, herdada de seus ancestrais.

sa da construção das identidades germânica e francesa, e da concorrência, na França, entre duas concepções de república, a católica e a leiga, torna-se evidente, nesse conflito de concepções identitárias, a complexa e delicada relação entre elementos credenciados por sua "pretendida" objetividade e elementos de outra natureza, fincados no foro íntimo como convicção e/ou sentimento pessoal.

Onde a mística da germanidade encontra seus fundamentos senão numa origem comum mítica? Onde a idéia de consciência nacional, saturada de sentimentos, finca sua "árvore da liberdade" senão na fundação mítica da França moderna? Teríamos nós, ao reler a história do Brasil, perdido de vista a importância dessa dimensão imaginária para a experiência das identidades? Seríamos tão fiéis aos autores que, nessa França de 1870, invadida e derrotada, dilacerada em sua integridade anterior, foram se refugiar numa ambicionada objetividade, cujo desafio maior fixava-se na busca do verdadeiro "ser" da França – o meio, os homens, seus usos e costumes, sua história –, de modo a dotá-la de instituições políticas menos frágeis e mais adequadas? Ou seja, teríamos, já de longa data, nos detido obsessivamente na intenção de eliminar de forma radical a instabilidade política, o constante vaivém de regimes e de governos, fazendo dos usos e costumes, do direito costumeiro, o início e o fim de todo o exercício político teórico e da prática eficiente das leis escritas?

A pergunta me parece pertinente se lembrarmos que a questão da compatibilização do direito escrito com as práticas costumeiras (o direito consuetudinário) faz parte da longa linhagem das matrizes do pensamento político e social contemporâneos. Para ficarmos na mesma conjuntura francesa dos anos posteriores a 1870, e com um historiador de referência constante entre estudiosos brasileiros ainda nas décadas iniciais do século XX, lembro Hippolyte Taine indagando na década de 1880: "O que é a França contemporânea?".A perplexidade diante da situação política francesa vinha ao encontro de sua opinião quanto aos procedimentos, para ele incorretos, adotados até então para a escolha de deputados e das várias e sucessivas formas de governo por que passara o país desde 1789. Como único método para dar resposta à questão inicial, Taine propôs, na linha dos autores de manuais indicada por Ozouf, conhecer o país, e para tanto, revisitar a formação da França de seus dias,

O charme da ciência e a sedução da objetividade

detendo-se no momento em que "sua antiga organização se dissolve".[7] Externava assim a preocupação com a provável confirmação do sufrágio universal pela Assembléia Nacional, conquistado em 1848, e em sua avaliação mal utilizado pela população, dado ela carecer dos esclarecimentos básicos para ter opinião formada. Fato agravado, diria, pela ausência de elite consciente e disposta a dirigir politicamente o país. Com essa preocupação em mente, Taine escreve, no *Journal de Débats* de 17 de outubro de 1871, um artigo saudando a fundação da *École Libre des Sciences Politiques*. Faz nele o elogio do bom senso e objetividade dos homens que se propunham a organizar, "fora das teorias e dos partidos", cursos voltados para os vários aspectos dos costumes (língua, religião) dos principais Estados, da diplomacia e tratados entre países, da economia política e finanças, sem os quais, dizia, não se poderia ter "idéia clara ou opinião autorizada sobre os assuntos públicos". Logo depois, em 5 de dezembro, publicava no *Le Temps* outro artigo em que expressa sua reserva relativa ao voto universal, fundamentado em dados estatísticos nos quais se desvelava uma França 70% rural, com 39% da população completamente analfabeta, e outra boa parte precariamente alfabetizada; população cujo horizonte mental não ultrapassaria, segundo ele, seu pedaço de terra, seu ofício, o vilarejo em que habita. O medo das decisões tomadas por pessoas que considerou serem conduzidas pela ignorância e credulidade, pelos mesquinhos interesses pessoais e pelos potentados locais ou pelos condutores de multidões fez com que propusesse não a eliminação da universalidade do voto, que considerou improvável, porém, a minoração de seus inconvenientes, por meio da forma indireta de eleição (Taine, 1903, p.135-40, 151-84).[8]

Evidentemente, Taine quis passar a seus leitores, ainda sob o forte impacto do duplo acontecimento (derrota na guerra com a Prússia e Comuna de Paris), sua maneira de pensar a relação entre identidade nacional e forma política, partindo do pressuposto da falência do **lugar-**

---

7 Refiro-me ao "Prefácio" de *Les origines de la France contemporaine* (Taine, 1986, p.4-5).

8 Suas preocupações aproximam-se das de John Stuart Mill, quando propõe, em 1869, ao Parlamento inglês, o sufrágio universal e, como forma complementar, o voto de qualidade, a fim de minimizar os inconvenientes de uma maioria pouco esclarecida (cf. Stuart Mill, 1981).

comum então vigente. Esgotara-se, para ele, a ficção da "pessoa moral" da nação baseada na liberdade e na igualdade entre os cidadãos. Impunha-se aos franceses, letrados e conscientes da importância das decisões tomadas após deliberação refletida, a evidência do impossível diálogo com a maioria da população despreparada para dar respostas adequadas ao direito que tinha assegurado por lei. Em busca da compreensão da formulação e posterior invalidação desse lugar-comum, o autor volta-se para o estudo das "origens da França contemporânea", ou seja, o momento de fundação da nova nação e do sufrágio universal, quando são formadas as representações e argumentos destinados a conferir legitimidade à universalidade proposta. Estaria nesse momento, em sua opinião, a matriz da desordem vivenciada pela França no curto lapso de tempo da vigência da Constituição jacobina e sua pretensão de suprimir a hierarquia presente na Constituição de 1791, diferenciando cidadãos *passivos*, detentores de direitos civis, e *ativos*, que a esses direitos somavam os direitos políticos.

Imagens e memórias do período da vigência da Constituição de 1793 estabelecem, no livro de Taine, uma relação direta e privilegiada entre o sufrágio universal e o "Terror", em detrimento da primeira experiência de democracia no país. Vários outros autores haviam exposto essa interpretação em momentos diferentes da vida política da França no século XIX. Não menos traumática havia sido para muitos franceses a experiência democrática saída da Revolução de 1848. A idéia republicana, que parecera se fortalecer diante da instabilidade dos "regimes híbridos" da primeira metade do século – a restauração dos Bourbons e a Monarquia de Julho –, perdera com a instauração do Segundo Império sua força de resposta às questões institucionais do país.[9]

Não podemos, aliás, esquecer a coincidência dessas preocupações e a voga da psicologia das multidões, psicologia coletiva, psicologia política, psicologia social, psicologia dos povos, motivada, em primeira instância, pelo movimento da Comuna, colocando na ordem do dia o medo da precariedade do equilíbrio político obtido pela força das armas, mas

---

9 Há uma exposição dessa reversão das expectativas em relação à república na França de 1848 e 1871 no livro de Donzelot (1984).

O charme da ciência e a sedução da objetividade

também movida, entre autores franceses, pelo sentimento de vergonha perante as marcas da ocupação alemã, a recordação de Paris, a capital desonrada pelo longo cerco do Exército estrangeiro, e sentimento de perda de parte do território arrancado da França. Como tornar estável uma situação considerada precária sob múltiplos aspectos? Como repor uma identidade que se mostrara frágil e pouco suporte dava a uma necessária reversão dos sentimentos negativos?

No cerne dessa vaga perscrutadora dos acontecimentos então recentes multiplicaram-se os estudos sobre o comportamento coletivo dos povos, visto na perspectiva do continente, o povo europeu, ou no recorte específico do comportamento e do perfil psicológico de dada população, "o povo" de cada país. Alcançar por meio dos métodos da psicologia social as motivações dos comportamentos coletivos passava a ser objeto de pesquisas de médicos e juristas interessados em estabelecer possíveis inter-relações com os comportamentos desviantes, transgressivos e criminosos. Em trabalhos publicados na década de 1890, profissionais das áreas de Medicina e Direito, principalmente, traçariam o percurso descendente na escala da civilização do homem quando reunido em multidão. Henri Fournial, Scipio Sighele, Gustave Le Bon, Gabriel Tarde compõem a lista dos estudiosos mais conhecidos e cujos trabalhos chegaram ao século XX nos escritos de Freud e Elias Canetti.[10] Trabalhos que iriam também subsidiar as análises de autores brasileiros interessados, como Oliveira Vianna, em apreender o "país verdadeiro" mediante o estudo do comportamento de sua população.

Há, porém, entre os especialistas que dirigiram seu foco de estudos primeiro para uma população específica, "o povo francês", e depois para "os povos europeus", também sociólogos, como Alfred Fouillée. A intenção política dos proclamados desígnios patrióticos de Fouillée, em oposição explícita à ala conservadora do catolicismo e ao liberalismo concorrencial, expressava-se de modo claro na introdução à *Psychologie du Peuple Français* (1898):

---

10 A questão das multidões e seu comportamento mereceu vários estudos. Aqui, recorro ao esclarecedor artigo de Dominique Cochart (in Cochart & Haroche, 1982, p.49-60).

O fatalismo psicológico e histórico sob todas as suas formas, principalmente sob as mais desencorajadoras, eis o que se dissemina em nossos dias e que deve ser combatido. Seria verdade, como sustentam com prazer nossos adversários, que estamos condenados, dado nosso caráter nacional, a tal ou qual forma inferior de espírito, que nos ameaça com a decadência mais ou menos próxima ...? (p.3-4)

Indagação ainda válida dois anos depois quando, em seu livro *La France au point de vue moral* (idem, 1900), o autor considerou estar o país vivendo o que "Auguste Comte chamara 'uma época crítica'", ou seja, uma "crise da moralidade" intimamente vinculada "à natureza mesma do caráter nacional e à degenerescência deste caráter". Analisando a situação da França nesse final de século, o autor recua para o tempo da derrota de 1870 para justificar a perda de uma "idéia-força" fundamental para qualquer povo, "a da sua própria força", ou seja, "a consciência de si". Do seu ponto de vista, essa perda criara para a população francesa "uma grande e ansiosa interrogação perante o livro do destino", a angústia indizível "frente a um presente que abala nossa fé no futuro". Fouillée não se limitou, entretanto, a imputar a "crise" vivida pelo povo francês à derrota perante as tropas prussianas; ele a vinculou também à "sociedade democrática", "esta casa de vidro" onde a presença da multidão se tornara permanente. Atribuía a essa mesma multidão, e "seu fundo grosseiro", a responsabilidade pela "escolha de seus políticos, seus jornalistas e romancistas", aqueles que, segundo ele, comporiam "todas as vozes que ela escuta e aos quais escuta somente sob a condição de traduzirem em clamores barulhentos seus preconceitos e seus ódios".

Em uma França sacudida pelo caso Dreyfuss, e pela ação anarquista e socialista, esse adepto das teorias do determinismo mesológico e racial sobre as "condutas e sensibilidades coletivas" iria além, convicto da importância do conhecimento das condições do "meio intelectual e moral", para só então se sentir autorizado a perguntar qual seria, na atualidade, "a verdadeira causa da falta de associação e de ação comum muito freqüente entre os franceses" (Fouillée, 1900, Prefácio, e Parte I, cap.I). Sua preocupação colocava em questão a eficácia atual das representações patrióticas da Pátria francesa formuladas entre 1789 e a tomada do poder por Napoleão Bonaparte. Confirmava, no entanto, a suspeita de

O charme da ciência e a sedução da objetividade

Taine, expressa vinte anos antes, quanto ao aumento progressivo da supremacia da "massa", correlato ao rebaixamento das formas civilizadas de convívio social: "Quando se trata dos grandes números, como das multidões, é quase sempre o elemento inferior que dá o tom e determina o nível", sentenciava Fouillée. Embora criticasse explicitamente Taine pelo "naturalismo estreito e enganador em sua pretensão de rigor lógico", acatava suas considerações relativas ao desconcerto dos jovens franceses mal (in)formados em meio a "mil idéias contraditórias" herdadas das gerações precedentes e largamente difundidas pela imprensa (ibidem, Parte I, cap.II, Parte II, cap.I).

A preocupação de Fouillée a respeito do "mal-estar" reinante reforça a suposição, já anunciada neste estudo, de que seria sempre em momentos de constrangimentos coletivos ou desafios políticos para a "elite pensante" que reapareceriam os questionamentos acerca da força das idéias vigentes e de sua eficácia para assegurar a vontade coletiva e o comportamento sem brechas ou desvios alimentados pelo caráter nacional. A questão do caráter nacional seria uma importante arma política, não um conceito apropriado para estudos acadêmicos.

Segundo ele, o mal-estar causado pelo "estado inorgânico e anárquico" da sociedade deveria ser superado pelo "esclarecimento do 'povo-rei'"; o que o leva em seus estudos à psicologia dos povos e à especial psicologia do povo francês, ou seja, a elaborar um novo **lugar-comum**. O passado, definitivamente enterrado, deveria ceder seu lugar ao futuro, à "organização racional" baseada na noção de **solidariedade social** e em sua tradução no projeto político do solidarismo.[11] A natureza, ou o meio físico, recuava em seus escritos, sem se fazer ausente, para conferir destaque às "condições bem mais importantes do meio intelectual e moral"; esse conjunto de "idéias-forças e de sentimentos-forças que emanando da sociedade age sobre cada indivíduo", formando as "regras da conduta coletiva e as tendências da sensibilidade coletivas". Em seus escritos, Fouillée naturaliza a coletividade – o povo – na metáfora do

---

11 Sobre a noção de "solidarismo" ver o artigo de Louis Moreau de Bellaing, "Le solidarisme et ses commentaires actuels" (1992, p.85-99). Essa noção tem íntima relação com a idéia de solidariedade, noção-chave nos escritos de Oliveira Vianna, e a ela voltarei na segunda parte deste livro.

"organismo moral". Para ele, destituída de sua diretriz religiosa, a orientação moral deveria passar necessariamente pela Filosofia e Sociologia, oferecendo a essa coletividade moral um ponto de apoio suficientemente sólido para superar "a crise moral e social" prevalecente. Sua concepção voluntarista de caráter nacional revela uma dimensão ambígua, já que fundamentada na crítica ao "atomismo moral e social" e na adesão à idéia de "justiça social", ambas conjugadas na fórmula do "quase-contrato". A noção de "quase-contrato" ele a explica como a forma de governo que os homens de um país escolheriam "se tivessem sido igualmente e livremente consultados". Noção no mínimo contraditória, pois embora guardasse seu caráter jurídico, Fouillée somava a ele um forte componente filosófico e sociológico. Um contrato "retroativamente consentido", diria.[12]

A ampla aceitação da doutrina solidarista pelo significativo período dos anos 1870 a meados da década de 1920 deve-se, segundo Louis Moreau de Bellaing, a ter seus pés fincados tanto no socialismo e no positivismo quanto no naturalismo sociológico (a relação biologia/sociedade). Apresentava-se como uma posição intermediária, uma terceira via, afastada tanto do liberalismo como do socialismo, como resposta política aos conflitos sociais prementes. Para ele, "na agonia do dia seguinte da guerra e no momento do nascimento da Terceira República (aquela que iria permanecer, acreditavam)", esses intelectuais, o jurista Léon Bourgeois à frente, acompanhado de Fouillée, agarraram-se à noção de contrato social de Rousseau, dando-lhe novo sentido. Foram eles os *"maîtres à penser"* que instituíram o Estado como árbitro dos contratos e dos quase-contratos responsáveis pela vitória da unidade francesa na Primeira Guerra Mundial (Bellaing, 1992, p.85-99). Portanto, uma reelaboração identitária ainda apoiada na concepção voluntarista do segundo modelo apresentado por Déloye.

Ensaiemos agora, à guisa de exercício exploratório, fazer uma incursão no território dos intelectuais norte-americanos e surpreender em *American Writers and the Picturesque Tour: The Search for National Identity, 1790-1860*, de Beth L. Lueck, uma preocupação semelhante à de vá-

---

12 Voltaremos à questão da noção de "quase-contrato" quando, ao examinarmos as propostas políticas de Oliveira Vianna, trataremos da doutrina solidarista, o "solidarismo" francês.

O charme da ciência e a sedução da objetividade

rios intelectuais brasileiros (Lueck, 1997).[13] Seu ponto de partida já mostra, contudo, que deseja chegar a uma conclusão afirmativa dos bons resultados obtidos pelos escritores estudados. Ao iniciar a colocação de seu tema, ela afirma ter o articulista da *Putnam's Monthly*, de 1855, errado em sua crítica com relação à suposta atração exercida pela Europa sobre os viajantes norte-americanos, que projetariam no velho continente "seus sonhos, esperanças e ilimitadas aspirações". Para demonstrar o interesse dos norte-americanos pelas viagens em sua terra nativa, a autora percorreu textos de escritores que, desde o final do século XVIII e na primeira metade do século XIX, portanto cinqüenta anos antes do artigo da revista mensal, haviam descrito as paisagens e escrito a história do país de dimensões continentais.

Outro pesquisador, John Whale, sugeriu que a aproximação dos autores românticos dos exploradores de novas paisagens esteve motivada, desde o começo, nas décadas finais do século XVIII, pelo que se suspeitou ser uma mobilidade suscitada em pessoas com sensibilidade aberta às impressões imediatas, combinada com a capacidade de registrá-las num processo temporal de decadência, ruínas e várias formas de "naturalização".[14] Esteve também identificada, diz o autor, "com a segurança de se explorar territórios nativos e prazerosos, dentro de uma concepção estética masculina que decididamente voltou as costas para o terrível desafio da alteridade cultural".

Viajantes e artistas desfrutariam de uma experiência estética, haurida de maneiras diversas dos escritos de William Gilpin. Esse pintor e

---

13 A concepção estética que orienta os *picturesques tours* dos britânicos é remetida pela autora à William Gilpin, cujos *Three Essays on Picturesque Beauty* (1794) foram traduzidos para o francês poucos anos depois (1799). Na edição francesa (Paris: Éditions du Moniteur, 1982) consta a data do original inglês como sendo de 1792. Também de 1794 é a publicação de *An Essay on the Picturesque: As Compared with the Sublime and the Beautiful*, de Uvedale Price, trabalho reeditado com comentários esclarecedores de Sir Thomas Dick Lauder em 1842. Os textos de William Hogart, *The Analysis of Beauty* (1753), e de Edmund Burke, *A Philosophical Enquiry into the Origin of our Ideas of the Sublime and Beautiful* (1756), completam essas "investigações" sobre concepções estéticas em língua inglesa no século XVIII.

14 As referências aos viajantes estão no artigo de John Whale, "Romantics, Explorers and Picturesque Travellers", (Copley & Garside, 1995, p.175-95). Nele, o autor examina criticamente a definição de pitoresco em Gilpin, mostrando o fundo paradoxal de sua concepção entre a natureza e a arte.

gravurista inglês, autor dos *Three Essays: On Picturesque Beauty*, publicado em 1797, fora responsável pela formulação da noção de pitoresco e pela intenção pedagógica da educação dos sentidos para paisagens desconhecidas. Referia-se assim às coisas que causavam a sensação do pitoresco e o gênero de pessoas que a buscavam:

> We suppose the country to have been unexplored. Under this circunstance the mind is kept constantly in an agreable suspense. The love of novelty is the foundation of this pleasure. Every distant horizon promises something new; and with this pleasing expectation we follow nature throught all her walks.[15]

Para Gilpin, a irregularidade, ou a "rugosidade", característica principal do pitoresco, diferenciava-o da suavidade e da regularidade do "belo". Essa idéia casava muito bem com as representações de paisagens, cuja irregularidade e contrastes agiriam como estímulo à imaginação, fazendo delas, além disso, excelentes temas para narrativas, gravuras e pinturas. A idéia de pitoresco esteve, portanto, sempre ligada a uma concepção estética, cuja finalidade seria orientar a observação das paisagens; educar o olhar para coisas que ao comum dos mortais passariam despercebidas. Não devemos esquecer, como adverte Lueck, sua importância decisiva na construção de uma particular forma de "Englishiness", apontada como idealização da vida rústica e dos ideais de auto-suficiência e independência da aristocracia agrária inglesa. Suscitaria, ainda, o interesse estético pelos "destituídos", explicando desse modo, em parte, a freqüência com que rudes camponeses, mendigos e ciganos foram retratados na produção artística e literária da época.

Seria exatamente esse interesse pela novidade e pelo desconhecido que permitiu a Lueck vincular as viagens pelo interior do território nor-

---

15 [Imaginemos um país ainda não-explorado. Nessas circunstâncias a mente fica aprisionada em um estado de agradável suspense. O fascínio pela novidade é o fundamento deste prazer. Cada horizonte distante promete algo novo; e com essa agradável expectativa seguimos a natureza atravéz de todos seus caminhos.] Citado por John Whale (Copley & Gasside, 1995, p.176). Ver o ensaio de William Gilpin, "On Picturesque Travel" (1794, p.47-8). Há uma versão francesa de 1799 e reeditada em Paris pelas Éditions du Moniteur, 1982.

O charme da ciência e a sedução da objetividade

te-americano à intenção de conhecimento da sua geografia, aspectos da paisagem e da população, singularidade capaz de conferir ao país uma identidade após os anos de guerra contra a metrópole inglesa. Com certeza, a expansão territorial progressiva dos Estados Unidos parece ter incentivado as viagens exploratórias, popularizadas, na década de 1820, pela proliferação de guias com suas lições sobre as maneiras de empreender uma viagem pitoresca em território norte-americano.

A leitura do estudo de Lueck sobre a formação da identidade nacional por meio dessa literatura de viagem, escrita no período entre a Guerra de Independência e a Guerra Civil, sugere ter sido empresa bem-sucedida. Na trilha das sugestões de Gilpin, ampliara-se o campo temático das representações, somando às paisagens naturais aquelas produzidas pelo homem, terras cultivadas, mas também as cenas urbanas. Para as finalidades deste estudo, o interesse do trabalho de Lueck ultrapassa o nível das informações sobre as motivações para a elaboração da imagem da identidade norte-americana com base na paisagem. Ela não deixa de enfrentar o debate num campo polêmico bem conhecido das ciências humanas no Brasil, o da pertinência ou não de considerar ter a literatura "colonial" tomando "emprestado as convenções literárias britânicas usando-as um tanto acriticamente" na elaboração de sua própria literatura. Tal como se os autores dos guias *American Picturesque Tours*, privados de criatividade própria, tivessem se limitado a copiar o modelo do popular *British Tour*.

Na ótica de Lueck, a *wilderness* do novo continente dificilmente se enquadraria em um transplante da concepção estética pensada para as menos contrastantes paisagens britânicas. As descrições da natureza do novo continente poderiam mesmo resvalar para algumas percepções distorcidas e causar certa confusão nos leitores, diz a autora. Apesar dos problemas relacionados aos cânones literários e estéticos ingleses enfrentados pelos autores das *picturesques tours* norte-americanas, Lueck considerou que o movimento, tido como pouco significativo por ser literatura de menor interesse e praticamente desaparecida na década de 1850, teve sim importância ao "revelar como a cultura americana foi formada e definida". Permite, segundo ela, observar como uma convenção britânica foi importada, satirizada e eventualmente transformada pelos escritores norte-americanos como "parte do desenvolvimento cultural independente do novo país e do orgulho nacional". Nesses relatos, a autora diz ser possível identificar também a representação metafórica dos perigos relacionados não só aos índios e panteras nativos das terras já em si perigosas, mas, sobretudo, a algo mais sutil e não menos assustador, os "perigos políticos da independência como caminho político novo" (Lueck,1997, p.31 ss., 189 ss.). Sugestão que vincula a noção de identidade nacional a uma delicada e importante questão política.

A inspiração dessa literatura de viagem não encontraria seus fundamentos somente na concepção estética do pitoresco de Gilpin, mas se apropriaria também de outras idéias correntes no século XVIII, sobretudo as dos naturalistas Buffon e De Pauw. Seguindo as sugestões do erudito e importante livro de Antonello Gerbi (1996), Maria Ligia Prado fez uma leitura próxima à de Lueck, afastando-se dela ao levar em consideração tanto "a visão 'científica' negativa da América" formada por europeus, quanto por não localizar na Guerra de Secessão um rompimento na representação da natureza norte-americana (Prado, 1999, p.179 ss.). Afirmando ter existido um diálogo constante entre escritores e paisagistas, a autora indicou a continuidade da produção e a ampla aceitação de público dessas representações escritas e imagéticas até os anos 1870, quando passam a perder prestígio com a entrada, nos Estados Unidos, do estilo do pintor francês Barbizon. Prado remonta a um quadro de George Caleb Bingham, de 1851 ou 1852, que teria sido a inspiração do historiador Frederick Jackson Turner na formulação da idéia da fronteira móvel norte-americana para o artigo de 1893, que se tornaria clássico na formação de um liame significativo entre natureza e democracia nos Estados Unidos.

Prado e Lueck aproximam-se pela concordância quanto ao interesse dos norte-americanos em contrapor a representação européia da natureza e homens norte-americanos tidos como imaturos ou já degenerados, pela interpretação positiva dessa natureza, na qual a própria idéia de *wilderness* apontaria para algo intocado, cuja pureza e energia moldariam os costumes norte-americanos. Uma natureza privilegiada por Deus, palco do nascimento de uma nova história, que rompia com o passado e se conectava com o futuro. Segundo Prado, "O herói dessa

O charme da ciência e a sedução da objetividade

aventura era o indivíduo emancipado, confiante e solitário, que não carregava o fardo da história passada e que estava pronto para confrontar, com seus próprios recursos, qualquer novo desafio"(Prado, 1999, p.188).

Em estudo recente, Lucia Lippi de Oliveira (1998, p.51-66) retomou os Estados Unidos do final do século XIX, ou seja, após a guerra civil, evento limite para o estudo de Lueck, para localizar nesse momento o movimento de revisão dos mitos da identidade nacional. Persistiria como motivo central dessa nova formulação o meio físico, a imensa extensão das terras norte-americanas servindo de apoio para a narrativa histórica fundadora da nacionalidade. A fronteira, sempre deslocada, fronteira móvel de Turner, adquire, diz a autora, "poder explicativo como expressão do mito, dos sentimentos e dos valores de muitos americanos em relação à experiência nacional. ... Nele estão imbricadas questões relativas à democracia vs. aristocracia e à natureza ou barbárie vs. civilização". Estaria também relacionada ao ideal de agrarismo romântico de Thomas Jefferson, para quem o trabalho agrícola produziria "cidadãos virtuosos". A representação da fronteira como território selvagem e sem lei remeteria para "o mais primitivo da identidade nacional". "A fronteira e o Oeste possuem um poder mitológico fundamental", afirma a autora, dito e redito pelos textos históricos e pela literatura norte-americana. Sua força mítica manteria, segundo Lippi de Oliveira, sua força nos dias de hoje, a despeito das novas modalidades de explicação da história norte-americana terem sido deslocadas por parte dos pesquisadores para o multiculturalismo e os estudos de gênero.

O trabalho de Turner estaria inserido na mesma seqüência dos *picturesques tours*, dos registros pictóricos e das diversas avaliações da ação colonizadora inglesa em terras norte-americanas. Representações variadas e sempre em oposição às interpretações européias pessimistas em relação às possibilidades de sucesso na colonização das terras da América do Norte. Contudo, é bom lembrar que, mesmo entre europeus, foram muitos os que comungaram essa concepção positiva das *wilderness*, consideradas terras só tocadas por Deus, possibilidade aberta à realização de projetos societários ideais. Seria o terreno propício para a fundação de uma nova sociedade, em outro tempo histórico. Há, contudo, nessas representações da natureza norte-americana, uma clara distinção entre a América do Norte de clima temperado e o restante do território, situado entre o Equador e os Trópicos.

São conhecidas as observações de Alexis de Tocqueville sobre a diferença entre a natureza da América do Norte e a da América do Sul, descritas no primeiro capítulo de *Democracia na América* (1835). Ancorado em pressupostos mesológicos, mas recorrendo também às concepções estéticas do *belo*, do *sublime* e do *pitoresco*, o autor estabeleceu um confronto entre a natureza difícil das terras do Norte, apropriadas a bem formar homens rijos e fortes, e a natureza paradisíaca das costas do Sul, cuja beleza idílica daria guarida à morte.

> Foi naquela banda inóspita [entre a vertente ocidental do Aleganis e o Oceano Atlântico] que se concentraram inicialmente os esforços da indústria humana. Naquela nesga de terra árida nasceram e cresceram as colônias inglesas que viriam a se tornar um dia os Estados Unidos da América ...
>
> Quando os europeus desembarcaram nas praias das Antilhas e mais tarde, nas costas da América do Sul, julgaram-se transportados às regiões fabulosas que os poetas haviam celebrado ...
>
> Tudo o que se oferecia à vista, naqueles lugares encantados, parecia preparado para as necessidades do homem, ou calculado para os seus prazeres ...
>
> Sob aquele manto esplendente, achava-se escondida a morte; ninguém a percebia, então, todavia, e reinava no ar daqueles climas, não sei que influência debilitante, que ligava o homem ao presente e lhe tirava as preocupações com o futuro. ... A América do Norte apareceu sob outro aspecto: ali, tudo era grave, sério, solene; dissera-se que fora criada para se tornar província da inteligência, enquanto a outra era a morada dos sentidos. (Tocqueville, 1977, p.25-6)

Sem dúvida, esse é um texto exemplar para um estudo dos recursos retóricos usados no século XIX com o intuito de estabelecer o confronto entre dois meios geográficos e climáticos contrastantes, cuja força exerceria um efeito dramático na conformação dos homens. O efeito de impacto, o êxtase dos sentidos se sobrepondo ao convencimento da razão, a elaboração literária do choque perante a imagem do maravilhoso, demonstra o domínio, por parte do autor, das técnicas retóricas próprias à produção do **sublime**, para as quais a noção grega de *kairós*, o momento oportuno, remetia ao controle técnico, essencial para conferir o ar trági-

O charme da ciência e a sedução da objetividade

co, terrífico, às coisas não necessariamente terríveis. Nas frases de Tocqueville, a natureza obriga os homens a um destino quase inescapável. Fugir a ele requeria astúcia e persistência, exigia saber intervir no tempo propício. Assim, a morte também se fez presente nas terras norte-americanas e "ali golpeava sem descanso"; não se tratava, porém, de presença velada, traiçoeira, mas de um desafio aberto. Lá, a inóspita região costeira e a floresta virgem de "uma obscuridade profunda" constituíam um obstáculo a vencer, para dar acesso à região "do vale do Mississippi ... o mais magnífico que jamais Deus preparou para a habitação do homem...". Nas regiões tropicais, o paralelismo traçado com as concepções edênicas pode nos instruir quanto à aparente harmonia do paraíso habitado por Adão e Eva, aparente e traiçoeira por conter em si o estímulo à transgressão colocado em uma fruta banal como a maçã.[16]

Essa busca de características físicas particulares que identificassem um país entre as demais nações civilizadas percorre parte significativa da produção intelectual do século XIX, fortemente marcada pelas convenções do pensamento romântico e dos naturalistas, primeiro; convivendo depois com as da literatura realista, convenções que certamente encontraram farto subsídio nas sucessivas propostas científicas de explicação do mundo físico e humano. A concepção mesológica, cujos começos dispersos se esboçara no século anterior, auxiliada pela ciência, sofrera várias leituras, críticas e reelaborações diferenciadas ao longo do século XIX. O meio geográfico e climático assumia o centro da cena na fixação de quadros onde as diferentes raças esboçavam de maneira afirmativa destinos diversos.

Razão e sentimentos: teorias estéticas e produção de emoções

> O continente [América], que no século XVI suscitara tantos problemas filosóficos e teológicos, cosmográficos e políticos,

---

16 Sérgio Buarque de Holanda faz percurso instigante em torno dos temas edênicos em seu trabalho clássico, *Visão do Paraíso* (1977). Voltaremos a ele mais adiante.

Maria Stella Martins Bresciani

> após o eclipse da era barroca se apresentava aos espíritos práticos e
> apaixonados do século XVIII como Natureza e Clima.
> Antonello Gerbi (1996, p.49)

O campo conceitual para ver e analisar as diversas áreas coloniza-das pelos europeus encontrava-se já definido, no início do século XIX, com critérios variados e bem explícitos. O tema da identidade adentrava com os movimentos de independência o campo bastante delicado das questões políticas, tornando-se objeto de reflexão. Esses critérios alia-riam a concepção mesológica de base científica, que explicaria o poder do meio físico no processo de formação e/ou adaptação de tipos raciais, a uma representação estética desse mesmo meio e dos resultados im-pressos em tipos humanos, oferecendo a possibilidade de compreender a complementaridade entre narrativas textuais e desenhos, esboços, aquarelas e outras formas mais sofisticadas de representação imagética. Não podemos esquecer o fundo moral contido nesses critérios, uma vez que um meio específico formaria homens (além da fauna e flora) com ca-racterísticas físicas e disposições psicológicas ou morais também singula-res. Por sua vez, a representação estética deveria dar conta dessa diversi-dade do meio e do homem em sua dimensão física e moral. As imagens de uma natureza esmagadora, onde se vêm homens de dimensões di-minutas, por exemplo, transmite imediatamente a sensação da sujei-ção humana à grandiosidade do meio. Já a representação bucólica de carneiros e campos cultivados transmite a sensação de tranqüila con-vivência entre homens e o mundo natural, transformado em segunda natureza.

Elaborar o inventário das possibilidades dessa relação entre ho-mem e meio passava a ser tarefa à qual se dedicaram inúmeros viajan-tes, naturalistas e artistas, ao percorrerem nos oitocentos terras do "novo continente". Carregando em sua bagagem mental concepções es-téticas formuladas ou reformuladas no século XVIII, apóiam-se nelas para a execução das inúmeras descrições, nas quais anotavam cuidado-samente a natureza, em suas diferenças sutis e gritantes entre o *pitoresco* e o *sublime*, a diversidade da fauna e dos tipos humanos, principalmente as características dos aborígines das terras norte-americanas. Forjaram com elas representações de longa duração.

O charme da ciência e a sedução da objetividade

A teoria mesológica mantém sua força explicativa ainda no século XX, prevalecendo de forma confessa nas primeiras décadas, e dando sua chancela à explicação do caráter dos homens submetidos a determinado meio físico, orientando políticas nacionais e a formulação dos planos de intervenção nas cidades. De maneira não muito clara, na trama do romantismo e do naturalismo se estabeleceria, ainda no século XVIII, uma relação de dependência entre o meio com sua força formadora e as teorias morais e estéticas, nem sempre "enraizadas na velha Albion".

Tanto como assinalar o componente emotivo da retórica naturalista, acredito ser importante surpreender outro vínculo entre romantismo, muitas vezes considerado apenas uma apologia dos sentidos, dos sentimentos e da imaginação, e seus fundamentos teóricos, racionalmente formulados e justificados. Uma considerável produção ensaística correlacionou, desde pelo menos o século XVIII, os sentidos, as emoções e a imaginação, fazendo deles elementos imprescindíveis para atingir o foro íntimo, onde se acreditava fazer dos sentimentos firmes convicções. Samuel Richardson, romancista inglês contemporâneo dos "philosophes" do séulo XVIII, mereceu do abade Prévost a tradução france a de seu principal romance, *Clarisse*, e de Diderot um elogio fúnebre (1762), cujo teor seria confirmado nos anos da revolução na França por Germaine de Staël. Seu grande feito seria, nas palavras de Diderot, o de ter colocado em ação nos seus livros todas as máximas dos moralistas, semeando nos corações de seus leitores, e principalmente leitoras, os gérmens da virtude. Conseguira, por meio da arte de escrever, "levar a tocha ao fundo da caverna" (Diderot, 1994, p.29-48). O elogio tem como ponto central a ousadia de Richardson, ao implantar na trama romanesca o mundo em que vivemos; abandonando o "tecido de acontecimentos quiméricos e frívolos" que, segundo Diderot, teria sido até então próprio dos romances, com suas narrativas ambientadas em lugares e personagens imaginários e inverossímeis. Na ótica de Diderot, os sentimentos suscitados pela maestria de Richardson, ao compor a narrativa novelesca, arrebatava o leitor, inserindo-o na trama por meio da imaginação, levando-o a dialogar com os personagens, criticando-os, admirando-os, irritando-se e indignando-se com seus atos, conforme a situação, poder-se-ia dizer, quase vivenciada. A arte teria sido posta a serviço da moral e da ética.

O Richardson, Richardson, homme unique à mes yeux, tu seras ma lecture dans tous les temps! Forcé par des besoins pressants, si mon ami tombe dans l'indigence, si la médiocrité de ma fortune ne suffit pas pour donner á mes enfants les soins nécessaires à leur éducation, je vendrai mes livres; mais tu me resteras, tu me resteras sur le même rayon avec Moïse, Homère, Euripe et Sophocle; et je vous lirai tour à tour.

Plus on a l'âme belle, plus on a le goût exquis et pur, plus on connaît la nature, plus on aime la verité, plus on estime les ouvrages de Richardson.[17]

Esse domínio da escrita por Richardson, Fielding e outros romancistas ingleses dos setecentos, mestria capaz de apresentar quadros vívidos, seria também motivo de elogios de Germaine de Staël, já na década final do século. As "ficções naturais" foram consideradas por Staël o único gênero literário capaz de atingir uma finalidade moral sem tornar evidente sua intenção, ou melhor, deixando-a em segundo plano como a força invisível que lhe daria sentido e atuaria na formação dos mores por meio da "pintura de nossos sentimentos habituais". Em suas palavras:

On peut extraire des bons romans une morale plus pure, plus relevée, que d'aucun ouvrage didactique sur la vertu ... Il faudrait ajouter à la vérité une sorte d'effet dramatique qui ne la dénature point, mais la fait ressortir en la resserrant: c'est un art du peintre, qui loin d'altérer les objets, les représente d'une manière plus sensible ... Le don d'émouvoir est la grande puissance des fictions; on peut rendre sensibles presque toutes les vérités morales, en les mettant en action ... Une histoire vraie, ... ne pourrait intéresser sans le secours du talent nécessaire ... le génie qui fait pénétrer dans les replies du coeur humain ... (p.44-47)[18]

A arte de escrever, "de pintar os caracteres e os sentimentos com força e detalhes produzindo uma profunda impressão", merecia refle-

---

17 [Oh Richardson, Richardson, homem tão singular a meu ver, serás minha leitura em todos os tempos! Esteja eu constrangido por necessidades prementes, ou se meu amigo cair na indigência, ou ainda se a mediocridade de minhas posses não bastar para cobrir os cuidados necessários à educação de meus filhos, eu venderei meus livros; mas tu ficarás, ficarás na mesma estante ao lado de Moisés, Homero, Eurípedes e Sófocles; e eu vos lerei um a um. Quanto mais bela é a alma, mais puro e civilizado é o gosto, mais de conhece a natureza humana, mais se ama a verdade, mais se estimam as obras de Richardson.]

18 [Pode-se extrair dos bons romances uma moral mais pura, mais elevada, que de qualquer outra obra didática sobre a virtude. ... É necessário adicionar à verdade uma espécie de

O charme da ciência e a sedução da objetividade

xões sobre as gradações causadas pelo impacto do mundo exterior sobre os sentidos humanos e, em decorrência, sobre a imaginação. A incumbência de descrever usos e costumes freqüentou as páginas da literatura ficcional mas não constitui monopólio desse gênero literário. Filósofos e naturalistas, o homem letrado em geral, partilharam com os romancistas essa busca da essência humana encoberta pelas aparências, para eles, muitas vezes enganadoras, ou, numa atitude mais pragmática, a ela se lançavam na expectativa de inventariar a ampla gama da variedade da espécie humana. São narrativas cujo ponto comum estaria na busca da moralidade: as narrativas ficcionais ambicionaram fixar valores éticos no foro íntimo, os relatos dos cientistas, a de apresentar os mores como a essência profunda de um povo. Nessas duas narrativas, a mestria da escrita e o domínio da retórica tornam-se recursos imprescindíveis para convencer o leitor com seus argumentos.

Há um tal entrelaçamento entre vários autores e os diversos gêneros de escrita que acredito não ser inútil conhecer os argumentos de alguns dos que se aproximaram dos recursos retóricos utilizados para a elaboração de imagens e juízos de valor de grande apelo emocional, sem deixarem de lado a produção de argumentos racionais. Foram autores comprometidos com o elogio da civilização e os progressos da razão, tais como Buffon, Montesquieu, Voltaire e Kant, que, no século XVIII, formularam julgamentos valorativos sobre os diferentes "povos" a partir das observações, poucas vezes direta, de seus usos e costumes. Idéias

---

efeito dramático que não a deturpe, mas faça-a sobressair sintetizando-a; é a arte do pintor que, longe de alterar os objetos, os representa de uma maneira mais sensível. ... O dom de emocionar é a grande força das ficções; pode-se tornar sensíveis quase todas as verdades morais, pondo-as em ação. ... Uma história verdadeira ... não interessaria sem a ajuda do talento necessário ... o gênio que a faz penetrar nas dobras do coração humano] (Tradução da autora). Germaine de Staël escreveu em 1795 um texto fundamental sobre a força persuasiva das ficções literárias na formação dos mores republicanos. Há uma publicação desse ensaio com o título *Essai sur les fictions*, completado por outro texto, *De l'influence des passions sur le bonheur des individus et des nations*, iniciado quando a autora, na fase mais radical do movimento revolucionário francês (1793), estava no exílio na Inglaterra, e terminado em 1795 na Suíça. Encontrável nas Editions Ramsay (Paris, 1979). No artigo "Le pouvoir de l'imagination: du for intérieur aux moeurs publiques. Germaine de Staël et les fictions littéraires" (Haroche, 1995), desenvolvo esse tema caro aos autores românticos, e tratado pela autora que une a teoria à prática em romances como *Delphine* e *Corinne, ou de l'Italie* (1811).

referentes a peculiaridades dos seres humanos seriam assim partilhadas ou combatidas por intelectuais dedicados a pensar questões filosóficas e estudiosos voltados para questões das ciências naturais.

Não é fácil, e do meu ponto de vista resultaria um exercício desnecessário, tentar chegar aos começos desse interesse, localizando-o em um autor, em dado momento. Seria como aspirar à recuperação das origens e, com base nelas, refazer toda a trajetória de uma forma de pensamento, de um conceito aprimorado em sucessivas retomadas, armadilha sobre a qual já nos alertou Foucault.[19] Orienta meu esforço neste estudo o intuito de esboçar formulações que partem de pontos diversos, se aproximam e se afastam, se contradizem para em seguida se reencontrar, juntar pontos de vista pouco antes considerados diferentes. Onde colocar anterioridade entre *De l'Esprit des Lois* de Montesquieu, publicado em 1748, e a *Histoire Naturelle* de Buffon, de 1749? Estariam já, em 1721, nas *Lettres Persanes*, ou em 1725, nas *Considérations sur les Richesses de l'Espagne*, a origem longínqua ou a forma embrionária das idéias que Montesquieu desenvolveria depois? Ou talvez, seriam as *Lettres Philosophiques* de Voltaire, escritas entre 1728 e 1731, o verdadeiro embrião da maneira moderna de escrever história, aquela que abandona um relato minucioso dos entrelaçamentos dinásticos e dos feitos reais e diplomáticos, voltando-se para a análise dos usos e costumes de um povo? Estariam por ventura esses inícios nos autores antigos, gregos de preferência, nos quais esses letrados do século XVIII buscaram autoridade para seus argumentos? Poderíamos, ainda, aceitar a afirmação de Todorov, que atribui à *Histoire Naturelle* de Bouffon o privilégio de ter sido o ponto de partida mais apropriado para o estudo do "Homem", e mesmo

---

19 Comparando os procedimentos dos historiadores (e aqui insere uma observação sobre a teoria da história da Escola dos Annales) e dos que estudam a história das idéias, Foucault observa que estes últimos deixaram de lado as continuidades para se aterem aos fenômenos de rupturas. Assim, estes não buscariam os começos silenciosos, nem a retroação sem fim na direção dos primeiros precursores, mas a demarcação de um tipo novo de racionalidade e de seus efeitos múltiplos. Eles mostram, e Foucault diz isso se referindo a Canguilhem, "que a história de um conceito não é a de seu refinamento progressivo, de sua racionalidade continuamente crescente, de seu grau de abstração, mas a de seus diversos campos de constituição e de validade, de seus usos sucessivos, dos meios teóricos múltiplos nos quais prossegue e se completa sua elaboração" (1969, p.9-11).

nesse caso, não pela originalidade dos ensinamentos, mas por oferecer a síntese de numerosos relatos de viagens dos séculos XVII e XVIII, e por sua larga difusão na literatura posterior? O próprio Todorov mostraria começos diversos e contraditórios dessa literatura que fez do homem o princípio e o fim da curiosidade intelectual.

Começar por Montesquieu consiste, pois, uma escolha da historiadora orientada pela "Advertência do autor" em *De l'Esprit des Lois* (1951, p.227):

> ... Il faut observer que ce que j'appelle la vertu dans la république est l'amour de la patrie, c'est-à-dire l'amour de l'égalité. C'est point une vertu morale, ni une vertu chrétienne, c'est la vertu politique; et celle-ci est le ressort qui fait mouvoir le gouvernement républicain, comme l'honneur est le ressort qui fait mouvoir la monarchie. J'ai donc appelé vertu politique l'amour de la patrie et de l'égalité.[20]

A "virtude política", ou o "amor pela pátria e pela igualdade", seria o privilégio do "homem que ama as leis de seu país, e que age pelo amor das leis de seu país". A noção de virtude política implica, pois, conhecimento das leis e adesão a elas, não apenas racional, mas sobretudo afetiva. De leis que mantêm a relação entre governantes e governados – o direito político; de leis reguladoras das relações entre cidadãos – o direito civil. Completando essa noção genérica de virtude política e de lei, Montesquieu indicaria a singularidade de cada sociedade ou nação e o imperativo da adequação das leis a cada caso particular. Entretanto, a particularidade estaria submetida a uma "lei geral", a da "razão humana", por esta "governar todos os povos da terra". Dotados de pensamento racional, os homens seriam, contudo, distintos em suas características locais. O que levou o autor a completar a frase: "e as leis políticas e civis de cada nação devem ser somente os casos particulares onde se aplica esta razão humana". Nada mais próximo do campo conceitual de Oliveira Vianna e de outros autores brasileiros da primeira metade do

---

20 [... Faz-se necessário observar que o que denomino a *virtude* na república é o amor da pátria, ou seja, o amor da igualdade. Não se trata de uma virtude moral, nem de uma virtude cristã, é a virtude *política*; aquela mola que move o governo republicano, tal como a *honra* movimenta a monarquia. Denominei, pois, *virtude política* o amor da pátria e da igualdade].

século XX; em seus projetos políticos para o Brasil, trata-se de um ideal a ser alcançado em um tempo sempre localizado no futuro.

A escolha, porém, se fez também por ser um autor que se coloca numa relação de distância analítica perante seu objeto de estudo, portanto próximo da almejada objetividade desses autores dos séculos XIX e XX; e proclamada como procedimento intelectual correto por Oliveira Vianna. A afirmação de Montesquieu, "nunca colhi meus princípios entre meus preconceitos, mas da natureza das coisas", aproxima-o da posição de Oliveira Vianna, citando Sainte-Beuve e Hyppolite Taine como modelos de procedimento científico. As afinidades se revelam bem maiores ao avançarmos na leitura do texto de Montesquieu e de sua noção de lei, cuja matriz seria obra divina, mas que determinaria a permanência e as mudanças das forças naturais, e governaria também as ações humanas, mesmo quando dela(s) não tivéssemos ciência. O determinismo se expressaria nas "causas físicas e morais" (clima, comércio etc.), no direito natural sobre a natureza do governo, portanto, valores universais e condições particulares interagindo numa estrutura coerente que denomina "o espírito geral de uma nação". À afirmação de que as leis "devem ser de tal modo adequadas ao povo para o qual elas são feitas que somente por um excepcional acaso as de uma nação poderiam convir a uma outra", segue um detalhado programa de análise:

> Elles [les lois civiles] doivent être relatives au physique du pays; au climat glacé, brûlant ou tempéré; à la qualité du terrain, à sa situation, à sa grandeur; au genre de vie des peuples, laboureurs, chasseurs ou pasteurs; elles doivent se rapporter au degré de liberté que la constitution peut souffrir; à la religion des habitants, à leurs inclinations, à leurs richesses, à leurs nombre, à leur commerce, à leurs moeurs, à leurs manières. Enfin elles ont des rapports entre elles; elles en ont avec leur origine, avec l'objet du législateur, avec l'ordre des choses sur lesquelles elles sont établies. C'est dans toutes ces vues qu'il faut les considérer.[21] (Montesquieu, 1951, p.238)

---

21 [Elas [as leis civis] devem ser adequadas ao físico do país; ao clima glacial, quentíssimo ou temperado; à qualidade do terreno, à sua situação, à sua dimensão; ao gênero de vida dos povos, lavradores, caçadores ou pastores; devem estar relacionadas ao grau de liberdade que a constituição pode oferecer; à religião dos habitantes, às suas inclinações, às suas riquezas, ao seu número, ao seu comércio, costumes e maneiras. Enfim, elas se relacionam entre si; com suas origens, com o objeto do legislador, com a ordem das coisas sobre as quais estão estabelecidas. É em todas suas dimensões que devem ser consideradas"].

O charme da ciência e a sedução da objetividade

A escolha remete, portanto, a Todorov também, quando atribui aos trabalhos de Montesquieu tanto a prefiguração da análise estrutural moderna, pela coerência interna do conjunto, como os prenúncios da sociologia, por não se limitar ao reconhecimento da diversidade dos costumes, mas se aplicar em estudá-los, em descobrir as razões dessa diversidade e seus limites. Ele colocará uma tipologia onde antes reinava o caos, diz o autor.

Tipologia confirmada já na primeira parte de seu livro, dedicada às leis em geral, e das quais derivou a natureza das três espécies de governo – o republicano, o monárquico, o despótico –, suavizadas em suas formas modelares pelo recurso do advérbio *mais*, a tipos aproximados. O advérbio atua, portanto, como moderador das afirmações. "Mais freqüentemente", "mais livre" ou "mais moderado" indicam uma tendência, uma inclinação de populações vivendo em certos solos e climas, mas sem estarem submetidas a um determinismo rígido. Aliás, ele se recusa expressamente a isso, considerando mesmo um grande absurdo pensar que um fatalismo cego pudesse ter produzido seres inteligentes.

Reconhece também diversidade no interior de cada nação e acredita, opondo-se a Rousseau, na afirmação de que a defesa dos interesses individuais seria a garantia contra a tendência invasiva do Estado.[22] A noção de raça não aparece explícita em *De l'Esprit des Lois*. Aproxima-se dela, entretanto, a relação por ele estabelecida entre os diversos climas e as características físicas, mentais e afetivas humanas (nas palavras de Montesquieu, "le caractère de l'esprit et les passions du coeur"). Várias de suas conclusões, se já não eram, viriam a ser **lugares-comuns** largamente repetidos. Senão vejamos: a de que o ar frio atua sobre os corpos, retesando-os e aumentando sua força; já o ar quente os alonga, diminuindo-a, daí o maior vigor dos povos do Norte, de clima frio, estar em relação direta com a situação contrária nos climas quentes, donde também toda uma gradação da sensibilidade para os prazeres e para a dor, da menor nos climas frios para a maior nos climas quentes.[23]

---

22 Além do capítulo do livro de Todorov dedicado a Montesquieu (p.403 ss.), ver também os três primeiros capítulos que compõem a primeira parte do *De l'Esprit des Lois* (1951, p.232-8).

23 Essas observações constam de *De l'Esprit de Lois* (1951, parte 3, livro 14, p.474 ss.).

Temos aqui o elenco da maioria dos pressupostos de Oliveira Vianna e de quase todos os seus contemporâneos interessados em compreender a situação do Brasil.

Já Buffon interessa a este estudo por enfrentar o debate entre a monogenia e a poligenia, que também será tema polêmico entre os pesquisadores brasileiros do início do século XX. Se em sua *Histoire Naturelle*, de 1749, ele compõe a síntese de relatos de viagem acima referida, é em defesa da teoria monogenista e da condição racional de toda a espécie humana, sem deixar, contudo, de estabelecer uma classificação de tipos humanos em função dos graus de *sociabilidade* observados e avaliados pelo esclarecimento, pela polidez, pela submissão às leis e à ordem estabelecida, usos constantes, costumes fixos. Com esses pressupostos, e munido de relatos de viajantes, Buffon permitiu-se formular julgamentos de valor sobre os povos e estabelecer uma hierarquia na qual as nações do norte da Europa ocupam o topo de uma escala em que logo depois viriam os outros europeus, seguidos das populações asiáticas e africanas, cabendo aos selvagens americanos e australianos partilhar com os africanos o ponto mais baixo, próximo dos animais (cf. Todorov, 1989, p.113 ss.), em opinião diversa da que seria expressa por Kant, em 1764, em relação aos aborígenes americanos. Embora seja uma escala com gradações intermediárias, a qual contempla as "variedades na espécie humana", a noção de *sociabilidade* permitiu-lhe estabelecer um nítido divisor das nações pela oposição – civilização ou *police* e barbárie ou selvageria – em estreita relação de dependência e determinação com o clima, alimentação e costumes. Seja pelo estilo convincente, seja pela autoridade científica, suas idéias seriam retomadas recorrentemente em estudos posteriores. Antonello Gerbi diz mesmo que Buffon, em sua síntese, conseguiu colher na literatura de viagem opiniões opostas quanto à "imaturidade" ou à "degeneração da natureza americana e com elas formulou uma teoria geral da inferioridade"(1996, p.11-43).

Tal como Montesquieu fez para "o espírito das leis" de uma nação, Buffon define a variedade na espécie humana a partir de três parâmetros – a cor da pele, a forma e o tamanho do corpo (elementos que ele chama de naturais) e os costumes. Assim, assevera Todorov, se aceitarmos um liame de "solidariedade entre o físico e a moral ..., a estética não mais

O charme da ciência e a sedução da objetividade

pode ser separada da ética, mais ainda, os julgamentos estéticos desempenham um papel crucial". E, mais, diria esse autor, ainda que na avaliação das sociedades se reconheça a diversidade da concepção do *belo* entre diferentes povos e através dos tempos, "seu ideal estético é tão estreitamente etnocêntrico quanto seu ideal ético e cultural". Desse modo, prossegue, "os Europeus lhe servem de ponto de comparação fixo para estabelecer a distância que separa os outros povos da perfeição".

A matriz eurocêntrica constitui, sem dúvida, o padrão para a classificação dos povos, mesmo quando outro "philosophe" critica Bossuet pelo estreito horizonte da sua história universal, limitada a seguir os passos do povo judaico, prisioneiro que era, ensina Todorov, da verdade revelada pela Bíblia. Segundo esse mesmo autor, Voltaire, liberado de preconceitos religiosos, teria se sentido bastante à vontade para aderir à poligenia e afirmar, no *Essai sur les moeurs* (1756-1775), a condição de extrema diferença entre as raças. Sem se dar conta da contradição de manter uma escala única de valores, europeus é claro, ele renunciaria à concepção da origem única do gênero humano, afirmando ser tão evidente a diferença entre as raças quanto entre as espécies animais e vegetais. Ao fazer o elogio do racionalismo, ampliava os horizontes dos temas históricos, dando espaço considerável às nações do Oriente, atribuindo a caldeus, hindus e chineses a condição de mais antigas nações civilizadas. Fixado em duas diretrizes – as idéias gerais, em vez dos detalhes que as encobrem, e a atenção especial ao *espírito, costumes* e *usos* dos povos, em vez dos fatos sangrentos da história militar –, Voltaire afirmaria, mesclando julgamento estético a considerações culturais na hierarquização das *espécies* humanas:

> Estou convencido de que vale para os homens o que vale para as árvores: as pereiras, os pinheiros, os carvalhos e as árvores de damascos não derivam de uma mesma árvore; e os Brancos barbudos, os negros lanosos, os amarelos com crinas, e os homens sem barbas não provêm de um mesmo homem.
>
> O que mais nos interessa é a diferença sensível entre as espécies de homens que povoam as quatro partes de nosso mundo. Só a um cego se permite duvidar que Brancos, Negros, Albinos, Hotentotes, Lapões, Chineses, Americanos, sejam raças inteiramente diferentes. (1878, p.5)

A referência às diferenças sensíveis não se restringe, entretanto, aos povos recentemente descobertos pelos europeus. Na sua definição de *selvagens* surge o preconceito em relação ao que considera ser a condição da maior parte do gênero humano:

> Se entende por selvagens rudes (*rustres*) vivendo em cabanas com suas fêmeas e alguns animais, expostos a todas as intempéries das estações; só conhecendo a terra que os nutre e o mercado onde vão algumas vezes vender suas colheitas para comprar vestimentas grosseiras; falando um jargão ininteligível nas cidades; tendo poucas idéias e conseqüentemente poucas expressões; submetidos, sem que o saibam, a um homem letrado, ao qual entregam todos os anos a metade do que ganharam com suor de sua fronte; reunindo-se em determinados dias numa espécie de granja para celebrar suas cerimônias das quais nada compreendem, escutando um homem vestido de forma diferenciada e que não compreendem; deixando às vezes suas choupanas quando escutam um tambor, aceitando deixarem-se matar em terra estrangeira, e a matar seus semelhantes pela quarta parte do que podem ganhar trabalhando em casa? Há desse tipo de selvagens em toda a Europa.

Por um lado, a citação indica a atenção de Voltaire relativa à diversidade interna às nações européias. Por outro, o preconceito em relação às pessoas com poucas "luzes" ou delas destituídas. No texto introdutório de 1765,[24] essa definição estabelece um ponto de comparação para seus leitores, pois, logo em seguida, ele diria serem os "pretensos selvagens" da América e da África homens livres, enquanto os selvagens (referindo-se aos *rustres*) europeus nem mesmo têm a idéia da liberdade. Evidentemente, há nessa sua representação do selvagem uma restrição às concepções de Rousseau relacionadas às primeiras fases da vida humana na terra, explicitadas em 1755 no *Discurso sobre a origem da desigualdade* (Rousseau, 1963). Polemizava, assim, com esse autor e seu pretendido "homem natural", errando pelas florestas isolado, por estar con-

---

24 Trata-se da parte intitulada por Voltaire "Discours préliminaire" e que passou a se denominar "Introduction" a partir das edições de Kehl de 1785. Esta, que atualmene constitui a primeira parte do *Essai*, foi escrita depois da parte sobre *Les moeurs et l'esprit des nations*, de 1740, e tinha originariamente o título de *Philosophie de l'histoire*, sendo dedicada à Catarina II da Rússia.

victo do caráter social da espécie humana.[25] Para Voltaire, em todo o mundo o homem havia sido sempre o que eram seus contemporâneos, dotado por Deus de um princípio de razão, vivendo em sociedade graças aos sentimentos morais de comiseração e de justiça, partilhando o mesmo instinto de auto-estima, de prazer ao lado de sua companheira e filhos, nas obras de suas mãos.[26]

Na parte dedicada às "conquistas coloniais", o filósofo consideraria as descobertas dos portugueses e de Colombo "o maior acontecimento de nosso globo, cuja metade havia sempre sido ignorada pela outra". Dedicou-lhes longas descrições, em especial da variedade da fauna e da flora, e das características de seus habitantes. Suas observações sobre o Brasil e os "brasileiros" fixaram a imagem de uma terra fértil, "onde reinava uma perpétua primavera"; ... "todos os habitantes altos, bem feitos, vigorosos, de uma cor avermelhada, andavam nus, salvo um cinto largo que lhes servia de bolso". As observações iriam além, nas pouco fundamentadas afirmações sobre a ausência de culto religioso entre os nativos, a antropofagia cometida em relação aos prisioneiros de guerra, a ignorância de leis, sendo somente o instinto a única orientação de suas condutas de homens errantes. É nessa parte preliminar de seu *Essai* que Voltaire enumerou e descreveu as características físicas das diferentes "raças" humanas, polemizando com os que, como Buffon, atribuíam uma origem única a todas elas. Afirmaria ser improvável que todos os habitantes da terra proviessem do mesmo casal, cujos descendentes teriam degenerado em várias espécies. As considerações se complicam mais quando, por vezes, apoiado em relatos de terceiros, como os do padre Lafitau, diria serem os esquimós os únicos habitantes da América a terem barba, para em seguida duvidar disso citando outros viajantes (Voltaire, 1878, p.231-94). Desse percurso pelas narrativas sobre as ca-

---

25 Essas informações sobre os procedimentos de Voltaire estão na "Introdução" e nas notas de Jacqueline Marchand ao *Essai sur les moeurs et l'esprit des nations* (1878, p.7-60).

26 Voltaire dedica uma parte do item "Des sauvages", da longa introdução ao *Essai sur les moeurs*, a definir as características do gênero humano, em geral refazendo passos do texto de Rousseau sobre as artes das mãos e a necessidade de desenvolver a linguagem para se comunicar, sempre pensando o ser humano como ser sociável (1878, p.18-23).

racterísticas das terras incógnitas importa reter como as observações tiradas de evidências das características físicas e da cultura dos povos conhecidos resumem a maneira como argumentos racionais, ainda que sem fundamentação suficiente, casaram-se à perfeição com a representação de terras e nações, e suas populações as mais diversas, formando quadros coloridos de grande estímulo para os sentidos.

Todorov atribui exatamente à maior aproximação entre a noção de poligenismo e as descrições das diferentes características dos tipos humanos terem as opiniões de Voltaire ampla aceitação pelos "racialistas" do século XIX, Renan, Taine, Gobineau e Gustave Le Bon, os mais conhecidos pela intensa divulgação de suas idéias.[27]

Noções de racionalidade e sociabilidade, pressupostos das reflexões dos moralistas, somavam-se, pois, aos conhecimentos da história natural e aos relatos de viajantes, estabelecendo quadros hierarquizados das populações da Terra, nos quais se assinala a presença marcante de teorias estéticas revisitadas e reformuladas. Nesses quadros, as nações da Europa, por serem a referência modelar, ocuparam lugar privilegiado, sem dúvida.

Exemplar nesse cruzamento de noções são as *Observações sobre o sentimento do belo e do sublime*, escritas entre 1764 e 1766, por Emmanuel Kant. Nelas, o autor estabeleceu uma relação direta entre os traços de personalidade diferenciados dos dois sexos, bem como dos "caracteres ou temperamentos nacionais" e suas implicações para os usos e costumes, unindo assim, num argumento explícito, características psicológicas e valores morais. O estímulo a esse trabalho teria partido, segundo um seu discípulo, do *Traité du beau*, de Denis Diderot, publicado em Amsterdã em 1759, texto que Kant recomendara a leitura para seu aluno Hamann. Por sua vez, Diderot, nesse ensaio, publicado no segundo volume da *Encyclopédie*, em 1752, dialogaria extensamente com vários pensadores, entre eles, o padre jesuíta André, autor de um ensaio sobre o *belo*, de 1741, e o irlandês Francis Hutcheson, que escrevera, em 1725,·

---

27 Deixo para quando tratar do tema das diferenças étnicas em Oliveira Vianna uma avaliação mais detalhada dessas considerações. O que espero ter esclarecido para o momento é a estreita relação entre estética e ética, portanto, entre teorias estéticas e morais.

O charme da ciência e a sedução da objetividade

um trabalho sobre a origem das idéias do *belo* e da virtude (Diderot, 1994, p.387-436).[28]

Interessa reter para este estudo que, ao pesquisar as "origens filosóficas das idéias do belo e do sublime", Kant recusaria existir uma mesma razão e sensibilidade, semelhante em todos os seres humanos. E mais, inverteria os termos da concepção estética do *belo* e do *sublime* postulada por Edmund Burke em 1756, cujo ponto de partida fincava-se exatamente na suposição de que "os tipos de razão e de gosto são os mesmos para todo o gênero humano". Ou seja, discordava de Burke, que acompanhava a concepção de John Locke sobre os seres humanos disporem potencialmente de uma mesma capacidade de raciocínio, aceitando, pois, a idéia de uma única natureza para a humanidade (Locke, 1986).

O poder atribuído por Burke (1993) ao mundo natural e aos artefatos produzidos pelo homem de, por suas qualidades particulares, tocarem de forma diferenciada os sentidos humanos, coexiste, portanto com pressupostos como os de Kant,[29] que afirma a diferente capacidade individual ou de coletividades específicas de apreensão do mundo circundante. Vale dizer que, para Kant, estaria menos na "natureza exterior das coisas" que na sensibilidade inerente às pessoas a sensação diferenciada da sua relação com o mundo. Propunha assim, como "campo de observação para descobertas agradáveis e instrutivas", o estudo do que poderíamos chamar dos comportamentos e suas motivações psicológicas, de modo a, mediante esse conhecimento, ter acesso a essas "particularidades da natureza humana". E, ciente da força expressiva das imagens, daria o seguinte conselho: "aquele a quem falta o buril de Hogarth, deve substituir pela descrição o que é incapaz de expressar pelo desenho".[30]

---

28 A informação sobre a inspiração de Kant consta de nota da apresentação de Paul Vernière (p.387-9).

29 Emmanuel Kant, *Observations sur le sentiment du beau et du sublime* (escrito entre 1764 e 1766), in *Oeuvres Philosophiques* (1980, p.451-509). Ver Section IV, "Des Caractères Nationaux, en tant qu'ils Reposent sur la Façon Différente de Sentir le Sublime et le Beau". Fletcher (1964) comenta ainda de um outro ponto de vista, o da figura retórica da alegoria, a idéia de *Sublime* de F. Schiller, citando seu texto na versão inglesa, publicado em Londres em 1882: *Essays Aesthetical and Philosophical*.

30 Pintor e gravurista inglês, célebre por seus desenhos satíricos e moralizadores, viveu entre 1697 e 1764.

Sem descurar, embora numa seqüência rápida, da descrição de elementos do mundo físico causadores dos sentimentos do *belo* e do *sublime*, em tudo semelhante à de Burke, o autor esboça uma hierarquia de tipos humanos relacionados a diferentes temperamentos: o *melancólico*, que pouco se preocuparia com o julgamento alheio, firme em suas convicções e sempre que motivado estaria a um passo do sentimento do *sublime*; o *sangüíneo*, no qual predominaria o sentimento do belo, alegre e bom companheiro, amante da diversidade, mas que, carente de princípios, se entregaria com freqüência aos vícios e aos desvios de conduta; o *colérico*, particularmente sensível à forma sublime do magnífico, nele predominaria o valor das conveniências ou das aparências expostas aos olhares alheios. Passava em seguida a aplicar esses tipos de "temperamentos" nas considerações sobre os dois sexos, para finalizar sua descrição tecendo considerações sobre os diversos "caracteres nacionais".

Reunidos em proporção diversa entre homens e mulheres, os homens merecem os traços mais condizentes com as virtudes nobres, ou seja, entre os representantes do *sexo nobre*, prevaleceriam as qualidades que lhe atribuem um sentimento do *sublime*; inversamente entre as mulheres, dotadas de uma sensibilidade mais emotiva, altruísta, compassiva, mas também frívola e superficial, prevaleceriam as qualidades próximas do sentimento do *belo*.

Na hierarquia das nacionalidades, colocou italianos e franceses compartilhando de forma diferenciada o sentimento do *belo*; ingleses, espanhóis e alemães compartilhando o sentimento do *sublime*, sobressaindo o inglês pela carga maior de qualidades refinadas do *sublime*. Mereceram menos elogios e até descrições grosseiras os tipos híbridos portadores de uma mistura dessas sensibilidades, e os que carregassem formas exageradas de cada um dos tipos básicos. No entrecruzamento de conceitos morais e estéticos, dos sentimentos e da razão, sua descrição dos "temperamentos" particulares às diversas nacionalidades dos povos europeus foi acrescida de comentários sobre árabes e persas, japoneses, chineses e indianos. É instrutivo reter suas observações de que entre "os povos selvagens nenhum mostrou um caráter tão *sublime* como os da América do Norte", contrapondo-os na seqüência do parágrafo a outra observação não menos instrutiva, a de não haver notícia de terem os

O charme da ciência e a sedução da objetividade

"negros da África" demonstrado nenhum talento, mesmo quando em contato com os brancos (portanto civilizados) e não submetidos à escravidão. Nas observações de Kant, comenta o editor e tradutor do texto para o francês, haveria influência da descrição psicológica recebida dos ensaístas ingleses, em especial David Hume (Kant, 1980, p.439-40).

Kant eximiu-se, entretanto, de enfrentar o debate entre os adeptos do monogenismo e do poligenismo ao afirmar, numa discreta nota da página inicial dos "Esboços de traços do caráter dos povos": "Serão essas diferenças nacionais fortuitas e dependentes de circunstâncias e do regime político, ou estão relacionadas ao clima em virtude de uma certa necessidade? É uma questão que não examino aqui".[31]

Temos com esse rápido esboço, ainda que exemplificado por um recorte temático restrito, claras referências de que seria ocioso e pouco elucidativo buscar a origem dessas concepções tão entrelaçadas por começos diversos e por vezes difusos. Parece-me ser mais importante indicar a ampla e diversificada divulgação de idéias concordantes ou em conflito, sua constante e rápida circulação por meio do debate entre intelectuais, e divulgação entre um público leitor mais amplo e diversificado. Considerando somente os autores mencionados, a troca de idéias seria motivada por temas afins evidentes nas sucessivas edições de vários livros. A versão francesa do texto citado de Burke é de 1803, feita a partir já da sétima edição inglesa, o que indica a boa recepção de seu livro. Kant menciona, em defesa de suas opiniões sobre os franceses – homens e mulheres –, os nomes de Rousseau, Montesquieu e D'Alembert; sugere a seu discípulo Hamann a leitura de Diderot; este por sua vez, lê o inglês Hutcheson, entre outros.

Daí, reafirmo, lembrando Foucault, o pouco interesse em ir atrás dos começos silenciosos, das origens perdidas na névoa dos tempos, da primeira vez em que uma idéia foi formulada, para segui-la em sua trajetória e desdobramentos até chegar a nós. Preferi mostrar, numa amostragem delimitada, e talvez insuficiente, a dispersão pela qual se formou

---

31 Penso que mais do que na referência que faz a Hume ao tecer seu juízo sobre os "negros da África", é na junção de razão e sentimento para a formação da moral que Kant concorda com o autor inglês. Ver o texto de David Hume (1995).

um campo conceitual para falar das características das diversas populações do globo.

Tentei mostrar também ser inócua a tarefa de atrelar ou enraizar autores e suas idéias ao meio em que nasceram ou ao país a que devem suas nacionalidades, pois, falando genericamente, equivaleria a manter a certeza da intransponível determinação da cultura pelo meio e/ou pela raça. É importante frisar que esse entrecruzamento de pressupostos e teorias só poderia resultar numa forma de ver o mundo na qual a Europa e sua civilização ocupavam o centro – e sua escala de valores se prestava a ajuizar, entre outras coisas, sobre as mais variadas populações do planeta.

Ainda duas observações: mesmo quando discordam do pressuposto de uma natureza humana com características físicas e psíquicas universais, há, entre os autores citados, convergência de interesses sobre temas comuns. Esses temas comuns enlaçam julgamentos estéticos aos de natureza moral ou ética; têm eles o caráter de reflexão filosófica feita com base em observações diretas ou obtidas em descrições consideradas confiáveis; dão apoio a um longo repertório de escritos inventariando a diversidade das paisagens, da fauna e flora, e dos seres humanos, que, segundo Keith Thomas (1989),[32] se tornara prática científica corrente em fins do século XVII.

Por último, importa assinalar o forte apelo aos sentidos, primordialmente à visão, incitada pelos quadros pintados tanto por pincéis como por palavras. Interligados a esse sentido privilegiado, a audição e o olfato imaginam ruídos e odores relacionando-os às populações e às paisagens apresentadas, podendo passar à epiderme a sensação de atração ou repulsa, conforto ou desconforto, aconchego ou repúdio, numa composição final que une sentimento e imaginação. Um apelo elaborado com recursos retóricos e artísticos, subordinados a cânones (padrões) clara e racionalmente postulados para atingir as emoções por meio da imaginação.

---

32 Nas p. 49 ss., o autor se reporta a autores de época e estudos atuais a partir dos quais diz ele: "Os séculos XVII e XVIII ouviram muitos discursos sobre a natureza animal dos negros, sobre sua sexualidade animalesca e sua natureza brutal". O autor enfatiza a polarização entre homem e animal, e a maneira como vários seres humanos são colocados em condição bastante próxima da dos animais.

O charme da ciência e a sedução da objetividade

Com essas observações, é meu objetivo retirar Tocqueville, ou outro autor seu contemporâneo, de qualquer posição isolada, criticando-o por alardear preconceitos sobre regiões e populações que, como Bouffon, Kant e Voltaire, nunca havia sequer visto,[33] e inseri-lo nessa vasta corrente de autores viajantes do século XIX que carregavam em sua bagagem mental teorias de ampla circulação no mundo intelectual, que os tornavam capazes de "ver" e repertoriar, descrever e avaliar o mundo circundante. Procedimento semelhante, mesclando concepções estéticas a valores morais e antigas representações do meio físico, da natureza, fizeram também necessariamente parte do repertório dos viajantes, estrangeiros em sua maioria, que percorreram as terras norte-americanas nesse mesmo século. Se, na avaliação desses autores, as teorias sobre o meio físico, bem como a cultura ou meio social, pesam sobremaneira na conformação dos seres humanos, caberia à história oferecer o terceiro suporte teórico para situar um grupo social em meio a outros.

Tomando esse terceiro suporte, volto a Tocqueville e para uma outra questão: a da suposta situação diferenciada entre as nações de longa e as de curta história. O marco temporal da conquista ou chegada às novas terras comporta-se como corte radical ou relativo ao que antes existia, não só para os aborígenes das novas terras, mas também para os que trazem em sua bagagem a cultura européia. A situação da América (no caso os Estados Unidos), ele a considerava privilegiada para o observador, por ser "o único país onde se pode assistir ao crescimento natural e tranqüilo de uma sociedade e no qual foi possível distinguir a influência exercida pela origem sobre o futuro dos Estados". Possibilidade crucial para alguém que afirmava: "se fosse possível retroceder até os elementos das sociedades e examinar os primeiros monumentos da sua história, não tenho dúvidas de que poderíamos descobrir neles a causa primeira dos preconceitos, dos hábitos, das paixões dominantes" (Tocqueville, 1990, p.29-30). Conhecer as origens lhe parecia possível em paí-

---

33 Há na edição francesa de *De la Démocratie en Amérique* (1990), revista e ampliada por Eduardo Nolla, um comentário em nota da p.21, sobre ter o autor hesitado em colocar a descrição da América meridional ou, no mínimo, pensado em encurtá-la, por ser assunto alheio ao tema por ele tratado.

ses de história curta. Coerentemente, Tocqueville dedicaria toda a terceira parte de seu livro à descrição detalhada dos usos e costumes norte-americanos sob a influência da democracia.[34]

Assim, se a paisagem avara de beleza da faixa atlântica da América do Norte, com suas costas banhadas por um mar turbulento e brumoso, sua cinta de areia e granito e matas de folhagem sombria e melancólica, contribuiu para a formação de um "grande povo ao qual", sentenciou Tocqueville, "pertence o futuro do continente", a língua única e o serem filhos de um mesmo povo completaram a obra. O ensaísta francês discernia diferenças entre o Sul do país – onde a aristocracia e a escravidão marcavam os costumes – e o Norte – povoado por pessoas pobres mas fiéis às idéias trazidas quando da decisão de emigrar. Logo, porém, dirige a atenção para a região Norte, a celebrada Nova Inglaterra, nela acreditando ver a doutrina religiosa confundida com as "teorias democráticas e republicanas". A elaboração dessa imagem da civilização norte-americana fazia-a depositária dos valores trazidos pelos *Pilgrims*, alimentando até tempos recentes a historiografia dos Estados Unidos, que a esses legendários antepassados atribuiu a façanha de terem equipado o país, "desde o nascedouro, com uma teoria política completa e adequada a todas as necessidades futuras".[35] As teses de Tocqueville sobre "as causas principais que tendem a manter a república democrática nos Estados Unidos" voltariam a sublinhar a questão geográfica, a imensidão do território e a ausência de inimigos vizinhos como motivos eficientes para a vigência do regime democrático. Descortinara-se para esses imigrados uma imensidão de terra selvagem e deserta – *wilderness* – a ser conquistada para a civilização; os índios contavam pouco, pois, como afirmou Tocqueville, "ocupavam [o solo], não o possuíam, porém. É pela agricultura que o homem se apropria do solo..." (Tocqueville, 1990, p.28 e p.213 ss.).

Outra concepção da relação do homem com o meio físico permeou esses juízos de valor sobre as formas nas quais a natureza se apresenta-

---

34 Claudine Haroche dedicou um estudo inspirador a essa terceira parte do livro de Tocqueville, em particular aos usos e costumes da população dos Estados Unidos, relacionando civilidade e polidez com cidadania (cf. Haroche, 1998, p.11-34).

35 Essa assertiva é de Sérgio Buarque de Holanda, referindo-se ao livro de Daniel J. Boorstin, *The Genius of American Politics* (Chicago, 1965) em *Visão do Paraíso* (1977, p.XVII).

O charme da ciência e a sedução da objetividade

va, com ou sem a ação humana. A bipartição do meio físico em *natura*, ou primeira natureza, correspondendo à natureza selvagem e intocada, e *altera natura*, segunda natureza, ou natureza modificada pelo homem pela agricultura, concepção que remontaria a Cícero, viu-se acrescida de uma *terza natura*. A terceira natureza passaria a compor as variáveis do meio físico quando, segundo John Hunt, o Renascimento italiano reinventou o jardim e precisou estipular uma distinção para o jardim de deleite, uma obra de arte exclusiva para o prazer dos reis e da nobreza. Obra que atingiu sua forma mais acabada na época barroca, com o longo eixo que liga as três zonas da natureza numa única perspectiva visível, mediante um belvedere ou um dos bem planejados terraços dos palácios aristocráticos (Hunt,1996). Essa representação pareceu, entretanto, não ser suficiente para dar conta da natureza americana, particularmente a dos trópicos.

Pintando as terras tropicais com cores paradisíacas, Tocqueville aproximou-a da primeira natureza, paisagem intocada provocadora da sensação do *sublime*; entretanto, o caráter traiçoeiro a ela atribuído ultrapassaria as características desse sentimento. Na acepção de Burke, provocaria o sentimento *sublime* o desconhecido aparentemente insondável e não a enganadora aparência de infindável beleza e harmonia. Parece verossímil aceitar que os autores de textos e de representações iconográficas da natureza brasileira da primeira metade do século XIX, tal como os autores viajantes norte-americanos analisados por Lueck, tenham sentido a necessidade de ampliar a gama de possibilidades dessa bagagem intelectual. Se a concepção britânica do *pitoresco* ofereceu o impulso inicial para a exploração das terras norte-americanas, a concepção sofreria, segundo a autora, alterações essenciais ao descrever as paisagens e a geografia dos Estados Unidos. A *wilderness* não estava prevista nos *picturesques tours*. Os viajantes, confrontados com um novo espaço geográfico, acabariam por ultrapassar o simples objetivo de contemplação estética da paisagem das viagens, tornando-a, afirma Lueck, uma busca espiritual e intelectual da identidade nacional entre a Independência e a Guerra Civil (1997, p.189 ss.).

Viagens pitorescas pelo prazer da contemplação estética da natureza, redundando na descoberta da diversidade e riqueza das terras do continente norte-americano, construíram uma imagem forte várias vezes repetidas em outros textos. Ultrapassada a barreira da costa inóspita, Tocqueville apresenta ao leitor uma representação idílica das paisagens do vale do Mississippi. Aqui, a idealização do paraíso terrestre parece servir de modelo em sua descrição: "Foi então que se descobriu a América do Norte, como Deus a tivesse reservado e aquela terra mal acabasse de emergir das águas do Dilúvio. Ali se vêem, como nos primeiros dias da criação, rios cujos mananciais nunca secam, solidões verdes e úmidas, campos ilimitados que o compressor do lavrador ainda não revolveu". O mito das origens ia em busca de raízes sagradas. A dádiva divina premiando a prova da dedicação dos homens. A *wilderness* em toda sua plenitude – selvagem e deserta – mas acolhedora, pois desbastada pela ação de homens armados, pronta, portanto, para ser transformada pelo cultivo inteligente numa segunda natureza, configurando a "marcha triunfante da civilização através do deserto [aqui com o sentido de área não habitada]"(Tocqueville, 1990, p.213-6). Natureza e homens construindo sua história. A força dessa representação idealizada, bem como as doutrinas filosóficas, têm conseqüências práticas, como lembra significativamente Todorov (1989, p.11).

Uma comunidade de idéias e de preconceitos

> Em mais de uma passagem de sua obra, Hegel considera a
> América como um continente imaturo, ou impotente,
> ou ainda "inferior" ao Velho Mundo. Os exegetas,
> inclusive Croce, inclusive um Ortega y Gasset,
> ao comentar tais passagens, viram nelas uma típica
> distorsão da mente de Hegel, um traço bizarro de seu
> esforço de reduzir ao esquema das tríades a infinita
> variedade do mundo. Porém, na realidade,
> a tese foi adotada e não inventada por Hegel.
>
> Antonello Gerbi (1996, p.15)

Serão os mesmos critérios postulados no século XVIII para ajuizar os usos e costumes europeus (a construção de um **nós** único ou nuançado em sua diversidade "nacional") e os observados entre as populações postas a descoberto pelas viagens e ação colonizadoras (a representação da

O charme da ciência e a sedução da objetividade

alteridade, do **outro** ou dos **outros** em avaliações referidas aos padrões europeus) que se manterão ativos durante mais de dois séculos nas reflexões sobre a diversidade dos povos. Desenham a imagem da alteridade.

Posições contrárias à idéia da unidade da natureza humana afirmariam a pluralidade das origens das raças com base em características físicas e culturais contrastantes. Uma certa nostalgia dos começos da civilização e a sedução das narrativas sobre o exotismo dos povos selvagens perssuadiriam com freqüência os leitores pelo poder da sedução e da sugestão. O etnocentrismo, diz Todorov, preside de forma caricatural as concepções universalistas, que na verdade partiam de um particular específico, quais sejam os valores próprios à sociedade que os formula. Suas duas facetas, a pretensão universal e o conteúdo particular, na maioria das vezes nacional, estariam presentes nos textos de moralistas, naturalistas, historiadores e demais homens de letras. A capacidade de raciocínio expressa na particular forma da cultura européia dirigiu as classificações que mediram a condição de civilizados, tanto pela aproximação maior ou menor de "raciocinar como nós", quanto por um fundo ético provido de um ideal universal, de uma transcendência moral, diz o autor. Mesmo pensadores que, como Montesquieu e Rousseau, se opuseram criticamente ao etnocentrismo francês prevalecente na *Encyclopédie,* postularam a necessidade de um conhecimento profundo do particular para então atingir o "bom" universalismo (Todorov, 1989, p.19 ss.).

Para esse conhecimento do particular, a difusão dos relatos de viagens teve papel fundamental. Primeiramente, pela distância em que se encontravam os homens cujos *habitats,* usos e costumes serviam de campo de observação; segundo, porque a impossibilidade do conhecimento *in loco* pelos leitores abria espaço para a mescla do maravilhoso na representação invertida da própria situação européia. "Eles vivem segundo a natureza", diria Américo Vespúcio. A experiência da tirania, da intolerância e do mal-estar dava lugar à crítica projetada numa noção de liberdade primitiva, perdida para os civilizados; seriam homens que viviam sem letras, sem lei, sem religião, na célebre expressão de Montaigne. Um *topos* retórico, a evocação da idade de ouro feita em termos negativos, por ser precisamente nada menos que uma descrição invertida de nossa própria época, dirá Todorov (1989, p.297 ss.) se referindo a Thomas More. A respeito da elaboração literária da noção de exotismo por Montaigne, seus conteúdos, diz Todorov, deslocam-se ao longo de um eixo binário em que se opõem simplicidade e complexidade, natureza e arte, origem e progresso, selvageria e socialidade, espontaneidade e luzes.

Todorov nos alerta também quanto a uma provável leitura ingênua de textos sobre formas primitivas e edênicas de vida. A imagem do "bom selvagem" (e por oposição à do mau selvagem) constitui uma construção mental, uma ficção com a finalidade de facilitar a compreensão dos argumentos dos autores. Para Rousseau, em seu *Discurso sobre a origem da desigualdade*, prossegue Todorov, a elaboração literária do homem da natureza teria o objetivo de "conhecer um estado que não mais existe, que provavelmente nunca terá existido, que não existirá jamais, e do qual é entretanto necessário ter noções precisas para bem compreender a situação presente". Essa citação é retirada por Todorov do "Prefácio" do *Segundo Discurso*, para afirmar que "nada há de comum entre a dedução a que se lança Rousseau e uma ciência histórica", e mais que a própria valorização positiva do homem da natureza comporta ambigüidades, uma vez que esse homem primitivo pouco ou nada se destacaria dos animais, não se comunicando com seus semelhantes, não distinguindo a virtude do vício. Um paradoxo que aprisionara o próprio Rousseau, uma vez que sua versão da história seria muito mais trágica que a de seus contemporâneos, pois se a sociedade corrompera o homem, ele só teria se tornado homem por tê-la inventado (Todorov, 1989, p.310 ss.).

Para melhor explicitar os procedimentos habituais no século XVIII na elaboração dessas imagens do homem primitivo, Todorov introduz um outro autor, menos conhecido e anterior a Rousseau, o barão de Lahontan. Haveria uma diferença notável entre os dois: Lahontan, como viajante, retiraria seu material para a composição das representações polarizadas da barbárie e da civilização de anotações feitas durante sua estada na América do Sul. Os três volumes do seu livro, publicados com grande sucesso em 1703, compõem, diz Todorov, o exemplo mais puro do método pelo qual se construía literariamente a figura do "bom selvagem". O autor redigira o primeiro volume, *Nouveaux Voyages*, na forma de cartas com as impressões mais imediatas do viajante sobre os Hurons; o segundo, ainda na forma epistolar, *Mémoires de l'Amérique septen-*

O charme da ciência e a sedução da objetividade

trionale, aproximava-se mais de um tratado sistemático consagrado à fauna, flora, arquitetura, crenças, amores, doenças, guerras etc. desses selvagens; enfim, o terceiro, *Dialogues curieux entre l'Auteur et un Sauvage*, redigido na forma de diálogo filosófico, atingia o ponto máximo de generalidade pondo frente a frente um selvagem informado, Adario (havia estado na França), e o próprio Lahontan. Na intenção de fazer dos Hurons um ideal para os europeus, Lahontan colocaria na boca de Adario a seguinte frase: "Vós sois nossos verdadeiros antípodas no que concerne às maneiras, e só posso examinar nossa inocência refletindo sobre vossa corrupção". Fixava-se na elaboração literária de Lahontan, segundo Todorov, a imagem do bom selvagem composta de três traços distintos: um princípio igualitarista, um princípio minimalista e um princípio naturalista.

O recurso do diálogo filosófico teve ampla difusão nos escritos setecentistas – foi a forma pela qual Germaine de Staël construiu seu argumento no pequeno romance *Zulma*, escrito poucos anos antes da Revolução de 1789. Também nesse romance temos de forma exemplar a escrita literária utilizada para elaborar uma representação imaginária do que a autora presumia terem sido fases da humanidade. A trama se desenrola em uma sociedade primitiva, que poderia ser considerada uma época intermediária por se assemelhar em sua prática de justiça aos valores relacionados às tradições feudais, também aqui idealizadas pela autora. No decorrer do julgamento a que está sendo submetida, a heroína expressa em suas palavras um misto de uma antiga e imaginária idade de ouro, cuja base residiria na noção de virtude cidadã, recuperada e transposta para um terceiro momento, o da projeção idealizada da futura sociedade republicana (Staël, 1820, p.343-72). A mesma oposição entre a concepção de honra *Ancien Régime* e de virtude republicana seria retomada no romance de longo fôlego *Delphine* (1802), ambientado nos anos da Revolução, contrapondo personagens, forçando desencontros, contratando noções de sociedade e de governo.

Desse tecido compósito de posições que se negam e se aproximam, expressas em narrativas de diverso teor, interessa reter a supremacia assegurada, tanto à doutrina cientificista e extensivamente à razão e à sua expressão mais acabada, a ciência, quanto às noções de moral e de estética, nem sempre convergentes, entrecruzando-se na formulação de juízos de valor e decisões políticas. Desse **fundo comum** de conhecimentos, os mais diversos autores vieram e vêm ainda buscar a base para interpretações sobre a diversidade dos povos e as conseqüências dela advindas. Conjunto tenso de (re)conhecimentos, uma camisa-de-força impeditiva para pensar a partir de outro ponto de vista; um fundo comum que se oferece como receptáculo de conhecimentos acumulados, no qual todos os membros da seleta e restrita comunidade da *intelligentsia* ocidental poderiam se abastecer para pensar e refletir sobre a pluralidade da natureza e dos homens.[36] Não deveria, portanto, causar estranheza, nem ser considerado importação de idéias ou transposição indevida delas encontrar, a cada momento, em textos de autores brasileiros, referências múltiplas a esse fundo comum de conceitos e de conhecimentos históricos.

E, entretanto, é a camisa-de-força do suposto enraizamento das idéias em determinado recorte societário ou nacional o que impede, a meu ver, que se recuse a pressuposição de um modo de pensar autenticamente nacional, no caso, o brasileiro, considerado possível, embora problemático. Na perspectiva de Odália, esse ponto de vista nacional o levou à noção intermediária de *"juste millieu"* (1997); na posição radical de Skidmore, conduziu-o à afirmação de uma incapacidade intelectual evidenciada na apropriação de idéias geradas em terras estrangeiras, em parte por serem impróprias para servir às formulações políticas nacionais ou à interpretação da história brasileira (1974 e 1994). Como corolário de uma conclusão já anunciada na própria formulação inicial, tem-se, nos dois casos, que de incapacidade intelectiva decorrem interpretações equivocadas, e destas só poderiam resultar propostas políticas inadequadas.

É, portanto, com base nessa dúbia acepção que se pode entender as críticas sobre a maneira pela qual autores brasileiros recorrem a autores de outras nacionalidades e utilizam em seus trabalhos pressupostos e resultados de seus estudos. Tal como acontece na resenha crítica do livro *Instituições políticas brasileiras*, de Oliveira Vianna, quando Sérgio Buar-

---

36 Cf. capítulos "Ethnocentrisme" e "Scientisme", nos quais Todorov percorre minuciosamente os postulados de vários filósofos das Luzes, na intenção de discernir oposições e concordâncias. (1989, p.19-30 e 31-50).

O charme da ciência e a sedução da objetividade

que de Holanda afirma ter o autor aceitado de maneira irrestrita "o quadro sem sombras" oferecido por historiadores do século XIX, citando exatamente a lenda do espírito democrático dos puritanos e dos *Pilgrims*, estimulada por Tocqueville, entre outros (Holanda, 1979, p.56). O que causa estranheza, entretanto, é Buarque de Holanda fazer ele mesmo o que critica em Oliveira Vianna, pois revisita os mesmos mitos de origem no "Prefácio" da segunda edição do já citado *Visão do paraíso* (1977, p.XI-XXVI), em que persegue as diferentes versões de um paradigma comum fornecido pelos motivos edênicos que teriam atuado como estímulo para a colonização das Américas anglo-saxônica e latina. Sua posição é clara ao enunciar a questão: existiriam "duas variantes que, segundo todas as aparências, se projetariam no ulterior desenvolvimento dos povos deste hemisfério". Variantes que em sua diferença teriam levado os colonos da América inglesa a moverem-se "pelo afã de construir, vencendo o rigor do deserto e a selva, uma comunidade abençoada, isenta das opressões religiosas e civis por eles sofridas na terra de origem, e onde enfim se realizaria o puro ideal evangélico"; enquanto os da América Latina teriam se deixado "atrair pela esperança de achar em suas conquistas um paraíso feito de riqueza mundanal e beatitude celeste, que a eles se ofereceria sem reclamar labor maior, mas sim como um dom gratuito".

Porém como explicar certas conclusões de Buarque de Holanda, se aceitarmos sua denúncia de ter Oliveira Vianna se deixado encantar pelas observações críticas de Tocqueville no contraste entre meio ambiente e homens diversos, lugares e personagens do drama da colonização da América? Buarque de Holanda deixa-se também enredar nas mesmas descrições contrastantes. Exala do texto de *Visão do paraíso* um fatalismo desencantado em relação ao português, sua parca imaginação e exigências intelectuais pragmáticas, chãs, traduzidas no empobrecimento das lendas encontráveis na base da empreitada colonizadora do Brasil. Nesse fatalismo, o desencanto relativo às características do português somou-se à força do meio amolecedor, em nada favorável à formação de homens rijos e combativos. Fatalismo de dimensão semelhante e oposta à exaltação de Oliveira Vianna da perfeita adequação do homem norte-americano com a forma democrática das suas instituições.

Buarque de Holanda parte de dois pressupostos: o de ter sido a idéia da "visão do Paraíso responsável pela grande ênfase atribuída na época do Renascimento à natureza como norma dos padrões estéticos, dos padrões éticos e morais, do comportamento dos homens, de sua organização social e política"; e de serem os homens envolvidos com os empreendimentos ultramarinos, herdeiros do mito idealizado por Santo Agostinho, revisitado várias vezes até o Renascimento e a Reforma. Ancorado nessas duas idéias básicas, o autor proporia mostrar "até onde, em torno da imagem do Éden, tal como se achou difundida na época ... se podem organizar num argumento altamente fecundo muitos dos fatores que presidiram a ocupação pelo europeu do Novo Mundo".

Constituem seu material de pesquisa "as primeiras narrativas de viagem, os primeiros tratados descritivos, onde [diz] que a todo instante se reitera aquela mesma tópica das visões do Paraíso que, inaugurada desde o IV século ... alcançara, sem sofrer mudança, notável longevidade". Pareceu-lhe evidente que, para homens habituados ao intenso trabalho de arrancar seus alimentos das terras cansadas da Europa, a América apresentar-se como a obra da Criação em seus primeiros dias. Uma "espécie de ilusão original que ... haveriam de partilhar indiferentemente os povoadores de toda a nossa América hispânica, lusitanos, não menos do que castelhanos".

Na comparação entre narrativas legendárias sobre as origens diferenciadas da colonização européia da América, nota-se em Buarque de Holanda a persistência de enunciados muito semelhantes aos de Tocqueville. Tal como as imagens legendárias criadas a partir dos relatos das *picturesques tours* dos viajantes analisados por Lueck, as versões sobre as origens míticas da nação norte-americana lembradas pelo autor brasileiro seriam elaboradas na primeira metade do século XIX, até aproximadamente 1860, quando o país fora sacudido pela guerra fratricida.

Entre alguns dos mitos nacionais dos Estados Unidos, nos quais se poderiam discernir variantes modernas do tema paradisíaco, o autor se deteria em dois deles: o do Jardim do Mundo, como "expressão do ruralismo pioneiro das áreas dos Alleghanies e do vale do Mississippi", e o "mito Adâmico, confinado à costa Atlântica em geral, e em particular à Nova Inglaterra". Buarque de Holanda enfatizaria, porém, um aspecto

O charme da ciência e a sedução da objetividade

importante do segundo mito das origens: o fato de esse "homem americano parecer um indivíduo desatado da História, despojado de ancestralidade ... encarnação de Adão antes do Pecado". Um rompimento radical com a pátria de origem, um começar de novo. Afinal, concluía, "a lembrança do paraíso perdido, do 'céu na terra', é constante entre os colonos puritanos, e para alguns de seus porta-vozes ... a plantação das novas colônias copia o ato da Criação".

Gradações se fariam sentir, contudo, no próprio território das colônias inglesas. Se nessa área da Nova Inglaterra o trabalho necessariamente antecedera o desfrute do Éden, "em lugares onde o clima e a devoção não têm os mesmos rigores", ponderou o autor, "começa a ganhar trânsito fácil a idéia do horto de delícias que se oferece com todas as galas, sem pedir maior esforço da parte dos fiéis". Ou seja, podemos dizer que não teria sido imprescindível a Tocqueville em sua descrição descer até as Antilhas para ter frente aos olhos a "visão do Paraíso"(Holanda, 1977, p.XIV ss.). Isso indica tanto a presença do mito edênico nas imagens identitárias dos norte-americanos como a não-unidade da representação da paisagem do continente, o que explicaria, no quadro analítico adotado por Tocqueville, a diferença de valores entre os próprios norte-americanos, o amor ao trabalho de uns, os costumes aristocráticos e a apologia da escravidão de outros.

Interessa reter para este estudo a importância conferida a essas narrativas míticas por Buarque de Holanda, que endossa a afirmação de Charles L. Sanford quanto ao valor do mito edênico nos Estados Unidos, que dele se poderia dizer ser "a mais poderosa e ampla força organizadora na cultura americana". Creio que não seria inútil colocar uma questão: essas lendas e a historiografia que as trouxe até nós teriam conseguido evitar por tanto tempo a presença desconfortável dos aborígenes e dos afro-americanos como componentes da nação norte-americana, uma vez que os trabalhos citados por Buarque de Holanda percorrem o século XIX, mas foram escritos na década de 1960? De que nacionalidade se trata? De qual população?

A situação mostrar-se-ia diversa nas áreas de colonização portuguesa, nas quais os mitos estimuladores das viagens ultramarinas revelariam menos força, segundo Buarque de Holanda. De modo semelhante aos estados ao Sul da Nova Inglaterra, onde os mitos fundadores "tendiam a esbater-se", também a diferença se imporia notável nas áreas da colonização ibérica, "onde a mitologia da conquista, que tão vivaz se manifestava nas Índias de Castela, passava a descolorir-se e definhar, uma vez introduzida na América Portuguesa". Fenômeno que mereceu do autor a denominação de "atenuação plausível". Perante a gradação hierárquica das colonizações inglesa, espanhola e portuguesa, como não lembrar aqui as observações de Kant sobre o caráter sublime dos ingleses e dos espanhóis, e no caso dos últimos, suas características levadas ao extremo, na alma orgulhosa mas sensível às grandes ações; no temperamento suave e bom, altaneiro e amoroso, extravagante, com freqüência duro e cruel, e seu acentuado pendor ao fantástico? (Kant, 1980, p.494-7).

Sem nenhuma intenção de dar conta do erudito estudo de Buarque de Holanda, surpreende sobretudo nele o peso negativo que recobre o português no contraste entre "o mundo lendário nascido nas conquistas castelhanas e que suscita imagens de eldorados, amazonas, serras de prata, lagoas mágicas, fontes de juventa", e "a minguada e quase nenhuma participação da fantasia que os anima nos feitos que marcam os estabelecimentos dos portugueses em terras do Brasil".[37]

Se, segundo Buarque de Holanda, aos primeiros colonizadores do Brasil faltou imaginação ou olhos para ver o fantástico espetáculo da natureza tropical e a ela vincular as representações do Éden, aos viajantes, estrangeiros em sua maioria, não se pode negar terem sido sensíveis ao meio físico, fauna e flora, com os quais tinham pouca familiaridade. O cânone estético, científico e moral, não esqueçamos, parece ter explodido perante a incapacidade de apreender uma "natureza simultaneamente variada e incógnita, exuberante e excessiva", como sugere Márcia Na-

---

37 A razão dessa parca afeição à especulação e à imaginação, o autor localiza na precocidade da forma absolutista da monarquia da Casa de Aviz, sustentada por uma burguesia envergonhada, substituta da velha nobreza da qual adota os padrões e valores. Nos relatos dos cronistas há pouco ou nenhum lugar para representações edênicas; "aquele realismo, repousado, quase ascético ou ineloqüente; portos, cabos, enseadas, vilas, batizadas segundo o calendário da Igreja, são", diz o autor, "designações comemorativas, como a significar que a lembrança e o costume hão de prevalecer aqui sobre a esperança e a surpresa" (Kant, cap. VI).

O charme da ciência e a sedução da objetividade

xara. Aliás, conta a autora, os próprios brasileiros do final do século XIX diriam em relação à Amazônia que a "inteligência humana não suportaria, de improviso, o peso daquella realidade portentosa..." (1999). A desproporção entre a dimensão humana e a magnitude da natureza só poderia ser explicada nos termos genéricos das noções de civilização – a terra apropriada pelo homem – e de barbárie – a natureza intocada.

Não esqueçamos, entretanto, o peso do olhar "nativo" em auto-avaliação atada a premissas nas quais a imagem da alteridade se completa com o par de substantivos exotismo–primitivismo. São sobretudo os países de "civilização" recente os mais apropriados a se deixarem ler como página viva das sucessivas fases da história da humanidade. São terras de contrastes e por eles dilaceradas. Submetidos a esses contrastes inconciliáveis, inseridos na linearidade cronológica que os/nos situa em tempos diferenciados na escala da civilização, seus habitantes, supõe-se, sentiriam dificuldade em com eles conviver, e à intelectualidade caberia entendê-los e justificá-los. Disporia, para tanto, das várias camadas de representações do selvagem e de seu *habitat*, como meio físico e homem primitivos, resíduos exóticos atuais de tempos passados. Sem dúvida, como disse Todorov, e não só ele, "com a descoberta da América pelos europeus, passou-se a dispor de um imenso território sobre o qual se pode projetar as imagens sempre disponíveis de uma nossa [européia] antiga idade de ouro"(1989, p.297 ss.). Homens e natureza em estado intocado, imagem idealizada do natural contraposto à artificialidade da civilização européia.

Nos anos 1920, Paulo Prado, homem urbano, reafirmaria entre nós a força da representação imagética desse contraste trazendo para seus leitores uma descrição composta de dados quantitativos e do choque sobre os sentidos proporcionado por essa mesma região: "É a Hiléia amazônica, cobrindo de arvoredo a maior extensão de terra do universo, mais de 3 milhões de quilômetros quadrados. Nela, os sentidos imperfeitos do homem mal podem apanhar e fixar a desordem de galhos, folhagens, frutos e flores que o envolve e submerge" (Prado, 1997, p.59 e 87). A insuficiência por ele atribuída aos sentidos reafirmava a intenção de expressar por meio da escrita a suposta limitação dos padrões estéticos literários que recuariam perante uma natureza que seria, ou melhor, se diria ser, algo que ultrapassava todas as possibilidades da imaginação repertoriadas até então. Traria para seu retrato do Brasil a conjunção da natureza luxuriante com a luxúria dos nativos para explicar a sociedade informe e tumultuária dispersa pelo vasto território brasileiro cem anos depois de descoberto. O retrato do Brasil conjuga tempos diferentes: o do nativo civilizado perante o exotismo de ontem e de hoje, a alteridade oferecendo-se aos olhos do observador.

Tal como no continente norte-americano, decretava-se o fracasso da representação em perspectiva das três naturezas; lá, porém, a natureza oporia obstáculos, não armadilhas: "treze milhões de europeus civilizados estendem-se tranqüilamente nos desertos férteis ... Três ou quatro mil soldados impelem diante de si a raça errante dos indígenas; ... penetram nas florestas, expulsam os animais ferozes, exploram os cursos dos rios", sentenciou Tocqueville, encantado com os bons resultados obtidos (1990, p.216). Não havia ainda lugar para a representação de uma terceira natureza, lugar de prazer estético proporcionado pela regularidade do jardim com um horizonte de campos e florestas. Essa falta não comportou, contudo, uma avaliação negativa; tudo estava para ser feito nessa terra prometida.

Talvez, não tenha sido por acaso que encontrei em uma narrativa literária a representação idealizada das três naturezas em terras brasileiras. No romance *Canaã*, de Graça Aranha (1906), Milkau, o imigrante alemão que busca nas terras do Espírito Santo a Terra Prometida, elaborou a imagem dessa natureza tripla, na seqüência da floresta, da plantação de café e do jardim: "o terreno cultivado, os pés de café que brotavam n'um indomável viço, ... um verdejante parque cercado das árvores imensas da floresta, apenas interrompida, e a humilde casinha dos dois emigrados coberta de trepadeiras que se abriam em flores, dando aquele jardim ali nos trópicos um perpétuo ar festivo à vivenda"(Aranha, s.d., p.265-6).

Vê-se, assim, que os recursos retóricos e artísticos têm, sem dúvida, uso recorrente nos diversos tipos de literatura, a ficção e o relato de viagem, mas também a historiografia, com intenções aproximadas de provocar adesão a idéias por meio da emoção, construída textualmente mediante regras estritamente racionais. As noções de *belo, sublime* e *pitoresco*, cânones retóricos da escrita e modelos de representações icono-

O charme da ciência e a sedução da objetividade

gráficas, teriam sido necessariamente repensadas para confirmar a própria representação do novo. O desdobramento da idéia do *sublime* precisaria ir além das imagens dos íngremes picos dos Alpes, das estreitas gargantas de seus vales, da escuridão e dos perigos lendários da Floresta Negra, para dar conta de dizer literariamente a imagem de uma vegetação elevando-se "por andares, atingindo quarenta a sessenta metros de altura, enlaçando-se aos troncos os cipós e parasitas, em luta pela vida, como num espaço demasiadamente povoado", da descrição de Paulo Prado. Deveria manter no tom da narrativa a impossibilidade de sintetizar em uma noção a imagem nova; fixá-la como "a culminância da aventura de Colombo, ao sair da zona temperada" sob o impacto da "impressão de deslumbramento diante de esplendor tropical, do cantar dos pássaros, dos bandos de papagaios, 'que escureciam o sol', das árvores de mil espécies, dos frutos desconhecidos". Nessa descrição, todos os sentidos são convocados no emaranhado de sons, cheiros e pluralidade de imagens contrastantes. Não há na paisagem descrita lugar de repouso para a imaginação; os sentidos excitados suspendem o trabalho da razão, tal como a "opressiva tirania da natureza ... oferecia um obstáculo formidável para quem a queria penetrar e atravessar". Seria exatamente em outra imagem, comparando a natureza tropical da África Central à brasileira, na "falta de proporção em relação visível com a humanidade", que Paulo Prado caracterizaria "essas solidões misteriosamente habitadas" (1997, p.58-9).

Nas representações das paisagens brasileiras, escritores e pintores conseguiram passar para seus interlocutores a impressão de uma descoberta, diferenciada das anteriores, assemelhada a algo próximo à experiência inaugural dos sentidos diante de um mundo outro, em meio ao qual sobrelevaria o mais das vezes o convívio com a traiçoeira beleza dos mares e terras tropicais. A geografia parece constituir um obstáculo além do meramente material, uma barreira psicológica elaborada sobre os materiais fornecidos pela imagem da distância física e dos perigos da travessia do Oceano Atlântico. Imagem do meio físico aparentemente paradisíaco, na verdade hostil dos trópicos, argumento sempre requisitado quando se trata de falar sobre a colonização do Brasil, com a força aprisionadora de um **lugar-comum**.

2
O pecado da origem

> Águas e matas foram a surpresa e o encanto dos
> descobridores. Da beleza das paisagens não cuidavam.
> Não era nem do tempo nem da raça, o amor à natureza.
> Camões não soube ver e apreciar os encantos da
> vegetação tropical. Só o interessavam as especiarias
> e os produtos comerciais.
> Paulo Prado (1997)

Nas palavras de Paulo Prado, a imagem da avidez orientando a exploração predatória das terras brasileiras pelos colonizadores lusos adentra a imaginação do leitor com sua cadência poética. Um lugar-comum, ou a idéia sedutora e excludente de outras possibilidades, sedimentara-se nos textos de vários intérpretes do Brasil nas décadas iniciais do século XX, e mantém sua força explicativa até nossos dias. Um mesmo procedimento dá forma e conteúdo aos escritos que se contrapõem à historiografia ufanista e/ou restrita à apresentação dos acontecimentos políticos em uma escala cronológica. É bem verdade que autores dos oitocentos, como Joaquim Nabuco, buscaram inscrever em outro registro suas avaliações sobre determinados temas e situações brasileiras. O diálogo com seus contemporâneos, diálogo com freqüência interessado, como mostra Izabel Marson (2000), e a utilização de documentação não restrita aos textos oficiais aproximam Nabuco de homens como Silvio Romero e Euclides da Cunha, cuja concepção de escrita alinhou seus textos em uma vertente militante e crítica de determinadas atuações oficiais. Por sua vez, Nabuco seria a fonte privilegiada de Oliveira Vianna para informações e interpretações da história do Brasil monárquico e do movimento republicano. Como entre os filósofos, naturalistas, viajantes e romancistas do século XVIII, aqui também se estabelece uma intrincada trama entre idéias, preconceitos e pressupostos, interpretações de diversos autores, tornando um falso problema a busca das "origens" das idéias críticas ou do primeiro a postulá-las.

Embora críticos, esses intérpretes do Brasil buscaram seus materiais de trabalho nesse **campo comum** de conceitos e preconceitos entretecidos por vozes e discursos diferentes no decorrer de, ao menos, dois séculos, para sobre o quadro cronológico tradicional – Colônia, Império e República – tecerem outra narrativa, outra camada histórica comprometida com a tarefa de captar o ser verdadeiro do brasileiro. Usos e costumes passaram a ser o foco de atenção de estudos no firme intuito de desvendar o homem por trás das instituições.

Nesse final do século XIX e início do XX, multiplicavam-se as referências conceituais em meio a uma "sociedade/civilização ocidental" assediada por questões cruciais: a das multidões permanentes e das classes subalternas reivindicativas, nem sempre aceitando o campo da política institucionalmente definido como o **lugar** apropriado para manifestar suas opiniões e discordâncias; a instabilidade política do concerto das nações civilizadas com seus tratados de partilha territorial do mundo e formas diferenciadas de abordar problemas candentes, em especial os sociais, a partir de pontos de vista diversos, muitas vezes excludentes; anos em que novas disciplinas ganhavam estatuto acadêmico, disputando posições de reconhecimento diante do público leitor (Lepenies, 1990). Entre uma história política linear presa à documentação oficial e as amplas possibilidades abertas pela Psicologia Social, Sociologia, Etnografia e Antropologia, não causa estranheza autores, como Oliveira Vianna e Paulo Prado, mas também Gilberto Freyre, Sérgio Buarque de Holanda e Caio Prado Júnior, para mencionar os mais re-

O charme da ciência e a sedução da objetividade

correntes em nossa formação acadêmica de historiadores, terem se voltado para os mais promissores campos conceituais.

A adesão a novas perspectivas, paradoxalmente, os reaproxima de autores marcados pelas preocupações críticas do século XIX, avaliadas em campos conceituais definidos no século XVIII. A afirmação de Voltaire sobre seu interesse nos homens e não nos reis, daí usos e costumes como campo privilegiado de observação, presidiu, se bem que reformulada, contradita, apropriada em recortes interessados, a escrita de muitos literatos, políticos e historiadores por mais de cem longos anos, com o claro intuito de surpreender os pontos nevrálgicos de desencontros e contradições desestabilizadoras das sociedades constituídas em nações. Jules Michelet, Thomas Carlyle, Fréderic Le Play, Hyppolite Taine, Émile Durkheim, Karl Marx e Frederich Engels expuseram de modo exemplar uma preocupação partilhada por vários outros contemporâneos, muito embora entre si não comungassem as mesmas idéias. Desse modo, não deveria causar espanto encontrar referências a esses autores e a uma ampla plêiade de outros profissionais que ampliaram de pontos de vista diversos o campo de debate entre os homens de letra – e nele incluir os pensadores brasileiros.

Afinal, como venho sugerindo, todos se congregam, e eu com eles, nessa seleta e restrita comunidade acadêmica do saber ocidental. Não se trata, portanto, de importação de idéias forjadas em outras "realidades sociais", nem de aplicá-las, crítica ou acriticamente, a situações brasileiras, mas de mostrar o modo como essas mesmas idéias – conceitos e preconceitos –, consideradas um **fundo comum** de conhecimentos, ampliam-se, modificam-se, são mesmo viradas pelo avesso em suas diversas utilizações e reutilizações, aqui nas Américas e na Europa. Afinal, onde nos situamos? Somos, para sermos fiéis à teoria etnocêntrica e às suas conclusões, o **nós** frente os **outros**? Ou seremos **um dos outros** perante **um nós imperativo e exclusivista**? Afinal, essa tem sido a indagação que orienta o acompanhamento da formulação de uma interpretação do Brasil que sempre nos coloca do lado da alteridade em relação a um nós modelar, paradigmático.

Gostaria ainda de sugerir que essa posição imposta e aceita pela ampla maioria dos intérpretes do Brasil tem sido o fundamento das orien-

103

tações de leitura do passado brasileiro, e, mais ainda, tem conferido o tom do ressentimento a essa historiografia; ressentimento provindo de um sentimento de inferioridade em relação às origens sempre revisitadas dentro dos mesmos parâmetros: o da natureza inadequada e o dos homens menos qualificados, daí os resultados pouco elogiáveis. Dessa armadilha não escapou nem aquele a quem sempre se faz exceção, Gilberto Freyre. E, como lembrou Todorov, citando Aristóteles, essas interpretações têm conseqüências práticas importantes, e sublinho as conseqüências em sua dimensão política.

Nessa construção de nós como outros, não só a natureza abrigaria as diferentes possibilidades de organização social. Nas interpretações da colonização européia em terras do Novo Mundo, também homens vindos de diferentes partes da Europa teriam trazido para o novo continente sua herança cultural diversa, como afirmou Buarque de Holanda. O que mais intriga nessa aproximação entre dois mundos novos é a bicentenária construção das desiguais características dos povoadores das três partes da América. Os espanhóis, e de maneira acentuada os portugueses, partem já com a desvantagem da "origem", que no meio tropical parece só ter se acentuado. Todas as elaborações intelectuais sobre o que veio a ser cada uma das antigas colônias européias nas Américas sentem-se irresistivelmente atraídas para uma origem, um começo, para os tempos da colonização. A reiterada **volta às origens** marca até hoje os programas de busca de identidade, este mais um forte **lugar-comum** dos trabalhos acadêmicos que aspiram a explicar o Brasil. É ainda o caso recente de Darcy Ribeiro, com *O povo brasileiro*, de 1995.

O recuo aos primeiros colonizadores tem em seu texto a intenção de conhecer a formação e o sentido do Brasil, como reza o subtítulo do livro. Seus argumentos seguem a linha explicativa de uma força externa ditando a história do país. Na ausência de uma "evolução estruturada sobre classes opostas, mas conjugadas", perante a demanda de "sobrevivência e progresso", o país havia se constituído por meio de processos violentos de ordenação e repressão. Um evidente e continuado genocídio (e cita a cifra de um milhão de índios mortos, principalmente por epidemias, no primeiro século de ocupação do território pelos portugueses) e um etnocídio implacável, nas investidas de "aculturação" forçada de

O charme da ciência e a sedução da objetividade

africanos e indígenas, processo a que deu o nome de "transfiguração étnica". Processos alheios a um interesse próprio da colônia e do país que se formou com a Independência. País que permanecia, a seus olhos, até hoje, "sem seu projeto político próprio de desenvolvimento autônomo e auto-sustentável" (Ribeiro, 1985, Prefácio e p.150-60, 448 e 230).

Na "Apresentação" da edição venezuelana do primeiro livro de Gilberto Freyre, *Casa-grande & senzala*, o mesmo Darcy resumiu de maneira exemplar um primeiro e convincente **lugar-comum**: a **negatividade** como marca recorrente a recobrir a extensa produção acadêmica e literária sobre a história do Brasil. Para ele, o livro de Freyre teria sido "uma façanha da cultura brasileira" que, diria, "... a mim e a todos, *CG&S* ensinou muitas coisas que precisamos começar a enumerar. Ensinou, principalmente, a nos reconciliarmos com nossa ancestralidade lusitana e negra, de que todos nos vexávamos um pouco".[1] Portugueses amarrados à imagem de burro de carga ou de comerciante mesquinho, e africanos responsáveis pelos traços negróides da população, só com Gilberto Freyre passariam a ser aceitos como ancestrais dignificantes.

Há, pois, na literatura acadêmica sobre "o brasileiro", algo como um mal de origem, um pecado responsável pelos começos menos graves e respeitáveis se comparados ao caráter quase bíblico da atitude dos *Pilgrims* anglo-saxãos ao se lançarem sobre a costa leste da América do Norte, conscientes na opção de emigrar para terras desconhecidas onde teriam projetado a possibilidade de liberdade para sua prática religiosa perseguida na Inglaterra. Uniam, pois, como disse Tocqueville, em idealização exemplar, "uma doutrina religiosa" com "as teorias democráticas e republicanas mais absolutas". ... "arrancavam-se às doçuras da pátria para obedecer a uma necessidade puramente intelectual ... desejavam fazer triunfar **uma idéia**" (grifado no original). Citou, para respaldá-lo nessa afirmação, longo texto de Nathaniel Morton, "historiador dos primeiros anos da Nova Inglaterra"; texto que proporcionaria "a impressão, ainda que involuntária, de algo religioso e solene; parece-nos",

---

1 O artigo de Darcy Ribeiro, "Gilberto Freyre: uma introdução a *Casa-grande & senzala*", foi escrito como introdução à edição venezuelana do livro de Freyre; está recolhida na coletânea *Sobre o óbvio* (1986, p.109-73).

diria Tocqueville, "respirar nele um ar de antigüidade e uma espécie de perfume bíblico". Tinham boa origem, uma vez que "pertenciam todos às classes independentes da metrópole" ... tinham recebido uma educação "bastante avançada". Assim, a despeito da diversidade da povoação das terras da América do Norte, e mesmo de algumas "colônias terem sido fundadas por aventureiros sem família", havia sido nas colônias do Norte "que se combinaram as duas ou três idéias principais que hoje constituem as bases das teorias sociais dos Estados Unidos. O ensaísta francês não minimizou a influência nefasta da escravidão sobre o caráter dos homens, das leis e do futuro do Sul, dela dizendo que "desonra o trabalho, introduz a ociosidade na sociedade" com seus complementos nefastos, "a ignorância e o orgulho, a pobreza e o luxo". Numa aposta antecipou um "grandioso futuro" para o país, dado que nenhuma nação européia ousara adotar "os princípios geradores" que estavam sendo ali aplicados (Tocqueville, 1990, p.32-41).[2]

Origem virtuosa, moralmente elogiável: todas as boas características conferidas a pessoas, grupos, um "povo", pelos moralistas do século XVIII, recobrem em suas palavras o caráter dos pioneiros da Nova Inglaterra. Tratar-se-ia de uma feliz união com o meio favorável, uma vez que, se dos pais fundadores haviam herdado "o amor à igualdade e à liberdade", teria sido "o próprio Deus que, entregando-lhes um continente sem fronteiras, [dera]-lhes os meios de por muito tempo continuarem iguais e livres". E concluía seu pensamento dizendo: "Nos Estados Unidos, não é democrática apenas a legislação; a própria Natureza trabalha para o povo". Há, na história da democracia na América de Tocqueville, a tonalidade da epopéia moderna – levas de homens movidos pela vontade consciente ocupando com destemor para a civilização um continente quase sem limites –, tecida em respeito aos cânones da retórica setecentista. O mito da *moving frontier*, elaborado por Turner nos finais do século XIX, constitui uma segunda fundação que une vontade consciente à avidez. Sem dúvida, persistentes **lugares-comuns** da identidade norte-americana.

Volto a Darcy Ribeiro para fazer agora de seus comentários sobre a historiografia o fio condutor da aproximação analítica na qual se privile-

---

2 Há uma exposição mais detida sobre a relação entre religião e política nas p.224 ss.

O charme da ciência e a sedução da objetividade

gia o meio físico e cultural, as características humanas (quase sempre centradas no conceito de raça) e a particular história do país Brasil. Nos seus comentários encontramos a seguinte afirmação: "os intérpretes de nossas características nacionais vêem os mais variados defeitos e qualidades aos quais atribuem valor causal".[3]

> Um exemplo nos basta [afirmou] ... Para Sérgio Buarque de Holanda seriam características nossas, herdadas dos iberos, a sobranceria hispânica, o desleixo e a plasticidade lusitanos, bem como o espírito aventureiro e o apreço à lealdade de uns e outros e, ainda, seu gosto maior pelo ócio do que pelo negócio. Da mistura de todos esses ingredientes, resultaria uma certa frouxidão e anarquismo, a falta de coesão, a desordem, a indisciplina e a indolência. Mas derivariam delas, também, certo pendor para o mandonismo, para o autoritarismo e para a tirania. Como quase tudo isso são defeitos, devemos convir que somos um caso feio, tamanhas seriam as carências de que padecemos.

Aceito a sugestão de Darcy e creio ser imprescindível explorar a negativa noção de **carência**, pela sua reiterada repetição nos textos de interpretação do Brasil. Ela configura um segundo **lugar-comum** de nossa historiografia, e, mais que isso, uma metáfora que substitui com freqüência um conceito.[4] Uma metáfora que alia imagens diversas ou idéias heterogêneas numa aproximação possível realizada pela similaridade. Há evidentemente o recurso a uma concepção estética que por sua vez oferece a um juízo de valor apoio menos rígido que o exigido por um conceito. Nossa identidade se constitui na falta, naquilo que não tivemos, na ausência de predicados, na incapacidade de triunfar. Há um vazio a ser preenchido, se possível for. Constitui a entrada mais adequada para entendermos o laivo de ressentimento que recobre a produção intelectual sobre o Brasil nas várias disciplinas acadêmicas e na literatura.

---

3 Essas observações estão nas páginas finais de O povo brasileiro (1995, p.447 ss.).
4 Utilizo aqui de forma bastante rudimentar a concepção de metáfora proposta por Paul Ricoeur em "O processo metafórico como cognição, imaginação e sentimento" (Sacks, 1992, p.145-60).

Talvez essa mesma noção indique o caminho, um caminho para descobrirmos por que há mais de um século agonizamos sobre nossa identidade, como diz Skidmore, e não chegamos a uma imagem que nos agrade. Imagens construídas pelo trabalho intelectual e intensamente difundidas pelos textos acadêmicos e por formas menos ásperas e mais facilmente deglutíveis de divulgação.

Aliás, quando li Oliveira Vianna pela primeira vez, essa foi a observação anotada. Seus textos nos incriminam, a nós trabalhadores intelectuais, pela cegueira perante o "Brasil real". É sem dúvida um recurso de retórica próprio dos escritores românticos, que, como o inglês Thomas Carlyle em *Signes of the Times* (1829) e *Chartism* (1839), adverte os ingleses sobre a visão distorcida de seu país, prevalecente na época e proporcionada pela adesão geral à "lógica mecânica" e suas abstrações. Argumento que lhe permite elaborar na seqüência representações sinistras da "condição atual da Inglaterra" para, apoiado nessas conclusões, apontar a solução que evitaria o retorno da barbárie, do estado de natureza, do caos. Uma carência que, bem preenchida, devolveria aos ingleses a capacidade de ver e compreender e, sobretudo, de sentir.

O inventário das diferenças

Alertada por Darcy, reli *Raízes do Brasil* pensando já no conteúdo romântico da palavra *raízes*, uma metáfora organicista, mas também atenta ao recorte nacional dessas raízes. Dobrei-me à evidência das inúmeras vezes em que Buarque de Holanda detectou carências em nós e nos portugueses, nossos colonizadores. Num repertório rápido, podemos anotar carências que estariam nas "origens da sociedade brasileira" e fariam de nós "ainda hoje (1936) uns desterrados em nossa terra": a ausência de definição do território ibérico, região indecisa, território-ponte, zona fronteiriça, de transição, menos carregada, em alguns casos, desse europeísmo que, não obstante, mantém como um patrimônio necessário; a não-integração à Europa, um tipo de sociedade que se desenvolveria quase à margem das congêneres européias, por serem, Espanha e Portugal, dois países com ingresso tardio no coro europeu; certa falta de

O charme da ciência e a sedução da objetividade

sentido de realidade dos colonizadores, expresso na "tentativa de implantação da cultura européia em extenso território, dotado de condições naturais ... largamente estranhas à sua tradição milenar...", timbrando, dizia o autor, em manter tudo isso, formas de convívio, instituições, idéias, em ambiente muitas vezes desfavorável e hostil.

Em seus argumentos pesa fortemente uma "originalidade nacional", característica dos portugueses partilhada com a "gente hispânica", "a cultura da personalidade". Dela decorreria uma série de conseqüências herdadas, sendo a primeira a singular tibieza das formas de organização que implicassem solidariedade e ordenação, daí a necessidade de uma força exterior e temida; tibieza expressa na frouxidão da estrutura social, ou na falta de hierarquia fortemente organizada e pouca influência dos privilégios hereditários, dando lugar à frutificação dos elementos anárquicos. Esse lado negativo ganha, contudo, em Buarque de Holanda, dois contrapontos no reconhecimento de as culturas espanhola e portuguesa terem sido "pioneiras da mentalidade moderna" pela sensibilidade demonstrada pelos ibéricos perante a irracionalidade e injustiça social, e pela singular vitalidade e capacidade de adaptação a novas formas. A "precocidade" comportaria, porém, uma dimensão negativa, a de ter a burguesia procurado associar-se à antiga classe dirigente, e deixado de adotar formas de pensar e agir novas (outra ausência). A repulsa ao culto e à moral do trabalho seria a segunda face dessa herança, que redunda no rebaixamento das "virtudes ativas", do esforço manual, em favor das "virtudes inativas", quais sejam, a do indivíduo refletindo sobre si mesmo e renunciando a mudar a face do mundo, a reduzida capacidade de organização social decorrente das precárias idéias de solidariedade, o predomínio dos vínculos de sentimento sobre os do direito. A terceira parte da herança nefasta ficava com a obediência cega, expressa na vontade de mandar e na disposição para cumprir ordens, cujo exemplo extremo recairia nos jesuítas, segundo o autor, mais bem-sucedidos em implantar a disciplina que qualquer Estado totalitário moderno (Holanda, 1969, p.4-5, 7-8, 10-11).

De todas essas qualidades negativas, o resultado óbvio se manifestaria na instabilidade constante de nossa vida social por conta da natureza inquieta e desordenada à qual tentávamos em vão pôr um freio, "procurando importar sistemas de outros povos modernos, ou criar por conta própria um sucedâneo adequado". Conclusão: nada de novo viera substituir as "culturas européias transportadas ao Novo Mundo". "Nem o contato e a mistura com raças indígenas ou adventícias fizeram-nos tão diferentes dos nossos avós de além-mar", sentencia Buarque de Holanda. Esta, para ele, seria "a verdade, por menos sedutora que possa parecer a alguns de nossos compatriotas" (ibidem, cap.I).

Tratar-se-ia de um pecado de origem do qual não nos livraríamos: carregamos a cultura européia, lusitana, colada à nossa pele e à nossa alma. O sentido do livro encontra-se, pois, já dado nas páginas do primeiro capítulo. Lê-lo significa acompanhar um processo de deformação, pois Buarque de Holanda considerou que a sociedade fora mal formada desde as suas raízes. Se aos portugueses coubera serem "pioneiros da conquista dos trópicos para a civilização", a exploração das terras não configurara "empreendimento metódico e racional". "Fez-se antes com desleixo e certo abandono", característico do "tipo aventureiro" e da "ética da aventura", diversa da ética do trabalho, que, aliás, explica Buarque de Holanda, em nada ajudara com sua rigidez os holandeses quando de sua tentativa de colonizar terras pernambucanas. Nessa representação da inaptidão desse povo norte-europeu para colonizar terras tropicais, algo pesa sobre o meio ambiente; o peso maior, entretanto, recai sobre a cultura predominantemente mercantil e urbana deles e o pouco trato com as questões da exploração agrícola (ibidem, p.135,12).

O elenco de qualidades adversas prossegue: nossos colonizadores repetiram aqui o que faziam antes, impelidos pelas circunstâncias européias de insuficiência de produtos alimentares e carência tão só de produtos tropicais; eram rotineiros, assentes no solo, não tinham exigências mentais muito grandes, daí o latifúndio agrário não ter sido original (específico do meio) nem uniforme, não apresentar progresso técnico; entre eles, a ausência completa, ou praticamente completa, de qualquer orgulho de raça, o que explicaria serem, "já ao tempo dos descobrimentos, um povo de mestiços". Exíguo, portanto, na colônia, o sentimento de distância entre os dominadores e a massa trabalhadora, donde em suas relações com o dono, o escravo "penetrar sinuosamente o recesso doméstico", fazendo com que (esta a face boa) o "exclusivismo racial" nunca predominasse. Exatamente aqui residiria outra contradição, dado que a componente mais plástica dos portugueses pouco se coadunava com seus valores aristocráticos, mais próximos "dos padrões das classes nobres; daí serem os casamentos mistos entre brancos e indígenas até estimulados por lei, já que aos nativos eram reservadas as virtudes convencionais de antigos fidalgos e cavaleiros...".

Buarque de Holanda afirmava, assim, que nos faltou capacidade de organização, "de livre e duradoura associação", e "comportamentos orientados para um objetivo material comum". Incapacidade que seria conseqüência do personalismo do português, menos ativo na cooperação que na competição, base precária para as idéias de solidariedade, somado ao convívio com os negros africanos, cuja "suavidade dengosa e açucarada invade desde cedo todas as esferas da vida colonial", dando lugar, portanto, a que "a 'moral da senzalas' viesse a imperar na administração econômica e nas crenças religiosas dos homens do tempo" (1969, p.22-4, 10, 31).

Em frase lapidar, o autor diz:

> o peculiar da vida brasileira parece ter sido, por essa época, uma acentuação singularmente enérgica do afetivo, do irracional, do passional, e uma estagnação, ou antes, uma atrofia correspondente das qualidades ordenadoras, disciplinadoras, racionalizadoras. Quer dizer, exatamente o contrário do que parece convir a uma população em vias de organizar-se politicamente. (ibidem, cap.II, p.12-40)

Ora, bem do cerne de todas essas características, Buarque de Holanda extrairia a "contribuição brasileira para a civilização, a cordialidade, 'o homem cordial', cujas lhaneza no trato, hospitalidade e generosidade" pouco se assemelhariam às boas maneiras, à civilidade. Nestas, há aquele algo de coercitivo, de atitude deliberada de defesa que detém na epiderme os golpes, é externa, uma presença contínua e soberana do indivíduo diante do social, "um decisivo triunfo do espírito sobre a vida", em suma. Na cordialidade, ao contrário, se expressaria um impulso natural e afetivo, uma aversão ao ritualismo e horror à distância, uma tendência a confundir respeito com intimidade. Nessa atitude expansiva conservara-se oculto o pavor do brasileiro de viver consigo mesmo, pavor que faria da vida em sociedade a verdadeira libertação e reduziria o indivíduo a um viver nos outros (ibidem, cap.V, p.101-12).

Podemos continuar anotando mais algumas passagens, como a da célebre diferença entre "o semeador e o ladrilhador", na qual Buarque de Holanda considera que "a colonização espanhola caracterizou-se largamente pelo que faltou à portuguesa". Ao "desleixo e tosco realismo de não-contradição à natureza" do português correspondeu "o zelo minucioso e previdente do espanhol", expresso nos traçados dos centros urbanos, "plano regular" das "primeiras cidades abstratas ... do continente", um triunfo da aspiração de "ordenar e dominar o mundo conquistado". Faz também elogio a Cortez e a Pizarro, pela férrea determinação em conquistar as terras da Nova Espanha, determinação que não recuara diante das dificuldades impostas pela cordilheira, nem perante o exército de cinqüenta mil índios enfrentados, em 1535, no Peru (ibidem, cap.IV, p.61-84).

Buarque de Holanda estabeleceria um ponto de inflexão em torno de 1888, quando o centro de gravidade passara para os centros urbanos e a aristocracia agrária do período colonial e monárquico perdia sua razão de ser. Contudo, o estrago produzido pelas raízes portuguesas permanecia arraigado no caráter do brasileiro: o personalismo, o vício do bacharelismo, a falta de demarcação clara entre a família e a sociedade, entre os sentimentos e a razão, entre a esfera privada e o espaço público. Aderiam a nós tal como o "amor às idéias fixas e leis genéricas, construções da inteligência que representam um repouso para a imaginação", e o apego a teorias generalizantes e de fácil aplicação, tal como o positivismo e o agnosticismo dos republicanos, reproduzindo em outro registro, mais de meio século depois, o apego à maçonaria dos nossos pais da Independência, sentencia o autor. E numa frase que até parece ter sido a fonte de inspiração para as já mencionadas observações de Skidmore sobre a (in)capacidade brasileira para bem compreender as idéias geradas na Europa, Buarque de Holanda diz: "Tudo quanto dispense qualquer trabalho mental aturado e fatigante, as idéias claras, lúcidas, definitivas, que favorecem uma espécie de atonia da inteligência, parecem-nos constituir a verdadeira essência da sabedoria" (ibidem, p.116-7). Daí deduz o mal-entendido do liberalismo parlamentar do Império e da de-

O charme da ciência e a sedução da objetividade

mocracia liberal republicana: nada condizia com o personalismo herdado e mantido: "A sociedade foi mal formada nesta terra, desde as suas raízes", sentenciou Buarque de Holanda, completando: "os brasileiros estão hoje expiando os erros dos seus pais, tanto quanto os próprios erros" (1969, p.135).

Lembro suas afirmações sobre as idéias míticas ibéricas, tão exuberantes entre os homens de Castela, enfraquecidas entre os portugueses e amplamente expostas em *Visão do paraíso* e penso poder detectar em *Raízes do Brasil* as mesmas concepções sobre características negativas do português, que ocuparia o lugar mais baixo na hierarquia dos três povos formadores do Novo Mundo. Sem dúvida, levo em consideração o momento em que *Raízes do Brasil* foi escrito, momento pouco promissor para os que não concordavam com as propostas de governo autoritário prevalecentes. Mesmo assim, sem pretender ter dado conta de todas as minúcias e afirmações importantes, esse rápido esboço dos argumentos de Buarque de Holanda expõe o quadro pessimista e a carga de carências que no conjunto compõem uma avaliação carregada de sentimento negativo em relação ao colonizador, que a despeito da não-intencionalidade, nem isso nele haveria, trouxera consigo e deixara-nos como herança o pecado de origem que carregamos, eternamente ressentidos.

Sua conclusão sobre a longa persistência dessa herança faria com que o autor se contrapusesse abertamente a Gilberto Freyre quando da resenha de *Sobrados e mucambos* (Holanda, 1979, p.99-110). Freyre afirmara a ruptura e a originalidade da "sociedade brasileira", por ter o português se tornado luso-brasileiro logo após um século de vida na nova terra, submetido ao meio tropical e à alimentação diversa daquela de seu país de origem, e por ter sido a casa-grande de engenho "uma expressão nova", não uma reprodução das casas portuguesas, e expressão material da formação patriarcal do Brasil. A ela Buarque de Holanda contrapõe conclusão oposta:

> A forma da sociedade brasileira, ... mais plausível é acreditar que veio acabada do velho Mundo ... muitos dos traços do patriarcalismo ... mal se poderiam destacar dos modelos europeus e barrocos; o senhor de engenho

ou o antepassado do "coronel" do sertão, ao menos nos séculos XVII e XVIII, não se distinguiriam muito, social ou psicologicamente, dos nobres e fidalgos do Reino; nem as nossas casas grandes diferiam, salvo talvez nas dimensões ... dos sobrados ou casas nobres da Península. (ibidem)

Continuidade, permanência, incapacidade de criar o novo negando o velho, permanece a mesma herança do colonizador, já declarada em *Raízes*, obra na qual afirmou não ser original nem específico do meio o "latifúndio agrário", nem a "estranha uniformidade de organização do sistema de lavoura", como "fruto da vontade criadora um pouco arbitrária dos colonos portugueses" (ibidem, p.16). Capacidade criativa em Freyre e aqui, portanto, uma avaliação positiva das qualidades do colonizador, que teria, graças à sua plasticidade ou capacidade de adaptação, sido capaz de recriar em terras tropicais a "casa-grande, onde melhor se exprimiu o caráter brasileiro, nossa continuidade social". Ruptura ou recriação da herança lusa, materializada em uma forma já brasileira – a casa-grande de engenho rural –, desdobrada para os sobrados urbanos, modo de morar somente abalado com a Abolição em 1888, pela usina e pela recente industrialização da região Sudeste, expressando o que teria de "pior do ponto de vista do bem-estar geral e das classes trabalhadoras".[5] Ou seja, em Freyre, o ressentimento existe, deslocado, porém, para a decadência da sociedade patriarcal. O agente eficaz que solapara os bons tempos coloniais ficava com a re-europeização do Brasil no início do século XIX, acentuada, contemporaneamente, com a imigração, a industrialização e os valores norte-americanos.

A partir dos dois autores fica, portanto, a questão: até onde se explicaria melhor as características do país, se na pesada continuidade da herança lusa em Buarque de Holanda, ou na degradação de uma forma original brasileira, nobre e estável, como quis Freyre? Esse retorno às origens por métodos diferentes estaria vinculado a projetos políticos diversos? Há certamente um ponto de inflexão comum: a abolição da escravatura em 1888 e a República em 1889. Com interpretações diferen-

---

5 Freyre (s.d.), com observação de ser edição integral da original de 1933 e "Prefácio" à vigésima edição, de julho de 1980. As observações de caráter geral estão no "Prefácio" da primeira edição (p.9-35).

tes dessas datas: Freyre deduziu a *deblâcle* ou a perda do essencial, perpetuando-se no período republicano o que seria a pior faceta do sistema patriarcal. Nos mesmos eventos, Buarque de Holanda localizava o ponto simbólico e visível (alguns freios teriam cessado de funcionar) de "nossa revolução segura e concertada que vem se processando há quatro séculos" – "o aniquilamento das raízes ibéricas de nossa cultura", "do ciclo das influências ultramarinas portuguesas" (Holanda, 1969, p.126 ss.).

Continuemos a perseguir pontos de vista. Encontramos também a negação de que, a despeito das dessemelhanças entre as diversas regiões do país, teria em todas elas prevalecido, como queria Freyre, a família patriarcal e seu latifúndio monocultor. A essa generalização da "unidade da formação do Brasil em torno do regime da economia patriarcal", Buarque de Holanda apresentava o quadro da diferença de outras partes do país, e dentro do próprio Nordeste.[6] Contudo, em *Raízes do Brasil* encontra-se exatamente a mesma tendência a generalizações que critica em Freyre. O tipo aventureiro prevalecendo, ainda que mesclado ao trabalhador, teria conferido **sentido** à colonização.[7]

O acordo mais evidente e mais notável pela grande aceitação até nossos dias fica por conta do terceiro **lugar-comum**, ponto de encontro de extensa produção acadêmica: a teoria da **importação** de idéias, instituições, costumes de outros povos, fruto tanto de nosso mimetismo ou preguiça mental como da nossa incapacidade de ver e avaliar a "real" situação do país; afirmação aceita e adotada por grande parte dos interpretadores do Brasil. Se para Buarque de Holanda a herança lusa pesara pela "força das culturas européias [costumes e padrões de existência]

---

6 Também Darcy Ribeiro, na já referida introdução à edição venezuelana de *Casa-grande & senzala*, criticaria essa generalização, afirmando ter Freyre ampliado sua representação idealizada do engenho, específico da área litorânea e úmida de Pernambuco, para todo o país, sem sequer se dar conta da diferença entre essa área e as secas e áridas regiões do sertão nordestino (1986, p.125-6).

7 Voltarei mais adiante a Buarque de Holanda para colocá-lo novamente em diálogo com Freyre, e mais detalhadamente com Oliveira Vianna, asperamente criticado por ele, em grande parte com razão. Essas críticas estão na resenha de *Instituições políticas brasileiras*, sob o título "Cuitura e política", mas também na "Apresentação" da coletânea *Tentativas de mitologia* (p.37-60 e 7-14, respectivamente).

transportadas ao Nôvo Mundo", o fora por ter-se mostrado impermeável a "fatôres tão diversos, como as raças que aqui se chocaram" e as "condições mesológicas e climatéricas" em sua exigência de longo período de adaptação. A certeza de que "trouxemos de terras estranhas um sistema complexo e acabado de preceitos, sem saber até que ponto se ajusta às condições da vida brasileira e sem cogitar das mudanças que tais condições lhe imporiam" ponteia seus argumentos ao longo do livro, para fechar um ponto de vista em tudo semelhante ao de Oliveira Vianna e Alberto Torres: "Tudo assim conspirava para a fabricação de uma realidade artificiosa e livresca, onde nossa vida verdadeira morria asfixiada. Comparsas desatentos do mundo que habitávamos, quisemos recriar outro mundo [o da evasão da realidade, a *dura*, a triste realidade (grifos no original)] mais dócil aos nossos desejos ou devaneios" (ibidem, p.11, 16, 121).

Como não associar essa sentença a Oliveira Vianna, quando afirmava: "Já mostrei como tem sido funesto para nós esse preconceito da absoluta semelhança entre nós e os outros povos civilizados e como esse preconceito, com que justificamos a imitação sistemática das instituições européias nos tem valido, há cerca de cem anos decepções dolorosas e fracassos desconcertantes". Onde Buarque de Holanda surpreendia um longo processo sem rupturas, Oliveira Vianna localizaria, na independência de Portugal, um momento em que, podendo escolher entre as alternativas postas à nossa disposição, o "idealismo utópico e o idealismo orgânico", teríamos optado erradamente pelo primeiro. Pesa menos na interpretação de Oliveira Vianna a herança portuguesa; são os ares do tempo, ou a "coincidência histórica entre a fase da nossa organização política e o grande movimento de reivindicação democrática, que renovou por inteiro os fundamentos políticos do Velho Mundo", somados ao apelo eficiente dos livros trazidos pelos navios e das "academias superiores", responsáveiS pela importação e adesão a idéias e instituições alheias à "nossa realidade".[8]

---

8 Essas afirmações correm os textos de Vianna durante todo o longo período de sua ativa produção intelectual. Retiramos as frases dos seus primeiros trabalhos: *O idealismo na evo-*

O charme da ciência e a sedução da objetividade

Erro persistente e do qual deveríamos nos livrar, pois Buarque de Holanda, trilhando interpretação semelhante à de Oliveira Vianna nos anos 1920 e 1930, considerava vivermos uma ilusão, no seu caso, "o novo estilo de nossa cultura, crismado de 'americanismo'", dado o lastro ibérico ainda ativo, decorrendo daí o americanismo pertencer ao âmbito das "decisões impostas de fora e interiormente inexistente" (ibidem, p.127).

Menos presente no estudo de Buarque de Holanda, mas nem por isso menos importante como "fator" explicativo é a noção de **solidariedade**, outro **lugar-comum**, fruto do "personalismo" ou da "oligarquia, seu prolongamento no espaço e no tempo", e sua expressão viva no "homem cordial". Neles estariam inscritos a prevalência da família ao indivíduo, o *pater familia*, o patrimonialismo borrando a distinção entre os domínios do privado e do público, os "contatos primários" e os "vínculos de sentimentos", as "conveniências particulares sobre os interesses de ordem coletiva", disso tudo resultando a "ausência de verdadeiros partidos e adesão ao formalismo das fórmulas teóricas", de a "verdadeira solidariedade só se sustentar em círculos restritos" (p.105, 126, 135-8). Em Oliveira Vianna, a noção de solidariedade é central, e mereceu um capítulo de *Populações meridionais do Brasil*; atua também como conceito explicativo de nossa incapacidade para a vida política nos moldes liberais democráticos. Em avaliação próxima à de Buarque de Holanda, afirmava prevalecer entre nós a "solidariedade parental da família senhorial", "do clã rural", portanto, restrita à família estendida, à parentela, resultando dessa específica "formação social" a insolidariedade (ausência de interesse pelo que é público) presente na sociedade brasileira (Vianna, 1973, p.155-64).

Desses pontos em comum, os dois autores tiraram importante conclusão, a de que, nas palavras de Buarque de Holanda, "escapa-nos esta verdade de que não são as leis escritas, fabricadas pelos jurisconsultos, as mais legítimas garantias de felicidade para os povos e de estabilidade para as nações". Repetida ao infinito, afirmação idêntica ganha em Oli-

---

lução política do Império e da República (1922), e da versão ampliada de 1933, *O idealismo da Constituição* (1939).

veira Vianna a dimensão de um projeto político de grande força persuasiva, pois faz subliminarmente apelo às nossas emoções. Até o exemplo recolhido por Buarque de Holanda do eficaz direito costumeiro dos ingleses, regidos "por um sistema de leis confuso e anacrônico", mas que revelavam "capacidade de disciplina sem rival em nenhum outro povo", aproximava-o de Vianna.

Aliás, apesar de em *Raízes do Brasil* haver uma única menção explícita às opiniões de Oliveira Vianna,[9] avento a hipótese de que, pelas posições políticas divergentes dos dois intelectuais, o livro de Buarque de Holanda se estrutura em grande parte como contraposição aos trabalhos do autor fluminense e talvez ao de Freyre, anteriores ao seu. Hipótese não muito misteriosa, se lembrarmos a já mencionada crítica cuidadosa e contundente a *Instituições políticas brasileiras*, na qual o historiador mostra amplo conhecimento das idéias defendidas por Oliveira Vianna em seus numerosos escritos e sua radical oposição a elas. Vem ao encontro dessa hipótese a diferença entre os modelos de ação política propostos pelos dois autores. Oliveira Vianna denunciava a falência do modelo liberal democrático entre nós, propugnando claramente um estado autoritário que eliminasse a distância persistente, desde a Independência, entre os que faziam as leis e o povo. Em suas palavras, buscava expor a distância entre os "elaboradores dos nossos códigos políticos", sempre buscando inspiração nos "exemplos estranhos, nas jurisprudências estranhas, em estranhos princípios, em estranhos sistemas", e "o 'povo' na sua estrutura, na sua fisiologia, na sua economia íntima e nas condições particulares da sua psique".[10] Buarque de Holanda refaz o mesmo caminho crítico em relação às instituições republicanas, sublinhando também essa distância, e afirmando ter sido o liberalismo mais um dos movimentos de reformas impostos de cima para baixo; sua

---

9 Usei para essa análise dos intérpretes dos Brasil a quinta edição de *Raízes do Brasil*, por ser a edição mais corrente entre os estudiosos da nossa história. Deixei para a segunda parte o trabalho de cotejar essa edição com a primeira de 1936, movida pela importância das diferenças existentes entre elas para o momento político da década de 1930. Na primeira edição há uma longa nota crítica sobre Oliveira Vianna (p.166-9).

10 Essa avaliação, Oliveira Vianna a repete inúmeras vezes em seus textos. Aqui, utilizamos *O idealismo na evolução política do Império e da República* (1922), primeira versão do texto que seria aumentado e publicado em 1939 com o título *O idealismo da Constituição* (1939).

O charme da ciência e a sedução da objetividade

inspiração intelectual mesclada ao sentimental, sem repercussão em meio à grande massa do povo que sempre o recebera com displicência ou hostilidade. Porém, prognosticou de maneira um tanto abstrata que "o ideal seria uma boa e honesta revolução, uma revolução vertical e que trouxesse à tona elementos mais vigorosos", como forma de nos livrarmos do que era velho e incapaz. Menos radical em sua crítica às "classes cultas", delas diz, fazendo suas as palavras de Herbert Smith, se acharem "isoladas do resto da nação, não por culpa sua, mas por sua desventura" (Holanda, 1969, cap.VII).

Ensaiemos agora percorrer as páginas de *Casa-grande & senzala* (1933), de Gilberto Freyre, para realização do projeto supostamente já delineado no *Manifesto regionalista de 1926*.[11] Novamente seria Darcy Ribeiro a nos orientar com a observação sobre ter o livro de Freyre nos reconciliado com nossa ancestralidade lusitana e negra, antes motivo de vexame entre nós. Darcy propõe de saída uma questão instigante: a de

saber como pôde o menino fidalgo dos Freyres; o rapazinho anglófilo do Recife; o moço elitista que viaja para os Estados Unidos querendo fazer-se protestante para ser mais norte-americano; o oficial de gabinete de um governador reacionário – como pode ele – aparentemente tão inapto para esta façanha, engendrar a interpretação arejada e bela da vida colonial brasileira que é CG&S.

Questão à qual ele mesmo dá resposta, dizendo que "à postura aristocrática e direitista não corresponde necessariamente uma inteligência curta das coisas ou uma sensibilidade embotada das vivências. A inteligência e a ilustração como a *finesse*, são outros tantos atributos da riqueza e da fidalguia..."(Ribeiro, 1986, p.112-3).

Freyre credita realmente seu débito de reconhecimento ao professor Boas e aos estudos de antropologia por ele ministrados na Universidade de Columbia, no período em que esteve nos Estados Unidos; a oportunidade de adquirir conhecimentos imprescindíveis para buscar

---

11 Freyre (1955). Aliás, é importante lembrar que foi Freyre quem acolheu, em 1936, *Raízes do Brasil* como publicação inaugural da Coleção Documentos Brasileiros, que dirigia para a editora José Olympio.

resolver "questões seculares" do Brasil que pareciam "depender dele e dos de sua geração". A opção pela história, ainda que orientada por procedimentos da Sociologia e da Antropologia, insere-o entre os intelectuais que se propuseram a fazer o retorno às origens. Como Buarque de Holanda, ele partiria do século XVI para observar a "formação da família brasileira sob o regime da economia patriarcal", como reza o subtítulo do livro. No centro de suas preocupações situa o problema da miscigenação, estimulado pela experiência estética negativa perante um grupo de marinheiros brasileiros andando pela neve mole do Brooklin (em Nova York). Sua aventura da sensibilidade na busca do tempo perdido tivera na sensação provocada por esses homens sua *madeleine* motivadora da "introspecção proustiana": "Deram-me a impressão de serem caricaturas de homens", diz, logo corrigindo a má sensação, dado o desconhecimento à época da explicação de Roquette-Pinto aos participantes do Congresso Brasileiro de Eugenia em 1929: "eram cafuzos e mulatos *doentes*" (grifo no original) (Freyre, s.d., p.11, 26). A sensação produzida pela feiúra dos brasileiros deslocados de seu meio natural teria despertado em sua consciência a questão da miscigenação.

Munido da orientação de Boas, que o ensinara a considerar fundamental a diferença entre *raça e cultura*, e do pressuposto "da preponderância da técnica da produção econômica sobre a estrutura das sociedades, na caracterização da sua fisionomia moral", tomada do materialismo histórico, expurgado, explicava, de "suas generalizações exageradas", ele partiria em direção ao passado para verificar como teria atuado a "miscigenação" e quais seus efeitos sociais.

Em vários momentos de *Casa-grande & senzala* tem-se a nítida impressão de um diálogo "cordial" proposto por Freyre e nunca aceito, que eu saiba, por Oliveira Vianna. Além do privilegiamento de regiões diferentes como focos irradiadores da cultura colonial, o Nordeste açucareiro, contra o Sul paulista e fluminense, estabelece-se nítida discordância de método naquilo que Freyre define como história social da casa-grande: "a história íntima de quase todo brasileiro", um estudo antropológico com forte ênfase na dimensão cultural, mas algo aproximado da "introspecção proustiana", "uma aventura da sensibilidade", próximo ao romance realista *ce vrai roman* dos Goncourt, diz ele na autodefinição de

O charme da ciência e a sedução da objetividade

seu trabalho. Assim, se tanto Oliveira Vianna e Freyre optaram, como Buarque de Holanda, por caracterizar as diferentes "raças" constitutivas da população brasileira por meio de seus traços psicológicos, os caminhos foram diferentes. Oliveira Vianna colocava-se no que denomina posição objetiva, científica, e Buarque de Holanda procurou também manter certa distância conceitual de seu objeto de análise; Freyre, entretanto, mergulharia numa explicação da sociedade colonial formada da mescla de recordações e documentos variados. Buarque de Holanda e Oliveira Vianna chegaram aos traços psicológicos das várias etnias e mestiçagem observáveis por meio de relatos e outros tipos de documentação escrita. O autor pernambucano se propôs a refazer quase uma memória de seus próprios antepassados, uma busca de um tempo perdido nas camadas do esquecimento, tempo recuperado pela documentação, mas também na zona incerta das reminiscências, dos ouvir-dizer, e depoimentos, recursos que serão uma marca registrada em seus trabalhos posteriores.

Contudo, ao lançar os olhos sobre a estrutura dos capítulos de seu livro, o que mais intriga é não ter ele se referido à centenária proposta de modelo para uma história do país, feita por Martius em 1843, para o Instituto Histórico e Geográfico do Brasil (Martius, 1844, p.389-411). Intriga porque *Casa-grande & senzala* obedece rigorosamente ao plano do viajante naturalista alemão proposto no texto "Como se deve escrever a História do Brasil". Martius seria muito elogiado em 1928 por Paulo Prado, porque teria sido o primeiro a reconhecer "o papel do negro na nossa formação social" (Prado, 1997, p.188). Vejamos a estrutura do texto da proposta de Martius: Idéias gerais sobre a história do Brasil; Os índios (a raça cor de cobre) e sua história como parte da história do Brasil; Os portugueses e a sua parte na história do Brasil; A raça africana em suas relações para com a história do Brasil. Freyre: características gerais da colonização portuguesa do Brasil: formação de uma sociedade agrária, escravocrata a híbrida; O indígena na formação da família brasileira; O colonizador português: antecedentes e predisposições; O escravo negro na vida sexual e de família do brasileiro. Coincidência? Talvez.

Há ainda a ênfase na importância das três raças que convergem na formação do homem, das quais caberia ao português, na opinião de

Martius, a posição de "essencial motor", sem deixar de reconhecer que "de certo seria um grande erro para todos os princípios da historiografia-pragmática, se se desprezassem as forças dos indígenas e dos negros importados, forças estas que igualmente concorreram para o desenvolvimento físico, moral e civil da totalidade da população". De certa maneira, essas coincidências questionam a "novidade" da obra de Freyre, em sua estrutura e no que diz respeito ao caráter positivo da miscigenação na formação do homem brasileiro em seus diversos aspectos, um dos temas e **lugar-comum** nas três primeiras décadas do século passado. Diverge, entretanto, em parte, da proposta de Martius pelo recorte regionalista de seu trabalho, embora desse ao sistema patriarcal e à casa-grande a dimensão de universalidade para as terras brasileiras. Impôs-se como novidade por tratar o velho tema dos usos e costumes realizando extensa pesquisa em fontes não convencionais, pela escrita solta e com freqüência coloquial, e pelo tom conciliador de suas avaliações do "mundo que o português criou" em território brasileiro, como vários críticos assinalaram, inclusive Darcy Ribeiro.

Quais as qualidades atribuídas por Freyre ao português? Seria

> um povo indefinido entre a Europa e a África; a influência africana fervendo sob a européia e dando um acre requinte à vida sexual, à alimentação, à religião; sangue mouro e negro correndo nas veias, cosmopolita e plástico, daí quase nenhuma consciência de raça; o ar da África quente e oleoso, amolecendo as instituições e as formas de cultura as durezas germânicas; corrompendo a rigidez moral e doutrinária da Igreja medieval; tirando os ossos ao cristianismo, ao feudalismo, à arquitetura gótica, à disciplina canônica, ao direito visigótico, ao latim, ao próprio caráter do povo. A Europa reinando mas sem governar; governando antes a África.

Freyre continuaria a descrição das características do português: população indecisa étnica e culturalmente, bicontinentalismo, gente flutuante perturbada por dolorosas hesitações, rica de aptidões que contudo não logra conciliar com expressões úteis e práticas (Freyre, s.d., p.44-6, 219-21).

Recorria a um intelectual português arrolando qualidades contraditórias, tais como, a "genesia violenta", o "gosto pelas anedotas de fundo

O charme da ciência e a sedução da objetividade

erótico", "o brio, a franqueza, a lealdade", a pouca iniciativa individual, "o patriotismo vibrante", "a imprevidência", "a inteligência, o fatalismo, a primorosa aptidão para imitar", a falta de um "tipo dinâmico determinado". Tomava ao personagem Gonçalo, de *A ilustre casa de Ramires*, de Eça de Queirós, outras tantas características do que seria a síntese do português de "não importa que classe ou condição", das quais retiraria os "extremos desencontrados de introversão e extroversão". Porém, é de suas origens mescladas que Freyre esboçaria as principais condições físicas e psíquicas de êxito e resistência do colonizador do Brasil. Mobilidade teria sido um dos segredos da vitória portuguesa; a miscibilidade fundamentada na figura da moura encantada dos sarracenos os levaria a se misturar gostosamente com mulheres de cor, multiplicando-se em filhos mestiços; a aclimatabilidade, outro trunfo adquirido nas condições de solo e temperatura próximas da África. Todas qualidades que o fariam afirmar terem os portugueses triunfado onde outros europeus falharam: na "formação da primeira sociedade moderna constituída nos trópicos com características nacionais e qualidade de permanência". Qualidades traduzidas nos "dois focos de energia criadora" de São Paulo e Pernambuco; no sentido vertical os pernambucanos, no horizontal, os paulistas (ibidem, p.43-50).[12] Na prática, dera-se o milagre da reprodução e expansão, a colonização bem-sucedida a partir de um punhado de homens. Eis a leitura positiva das qualidades não muito diversas das arroladas por Sérgio Buarque de Holanda.

Com elas, Freyre construiria a imagem e a explicação da colonização portuguesa vitoriosa no Brasil. Sua interpretação mereceu elogios do historiador português Antonio Sérgio como obra que iluminara com luz viva "que os Portugueses triunfaram onde outros Europeus falharam" (1940, p.11-30). Difícil triunfo lusitano se comparado, dirá Freyre, com a colonização dos Estados Unidos, onde o "clima estimulante, flora equilibrada, fauna antes auxiliar do que inimiga do homem, condi-

---

12 Neste primeiro capítulo do livro, Freyre polemiza com Oliveira Vianna por sua extrema parcialidade na aceitação da incapacidade dos europeus nórdicos de se adaptarem aos trópicos. Afirma que se pode afirmar, em relação à aparente incapacidade dos nórdicos, a notável aptidão dos portugueses em situação similar (cf. p. 49-50). Discordâncias, em maior número, e concordâncias, menos freqüentes, pontuam o livro.

ções agrológicas e geológicas favoráveis", propiciaram aos ingleses um êxito rápido e sensacional. Em avaliação das condições do meio, muito semelhante à feita por Tocqueville um século antes, estabeleceria paralelismo entre a terra tropical, aparentemente fácil, mas "dificílima para quem viesse aqui organizar qualquer forma permanente ou adiantada de economia e sociedade. Em tudo se metem larvas, vermes, insetos, roendo esfuracando, corrompendo ... tudo fica à mercê de inimigos terríveis". Por isso, terem os portugueses ido além do simples domínio para a exploração comercial, e conseguido estabelecer em terras tropicais uma "colônia de plantação" em larga escala, com técnica econômica e esforço particular, significava, para Freyre, êxito no "prolongamento da vida européia ou a adaptação dos seus valores morais e materiais a meios e climas tão diversos; tão mórbidos e dissolventes".

A plasticidade de seu caráter e a experiência acumulada na Ásia e na África possibilitariam ao português estabelecer no Brasil uma sociedade baseada nas grandes plantações, como no Sul dos Estados Unidos, e na família rural ou semi-rural, superando, premido pelas circunstâncias, a pouca tradição agrária de um povo comerciante, cujo rei, em vez de se abrigar em um castelo gótico, dava despacho "por cima de uns armazéns à beira do rio". A força aglutinadora da família patriarcal ultrapassa, em sua interpretação, o poder do Estado e da Igreja. No caso, os jesuítas e seu rígido projeto teocrático. Abriga a capela ao lado da casa-grande, submetendo-a.

Recorre também, como Buarque de Holanda e Oliveira Vianna, à noção de **solidariedade**, e com ela reforça uma vez mais o sucesso da colonização, cuja unidade fora estabelecida pela religião – a fé católica –, e não pela raça; "solidariedade mantida esplendidamente entre nós", assegurada pelos processos de colonização portugueses, que, a despeito de circunstâncias adversas, conseguiram manter unidas as colônias dispersas, resultando um país "regionalista, mas não separatista". À unidade produtora agrícola, elemento sedentário e base da formação social, Freyre soma a ação complementar dos bandeirantes, e seria nesses homens, bárbaros que no "desadoro de expansão quase comprometem nossa unidade política", que identificaria um processo autêntico nosso, afirmando que, em fins do século XVI, com "o bandeirante o Brasil se autocoloniza".

O charme da ciência e a sedução da objetividade

Localiza sem dúvida uma **carência** nessa sociedade colonial, anotada por Freyre e já anunciada em seu "Prefácio". Seguindo os preceitos de Boas, detectava-a na incorreta alimentação motivada pelo próprio motor do sucesso da empreitada colonial, a monocultura exclusiva incentivada pelo sucesso da cana-de-açúcar nos séculos XVI e XVII.[13] A falta de alimentação equilibrada teria sido a regra mesmo nas casas-grandes, e salvo a família senhorial e seus escravos, o restante da população sofrera mais ainda a falta de alimentos adequados. "Muito da inferioridade física do brasileiro, em geral atribuída à raça, ou vaga e muçulmanamente ao clima, deriva-se do mau aproveitamento dos nossos recursos naturais de nutrição", sentencia (Freyre, s.d., p.69). Sua interpretação da unidade produtiva casa-grande e engenho difere, pois, da de Buarque de Holanda, que a considerou "um organismo completo", quase bastando a si mesmo, "uma verdadeira república, porque tinha os ofícios que a compõem, como pedreiros, carpinteiros, barbeiros, sangrador, pescador, etc." (Holanda, 1969, p.48-9).

Na questão da alimentação se insinua um ponto de tensão nos argumentos de Freyre. Onde o sucesso da colonização se afirmara de maneira mais completa, a alimentação mal equilibrada enfraquecera as pessoas, mesmo as que se beneficiavam da relativa abundância da mesa da casa-grande. Abriria uma exceção às carências alimentares para os habitantes do planalto paulista, pois diria que lá o menos compensador sucesso da cultura da cana-de-açúcar abrira espaço à policultura. Beneficiados pelo equilíbrio da nutrição, os paulistas teriam, comparado aos brasileiros de outras zonas, uma "mais alta eugenia". Questionava, portanto, os que atribuíam à mestiçagem a inferioridade física do brasileiro, "essa sociologia mais alarmada com as manchas da mestiçagem do que com as da sífilis, mais preocupada com os efeitos do clima do que com os de causas sociais suscetíveis de controle e retificação", e os que

---

13 Na questão da relação entre má alimentação e problemas endêmicos de saúde, há que lembrar dos autores que o antecederam com essa preocupação, entre eles Monteiro Lobato, Cassiano Ricardo e o próprio Oliveira Vianna. Sobre o tema, ver Naxara (1998) e Fonseca (1992). Sem esquecermos a citação de Freyre sobre Roquette-Pinto. Deste há a interessante coletânea *Ensaios de antropologia brasiliana* (1933). Para uma avaliação mais ampla, que contemple uma gama de preocupações relativas à população, condições de vida e trabalho e saúde, mental inclusive, ver Corrêa (1998).

sentenciavam "de morte o brasileiro porque é mestiço e o Brasil porque está em grande parte em zona de clima quente". Fechava seu argumento afirmando que "o brasileiro [mesmo] de boa estirpe rural" não poderia, como o inglês, olhar para trás e ver várias gerações "bem nutridas a 'bifesteque', com desenvolvimento eugênico, a saúde sólida, a robustez física"; "são populações ainda hoje, ou melhor, hoje mais do que nos tempos coloniais, pessimamente nutridas". Firme em sua posição, lançava críticas às apressadas conclusões do fastio das casas-grandes coloniais, atribuindo às recepções fabulosas oferecidas ao padre Cardim a sua condição de padre visitador, e recorria a autores brasileiros e estrangeiros, como Louis Couty e Joaquim Nabuco, para com eles concordar que, fora da esfera dos senhores e escravos, a massa de gente livre teria sido miserável – matutos, caipiras, caboclos, agregados e sertanejos pobres. Observação essa que levara o francês a concluir: *"le Brésil n'a pas de peuple"*, repetida, dois anos depois, em 1883, por Nabuco, ao dizer não serem cidadãos os milhões que se achavam nessa condição intermediária (Freyre, s.d., p.69-71, 77).

Na representação altamente positiva do sucesso da colonização e da autocolonização, instala-se certa ambigüidade ao reconhecer o denominador comum da alimentação inadequada e insuficiente, obrigando-o novamente a lançar sobre o meio ambiente adverso o peso da difícil empreitada colonial. "País de Cocagne cousa nenhuma", afirmaria categórico, "terra de alimentação incerta e vida difícil é que foi o Brasil dos três séculos coloniais. A sombra da monocultura esterilizando tudo. Os grandes senhores rurais sempre endividados. As saúvas, as enchentes, as secas dificultando ao grosso da população o suprimento de víveres". A força dos argumentos mesológicos, minimizada em quase todo o texto com afirmações de que "se tenta hoje retificar a antropogeografia dos que ... tudo atribuem aos fatores raça e clima", emergiria vitoriosa, convivendo com argumentos de conteúdo social. Ficaria, aliás, por conta de "influências sociais", o "traço europeizante da sífilis transmitida à população indígena". Discordando das pretensas "taras étnicas", atribuídas por Azevedo Amaral ao brasileiro, as contraporia às "taras sociais", nascidas do domínio do branco sobre o indígena, o africano, a mulher em geral. Domínio inconteste propiciador do sadismo infiltrado em to-

O charme da ciência e a sedução da objetividade

das as fibras da sociedade brasileira: "o moleque leva-pancadas" dos meninos de engenho, a mulher subjugada pelo patriarca, e quando senhora exercendo seu espírito sádico sobre as escravas em atos de violência atroz; que se estenderia ao "mandonismo". Sadismo inseparável do masoquismo; seus argumentos oferecendo explicação de cunho social e brasileiro àquilo que Buarque de Holanda atribuiria à herança portuguesa de gosto do mando e do obedecer, residindo exatamente aí, nesse vício formado no cerne de "nossa formação patriarcal", a má adaptação da população às formas políticas prevalecentes que exigiam consciência e autodisciplina.

Seria tão positiva assim sua representação do branco? Freyre chegava, pela via dos condicionamentos sociais, à conclusão próxima a de Oliveira Vianna, em relação ao tipo de governo que mais nos conviria, apresentada em palavras que compõem a imagem metafórica de uma relação sexual: "A nossa tradição revolucionária, liberal, demagógica, é antes aparente e limitada aos focos de fácil profilaxia política: no íntimo, o que o grosso do que se pode chamar 'povo brasileiro' ainda goza é a pressão sobre ele de um governo másculo e corajosamente autocrático". Condicionamento detectável no "sadismo do mando, disfarçado em 'princípio de Autoridade' ou 'defesa da Ordem'", sempre sustentando a "tradição conservadora no Brasil"(Freyre, s.d., p.86-7). A imagem da cópula cruzada a uma pretensa explicação do conservadorismo autoritário mereceria de Darcy Ribeiro crítica irada e radical por justificar, disse, "o despotismo", e "viabilizar a preservação da ordem numa sociedade brutalmente desigualitária"(1986, p.120). Reminiscências suas e documentação bem recortada estruturam um projeto, nunca apresentado como tal (pois nem mesmo há uma conclusão em *Casa-grande & senzala*), de que à sociedade brasileira só se adequava um governo das elites. Não se pode, contudo, negar o forte apelo emocional dessa imagem sadomasoquista apresentada de forma abrupta e quase inesperada no final do primeiro capítulo, que afinal é o único a ter uma conclusão.

Seus argumentos coincidiriam ainda com os de Buarque de Holanda e Oliveira Vianna na representação da imensa distância existente entre "doutores", "indivíduos de cultura predominantemente européia e outros [analfabetos] de cultura principalmente africana e ameríndia".

Um vácuo enorme interpondo-se aos dois extremos e impedindo a comunicação entre as duas tradições de cultura. Contudo, Freyre relativizaria esse ponto negativo conferindo a essa dualidade certas vantagens à nossa cultura em formação. Mostrando ser bastante viva a memória, ainda que subliminar, das representações setecentistas sobre os diversos "povos nacionais", fundadas na polaridade e/ou complementaridade dos sentimentos e da razão, colocou lado a lado "a espontaneidade, frescor de imaginação e emoção do grande número e a ciência, a técnica e conhecimento adiantado da elite adquirido no contato com a Europa". A vantagem maior resultante dessa dualidade, Freyre atribuiria à formação brasileira "não se ter processado no puro sentido da europeização", quebrada a rigidez "pelo esforço de adaptar-se a condições inteiramente estranhas em contato com a cultura indígena, amaciada pelo óleo da mediação africana". Sem dúvida, Freyre lamentaria três anos depois, no livro-seqüência *Sobrados e mucambos* (1996, p.XXI e XXXII, XLIX e p.657-60), a "reuropeização" do país no século XIX, e "a admiração quase supersticiosa do brasileiro pelo estrangeiro, pelo europeu". Ainda assim, fechava sua longa apresentação da "decadência do patriarcado rural", fazendo o elogio da mestiçagem na figura do mulato, expressão viva da "negação do biologicamente estático no homem e no grupo", e nosso viveiro de grandes homens. Não se pode negar que, onde Buarque de Holanda seguia Oliveira Vianna nos preconceitos relativos à influência negativa do africano, incompatibilizando-nos com a prática política democrática, Freyre fundava nossa originalidade equilibrada em antagonismos, propiciadora de confraternização e mobilidade social (Freyre, s.d., p.87-9).

Anos depois, em *Ordem e progresso*, publicado em 1959, o autor lamentaria não ter "a República instaurada em 1889 cuidado séria e inteligentemente, ... nem de ligar os homens do País às coisas modernas e até moderníssimas para cá trazidas da Europa ou dos Estados Unidos nem de articular entre si o novo pessoal técnico e necessário ao manejo de tais ingresías"(Freyre, 1990).[14] Mantinha em suas considerações a

---

14 Na nota bibliográfica, Freyre faria longa crítica à disposição e empenho dos brasileiros da classe dominante em se parecerem mais com os seus contemporâneos dos países tecnica-

O charme da ciência e a sedução da objetividade

constatação crítica a uma **carência**, o vácuo persistente entre "as elites de bacharéis" e as "massas comandadas". No descuido com que considerou ter-se tratado a questão social e a formação de um homem médio, idôneo, mediador na utilização das novas técnicas, o autor ajuizava a incapacidade brasileira de absorver, de adaptar-se à modernidade, e remeteu essas questões diretamente ao Positivismo e seu Apostolado, aos quais creditou a República.[15] A esse regime (que seu livro acompanha só até os anos 1920) imputaria como que um desencanto seu pela transferência "dos centros ecológicos de domínio político do Norte para o Sul" do país – São Paulo, Minas Gerais e Rio Grande do Sul. Seu pessimismo pode ser relacionado com essa "ascendência sulista", nos últimos decênios do Império, fortalecida pela República, e os três presidentes civis paulistas, com os quais teria, em sua opinião, fixado-se "na fisionomia da República brasileira um como sorriso de otimismo diante de quanto fosse tendência, na vida nacional, no sentido da industrialização, da urbanização, e da neo-europeização do ex-Império, cujos traços, mais vivamente lusitanos e africanos foram sendo considerados desprezíveis ou vergonhosos" (Freyre, s.d., p.XLVIII – XLIX). Em sua queixa e na longa lista de nomes de personagens republicanas desse começo do século XX que buscariam livrar o Brasil das manchas da mestiçagem, dando-lhe ares de população de "brancos finos, elegantes, afrancesados, sem os maus costumes portugueses", poderíamos entrever um dos motivos que o teriam levado à pesquisa das nossas origens raciais mescladas de português, índio e africano. Os marinheiros amassando a neve mole do cais norte-americano teriam sido somente o recurso literário para aproximá-lo, *a posteriori*, da inspiração em Proust.

---

mente mais adiantados que com seus pais e avôs do tempo do Império. Na lista de autores com opinião igual à sua, ele coloca Oliveira Vianna, que diz "pregaria a necessidade para o Brasil, de uma legislação, de uma 'arquitetura política', de um novo 'sistema político', em que o legislador, o reformador, o reorganizador 'antes de se mostrar homem do seu tempo' se mostrasse 'de sua raça e de seu meio'. Poderia talvez ter acrescentado: do seu passado", conclui, estranhamente desconsiderando o bem ou malsucedido esforço de reconstrução histórico-sociológica de Vianna (p.LXI).

15 Freyre não menciona nessa introdução o teor liberal da Constituição republicana de 1891, embora se refira ao regime federativo.

Muito mais próximo ele estava de *Retrato do Brasil,* de Paulo Prado, publicado em 1928, e do método de elaboração do texto entre história e literatura; parte apresentação de documentos, parte memória/ficção. Em Prado, esse procedimento dá lugar à construção da narrativa romântica dos nossos "defeitos" herdados e adquiridos – a luxúria e a cobiça do colonizador português, a tristeza e o romantismo já nossos –, compondo a estrutura do texto. Ainda que não adote em seu livro a seqüência temática proposta por Martius, Prado deixa claro, porém, sua dívida com ele em relação à questão da importância do estudo das raças e da miscigenação.[16] A proximidade entre os textos de Paulo Prado e de Freyre não fica só por conta do cuidado em mesclar as raças ao nos construir como criaturas específicas, resultado da influência do meio e da psique de nossos ancestrais, com sua "ambição do ouro e a sensualidade livre e infrene". Os argumentos se aproximam do impacto causado pela maneira de falar da "vida íntima" dos colonizadores, da sexualidade de "homens que vinham da Europa policiada" e se viam perante o "ardor dos temperamentos, a amoralidade dos costumes, a ausência do pudor civilizado – e toda a contínua tumescência voluptuosa da natureza virgem". Prado configura com palavras uma representação vívida da força da natureza exuberante dos trópicos, desfazendo a tênue camada de civilização a recobrir os portugueses aqui aportados, em sua maioria degredados e náufragos, "raros o de origem superior e passado limpo"(1997, p.73-4, 67). Seus amplos quadros da natureza duplamente edênica – meio e homens – das Américas, excetuada a zona temperada, fazem uso de ampla documentação de época, como o diário de Colombo, as cartas de Pero Vaz, os escritos do padre Fernão Cardim, de Von Humboldt, La Ravardière, Americo Vespucci, Gabriel Soares de Sousa, entre outros, e se assemelham, nos tons vibrantes do inventário da flora e da fauna, às concepções estéticas e morais da breve e forte descrição de Tocqueville.

Seu texto reproduz a matriz que traça os determinantes da história do Brasil, apoiada no mesmo tripé proposto pelo historiador francês Hippolyte Taine, confessadamente retomado na década anterior por

---

16 Há no *Post-scriptum* do livro *Retrato do Brasil* uma apreciação franca e aberta do texto de Martius, "Como se deve escrever a história do Brasil" (Prado, 1997, p.186 ss.).

O charme da ciência e a sedução da objetividade

Oliveira Vianna em *Populações meridionais: o meio, a raça, o momento, a história*. A mesma volta às origens da população, mas também à questão da mestiçagem na dimensão em que Freyre retomaria em *Casa-grande & senzala*, com toda a ênfase no sensualismo, na luxúria, nos desvarios da preocupação erótica, fixando "traços indeléveis no caráter brasileiro", na promiscuidade, e em todos os outros vícios inerentes ao convívio com o aborígine primeiro, com a escravidão africana depois, a "filosofia da senzala, em maior ou menor escala latente nas profundezas inconfessáveis do caráter nacional"(Prado, 1997, p.139, 195). Intriga, pois, não encontrarmos em Freyre de *Casa-grande & senzala* uma única menção ao livro de Prado, embora afirme ter sido amigo dele e de *Retrato do Brasil* ter conhecido sucesso de público, merecendo várias reedições, e ter sido objeto de comentário redigido por ele e José Lins do Rego, publicado em *O Jornal* em 1936.[17]

Prado faz uma avaliação da obra colonizadora dos portugueses semelhante à de outros autores que, antes e depois dele, realizaram esse mesmo recuo aos primeiros tempos para interpretar a história do Brasil. Se quisermos fixar uma data dos inícios dessa interpretação da história do Brasil, precisaríamos revisitar os textos de história e de luta política do período monárquico para ler, em outras palavras, que,[18] "cem anos após o descobrimento tinha-se uma sociedade informe e tumultuária"; que não assumiria o caráter de uma nação, mas apenas "simples aglomeração de moléculas humanas", já agora às vésperas da Independência, ao findar o século XVIII (ibidem, p.147). Um ponto importante de seus argumentos ficaria para a definição dos "três núcleos de povoamento" e de "formação da raça do novo país" a partir de três patriarcas e pela regra geral da concubinagem, propondo uma interpretação bastante próxima da autocolonização, presente depois no livro de Freyre,

---

17 Há menção à quinta edição (póstuma) de 1945 nas cartas publicadas no final da edição de 1998. Freyre dá somente a informação em nota à p.27 de ter Paulo Prado editado documentos relativos às visitações do Santo Ofício na série de Eduardo Prado, seu tio. O comentário também consta da mesma edição.

18 Izabel Marson desenvolve em *O império da "conciliação"* (2000) análise detalhada e atenta a essas elaborações da história brasileira feitas no calor de lutas políticas nos períodos do Primeiro Império, Regência e Segundo Império.

que com ela elaboraria a ruptura, ou seja, o momento em que da mestiçagem do branco com o índio se formaria o "mamaluco", o intrépido bandeirante, o colonizador da extensão do território e o senhor da casa-grande erguendo as plantações, e nas palavras de Freyre, completando a colonização no sentido vertical. "Do contato dessa sensualidade com o desregramento e a dissolução do conquistador europeu surgiram as nossas primitivas populações mestiças. Terra de todos os vícios e de todos os crimes", sentenciou enfático Prado (ibidem, p.69-72, 96-8, 201, 76). Mestiçagem que proporcionara "a fácil adaptação à vida colonial", condimentada pelas lendas lembradas por Martius, que aqui, esquecidas das fadas, cavaleiros e duendes das suas congêneres européias, "consistiam em histórias fantásticas de riquezas escondidas, minas de pedrarias e tesouros enterrados nos sertões longínquos", a atiçar a cobiça do caráter do colonizador.

A nulidade da metrópole portuguesa, descuidada e decadente, explicava para ele a conquista da terra pelos próprios brasileiros, os bandeirantes paulistas e "sua missão povoadora", em particular. Sempre a noção de **carência** aparece como elemento explicativo: faltara a Portugal "a verdadeira compreensão histórica e econômica da sua missão metropolitana", sua obra reduzida, "a criação e formação de um outro povo, a qual puderam legar a língua natal e as peculiaridades raciais da civilização portuguesa". O restante, ainda conforme Prado, se dera na luta entre esses apetites – luxúria e cobiça – que, ausente qualquer outro ideal, "nem religioso, nem estético, sem nenhuma preocupação política, intelectual ou artística – criava-se pelo decurso dos séculos uma raça triste"(p.115-6, 126, 140). Quadro de matriz romântica: a luxúria somada à cobiça, duas características obsessivas e estéreis, só poderiam resultar no povo esgotado, de caráter triste, melancólico, e na matriz romântica de sua produção intelectual erudita do primeiro século de vida independente. A denúncia adjetivada em fortes contrastes e pelo tom de grande apelo emotivo em nenhum momento foi negada pelo autor; que localizou na cidade de São Paulo, sua cidade, "pelas condições de meio e geográficas", o "grande centro romântico" do Brasil oitocentista.

Ainda em seu livro, Prado afirma, na comparação com a América inglesa, ganhava toda sua dimensão a "tristeza" constitutiva do caráter

O charme da ciência e a sedução da objetividade

brasileiro, aliás, a parte mais criticada nas resenhas e comentários incluídos no "Apêndice" do livro. Teriam novamente lugar de destaque os puritanos do *Mayflower* em sua fuga das perseguições religiosas em terras inglesas, desembarcando nas costas de Massachussetts em 1620, enfrentando frio intenso e a terra desconhecida em nome de um ideal. Poucos haviam sobrevivido ao desafio das intempéries, da doença e dos assaltos do gentio; mas desses resultara, afirmou o autor, "uma das células iniciais da nação americana". Espíritos idealistas, porém pragmáticos, submetidos à dura "rigidez da lei puritana" e ao trabalho, desenvolvendo na "terra adotiva as qualidades de homens de ação em luta quotidiana com um clima duro e um solo ingrato"; regime patriarcal, em seu início sem escravos, estes serão presença indispensável só nas *plantations*, mais ao Sul, fixando dessa maneira "o tipo moral predominante na história do país" (p.132).

Homens diferentes construindo países diferentes e não sem graves conseqüências. Dos núcleos iniciais da vida intelectual, nas faculdades de Direito de Recife e de São Paulo difundira-se a "própria essência do mal romântico": "o mau gosto artístico e literário, a divinização da Palavra, todo o divórcio entre a realidade e o artifício". Na imagem poética de Prado: "Vinha a infecção das margens do Tietê ou do Capibaribe e aos poucos contaminava o Brasil inteiro. Caracterizavam-na dois princípios patológicos: a hipertrofia da imaginação e a exaltação da sensibilidade". Palavras que se confundem com as do vocabulário médico e completariam em seguida o quadro patológico: "Deformou insidiosamente o organismo social, muitas vezes sob o disfarce de inteligências brilhantes em que a facilidade de apreensão e de expressão substitui a solidez do pensamento e do estudo". Um "liberalismo palavroso" a contaminar desde a Constituição Imperial, o Ato Adicional, o parlamentarismo, até o pacto fundamental da República. Ou seja, não se tratava aqui do "romantismo de inteligência" que "nos países da Europa, onde nasceu e medrou", alimentava a intensa vida social, "sobretudo entre 1830 e 1850, em que a literatura influenciou de modo tão sensível a própria sociedade e seus costumes". No Brasil, ficáramos com o "romantismo dos sentimentos", "as galas da moda francesa atravessando os mares, de 1820 a 1830, sob a inspiração de Hugo, Vigny, Lamartine, e depois, Lamennais; fonte de lirismo e pessimismo, expresso no desvario dos nossos poetas, na altiloqüência dos oradores", na "comédia parlamentar", "no desequilíbrio que separa o lirismo romântico da positividade da vida moderna e das forças vivas e inteligentes que constituem a realidade social" (Prado, 1997, p.173, 178-9). Predomínio dos instintos, da imaginação sobre a inteligência e o controle de si; essa é a imagem que localiza a população brasileira na zona limítrofe proposta por Kant, da quase ou talvez da ausência de sensibilidade para os assuntos elevados do espírito. Na polaridade das alternativas de Tocqueville, o meio físico forjara homens rijos e inteligentes na Nova Inglaterra, aqui a ação deletéria dos trópicos os destinara a permanecerem prisioneiros da esfera dos sentidos.

Nesses juízos, resulta impossível deixar de escutar em eco as palavras de Freyre, mas também de Sérgio Buarque de Holanda, de Thomas Skidmore, de Nilo Odália e de Darcy Ribeiro, para ficarmos somente com os autores visitados neste estudo. Todos colhendo sua inspiração no **lugar-comum das carências** impeditivas de sermos nós mesmos, como propunha Darcy Ribeiro. Única leitura ambiguamente positiva dessas qualidades e carências foi a realizada por Freyre para o Brasil colônia, em uma narrativa tecida pelos documentos, mas também pela rememoração ou idealização idílica dos tempos das grandes casas patriarcais do Nordeste açucareiro. Assim, onde poderíamos estabelecer um corte localizando Oliveira Vianna, como fez Odália, no final de uma linhagem ainda fincada nos temas, teorias e métodos dos oitocentos? Onde fica, por exemplo, a tão propalada novidade de Freyre, em relação a Prado, o autor a quem mais se assemelha, descontada a inconfessa "inspiração" em Martius,[19] para a estrutura do texto e para a importância das raças? Ficaria supostamente nos ensinamentos de Franz Boas e no uso extensivo da documentação. Paulo Prado, é verdade, declarou

---

19 Há em *Casa-grande & senzala* várias citações de Martius, a quem Freyre, nas mais importantes, atribui honestidade como historiador, mas o recrimina de ter se detido no clima em sua avaliação da constituição física dos habitantes, as doenças reumáticas e estados inflamatórios mais comuns em São Paulo, por causa do clima úmido e frio, desconsiderando a alimentação, para Freyre fundamental, e elogia seus estudos sobre as tribos indígenas do Brasil central.

O charme da ciência e a sedução da objetividade

seu débito à historiografia do século anterior, mas também recorreu à extensa documentação; até as "confissões" aos visitadores da Inquisição, depois usadas por Freyre, foram fonte para suas investidas na vida íntima e sexual dos povoadores lusitanos e seus descendentes. O corte ficaria em Freyre, na inversão radical do juízo moral pessimista da ação colonizadora feita por Prado? Ou ainda, na positivação da mestiçagem, mais carregada de cores sombrias em Vianna e Prado? Com as mesmas qualidades/defeitos, Freyre conseguiu elaborar uma explicação sociológica na qual a obra dos portugueses dera nascimento a uma colonização vitoriosa em terras do Novo Mundo, no centro da qual o senhor de engenho criara o tipo de civilização mais estável da América ibérica. Está também em Freyre, que eu saiba, a relação pioneira entre o exame da cultura material de uma sociedade e o conhecimento histórico; método que o leva a colocar no centro de sua interpretação do Brasil colônia e Império as formas das moradias dos senhores proprietários no campo e na cidade. Que o leva a fazer da casa-grande um universo explicativo da vida da família patriarcal, domínio inconteste do *pater família*, mas também unidade produtora, não auto-suficiente, como quis Buarque de Holanda (cada casa é uma república), mas um *oikós* na acepção clássica.[20]

Um tanto paradoxalmente coube a Freyre a dívida de otimismo de Darcy Ribeiro, ao recuperar o modelo de construção da história do país com base na colaboração das três raças formadoras, embora a tese da interpenetração dessas, ou da absorção das duas mais primitivas pela superior européia, fosse um ponto de evidente desacordo entre os dois. Darcy Ribeiro consideraria a sujeição do índio e do africano não aculturação, mas "transfiguração étnica" promovida "pela desindianização forçada e pela desafricanização do negro". Em Ribeiro encontramos a contundente denúncia da violência da "dizimação dos povos tribais" e a "descaracterização cultural dos contingentes indígenas e africanos" – uma massa humana que perdera a cara –, lusitanizados pela língua portuguesa, pela visão do mundo, no processo em que se plasmara a etnia brasileira, integrando-os na forma de um Estado-Nação. Há também,

---

20 Ver, para a noção de *oikós* nos textos de Gilberto Freyre, meu artigo "A casa em Gilberto Freyre: síntese do *ser* brasileiro?" (2002a).

contudo, aproximações com Freyre, quando considera termos realizado "tarefa infinitamente mais complexa" que outros povos latino-americanos, pois, explicaria, "uma coisa é reproduzir no além-mar o mundo insosso europeu, outra é o drama de refundir altas civilizações, um terceiro desafio, muito diferente, é o nosso, de reinventar o humano, criando um novo gênero de gentes, diferentes de quantas haja". Darcy não deixou lugar para dúvidas quanto à façanha, não dos portugueses, mas da "massa de nativos oriundos da mestiçagem", que teria vivido na *"ninguendade"* (grifo no original), até se definir como "uma nova identidade étnico-nacional", um povo "em ser", é verdade, mas "aberto para o futuro". Deixaria uma derradeira imagem otimista do país, uma vez que esse é seu livro testamento, e que o aproxima de Freyre, na afirmação da façanha portuguesa de ter colonizado imensos territórios só com um punhado de homens; de que, tal como "alguns soldados romanos, acampados na península ibérica, ali latinizaram os povos pré-lusitanos", eles haviam saltado o mar-oceano e vieram ter no Brasil para "plasmar a neo-romanidade que nós somos". A metáfora alusiva ao Império Romano recupera antigas apologias às conquistas coloniais e à extensão das viagens e descobertas feitas pelos navegadores portugueses, como a de Voltaire em seu *Essai sur les moeurs* (1769). "Somos a nova Roma. Uma Roma tardia e tropical", afirmava Ribeiro no fecho de seu livro (1995, p.447-55).

São também inegáveis as coincidências de temas em Darcy Ribeiro, Freyre, Oliveira Vianna e Paulo Prado. A questão da raça, pouco explorada em Buarque de Holanda, tem nos argumentos de Ribeiro peso ponderável, tanto na negação de uma pretensa democracia racial, "como quis Gilberto Freyre e muita gente mais", afirmaria, como no peso maior da discriminação de negros, mulatos e índios, no interior da oposição entre pobres e ricos, discriminação que recaía em especial sobre o negro destinado à condição de miserabilidade após a abolição, transladado para as favelas das grandes cidades sem preparo para as atividades urbanas. Mesmo assim, Darcy Ribeiro reservou para ele o trunfo de ter conseguido produzir sobre essas bases precárias "o que há de mais vigoroso e belo na cultura popular brasileira". Depõe também aos pés do "contingente negro e do mulato" a condição de ser "o mais brasileiro dos componentes de nosso povo", "desafricanizado na mó da escravidão, não sendo índio nativo nem branco reinol, só podia encontrar sua identidade como brasileiro". Afirmação contradita logo em seguida, ao afirmar ser o mulato um ser híbrido entre dois mundos conflitantes – o do branco e o do negro –, constrangido a "se humaniza[r] no drama de ser dois, que é o de ser ninguém" (ibidem, p.219-27).

Aproxima-se de Oliveira Vianna pela noção de "ilhas Brasil", pela qual explica as diferentes formações regionais, "singularizadas pelo ajustamento às condições locais, tanto ecológicas quanto de tipos de produção". O Brasil seria esse arquipélago formado pela cultura crioula das faixas férteis do Nordeste, pela cultura cabocla das populações amazônicas, pela sertaneja dos currais de gado do Nordeste até os cerrados do Centro-Oeste, pela caipira das áreas de ocupação do mameluco paulista, e a gaúcha do pastoreio das campinas do Sul, integradas societariamente essas células culturais neobrasileiras pela identidade étnica, estrutura socioeconômica, por uma nova tecnologia produtiva, e pela cultura erudita, principalmente religiosa, ter se difundido entre elas (p.269 ss.). Como não estabelecer o paralelismo entre a metáfora geográfica escolhida por Darcy Ribeiro e a desconcertante metáfora orgânica do "conglomerado ganglionar" proposta por Oliveira Vianna em seu projeto de estudo das diversas populações regionais: meridionais, do Centro-Oeste, das mineiras e o nunca executado estudo das populações nortistas? Ainda que não se negue a beleza poética da imagem de "ilhas Brasil" perante os gânglios de Oliveira Vianna, a representação do isolamento, da ausência de comunicação, da insolidariedade e da nação inconclusa mantém sua força explicativa. Como não reconhecer o poder dessas metáforas em sua função de unir uma idéia a uma imagem?

Um projeto político, com certeza

> O caso dos sertanejos, que as seccas impellem a procurar as terras do sul, envolve um paradoxo que mostra, mais uma vez, como andava certo o pensador [Alberto Torres]: o Brasil, como algumas nações da America, tem de ser obra de sabedoria politica; não é nação que floresça por si, como os Estados Unidos, qual ramo transplantado em

Maria Stella Martins Bresciani

> novo terreno, trazendo a "organização da estirpe originaria".
> O grande problema do Brasil é a organização dos seus valores.
>
> Roquette-Pinto, (1933)

Une os cinco interpretadores do Brasil reunidos nessa rápida resenha uma idêntica afirmação sobre nossa cultura, a erudita sobretudo, ser "cultura de transplante", inadequada tanto para aceitar a "feia realidade brasileira" quanto para ser a base segura de um projeto autenticamente nacional. Que explicação dar para essa longa e persistente **carência** que nos faria ainda, no dizer de Buarque de Holanda, "uns desterrados em nossa terra"? Onde encontraria sua razão de ser essa afirmação do transplante, do mimetismo copiador das idéias, instituições e modas européias, senão em outra persistente forma de encarar a história do ponto de vista do recorte nacional e das teorias mesológicas, reconhecendo o poder persuasivo da evidência da geografia e do clima? Raízes sim, e no sentido literal; concepção telúrica de inspiração romântica que contrapõe a universalizante idéia de civilização à particularizante idéia de cultura? Junção ainda de concepções mesológicas, teorias estéticas e éticas setecentistas persistentes, mesmo que de forma subliminar, nos textos nossos contemporâneos.

Temos um novelo de idéias, opiniões e interpretações, todas inicialmente sugeridas tanto por estudiosos de Oliveira Vianna como pela leitura de Darcy Ribeiro, talvez o último a ousar fazer uma releitura das origens do povo e da nação Brasil, na última década do século XX, movido pelas políticas de globalização. Nele, somente um autor não foi mencionado: Caio Prado Júnior. Não há nenhuma referência a ele no livro de Ribeiro, embora sua dívida com a teoria da história marxista não seja negada. Ao contrário de outros autores, como Dante Moreira Leite (1983, p.343 ss.), para quem Prado Jr. estabeleceria um corte radical na "interpretação da história brasileira", já prenunciada em Sérgio Buarque de Holanda, e mais remotamente nas idas e vindas de Monteiro Lobato, entre outros, Darcy Ribeiro passa ao largo dos seus textos (Mota, 1977).[21]

---

21 O autor concede apropriadamente o devido lugar a um intelectual importante para a formação crítica de todo um grupo da Faculdade de Filosofia, Ciências e Letras da Universidade de São Paulo nos anos 1960: Antonio Candido de Mello e Souza, que para ele encar-

O charme da ciência e a sedução da objetividade

Carlos Guilherme Mota, em trabalho de referência freqüente e obrigatória, não abre espaço para as produções anteriores à obra *A revolução brasileira*, de 1966. Contudo, ele mesmo indica que Caio Prado Júnior. estaria no "início do redescobrimento do Brasil" já na década de 1930. Nas recordações de Mello e Souza, entretanto, Caio Prado Júnior merece menção particular entre os componentes da tríade dos *"que parecem exprimir a mentalidade ligada ao sopro de radicalismo intelectual e análise social que eclodiu depois da revolução de 1930"* – Gilberto Freyre, de *Casa-grande & senzala* (1930), Sérgio Buarque de Holanda, de *Raízes do Brasil* (1936), e Caio Prado Júnior, de *Formação do Brasil contemporâneo* (1944). Autores que teriam sido referências para todo um grupo de jovens aos quais *"a obra por tantos aspectos penetrante e antecipadora de Oliveira Viana já parecia superada, cheia de preconceitos ideológicos e uma vontade excessiva de adaptar o real a desígnios convencionais"* (a citação está em itálico no original). Essa afirmação feita em 1967, rememorativa, mas uma evidente posição assumida diante do golpe militar de 1964, tem sido confessa e inconfessadamente a base sobre a qual vários trabalhos críticos da historiografia brasileira têm sido escritos. É preciso entretanto lembrar: o autor não me pareceu desejar postular um axioma inquestionável, ao ter sido a menção a Oliveira Vianna afastada ou somente considerada nos aspectos negativos.

O que teria Caio Prado Júnior trazido de novo para o equacionamento da situação brasileira, primeiro, nos anos 1930, com *Evolução política do Brasil*, e depois na década seguinte, com *Formação do Brasil contemporâneo*? Que variáveis teria introduzido na interpretação das nossas origens coloniais, uma vez que também recua para esse momento inaugural de nossa história? No primeiro, ele se afastaria do determinismo

---

naria *"o criticismo dos jovens intelectuais da chamada classe média"*. Estariam esses jovens "mais vinculados aos processos de industrialização e urbanização", que se tornaram significativos após 1930, destacando-se da "ótica *senhorial*" (p.126 ss.). Ao fazer essa interpretação, ele segue a cronologia oficial da história do Brasil e lê o golpe de 1930 como revolução burguesa pela perspectiva marxista ortodoxa. No caso de Carlos Guilherme Mota, a referência a essa obra tardia de Prado Júnior entre os marcos das revisões radicais parece estar submetida antes a critérios cronológicos, uma vez que o autor localiza-as no período entre 1964 e 1969, do que a vertentes teóricas, que seria, creio eu, mais coerente com suas próprias posições políticas e historiográficas, a despeito do dogmatismo atribuído a seu marxismo, e com o qual concordo.

mesológico e racial, introduzindo a noção de **síntese**, submetida à determinação econômica marxista; no segundo momento, recorreria à noção de **sentido**, também acoplada à base econômica. A idéia de descompasso, no primeiro momento, fica para a articulação mecânica da antecedência das formas de produção econômicas em relação à superestrutura política e ideológica.[22] No segundo, seus argumentos antecipam os de Darcy Ribeiro, entre outros, mostrando a necessidade do recuo para as origens da colonização portuguesa para que se tenha claro "os antecedentes", vale dizer, aquilo que moveu Portugal e as demais nações para a exploração das terras do continente americano. Em sua conclusão, o objetivo meramente comercial, que imprimiria o **sentido** da colonização, reproduz na matriz marxista afirmação semelhante à de Paulo Prado, por exemplo.

Não existe, porém, em Caio Prado Júnior uma recusa radical à determinação do meio ambiente sobre as atividades e os homens, ou seja, as três raças "que entraram na constituição do Brasil". Considera seu estudo "matéria ampla que não foi ainda tentada de forma sistemática" e, quanto às raças, faria delas assunto de todo um capítulo em que sublinha a particular contribuição de cada uma para a formação da população brasileira (Prado Junior, 1965 , p.79-110). Confirmaria aquilo que Freyre, e antes dele Oliveira Vianna e outros, haviam afirmado sobre a "mestiçagem" do índio com o branco e do negro com o branco. A causa seria o fato de o português ter imigrado sozinho; a falta de mulheres brancas, e a "excepcional capacidade de o português em se cruzar com outras raças", devido "aquela aptidão [d]o trato imemorial que as populações ocupantes do território lusitano tiveram com raças de compleição mais escuras". Reconheceria, na mesma linha de interpretação de Oliveira Vianna, Freyre e Buarque de Holanda, serem as "variantes regionais [do panorama étnico] consideráveis" em todos os velhos e tradicionais centros do Norte, dado o caráter da unidade produtiva ter-se tornado "desde logo a célula orgânica da sociedade colonial; ... o berço do nosso clã, da grande família patriarcal brasileira".

---

22 Ver, por exemplo, na sua avaliação das fases finais do período imperial, a idéia de que essas instituições "representavam um passado incompatível com o progresso do país", progresso expresso na "integração sucessiva do país numa forma produtiva superior: a forma capitalista". *Evolução política do Brasil* (op. cit., p.91).

O charme da ciência e a sedução da objetividade

A variante de sua interpretação decorre do impulso externo conferido ao sentido da empresa colonial, "sem outro objetivo que realizar uma vasta empresa comercial" que explicaria esse "aglomerado heterogêneo de raças", de "três culturas largamente díspares, das quais "duas semibárbaras em seu estado nativo". Empresa comercial, na qual a exploração do trabalho servil degradara o escravo, "eliminando mesmo nele o conteúdo de cultura que porventura tivesse trazido do seu estado primitivo". No inventário dos resultados dessa empresa, repetiu a seqüência, emprestada a Freyre e a Paulo Prado, de "traços e caracteres essenciais" da vida brasileira em princípios do século XIX, em que prevalecia a recorrente noção de **carência**: falta de nexo moral, incapacidade de criar uma nação sem reproduzir quase integralmente a monarquia portuguesa, florescência de sentimentalismo, rudeza e brutalidade como produto da deficiente educação; organização estéril, quando esta se apresentava, processo de desagregação. Traços decorrentes da relação de trabalho escravo – a ociosidade dos senhores e a indolência adquirida do indígena, "a preguiça e o ócio, como um traço profundo e inerraigável do caráter brasileiro". Estruturavam-se na forma como a família se havia composto na casa-grande: a promiscuidade no convívio com' escravos, a moral de tolerância infinita, "um passivo considerável" de tudo o que fora a seu tempo inevitável, necessário. Prado Jr. ata o destino inevitável às raízes brasileiras mergulhadas no mais profundo da monarquia portuguesa, revelando "agora bem claramente, três séculos depois do início da colonização, seu lado negativo". Numa palavra e para sintetizar o panorama da sociedade colonial diria em suas conclusões: "incoerência e instabilidade no povoamento; pobreza e miséria na economia; dissolução nos costumes; inépcia e corrupção nos dirigentes leigos e eclesiásticos. Neste verdadeiro descalabro, a ruína em que chafurdava a colônia e sua variegada população, onde encontrar vitalidade e capacidade renovadora?"(Prado Jr., 1965, p.340 ss.)

Na seqüência de resenhas, idênticas representações concluem sobre os maus resultados da colonização portuguesa, não propositadamente buscados, mas frutos de determinações inscritas em registros diversos, unidos todos os autores, contudo, no **fundo comum** da forte teia do determinismo mesológico e racial e/ou étnico. Sempre as quali-

141

dades negativas, o "caso feio" mencionado por Darcy Ribeiro. Avaliações do país, em momentos diversos, remontam recorrentemente aos começos, uma eterna perseguição ao pecado original em narrativas permeadas de forte apelo emocional, cujo traço mais marcante é o do **ressentimento**.

Entre os primeiros intérpretes e seus interpretadores mantém-se uma mesma linha argumentativa, que me leva a indagar se estaria na facilidade explicativa proporcionada pelo **lugar-comum** da carência, da falta de moto próprio e de capacidade criativa da população brasileira, a adesão *quase* universal (devo enfatizar o *quase*) pela atual produção acadêmica à teoria da mimesis, a afirmação da incapacidade intelectiva que nos levaria a "importar idéias" eternamente? A noção de **carência** ocupa posição central no lugar-comum das "idéias fora do lugar", compondo uma metáfora que permitiria a diferentes autores, ancorados em pontos de vista diversos, falar da falta de originalidade, do eterno descompasso entre "idéias" e "realidade", de um Brasil recortado em sua original e singular condição nacional. Lugar-comum que paradoxalmente aprisiona exatamente por ater-se à metáfora, cerne do argumento da ausência de identidade, de povo novo ainda em formação carregando a pesada e negativa herança lusitana.

Um raciocínio circular, portanto, relacionando a importação das idéias pelos defeitos atribuídos a nós, para no passo seguinte explicar exatamente por que persistimos no erro de importá-las. Seriam defeitos geneticamente transmitidos, herança maldita dos pais portugueses, não termos exigências mentais muito grandes, de cultuarmos uma religiosidade de superfície, de demonstrarmos pouca estima às especulações intelectuais, porém, um amor pronunciado pelas formas fixas e pelas leis genéricas, construções da inteligência que representariam um repouso para a imaginação? **Nós** frente os **outros**, sem dúvida, o resultado de pressupostos catalogadores postulados pelo pensamento ilustrado já no século XVIII?

Seria possível conseguirmos outra resposta partindo sempre da premissa de que essa incapacidade para o ambicionado raciocínio residiria nos defeitos de origem que nos vêm sendo atribuídos desde o século XIX? Incapacidade apontada por Alberto Torres e Oliveira Vianna

O charme da ciência e a sedução da objetividade

nos anos 1910, 1920 e 1930, como parte integrante do projeto político autoritário, minuciosamente detalhado em 1936 por Sérgio Buarque de Holanda, pensando uma lenta revolução contra nosso pesado legado lusitano. Incapacidade decorrente de defeitos não negados por Gilberto Freyre, mas a eles acoplados resultados, como vimos, até certo ponto, e em determinado período, positivos. Defeitos que nos apresentam em uma pretendida imagem espelhada de nós mesmos e que aceitamos e utilizamos como teorias explicativas? Defeitos que nos conferem uma identidade, nos torna reconhecíveis para nós mesmos e para os Outros? Força explicativa persistente das concepções organicistas românticas e dos enunciados científicos das teorias mesológicas, estéticas e éticas que partilharíamos com os Outros que também nos interpretam? Não valeria a pena indagar de onde brota a própria pretensão à originalidade, uma vez que as teorias estéticas e éticas setecentistas buscaram autoridade num longínquo e imprecisamente localizado Longinus,[23] e mais, somam-se, negam-se em interpretações diversas, na aventurosa viagem das noções e dos conceitos?

Senão, por que razão valeria a pena reler os textos de Oliveira Vianna, um autor maldito, mas um dos primeiros a construir uma teoria acabada, e não simples menções, sobre a importação de idéias e instituições, se não fosse para indagar sobre a persistente busca de uma identidade nacional fundamentada em características próprias, diferentes? Um autor a quem estudiosos em busca da mesma configuração identitária se veriam obrigados a recorrer para marcar sua diferença, mesmo quando utilizassem os mesmos argumentos e fontes para afirmar a incapacidade intelectiva da população brasileira? Um ponto de referência que se precisa negar e no entanto se confirma? Quanto estaríamos nós atados a essa busca incessante de identidade nacional solidariamente vinculada a "fracassados" e sucessivos projetos políticos?

---

23 Cassius Longinus, que viveu no século III de nossa era, é o autor a quem se atribui, não sem uma cerrada polêmica, um tratado de estética retórica cujo centro é a noção de *Sublime*. Dos fragmentos de um manuscrito do século X, todos os manuscritos subseqüentes descendem, segundo a comentadora da edição francesa, Jackie Pigeaud, *Du Sublime* (1993, p.41). É a ele que Edmund Burke se refere ao retomar a questão da retórica em seu texto de 1756, anteriormente citado.

Abrindo espaço para um olhar estranho ao círculo restrito das Ciências Humanas, poder-se-ia falar em "fantasias de Brasil ou identidades no desenraizamento", tal como propõe a leitura psicanalítica de Octavio Souza (1994, p.30). Comentando nosso "queixume", e por que não nossa insistência, diria que um psicanalista amigo seu, Contardo Calligaris, teria observado "existir [entre seus interlocutores brasileiros, em partricular intelectuais] uma paixão de se conceber e apresentar como colonizado", mesmo quando ele lhes lembrava a evidência de que, "salvo os raros índios, não há colonizados" [no Brasil]. Diante disso, Octavio Souza concluiria em relação a nós:

> Fica evidente com isso tudo a existência de um hiato na tradição européia que faz com que seus descendentes, uma vez em solo americano, encontrem dificuldades na afirmação de sua filiação, vendo-se obrigados, para adquirirem identidade, a inventar para si uma tradição fundada na recusa de valores que no entanto lhes são essenciais.

Nessas palavras ressoam as frases incisivas de Oswald de Andrade:

> O Carnaval do Rio é o acontecimento religioso da raça. Wagner submerge ante os cordões de Botafogo. Bárbaro e nosso ... Nenhuma fórmula para a contemporânea expressão do mundo. *Ver com olhos livres* ... Ser original e puro em sua época. ... Apenas brasileiros de nossa época ... Bárbaros, crédulos, pitorescos e meigos.

Para além da beleza sonora das frases, insere-se com a palavra originalidade a afirmação de uma opção pela ruptura que confere sentido à "personalidade cindida da nação" por ele exposta na série de características duais: o exotismo, a **alteridade** em relação ao padrão europeu, sempre ele, negado, combatido, mas modelo fora do qual seria impossível pensar. Ainda uma recusa ressentida da herança lusa dos colonizadores? Uma solução, é verdade, uma vez que devemos pensar nas difíceis elaborações da identidade de outros países. Nesse sentido, a questão da identidade nacional ultrapassaria o "problema" de na Europa a idéia ter sido, como sugeriu Octavio Paz, "o fruto de certo modo involuntário, da história européia, enquanto nós somos sua criação premeditada". Ou seja, de termos sido, nós, americanos, primeiro uma idéia, uma "vitória

O charme da ciência e a sedução da objetividade

do nominalismo: o nome engendr[ando] a realidade". Sem dúvida, seu argumento sobre uma "idéia européia" é válido, pois, como afirma, "Durante muitos séculos os europeus ignoraram que eram europeus e só quando a Europa tornou-se uma realidade histórica que saltava aos olhos, deram-se conta de que pertenciam a algo mais vasto do que sua cidade natal". Em síntese, "Na Europa a realidade precedeu o nome". Contudo, seu argumento para os europeus inclui a afirmação de que "ainda hoje não é muito certo que os europeus sintam-se europeus", de que "sabem disso, mas que sabê-lo é algo muito diferente de senti-lo" (Paz, 1990, p.127). O que nos leva a indagar se idêntico argumento geral para a Europa não seria extensivo às identidades mais restritas de cada país europeu.

Lembremos os casos extremamente problemáticos da unidade alemã e italiana, na segunda metade do século XIX; as lutas dos separatistas bascos e catalães na Espanha ainda nos dias atuais; os conflitos étnicos da Europa central. Para ficarmos, porém, com a formação de identidades nacionais já mencionadas neste estudo, lembro a França pós-revolução de 1789, fundindo a heterogeneidade evidente, inclusive a lingüística, em um princípio de unidade, uma identidade nacional forçada, racional e politicamente estruturada, nada espontânea. Ou ainda, na mesma França, a difícil reelaboração da identidade em 1870, com argumentos para explicar a amputação de parte do "corpo da nação", após a derrota na guerra com a Prússia.

Poderia relembrar, agora em terras americanas, a afirmação de vitória da representação identitária dos norte-americanos. Teria sido a forma excludente da composição de uma identidade para os Estados Unidos a estratégia adequada, e de certa forma estável, mesmo perante a presença irrecusável da diversidade excluída? Lá tudo parece ter ocorrido de modo mais fácil. Lueck discorre sobre as *picturesque tours* dos norte-americanos pós-independência e a maneira como teriam seus adeptos ultrapassado as *picturesque tours* da mãe-pátria, recriando-as. Dotados de capacidade criativa, esses viajantes letrados teriam, mediante viagens para o simples deleite estético, arrolado as características geográficas que dariam ao país identidade diferente da metrópole, e modificado as próprias concepções estéticas correntes, precisamente pela insuficiência da primitiva noção de pitoresco para recobrir a *wilderness*. Assim, acompanhando os argumentos da autora, na perspectiva proposta por Souza, temos que, no mesmo movimento em que definiam suas características **diferentes**, os norte-americanos fundaram sua **diferença** na forma recriada de uma literatura própria. Essa identidade pela paisagem se repetiria no final da guerra civil, agora na noção de *moving frontier*, justificando o avanço sobre as terras indígenas e expressando a posse de um amplo território nacional. A essas duas construções identitárias que têm por base a paisagem – o inventário descritivo e a noção de expansão –, se somaria a identidade humana elaborada a partir, primeiro, da imagem dos Pais Peregrinos embarcados no *Mayflower*, e depois da Independência, dos Pais Fundadores formando uma nação.

Ao contrário do que afirmou Octavio Paz, a elaboração identitária seria realizável mesmo em terras do Novo Mundo; e talvez na confirmação de outro pressuposto seu, o de que a Europa teria em seu passado um sólido lastro cultural. Transpondo esse pressuposto para os emigrados europeus das terras da América do Norte, poderíamos indagar se não teriam eles se recusado a negar o passado, carregando-o consigo de maneira a manterem-se, em terras americanas, tal qual os europeus, como "seres de peso, de realidade histórica". Estaríamos em presença de uma utopia realizada sem negar sua própria origem: o projeto dos *Pilgrims* esgotara-se no momento em que os colonos, vitoriosos sobre a natureza avara, consideraram possível sua permanência na nova terra a ponto de a celebrarem com o *Thanksgiving Day*. O projeto dos Pais Fundadores se concretizara na Constituição norte-americana. Em relação aos mitos de origem norte-americana, o primeiro fundou-se na paisagem e teve no indígena um item a mais no inventário dos acidentes geográficos, da fauna e da flora; o segundo apresenta o nativo como algo que se empurra para o Oeste, ou seja, as imagens de fundação silenciam quanto à população autóctone, esgotam-se nos próprios fundadores europeus e na missão cumprida por seus herdeiros. Estruturava-se, portanto, como projeção européia, anterior à travessia do Atlântico, realizada na América, mas cuja memória social da ruptura manteria a rememoração das motivações conscientes do ato inaugural, sem com elas romper. Projeto pragmático, ainda que tingido pelas cores bíblicas. Não teria previsto, como no caso ibérico, a intenção imperial católica da ca-

O charme da ciência e a sedução da objetividade

tequese do índio e do africano. Uma Roma tardia, como quis Darcy Ribeiro, não pagã, mas católica.

Considero enfaticamente a importância de pensar os nossos recorrentes ensaios de volta às origens, em busca da identidade nacional, sempre vinculados a projetos políticos concomitantes ou sucessivos, como a indicar a impossível tarefa de realizar-se. Teríamos sido "condenados a ser um mundo novo. Terra de eleição do futuro"? Aceitando ser próprio das projeções utópicas a apresentação acabada da sociedade projetada, diríamos com Paz que, "antes de ser, a América já sabia como iria ser". E mais: "Mal se transplantou para nossas terras o emigrante europeu já perdia sua realidade histórica: deixava de ter passado e convertia-se num projétil do futuro". O argumento de Paz formula um paradoxo, o fato de sermos "Americanos: homens de pouca realidade, homens de pouco peso [de maneira que] Nosso nome nos condenava a ser o projeto histórico de uma consciência alheia: a européia". Projeto, creio eu, a exigir uma dupla tarefa: realizar um projeto anterior a nós, e negarmos nossa condição anterior pela afirmação da diferença. Tarefa impossível se não acolhêssemos a imagem do exotismo como nossa característica identitária, como afirma Octavio Souza, explicando sua intenção ao escolher o título do livro *Fantasia de Brasil*, pela ênfase que desejou dar a "quanto a busca de identidade nacional acabou por resultar na confecção de uma fantasia cujo exotismo dificulta qualquer tentativa de nos apresentarmos em trajes civis".

Em que registro colocar essa busca de um acerto de contas com nossos pais fundadores, como se, na sugestão de Octavio Souza, não tivéssemos cumprido a missão impossível, pois motivada por uma determinação utópica sem referência a qualquer modelo ideal, herança dos pais lusitanos? Ou seria um acerto de contas de impossível resolução, uma vez que repudiamos nossos pais efetivos e fantasiamos um pai engrandecido (uma idealização do estrangeiro), dele sempre fazendo modelo a ser imitado? Menos que as próprias representações, considero de particular importância pensar os recorrentes esforços intelectuais de volta às origens, vinculados a projetos políticos, ou seja, sempre lançados para o futuro, tal como se fossem todos ao encontro da impossibilidade de realizar-se. Outro **lugar-comum**?

Parte 2
O charme da ciência e a sedução da objetividade: Oliveira Vianna, cientista social

Introdução

Um procedimento ainda corrente entre historiadores, sociólogos, antropólogos e cientistas sociais, para ficar somente com as disciplinas dos autores visitados neste trabalho, foi, e em grande parte tem sido, iniciarem seus estudos detendo-se na narrativa histórica das origens de modo a, na seqüência, refazer todo o percurso formativo da sociedade brasileira e, por esse meio, definir sua especificidade perante as outras sociedades, em especial as antigas colônias americanas. Os estudiosos recuam até os Pais Fundadores, os colonizadores lusos responsáveis pela formação do que viria a ser o país Brasil, a nação brasileira. História e mito entrelaçam-se nesses relatos, mesmo quando os mitos de fundação são analisados de forma crítica, constituindo decididamente elementos essenciais para explicar diferentes processos formativos e diferenças constitutivas da identidade nacional.

Repertoriar os elementos que tornam um processo singular, no caso o brasileiro, exigiria um procedimento, afirmam esses estudiosos, no qual a análise da sociedade contemporânea deveria ser precedida pela descrição do que ocorreu, no recorte territorial e institucional escolhido desde os primeiros tempos. A maioria dessas análises expressa a opinião consensual e crítica referente ao que os autores consideram ser uma questão fundamental: a distância entre a sociedade brasileira efetiva e as idéias e instituições que a regiam politicamente. Limitando o recorte dessa posição analítica aos textos escritos na primeira metade do século XX, encontramos a opinião, que também configura outro **lugar-comum** e afirma que o bom senso indicaria o caminho correto a seguir: conhecer a sociedade por meio da observação e da anotação atenta dos usos e costumes da população. Nada mais lógico, uma vez que partiam da pressuposição de ser a política uma farsa e terem os responsáveis pelo arcabouço constitucional, a elite pensante do país, olhos e cabeça voltados para os países mais avançados na rota da civilização. O procedimento metodológico fazia da descrição dos atributos da população – perfil psicológico, seu caráter – itens cruciais para explicar os decorrentes usos e costumes observáveis, passo necessário para a elaboração de qualquer projeto político considerado adequado à população específica a que se destinava.

Nesse sentido, a afirmação de Octavio Souza sintetiza essas preocupações:

> Na literatura que examinamos a respeito da identidade nacional brasileira, esta é quase sempre concebida na base da eleição de uma série de atributos que qualificam o que deve ser considerado verdadeiramente nacional. ... Ora, toda a tradição brasileira de busca da identidade nacional demonstra, em seus textos fundamentais, um propósito muito mais amplo do que o de simplesmente descrever ou definir uma nação. Sua ambição é a de suprir certas carências que impediriam os brasileiros de ocuparem o lugar de agentes da construção de seu próprio destino nacional, reduzindo a posição de dependência cultural externa em que se encontravam (ou ainda se encontram) acuados. (1994, p.18)

Deixo de lado qualquer veleidade de refazer ou de me apropriar da análise baseada nos pressupostos da psicanálise realizada por Octavio Souza, em seu estudo sobre a formação da identidade brasileira, mesmo considerando importante sua proposta de deslocar para a noção psicanalítica de "identificações a que se tem por hábito chamar de identidade". O que motivou sua inclusão entre os autores visitados neste estudo foram os muitos pontos de concordância entre minhas preocupações e

O charme da ciência e a sedução da objetividade

as dele. Pareceu-me intrigante ter encontrado tantos pontos em comum em um trabalho externo ao que tradicionalmente denominamos área de Ciências Humanas, e em trajetória analítica diversa. Talvez por adotarmos um procedimento assemelhado, a desconstrução de discursos, orais e escritos, em relação ao tema da identidade. Ele, motivado pela observação de um colega estrangeiro relativa à auto-imagem dos brasileiros; eu, pela soma de conclusões convergentes, ou bastante aproximadas, sobre a sociedade brasileira, ou seja, a persistente auto-imagem de colonizado e a reiterada conclusão dos intelectuais sobre o inacabamento ou malformação da sociedade.

Intrigada com a proximidade de nossas indagações, pareceu-me instrutivo alinhar algumas das recorrências identificadas por ele nos trabalhos sobre identidade nacional no Brasil. Avançando pela trilha proposta por Renato Ortiz,[1] Octavio Souza acata a dupla dimensão implícita na idéia de identidade nacional: a externa, afirmando consensualmente a diferença, e a interna, mostrando *o que* constitui essa diferença, na qual as divergências surgiriam. O elenco das diferenças é de carências: produções culturais insuficientes que nos diferenciassem das da Europa e das quais pudéssemos nos orgulhar; cópia dos modelos estrangeiros (Candido, 1981, p.28) e a interpretação de nossa realidade com esquemas alheios;[2] sentimento de sermos colonizados, de interpor-se um hiato entre nós e a tradição européia, vazio que tornava difícil afirmar uma filiação – sentimento menos paradoxal nos países andinos e no México, em vista de sua formação étnica marcada pela significativa presença de descendentes da população aborígene. Mantinha-se a persistente imagem do desenraizamento cultural que, no século XIX, na tentativa de se livrar da herança ibérica e formar um modelo nacional de literatura, teria buscado os moldes parisienses, reatualizando, pois, os vínculos com a matriz européia.[3]

---

1 Octavio Souza refere-se a Ortiz (1985). O trabalho de Antonio Candido é *Formação da literatura brasileira* (1981).

2 Palavras de Gabriel Garcia Marques, referindo-se à América Latina, em discurso ao receber o Prêmio Nobel de Literatura (Souza, 1994, p. 25-6).

3 Octavio Souza menciona aqui, para expor os argumentos da reiterada afirmação da adoção de cânones estéticos pelos literatos brasileiros, os trabalhos de Antonio Candido

Das observações de Octavio Souza para as "colônias do Novo Mundo",[4] retenho as que se referem aos Estados Unidos e à América espanhola, em vista do recorte deste estudo. Compartilho sua idéia de que há duas formas extremas de utopia, a que desenha a projeção mais ou menos detalhada do estado ideal a ser atingido, e a que não emite uma idéia muito precisa sobre a forma ambicionada pela mudança preconizada. Teria sido desta última natureza aquela desejada pelos europeus para a América. Mantendo o recorte territorial Brasil, retenho ainda sua proposta de que os autores brasileiros, preocupados com a questão da identidade nacional, teriam, tal como Ortiz, se mantido prisioneiros da já indicada dualidade interna e externa na elaboração da diferença. Maximizo, entretanto, a importância atribuída por Souza ao tema da identidade nacional entre os intelectuais brasileiros em vista das inúmeras publicações surgidas nos últimos anos, em especial por ocasião dos eventos comemorativos da "descoberta da América", em 1998, e particularmente do "Brasil", em 2000, às quais acrescento os pronunciamentos que, adotando o ponto de vista da denúncia, consideraram invasão e genocídio a chegada dos europeus no século XVI às terras do Novo Mundo. Ponto de vista, a meu ver, paradoxal, pois retoma a imagem poética de Oswald de Andrade nos anos 1920 na suposição de uma não-história, caso os portugueses não tivessem aqui aportado em 1500! (Andrade, 1972).

Nesse quadro de questões propostas pela bibliografia, confirmo a oportunidade da releitura crítica dos textos de Oliveira Vianna, por ser o autor responsável, senão pela primeira, ao menos por uma das primeiras mais sistemáticas e acabadas construções da identidade brasileira nos anos 1910 e 1920.[5] Pela análise de seus textos, afirmo a intenção de

---

(1981) e de Flora Süssekind (1984). Ele os vincula à concepção dualista de identidade (interna e externa), como também propôs Renato Ortiz (cf. p.35 ss.).

4 O autor isola os Estados Unidos, aceitando a sugestão de Contardo Calligaris acerca da ausência da "fantasia da escravidão" nas treze colônias inglesas em contraste com a colônia portuguesa, onde a ameaça imaginada pelo colono de escravização pelo fazendeiro inscrevia-se no "horizonte das relações discursivas e sociais".

5 O primeiro volume de *Populações meridionais do Brasil* tem prefácio de 1918; ele mantém a mesma posição ainda em *Instituições políticas brasileiras* (1949), último trabalho publicado antes de sua morte, em 1951.

O charme da ciência e a sedução da objetividade

mostrar que para ele e para seus contemporâneos e pósteros o consenso sobre questões cruciais vai muito além da afirmação da diferença. Ao contrário da suposição de Octavio Souza, recobrem ainda em grande parte as características do **diferente**. Percorre também este trabalho a preocupação de seguir a trajetória de Oliveira Vianna, bacharel e professor de Direito, em busca das indagações que o levariam a privilegiar a análise da sociedade em seus estudos. Ele chega mesmo a se autodenominar cientista social.

Lembremos estarem os manifestos na ordem do dia nos anos 1920. Nessa década, exala dos escritos e pronunciamentos a idéia, consciente ou não, de que se vivia o momento propício para propor e executar modificações radicais na sociedade brasileira. Além dos trabalhos já percorridos, em que os autores refizeram com pesquisas a trajetória completa da história do Brasil no intuito de definir nossas características particulares, somam-se textos menores, escritos na tradição dos panfletos, analisando a história e a sociedade brasileiras por meio de recortes temáticos mais circunscritos.

Mencionamos já o *Manifesto regionalista* (Freyre, 1955), supostamente exposto por Gilberto Freyre em 1926, mas publicado somente em 1955. Ainda que tenha sido escrito nos anos 1950, a intenção do autor foi a de inscrevê-lo no tempo do Primeiro Congresso de Regionalismo do Recife. Constitui uma enérgica reivindicação de reduto da autêntica cultura e política brasileiras para a região Nordeste. Em registro de crítica, o *Manifesto* afirma a autenticidade do modernismo regionalista, contrapondo-o ao movimento instaurado com a Semana de Arte Moderna de 1922, em São Paulo. Segundo ele, o da capital paulista seria um modernismo cosmopolita saturado pelas influências estrangeiras reinantes na região sudeste do país. A oposição autenticidade *versus* cultura importada recobre uma leitura ressentida da situação em que se encontrava a sociedade brasileira, uma evidente referência nostálgica a um tempo passado, a uma sociedade idealizada por Freyre como ainda não contaminada pelas importações culturais aportadas com a família real portuguesa em 1808, e ampliada a partir da Independência em 1822.

O *Manifesto de 1926* constitui certamente o esboço ou a síntese posterior de *Casa-grande & senzala*, livro que oferece interpretação alentada, dado o volume de páginas e de informações. Nele, o autor se opõe às opiniões prevalecentes, como a de Oliveira Vianna, sobre a importância fundamental das populações do centro-sul para "a evolução nacional", ou seja, o papel decisivo de Rio de Janeiro, São Paulo e Minas Gerais na formação territorial e política do país. Essa posição, de natureza política sem dúvida, orientara confessadamente Oliveira Vianna a dedicar a essa área do território brasileiro seu primeiro estudo sócio-histórico, *População ções meridionais do Brasil*, publicado em 1921, obra que define dois de seus temas fundamentais: contrasta a "variabilidade e instabilidade próprias dos elementos urbanos" e a "grande virtude e moralidade" da "alta classe rural, modelada pelo meio conformador de almas", em claro elogio à "família fazendeira ... classe fundamentalmente doméstica" e portadora do "nosso caráter nacional"; e aponta a "hegemonia histórica das populações que habitam as regiões centro-meridionais" sobre as outras populações do Norte e do Sul do país (Vianna, 1973, p.52-3, 58, 272). Em pequeno artigo, também de 1921, *Minas do lume e do pão*, Oliveira Vianna localiza detalhadamente, em meio às montanhas das Gerais, os mores brasileiros a serem preservados: não os da grande casa senhorial do Nordeste, mas aqueles da "Minas íntima e doméstica", os do "Brasil patriarcal, de que falavam nossos avós, conservando ainda quase intactos esses antigos costumes tão cheios de penetrante poesia que a civilização dos litorais, na sua expansão incoercível, vai rapidamente destruindo".[6] Essa opinião, formada durante uma viagem em 1917, foi confirmada, em 1929, em anotações de outra viagem a Minas Gerais. Percorrendo por trem extensa parte do estado mineiro, afirmou ter constatado ser lá "onde as criações da arte colonial subsistem na sua maior pureza". Reconhecendo existir na Bahia e em Pernambuco "coisas desses velhos estilos", contrastaria as situações, por pensar só ser possível "encontrar uma cidade assim – integralmente antiga, totalmente colonial – em Ouro Preto"(Vianna,1942, p.54-69). Cabe notar aqui a localização diversa, e nada ingênua, do cerne do "caráter nacional", não no modo de vida dos antigos grandes senhores proprietários de enge-

---

6 Esse artigo faz parte da coletânea *Pequenos estudos de psychologia social* (Vianna, 1942, p.30-53).

O charme da ciência e a sedução da objetividade

nho do Nordeste, como queria Freyre, mas nos mores, "virtude e moralidade" ainda vigentes nas famílias fazendeiras da região de Minas Gerais.

Em meio à polêmica sobre a importância relativa das regiões, há certamente no *Manifesto regionalista de 1926*, de Freyre, a efetiva intenção de fornecer elementos para um projeto político de uma nova organização do Brasil, a despeito do autor relacionar a elaboração do *Manifesto* a conversas informais mantidas por "um grupo apolítico de Regionalistas" reunidos às terças-feiras em volta de uma mesa de chá, sequilhos, doces tradicionais e sorvetes "preparados pelas mãos de sinhás". Em sua denúncia do "precário unionismo brasileiro" havia já uma proposta de "superação do estadualismo ... por um novo e flexível sistema em que as regiões, ... se completem e se integrem ativa e criadoramente numa verdadeira organização nacional". Nessa proposta, delineia-se a dimensão de crítica política conferida às "estrangeirices ... impostas sem nenhum respeito pelas peculiaridades e desigualdades da sua [Brasil] configuração física e social". Uma "Corte afrancesada ou anglicizada" sacrificara no período monárquico as províncias ao seu "imperialismo"; em substituição, a república "ianquizada" manteria os Estados em luta, uns grandes e ricos, com "desmandos para-imperiais", outros, pequenos e incapazes de "policiar suas turbulências balcânicas". O caminho proposto por Freyre para a elaboração de um modelo político nacional apresentava-se na metáfora da "túnica costurada pachorentamente em casa: aos poucos e sob medida". Nada de precipitação, dizia, nada de figurinos preconcebidos. A meu ver, a túnica oferece uma imagem extremamente sugestiva por sua comodidade e acomodação a vários tipos de corpo, banindo a rigidez uniformizadora da roupa ocidental. A sugestão metafórica da túnica coaduna-se com a fluidez imprecisa do esboço do projeto político: um país administrado regionalmente, mas sob uma só bandeira e um só governo.

Nesse sentido, sua projeção política divergia, quer dos que se batiam pelos "direitos dos Estados", para ele prenúncio de separatismo, quer dos que propalavam as "necessidades de união nacional". A sugestão sobre a ameaça de perda de características próprias e de desagregação, contida na explícita condenação a um mimetismo da cultura estrangeira, seria tecida nos tons da retórica do pitoresco – "o Brasil é isto: combinação, fusão, mistura" –, porém, deságua na mesma lógica discursiva de Oliveira Vianna, ao remeter para o campo dos estudos sociológicos o conhecimento da "realidade brasileira". Acompanhando "Silvio Romero, nos seus dias de discípulo de Le Play", Freyre outorgaria às regiões sociais sobrepostas às regiões naturais uma forma "inter-regional" de pensar o e agir sobre o Brasil. Na seqüência desses argumentos, a "realidade" do Nordeste, "terras em grande parte áridas e heroicamente pobres, devastadas pelo cangaço, pela malária e até pela fome", explicava a hegemonia reivindicada para os seus valores, expandidos em dado momento para toda a nação, não por imposição econômica do século de ouro da economia açucareira, mas "pela sedução moral e pela fascinação estética". Afinal, diz Freyre, bem antes do café de São Paulo, o açúcar do Nordeste criara uma "doce aristocracia de maneiras", dera à cultura ou à civilização brasileira autenticidade e originalidade.

Sem dúvida, o *Manifesto regionalista de 1926* configura uma proposta de avaliação e de valorização do que Freyre considerou autenticamente brasileiro, por ser acorde com as condições regionais: o mocambo, a construção vernacular de extensa área nordestina; o traçado sinuoso das velhas e estreitas ruas coloniais, pitorescas e higiênicas (*sic*), abrigando do sol os passantes; a cozinha de quitutes finos, herança portuguesa, mourisca, ameríndia, africana e plebéia. Seria um doce modo de vida aristocrático contraditoriamente por ele nomeado de "valores plebeus".[7] Plebeus, no caso, em oposição aos valores eruditos do "mau cosmopolitismo e do falso modernismo" da região Sudeste.

O *Manifesto de 1926* expõe uma ambigüidade evidente: reivindica hegemonia nacional para o padrão cultural do Nordeste e, embora negue expressar conteúdo político, projeta a possibilidade de efetivar a unidade nacional por meio da aceitação da diversidade das regiões, assegurada politicamente por uma dupla administração. Ambigüidade que se desfaz se pensarmos o teor conservador do projeto nos próprios termos do autor: como elogio à autenticidade nordestina e exigência de preservação desses valores perante a força política do Sudeste e a invasão estrangeira de padrões de comportamento modernos. A hegemonia

---

7 Remeto para a íntegra do *Manifesto regionalista* citado.

O charme da ciência e a sedução da objetividade

da autenticidade nacional recolhia-se para um tempo passado e, por que não dizer, saudosista.

No fluxo discursivo nacionalista, fartamente alimentado por falas de várias tonalidades e proveniências diversas, o componente ressentido configura sempre a imagem de um país desencontrado consigo mesmo, e desloca do plano político para o sociológico a disputa entre projetos integradores, situa-os no estudo das dimensões social e cultural; usos e costumes detalhadamente anotados. O projeto político seria a decorrência necessária desse estudo preliminar, o que, de certa forma, sugeria a possibilidade de uma organização administrativa liberada da ingerência dos partidos políticos e de suas plataformas eleitorais, um projeto político orientado pela sociologia histórica e fundamentado na "realidade nacional".

Aliás, ainda no domínio dos manifestos, lembro da coletânea *À margem da história da República* (Cardoso, 1981), idealizada, composta e subsidiada por diversos intelectuais, não por acaso publicada a 15 de novembro de 1924, na qual os autores também afirmaram em uníssono a condição transplantada e artificial da cultura e das instituições brasileiras, bem como a necessidade de voltarmos os olhos para nós mesmos. Na escrita, os autores se exercitavam nas figuras de linguagem; usaram e abusaram de metáforas nas quais as imagens naturalistas, organicistas e evolucionistas marcariam o compasso do apelo emotivo nacionalista. Era Ronald de Carvalho proclamando: "A nossa literatura ainda é, na generalidade, produto de enxertias. Ao revés de lermos para escrever, urge vermos, analisarmos, palparmos os elementos ativos do meio em que obramos. Basta de fecundação artificial!" (1981, p.37). Era Pontes de Miranda (1981, p.5) afirmando: "contra os nossos destinos, estiveram os que importaram o apriorismo filosófico e político, o capitalismo opressor e cego, a imitação de costumes e hábitos moralmente inferiores aos nossos, como se os nossos não fossem suscetíveis de evolução própria e segura". Era Gilberto Amado (1981, p.45-59) enfatizando:

> ... legistas educados à abstrata. ... Adaptamos as instituições políticas da Inglaterra [período monárquico] através das sugestões de Benjamin Constant; logo deveriam funcionar como na Inglaterra. ... A Constituição repu-

blicana ... exerce a mesma ação nominal que exercia a Monarquia. ... As realidades sociais estão abaixo das instituições. ... O nosso trabalho deve ser, mantendo a República, torná-la, antes de tudo, brasileira.

Sobre os treze autores, dizia no "Prefácio" Vicente Licínio Cardoso, idealizador da proposta: "Todos são autores ... Isoladamente cada um já está, pois, suficientemente definido. ... São brasileiros: pensam pois como brasileiros, americanos, latinos e tropicais" (1981, p.15-7). Na identificação coletiva dos autores expressava-se a diferença do Brasil e a condição de diferentes dos brasileiros, mantida a dicotomia recorrente interno-externo.

A idéia de que se vivia o momento propício para modificações radicais nas instituições brasileiras aproxima a posição dos autores estudados neste trabalho de um momento distante no tempo, "o momento crepuscular de passagem" da Idade Média para o Renascimento, o tempo histórico das expedições conquistadoras dos europeus ibéricos. Na sugestão de Octavio Souza, "num suceder histórico que procede, não por fraturas radicais, mas por continuidades ininterruptas, o mito do Paraíso Terrestre perde[ra] a perspectiva quase que retórica que possuía na Idade Média e ganha[ra] o valor de projeto orientador das ações humanas"(1994, p.99). Configura a afirmação de uma sensibilidade capaz de intuir o tempo propício da intervenção humana em seus destinos; intervenção orientada pela projeção idealizada (utópica em suas palavras) da boa sociedade. Mito e utopia reunidos conferindo uma dimensão otimista à leitura pessimista de duas circunstâncias afastadas no tempo: os desmandos nos países europeus renascentistas; a utopia não realizada no Brasil do começo do século XX.

Formulo, portanto, a indagação sobre a possibilidade de deslocar, para os anos 1920, a noção de tempos diversos, o tempo do mito projetado no pensamento e o tempo da ação produtora e modificadora da sociedade, na mesma direção em que, na primeira parte deste estudo, propus essa possibilidade para o persistente retorno das afirmações e confirmações do caráter e/ou das identidades nacionais em momentos considerados propícios. Nesse deslocamento, não minimizo a distância e a diferença entre dois mitos fundadores: o que teria motivado recobrir com a

O charme da ciência e a sedução da objetividade

imagem da utopia medieval do Paraíso Terreal as terras descobertas por Colombo e Cabral, e o da refundação da moderna sociedade brasileira, ato que nos reconciliaria, corrigindo os erros cometidos pelos colonizadores e pelos estadistas responsáveis pelas experiências, primeiro monárquica e depois republicana.

É evidente, nos textos acima citados, que, no final do século XIX, a *intelligentsia*, em posições políticas diversas, colocaria em ação o mito da boa república ou das instituições adequadas para a unidade nacional, de modo a que o país se tornasse uma grande potência, condição para a qual o consideravam destinado, em especial pelas dimensões de seu território e de suas riquezas naturais. A idéia da boa república respaldava-se, em parte, na convicção fundamentada nas certezas da ciência. As três fases da política: a do empirismo, a do apriorismo e a da ciência, relacionadas pelo jurista Pontes de Miranda no texto manifesto, sintetizam as convicções correntes entre os críticos da Constituição de 1891. Para ele, como para muitos outros, a avaliação de que a política da República adotara "princípios abstratos, do mais requintado racionalismo", acreditando que "a sociedade pode acompanhar as construções apriorísticas dos homens e tem de amoldar-se a elas", redundava no elogio à "política da ciência", a que se respaldava nas "leis científicas" quando estava em jogo a busca da "felicidade pública" (Miranda, 1981, p.1 ss.).

A crítica à base liberal das instituições republicanas, em parte ainda fundamentada em preceitos positivistas, constituía, pois, o cerne dos numerosos manifestos dos anos 1920. Essa avaliação crítica assumia sua plena dimensão de proposta política autoritária, proclamando-se a única capaz de realizar a tarefa de formar a nação a partir do que considerava ser um conglomerado heterogêneo de classes sociais e raças, uma nação por vir a ser. Os pressupostos do liberalismo, ainda que na versão de finais do século XIX, viam-se questionados em sua inadequação para o que se denominava "a realidade do país".

A longa série de desacertos atribuída à Constituição Republicana de 1891 dava ênfase aos dispositivos legais que concediam o direito ao voto a uma população considerada ignorante e incapacitada para o exercício consciente da cidadania. A situação criada por essa pressuposta distância entre a lei e sua prática estimulava, segundo eles, a manipulação astuciosa dos *coronéis* e seus asseclas políticos. Em seus argumentos, a ausência de opinião popular militante, segura de sua força e de seus direitos, conseqüência da pretérita condição colonial e da inexistente organização das fontes de opinião, fazia das manifestações de cunho político nada além de uma farsa.

Os críticos do estado liberal consideravam, pois, o ideal da unidade nacional precário e sob ameaça de um conjunto de fatores negativos. Dentre estes, a própria extensão do país motivaria a dispersão geográfica de sua ocupação, sobressaindo a forma pouco solidária dos interesses econômicos que teriam assumido feição puramente particularista. Atribuíam também peso considerável à composição da população, sua heterogeneidade e diferenças culturais. As secas e a pobreza impeliriam do Norte para o Sul as populações despreparadas para o trabalho rotineiro (cf. Roquette-Pinto, 1933, p.17 ss.); o descuido de leis e de estadistas a respeito da imigração estrangeira completava o quadro alarmista, em que se previa a incorporação de pessoas doentes e degeneradas, e em decorrência o rebaixamento do já baixo "nível moral e psíquico da população".[8] Imputavam, portanto, os desacertos às elites políticas em sua ânsia de dar ao país leis semelhantes às das grandes nações civilizadas, indiferentes ou cegas à sua total inadequação às necessidades efetivas.

O argumento do descompasso entre as instituições e a sociedade não constituía novidade nos anos 1920, nem na década precedente. Dez anos após a destituição do regime monárquico, republicanos saídos das fileiras dos propagandistas partiam para a denúncia do que designaram a "farsa do governo popular". Alberto Salles afirmava, em 18 e 27 de julho de 1901, nas duas partes do "Balanço Político" publicado no jornal O *Estado de S. Paulo*, que deveríamos fugir "da mágica fascinação que sobre nossas almas apaixonadas de latinos exercem as fórmulas abstratas, as imagens sedutoras e os mitos doirados". O "Balanço" referendava as

---

8 No artigo citado, Pontes de Miranda enumera como o primeiro de "nossos males" a falta de providências em relação ao controle da população. Citava em seu apoio as leis de Mendel sobre a degenerescência dos descendentes de pessoas doentes, e como exemplo de medida profilática cita "a castração dos anormais", utilizada nos Estados Unidos, exigindo que deixássemos de ser "o caixão de lixo do mundo" (p.7).

O charme da ciência e a sedução da objetividade

advertências feitas por ele em *Sciencia Politica* de 1891, em que sua especial ênfase à diferença entre ato de volição e meios para alcançar os fins pretendidos dava continuidade às posições defendidas como propagandista do regime republicano alinhado ao que se convencionou chamar de "positivismo ilustrado". "A opinião deve querer, os publicistas devem propor os meios de execução e os governantes devem executar. Enquanto estas funções não forem separadas, haverá confusão e arbítrio, em um grau mais ou menos considerável", afirmaria, transcrevendo trecho de Augusto Comte (Salles, 1997, p.15).

Confirmava, assim, em 1901, sua convicção de que "as instituições e as leis deveriam estar em harmonia com os nossos costumes, com as nossas tradições e com as nossas crenças". Fora desses preceitos, asseverava o autor, havia "o exotismo do regime presidencial", cujo *habitat* seria a América do Norte, sucessor de outro "regime exótico", o parlamentarismo dos tempos monárquicos, também transportado para cá de seu *habitat* natural, a Inglaterra. Nos argumentos desse republicano adepto do "positivismo ilustrado", noções como "psicologia dos povos", "constituição mental coletiva", "alma nacional", "caráter nacional", "características psicológicas de um povo" atuam como conceitos que fundamentam a crítica aos "fazedores de constituições". Pregava coerentemente a necessidade de adequar as instituições políticas a essa "constituição mental coletiva", abandonando as antigas crenças de "ideólogos e românticos, nas virtudes específicas das formas de governo". Atitude atribuída aos idealizadores da Constituição republicana e aos administradores e homens públicos da monarquia.[9]

Apoiada em estudo anterior sobre o período de propaganda e de instauração da República,[10] e sem pretender generalizar essa afirmação, posso dizer que, para os administradores do período Imperial, em seus relatórios anuais, a lei consistia no elemento normativo das condutas e base para a repressão às ações praticadas à revelia da norma, ou seja, oferecia a diretriz para avaliar o aperfeiçoamento dos valores éticos con-

---

9 Esse "Balanço Político" foi republicado na coletânea *Plataforma do positivismo ilustrado* (1980, p.63-76).

10 Refiro-me à minha tese de doutorado *Liberalismo e controle social* (Bresciani, 1976).

tidos na projeção idealizada da boa sociedade, e delimitava pragmaticamente a linha divisória entre legalidade e ilegalidade. Cumpriam desse modo a missão de policiar a sociedade. E, se enfatizavam o necessário recurso à análise sistemática dos *dados e fatos* como método para acompanhar em avaliações anuais o aperfeiçoamento dos costumes e comportamentos da população brasileira, a comparação com os países considerados avançados pressupunha certamente serem eles referência validada por padrões ideais de civilização.[11] Idêntico procedimento seria utilizado pelos liberais radicais e pelos republicanos, sobretudo a partir da década de 1870, na intenção contrária de demonstrar os prejuízos causados ao país por um arcabouço político e institucional que afirmavam ser já ultrapassado e, pior ainda, não condizente com os regimes adotados nos demais países americanos. Para eles, o arcabouço legal não oferecia a diretriz correta para o fim a que se propunha; ou melhor, diante da condição atual da sociedade, as instituições haviam se tornado obsoletas e constituíam entraves ao "progresso" do país. Nesse sentido, a crítica de Alberto Salles, no início do século XX, mantinha a assertiva da necessidade de fazer uma análise da sociedade, dados e fatos, submetendo-os às noções de "realidade", "realismo" e "realista", presentes até na ficção literária de finais do século XIX.[12] Essas "análises" assumiriam, nessas décadas, um contorno de cunho nacionalista: seus autores propalavam a imperiosa necessidade de avaliar objetivamente, segundo critérios científicos, portanto, as características específicas de cada país.

Em seus argumentos, os intelectuais observavam que, se a Guerra Mundial de 1914-1918 proporcionara evidências incontornáveis do impossível convívio pacífico entre os países do mundo civilizado, dotara-os, além disso, de elementos importantes para a crítica dos princípios liberais. Sentiam-se municiados para denunciar o que denominavam as

---

11 Refiro-me aqui aos relatórios apresentados anualmente pelas autoridades provinciais na abertura das sessões das Assembléias Legislativas, nos quais eram prestadas contas do desempenho dos órgãos governamentais e fazia-se uma avaliação, que se tornou crescentemente especializada e pormenorizada no decorrer do século (cf. Bresciani, 1976).

12 Sobre a utilização do termo "realista" pela cultura européia no século XIX, aliada à idéia de compreensão "científica" do mundo, presente em especial nos trabalhos de positivistas e darwinistas sociais, ver White (1992, parte I).

O charme da ciência e a sedução da objetividade

ilusões de um pretendido internacionalismo dos modelos econômicos, culturais e políticos. Criticavam, em particular, a base das concepções políticas liberais: a humanidade una ou tomada em abstrato como pressuposto de contratos formadores de sociedades e nações regidas por cartas constitucionais; constituições que pressuporiam sujeitos coletivos formados por indivíduos cidadãos partilhando um conjunto de valores universais. Suas críticas teriam como alvos privilegiados a noção de sujeito, de direito universal baseada na concepção liberal de uma mesma racionalidade inata, faculdade natural e presente em toda a humanidade, a despeito da diversidade de compreensão e de constituição individuais; e especialmente a convicção de que um único caminho, o domínio crescente da razão sobre os instintos e sentimentos, sobre a paixão e a falta de bom senso, levaria ao aperfeiçoamento e à civilização.[13] Esses pontos críticos, já questões polêmicas no século XIX,[14] ganhavam, com a adesão aos métodos de análise que se propunham científicos, o estatuto de conhecimento objetivo, verificável por evidências, sem darem, portanto, lugar a dúvidas. No campo dos debates em torno da melhor forma de avaliar a sociedade, esses críticos afirmavam serem os métodos das ciências sociais os únicos confiáveis e capacitados para dar conta da diversidade característica de cada país e, ato subseqüente, apontar a necessidade de cada um definir seu próprio caminho em busca da almejada condição de plena civilização. Isento, contudo, do sectarismo das disputas político-partidárias.

Sublinhavam ainda outra evidência: o fracasso de um pretendido concerto das nações, uma vez que os acontecimentos mundiais haviam tornado explícito o limite do princípio liberal do *self-government* e sua outra face, a crescente ação intervencionista das grandes potências modernas nos países menos organizados e fracos economicamente. Ações intervencionistas que, segundo eles, contariam com o reconhecimento e apoio de opiniões abalizadas de especialistas que as consideravam ine-

---

13 Esse argumento está na base do pensamento contratualista inglês desde finais do século XVII, presente no *Segundo tratado de governo* (1690), e no *Of the Conduct of the Understanding* (1697), será retomado por grande parte do pensamento ilustrado do século XVIII na França.

14 Remeto ao excelente ensaio de Maria Sylvia de Carvalho Franco (1993).

rentes à própria "evolução do Direito Internacional". Este passara a reconhecer o controle internacional da soberania nacional e, com ele, a redução dos direitos dos Estados em favor da ordem e segurança da grande comunidade mundial. Tais analistas políticos viam, na tendência da política internacional, o caráter inédito e preocupante da aquiescência bastante generalizada a respeito da legalidade do controle político externo, muitas vezes apoiado militarmente, pelos países fortes sobre os países do continente americano, sobretudo quando fossem considerados incapazes de cuidar de seus próprios interesses, possuindo elites políticas pouco eficazes na definição do caminho correto para manter a unidade nacional sobre bases sólidas.[15]

Sem dúvida, a imagem dessa ameaça passou a atuar como apelo emocional nos argumentos dos críticos ao liberalismo. A imagem, construída em seqüência lógica irrepreensível, partia de evidências que configuravam o primeiro passo. O subseqüente passava pela definição do método adequado para uma avaliação objetiva da "realidade nacional" (expressão que terá larga voga também nos anos seguintes), método que só poderia encontrar apoio seguro nos pressupostos das ciências, ou como diria Alberto Salles, na teoria política, "ciência especializada da sociologia" (Salles, 1997, p.286). Tratava-se do que designavam como procedimento que assegurava a isenção do analista social pela rigorosa observação científica das determinações geográficas e populacionais, peculiares à história de cada país, determinações essas aptas a apontar as tendências inscritas como possibilidade em cada sociedade.

Essas diversas vertentes de análise cientificista encontraram amplo campo de demonstração para as propaladas especificidades nacionais e/ou regionais na falência do internacionalismo do movimento operário e nos países onde subsistiam nítidos traços da formação colonial. Seus argumentos em defesa das irredutíveis realidades nacionais seriam aceitos tanto nos meios políticos conservadores, e mesmos reacionários,

---

15 A questão dos "imperialismos conquistadores" em sua versão século XX é tratada por Oliveira Vianna em longa nota do Capítulo V da segunda edição de *Problemas de política objetiva*, de 1945 (a primeira edição é de 1930), quando se sente obrigado a explicar sua posição diante da ocupação norte-americana do Haiti em 1915. Utilizei a terceira edição (Rio de Janeiro, São Paulo: Record, 1974, p.74-5).

como entre os teóricos do movimento operário.[16] Nessas circunstâncias, ganharia força e credibilidade em vários países a interpretação de cunho organicista e romântico, balizada agora pela ciência e marcada pelo recorte regionalista no triplo registro das características peculiares e diferenciadoras do país em relação aos demais, das características nacionais e da minuciosamente detalhada diferenciação interna de cada uma das suas regiões.

No Brasil, o pensamento romântico do século XIX, somado nas décadas de 1870 às afirmações evolucionistas das ciências naturais, reacendia o antigo debate que opusera o positivismo ortodoxo ao republicanismo liberal – e à vertente "ilustrada" do positivismo comprometido com o realismo cientificista. A polêmica retornava atualizada em seus termos nos anos iniciais do século XX. À noção de indivíduo os críticos do liberalismo contrapunham a noção conservadora e romântica de família, fundamento da sociedade, da nação e do Estado. Afirmavam também contra a vontade individual dos preceitos liberais, fundamento do contrato social instituinte da "sociedade civil/civilizada", a precedência da comunidade e/ou sociedade em relação ao indivíduo, que só ganharia sentido nelas imerso. Opunham-se ao que designavam as tendências dispersivas do individualismo, devendo estas subordinarem-se à coletividade, de maneira a assegurarem a integridade nacional e a nacionalidade una. Esses críticos das instituições liberais defendiam a implantação de uma democracia autoritária, mais condizente com a população brasileira, considerada destituída dos rudimentos da educação política; portanto, incapaz de pautar sua vida pelos princípios éticos do *self-government* anglo-saxão.[17]

---

16 Cf. o esclarecedor estudo de Jacy Alves de Seixas (1989), em particular o capítulo 3, "Le rôle du positivisme et du darwinisme social dans la pensée socialiste et anarchiste au Brésil", p.85 ss. Há para o mesmo tema da apropriação do pensamento científico pelo movimento operário argentino o não menos importante estudo de Dora Barrancos (1996).

17 O texto introdutório ao trabalho inacabado de Alberto Salles, *O governo popular*, interrompido pela morte do autor em 1904, justifica "a razão deste livro" pela ameaça de "completa subversão nas suas (da sociedade) mais antigas instituições", prevendo um "futuro sombrio e desolador, em que a imaginação apavorada só vê ruínas e destroços, a anarquia e o caos". O texto foi publicado na *Revista do Brasil*, v.4, n.18, p.330-348, set.-dez. 1921, e republicado na coletânea organizada por Antonio Paim (1990, p.77-95).

Na trilha desses argumentos, Oliveira Vianna, talvez o intelectual mais sistemático em suas críticas ao liberalismo, sentiu-se autorizado a afirmar em *O idealismo da Constituição* (coletânea de artigos escritos nas décadas de 1920 e 1930, publicada em três edições – 1922, 1927 e 1939), inexistir no Brasil a condição fundamental para um regime democrático: a vontade soberana do povo expressa pela opinião pública e positivada pelo voto. Concordava com outros pensadores políticos e intelectuais quanto a ser um governo autoritário a solução adequada para um país com as características do Brasil, e propunha a completa revisão de nossas instituições políticas, oferecendo a alternativa de uma forma centralizadora, capaz de forjar, de seu ponto de vista, uma nacionalidade sobre bases sólidas.[18]

Baseando-se nas análises dessa vertente política autoritária elaborava-se a crítica ao liberalismo e às instituições de cunho liberal, em uma nítida representação da alteridade dos países de origem colonial em relação aos países de antiga formação, alteridade até em relação às respectivas metrópoles, como vimos na primeira parte deste estudo. Recusava-se, por meio desse raciocínio, uma possível continuidade cultural dos primeiros europeus emigrados para as Américas que traziam consigo os valores de seus antepassados e de seus contemporâneos do Velho Continente. Assumindo uma posição radical, Oliveira Vianna chegaria ao extremo de contar os séculos da história do Brasil a partir do ano da chegada dos portugueses, numa declarada defesa da idéia de que um país e um povo outro aqui se formara a partir do século XVI, ocupando um território povoado por aborígines sem história.[19] Viver-se-ia, assim, no Brasil, o século V em pleno século XX.[20]

Postulava, como outros críticos do universalismo liberal, ter sido o contato contínuo dos colonos portugueses com as populações nativas e

---

18 Utilizei para esse artigo a segunda edição de *O idealismo da Constituição*, publicada em 1939, acrescida de artigos escritos em diversos periódicos entre 1922 e 1938.

19 Seria talvez plausível estabelecer uma correlação entre sua preocupação em zerar as experiências anteriores dos nativos com a intenção de dar início a uma nova era pelos revolucionários franceses de 1789.

20 Ver, por exemplo, o trabalho de Oliveira Vianna *Populações meridionais do Brasil* (1973). A primeira edição é de 1920.

O charme da ciência e a sedução da objetividade

com os africanos, somado ao meio geográfico tropical, suficientemente forte para determinar o que denominava uma realidade social, política e cultural radicalmente diversa da mãe-pátria. Corroboraria seus argumentos trazendo para o debate a atualidade do questionamento dos pressupostos liberais em seu próprio meio formador, os países do continente europeu. Tratados como ilusão ou quimera, teriam sido pressupostos reconhecidamente válidos, num tempo e em locais bem determinados, como suporte político das lutas contra os remanescentes do poder feudal e do absolutismo monárquico em países como a Inglaterra seiscentista e a França setecentista.[21]

Definida, dessa maneira, a característica específica dos países americanos, tendo por base suas condições de ex-colônias exploradas pelos países europeus, o objetivo maior dos pensadores nacionalistas no Brasil passaria a ser o de realizar enfim o antigo sonho de adequar o Brasil aos outros países da América, descartando porém o modelo da democracia norte-americana, por ser considerada alternativa inadequada, ineficaz e perigosa para a própria integridade e existência política do país.[22]

O ponto essencial desse projeto integrador assumiria várias vertentes. Com Freyre, e talvez em atitude defensiva do *modus vivendi* de uma parte do país, o inter-regionalismo ofereceria o bom mecanismo para integrar o país mantendo a diversidade regional. Tal como Oliveira Vianna,

---

21 Essa análise das "origens" de nossa "deformação cultural" e da inadequação das instituições políticas com a "realidade social" do país é feita por Oliveira Vianna em vários de seus trabalhos. Partilham a mesma avaliação outros autores, tais como: Azevedo Amaral (1938); Francisco Campos, em *O Estado nacional* (1940); e Menotti del Picchia, em *Soluções nacionais* (1935). São constantes as referências à obra de Alberto Torres, autor considerado pioneiro e definidor, no Brasil, da noção de realidade nacional. Ver a respeito o esclarecedor trabalho de Adalberto Marson (1979).

22 Sobre o debate político da época no Brasil, ver Oliveira (1980), Sérgio Miceli (1979), e também como organizador, *História das Ciências Sociais no Brasil* (1989). Mais recentemente, Daniel Pécaut retoma o tema em *Os intelectuais e a política no Brasil* (1990). Entre os numerosos estudiosos do pensamento autoritário no Brasil, Marilena Chauí e Maria Sylvia de Carvalho Franco (1983); Jarbas Medeiros (1978); José Chasin (1979); Hélgio Trindade (1974); Eliana Dutra (1997). Para um estudo do ideário e da prática do Estado Novo, Lenharo (1986). Para o corporativismo em Oliveira Vianna há o trabalho de Evaldo Amaro Vieira (1976). A coletânea já citada, *O pensamento de Oliveira Vianna* (Bastos & Moraes, 1993), constitui boa amostragem de como tem sido analisada a obra desse autor.

ele se oporia aos que, como Alberto Torres, antes deles, pensara o Brasil em termos de características comuns a toda a população brasileira. Porém, sua proposta discordava dos que, como Oliveira Vianna, formulavam a intenção de, mesmo reconhecendo as diversidades regionais, integrá-las em uma unidade, propondo apagar ou minimizar as diferenças entre as várias correntes de população que vivem em território brasileiro, construindo um denominador comum da identidade e da unidade nacional. Ou ainda, do projeto de Sérgio Buarque de Holanda, cuja posição mais radical propunha a erradicação, o mais completa possível, das raízes ibéricas, fardo que estaria impedindo a plena configuração da nação brasileira.

As intenções integradoras comportavam, sem dúvida, uma espécie de violência insidiosa: os pressupostos teóricos do(s) nacionalismo(s), em nome da objetividade e do realismo, davam aos detentores de saberes especializados, juristas e cientistas sociais, o poder de determinar o projeto político adequado. Com essa intenção integradora, postulava-se a diferença e os particularismos de cada país, e definia-se a diversidade dos caminhos e soluções a serem seguidos para que fossem estruturadas nações integradas e distintas em suas configurações nacionais. Em outras palavras, afirmava-se a alteridade constitutiva das diferentes nações sobre a certeza da necessária homogeneização e integração identitária de suas populações. Oliveira Vianna antevê com otimismo o branqueamento da raça pela união de pessoas de raças diferentes, o *melting-pot*, assegurado pelas leis da genética e ao qual Roquette-Pinto atribuía o nome de mestiçagem (cf. Vianna, 1959b, p.70 ss. e Roquette-Pinto, 1933, p.37 ss.). Os argumentos utilizados por políticos e cientistas sociais encontravam apoio e aval na ciência, nos métodos de análise que lhes permitiriam constatar a diferença das raças e/ou etnias e das culturas.

Em suma, a partir de uma posição teórica nomeada "análise objetiva" ou "análise conduzida pela mão segura dos métodos da ciência", os críticos do liberalismo procuraram mostrar que, para alcançar os mais altos cimos da civilização, o Brasil deveria seguir um caminho próprio. Recortaram evidências de "deformações no espírito do homem brasileiro", moldado, diriam, pelas "influências" de correntes intelectuais e políticas européias, e a essas "deformações" imputaram a "evolução anô-

O charme da ciência e a sedução da objetividade

mala" da política e das instituições no país. Penso, pois, ser necessário conhecer a forma como se deu a elaboração desse recorte de nítido viés nacionalista que, comandado por uma vontade política "realista", ganhou força, ainda que estruturado em uma racionalidade evidentemente paradoxal. Ou seja, os argumentos partiam do que os autores postulavam ser "a análise objetiva da realidade" brasileira, base da demonstração da nossa especial singularidade, demandando um caminho próprio e adequado para alcançar os altos cimos da civilização. Com esse procedimento, conferiam validade universal aos assim denominados métodos de análise objetivos e/ou científicos, sem se indagarem sobre o solo em que haviam sido formulados. Rejeitavam, contudo, a universalidade do sujeito de direito, em condições de igualdade formal perante a lei, fundamento das sociedades regidas por sistemas representativos democráticos de governo.[23]

Essa racionalidade argumentativa dava lugar, portanto, a uma questão que se impõe como evidente paradoxo: importar idéias políticas e modelos institucionais de outros países constituiria um erro político primário; contudo, fazer uso de modelos de análise da sociedade e de teorias sociológicas, de ampla utilização nos países europeus e Estados Unidos, significaria partilhar com a comunidade internacional de cientistas o **domínio comum** de conhecimentos obtidos do que denominaram "os sólidos e isentos princípios da ciência". Não se indagavam quais as questões que haviam motivado a formação dos campos conceituais em seus países de origem. Tudo se passa como se fosse possível estabelecer uma ruptura radical entre política, sempre recortada pelo pressuposto nacional, e ciência, cuja isenção e objetividade lhe dariam um caráter universal.

---

23 É exemplar a transcrição em *Sciencia Politica*, da já citada de Augusto Comte por Alberto Salles, sobre a incapacidade política da maioria da população. Ele dava continuidade a seu trabalho em *O governo popular*. É importante notar que, mesmo entre os países tomados como padrão de participação política ampla, notadamente França e Inglaterra, o sufrágio universal, masculino e feminino, constituía ainda aspiração e motivo de movimentos políticos.

3
A missão política da ciência

A aposta nos métodos da ciência e em sua universal aplicação, respeitadas as peculiaridades próprias a cada sociedade, impôs-se como caminho seguro para uma análise isenta e objetiva. Daí a preliminar e necessária busca do método mais adequado, vale dizer, daquele estruturado para o estudo de sociedades semelhantes ou com recortes analisáveis que apresentam alguma similitude. Esse procedimento foi amplamente aplicado, embora não por todos os pensadores autoritários brasileiros, demandando e obtendo crédito no meio intelectual.

Matriz teórica de uma das vertentes da teoria das "idéias fora do lugar", o pensamento autoritário encontraria nos desacertos da república liberal no Brasil e no conflito mundial entre posições políticas divergentes, envolvendo liberais, conservadores autoritários, comunistas e socialistas, espaço adequado para o debate em torno de questões sobre o tempo histórico e as origens diferenciadas das doutrinas políticas, sobre a importância política das ciências sociais e de suas noções de etnia e raça, cultura e nacionalidade. A legitimação das posições autoritárias buscou suas bases na imagem de um país desencontrado consigo mesmo, imagem carregada de forte apelo emocional, a maior parte tingida pela retórica do sublime, enfatizando a ameaça do caos, do desmembramento, da desorganização. Orientada pelos métodos das ciências, a busca das verdadeiras raízes do povo, de sua cultura e frágil identidade, teria como corolário a certeza de que a nação estaria ainda para "ser formada pela mão forte dos líderes políticos de um Estado autoritário". Ou nas palavras de Roquette-Pinto, proferidas em 1917, em curso da cadeira de Higiene da Faculdade de Medicina do Rio de Janeiro:

> o Brasil, como algumas nações da América, tem de ser obra de sabedoria política; não é nação que floresça por si, como os Estados Unidos, qual ramo transplantado em novo terreno, trazendo consigo a "organização da estirpe originária". O grande problema do Brasil é a organização dos valores. (Roquette-Pinto, 1933, p.17)

Mito e utopia cruzam-se na trama discursiva ao reivindicar a neutralidade da ciência e a objetividade dos fatos, que paradoxalmente recorre abertamente à troca afetiva com seus leitores, criando símbolos da brasilidade, do ser brasileiro, e manifestações coletivas do sentir-se brasileiro.[1]

Métodos objetivos e lições do passado

> Para a compreensão do passado, a investigação científica
> arma hoje os estudiosos com um sistema de métodos
> e uma variedade de instrumentos, que lhes dão
> meios para obterem dele uma reconstituição,
> tanto quanto possível, rigorosa e exata.
> Oliveira Vianna (1973, p.14)

A íntima correlação entre ciência e método de reconstituição histórica, afirmada em 1918 nas "Palavras" de "Prefácio" do primeiro ensaio de Oliveira Vianna sobre a sociedade brasileira, será repetida e confirmada em todos seus estudos. Questão de método, mas também posicionamento de neutralidade para quem se dizia apartidário e cético em

---

1 A questão do recurso a apelos emocionais na política foi tratada no trabalho pioneiro de Pierre Ansart (1983). Também Claudine Haroche (1998) indica a importância dessa estrutura afetiva na reestruturação da identidade francesa após a derrota do país na guerra franco-prussiana em 1870. O artigo encontra-se em Ansart (1993). Versão brasileira em *Razão e paixão na política* (Seixas et al., 2002, p.81-94).

O charme da ciência e a sedução da objetividade

relação aos partidos políticos, confessando ainda em defesa de sua descrença na política republicana jamais ter exercido o direito ao voto (Vianna, 1974b; Prefácio à segunda edição, 1945, p.25). Vianna voltaria a proclamar de modo enfático poucos anos depois:

> ... o que me inspira é o mais absoluto sentimento de objetividade: somente os fatos me preocupam e somente trabalhando sobre eles é que infiro e deduzo. Nenhuma idéia preconcebida. Nenhuma preocupação de escola. Nenhuma limitação de doutrina. Nenhum outro desejo senão o de ver as cousas como as cousas são e dizê-las realmente como as vi. (1933, p. 43)[2]

Definição de método, exposta em *Evolução do povo brasileiro*, reiterada em sua adesão aos pressupostos da ciência, quando em *Problemas de política objetiva* afirmou:

> De mim posso dizer que, ao estudar as nossas instituições políticas – sejam nos seus aspectos formais e legais (nas suas Constituições ou nos seus códigos) sejam nos seus aspectos sociológicos ou culturais (nos usos, costumes, tradições, sentimentos e idéias que nos inspiram ou nos determinam na execução...) sempre me conduzi tratando estes fatos, estes códigos, estes costumes e estas tradições *en naturaliste*. Vale dizer: objetivamente, realisticamente ... (grifos no original) (ibidem, 1974b)[3]

Oliveira Vianna remete a Sainte-Beuve essa definição, embora encontremos em suas palavras o eco das reflexões de Hyppolite Taine no "Prefácio" a *Les Origines de la France Contemporaine*, de 1875, a respeito do método de trabalho que adotara para o estudo da sociedade francesa em três momentos decisivos – *Ancién Régime, Révolution, Régime Nouveau*:

---

2 Também Azevedo Amaral (1938, p.5-6) afirma que seus vários ensaios, escritos desde o início da década de 1930, visavam interpretar a "realidade nacional" mediante a "investigação das determinantes sociológicas do nosso desenvolvimento histórico", fazendo uso de "um processo racional e lógico ... em uma atitude ... inspirada pela orientação científica a cuja disciplina sempre procurou submeter o seu espírito".

3 "Prefácio" à segunda edição de 1945, p.20. Completa sua exposição de método acrescentando: "Vale dizer: objetivamente, realisticamente, no mesmo estilo em que os técnicos do Instituto Biológico pesquisaram a irradiação da broca do café em São Paulo, ou os investigadores da Fundação Rockefeller estão acompanhando a expansão do *Anopieles gambiae* nas regiões nordestinas".

... tentarei descrever esses três estados com exatidão. Ouso declarar aqui que não tenho outro objetivo; permita-se a um historiador agir como **naturalista**. Estava frente a meu tema como estaria frente à metamorfose de um inseto. ... Liberado de todo *parti pris*, a curiosidade torna-se científica e volta-se inteiramente para as **forças íntimas** que conduzem a surpreendente operação. (Taine, 1986, p.5)[4] (grifos meus)

Entre o posicionamento do historiador francês e de Oliveira Vianna poderia não haver uma relação direta, uma vez que a citação se refere a Sainte-Beuve. Todavia, encontra-se em Taine a apreciação altamente positiva da história de *Port-Royal* de Sainte-Beuve, bem como do *Cromwell* de Thomas Carlyle, outro historiador bastante apreciado por Oliveira Vianna. Os dois historiadores mereceram o elogio entusiástico de Taine por terem sido sensíveis a aspectos menos explorados pela historiografia: o primeiro extraíra das querelas de convento e das resistências de freiras o conhecimento de um enorme domínio da psicologia humana: sujidades, vacilações e fraquezas, submersas na uniformidade e monotonia da narração decente e das dissertações teológicas; o segundo, conseguira se aproximar, por meio da leitura atenta de cartas esparsas e de uma vintena de discursos mutilados, da faceta desconhecida de um homem atormentado por desvarios de uma imaginação melancólica. De Carlyle diria ser detentor de instinto e faculdades positivas, o que o fazia ser um inglês até na alma. Quanto a Sainte-Beuve, Taine (1905, p.XI-XV)[5] concluía, "somos todos seus alunos".

Uma distância significativa no tempo e no espaço também se interpõe entre o pesquisador francês e o brasileiro. Contudo, podem ser estabelecidas afinidades de posições políticas na trajetória dos dois auto-

---

4 Todos os textos citados de Taine foram traduzidos por mim.

5 Em 9 de março de 1857, Sainte-Beuve, por sua vez, rasgara elogios ao talento do jovem Taine em longo artigo em que comenta os bons resultados obtidos pelo autor em seu *Essai sur les Fables de La Fontaine*, de 1853, tese de doutorado defendida na Sorbonne, e es-. tende sua avaliação positiva ao segundo ensaio de Taine, "Voyage aux Eaux des Pyrénées", de 1855, salientando a posição teórica do autor: "il est *naturiste* au fond, *naturiste* par principes, et accorde tout à cette grande puissanse universelle qui renferme en elle une infinie variété d'êtres et d'accidents. Il a sa théorie du climat, du sol, de la race. Il ne se borne pas à reconnaître des rapports et des harmonies, il voit des causes directes et des effets" (Sainte-Beuve, 1930, p.199-283).

O charme da ciência e a sedução da objetividade

res. Taine manifestou em 1875 sua preocupação com a instabilidade das instituições políticas francesas no período de aproximadamente cem anos que separa os acontecimentos de 1789 do momento em que começava a escrever o livro sobre as origens da França contemporânea. A derrota na guerra franco-prussiana e os problemas sociais evidenciados no decorrer do século, culminando com a Comuna de Paris de 1871, fortaleciam sua convicção de não estar a população francesa preparada para o regime democrático.[6]

O historiador e sociólogo Oliveira Vianna avaliava na década de 1920 o que chamou de "disparidade entre o mecanismo constitucional e as condições reais e orgânicas da sociedade brasileira", ou os "quase cento e vinte anos de experiência democrática" no Brasil. Existia certamente um forte vínculo unindo Oliveira Vianna a Taine, evidente nas inúmeras e estratégicas citações do autor francês pelo pesquisador brasileiro, não só relativas a considerações históricas, mas também e principalmente, quanto aos pressupostos de análise. Em termos de concepção da história como evolução da raça no meio físico e social e de orientação metodológica baseada na noção de objetividade extraída dos dados e fatos, eliminado todo e qualquer *parti pris*, Oliveira Vianna se mantém solidário às posições de Taine. Ainda quando agregando outros autores na atualização de seus procedimentos de pesquisa, o tripé determinista permaneceria, atenuada a importância da raça em seus últimos trabalhos.

Os argumentos de natureza histórica de Oliveira Vianna coincidem com os de Taine em pontos fundamentais. Quanto à posição teórica, partilhavam ambos a premissa da isenção da ciência e a objetividade da análise dos fatos sociais, quando guiados pelo que denominam método de observação não apriorístico. Em vários textos, eles consideraram inadequadas as instituições de cunho representativo em seus respectivos países, convictos de que faltava à população consciência de cidadania, conseqüência da precária instrução e da educação política falha. Os dois argumentaram ser de impossível execução a tarefa delegada ao

---

6 Ver meu artigo "O pensamento político conservador após a Comuna de Paris" (2001, p.217-31).

povo por "cartas constitucionais idealistas", criticando suas respectivas "elites nacionais" pelo idealismo inconseqüente e pelo distanciamento em relação às reais circunstâncias de seus países. Taine criticava ter-se atribuído aos franceses, em 1848, a responsabilidade pelos destinos políticos de uma nação fragilizada pela insanidade dos anos do Terror Jacobino e pela instabilidade política do período da restauração dos Bourbons e da Monarquia de Julho. Faria isso como alerta à manutenção do sufrágio universal pela Constituinte da Terceira República francesa. Oliveira Vianna, por sua vez, via o brasileiro aprisionado à teia da herança de seu passado colonial, período em que todas as tradições da mãe pátria haviam se deformado, quando não perdidas para sempre, ao serem transladadas para cá. Resultado: o brasileiro seria um homem incapaz de forjar uma nação, tarefa a ele atribuída pela Constituição republicana de 1891. Os dois faziam profissão de fé no poder do meio, da raça e da história como elementos determinantes da cultura e do caráter de um povo.

Ainda outro ponto de contato: Taine e Oliveira Vianna compartilhavam a opinião de que o "idealismo" dos construtores de regimes e de cartas constitucionais evidenciava o desconhecimento ou desconsideração das "características determinantes de um povo", deixando as portas abertas para a violência e a destruição das instituições políticas, frágeis por se fundarem em bases inadequadas. Taine discorreu sobre o que considerou serem evidências importantes dos precários alicerces das instituições políticas francesas: as recorrentes insurreições revolucionárias, identificadas por ele como um retrocesso ao estado de natureza; a ausência de um pacto firme que regulamentasse as regras da convivência social, e o pesadelo das multidões ignorantes e selvagens conduzidas por líderes oportunistas; o cerco e a rendição ao Exército estrangeiro. Observando o nítido contraste entre a elite de seu país e a situação da aristocracia inglesa, segundo ele, sempre ciosa em cuidar de seus assuntos domésticos como dos assuntos de Estado, Taine explicava a incapacidade política do povo francês pelo descuido com que a nobreza, recolhida à vida dos salões, se desinteressara de seus assuntos privados e mantivera-se alheia aos problemas da França. Remetendo a uma lembrança de sua juventude, quando, em 1849, aos 21 anos, deveria pela primeira vez exercer seu direito ao voto numa França onde o sufrágio universal masculino tornara-se um direito em 1848, sob a pressão dos acontecimentos revolucionários, ele confessava ter tido consciência de sua total ignorância política:

> Propunham-me ser monarquista ou republicano, democrata ou conservador, socialista ou bonapartista: eu não era nada disso, aliás, não era nada de nada, e às vezes invejava os que tinham a felicidade de se sentirem convencidos de serem alguma coisa.

Essa certeza, definida no plano individual, Taine a ampliava para o conjunto da população francesa:

> ... a França não tinha, mais do que eu, condições de dar resposta (à questão política): dois milhões de ignorâncias não constituem um saber. Um povo consultado pode à rigor indicar a forma de governo que lhe agrada, não a de que necessita. (Taine, 1905, p.3)[7]

E como demonstração irrefutável dessa incapacidade, ele lembrava que treze vezes, em oitenta anos, fora o "edifício político" francês demolido pelo povo descontente, para novamente ser refeito, sem que tivesse ainda encontrado aquele que lhe convinha. Afirmando a vacuidade das preferências individuais ou coletivas, proclamou sua adesão ao determinismo, afirmando que são a natureza e a história que fazem a escolha por nós: "a forma social e política na qual um povo deve entrar (alusão à metáfora do edifício) e permanecer não reside em seu arbítrio; está determinada por seu caráter e seu passado" (Taine, 1905, p.4). Os

---

7 No artigo "Du suffrage universel et de la manière de voter", publicado no *Le Temps* de 5.12.1871, Taine discorre sobre a temeridade do sufrágio universal na França recém-saída da derrota da guerra franco-prussiana e com uma população com alto índice de analfabetismo e quase geral despreparo político. Em outro artigo publicado no *Journal des Débats*, em 17 de outubro do mesmo ano, "Fondation de l'École Libre des Sciences Politiques", o autor demonstrara seu otimismo pela iniciativa de proporcionar a homens já com certa formação e tempo para se dedicarem aos estudos a oportunidade de se familiarizar com os assuntos de interesse público. Para ele, essa iniciativa daria à França uma elite capaz de assumir cargos e conduzir politicamente o país, cobrindo assim uma das carências fundamentais do povo francês – e assegurando maior estabilidade às instituições. Fazem parte dos *Derniers Essais de Critique et d'Histoire* (1903, p.150-84 e 134-50, respectivamente).

habitantes de uma região ou de um país, seres multiplamente determinados, carregariam armazenados em seus subconscientes elementos de lembranças coletivas, cuja influência invisível, porém inelutável e fatal, formava a psique nacional. Oliveira Vianna também recorreu a uma lembrança sua para afirmar "o valor do elemento histórico na formação da psicologia dos povos". Narrou ter estado em uma aldeia do interior do estado do Rio de Janeiro, logo após uma situação de luta entre facções locais, e ter escutado algumas pessoas dizerem que iam "apelar para o governo da Bahia". Concluía da situação que "havia se conservado, persistente e oculta na memória popular, a recordação dessa remota tradição administrativa", uma vez que havia mais de cem anos a sede do governo fora transferida para a cidade do Rio de Janeiro (1973, p.13). Daí o valor conferido por ambos ao "elemento histórico na psicologia dos povos".

A crença no poder determinante de elementos exteriores à vontade humana – os agentes locais: o solo, o clima, a raça e a história – faria Oliveira Vianna pensar a possibilidade de "construir as eternidades da nossa estrutura política", algo que impedisse a persistência no erro "da imitação sistemática das instituições européias" e evitasse os subseqüentes "fracassos desconcertantes" a que o Brasil se submetia com freqüência. Seriam para ele os agentes locais, acima mencionados, os que "terão sempre, nos destinos das instituições importadas e das idéias imitadas, a palavra final e definitiva (1930, p.XII; 1933, p.34). São recorrentes as citações das *Notes sur l'Angleterre* de Taine, já em *Populações meridionais do Brasil*, e renovam-se em seus estudos das características dos diversos grupos humanos em nosso território e de nossas instituições políticas; indicam a fonte de inspiração para a ênfase que ele e outros adeptos da necessidade de conhecer o "Brasil real" concediam ao plano nacional, tanto físico como populacional, na justificativa do recorte analítico e das bases territoriais da autoridade legítima.[8] Filiando-se declaradamente ao círculo dos estudiosos brasileiros como Sílvio Romero, Euclides da

---

8 Essas citações encontram-se principalmente nos seguintes textos de Oliveira Vianna, *O idealismo da Constituição* (1930) e *Instituições políticas brasileiras* (1974); além de *Notes sur l'Angleterre*, recorre ainda a *La Philosophie de l'Art* (1903) e a *Les Origines de la France Contemporaine* (1884).

O charme da ciência e a sedução da objetividade

Cunha e Alberto Torres, sublinhou, contudo, a importância de detalhar o amplo espectro nacional em recortes mais específicos, sugeridos pelas diferenças regionais em vista da dimensão geográfica e da heterogeneidade populacional do Brasil. Afirmaria, portanto, "uma convicção contrária ao [por ele denominado] preconceito da uniformidade atual de nosso povo", dada "a diversidade dos habitats, ... as variações regionais no caldeamento dos elementos étnicos e, principalmente, a inegável diferença das pressões históricas e sociais sobre a massa nacional, quando exercidas ao norte, ao centro e ao sul" (1973, p.15).[9]

Com esses pressupostos, Oliveira Vianna considerou-se armado para alertar sobre "quão funesto é para nós julgar uma suposta identidade entre nós e os outros grandes povos civilizados", "nossos mestres e paradigmas", nós, "povos de origem colonial e de civilização de transplante". Em algumas passagens se deixaria levar por um acentuado lirismo, quando por exemplo explica por que somos *"deracinés"*: "os nossos ideais não se alimentam da nossa seiva, não se radicam na nossa vida, não se embebem na nossa realidade, não mergulham na nossa história". Ou ainda, lançando mão de linguagem sedutora, quando diz que, "nesse encantamento pelo estrangeiro, que presumimos melhor, nesta fascinação pelo exótico, que presumimos mais perfeito, nos esquecemos da nossa radiosa originalidade, do que há de grande e belo em nós mesmos". O que não o impediria de reconhecer "muitas deficiências de nossa organização social e política" (1930, p. 312-3; 1973, p.19). Manteve-se firme no propósito de "estudar o nosso grupo nacional nas suas peculiaridades", "a origem e a evolução de nosso povo", uma "antro-

---

9 É interessante notar que, seguindo Taine, Oliveira Vianna assumisse posição inversa à de Aléxis de Tocqueville em seu estudo *A Democracia na América* (1835), no qual o autor francês partia da premissa da importância de verificar "a influência que a igualdade e o governo da democracia exercem sobre a sociedade civil, sobre os hábitos, as idéias e os costumes, na América". O posicionamento teórico de Tocqueville fora aparentemente motivado pelo impacto que lhe causara "a igualdade de condições ... e a influência prodigiosa que exerce esse fato primeiro sobre os caminhos dessa sociedade". Em sua opinião, essa igualdade "dá à opinião pública uma direção definida, uma tendência certa às leis, máximas novas aos governos e hábitos peculiares aos governados" (cf. Introdução, 1977, p.19 e 11, respectivamente). A lembrança é relevante, dado o relevo concedido pelos três autores à observação e à avaliação dos usos e costumes, e do perfil psicológico das populações dos países por eles estudados.

po-geografia econômica e política" aliada a uma "psicologia étnica e política" (idem, 1933, p.346; 1973, p.298).

Em sua opinião, o caminho aberto pela ciência oferecia uma possibilidade única, e talvez inédita, de tratar a(s) sociedade(s) com objetividade isenta de pressupostos políticos e filosóficos. Uma mesma descrença nos valores da ética política e na sua capacidade de formar bons cidadãos e boas sociedades tendo por base princípios universais, por sua vez deduzidos de uma razão universal, supostamente arraigada nas mentes humanas, aproxima Oliveira Vianna e Taine. Uma mesma descrença em modelos ideais universalizantes foi por eles afirmada.[10] Consideravam um preconceito a representação unificada da natureza humana em todas as raças e em todos os séculos, noção que minimizava a ação do meio e do tempo agindo até sobre um mesmo povo, "uma concepção abstrata, que servia para todo o gênero humano" (Taine, 1905, p.XII-XIII).

Na defesa de suas idéias, tanto Taine como Oliveira Vianna não se furtaram ao estudo das condições sociais e políticas de outros países, de suas histórias, no intuito de repertoriar as diferenças entre eles. Para os dois, **usos e costumes** constituíam objetos privilegiados para o conhecimento de uma sociedade, a única maneira de desvendar o homem por trás das instituições. O estudioso brasileiro repisava sua "orientação metodológica" na resposta às críticas feitas a *Populações meridionais do Brasil*:

> em vez de estudar leis e Constituições, fomos diretamente às matrizes da nossa própria formação social e histórica, às fontes primárias, aos olhos d'água, aos mananciais da serra. Fizemos um estudo concreto, objetivo, realístico – direi melhor, *naturalístico* – das instituições políticas, isto é, consideramos estas instituições ao vivo, tais como o povo a praticava realmente

---

10 Taine assim expressa sua opinião: "Mes gens affirmatifs construisent une constitution comme une maison, d'après le plan le plus beau, le plus neuf ou le plus simple et il y avait plusieurs à l'étude, hôtel de marquis, maison de bourgeois, logement d'ouvriers caserne de militaires, phalanstère de communistes, et même campement de sauvages. Chacun disait de son modèle: 'Voilá la vraie demeure de l'homme, la seule qu'un homme de sens puisse habiter'" (1905, p.3). A inspiração que a sociologia francesa nascente vai buscar na obra de Hypollite Taine pode ser avaliada no livro de Wolf Lepenies (1990). Por sua vez, Oliveira Vianna não só recorre inúmeras vezes ao trabalho de Taine, mas mostra-se também adepto de seus pressupostos teóricos.

O charme da ciência e a sedução da objetividade

na sua vida quotidiana ... *de dentro do povo* ... Uma coisa é estudar as instituições políticas como elas existem na *sociedade*, no viver prático e habitual dos homens. Outra cousa é estudar as instituições políticas como elas aparecem abstratamente, nos sistemas de leis e das Constituições. (Vianna, 1973, p.297-8) (grifos do autor)

Com essas palavras, Oliveira Vianna confirmava a intenção, já expressa no "Prefácio" de 1918, de manter o foco dirigido para o "Brasil real", abandonando o "Brasil artificial e peregrino, um Brasil de manifesto aduaneiro, *made in Europe* – sorte de Cosmorama extravagante, sobre cujo fundo de florestas e campos, ainda por descobrir e civilizar, passam e repassam cenas e figuras tipicamente européias" (1973, p.19).

Taine também sublinhou a importância da observação *in loco* e, na falta dessa possibilidade, o recurso de substituí-la pelos relatos de viajantes, os livros de geografia, de botânica, de etnologia. E completava assim sua recomendação:

> Uma língua, uma legislação, um catecismo é sempre algo abstrato; a coisa completa é o homem agindo, o homem corpóreo e visível, que come, anda, luta, trabalha; deixem de lado a teoria das constituições e de seu mecanismo, ... e busquem ver os homens em sua oficina, em seus escritórios, ... casas, vestimentas, em suas culturas, e suas refeições ... (1905, p.IX)

Foi convicto da importância da observação direta que Taine se dispôs a viajar para a Itália e a Inglaterra, e com anotações dessas viagens elaborou avaliações das sociedades italiana e inglesa. Uma pequena incursão por alguns escritos de Taine será importante, dada a repercussão de seu método entre autores brasileiros, neste caso, Oliveira Vianna. Na Itália, a velha Roma lhe pareceu a oficina de um artista mal penteado, não tão elegante como os franceses, que tivera por algum tempo seu gênio reconhecido, mas que agora estava ocupado em negociar com seus credores. Uma cidade que vivia de restos de seu antigo fausto, mas cujas obras de arte, magníficas, expressavam de modo natural e simples gestos importantes (Taine, 1873, p.134-5).[11] Suas observações sobre o caráter

---

11 O livro foi escrito na forma de cartas endereçadas a um amigo na França, a primeira datada de 15 de janeiro de 1864. O autor relata nessa obra suas impressões sobre as cidades

magnífico e ao mesmo tempo natural da arte italiana são importantes pelo contraste com as ásperas críticas feitas pelo historiador francês às cópias dessas obras de arte pelos ingleses. As esculturas em espaços públicos foram alvo privilegiado para sua afirmação da ausência do senso artístico de pessoas incapazes de perceber a inadequação da arquitetura e das esculturas monumentais para o clima londrino, a má visibilidade numa cidade eternamente recoberta pela garoa e pela neblina.[12] De certa maneira, Taine manteria em outros textos a idéia da relação excludente entre pragmatismo (dos ingleses) e sensibilidade artística (dos italianos).

Seriam exatamente as viagens à Inglaterra, realizadas antes e depois de sua ida à Itália, que lhe teriam aberto a possibilidade de observar as características do tempo presente nos "avanços do progresso industrial", unidos às "sólidas instituições" do país. As três incursões pela Inglaterra lhe teriam oferecido os dados de evidência necessários para estabelecer o paradigma da consciência de cidadania e da capacidade política de um povo. A chave do enigma, ele a localizara na figura do *gentleman* e seu complemento, a *lady*, palavras, diz ele, inexistentes na França, dada a inexistência das "coisas". No caráter pragmático e independente dessa "classe superior" inglesa, Taine encontrava explicação para terem se acomodado ao século XIX e ao novo papel, e também por manterem-se

---

de Nápoles e Roma, e dedica várias páginas à estrutura da sociedade e seus costumes. O volume 2, intitulado *Florence et Venise*, relata sua viagem por várias cidades italianas, além das duas citadas no título. Usei a sexta edição, de 1889, o que mostra a evidente aceitação pelo público dos escritos do autor. É interessante ler como, embora ficasse depois maravilhado com Veneza, e afirmasse mesmo se arrepender do tempo passado em Roma, Nápoles, Siena e Florença, é nesta última que Taine localizaria a continuidade entre passado e presente: "la vanité élégante de la monarchie y a continué l'invention elegante de la république" (p.83).

12 No primeiro capítulo, "Les Dehors", Taine narra a má impressão que Londres lhe causara, logo em seu primeiro dia em terra inglesa: um domingo, as ruas desertas, a neblina densa e suja cobrindo o verde dos parques e as ruas das cidades. Contudo, diria ele, "o que aflige mais os olhos são as colunatas, peristilos, ornamentos gregos, todos manchados de sujeira: pobre arquitetura antiga, que faz ela nesse clima?". Continuando em seu passeio, suas observações se detêm nas estátuas de homens nus em referência à Grécia clássica, considerando grotesco "este Wellington, um herói combatendo nu sob as árvores pesadas de chuva do parque!". Chega assim à conclusão definitiva: "Toda forma, toda idéia clássica é aqui um contra-senso ... O enorme espaço que, no sul, estende-se entre a terra e o céu, falta aos olhos que os buscam; nada de ar, somente a neblina escorregadia..." (p.11).

O charme da ciência e a sedução da objetividade

em comunicação com o povo, abrindo suas fileiras aos talentos e permanecendo na direção de suas comunas e do Estado. A imagem dessa aristocracia, Taine a forma mediante contatos diretos em Londres e no interior do país; vê, observa, pergunta, passa dias hospedado em aristocráticas casas de campo e conclui:

> Sem aristocracia, uma civilização não se completa; faltam-lhe as grandes vidas independentes, desenvolvidas com largueza, livres de toda preocupação mesquinha, capazes de belezas tais como uma obra de arte. (1876)[13]

Além de prover o país com árvores seculares e a beleza dos prados verdes e aveludados, flores e aléias poéticas, a aristocracia inglesa fornecia homens de Estado. "Que eles governem, mas que tenham talento!", ele escutaria de um dos mais antigos industriais ingleses em resposta à indagação sobre a reforma eleitoral. "Não queremos derrubar a aristocracia; consentimos que mantenha o governo e os altos cargos. Acreditamos, nós burgueses, que para conduzir esses assuntos são necessários homens especiais, educados de pai para filho para esse fim, desfrutando de uma situação independente e de comando." A acomodação aristocrática aos novos tempos ocorria, portanto, paralela à aceitação burguesa do *status quo*. Nada mais de acordo com as idéias de Taine que, em *Les Origines de la France Contemporaine* (1986),[14] colocaria em paralelo contrastante o senso de realidade, pragmatismo e espírito público da aristocracia inglesa e o alheamento, vacuidade e ignorância, bem como a dependência dos favores reais da nobreza francesa encerrada na vida cortesã nos séculos XVII e XVIII. Na comparação, a independência da aristocracia inglesa completava necessariamente seu pragmatismo. Parece-me importante anotar nos trabalhos de Taine a persistente concepção de homem livre supondo a propriedade de bens, ou seja, a indepen-

---

13 O "Prefácio" é datado de 1871 e a primeira nota de junho de 1862. Essa citação e as subseqüentes estão nas p.194 e 208-9.

14 *Les Origines de la France Contemporaine* teve seu primeiro volume – "L'Ancien Régime" – publicado em 1875, seguido do volume sobre a Revolução, entre 1878 e 1884, e do último – "Le Nouveau Régime" – entre 1890 e 1893, após sua morte e inacabado (cf. Introdução de François Leger à edição já citada, p.XVIII–XXXVIII).

dência financeira e econômica, impossível para aqueles que vivessem de trabalho assalariado.

Taine completava com *Notes sur l'Angleterre* um extenso estudo anterior sobre a produção intelectual inglesa. Na qualidade de admirador crítico dos povos anglo-saxões, escreveu os ensaios que comporiam os cinco volumes da *Histoire de la littérature anglaise* (1905), obra que se tornou clássica para os estudos literários. A escolha da produção literária inglesa proporcionava-lhe, de acordo com suas convicções teóricas, a oportunidade de chegar ao "caráter" de um povo, àquilo que move o homem, esse "homem vivo, corporal e visível", atuando e dando forma e direção ao grupo social do qual faz parte. A crença de Taine no poder alcançar, sob o documento literário, por trás do "homem visível", o âmago do "homem invisível"(1905, p.XI), e assim chegar à "história verdadeira", assumia sentido pragmático, uma vez que, repetia, só dessa maneira "uma língua, uma legislação, um catecismo" deixa de ser algo abstrato (1905, p.VI-X). A opção pelos textos literários, compreendidos numa acepção ampla – ficções, poesias e memórias, mas também a história e a filosofia – , ele a explicava por acreditar residir exatamente neles a possibilidade de apreender, por meio dos registros de "homens superiores", os valores de uma época. Seriam os escritos desses homens que lhe permitiriam "representar a forma de ser de toda uma nação e de todo um século". As obras literárias teriam para Taine um caráter instrutivo: "Se fornecem documentos, é porque são monumentos". Discursos eloqüentes, compostos pelas memórias e confissões íntimas, ofereceriam uma "pintura fina" dos caracteres, da política e dogmas vivos, vias abertas para o conhecimento das leis psicológicas de um povo, "das quais", acreditava, "dependem todos os acontecimentos" (1905, p.XLI-XLIV).

Publicados inicialmente na forma de artigos ou pequenos livros, os vários textos constituem ensaios que percorrem dos primórdios da literatura inglesa até o século XIX. Seu procedimento, explicitado no "Prefácio" de um dos seus *Essais de Critique et d'Histoire*, é sempre o mesmo: a leitura atenta da obra – os personagens, a ação e o estilo – seguida do conhecimento da vida do autor – conduta, filosofia, forma de ver o mundo em termos de moral e estética –, para classificá-la depois entre as escolas. Sua intenção também se mantém: mostrar ao leitor que "as coisas

O charme da ciência e a sedução da objetividade

morais como as coisas físicas têm dependências", submetem-se a "condições". Chegar-se-á, dessa maneira, afirmava, "ao caráter e espírito próprio da raça, transmitido de geração em geração".[15] A mesma certeza comparece na "Introdução" ao primeiro tomo do estudo sobre a literatura inglesa, na qual diria que "uma obra literária não é um simples jogo de imaginação, o capricho isolado de uma cabeça quente, mas uma cópia dos mores em vigor e o sinal de um estado de espírito".[16] Concluía afirmando que, "através dos monumentos literários, podia-se reencontrar a maneira de pensar e sentir dos homens que haviam vivido há séculos".

É muito significativa a escolha dos autores analisados no quinto e último volume, dedicado ao século XIX, pois, cada um à sua maneira, constituía, para Taine, uma figura-chave para a compreensão do "caráter inglês". Um poeta como Alfred Tennyson espelharia em sua obra o "espírito e o modo de vida da aristocracia" de seu país, valores prezados e a visão pragmática, acomodada e limitada dessa classe que preferia viver a maior parte do ano em suas propriedades rurais, onde, ao lado dos afazeres administrativos, podia desfrutar dos prazeres da vida em família, e da boa companhia dos amigos, de caçadas e outras distrações nobres. Historiadores como Thomas Carlyle filósofos como John Stuart Mill e romancistas como Charles Dickens mostravam-se interessados e preocupados com os problemas sociais e políticos; fossem eles relativos à industrialização e à ameaça política inerente ao descontentamento operário, em luta por melhores condições de trabalho, pelos direitos civis e políticos; fossem do âmbito da reflexão sobre as formas de governo ou da insidiosa penetração da concepção utilitária em todos os domínios da vida inglesa.[17] Em sua análise, Taine sublinha a coerência e a atuali-

---

15 Esses procedimentos constam do "Prefácio" aos *Essais de Critique et d'Histoire* (1900, p.VII-XXXII).

16 Aos quatro primeiros volumes foi depois acrescentado um quinto, que reuniu textos de um livro anterior, *Les Écrivains Anglais*, e cujo último capítulo apresenta já uma síntese das idéias que desenvolve mais amplamente em *Notes sur l'Angleterre*, publicado em 1871. No que diz respeito à admiração de Taine pelos ingleses, ver a "Introdução" de François Léger a *Les Origines de la France Contemporaine* (1986, em particular páginas XVII ss.). É também instrutivo o estudo de Wolf Lepenies (1990).

17 Taine estudou com atenção parte das obras de John Stuart Mill, Charles Dickens, Thackeray, Thomas Carlyle, Maculay e Alfred Tennyson, buscando conhecer as principais áreas

dade da inserção social desses homens de letras em claro contraste com a evidente e residual permanência de anacrônicos valores *Ancien Régime* na literatura e na sociedade francesas. No balanço entre os dois países, entretanto, concedia à Inglaterra os louros das boas e sólidas instituições; na França, destacou a criatividade e a originalidade de poetas e filósofos torturados exatamente pelas contradições de sua sociedade.

Ora, se seriam os homens sensíveis e superiores os capazes de expressar as características de toda uma nação em uma época determinada, isso se devia, na sua opinião, ao fato de esses indivíduos privilegiados concentrarem em seus espíritos as "causas universais e permanentes", as forças determinantes da(s) raça(s), do meio físico e do momento, entendido como acúmulo de camadas históricas, e até o ritmo com que esses elementos atuavam, em conjunções favoráveis e desfavoráveis. Para ele, o clima e o meio geográfico modelariam as raças com força tal que suas características mentais e societárias poderiam se alterar substancialmente quando emigravam (Taine, 1900, p.XX-XXIV). Nos escritos dos homens superiores, dizia, inscrevem-se os momentos precisos da "evolução de um povo", que permitem afirmar com exatidão as características psicológicas de povos diversos: o gênio flexível do alemão, o espírito exato do inglês, a *finesse* da cultura parisiense, característica da França. "O vício e a virtude são produtos tais como o vitríolo e o açúcar", postulava Taine; o importante é a "coleta dos fatos", que sempre deve preceder a "busca das causas". E concluía confirmando seu postulado inicial: "Que os fatos sejam físicos ou morais, pouco importa, sempre há causas. Tanto faz ser um povo ou uma planta" (Taine, 1900, p.XIV-XVII).

Em decorrência, e utilizando um procedimento correlato ao dos naturalistas, chegava à conclusão de que, "em história, as civilizações, por mais diferentes que sejam, derivam de algumas formas espirituais simples". Com esse procedimento, avançaria explicações sobre o caráter de um povo pela forma como organizava a "representação" dos objetos: "a

---

da produção intelectual inglesa: história, filosofia, romance e poesia. Dois livros seus, *Le Positivisme anglais: Etudes sur John Stuart Mill* e *L'Idéalisme anglais: Etudes sur Carlyle*, foram publicados pela Librarie Germer-Baillère na década de 1860.

O charme da ciência e a sedução da objetividade

notação seca", característica do chinês; a "concepção generalizante", poética e figurativa das raças arianas; a "concepção generalizante", poética, porém pouco sofisticada, das raças semitas. Localizaria precisamente, "neste intervalo entre a representação particular e a concepção universal (a idéia) os germes das maiores diferenças humanas", o mesmo acontecendo no intervalo existente entre a "representação" e a "resolução" (a ação). Sua crença nos métodos das ciências naturais, com apoio de citações da teoria da seleção natural das espécies de Darwin, renovou-se em outros trabalhos seus, nos quais o paralelismo entre os procedimentos de pesquisa da história natural e da história humana foi amplamente afirmado (Taine, 1900, Prefácio).

Oliveira Vianna tomaria caminho semelhante ao incluir quatro perfis de homens ilustres, intelectuais e homens públicos, em seus *Pequenos estudos de psicologia social*. Sem definir um programa de estudos nesse campo, os artigos parecem escritos de ocasião, como o sobre Alberto de Oliveira, composto especialmente para sua recepção na Academia Brasileira de Letras, em 20 de julho de 1940. São, entretanto, significativos pela relação entre "o meio e o homem", que serviria de moldura no desenho desses perfis e da importância pessoal de cada um na área em que atuara. Do poeta fluminense Alberto de Oliveira, a quem denominou de "o príncipe dos poetas brasileiros", diria que as circunstâncias teriam lhe preparado um ambiente favorável "à plena floração de sua arte: o meio familiar, o meio físico, o meio cultural, a índole mesma do poeta" (Vianna, 1942, p.234-93). Seus traços biográficos poderiam ser equiparados aos pintados por Taine para o inglês Tennyson: "o recanto agrário da Baixada Fluminense, ... com sua poderosa organização patriarcal", em meados do século XIX, assemelha-se às condições da bucólica e aristocrática ilha de Wight.

Lá, entre livros e flores, ao abrigo dos tormentos e desconfortos do mundo, o inglês de temperamento apaixonado atraíra aplausos e críticas quando por um tempo se afastou de seus temas "harmoniosos e tranqüilos", aventurando-se por um estilo, diria Taine, "obscuro, mal- costurado, excessivo, crivado de disparates e imagens cruas" (1905, p.234-93). Aqui, imerso no seu grupo familiar, o autor, de temperamento pouco expansivo e pouco afeito às lides sociais, chegara a manifestar poeticamente seu mal-estar no "meio da sociedade artificial e palreira" dos hotéis de luxo. "Seu ideal era uma casinha no campo, isolada em plena natureza", diria Oliveira Vianna. O subtítulo do estudo sobre Joaquim Nabuco, "O homem e o esteta", anuncia o enquadramento dado ao "mais legítimo, mais artístico e espiritual" representante dos homens que traziam em si, "em estratificações hereditárias, esse sentimento de dignidade pessoal ... um dos característicos dominantes dos estadistas do período imperial". Rebento da "última geração de parlamentares ... de alto sentimento estético e bom gosto congênito", somente ombreara com Salles Torres Homem, senhor de retórica exemplar pelo uso apropriado de metáforas, e equilíbrio mesmo em suas "arrancadas aquilinas ou na veemência de suas apóstrofes" (Vianna, 1942, p.222-33). Trajetória análoga, embora no campo das armas, teria tido Caxias. O meio e as oportunidades conjugaram-se colaborando para que aplicasse de maneira integral suas qualidades pessoais (ibidem, p.204-21).

Já Feijó mereceu um lugar na galeria dos "heróis fundadores": um "verdadeiro 'homem providencial', do tipo dos heróis de Carlyle", teria sido aquele que "estabeleceu em nossa Pátria o prestígio da autoridade e da lei", e deu "à nacionalidade a sua integração atual". Fora, portanto, "o fundador do poder civil" no Brasil recém-saído do regime colonial. Ao contrário do poeta fluminense, Feijó representaria uma "expressão aberrante do gênio do nosso povo", separando de modo radical as amizades dos assuntos de Estado. Ao contrário dos Andradas, eles também paladinos da "liberdade" e oradores de grande poder sugestivo, Feijó revelaria "um espírito lúcido, positivo, seguro", pouco afeito a fantasias enganosas (ibidem, p.189-203). Em *Instituições políticas brasileiras*, seria a vez de Rui Barbosa e Alberto Torres ganharem esboços de suas trajetórias. Rui liberal mereceu sua atenção como representante ilustre do "marginalismo" das elites políticas brasileiras, do nosso caráter *déraciné*, herdeiros que éramos da "exuberância de imaginação" dos ibero-americanos. Fora incapaz de perceber a "discordância entre o direito-*lei* e a realidade social (direito-*costume*)", a despeito de toda a carga erudita de conhecimentos acumulados. Alberto Torres, pioneiro da "metodologia objetiva ou realista" nos estudos brasileiros, obteve dele os elogios adequados a

O charme da ciência e a sedução da objetividade

alguém que ousara discordar da corrente de opinião dos anos iniciais do século; alguém que voltara as costas para os livros que nos chegavam do exterior e se dedicara aos estudos da *"nossa* terra, sobre a *nossa* sociedade e sobre o *nosso* homem".* Oliveira Vianna estenderia as críticas aos critérios adotados pelas pesquisas sociais e pela elite de juristas, políticos, publicistas e parlamentares brasileiros até o ano de 1948, quando escrevia *Instituições políticas brasileiras* (Vianna, 1974a).

As premissas adotadas por Taine, ao vincular o meio físico e o meio social atuando sobre a psique individual e coletiva, seriam largamente partilhadas e citadas por Oliveira Vianna em praticamente todos os seus estudos. No primeiro trabalho de dimensões acadêmicas, *Populações meridionais do Brasil,* destacou a importância da história (na concepção evolutiva) na formação de um povo, e a necessidade de "investigar na poeira do passado os germes das nossas idéias atuais, os primeiros alvores da nossa psique nacional". Seria um estudo histórico compreendido como "investigação científica"; "um sistema de métodos e uma variedade de instrumentos", armas que os estudiosos utilizariam para "uma reconstituição, tanto quanto possível, rigorosa e exata" do passado. Esses instrumentos auxiliares da "exegese histórica" permitiam, em sua opinião, "completar as insuficiências ou obscuridades dos textos documentários ou explicar pelo mecanismo das suas leis poderosas aquilo que estes não podem fixar nas suas páginas mortas". Proporia, em suma, que "as ciências da natureza e as ciências da sociedade" permitissem à história se tornar também ela uma ciência capaz de "reviver uma época ou compreender a evolução particular de um dado agregado humano".[18]

---

18 A despeito da extensão, penso ser importante transcrever o parágrafo com que conclui sobre a importância das ciências auxiliares: "Há hoje um grupo de ciências novas, que são de um valor inestimável para a compreensão científica do fenômeno histórico. É a antropo-sociologia, recente e formosa ciência, em cujas substruções trabalham Gobineau, Lapouge e Ammon, gênios possantes; fecundos e originais. É a psicofisiologia dos Ribots, dos Sergi, dos Langes, dos James. É a psicologia coletiva dos Le Bons, dos Sigheles e principalmente dos Tardes. É essa admirável ciência social, fundada pelo gênio de Le Play, remodelada por Henri de Tourville, auxiliado por um escol de investigadores brilhantes, Desmolins, Poinsard, Descamps, Rousiers, Préville, cujas análises minuciosas da fisiologia e da estrutura das sociedades humanas, de um tão perfeito rigor, dão aos mais obscu-

Maria Stella Martins Bresciani

Conceitos em comum: concordâncias e oposições

> ... a verdade é que o método sociológico está invadindo
> cada vez mais o campo dos estudos jurídicos, e a preocupação
> da objetividade e a repulsa ao apriorismo vão dominando
> progressivamente os horizontes da grande ciência.
> É neste sentido que o pensamento jurídico moderno
> se está encaminhando. O direito está sendo estudado
> pelos mesmos métodos com que se estuda, cientificamente,
> qualquer fato de *relações humanas*: ... nas modalidades infinitas
> de *atitudes e comportamentos*, que constituem o que hoje
> se chama a "cultura" do povo ou seu *back-ground cultural*.
> Esta tendência representa uma grande revolução no domínio do
> pensamento jurídico e do direito positivo.
> Oliveira Vianna (1974a, p.34-5)

Impossível negar sua imersão no debate internacional, nas teorias, noções e preconceitos em jogo, e também nas posições políticas em conflito. Impossível deixar de confirmar a adesão explícita às teorias e hipóteses de Hyppolite Taine. Idênticas analogias entre o procedimento do historiador/sociólogo e o do naturalista; idêntica profissão de fé na neutralidade e na objetividade do analista social e na possibilidade de desvendar por trás dos documentos o homem, as realidades vivas de uma nação; igual crença no poder determinante do meio, da raça e da história entendida como "evolução determinada por fatores fixos"; a mesma certeza de ser o caráter de um povo a força decisiva a impulsioná-lo em seus êxitos e fracassos. Como pesquisadores, ambos conferiram importância primordial aos estudos de hábitos e costumes no dia-a-dia da população, aos *moeurs* tão celebrados pelos moralistas do século XVII, bem como pelos filósofos e romancistas do século XVIII. Em seus trabalhos, a psicologia social, em sua vertente determinista, surgia como área de estudos cujos procedimentos metodológicos propiciavam identificar diferentes caracteres nacionais.

Se Oliveira Vianna celebra até em seu *Instituições políticas brasileiras*, de 1949, as virtudes do *citizen* anglo-saxão, da *gentry* inglesa, como modelos de comportamento social e político, como homens que, no respei-

---

ros textos históricos uma claridade meridiana". Essa, como as demais citações no corpo do texto, são das "Palavras de Prefácio" ao livro (p.13-4).

O charme da ciência e a sedução da objetividade

to às tradições souberam fazer coincidir as leis com os costumes vigentes, ou o direito legal com o direito costumeiro, usaria como referência principal as *Notes sur l'Angleterre*, de Taine. A apreciação do comportamento da elite inglesa em Oliveira Vianna levou-o várias vezes a recorrer a trechos do livro do autor francês para deixar claro que, em atitude contrária à elite agrária brasileira, que só buscaria os cargos públicos por ambição pessoal, "o inglês não abandona os negócios públicos; considera-os como seus próprios negócios; não vive afastado deles; arde, ao contrário, por partilhar da sua gestão; e sente-se na obrigação de contribuir, de qualquer modo, em favor dos interesses comuns".[19] A proximidade reside não só na coincidente admiração da solidez das instituições políticas inglesas, mas também na escolha deliberada do procedimento estipulado por Taine, que considerou imprescindível observar e analisar *in loco* as características dos grupos componentes de um povo, e delas concluir seu "caráter". Dessa forma, as informações e reflexões contidas no livro de Taine têm para o estudioso brasileiro a confiabilidade da pesquisa científica. Oliveira Vianna compartilharia com ele, e com inúmeros autores do século XIX, a certeza de ser a Inglaterra um paradigma da sociedade estabelecida sobre bases sólidas, do progresso científico e industrial, das características básicas – virtudes e vícios – da sociedade contemporânea.[20]

Oliveira Vianna mantinha assim a referência privilegiada ao modelo inglês de sociedade e, algumas décadas depois de Taine, debruçava-se,

---

19 Há referências recorrentes sobre a formação do cidadão inglês em *Populações meridionais do Brasil*; a citação acima consta de "Uma democracia singular", incluída na coletânea *Pequenos estudos de psicologia social* (1942, p.83-90). Oliveira Vianna trataria do assunto em artigos da grande imprensa, como, por exemplo, em "O problema das elites III", *Correio da Manhã*, 15.11.1925, Reg. n. 1073.13, da Fundação Oliveira Vianna.

20 Antes e depois de Taine, outros estudiosos do século XIX foram à Inglaterra para conhecer e entender a sociedade do país mais industrializado da época: Alexis de Tocqueville (*Voyages en Angleterre et en Irlande*, resultado de sua estadia nesses países em 1832) (1957), Flora Tristan (*Promenades dans Londres, 1842*, 1978), Alfred Buret *(La misère des classes laborieuses en Angleterre et en France*, 1979), Frederic Engels (*La situation de la classe laborieuse en Angleterre*, de 1840, com o significativo subtítulo: *D'après les observations de l'auteur et des sources authentiques*, 1960), Karl Marx (*O capital*, 1983), entre os mais célebres.

sobre o que, retomando a expressão de Alberto Torres, denominaria "realidade brasileira".[21] Para tanto, propunha "ver claro o que se passa dentro de nós e em torno de nós", em atitude que o faria pesquisar e reescrever o passado do Brasil para definir sua sociedade e o(s) perfil(is) psicológico(s) de sua população; não um Brasil único, porém o Brasil plural em suas configurações, diferenças e contrastes regionais. Não deixaria, entretanto, de sublinhar também a importância de estabelecer comparações constantes com outros países, suas estruturas sociais e instituições políticas. Seria, entretanto, sempre a Inglaterra, e em menor escala os Estados Unidos, os modelos exemplares na avaliação das possibilidades dos regimes representativos.[22]

A cientificidade atribuída por ele à noção de "determinação" forma o cerne de sua teoria sobre a diferença constitutiva dos "caráteres nacionais". Essa determinação estruturada pelas três variáveis, a raça, o meio físico e social e o momento/a história, conformaria a base sobre a qual as características de um povo – caráter e mentalidade – seriam moldadas, tornando-o uma realidade particular inconfundível, conferindo-lhe identidade própria, "personalidade coletiva", projetando-o e singularizando-o entre outros povos. Desse núcleo conceitual Oliveira Vianna deduzia a importância de conhecer a "economia íntima, as condições particulares da psique de um povo" para, só então, a partir dessa base sólida, serem elaborados os códigos políticos. Em outras palavras, a dimensão pragmática imposta e exposta em seus estudos convergia para a defesa da necessária coincidência ou proximidade entre o direito escrito e o direito costumeiro (usos e costumes de um povo), quando o intuito fosse formar a "unidade orgânica do Estado com a nação".

Em uma atitude bastante próxima à de Taine, afirmava a insuficiência dos documentos oficiais para chegar à "estrutura íntima de um povo", o móvel de suas ações, "os homens vivos dando forma ao país".

---

21 Sua adesão às teorias e ao procedimento analítico de Alberto Torres é bastante enfatizada em *Problemas de política objetiva* (1974, p.160-75), no qual, além das referências constantes, dedica o capítulo XV à exposição de "O sentido nacionalista da obra de Alberto Torres"; *Instituições políticas brasileiras* (1974a, p.62-101); no capítulo II, do volume II, "Alberto Torres e a metodologia objetiva ou realista".

22 cf., entre outros, "Uma democracia singular" (Vianna, 1942, p.83-94).

O charme da ciência e a sedução da objetividade

Empreende, assim, a tarefa de estudar o homem em seu meio, ou melhor, os diversos homens em seus diferentes meios, uma vez que para ele o Brasil se comporia da soma de regiões desiguais e do agregado de raças e culturas diversas. Explorando a variada geografia do país, Oliveira Vianna também sublinharia recorrentemente a força determinante do meio físico. Além das teses sobre a difícil adaptação do europeu do norte e de sua agricultura ao clima tropical e subtropical, suas digressões aproximam-se das de Taine quanto à influência do clima na constituição do perfil psicológico das pessoas e da cultura do país.[23]

Embora o estudioso brasileiro se detenha preferencialmente no meio social e em suas múltiplas facetas, sua referência à "diversidade de habitats" faz da geografia, desde *Populações meridionais do Brasil*, o fator explicativo dos diferentes tipos regionais: o sertanejo do Norte, o matuto do Centro-Sul e o gaúcho do extremo Sul, diferenciação que manterá em todos os seus estudos de cunho sociológico. O meio físico se impõe como fator explicativo nas descrições da diferenciada ocupação da terra pelo bandeirismo paulista, vinculando a relação entre o meio em que se fixavam os componentes das bandeiras e o tipo de atividade, a rural, desenvolvida nas planícies do Sul do país, e a extrativa, nas áreas de mineração. A geografia explicaria, ainda, a dispersão da ocupação territorial e suas conseqüências, dada a extensão do país.

Afirmou distanciar-se de estudiosos anteriores, como Sylvio Romero, Fausto Cardoso, e dos positivistas brasileiros seguidores de Auguste Comte, que teriam buscado em nossa história a confirmação das leis gerais, e se propunha ir ao encontro do "nosso povo", sua "gênese e as leis da sua própria evolução". Embora conferindo valor à história construída com os feitos políticos dos grandes homens, seu foco privilegiado mantinha-se "o povo, a massa humana, as ações dos homens na vida quotidiana, o borbulhar da vida social, o latejar das forças do meio cósmico". Seu plano de estudos, iniciado ainda na década de 1910, com *Populações*

---

23 São muito interessantes, em *Notes sur l'Angleterre* (1905, cap.1), as anotações de Taine sobre a constituição saudável do inglês e das inglesas tanto da aristocracia como da burguesia, pessoas afeitas aos exercícios ao ar livre, mesmo em condições climáticas adversas; também é o clima que define o tipo de sociabilidade inglesa, dada a introspecção das pessoas bem nascidas, e o vício da ingestão imoderada de bebidas pelas classes populares.

meridionais do Brasil, prosseguira com *Pequenos estudos de psicologia social*, de 1921, e *Evolução do povo brasileiro*, de 1923, que com as versões de *O idealismo da Constituição*, de 1922, 1924 e 1927, *O ocaso do império*, de 1925, *Problemas de política objetiva*, de 1930, e *Raça e assimilação*, de 1932, formavam um primeiro conjunto de trabalhos de mapeamento do país. Deles resultou uma representação fragmentária, dispersa e vincada por características regionais, em enfática oposição ao que chamou de "convicção contrária, o preconceito da uniformidade atual do nosso povo".[24]

Esse primeiro conjunto de estudos formou a base de todos os posteriores e neles constituem citações constantes. Dessa maneira, seus trabalhos, mesmo os mais repletos de referências acadêmicas, são escritos num tom de manifesto, expõem um projeto político de organização do país e da nacionalidade. O teor da sua proposta de volta ao passado, afirmada quando empossado na cadeira vacante de Aureliano Leal, no Instituto Histórico e Geográfico Brasileiro, em 1924, fixava a ênfase no "valor pragmático" dessa incursão pelas camadas sobrepostas da história. Talvez nos trabalhos posteriores estivesse menos acentuada a coloração nacionalista muito em sintonia com os *ares do tempo* nesses anos 1920, em que, se dermos crédito às suas palavras, a introspecção, o mergulho dentro de si mesmo, assumira importância generalizada em todos os países:

> Nunca como agora, o sentimento nacional dos grandes e pequenos povos se mostrou mais robusto e militante; mas, nunca, como agora, o culto do passado, o orgulho do passado, o sentimento do passado se mostraram também mais ardentes e vivazes, mais conscientes, mais profundos. Todos os povos como que se voltam sobre si mesmos, procurando, nas

---

24 Essa crítica visava estabelecer a diferença entre ele e Alberto Torres, a quem, embora reconhecesse o mérito da ênfase no estudo da "realidade brasileira", não chegara a alcançar a diversidade interna à sociedade. Em suas palavras: "Há aqui a notar um discrime entre mim e Torres. Torres, mais filósofo que sociólogo, quando pensava sobre os nossos problemas, pensava num *Brasil global*, como uma totalidade. Eu sempre recusei, ao pensar no Brasil, vê-lo como um todo único – *como uma uniformidade*" (cf. *Instituições políticas brasileiras*, 1974, p.79).

suas tradições e na sua história, o segredo da sua força, o sentimento da sua unidade, a revelação do seu futuro.[25]

No reconhecimento das diferenças regionais, Oliveira Vianna diria se afastar de Taine e de outros estudiosos da psicologia de povos nacionais, afirmando terem os autores brasileiros que o precederam também aceito o pressuposto equivocado de um tipo genérico do homem nacional. Suas críticas se dirigem especificamente a Silvio Romero, Euclides da Cunha e Alberto Torres, confessadamente fontes de inspiração para seu próprio trabalho, aos quais atribuía o pioneirismo dos estudos sobre a "particular realidade social brasileira". De seu ponto de vista, a filiação deles às teorias e procedimentos ultrapassados levara-os a tomar o país como "um todo único, como um *continuum* social, como uma uniformidade", "à maneira dos filósofos". Contudo, é preciso lembrar que se Taine definira um "tipo psicológico inglês", também ele recortara a "nacionalidade" em vários subtipos, relacionados, entretanto, à classe social. Sem dúvida, porém, a menção sobre seus antecessores trabalharem "à maneira dos filósofos", marca em Oliveira Vianna uma posição bastante clara em meio ao debate intelectual no campo da Sociologia, no qual um corte divisor separava os que se alinhavam às bases filosóficas do início dessa disciplina na França dos defensores de uma perspectiva objetivista e quantitativa, dita científica (cf. Lepenies, 1990, Introdução; Halbawchs, 1970, Apresentação).

Dificilmente poder-se-ia definir de modo conclusivo o "método" adotado por Oliveira Vianna para além do tripé determinista – meio, raça e momento/história –, e da noção organicista de evolução histórica, extraída do darwinismo social. São tão numerosas as citações e referências teóricas mencionadas no texto e em notas que, por si só, exigiriam um estudo à parte, de modo a acompanhar tanto os acréscimos incorporados ao eixo central de seus trabalhos como o amplo debate da área das Ciências Humanas na primeira metade do século XX. Creio ser pertinente indagar, entretanto, sobre o significado de ter ele adotado explici-

---

25 "O valor pragmático do passado": o texto do discurso foi inserido na segunda edição de *O idealismo da Constituição* (1939, p.317-55).

tamente um procedimento semelhante aos dos estudos transdisciplinares atuais, no sentido de ter recorrido sucessiva e paralelamente à Geografia, à Sociologia, à Etnografia, à Psicologia Social, à Antropologia, à Estatística Demográfica, para ficarmos com suas referências mais constantes.

Encontram-se em todos os trabalhos do autor afirmações de adesão a certas teorias e de repúdio a outras. A crítica "ao preconceito da uniformidade do povo brasileiro" e a afirmação da necessidade de "estabelecer a caracterização social de nosso povo", de conhecer "os fatores sociais e políticos" em sua diferenciação regional para explicar "nossa evolução social e nossa psicologia coletiva", já anunciada em finais dos anos 1910,[26] persiste nos estudos posteriores, nos quais o debate ganha maior consistência teórica no diálogo com diversos autores. Na trilha dos trabalhos de Fréderic Le Play, engenheiro politécnico e fundador da Société d'Économie Sociale nos anos 1860, e de Silvio Romero, seu divulgador no Brasil, segundo ele próprio,[27] Oliveira Vianna propôs realizar suas pesquisas de forma sistemática e monográfica. Se, no caso francês, a avaliação de comportamentos e modos de vida de pessoas de diferentes profissões e de diversas regiões do país e das áreas colonizadas conduzira Le Play a estruturar um trabalho unificado de equipe, para o estudioso brasileiro, a dimensão da tarefa a executar, sem o concurso de outros estudiosos, levou-o a realizar seu projeto por etapas, mas sempre com base nas mesmas premissas e seguindo um procedimento sistemático.[28] Nos dois casos, o recurso ao "método monográfico", também adotado por Taine, correspondia à preocupação de identificar as diferenças entre povos e grupos diversificados. Fiel à perspectiva monográfica, Oliveira Vianna recorta para objeto inicial de estudos as populações meridionais, correspondendo a uma das três partes do país – Norte, Sul e Centro-Oeste –, divisão corrente na época, para logo depois renunciar a uma síntese dessa área, isolando as populações do extremo Sul das do

---

26 As referências são de *Populações meridionais do Brasil* (1973, Palavras de Prefácio).

27 cf. *Instituições políticas brasileiras II* (1974a, p.66).

28 Fréderic Le Play foi responsável pelos estudos monográficos *Les Ouvriers européens* (1875), *L'Organization du travail* (1870), *La question sociale au XIXe siècle* (1879), *La Réforme Sociale en France, déduite de l'observation comparée des peuples européans* (1864). Além destes, coordenou as pesquisas para *Les Ouvriers des Deux Mondes* (1875-1885).

Sudeste. Os gaúchos, por sua especificidade, mereceriam um estudo posterior, à parte.[29]

No elogio aos procedimentos de Le Play buscou apoio, em especial, para suas observações sobre a insuficiência dos métodos dos "etonografistas e antropologistas", em cujos estudos dizia que "os caracteres que apresentam *similitude* ou *identidade*" induziam a detectar "áreas culturais". Sua opção tomaria direção contrária da busca de semelhanças ao partilhar, com os adeptos da escola desse sociólogo, o método de apreensão da diferença, ou seja, dos traços distintivos de "um grupo" ou "tipo social", mesmo quando habitassem áreas próximas. Com esse método, atualizado em fins dos anos 1930 pela teoria sociológica de Maurice Halbawchs (1970), o pesquisador brasileiro acreditou ter em mãos instrumentos para "distinguir traços diferenciais dos nossos diversos grupos culturais ou nódulos populacionais" quanto à estrutura *"morfológica"* e *"cultural"*, o *genius loci*, traços que descortinariam a possibilidade de definir com precisão "o equipamento mental diferenciado de cada grupo estudado" (grifos do autor).

Aluno de Bergson, colaborador e continuador de Durkheim, Halbawchs proporcionaria a Oliveira Vianna uma teoria de base científica, mescla da "física social" de Quételet e da "estatística moral" atualizada, denominação dada à demografia no período entre-guerras na Europa, segundo Alain Girard.[30] Também Halbawchs se insurgira contra a aparente homogeneidade com que se recobriam os fenômenos sociais; a própria noção de classe operária, ele a colocaria no plural, pelas múltiplas variações de ocupação, salário etc. Porém, talvez um dos pressupostos mais próximos das preocupações dos dois pesquisadores fosse a noção de morfologia – o modo pelo qual os "fenômenos coletivos" se situam no espaço e no tempo –, mas também a permanência no tempo,

---

29 Justificando o abandono do estudo projetado sobre as populações setentrionais, "limitado, aliás, às *populações sertanejas do Nordeste*", Oliveira Vianna diz não ter tido oportunidade para deslocar-se para terras tão distantes, e observar *"en naturaliste* – os trabalhos culturais e as intimidades da psicologia social daquela gente particularíssima" (cf. *Instituições políticas brasileiras* II, 1974a, p.76).

30 Seguimos a apresentação de *Morphologie sociale* de Alain Girard, na qual o autor sintetiza a situação em que esse livro foi escrito, último livro publicado antes de sua prisão e morte no campo de concentração de Buchenwald, em 1945.

sua durabilidade – os fatos sociais que expressam uma vida psicológica anterior ou nossa consciência que carrega a herança dos antepassados. Todo grupo humano comportaria uma dupla determinação, uma vez que, segundo Halbawchs, perpetuava a organização anterior herdada, trazendo também em si seu futuro. Essa determinação se expressaria até nos motivos mais pessoais e subjetivos. Seríamos, então, comandados, à nossa revelia, por uma força exterior a nós, a da coletividade, noção próxima à de cultura em Oliveira Vianna. Outro ponto de convergência e apoio teórico para o autor brasileiro pode ser encontrado no que Girard chamou de "sotaque bergsoniano" metafísico em *Morphologie Sociale*, o de uma "psicologia social envolvente e fina", somando-se à sociologia de Durkheim, de quem tomara emprestada a noção de morfologia. Afinal, Halbawchs se interessara pela questão da memória social e da psicologia coletiva desde ao menos os anos 1920, publicando, em 1925, *Les cadres sociaux de la mémoire*.[31]

Oliveira Vianna não citaria em seus trabalhos esse estudo anterior, com vários pontos de interesse convergentes. Sua aproximação de Halbawchs encontra-se, sobretudo, na preocupação com temas comuns e na sociologia de Durkheim. Em relação a Halbawchs, a afinidade com Durkheim viria da colaboração com o sociólogo e, alguns anos depois, da competição acadêmica com Bergson, uma vez que este demonstrava, no Collège de France, ocupando a vaga de Gabriel Tarde, sua firme determinação de destruir o racionalismo da sociologia durkheimiana. Creio, porém, ser também possível estabelecer um paralelo entre situações semelhantes vividas por ambos: a da França, derrotada em 1870, e a da ambígua condição do país, em 1918, momento posterior à Primeira Guerra Mundial. Duas situações que poderiam ser recobertas pela noção de "patologia moral", cunhada por Durkheim para o momento de profundo pessimismo motivado pelas perdas territoriais e os escândalos financeiros, mas também pelas seqüelas sofridas pela "identidade nacional" francesa após 1870. Esse sentimento de mal-estar teria sido amplamente dominado, segundo Gérard Namer, pela "cultura do pessimismo filosófico"

---

31 No "Posfácio" a *Les cadres sociaux de la mémoire* (1994, p. 299 ss.), Gérard Namer faz uma excelente avaliação dos estudos de Halbawchs, e contextualiza a escrita desse livro na situação política e acadêmica francesa do pós-Primeira Guerra Mundial.

dos escritos de Schopenhauer, e motivado a reação *"roburante"* (fortificante) de Durkheim contra uma situação de depressão, no limite até suicida.

A extensão desse sentimento pode ser avaliada pelo que Alfred Fouillée, outro contemporâneo, chamou em 1898 de "fatalismo psicológico e histórico". Dois anos depois, emprestando a expressão de Comte, esse autor encararia de forma positiva a "época crítica" vivida pela França; considerou-a uma situação degradada que, ao expor as feridas abertas, serviria de base para recolocar o país de pé a partir de uma proposta otimista de superação dos problemas detectados com a ajuda da Sociologia e da Psicologia Social.[32] Fouillée definia a "crise de moralidade" no país como "degenerescência do caráter nacional", que poderia ser identificada na perda da "idéia-força da consciência de si", a mais importante "das idéias-força sustentáculos de um povo". Estudioso da "psicologia dos povos", somaria o mal-estar da derrota e das perdas territoriais da França em 1870 à grande difusão de "uma nova forma de pangermanismo", divulgada pela teoria alemã de superioridade da raça ariana. Polemizando com os teóricos da superioridade da raça ariana, atribuída aos povos de regiões frias do Norte da Europa, bem como a etnologistas, antropólogos, historiadores, geógrafos e políticos, Fouillée criticava "as induções precipitadas dos fazedores de sistemas", e afirmaria que, ao lado das "condições de constituição, de temperamento e de meio físico", seria indispensável colocar "as condições bem mais importantes do meio intelectual e moral".

Tal como Oliveira Vianna, que o cita abundantemente em seus trabalhos, Fouillée partilhava com Durkheim a convicção sobre a necessidade de combater esse pessimismo no próprio campo onde ele nascera, o meio intelectual de certos antropólogos e sociólogos, entre eles, Glumplowicz e Gustave Le Bon. Trabalhando no campo da Psicologia, sem contudo negligenciar "os fatores sociológicos", Fouillée se preocuparia em separar o que considerou ser a "constituição física e mental de

---

32 cf. Alfred Fouillée (1898, p.I-IV) e (1900, p.VI e 1-5). Nos capítulos que se seguem, Fouillée discutia com vários sociólogos, entre eles o francês Worms, por tratarem as doenças morais dos povos como se fossem análogas às do organismo, como problema fisiológico (p.23 ss.). O autor atribuía a degenerescência moral da França, em grande parte, ao enfraquecimento do catolicismo entre a população.

uma raça humana do caráter adquirido e progressivo de uma nação". Afirmaria, ainda, em atitude que faria dele se aproximar Oliveira Vianna, que "nenhum moralista, nenhum historiador", teria "o direito de condenar ou de danar um povo". Que seria necessário, "para cada povo, mostrar os meios de salvação". Convicto de que não existiria um "pecado original de raça", advogava a idéia da perfectibilidade dos caracteres nacionais mediante os sistemas de **cooperação** e de **solidariedade**, que, diria ele, "foram justamente denominados de organismo moral dos povos civilizados" (destacado por mim).

No que diz respeito à aproximação de Oliveira Vianna dos escritos de Halbawchs, creio não errar ao sugerir que decorre de afinidades teóricas, em parte colhidas nos mesmos autores: Durkheim, Bergson, Landry, Simiand, Siegfried, Mauss, entre outros. Lembro terem ambos partilhado a idéia conservadora de que as instituições sociais precisariam deitar raízes, que para serem duradouras deveriam recuperar as tradições. Assim, embora o sociólogo francês não teorizasse sobre o campo do direito, suas preocupações relativas às instituições religiosas, econômicas, políticas, à família e ao Estado, com sua distribuição em dado espaço, qual seja o território de um país, encontram fundas ressonâncias no trabalho do brasileiro. Aliás, outra preocupação convergente entre os dois se dava no campo do estudo das populações – de onde a noção de "morfologia social", como "ciência da população", na qual noções como estabilidade, migração e índice de fertilidade não ficariam restritas ao plano das descrições, indo além na intenção de fornecer um quadro explicativo para os "fenômenos de população". O próprio Halbawchs diria no *Avant-propos* desse seu livro ser "a ciência da população ... uma parte essencial da ciência social". Prosseguia afirmando:

> Há sem dúvida uma demografia matemática e uma demografia biológica. ... mas não são tudo, nem o essencial, pensamos. Tentamos, de nossa parte, trazer à luz, por trás dos fatos de população, os fatores sociais, que são na realidade fatores de psicologia coletiva, mal percebidos até agora, e sem os quais, entretanto, a maioria desses fatos permaneceriam para nós inexplicados.

No detalhamento e aplicação dessas noções encontramos, em *Instituições políticas brasileiras*, outros pontos de contato de Oliveira Vianna com conceitos e procedimentos de Halbawchs: a noção de estrutura, entendida como formas assumidas pela sociedade, e os recortes dessas formas – a maneira pela qual a população se distribui no solo; a sua composição por sexo e idade: fatos biológicos que permitiriam entender as sociedades como massas vivas e materiais que se movem, se deslocam; e as realidades de ordem moral: clãs, famílias, grupos domésticos extensos, presentes nas sociedades as mais primitivas, a relação de consangüinidade e as relações de parentesco; a complementaridade e diferença entre "as formas materiais da sociedade" e "os órgãos da vida social", limites de difícil visibilidade dado que os "órgãos da vida social", uma empresa industrial ou a bolsa de valores, seriam tomados abstratamente se não os visualizássemos em sua localização espacial. Constituem figuras no espaço, estão sob nossas vistas, podem ser descritas, desenhadas, mensuradas, reconhecidas em sua orientação e deslocamentos; avaliadas em seu crescimento e diminuições e afirmava Halbawchs (1970, p.3-13). Sem ter partido de um mesmo ponto de vista, Oliveira Vianna recortaria o território em regiões pela forma diversa com que grupos da população ocupariam o solo e se organizariam; preocupar-se-ia, no domínio dos fatos biológicos da população, com a questão das raças e da miscigenação, índice de fertilidade, caráter de cada parcela; suas formas de organização ("realidade de ordem moral") em famílias, clãs, relações de parentesco; e os órgãos da vida social, instituições e funções políticas, judiciárias etc.

Os dois concordariam ainda quanto aos aspectos materiais traduzirem as ações, costumes antigos e atuais, e mais, que por meio dos procedimentos da morfologia social poder-se-ia, partindo do exterior, "penetrar ... o próprio coração da realidade social". Quanto à importância das "representações coletivas, da psicologia coletiva", diria Halbawchs:

> Pois a sociedade se insere no mundo material e o pensamento do grupo encontra nas representações que lhe chegam dessas condições espaciais um princípio de regularidade e de estabilidade, assim como o pensamento individual tem necessidade de perceber o corpo e o espaço para se manter em equilíbrio. (1970, p.13)[33]

---

33 Essa citação finaliza uma longa argumentação em torno da espacialização das instituições, das quais diz não serem simples idéias: "elas devem ser apanhadas no nível do solo,

Há ainda no campo conceitual utilizado por Oliveira Vianna, que traduz em parte a trama complexa do debate acadêmico do início do século XX, a questão da diversidade das culturas, ampliada em *Evolução do povo brasileiro*, com a adesão aos pressupostos da concepção plural da evolução histórica defendida por Gabriel Tarde, implicando uma crítica cerrada e rejeição à "teoria monocausal" de Darwin, Spencer e Ratzel. Essas questões assumiam vinte anos depois, nos capítulos introdutórios a *Instituições políticas brasileiras* (1974, p.40-72), a dimensão de um amplo e atualizado debate com diversos autores, formando um painel de conceitos-chave. Nesse exercício de crítica teórica, o autor explicaria sua oposição à "escola culturalista" por seu "exclusivismo" e pretensão de explicar a "vida e a evolução das sociedades humanas" somente pela determinação da cultura; por terem seus propositores abandonado as noções de "meio físico" e de "raça", e transformado a noção de *Kultur* em "entidade onipresente e onipotente, explicadora exclusiva da formação do homem e da civilização". Justificava, com argumentos semelhantes aos de Fouillée, a ênfase dada à cultura por aquela "escola" como uma reação de pensadores alemães ao "biologismo" dos partidários da "teoria da seleção natural e do atomismo darwinista", base da "tradição biológica e mecanicista do século XIX, que elevara o *indivíduo* à verdadeira realidade", à "unidade da vida social".

É interessante apontar a similaridade das trajetórias intelectuais de Gabriel Tarde e Oliveira Vianna. Os dois formados em Direito (Tarde inclusive filho de jurista) optariam por concentrar suas pesquisas no campo da Sociologia e da Psicologia Social em busca de respostas a questões levantadas em seu próprio campo de formação e atuação. Tarde, bastante familiarizado com os problemas da criminalidade, chegaria, em finais do século XIX, à posição de presidente da *Société Internationale de Criminologie*, identificando-se com os esforços de outros estudiosos, entre eles com Freud, para compreender os comportamentos psicológicos anormais em relação ao meio social.[34] Oliveira Vianna inicia suas inves-

---

carregadas de matéria, matéria humana e matéria inerte, organismos de carne e osso, edifícios, casas, lugares, aspectos do espaço. Tudo isso se expõe aos sentidos" (p.6).

34 Cf. apresentação de A. M. Rocheblave-Spenlé e J. Milet à coletânea *Ecrits de psychologie sociale* (Tarde, 1973). Sobre a polêmica com Gustave Le Bon e os conceitos de "imitação" e de "invenção", aos quais voltaremos, ver Tarde (1992).

O charme da ciência e a sedução da objetividade

tigações sociológicas com base em uma certeza partilhada com outros estudiosos da sociedade brasileira seus contemporâneos: a de que as instituições políticas não se coadunavam com os usos e costumes arraigados na população do país. Comportamento desviante, da elite brasileira, *dérracinée*, propondo constituições e leis ideais fundadas em modelos compatíveis com sociedades outras, em posições mais avançadas no caminho da civilização plena. Dar-se-ia também pelo conceito de "imitação" de Tarde a aproximação de Oliveira Vianna, até certo ponto entendido de forma literal, sem as nuances e a complementaridade do conceito de "invenção".

No entanto, Oliveira Vianna reservaria, como Tarde, espaço para o inesperado, para que a vontade transformadora do homem atuasse na sociedade, modificando-a. Ainda a noção de "público", utilizada por Tarde, em substituição à de "multidão", popularizada nos anos 1890 pelo médico Gustave Le Bon, poderia ser acolhida por Oliveira Vianna em sua proposta de formar a "identidade nacional", no Brasil, a partir da difusão de denominadores comuns à sociedade, apreensíveis somente pela pesquisa apoiada por várias disciplinas. Diante das evidentes diferenças regionais, raciais e étnicas, e da irregular capacidade intelectual da população, somente os meios de comunicação de massa poderiam difundir uma idéia e um sentimento de unidade para a população dispersa pelo imenso território brasileiro.[35] É bem verdade que essa dimensão da proposta de Oliveira Vianna teria ênfase menor se comparada à menos teatral e, segundo ele, mais duradoura formação de laços de solidariedade entre parcelas específicas da população, ou seja, pelo sindicalismo e pelos conselhos técnicos.[36]

No entrecruzamento de posições e de autores citados, Oliveira Vianna buscou também em Louis Wirth apoio para afirmar a capacidade individual de intervenção na sociedade. Denunciava, em particular nos críticos radicais do individualismo, a "exaltação da sociedade", nitidamente

---

35 Essa proposta assumiria os contornos de política nacional no período ditatorial de Vargas. Ver, entre outros, Alcir Lenharo (1986, cap.2), Maria Helena Capelato (1998, cap.2), Lúcia Lippi de Oliveira, Mônica P. Velloso, Ângela Castro Gomes (1982, em especial cap. 3).

36 Oliveira Vianna propôs a idéia da formação induzida do sentimento de identidade nacional em vários estudos seus, entre eles, *Pequenos estudos de psicologia social* (primeira edição de 1921) e *Problemas de política objetiva* (primeira edição de 1930).

um postulado negador da ação criativa do homem como individualidade. Vinculava essa "teoria pan-culturalista" a uma linhagem de "doutrinadores", iniciada por Bastian, Frobenius, Goethe, Spengler e Spranger, prosseguindo com Spann, Boas e alguns de seus discípulos norte-americanos, e o francês Durkheim. Criticava-os em conjunto pela comum aceitação da concepção "monocausal e vitalista", pois, em sua opinião, fazer da cultura uma "entidade metafísica", e de "cada fenômeno social ... a expressão simbólica do estado da cultura", consistia um erro, um "exclusivismo ultrapassado", portanto, teoria de caráter "anticientífico".

Quando expôs e justificou a posição assumida em relação à noção de cultura, trouxe novamente para o centro do debate a opinião de Louis Wirth em meio à polêmica entre o "ponto de vista atomístico" da "tradição biológica e mecanicista do século XIX" que, segundo o autor, reduzira a sociedade a "um agregado de indivíduos", e os estudos de Psicologia Social que, por meio da escola de Durkheim, seu ponto mais avançado na França, levara a "uma exaltação da *sociedade* como uma entidade *sui generis*". A noção de cultura não seria subestimada; dela daria uma clara definição: "usos, tradições e costumes ... todas as modalidades estandardizadas ou institucionalizadas de comportamento social, impostas pelo que a ciência social chama a 'cultura' do grupo ou do povo". Confirmaria, contudo, suas antigas convicções, ao enfatizar a impossibilidade de "traços culturais" uniformes em toda a população de um país, trazendo de Allport "as curvas de gradações de intensidade nas atitudes dos membros de uma sociedade" para destacar a importância da *"personalidade* do homem", sua individualidade. Citando trabalhos de Malinowski, Mac Iver, Radcliffe Brown, Carleton Coon, Lévy-Bruhl e Ralph Linton, entre os mais recorrentes, os opõe aos dos "antigos antropólogos" que, como Boas e a escola norte-americana, haviam se debruçado somente sobre sociedades primitivas, retirando desses estudos conclusões acerca da unicidade de padrões culturais. O interessante é notar que Oliveira Vianna, ao negar as concepções monocausais, seja a de meio físico, de raça ou de cultura, voltaria a prestigiar, nesse livro publicado em 1949, Tarde, Le Play e Taine.[37]

---

37 Seus argumentos estão detalhadamente expostos às p.33 a 60 do 1º volume de *Instituições políticas brasileiras* (1974).

O charme da ciência e a sedução da objetividade

Em reforço a seus argumentos, declarou que os "fenômenos dos conflitos de culturas e de difusão de culturas", abordados nos estudos de etnólogos alemães e antropólogos norte-americanos, teriam uma compreensão mais clara e lógica se "explicados pela teoria da 'imitação' de Tarde, pela influência do 'meio geográfico' de Le Play, e do 'meio histórico' de Taine".[38] Não existe, contudo, de sua parte, a negação da força modeladora da cultura, mas a defesa da tese de que a "cultura" não existe só "fora de nós", na sociedade, tal como uma entidade transcendente ao homem, um molde, mas que também "penetra-o", instalando-se em sua fisiologia, em seu sistema neuromuscular, seus centros de sensibilidade e emotividade, sua memória afetiva, cérebro e cerebelo, passando a fazer parte dele, transmitindo-se de pai para filho.

Oliveira Vianna explicitava e justificava sua adesão à teoria "pluricausal da cultura social" e à concepção determinista do meio e da hereditariedade racial, fazendo o elogio do estado atual das diversas Ciências Sociais. Nesse sentido, anunciava os bons resultados que acreditou obter pelas demonstrações científicas, fazendo disso a confirmação de não terem sido obtidos com base em uma única disciplina, mas por várias: a Psicossociologia, a Sociologia Educacional, a Culturologia, a Etnografia, a Sociologia do Conhecimento, entre as mais relevantes. Atingia-se com elas, segundo ele, uma certeza objetiva das configurações culturais de coletividades particulares. "Ficou demonstrado", diria, "que a moldagem do espírito de cada um de nós e que nos põe em adequação com um determinado grupo humano (região, localidade, município, nação, área cultural) é realizada através de um sistema de 'reflexos condicionados', no sentido pavloviano da expressão". Em vez da cisão entre "cultura e indivíduo", levando este a uma submissão total àquela, Oliveira Vianna proporia a apreensão das "gradações de conduta, decorrentes das diferenças individuais de temperamentos, índoles, ou talentos de cada indivíduo" (1974, v.I, p.45-6, 68-71; v.II, p.63).

---

38 Nos dois primeiros capítulos de *Instituições políticas brasileiras*, o autor faz uma avaliação crítica das teorias da Ciência Política e da Sociologia do século XIX, avançando pelos trabalhos recentes ao momento em que sua obra síntese foi publicada, em 1949.

Ao explicitar que concebia a história como evolução plural, Oliveira Vianna confirmava participar com opinião própria do amplo debate sociológico entre os defensores das noções de evolução linear, proposta por Spencer, e a de evolução plural ou "heterogêneo inicial", defendida por Tarde. Confirmando sua posição anterior, consideraria as leis gerais "ilusão da ciência", estendendo a crítica aos cientistas sociais que haviam adotado a concepção spenceriana, ou a filogenética de Haeckel, ou ainda a lei dos três estados de Comte. Para ele, em suma, descartar a noção de "homogêneo inicial" de Spencer e aceitar a de "heterogêneo inicial" de Tarde significava abrir as portas para a compreensão dos "fatores de diferenciação dos grupos humanos" e, em decorrência, à particular configuração brasileira (Vianna, s.d., p.17-36). A teoria da história completava a teoria sociológica.[39]

A crença na incontornável particularidade dos grupos humanos abria, acreditava, um imenso campo de pesquisa a ser explorado por estudiosos que partilhassem essa certeza. Propondo-se a executar os estudos no Brasil, iniciando-os pela "base física das sociedades", o meio cósmico, o solo, destacaria evitar o determinismo radical, no caso o de Ratzel, para quem o solo regularia "o destino dos povos com uma cega brutalidade". Identificava-se mais com "o possibilismo" de Vidal de La Blache e Lucien Febvre que, a seu ver, reconheciam no "homem uma força inteligente, reagindo contra o determinismo do meio físico". Justificava sua opção teórica pelo reconhecimento recebido e pela adesão a ela da "ciência social contemporânea" (ibidem, p.18-21). Em apoio à importância atribuída ao estudo da determinação do meio, manifestava o sentimento que, segundo ele, já "os antigos" tinham, "de que havia qualquer coisa impalpável, mas real", que fazia as cidades diferentes umas das outras. A esse elemento imponderável haviam dado o nome de *genius loci*, o "gênio do lugar", ou seja, diria Oliveira Vianna, aquilo que "a ciência dos geógrafos, dos meteorologistas, dos fisiologistas, dos antro-

---

39 Ao proferir conferência sobre "O idealismo de Ingenieros", ele indicaria como nesse "idealismo do cientista" o conhecimento da "realidade social" se dava por um duplo processo: o estudo objetivo da realidade no passado, os estudos históricos e o estudo objetivo da realidade no presente, os estudos sociológicos (cf. *O idealismo da Constituição*, 1939, p.311-2).

pólogos, dos psicólogos, dos sociólogos e historiadores justificam pela ação modeladora do meio cósmico" (p.22).

Com esse argumento, o autor estabelecia um vínculo entre intuições arcaicas e certezas científicas, ou seja, uma espécie de segunda natureza humana, uma sensibilidade presente entre povos e culturas primitivas, concepções pré-científicas, em suma, corroboradas posteriormente pelas ciências e alçadas à condição de certezas objetivas. Pode-se dizer que, nos argumentos de Oliveira Vianna, observa-se uma adesão à força cognitiva inscrita em uma espécie de sabedoria primeva não contaminada pela presunção seletiva e discriminatória do conhecimento erudito; uma sabedoria natural, parte herança coletiva de um grupo, parte conhecimento adquirido na aceitação dos ensinamentos da natureza. Essa adesão a uma concepção naturalizante da cultura conduzia-o para a noção de raízes, de enraizamento do homem em um lugar (seu lugar), imergindo-o nas substâncias telúricas específicas a esse meio. O meio físico, que em *Populações meridionais* dobrara os homens, obrigando-os a atividades coerentes com sua geografia, seria agora considerado em relação ao clima, "ritmo das estações, umidade do ar, pressões pluviométricas, nebulosidade do céu" e demais fenômenos da natureza, aos quais "os agregados humanos [eram] extremamente suscetíveis".[40]

Pesava em suas palavras certa suspeição quanto a alguns postulados científicos por seu caráter dogmático. Como cientista social, Oliveira Vianna entraria no debate de modo a se mostrar atualizado e situar-se em meio às diversas correntes do pensamento científico. Sua escolha recaía nas vertentes teóricas que, segundo ele, reconheciam o caráter transitório das bases filosóficas de uma ciência, e proporcionavam uma opção metodológica científica segura, fincando-a em algo mais estável, de maior permanência, o mundo mineral e vegetal no qual, diria, citando Gustave Le Bon, "o trabalho celular [dos organismos de qualquer espécie] parece ser orientado por uma perspicácia transcendente".

---

40 Entre os numerosos estudos, Vianna ressalta os que se debruçam sobre regiões particulares, tais como "as luminosas e belas monografias de Le Play", Huntington (*Civilization and Climate*, 1922) e Courcy Ward (*Climate Considered Especially in Relation to Man*, s.d., p.21-2).

Sem pretender transferir para uma instância outra a compreensão dos fenômenos visíveis, ele afirmaria o poder modelador do "inconsciente" nos atos dos seres vivos, no caso o homem, ou seja, a importância de estudar em paralelo o "inconsciente orgânico" (as funções vitais) e o "inconsciente psíquico" (o acúmulo e preservação das impressões), essas "regiões" da mente tão importantes quanto a razão para a formação da "mentalidade", na perspectiva de Lucien Febvre, e a elaboração de estímulos à ação (ver Le Bon, 1931, p.30-41). Para ele, essa concepção mais complexa do psiquismo humano oferecia a possibilidade de negar "o fatalismo histórico que assimila o desenvolvimento de um povo ao de uma espécie animal, tendendo a absorver a sociologia à antropologia", ampliando o espaço dos "fatores sociais", que, mais flexíveis, permitiam vincular o "temperamento de um povo ao meio físico, à hereditariedade e aos traços étnicos".[41]

Até quando reconhecia a necessidade de uma brecha para que o "progresso" se infiltrasse nas sociedades, expondo suas restrições às teorias que submetiam completamente o indivíduo aos padrões culturais de seu grupo (mores, *patterns*), buscava amparo em outros teóricos, nos que ofereciam explicações para os "desvios" ou os "não conformismos" em estudos detalhados de toda uma gama de comportamentos possíveis: "a curva em J", de Allport, e as conclusões de Malinovski quanto aos possíveis conflitos entre a conduta "ideal" (*rules*) e os comportamentos (*activities*) (Vianna, s.d., p.44-58). Utilizou abundantemente conclusões dos autores citados em referendum da tese de que "o estudo exclusivo das normas, ou padrões ideais da 'Carta'", não daria conta da forma como são executados, ou seja, do denominado "estado exato, real, objetivo da cultura como realmente é". Imbuído da certeza de que, mesmo "dentro da sua própria cultura, o homem existe e revela-se com a sua personalidade", destoando inclusive das regras coletivas de comportamento, avançava a hipótese de que esse "desvio" se tornaria insuperável no caso de as *"rules"* serem transplantadas de outra sociedade. Nesse caso, o erro estaria nas bases precárias, falsas mesmo da "teoria

---

41 Além das formulações de Oliveira Vianna, é interessante acompanhar os argumentos de Alfred Fouillée em *Psychologie du Peuple Français* (1898, p.I-IV e p.1-7).

O charme da ciência e a sedução da objetividade

pan-culturalista", confundindo povos primitivos e povos civilizados, e culturas diferentes, finalizava enfático (ibidem).[42]

Para Oliveira Vianna, tão necessário quanto recusar uma teoria que se opunha à evidência dos contrates entre "culturas diferentes" seria comprovar, pela análise do diferente, a correção dos postulados da teoria que a ela se opunha, assim contribuindo para a obra dos trabalhos científicos. Constituiria procedimento indispensável para reconhecer as diferenças e delas fazer a base para a prática política eficiente, política de sentido "idealista", modelada pelo "idealismo orgânico", portanto, sem guardar proximidade com o "idealismo utópico" e ilusório. Esse seria o ponto crucial da argumentação de Oliveira Vianna: a afirmação de que o cruzamento das Ciências Sociais com o Direito só se tornaria possível quando e se os profissionais da área jurídica se dobrassem à evidente necessidade de adotarem o "moderno método científico ou sociológico" de forma a fazer com que o estudo do direito público e constitucional se deslocasse do direito *escrito* para o direito *costumeiro*. Deixava bem claro que entendia por "direito constitucional *costumeiro*" não só o "costume *jurídico*", mas também o "costume em geral no sentido *cultorológico* da expressão". Buscaria apoio para a correção do procedimento escolhido na "metodologia utilizada pelos juristas modernos", da nova escola sociológica norte-americana, como Huntington Cairns, professor de Direito na Universidade de Columbia, que "em demonstração cabal da importância das ciências sociais" havia assumido a responsabilidade da publicação póstuma, em 1944, do livro de Malinowski, *A Scientific Theory of Culture*, como Thurnwald em seu estudo sobre as origens do direito publicado pela revista *Sociologia* de São Paulo, e os trabalhos da "*the new school of jurisprudence*" liderados por Pound, Cardozo e Brandeis (grifos no original) (Vianna, 1974a, v.I, p.33-7).

---

42 Cita, em particular, E.MacIver, *Society* (1937); Malinowsky, *A Scientific Theory of Culture*, (1944); F. Allport, *Rule and Custom as Individual Variations of Conformity* (1938-1939), e *Personality* (1937). Ainda a respeito da tese panculturalista, Vianna esclarece em nota que, de origem alemã, ela fora adotada pelos franceses, "com Durkheim à frente", mas contestada já na década de 1920 pelos meios intelectuais franceses, "em favor do indivíduo e do seu papel na história" (cf. Paul Bureau, *Introduction à la Methode Sociologique*, 1923).

Em linhas gerais, seria esse o argumento de Oliveira Vianna em apoio à posição que o faria voltar-se para o campo e para a população rural, o que, em sua ótica, significava encarar "nossa história", as bases "em que se assenta a estabilidade da nossa sociedade", dos tempos da colônia ao final do regime monárquico.

Sua afirmação de ser uma evidência histórica os fundamentos da sociedade brasileira estarem fixados na propriedade fundiária casava-se de modo exemplar com uma certeza largamente difundida, ainda em finais do século XIX, de que a propriedade da terra, o grande domínio territorial explorado produtivamente, consistia a base mais segura de apoio às atividades políticas – e mesmo ao exercício das profissões liberais. Tratava-se de um **lugar-comum**, amplamente partilhado com parcela significativa da intelectualidade ocidental, englobando estudiosos considerados conservadores em suas posições políticas, tais como o historiador francês Taine, que, por sua vez, elogiou a sensatez do empresariado industrial inglês em sua deliberada aceitação do monopólio das funções políticas pela aristocracia agrária do país. Sem dúvida, escutavam-se vozes dissonantes em meio à *intelligentsia* nesse domínio polêmico sobre a capacidade política e a liberdade de opinião dos não proprietários fundiários. Entretanto, ainda quando, em meados do século XIX, a legitimidade desse monopólio se vira questionada na própria Inglaterra por John Stuart Mill, um dos homens de letras britânico de posição reconhecidamente liberal, isso implicara termos teóricos simplesmente no deslocamento do peso maior das decisões políticas da aristocracia agrária para a elite da inteligência, em manifesta preocupação perante o potencial poder de pressão das maiorias ignorantes num possível regime de sufrágio universal.[43] O **lugar-comum** do medo das multidões pela afirmação da incapacidade política e a fácil manipulação

---

43 Esse autor, um dos analisados por Taine na *Histoire de la Littérature Anglaise* (1905, v.V), defendeu a inclusão do sufrágio universal masculino e feminino, é importante dizer, no Parlamento inglês no início da década de 1860, expressando, porém, seu receio relativo à maioria pouco ou nada instruída da população inglesa. Cf. seu *Considerações sobre o governo representativo*, de 1861 (1981), e os textos de sua esposa Harriet Taylor Mill, *La emancipacion de la mujer*, de 1851, e dele, *La discriminacion de la mujer*, de 1867, ambos publicados em versão espanhola com o título *La igualdad de los sexos* (s.d.).

O charme da ciência e a sedução da objetividade

das massas populares por líderes demagógicos mereceram, sempre é bom lembrar, vários estudos de médicos (Gustave Le Bon, Sigmund Freud), juristas (Scipio Sighele, Henri Fournial, Gabriel Tarde) e sociólogos (Durkheim, Simmel), ou psicólogos sociais (Alfred Fouillée), nas duas ou três décadas finais do século XIX e início do XX.[44]

Nos textos dos comentaristas e nas palavras dos próprios autores, a evidente dimensão política desses escritos mais uma vez aproxima as trajetórias das ciências humanas da atitude militante e pragmática dos pesquisadores diante de situações delicadas em seus países. Como proclamar neutralidade nessas circunstâncias? Contudo, esses autores seguiram a prática de afirmar a objetividade das pesquisas científicas, mesmo reconhecendo, em certas circunstâncias, o mau uso político dos resultados, as leituras distorcidas e muitas vezes permitidas de suas teorias, e a cumplicidade explícita da parte de vários pesquisadores. Como entender essa persistência se não nos dobrarmos à ampla ou até mesmo universal aceitação da objetividade/neutralidade do conhecimento científico, pressuposto primeiro e **lugar-comum** na própria formação das disciplinas da área das Ciências Humanas nessa virada de século?

Se considerarmos, como disse Lepenies, que, "desde o primeiro terço do século XIX, as ciências sociais se constituem e se esforçam, para conquistar seu lugar nas universidades e demais instituições acadêmicas", a proximidade com teorias e métodos das ciências naturais, que obtinham sucesso espetacular, certamente teriam o mérito de conferir credibilidade a estudos relacionados à sociedade, esse objeto movente, mais aparentado com as "ciências morais" de finais do século XVIII (1990, p.4-5). Se lembrarmos que até os escritos literários pretenderam fazer uma análise fiel da sociedade com Balzac e, principalmente, com o "romance experimental" de Zola, de tal forma que Paul Bourget teria elogiado os "ensinamentos sociológicos" da comédia humana de Balzac em 1902, ano da chegada de Durkheim a Paris. Se, como

---

44 Gustave Le Bon, em seu estudo mais difundido, *Psychologie des Foules*, de 1895; Scipio Sighele, *A multidão criminosa*; Gabriel Tarde no já citado *A opinião e as massas*, entre os mais conhecidos. Na década de 1920, Freud retomaria o tema em estudos importantes: *Psicologia de las masas y analisis del yo*, de 1921, e *El malestar en la cultura*, de 1929. Fazem parte das *Obras Completas* (1973, p. 2563-610 e 3017-67, respectivamente).

disse Lepenies, a influência de Ernest Renan e de Taine, com sua aposta na ciência, seria comparável, na segunda metade do século XIX, à de Voltaire e à de Rousseau no século XVIII, onde colocar nesses escritos a linha divisória entre *parti pris* ou subjetividade e neutralidade ou objetividade? Podemos, porém, ficar, a título de indagação paralela, com algo próximo a um "otimismo dogmático triunfante" da época, sensivelmente presente, seja na proclamada perspectiva científica e racional, seja na reação a ela expressa na vaga de irracionalismo, deslanchada um pouco por toda a parte e que, segundo Namer (1994, p.299-301), "leva à guerra, à certeza da aceleração do movimento, à certeza da sociedade totalitária".

O pequeno passeio por caminhos trilhados principalmente pela *intelligentsia* francesa no período aproximado de 1870 a 1930, aqui indicados, certamente não chega nem a arranhar a complexa trama de interesses pessoais e dedicação desinteressada, curiosidade científica e disputas acadêmicas, uso político e acréscimo do estoque de conhecimentos em jogo; serve, entretanto, para sugerir a importância desse **fundo comum** de teorias e informações imprescindíveis na formação das disciplinas das ciências humanas e na definição de espaço no mercado de trabalho para seus especialistas. Sugere ainda, de modo inequívoco, a força de um fechado círculo de especialistas impondo a necessidade de se manterem atualizados e em posição definida, de modo a acederem ao direito de reconhecimento, ainda que, por vezes, acerbamente crítico, de seus pares. Sugere, afinal, a maneira pela qual se compôs a base teórica que afirmaria, com o aval das ciências sociais, a universalidade das teorias e dos procedimentos de pesquisa, bem como a peculiaridade nacional das circunstâncias históricas e das instituições, em particular as políticas em cada país. Indica, assim, a gênese do aparente paradoxo, exposto no início deste estudo, como vetor do pensamento crítico no Brasil. As instituições estariam **enraizadas** na sociedade ou, caso não estivessem, esse enraizamento deveria ser buscado. A missão estava reservada aos cientistas sociais, à elite pensante de cada país.

Não surpreende, pois, Oliveira Vianna, em posição oposta a Sérgio Buarque de Holanda, lamentar a tendência da população letrada brasileira de instalar-se nas cidades, abandonando as raízes rurais. Na lógica de seus argumentos, a tendência "das classes superiores e dirigentes do

O charme da ciência e a sedução da objetividade

país a se concentrarem nas capitais" implicaria a perda do elo com a terra, principal fonte de renda e base da economia do Brasil. A ruptura do vínculo entre a propriedade fundiária e as profissões liberais explicaria, portanto, para ele, algo que o inquietava também: a corrida atrás do emprego público, e a decorrente burocratização do país. Visualizava nessa evidência uma dupla perda: privaria bacharéis e médicos da base segura da independência financeira e de pensamento no exercício de suas profissões, e os alhearia do verdadeiro centro da nacionalidade. Sua opinião expunha os antigos preceitos que valorizavam a posse da terra como título seguro de independência e de liberdade civil e política. A despeito de nuançar, em 1942, afirmações anteriores, manteve inalterado o trecho da edição original de *Pequenos estudos de psicologia social* (1942, p.27):

> O dia em que os nossos doutores e os nossos políticos atuais assentarem, *como as gerações de há cinqüenta anos passados,* na posse tranqüila de um domínio rural o seu ideal de felicidade, a alegria voltará ao nosso povo; o tônus moral da sociedade se revitalizará de pronto; a luta pelas posições não imporá às consciências o sacrifício dos escrúpulos superiores; as classes cultas e dirigentes terão dado à sua vida uma outra estabilidade; e o vírus do faccionismo se fará menos nocivo à economia do país. (grifos do autor)

Não deplorava o interesse dos filhos dos grandes proprietários rurais em adquirir instrução e títulos universitários; lastimava, isso sim, o que denominou "centripetismo burocrático" alimentado por preconceitos arraigados e de lenta regressão, e que impediam um "doutor" de dedicar-se a atividades consideradas "desclassificadoras", como a indústria e o grande comércio importador e exportador. Ora, tanto como a renda proporcionada pelas atividades da grande lavoura, essas ocupações urbanas seriam também as bases econômicas para uma vida e uma opinião independente e livre. Criticava, acima de tudo, a rápida absorção desses antigos preconceitos pelos filhos de imigrantes europeus submetidos à poderosa ação do "meio social". Menos o clima tropical da terra, mas sobretudo os padrões urbanos, fariam valer "sua força deletéria" sobre suas vontades, fazendo-os abandonar as ocupações agrícolas para, num primeiro passo, sentirem-se atraídos pelas oportunidades das profissões de resultados financeiros mais rápidos, o comércio e a indústria, para alcançarem depois, "por sugestão do meio", o patamar socialmente valorizado do título universitário. Nessa sociedade dominada, segundo Oliveira Vianna e inúmeros estudiosos seus contemporâneos, por novos valores na sua maioria vindos de fora, as carreiras liberais, a política e a administração pública ofereceriam uma via segura de "ascensão social".[45]

Ainda que datadas, essas considerações de 1923, formuladas a partir de observações circunstanciais motivadas pelo teor do debate político do momento, mostrariam ser inegável em seus textos a valorização da vida rural em detrimento da vida urbana, posição abertamente criticada por Buarque de Holanda em 1936. Quando, no capítulo introdutório a *Pequenos estudos de psicologia social*, Oliveira Vianna considerou "expressões de um conflito" o par "ruralismo e urbanismo", inclinou-se para uma clara conclamação de volta às origens rurais. Atacar o núcleo do problema básico brasileiro, a "impressão de desalento e egoísmo" e de "degeneração do caráter nacional", implicaria uma "verdadeira reação renovadora ... de volta à prática das nossas antigas virtudes tradicionais ... na renovação desse velho culto nacional da Terra opima e nutridora", a fim de "regenerar o nosso caráter e nacionalizar a nossa alma". O centro dè gravitação precisava voltar a ser o campo, o domínio rural, "com os seus gados, os seus cafezais, os seus canaviais, os seus engenhos, a sua numerosa escravaria (*sic*)", que "nos velhos tempos [da colônia e do império]", afirmava, orientava "a vida profissional do doutor e a vida pública do político". Significava, a seu ver, independência e autenticidade para a "elite brasileira".

Entretanto, quanto essa imagem idílica do mundo rural brasileiro – o campo – se diferenciaria daquela elaborada por Gilberto Freyre? Estaria somente no deslocamento da referência das grandes propriedades do Nordeste açucareiro para as fazendas das Minas Gerais? Qual seria o sentido do deslocamento da referência das "antigas virtudes tradicionais" da região nordestina, como queria Freyre, para o interior da região mineira? Quanto à insistência no mundo rural, certamente foi por considerá-lo menos contaminado que a vida urbana pelos modismos estrangeiros.

---

45 O tipo brasileiro e seus elementos formadores. *Ensaios inéditos* (1991, p.13-29).

4
O postulado da diferença

> O primeiro dever de um verdadeiro nacionalista é nacionalizar as suas
> idéias – e o melhor caminho para fazê-lo é identificar-se,
> pela inteligência, com o seu meio e a sua gente.
>
> Oliveira Vianna (1942, p.9)

> No confronto que faço entre a nossa gente e os grandes povos, que são os
> nossos mestres e paradigmas, evidencio muitas deficiências da nossa
> organização social e política. Não ponho nisto, porém, nenhum ressaibo de
> pessimismo ou descrença. Quis ser apenas exato, sincero, veraz.
>
> Oliveira Vianna (1973)

Nas páginas iniciais de *Pequenos estudos de psicologia social*, Oliveira Vianna narrou uma experiência vivida pelo historiador James Anthony Froude em um passeio ao museu da capital da Noruega. Diante de uma antiga embarcação *viking*, Froude confessara ter ficado maravilhado, tocado pela magia das "origens mais remotas de sua raça". Essa pequena história dava a Oliveira Vianna elementos para argumentar que a "identidade moral não é uma fantasia; existe, os fatos a comprovam". Justificava com ela os estudos de psicologia coletiva e outros trabalhos anteriores, nos quais manifestara idêntica preocupação com "o quadro das realidades sociais e naturais que nos cercam e em que vivemos"; traduzia também sua intenção de romper com o que considerava a "xenofilia de nossas elites políticas e mentais". Afirmava, enfático, ser a "nacionalização das idéias" o único ponto de partida sério de qualquer movimento nacionalista. Necessário "identificar-se pela inteligência com o seu meio e sua gente", operação que no Brasil implicaria aceitar uma dupla evidência: a de que, por causa da heterogeneidade das raças e grupos que a compunham e sua específica formação, a população brasileira não chegaria a identificar-se como uma nacionalidade pelo sentimento; e o reconhecimento pela reflexão intelectual de que todos, os brasileiros, atuais e de outrora, manteriam o mesmo caráter de rusticidade e combatividade, "velhos instintos rurais", já presentes nos "começos da nacionalidade", nos tempos da colonização. A "nacionalização das idéias" representaria, acima de tudo, um passo importante na direção da identificação e da superação das "deficiências da nossa organização social e política". Todos os problemas do país tiveram, para ele, sua origem na atitude de renegar "nossas raízes rurais", as "matrizes da nacionalidade", a força formadora dos homens do século XX. A solução estaria em orquestrar uma ampla campanha social e espiritual que incitasse a volta à prática das antigas virtudes tradicionais, ao culto da terra nutridora. Tendo por base essa premissa, Oliveira Vianna justificava a prioridade, exclusivismo quase completo, melhor dizendo, dada em seus estudos às populações rurais do Brasil. "Sua influência", enfatizava, "obscura, subterrânea, silenciosa, fora incontestável e decisiva em nosso passado remoto e recente":

> O meu grande, o meu principal empenho é surpreender o homem, criador da história, no seu meio social e no seu meio físico, movendo-se e vivendo neles, como o peixe no seu meio líquido, ou a ave entre as ondas impalpáveis e invisíveis do éter em que circula. (1933, p.41)

Essa premissa ganharia peso, apoiada em dados estatísticos, quando, ainda em *Pequenos estudos de psicologia social* (1921), lembrava a origem rural de grande parte da população das cidades brasileiras, as quais, mesmo em meio urbano, manteriam usos e costumes de rusticidade. Além disso, havia o fato de cerca de 90% da população brasileira viver ainda no campo, ou seja, 27 milhões no campo contra os três e meio nas

O charme da ciência e a sedução da objetividade

cidades. Com essa constatação, o autor concluiria ser imperativo retomar essas raízes pela inteligência, o que significava apoderar-se delas pelo conhecimento da história do país e fazer dessa história a baliza segura da sua vida presente e futura (Vianna, 1942, p.9-21).

Nesse desencontro da população consigo mesma, Oliveira Vianna confere peso significativo à colaboração de estímulos de padrões de comportamento trazidos de fora. A questão maior a ser imediatamente resolvida estaria, entretanto, na elite intelectual, em sua recusa em voltar os olhos para o verdadeiro Brasil, o interior rural. Negar-se a ver e compreender a "dinâmica da nossa história" e a "realidade nacional" significava, portanto, voltar as costas para suas próprias tradições rurais, substituindo-as por outras estranhas, porque importadas. Na perspectiva do autor, como negar séculos de predomínio dos domínios agrícolas e pastoris? Como negar que em sua constituição esse domínio constituía "um organismo completo, perfeitamente aparelhado para uma vida autônoma ... que recorda a do *hofe* saxônio"? Como recusar a evidência da ação simplificadora dessa "estrutura das populações rurais", a pouca importância do comerciante, dos artesãos e fabricantes sediados nos núcleos urbanos, a ausência de corporações? Como negar a precariedade "das relações de interdependência e solidariedade entre a classe dos trabalhadores livres, o numeroso proletariado do campo" e a "aristocracia senhorial", em claro contraste com os interesses entrelaçados numa relação de reciprocidade dos operários rurais (a *yomanry*) e as classes alta e média (a *gentry*) na Inglaterra? Como deixar de reconhecer fluidez na relação de solidariedade mantida pelo sitiante pequeno proprietário e o senhor de engenho de quem dependia para o beneficiamento da cana, relação de solidariedade ausente mesmo entre iguais, entre os membros da classe dos grandes proprietários rurais?

A estrutura da sociedade não chegara, em sua análise, a reproduzir o "feudalismo ou o semifeudalismo transplantado para aqui nos começos da colonização"; no território da colônia, a fartura de terra faria a diferença, em nítido contraste com a sua escassez na Europa. Em quadros vívidos, Oliveira Vianna aponta "o *deserto* e o *trópico*, a *escravidão* e o *domínio independente*" (grifos do autor), como "as forças transmutadoras" das quais teria resultado uma sociedade sem quadros sociais completos; sem classes sociais definidas; sem hierarquia social organizada; sem classe média; sem classe industrial; sem classe comercial; sem classes urbanas em geral – a nossa sociedade rural lembra um vasto e imponente edifício, um arcabouço, incompleto, insólido, com os travejamentos mal ajustados e ainda sem pontos firmes. (1973, p.119-36)

O meio físico, o meio social, a evolução histórica, tudo concorrera, afirmava, para que a sociedade brasileira se organizasse no sistema de clã. Clã rural, de caráter mais patriarcal que guerreiro, centro de toda a "história política, sua força motriz, a causa primeira da sua dinâmica e evolução". Oliveira Vianna não elogiaria a estrutura clânica; lhe atribuía a desorganização prevalecente nos campos desde os primeiros tempos de colonização, chamando de "anarquia branca" a situação que teria levado a população rural pobre a convergir para a dependência dos grandes proprietários de terras. Em situação diferente das que haviam pressionado contingentes da população européia a se unirem, não haveria aqui "inimigo comum, nem instinto religioso e a afinidade de crenças, nem o interesse econômico"; somente essa "anarquia branca" dominando os espaços não controlados pelo grande domínio patriarcal (ibidem, p.137-9).

Nesse complexo de críticas às práticas costumeiras pouco elogiáveis e sobrepujadas por formas mais civilizadas de convívio, onde podemos então localizar a tão celebrada matriz da nacionalidade moldada na vida rural, na largueza dos campos, na vida simples e rude de nossos antepassados? O olhar para o interior do país, esse mergulho dentro de nós mesmos em busca da verdadeira identidade, expressa nas características, com freqüência em estado de inconsciência na população, pressupunha declaradamente conhecer as duas faces da moeda, ou seja, o que havia de elogiável e o que havia de criticável em nós. Suas opiniões, porém, não deixariam de ser contraditórias no vaivém contra e a favor das formas assumidas pela sociedade brasileira em sua "evolução histórica".

A leitura positiva dos "trezentos anos de formação nacional", durante os quais "nós nos exibimos na história com as melhores qualidades de robustez moral", ao Sul com as grandes bandeiras, ao Norte com os numerosos engenhos e currais de "gado grosso", compunha uma ima-

O charme da ciência e a sedução da objetividade

gem de "vigor e atributos varonis" dos homens que haviam povoado o território "em toda a sua extensão e latitude". Acreditava mesmo persistir esse "antigo caráter" nos "brasileiros atuais ... forjados na mesma têmpera e feitos do mesmo metal" (Vianna, 1942, p.16-7). Isso talvez indique estar a resposta à tensão em seus escritos na oscilação entre a atribuição de valor positivo às características originais, não tocadas pelas idéias atuais, a seu ver "exóticas" porque vindas de fora, e sua aposta na firme inserção do país na comunidade das nações civilizadas, pressupondo, pois, adesão aos padrões modernos. Seus escritos contêm forte teor de aposta política e carregam, assim, leituras menos ressentidas do passado e da ação do colonizador. Posição que o manteria afastado das opiniões de Gilberto Freyre, um nítido saudosista dos tempos coloniais. Configura, entretanto, uma tensão não resolvida em sua argumentação.

O tempo e o meio formando homens

> Sai da tua terra, e da tua parentela, e da casa de teu pai,
> e vem para a terra, que eu te mostrarei.
>
> Gênesis XII

Nada mais significativo, penso eu, que a escolha desse trecho bíblico para, em seu livro inaugural sobre a história do Brasil, recobrir a chegada do colonizador luso às terras do Novo Mundo com os desígnios divinos (Vianna, 1973, v.I, p.29). Oliveira Vianna não se deteve nessa sugestão do cumprimento do mito da Terra Prometida; a epígrafe lhe seria útil na afirmação da importância do recuo às origens ao momento em que uma nova morada está sendo formada em terras estranhas por homens que, seguindo a orientação superior de Deus, desligavam-se do seu lugar de nascimento e de seus ancestrais; cortavam assim seus vínculos mais fortes com o passado. Indo além do que o autor sugere nas páginas que se seguem à epígrafe, poderíamos indagar, apoiando-nos na indeterminação do lugar e no modelo de sociedade a ser criada, se essa escolha não seria uma intuição precoce, não explorada pelo autor, sobre os portugueses terem obedecido à orientação de realizar a utopia do terceiro tipo, aquele desejo europeu sem condições de se formular em um claro mandato utópico, indicado por Octavio Souza, ou sobre a coincidência entre a ordem divina e a pouca imaginação própria da raça, como quiseram Paulo Prado e Sérgio Buarque de Holanda.[1]

De qualquer modo, os cumpridores do mandato sairiam das terras portuguesas e levariam para o continente americano seus serviços de prata, espadas e adagas, ricas vestes, jóias e móveis com os quais dotaram suas casas de conforto e modos de vida semelhantes aos da corte metropolitana. Valendo-se de textos diferentes, Oliveira Vianna elabora representações estéticas de forte poder sugestivo, colorindo sua narrativa com as cores dos costumes fidalgos das primeiras famílias nobres aportadas em terras brasileiras. "Dir-se-ia", afirmava, "um recanto de corte européia transplantada para o meio da selvageria americana. Tamanhas as galas e as louçanias da sociedade, o seu maravilhoso luxo, o seu fausto espantoso, as graças e os requintes do bom tom e da elegância. ... Tudo eram delícias e não parecia esta terra senão um retrato de terreal paraíso"(ibidem). A curta duração sugerida da vida folgazã, ele a explicaria, valendo-se de informações de Frei Manoel Callado e Padre Cardim, pela força determinante do meio físico que não permitira outro modo de sobrevivência que não fosse a agricultura e, em grande escala, estabelecendo um ponto de tensão com a representação paradisíaca da vida em nossas terras tropicais:

> Sob a amenidade dos nossos climas tropicais a vida se torna empresa fácil. Como os gregos, todos nós podemos viver ao sol e às estrelas: cantando. Não há aqui intempéries. Em todas as estações derrama-se um perpétuo encanto primaveril. (Vianna, 1973, p.127)

Em parte para assegurar a condição fidalga trazida da terra-mãe, na área de Pernambuco e da Bahia, o modo de vida aristocrático urbano se deslocaria para as fazendas, onde ainda por algum tempo "os senhores de engenho" mantiveram luxo e conforto, de cama e de mesa, para os da casa e os hóspedes ocasionais. Na outra ponta do território, a "nobreza paulista", constituída por homens da "mesma estirpe étnica ... altamen-

---

1 Remeto aos livros já citados: *Fantasia de Brasil*, de Octavio Souza (p.29-33); *Retrato do Brasil*, de Paulo Prado (1998), e *Visão do paraíso*, de Sérgio Buarque de Holanda (1977).

O charme da ciência e a sedução da objetividade

te instruídos e cultos", os costumes luxuosos repetiam-se, e o autor, recorrendo agora a Pedro Taques, fala da casa de "Guilherme Pompeu, da família ilustre dos Leme", homem graduado em cânones, dono de uma rica biblioteca, dispondo para seus hóspedes de cem camas, cortinados, lençóis, colchas e bacias de prata, como exemplo do que seria "toda a fidalguia paulista do tempo". Nos dois centros, predominariam "o gosto das mundanidades, esses hábitos tão surpreendentes, aqui, de sociabilidade, de urbanidade e de luxo".

O surpreendente estava exatamente na contradição dos modos cortesãos e urbanos em meio à rusticidade e aspereza de florestas e campos. Oliveira Vianna denominou essa situação de "conflito interessantíssimo", em que duas forças opostas exerciam seu poder: a atração da cidade e seus encantos e a necessidade de sobrevivência impelindo os homens para o campo e para o isolamento. O meio físico vence a batalha e, já em meados do III século, o retraimento do colonizador para a vida rural constituirá, segundo o autor, apoiado em carta do Conde de Cunha ao rei de Portugal, datada de 1767, evidência de que "a vida social dos colonizadores do Brasil se está organizando, diferenciando e adquirindo fisionomia própria, inédita".[2] Por volta do início do IV século, prosse-

---

2 É interessante ver as extensas considerações críticas de Sérgio Buarque de Holanda a essa interpretação da persistência dos portugueses nos núcleos urbanos durante os dois primeiros séculos de colonização na primeira edição de *Raízes do Brasil* (1936). Ele atribui essa tentativa de interpretação "especiosa" a Oliveira Vianna e "a certa escola de sociólogos particularmente interessados em acentuar os caracteres étnicos antes como efeito do que como causa". Segundo Buarque de Holanda, para obter essa interpretação, Oliveira Vianna dava importância primordial ao "meio cósmico", preferindo apoiar-se nele em detrimento da influência do fator étnico. Completa sua observação dizendo que o sociólogo só adota "certas doutrinas racistas, selecionistas, etc., quando estas, suficientemente elaboradas, possam confirmar a idéia de que caminhamos para um tipo racial mais excelente". Atribuía esse procedimento à "sua extraordinária obsessão do 'arianismo' e da tendência 'arianizante' de nossas seleções naturais", embora não deixe de reconhecer "que o ambiente brasileiro possa ter sido um considerável fator de diferenciação de nossa gente" (p.166-9). É bem verdade que Buarque de Holanda se refere só a *Populações meridionais do Brasil*. Não há menções a *Evolução do povo brasileiro*, de 1921, com segunda edição em 1923, e *Raça e assimilação*, de 1932, com segunda edição em 1933. Fora, entretanto, nesses dois estudos que Oliveira Vianna acentuou a importância das "raças" para a formação dos "tipos" da população e das "etnias" para compor a diversidade cultural sobre o território. Encontra-se nesses trabalhos, em especial em *Evolução do povo brasileiro*, a inegável aposta na "tendência arianizante", a partir do que nomeou os caracteres biológicos mais fortes

gue Oliveira Vianna, nada mais lembraria aos visitantes o antigo conforto e luxo; em seus relatos, viajantes notaram os interiores das casas e os hábitos rústicos da aristocracia rural. A flexibilidade para a mudança e adaptação encontraria sua explicação nas características da "raça lusa duplamente dotada com aptidões para o comércio e para a lavoura".

Há, portanto, em sua leitura da "evolução do povo brasileiro", um momento de ruptura em que se forma um homem distinto e diverso de seu antepassado, o que Gilberto Freyre, por sua vez, reafirmaria quinze anos depois, contrariamente a Sérgio Buarque de Holanda, que enfatizou em *Raízes do Brasil*, nos 1930, a perniciosa continuidade de caracteres de nossos ancestrais. É significativo por que a mudança detectada por Oliveira Vianna encontra-se inscrita na ação determinante do meio, na impossibilidade de transplante cultural, corroborando a hipótese, partilhada por Buarque de Holanda, de que a cultura só medra em solo próprio. Sob a força modeladora do meio, no decorrer desses quatro séculos, não só os homens bons se ruralizaram, novas levas de colonos aportaram, plebeus do interior português, e se estabeleceram como fazendeiros de menos posses, dedicando-se à criação de gado, grossos ou miúdos. No IV século, prossegue Oliveira Vianna, para esse brasileiro, fosse senhor de engenho ou de campos de criação de gado, dono de fazendas de café ou de domínios cerealíferos, a condição de grande proprietário de terras, de "senhor de casa solarenga", constituíra-se precondição para moldar o núcleo de um "patriciado rural'. Para esses "elementos arianos da nacionalidade", a herança "peninsular em suas qualidades mais instintivas e estruturais" persistiria, moldada contudo pelo viver no meio rural, declarava Oliveira Vianna; tornara-se "sinal de existência nobre, prova de distinção e importância ... um estado de espírito em que o viver rural ... e o sentimento da vida rural" fixara-se "na psicologia da sociedade brasileira". Produto "do nosso meio e da nossa história", esse temperamento fundamentalmente rural seria a expressão do "nosso melhor caráter", de "nossa consciência coletiva", compunha,

---

da "raça branca". Não se pode concordar, todavia, com Buarque de Holanda, quando afirma serem os componentes raciais e étnicos considerados antes efeito do meio do que causa na formação da população. Cf. p.123 ss. de *Evolução do povo brasileiro* (1933).

O charme da ciência e a sedução da objetividade

na reconstrução da história do Brasil por Oliveira Vianna, talvez o único traço de caráter a aproximar o "grande senhor rural" brasileiro da aristocracia anglo-saxônica; faltando-lhe contudo a dimensão "particularista" complementar no "tipo puro saxão" (1973, v.I, p.29-42).

Coerentemente, ele dotaria esse homem rural com quatro qualidades de profunda influência para a vida política brasileira: a fidelidade à palavra dada, a probidade, a respeitabilidade e a independência moral. Todos seriam traços fundamentais do caráter luso ou peninsular, reforçados, é importante sublinhar, pelas "condições especiais do ambiente rural ... no regime dos latifúndios". Não há uma explícita negação da herança lusa em Oliveira Vianna. O que acontece em terras do Novo Mundo se deve à ação modeladora do meio físico diferenciado, que fará com que, mesmo esse homem de "estirpe nobre", se desdobre em subtipos, ainda que no restrito recorte das populações do Centro-Sul: entre os paulistas seriam mais persistentes "os antigos pundonores aristocráticos"; entre os de Minas Gerais, as levas de portugueses não fidalgos, ao misturarem-se ao sangue paulista, resultariam em "gente democrática por temperamento", "são os genuínos patriarcas da nossa civilização", sublinhava o autor, confirmando sua admiração pela gente mineira; já os fluminenses, não carregariam o orgulho paulista ou o democratismo mineiro, seriam socialmente mais cultos pela proximidade da Corte, cuja ação "os absorve e despersonaliza", sendo por isso, conforme o autor, "os nossos atenienses" (1973, p.51-61).

Ora, a intromissão da Corte, em 1808, modificara o ritmo e a direção do fluxo desses homens de origem portuguesa, porém já modelados por três séculos de vida em terras do Novo Mundo. Tal como Freyre faria em seus trabalhos, Oliveira Vianna reconhece, nesse momento, uma mudança significativa na dinâmica da sociedade brasileira: mineiros, paulistas e fluminenses "descem para o centro carioca ... e entram a freqüentar essa 'Versalhes tropical' que se localiza em S. Cristovão" (ibidem, p.43-50). O impacto da chegada da família real portuguesa, "fugindo das tropas de Junot", ganha com Oliveira Vianna uma outra leitura, ou ainda é analisada em dimensão que a afasta aparentemente da historiografia oficial, da qual, aliás, muitos autores desses anos 1920 e 1930 pretenderam manter uma clara distância crítica. Esse recobrimento da história dos eventos políticos pela camada explicativa da história social viria em auxílio de Oliveira Vianna na justificativa do declínio do "patriciado rural", a aristocracia da terra, em 1888, com a abolição do trabalho escravo. Oliveira Vianna não recusa os acontecimentos marcantes da "evolução histórica brasileira"; entretanto, buscou sempre desvendar algo antes encoberto, "as causas íntimas", diria, apreensíveis pelos procedimentos das "ciências auxiliares da história".

É o que acontece com a questão das "bandeiras", um dos temas mais marcantes e recorrentes em seus estudos. Oliveira Vianna criticava "nossos historiadores" pela forma como narravam a ação dos bandeirantes, apresentada sempre no plano do "feito heróico e temerário". Mantendo a cronologia corrente – ciclo do ouro de lavagem, ciclo do índio, grande ciclo do ouro – ele a submeteu, entretanto, ao meio físico, econômico, social e histórico. Estaria nessas "causas íntimas", ou "agentes locais", a chave explicativa de ações, antes sumariamente justificadas pela "legenda da Serra das Esmeraldas". Afinal, se a lenda havia sido de conhecimento geral na colônia, como acreditava o autor, por que só os paulistas se lançaram na empresa expansionista? A resposta se apoiaria certamente, em primeiro lugar, em "uma lei de antropologia social", a de que somente "a porção mais eugênica emigra ... os caracteres fortes, ricos de coragem, imaginação e vontade"; sua riqueza também lhes conferia "as melhores qualidades de caráter": integridade, probidade, lealdade, dignidade. Seriam, sobretudo, dignos descendentes do povo luso, povoadores servindo sua majestade, afirmava Oliveira Vianna, apoiado em carta de 1766 de Morgado de Mateus ao rei de Portugal. Sua leitura da formação brasileira concentraria nos bandeirantes grande parcela das honras, os quais, com seu séqüito de mamelucos, índios e escravos, haviam expandido o território com as bandeiras de guerra, mas também o teriam povoado, com as bandeiras de colonização. Nestas últimas, diria, "é o próprio domínio, com todos seus elementos, que se desloca ... uma pequena nação de nômades", dirigindo-se para o norte e para o sul, a mais teatral, transmigrando para "os climas alpestres de Minas", outra corrente, "tranqüila e obscura, sem heroicidade deslumbrante", povoaria o território do sul.

O charme da ciência e a sedução da objetividade

Em interpretação diversa da que Freyre daria ao movimento das bandeiras, Oliveira Vianna nelas viu não só a força expansionista, que na interpretação do autor pernambucano pusera em risco a integridade territorial pela imensidão das terras a serem controladas, mas também o poder de fixação e formação de núcleos colonizadores estáveis (ibidem, p.83-97). A celebração do "movimento das 'entradas' [como] o capítulo heróico da história dos latifúndios", mas também deliberado ato de vontade e de cumprimento de dever, conferiu a essas populações "paulistas" uma importância persistente em sua leitura da formação da sociedade brasileira. Importância renovada em 1949, em *Instituições políticas brasileiras*, e no trabalho publicado postumamente, *História social da economia capitalista no Brasil*, talvez numa confirmação explícita, contrária a de Freyre, que localizou no Nordeste açucareiro a colonização por núcleos fixos e permanentes e a formação dos autênticos valores patriarcais brasileiros. Contudo, as investidas bandeirantes perdiam a nitidez de ato deliberado, ainda em *Populações meridionais*, quando Oliveira Vianna constrói a explicação para o que considerou a "anarquia branca ou anormalidade política" da sociedade colonial. No desenho dessa anomalia social, ele somava a fraca presença do poder público da metrópole, antes da centralização monárquica firmada anos após a Independência, e a "dilatação territorial" no Brasil, provida pelas bandeiras em seu "movimento descontínuo, febril, intermitente", na seqüência, "independentes uns dos outros, ao léu dos impulsos individuais". Chegava a contrastá-las às "vagas humanas, partidas da faixa atlântica", na conquista do *Far-West* na América do Norte, um movimento que mantivera, a seu ver, sincronia entre a iniciativa particular e a organização policial e administrativa, e dera "à nova sociedade bases estáveis de legalidade e ordem" (ibidem, p.186-7).

Quais outros elementos ele acrescentou a seus argumentos para explicar os vínculos entre a "formação histórica" e a "formação política"? Penso ser importante acompanhar sua narrativa a partir do tripé teórico proposto e seguido por ele na apresentação de sua versão da história do Brasil.

Voltemos às memórias, registros de cronistas de época e relatos de viajantes, aos quais Oliveira Vianna recorre para elaborar uma representação do passado brasileiro, considerada aliás fantasiosa por seus críticos.[3] Munido com informações desse material de época, reconstruiria os vários tempos da sociedade em território brasileiro. Para os primeiros tempos da colonização, em que vigoravam os "mores aristocráticos" daqueles nobres portugueses, que haviam atravessado o Atlântico com suas famílias e bens móveis, ele acatou como fontes fidedignas dessa vida cortesã entre os senhores de engenho, em cidades e fazendas de Pernambuco, Bahia e São Paulo, as descrições do "probidoso Fernão Cardim", em cartas ao rei de Portugal, em finais do século XVI, e de Pedro Taques, em *Nobiliarquia paulistana*. Durante o domínio espanhol sobre Portugal, em Domingos Loretto encontrava a informação de que outros nobres teriam vindo reforçar os primeiros aportados (1973, v.I, p.30).

Uma segunda leva de colonizadores portugueses os seguiriam. Entretanto, Plebeus, homens vindos do Minho, de Trás-os-Montes, das Beiras, da Estremadura, "sóbrios e honrados", diria Oliveira Vianna, pedem terra e silenciosamente vão se fixando na criação de gado e enriquecendo. Mais numerosa do que a da "nobreza autêntica", deixava-se fascinar por ela copiando-lhe "ingenuamente a sociabilidade, o tratamento, os modos urbanos de vida". Fez prevalecer a tendência à concentração urbana desses "primeiros tempos", mantendo duplo domicílio, explicava o autor (1973, p.31). A vida na colônia não permitira a permanência desses hábitos aristocráticos e os obrigara a uma adaptação ao meio rústico. Podemos dizer que, na ótica de Oliveira Vianna,

---

3 No *Addendum*, que suponho ter sido escrito para a quarta edição do livro, em 1938, o autor defende-se das críticas à sua confiança nas informações constantes do livro de Pedro Taques (cf. p.295). Sérgio Buarque de Holanda mostraria uma outra situação para o planalto de Piratininga, na qual exemplificaria pela "demora com que, no planalto de Piratininga, se tinham introduzido costumes, tradições ou técnicas provenientes da metrópole, terem ali deixado fundas conseqüências" (cf. *O extremo oeste*, 1986, p.29). Buarque de Holanda confirmava na apresentação a *Caminhos e fronteiras*, de 1956, quase com as mesmas palavras, opinião sua emitida em 1945 (*Monções*), e sublinhava: "é sabido como em São Paulo a própria língua portuguesa só suplantou inteiramente a geral, da terra, durante o século XVIII" (1995, p.10). Confirmava, assim, opinião exposta em *Raízes do Brasil*. Ver nota 2 ao capítulo 4, "Língua-geral em São Paulo", na qual expõe hábitos de rusticidade dos paulistas marcados pelo uso generalizado do falar dos aborígines (1936, p.88-96).

O charme da ciência e a sedução da objetividade

esse teria sido um primeiro "transplante" malsucedido, os mores aristocráticos e urbanos lisboetas, uma vez que o meio físico imporia a vida rural moldando a forma predominante de vida no "IV século"(ibidem, cap.1).[4]

Resultara dessa interiorização das atividades econômicas, segundo ele, a dispersão territorial das propriedades rurais e uma forma específica de estrutura da sociedade colonial assemelhada a dos domínios feudais europeus. Em vários estudos, o autor sublinharia certas características "feudais" da sociedade colonial brasileira, modificadas porém pelo transplante para o território americano. Aqui, afirmou, em terras tropicais e abundantes, a hierarquia feudal se desarticulara, dissolvera-se, dando lugar a uma nova sociedade.[5]

Sob a força modeladora do meio, os engenhos primeiro, as estâncias e os cafezais posteriormente, se estruturariam em unidades autosuficientes: "o domínio rural é omniprodutivo, deve produzir tudo o que é necessário para os serviços da lavoura e da indústria, bem como para a população que nele vive", afirmava Oliveira Vianna. O isolamento e as características da formação social fariam com que essa capacidade produtiva, própria de uma época de exigências técnicas, industriais e comerciais rudimentares, perdurasse e prevalecesse ainda em pleno século XIX, quando os "senhores de engenho diziam com orgulho: 'nesta casa só se compram ferro, sal, pólvora e chumbo'". Em decorrência da específica organização das atividades de produção estabelecera-se dentro desses domínios uma particular forma de convivência de "três classes sociais distintas: a classe senhorial (o senhor, sua família e parentela), a classe dos homens livres (rendeiros de domínio e agregados) e a classe dos escravos (os operários rurais)". Tratava-se de um verdadeiro microcosmo, para a formação do qual, afirmava, contribuíram as três raças formadoras da sociedade colonial, e dentro dele persistiram tanto

---

4 As descrições são retomadas e remetidas a esse livro em vários outros estudos seus, inclusive no último, *Instituições políticas brasileiras* (1974).

5 Segundo Vianna, "o feudalismo é a ordem, a dependência, a coesão, a estabilidade: a fixidez do homem a terra. Nós somos a incoerência, a desintegração, a indisciplina, a instabilidade: a infixidez do homem a terra" (1973, v.I, p.69-79).

em sua forma pura como na mestiça: negros e indígenas presos pela dependência – "uma espécie de laço feudal" – à aristocracia territorial – "o elemento ariano da colônia". Fixaram-se estes últimos como senhores da terra e da guerra na defesa do território contra as agressões do índio, do estrangeiro e no ataque aos quilombos de escravos fugidos; expandem seus domínios; formam um clã pelos laços de parentesco e pela dependência (1933, p.135-6).

Essa representação da sociedade brasileira na forma de um mal acabado "complexo de feudo" organizado em "clãs rurais" manteve-se nos anos 1940 em *Instituições políticas brasileiras*, explicando a solidariedade do "clã parental e do clã feudal" como a única espécie de solidariedade social organizada pelo grande domínio. Fruto da necessidade de enfrentar "os perigos enormes e temerosos dos primeiros séculos", posteriormente também reação contra os quilombolas e defesa contra os senhores territoriais convizinhos, fora "uma criação nossa, da nossa história local e da nossa ecologia social" que, afirmava o autor, "ainda hoje vemos subsistir em alguns pontos remotos do país, com suas práxis de represálias, talião de sangue, seus ódios hereditários".

Decididamente, Oliveira Vianna considerava a persistência desse quadro de *"tipos, costumes e instituições políticas"* no que denominava "hinterlandia sertaneja" como "evolução menos rápida ou menos completa" comparada a dos grupos do Centro-Sul e do Sul. Constituíam uma fonte reconhecida de *banditismo coletivo* desaparecendo lentamente nas regiões próximas aos centros metropolitanos que difundiriam sua civilização pelas regiões mais longínquas, usando novos meios de transporte, as rodovias e as aerovias, (1974a, v.I, p.184-241). O "potentado", o "régulo dos documentos coloniais, isto é o senhor de engenho", explicitava o autor, "poderoso pelos seus escravos ou pela sua 'cabrada'", o "capanga, o cabra matador", alguns com remanescentes no período monárquico, como o "cangaceiro e o couteiro", teriam antecedido "o 'coronel' ou o 'Barão', e suas práticas de atas falsas, eleitor de cabresto, o cabo eleitoral, as fardas vistosas da Guarda Nacional", instituições surgidas após 1822, "com o advento do Regime Democrático e do Sufrágio Universal, com o Parlamento e a subseqüente instabilidade dos 'governos de gabinete'" (1974a, p.240-1).

O charme da ciência e a sedução da objetividade

Em outros textos, entretanto, o autor marcaria positivamente a história do país até 1888, ano da abolição do trabalho escravo, localizando nessa data e na subseqüente proclamação da República, em 1889, o momento em que, segundo ele, "o nosso povo entra numa fase de desorganização profunda e geral, sem paralelo em toda a sua história". A ruptura teria sido tão profunda, segundo suas observações, a ponto de tornar inviável "enquadrar a evolução republicana nas linhas que emolduram a evolução nacional até 88". O "período republicano, perturbadíssimo por crises sociais, econômicas e políticas" exigia a seu ver um estudo à parte (1973, v.I, p.18).

Esta estrutura social, denominada clânica por Oliveira Vianna, fundamentava e explicava a história política do país – "sua parcialidade, mandados de execução, uma justiça facciosa". Seus chefes dominavam o poder municipal, única base política na colônia governada por autoridades estrangeiras; taxavam as mercadorias, estabeleciam posturas e as executavam; exerciam a justiça e compunham o efetivo das autoridades locais. Contudo, o poder assim constituído seria de âmbito local e, a despeito dele, fora das grandes propriedades prevaleceria a "anarquia", diz, obrigando os "pobres e fracos" a viverem sob a tutela do proprietário para terem segurança e tranqüilidade asseguradas. A partir desse quadro da forma e organização da sociedade colonial, Oliveira Vianna chegava a uma das conclusões mais importantes de seus estudos e à qualidade definidora do homem brasileiro, qualidade que definitivamente exporia uma falha, uma carência fundamental. Ou seja, a sociedade assim configurada não daria lugar a "laços de solidariedade permanente" entre os senhores dos latifúndios, menos ainda entre eles e os que vivessem dentro de seus domínios. Só a "dependência" asseguraria a existência de laços de certo tipo de solidariedade entre "as classes inferiores e a nobreza rural", numa forma desdobrada da solidariedade parental, insuficiente e mesmo prejudicial à formação de consciência cívica ou interesse pelos assuntos públicos.[6]

---

6 Para uma descrição detalhada da sociedade colonial, ver *Populações meridionais do Brasil* (1973, v. I, cap.VII e VIII).

Embora em seus domínios rurais estivessem inseridos nessa mesma estrutura clânica, os fluminenses se destacariam do conjunto de "fidalgos" fazendeiros pelas características já assinaladas de "civilização, polimento, boas maneiras, bom gosto, hábitos de conforto, apuro mundano de viver, amor do luxo, do fausto e da suntuosidade, predileção pelas coisas do espírito, pelas belas artes, pelas boas letras, pela sociabilidade amável e requintada dos salões (Vianna, 1942, p.73-5). O meio geográfico teria permitido a eles conservarem e desenvolverem essas qualidades, pois eles as deviam à privilegiada posição geográfica em que viviam, onde nada exigira a atividade guerreira de conquista do território, abrindo-lhes desde cedo a possibilidade de se dedicarem a "drenar brejos, devastar florestas e criar gado".

As descrições dos costumes requintados da aristocracia fluminense lembram as de Hypollite Taine referindo-se à sociedade de corte francesa dos séculos XVII e XVIII. Segundo o autor francês, subjugada em seus ímpetos guerreiros pela força das armas reais no século XVII, a antiga nobreza francesa acorrera a Paris, passando a preencher seu ócio com atividades típicas da vida de salão: vestuário requintado, jogos de amor e de azar, caçadas, leituras e discussão descuidada de temas e de livros de "autores ilustrados", cujas idéias colocariam um ponto final trágico ao seu modo de vida.[7] Haveria entre os dois autores uma concordância importante, na convicção de que, afastados das atividades que lhe teriam dado origem e hegemonia na hierarquia social, os senhores de terra haviam perdido suas características, trocando os usos e costumes voltados para tarefas úteis pela ociosidade vazia e alienante da vida cortesã e urbana.

O percurso alienante se repetiria em terras brasileiras, salvo uma diferença fundamental. O fluminense, tal como parcelas de paulistas e mineiros, também se tornara cortesão com a "transmigração da família imperial" portuguesa no início do século XIX. Contudo, a aristocracia enriquecida com os cafezais do vale do Paraíba que atingia seu apogeu

---

7 Os livros I e II de *Les Origines de la France Contemporaine* (1986, p.9-128) expõem algo da ambigüidade latente em relação à crítica, mesclada de admiração pelo modo de vida dessa aristocracia condenada ao ócio por velhos costumes que preferem a vida elegante de Paris à vida útil e bucólica no campo, descuidando, pois, de suas propriedades rurais.

O charme da ciência e a sedução da objetividade

no IV século, ao contrário da nobreza de França, não descuidara de suas propriedades, tornando-se, na opinião de Oliveira Vianna, uma "sociedade agrária e culta, requintada e aristocrática, assentada sobre grandes domínios cafeeiros", ou seja, tornara-se "a flor da civilização ocidental". Não obstante, em 1888, também ela não conseguira evitar a tragédia da própria derrocada: os centros aristocráticos entraram em decadência, desarticulados pela abolição do trabalho escravo. Afinal, diria o autor, muitos dos propagandistas e dos que lutaram no Parlamento pela abolição teriam sua base econômica exatamente nos domínios rurais. Atitude aparentemente paradoxal, semelhante ao comportamento da nobreza da França no século XVIII; esquecidos de sua base fundiária, os nobres franceses acolhiam e aplaudiam as teses filosóficas que alimentariam as ações revolucionárias. Uma das conseqüências funestas dessa forma mais sociável de viver resultara, de modo assemelhado ao da França, na "extrema exposição às influências exógenas" a que se vira submetido o fluminense, "idéias adiantadas" em voga no mundo europeu, alheias, diria Oliveira Vianna, à situação brasileira. Idéias responsáveis pela alienação mental e maleabilidade das convicções mal formadas desses homens (1942, p.77-8).

A esses núcleos iniciais, compostos pela aristocracia e pelos homens do campo portugueses, viria se somar o importante processo de ocupação das terras no Sul do país pelos bandeirantes paulistas. Esse bandeirismo de povoamento dedicado ao pastoreio contrastaria com o bandeirismo predatório da caça ao índio ou o bandeirismo minerador da busca e exploração das áreas de mineração. Oliveira Vianna refez em sua narrativa, com base em Domingos Filgueira, o roteiro em direção ao Sul seguido pelos paulistas da primeira corrente saída de São Vicente, em 1532: Itanhaem, Iguape, Cananéia, São Francisco, Paranaguá, Desterro e Laguna. Ocuparia a região onde predominaria "a horizontalidade das planícies imensuráveis", área propícia ao pastoreio. Uma segunda corrente saíra de Sorocaba, em 1598, em busca das planícies platinas através do planalto meridional. Conduzidas por clãs guerreiras, projetavam criar gado no Sul para transportá-lo para São Paulo; projeto que incluiria a tarefa de "abrir caminho". Seriam, no primeiro momento, as manadas selvagens que atrairiam os paulistas; só depois o pastoreio se impusera. De acordo com Oliveira Vianna, essas incursões bandeirantes ao sul diminuíram no momento em que as áreas de provável mineração passaram a constituir atrativo maior. O espírito guerreiro, no entanto, permaneceria no dever de combater "os gentios" (guaianazes, canes, carijós, arachanés, ganaus, botocudos, tapes, charruas e minuanos, os três últimos os mais belicosos) e tentar conduzir o gado através do sertão (1973, v.II, p.15-36).

Sempre apoiado no pressuposto da força modeladora do meio físico, Oliveira Vianna prosseguiria a narrativa da saga dos povoadores do Sul, entremeando os relatos contemporâneos com observações de "não se sabe ao certo" e "parece que". Afinal, precisava explicar o porquê do desinteresse dos paulistas pelas planícies meridionais durante os dois séculos intermediários das incursões iniciais e da colonização efetiva da região no século XVIII. A explicação viria com uma imprevista aquisição de "consciência", da parte dos paulistas, do valor da riqueza dos rebanhos de bovinos, de muares, cavalos e ovelhas entre 1726 e 1735, explicação obtida no confronto de duas cartas (Brito Peixoto e Silva Paes). Mais adiante, o autor mostra que a "súbita consciência" havia sido fruto do interesse econômico dos paulistas numa época em que se constituía um mercado consumidor para esse gado nas regiões mineradoras do planalto central, Minas, Goiás, Mato Grosso (ibidem, p.37-48). Formara-se assim o campeador que encurralava o gado bravio lá mesmo, onde o encontrava, aprendendo com o aborígine a arte do laço e das boleadeiras. Atrás dele viera o estancieiro, e, ao contrário da provisoriedade do campeador e do curral de preia, este se fixaria como colono estável em uma unidade agrícola e pastoril, com sua casa de moradia, o engenho, os campos de trigo, pomar e curral, modelo de estância construído por Oliveira Vianna com os dados de um inventário de 1776 (p.50-63). Outros "documentos do tempo" proporcionavam ao autor conhecer a composição das "classes daquela sociedade primitiva": aos *preadores* nômades se somava a *classe dos traficantes*, compradores de gado que atuam como intermediário necessário ao *estancieiro*. Esta última "classe", no início composta de simples invernadeiros de gado, modificara-se com o tempo, tornando-se estável e sedentária em meados do século XVIII.

O charme da ciência e a sedução da objetividade

O motivo da "súbita consciência" do valor das terras do Sul pelo paulista, o mercado consumidor das regiões mineradoras, serviria ao autor de elo explicativo para a abertura de vias de comunicação a partir da área da Lagoa Mirim, zona de preia, e Laguna na planície Cisplatina, onde se estabeleceram as estâncias. A geografia inadequada explicava a impossibilidade de se rasgar caminhos pela estreita faixa litorânea, a *zona de percurso*, como a denominou Oliveira Vianna, obrigando o desvio para a serra do mar, onde as chapadas amplas ou platôs graminosos ofereciam pastos e neles, se desbravariam e fixariam caminhos de acesso aos mercados de São Paulo e Minas Gerais. Roteiro conquistado num áspero empenho secular – de 1720 a 1820 –, consolidando o transporte do gado até o centro distribuidor sorocabano. Seus documentos de apoio seriam a "Cartografia antiga de S.Paulo", a "Carta corográfica" de 1789 e o "Mapa Geográfico" de 1837. A empreitada vitoriosa de fixação em atividades econômicas estáveis traria elementos adicionais para o autor considerá-la mais "um atestado magnífico da capacidade empreendedora dos paulistas, para os quais "o negócio do gado" se tornara no III século "uma sorte de mania ou psicose coletiva. Aventureiros, os paulistas oscilariam entre "a tentação do ouro e a tentação do gado". Somente a exaustão dos campos auríferos, em finais desse século, definira sua orientação preferencial para o Sul, segundo o cronista Chichorro, citado por Oliveira Vianna (p.65-71).

A saga empreendedora dos paulistas prosseguiria. Outra região cujo povoamento resultara do bandeirismo paulista fora a das terras acidentadas de Minas Gerais com a descoberta do ouro, bandeirismo minerador, que teria diminuído a corrente em direção ao sul em fins do "século II". Em busca do ouro e das pedras preciosas, os desbravadores – "esses bandos erradios de caçadores de índios" – se estabeleceram em Sabará, no Vale do Paraopeba, do São Francisco e do Rio das Velhas. Com base em relatos, Oliveira Vianna afirmava ter "o *ciclo da exploração do ouro*" impulsionado duas áreas de "*exploração pastoril*": uma no extremo Sul e outra no Nordeste. O impulso decorrente do bandeirismo constituíra um duplo movimento: de atração para as áreas mineradoras, e de propulsão para os sertões do Nordeste e para as planícies setentrionais. Teria sido o "exclusivismo econômico", centrado nas atividades de

mineração que, em seus argumentos, explicava o aparecimento de atividades relacionadas ao abastecimento da população local e ao transporte. O seminomadismo da mineração impedira, em parte, a formação de
zonas agrícolas circundantes, e dera à área mineradora sua conformação
ganglionar e dispersa.[8]

Os paulistas, em suas primeiras investidas pelas áreas auríferas,
perderiam depois boa parte das características originais, suplantados
pela maioria de emboabas, portugueses recém-chegados no início do
século XVIII, trazendo os usos e costumes da sua "raça essencialmente
doméstica". Ganhara forma assim, no entender de Oliveira Vianna, a
"Minas do lume e do pão", íntima e doméstica, "que se reúne em torno
da mesa familiar", uma terra hospitaleira. Ao traçar o perfil dos habitantes de Minas, o autor reforçava seu procedimento de trabalho, dizendo
ter deixado de lado, por lhe faltar conhecimentos diretos, a Minas rural
e a metalífera, a Minas intelectual e política, a Minas dos coronéis. Com
essa escolha acreditou ter desvendado uma característica da "psique nacional", traço mais ou menos presente em todos os brasileiros: um apego ao viver doméstico que absorve e afasta da vida pública e social. Afinal,
fora ao passar por terras mineiras que o viajante francês Saint-Hilaire
concluíra não existir no país sociedade, mas apenas alguns elementos
de sociabilidade. Prevaleceria lá o instinto patriarcal, a dedicação à família, reduzindo os círculos de sociabilidade em franco contraste com a sociabilidade dos fluminenses, manifesta nas visitas, reuniões e bailes.
Até mesmo os jardins públicos e os parques das cidades da região permaneciam desertos, mostrando-se incapazes de arrancar os mineiros
das "comodidades do lar". A vida coletiva era-lhes desconfortável, concluía Oliveira Vianna, e quando reunidos em multidão, ainda assim, em
nada se pareciam com as imagens costumeiras que dessas aglomerações
se faziam. O fundamento do espírito patriarcal, tão acentuado no mineiro, tão evidente no brasileiro em geral, provinha da sua "formação ru-

---

8 Em síntese bastante expressiva, Oliveira Vianna afirma: "a sociedade mineradora não era
   um todo unido e maciço, um *continuum* social; mas, um sistema multivariado de miríades
   de pequenos nódulos populacionais, distribuídos de maneira dispersa por uma imensa
   superfície de exploração, que abrangia todo o território de Minas, o sul e o centro de Goiás,
   o centro de Mato Grosso e o sul da Bahia" (1973, v.II, p.74).

O charme da ciência e a sedução da objetividade

ral", persistente até quando submetido a meios urbanizados, como acontecia em Belo Horizonte (1942, p.30-53).

A extensão territorial dos domínios rurais, imposta pelo tipo de atividade – pastoreio, cultivo da cana e do café –, modelara a propriedade no Brasil até o momento da fixação dos núcleos coloniais de pequenos proprietários rurais criados com os imigrantes europeus no século XIX. Estrutura fundiária e "fisionomia característica do nosso interior rural", fazendo com que, diria Oliveira Vianna, o estrangeiro que pela primeira vez aqui aportasse fizesse dela a imagem de "monótona e solitária grandeza". Léguas sem fim de caminhos sem sinais de vida; estes só aparecem quando se adentra uma fazenda. Aí, prossegue o autor, essa solidão mostrava ser só aparente, pois lá encontraria em sua verdadeira dimensão a população, "o povo ... formigando na faina robusta dos engenhos ou no labor fecundo das lavouras". Isolamento entre as propriedades auto-suficientes por necessidade. Organização autonômica que, segundo ele, determinaria e explicaria também nas empresas estáveis a estrutura "ganglionar" da sociedade brasileira (1973, v.I, p.119-23).

Em um claro contraste entre a intensa vida rural e a precária vida urbana, ele afirmaria também serem "os engenhos do período vicentista uma espécie de pequenas aldeias, mais povoadas do que as pequenas cidades em derredor". Nesse "fervedouro da fabricação do açúcar", uma intensa concentração social reunira "três classes perfeitamente distintas: a família senhorial, os agregados, os escravos". Desse convívio, nasceria o que o autor denominou de "extremo desenvolvimento da solidariedade parental", "a poderosa estrutura da 'gens'", soldada pelos casamentos entre os próprios parentes na família senhorial e pelo círculo de vicinagem restrito e ao desdobramento da família-tronco em grupos circundantes ao domínio ancestral. No trabalho, primeiro o aborígine, cujo caráter indócil, indolente e indomesticável fizera dele o guarda dos currais longínquos e o defensor armado do latifúndio; depois o "negro" dócil, operoso, sóbrio, resistente. Completavam o quadro os agregados, uma "sorte de colonos livres", moradores, vivendo em pequenos lotes aforados e externos a fazenda: "representam", diria Oliveira Vianna, "o tipo do pequeno produtor consumidor vegetando ao lado do grande produtor fazendeiro". Esses agregados, no princípio de "raça branca", mesclar-se-iam com o "transbordo das senzalas, o sobejo da mestiça-gem das fazendas" e acabariam "fundindo-se nessa "ralé absorvente que, um pouco mais tarde, se fará o peso específico da população dos moradores".

As características da ocupação do território brasileiro – a grande propriedade fundiária e sua auto-suficiência, a estrutura clânica das unidades familiares – definiam as bases da estrutura do país, na qual as atividades e a vida rural predominavam sobre a frágil e pouco significa-tiva vida e atividades urbanas. No "século IV", diz Oliveira Vianna, a população está no campo, e "o sentimento da vida rural" formaria a base da psicologia da sociedade. Desfeita a relação entre o viver bem e o es-paço urbano; "a vida folgada e divertida das cidades" ficava esquecida, substituída pela "existência larga e luminosa das estâncias e dos enge-nhos".[9] Os objetos de ostentação cortesã teriam dado lugar ao gado, ca-naviais, cafezais, engenhos e escravaria numerosa, "pelo número de ho-mens de que eles podem dispor". Novamente, a imagem do traço feuda-lizante da grande propriedade rural seria sublinhada pela afirmação de que "a importância social dos grandes senhores" equivalia aos homens armados, uma espécie de exército particular, mantido e obediente ao se-nhor (1973, v.I, p.34-41; 1933, p.68-9).

Meio rural, grande propriedade e gerenciamento das atividades agrícolas e agro-industriais: são esses os elementos que agiam sobre a "mentalidade da raça superior originária", os elementos "arianos" da nacionalidade. Formavam a aristocracia e seus valores, uma vez que, na concepção de Oliveira Vianna, "o meio rural é, em toda a parte, um ad-mirável conformador de almas". Até o ímpeto aventureiro do bandei-rante se extinguira em meio à paz e à civilização propiciada pelo seden-tarismo. Grandes virtudes e formas puras da moralidade não contami-nadas pela instabilidade da vida nos centros urbanos. Homens tempera-dos pelas exigências da vida rural, a estabilidade reclamada pela agricul-tura estendendo-se para a família, formando "relações sociais estáveis,

---

9 As referências para as modificações ocorridas no século XIX, Vianna as retira dos textos de Saint-Hilaire, *Voyage au Rio Grand du Sud*, Oliveira Vianna, *Populações meridionais do Bra-sil*, Oliveira Lima, *D. João VI*.

O charme da ciência e a sedução da objetividade

permanentes e tradicionais". A sociedade rarefeita, de círculo vicinal limitado, o conhecimento recíproco; tudo concorrera para a constituição do "conformismo moral apurado e consolidado". O autor considerou essa uniformidade nos costumes simples e puros "a nota mais enternecedora da nossa vida rural" (Vianna, 1973, V.I, p.52-3).

Em seu texto formava-se a representação estética na imagem bucólica desse viver no campo, onde no isolamento da grande propriedade se modelavam as características da vida familiar, restrita à casa solarenga que reforçava e absorvia o conjunto da vida social. Compunha e completava essa imagem o código ético dessa sociedade baseada na propriedade fundiária. Domesticado em seus ímpetos guerreiros, o colonizador viveria ilhado em seu microcosmo, cujo fundamento moral se instituíra com a "família senhorial", o *pater familia* reinando sobre filhos, parentes e agregados. O poder e a autoridade fazendo dele a figura central e indispensável para a educação dos filhos, que disciplina com rigor, austeridade e rudeza; senhor de toda e qualquer decisão, "dá noivo às filhas", "consente no casamento do filho e lhe determina a profissão", instala perto de si os filhos casados. Só a morte suspendia a "autoridade patriarcal". Ao traçar as características mais autoritárias desse pai todo poderoso, Oliveira Vianna tomou o cuidado de pedir ao leitor que não avaliasse o rigor da educação das crianças no seio da família patriarcal com seus valores de homens do século XX. Poderia parecer de extrema rigidez diante do que, diria ser, "a desorganização dos costumes atuais"; em vez disso, representariam a fonte legítima do respeito entre pais e filhos e entre os cônjuges, os moldes em que se educavam as novas gerações no culto da honradez, dignidade, probidade e respeito. Nada semelhante ao pretensioso "cidadão" (*sic*), o homem das cidades que desmerece com nomes pejorativos o homem do campo, afirmava sentencioso.

Na reconstituição das "qualidades patriarcais", novamente o recurso a uma representação estética concorre para personalizar e reforçar seus argumentos; a nobreza moral colorida com os tons da coragem física das eras cavalheirescas remetia para os tempos em que os desagravos se resolviam pelas armas. O contorno medievalizante da pessoa do aristocrata rural ampliava-se com outros atributos elogiáveis: "respeito pela mulher, sua honra, seu pudor, sua dignidade e seu bom nome". A "honra" atuaria como virtude básica da qual se desdobravam como suas componentes a "fidelidade à palavra dada, a probidade, a respeitabilidade e a independência moral". A descrição de cada uma dessas qualidades honradas refazia a imagem de tempos idos, quando a vontade aristocrática reinava soberana e as pendências entre pares encontravam solução fora do âmbito das leis e dos tribunais, no campo dos combates e dos duelos. A "fidelidade à palavra dada", o primeiro desses atributos, obrigava o fazendeiro a honrar seus compromissos, aos quais "tudo sacrificará", diria Oliveira Vianna, compondo, ainda nesses anos iniciais do século XX, o elo da força e da coesão dos "nossos partidos políticos". A "responsabilidade moral", um sentimento nascido de outro, o da similitude social, o mútuo reconhecimento como iguais, se formava na estabilidade dos "quadros sociais, na fixidez da alta classe rural" apoiada no grande domínio. O medo ao opróbrio público numa situação de imobilidade espacial desenvolvera esse "zelo da palavra dada, a pontualidade na exação dos contratos, a impecabilidade de conduta". O "sentimento de probidade", também ele de origem lusa, se veria reforçado pelo ambiente rural. Do crédito dependia a vida do senhor de engenho, daí a imperiosa necessidade de "correção em matéria de dinheiro", de quitar seus compromissos com comerciantes aos quais comprava "ferro, aço, enxárcias, breu, vela e outras fazendas".

Completava o "florão das qualidades aristocráticas" o "sentimento da respeitabilidade", trazido pela nobreza peninsular e remodelado no meio rural. Oliveira Vianna atribuía o cultivo desse sentimento à posição de destaque, sempre em evidência, do fazendeiro. Constantemente vigiado pela sociedade, ele se obrigava a atitudes discretas e contidas, sóbrias e moderadas, de modo a manter sua ascendência. A posição de chefe de grande número de servidores (empregados, crias, mucamas, pardos, oficiais de ofícios manuais, negros de eito, negros de engenho, feitores, administradores, caixeiros) fazia dele o responsável pela administração doméstica, obrigava-o a uma atitude diária de circunspeção e reserva. Esse conjunto de atributos, considerados pelo autor altamente positivos, cunhara "nosso caráter nacional". Cita uma observação de Saint-Hilaire e conclui: "Desde a nossa vida econômica à nossa vida moral, sentimos, sempre, poderosa, a influência conformadora do latifúndio;

O charme da ciência e a sedução da objetividade

este é, na realidade, o grande medalhador da sociedade e do temperamento nacional"(1973, v.I, p.55-9). Uma vez mais escutamos em eco as palavras de Hyppolite Taine em suas observações sobre serem os "homens superiores" de uma época a melhor fonte de conhecimento de um país, dado "representarem a forma de ser de toda uma nação" (Taine, 1905).[10] Novamente se apresenta a tensão entre modos de vida rural diversos que teriam sido para o autor brasileiro "a matriz do caráter ou do temperamento nacionais" no Brasil.

Tudo aconteceria de forma diversa em meio à plebe rural situada abaixo da aristocracia. Oliveira Vianna se encarregava de explicar a mestiçagem pela "feição varonil e aventureira do contingente luso". "Mestiçaria pululante", o mestiço de branco e indígena ou africano conformava o resultado previsível da presença de lusos solteiros, cuja eugenia, segundo o autor, faria prevalecer mulatos e mamelucos sobre os cafuzos. "Os mestiços são, pois, um produto histórico dos latifúndios", concluía enfático. O desenho que traça desse luso solteiro em sua luxúria alimentada pela sensualidade da mulher negra aproximava-se em tudo dos perfis caracteriológicos desses personagens traçados por Paulo Prado em *Retrato do Brasil*, e Freyre em *Casa-grande & senzala*; já a imagem da mulher indígena parecia saída das páginas de José de Alencar:

> Mergulhado no esplendor da natureza tropical, com os nervos hiperestesiados pela ardência de nossos sóis, ele é atraído, na procura de desafogo sexual, para esses vastos e grosseiros gineceus, que são as senzalas fazendeiras. Essas regurgitam de um femeaço sadio e forte, onde ao par da índia lânguida e meiga, de formas aristocráticas e belas, figura a negra, ardente, amorosa, prolífica, seduzindo, pelas qualidades de caseira excelente, a salacidade frascária do luso (Vianna, 1973, V.I, p.72-6).

Como numa representação invertida, esse luso solteiro assemelha-se em seus usos e costumes, em seus mores, às "classes inferiores", entre as quais predominaria a mancebia, ligação transitória, enfraquecendo a autoridade paterna e impossibilitando a estabilidade familiar,

---

10 Observação já citada no capítulo "A fé na missão política da ciência".

gerando a desorganização, malformando os valores morais.[11] Destituídos de bens, os homens da plebe não se viam impelidos a partilharem os valores enobrecedores. "Homem de saco e botija", como os classifica Oliveira Vianna, "ele emigra com facilidade, à procura de outros climas sociais". Mestiço, carregava no sangue as características de seus componentes raciais, "o tipo do moleque", que tinha, na avaliação dele, uma única influência benéfica em seu meio: estimulava ainda mais os bons modos da nobreza fazendeira (ibidem, p.51-8). Em nenhum momento dessas suas digressões detalhadas, e algo contraditórias, sobre os usos e costumes das populações rurais, consideradas o cerne da população brasileira e matriz da nacionalidade, Oliveira Vianna partiria em busca de informações para além daquelas constantes em relatos de viajantes, escritos seus e de alguns historiadores, na maioria seus contemporâneos, Oliveira Lima e Taunay, em particular. Ainda nas mesmas fontes, encontrou subsídios para, nessa "medula cavalheiresca", particularizar a diversidade de temperamento político: os paulistas, os que mais persistem em seus valores aristocráticos; os mineiros mais democráticos, dado em parte suas origens nos campônios do Douro; os fluminenses, "naturalmente conservadores", sendo "seu liberalismo mais intelectual do que sentido" (ibidem, p.58-9). Refazia por meio desses caminhos cruzados a volta para a importância de se conhecer as peculiaridades de cada região.

Até mesmo quando salientava existir um forte denominador comum na população brasileira, a ele contrapunha as características específicas dos diferentes núcleos espalhados pelo território nacional, confirmando sua tese do regionalismo e a hipótese inicial sobre sermos

---

11 Essa versão parece o avesso inclusive da avaliação geral do homem brasileiro que consta de *Pequenos estudos de psicologia social*, na qual afirma subsistirem "na alma singela do nosso povo" as "fortes e sóbrias virtudes dos nossos antepassados". Vianna convida o leitor a percorrer "o país de norte a sul, dos litorais aos sertões; e [ver] ainda e sempre, por todo ele, na sua gente, o mesmo natural recolhido e grave ... a mesma prudência medida e inteligente; a mesma hombridade sem alardes; ... a mesma rusticidade de hábitos, a mesma despreocupação da sociabilidade, o mesmo amor da solidão e do isolamento". Em nota de pé de página, o autor atribuía ao tom otimista dessas suas palavras a intenção manifesta de combater o ceticismo reinante nos meios políticos brasileiros num momento em que muitos consideravam estar o caráter nacional em crise de dissolução (1942, p.21).

O charme da ciência e a sedução da objetividade

"um descontínuo ganglionar", e sua preocupação em mapear essas diferenças.[12] Afinal, sobre este pressuposto se estruturava a crítica a autores que, como ele, se opunham ao estado federativo e às instituições liberais, mantendo, entretanto, a crença na possível e futura unidade do povo brasileiro, povo que, para ele, inexistia de forma unitária e homogênea. Considerava mesmo ser este o grande erro dos críticos do liberalismo anteriores a ele, pensadores que opunham à ambígua "abstração de um sujeito universal", a suposição improvável da uniformidade do "povo brasileiro", quando, na verdade, pensava ele, "nossa consciência nacional informe", coerentemente decorria da "nacionalidade incoesa, desarticulada". Dizendo discordar de análises "simplificadoras" ou negadoras das diferenças constitutivas da sociedade brasileira, buscou confirmação para suas hipóteses iniciais de pesquisa – a de sermos "nós, povo de transplante, em cujo solo confluem tantas raças exóticas" –, de modo a enfatizar a total inadequação das instituições liberais para a finalidade de organizar a vida de uma população incapaz de se reconhecer com identidade una, desprovida, portanto, da consciência e do sentimento de ser brasileiro (1973, v.I).

Voltava, assim, a seu ponto de partida, afirmando o duplo significado de seus trabalhos. Se, por um lado, o problema do descompasso entre direito escrito e direito costumeiro se impunha para o país como questão de ordem interna e política, dado ser um "formidável problema prático" ..., "fundamental para a orientação dos nossos destinos", por outro, desdobrava-se em uma dimensão mais ampla, que decorria do fato de "o estudo de nossa gênese e evolução", tão peculiar, poder contribuir para "a obra comum da ciência" (1942, p.29-32). Oliveira Vianna fechava com esse raciocínio o círculo que iniciara ao denunciar a inadequação para o Brasil de instituições e leis liberais, fruto de um idealismo malfazejo, distantes dos usos e costumes do povo, de sua cultura, da dinâmica de sua "evolução histórica". Abria também espaço para propor

---

12 Ao remeter sua opção metodológica a Le Play e sua "Escola de Ciência Social" (*Société de Economie Sociale* em francês), recorta uma citação de Desmolins, em que enfatiza que se deve prestar atenção às diferenças e não às semelhanças entre os tipos humanos. In: *Les Français d'Aujour d'Hui*, p.449, citado em *Instituições políticas brasileiras* (1974, v.I, p.82).

leis que reconhecessem no direito costumeiro a base correta e excludente, com vigor e possibilidade de oferecer as coordenadas para a elaboração de cartas constitucionais aplicáveis com sucesso ao país.

O bacharel e professor de Direito, o jurista apegado aos princípios do direito costumeiro, deslocara, coerentemente, seu foco de análise para a análise sócio-histórica, no intuito de confirmar sua convicção inicial contrária à organização liberal do Estado instaurada pela Carta republicana de 1891. A avaliação das condições da população brasileira vinha somente confirmar, como um estudo de caso a mais, outra convicção sua, a de que só a objetividade das Ciências Sociais poderia, com o mapeamento da organização social e dos usos e costumes, oferecer uma base sólida para leis adequadas ao país; dessas leis sairiam um país integrado e um povo coeso, com identidade própria reconhecida no âmbito internacional. Sem dúvida, uma aposta nos métodos da ciência e no autoritarismo inerente ao procedimento acadêmico por ele proposto. As ciências sociais, contribuindo para forjar a imagem romântica da nacionalidade, passavam necessariamente pela história e pela noção de "raça".

Seria próprio dessa concepção romântica de propensão historicizante aglutinar, segundo Jacob Guinsburg, "as sociedades em mundos, comunidades, nações, raças que têm antes culturas que civilizações, que secretam uma individualidade peculiar, uma identidade não de cada indivíduo mas do grupo específico, diferenciado de quaisquer outros" (1987, p.15). A certeza de que as culturas secretam uma individualidade própria corresponde exatamente à idéia obsessiva em Oliveira Vianna da necessidade de enraizamento da população, do sentir-se brasileiro. Ora, na impossibilidade desse sentimento secretar do solo brasileiro como substância espontânea, dado o original e específico processo de formação da sociedade, a opção por outro caminho, o do intelecto, se impunha. Caminho, sem dúvida, reservado a poucos. Em termos da conformação da sociedade, a obsessão pela internalização do sentimento passaria, coerentemente, antes pelo próprio intelectual, cujo primeiro dever seria a "nacionalização de suas próprias idéias". Ou seja, como vários intelectuais antes e depois dele, Oliveira Vianna forjou para si a auto-imagem de que carregaria em sua mente a pesada herança que vi-

O charme da ciência e a sedução da objetividade

nha acompanhando "o processo de transformação do intelectual brasileiro num nativo em sua própria terra": deveria primeiro reconhecer, mediante processos racionais, seu próprio "desterro intelectual", como sugere Mariza Corrêa (1998, p.22).

O enraizamento pressupunha, aliás, um trabalho prévio quase arqueológico, a descoberta de camadas sobrepostas de história, essa matéria volátil e, no entanto, impressa na própria população, na qual raças diversas, o meio tropical e determinações externas teriam moldado um país diversificado, de cultura informe e instituições disparatadas. Em suma, Oliveira Vianna, como outros intelectuais seus contemporâneos, faria da "sociedade brasileira" um problema que cabia a ele, melhor dizendo, a eles, e só a eles, resolver, uma vez que a tarefa estaria no âmbito do saber erudito. A adesão a pressupostos científicos carreava para o domínio em que situaram seu "problema" a chancela do saber especializado, da objetividade, indispensável para que se estabelecesse a relação sujeito – objeto de conhecimento. Traduzia-a na afirmação sempre repetida em seus estudos da correlação, mas não da identidade, entre os fenômenos da natureza e os fenômenos sociais; ou de uma mesma lógica inerente a ambos. Nessa escala de prioridades, caberia ao Direito, como disciplina acadêmica, submeter-se às conclusões de outras disciplinas sobre os fenômenos sociais.

Povos, raças e etnias

> Os problemas da raça, as leis que regem a sua biologia,
> a sua psychologia e sua historia – é minha convicção
> cada vez mais forte – só poderão encontrar solução na América.
> Se Lapouge, ou Gobineau, em vez de operarem sobre
> materiaes europeus, operassem sobre materiaes americanos, as
> suas construcções theoricas, hoje tão facilmente desmontáveis,
> teriam certamente outra solidez e outra duração.
>
> Oliveira Vianna (1927)[13]

---

13 "Raça e psychologia differencial", *Correio da Manhã*, 8.5.1927, Fundação Oliveira Vianna, Reg. n.1073.49.

Maria Stella Martins Bresciani

> O tipo psicológico do brasileiro não pode
> deixar de oferecer uma enorme variedade. ...
> mais difícil ainda é determinar o seu tipo antropológico.
> Oliveira Vianna (1933, p.104)

> ...é lei antropológica que os mestiços herdem com mais
> freqüência os vícios que as qualidades dos seus ancestrais.
> Oliveira Vianna (1973, v.I, p.110)

> A anthropologia pela anthropologia é tão
> absurda como a arte pela arte.
> Calvertton apud Vianna (1934, p.90)

A seqüência de citações expressa a íntima correlação entre a fisiologia e a psicologia na conformação das raças aceita por Oliveira Vianna. A importância prática conferida à Antropologia como Ciência Social, capaz de unir os resultados obtidos por elas na explicação das evidências e de sugerir procedimentos para uma política direcionada à população brasileira, parece ter sido convicção bastante disseminada entre os estudiosos dos anos 1920 e 1930. Sérgio Buarque de Holanda, ao justificar "o insucesso da experiência holandesa no Brasil", não hesitou em recorrer à "opinião hoje generalizada entre antropólogos eminentes de que os europeus do Norte são incompatíveis com as regiões tropicais". Corrobora sua adesão a essa opinião corrente com a seguinte afirmação:

> O indivíduo isolado – observa, e provavelmente com razão, uma das maiores autoridades no assunto – pode adaptar-se a tais regiões, mas a raça, essa decididamente não; à própria Europa do sul, ela já não se adapta.[14]

Não surpreende e na verdade não configura caso isolado que, em mergulho pelas camadas da história à procura das raízes identitárias da sociedade brasileira, Oliveira Vianna tenha enveredado por teorias antropológicas. Na trilha de outros estudiosos, dava prosseguimento ao trabalho de precisar as diferenças internas à população, de modo a, em

---

14 A citação é de Eugen Fischer (1927). Está na p.37 de *Raízes do Brasil* (1936). Na quinta edição, de 1969, a afirmação é mantida e reforçada por outro autor, A. Grenfell Price, em *White Settlers in the Tropics* (Nova York, 1939, p.34-5).

O charme da ciência e a sedução da objetividade

meio à diversidade, localizar um possível denominador comum.[15] Os procedimentos particulares da antropologia apresentavam-se, acreditava, como os mais adequados ao estudo das "raças", uma das chamadas "forças íntimas", item sem dúvida estratégico em seus argumentos para que se estabelecessem as características diferenciadas das populações, em particular nos países de formação colonial.

Nesse domínio, encarava o Brasil como um "vasto campo de fusão de raças ... centro de convergência de três raças distintas, duas das quais exóticas". Diria até, em tom categórico, que "em nenhum outro povo a origem étnica há provindo da mistura de raças tão diferentes". Para ele, os "caldeamentos étnicos" seriam tão singulares e profundos em todo o território brasileiro que tornavam imperativo enfrentar a árdua tarefa de destrinchar como cada uma das raças formadoras, trazendo uma "estrutura antropológica própria e uma constituição psicológica específica", teria interferido na "formação do nosso povo e na constituição dos caracteres somáticos e psicológicos dos nossos nacionais" (Vianna, 1933, p.123). Com essas questões, retomava em *Evolução do povo brasileiro* (1923), na perspectiva da "evolução da raça", uma questão que, entreaberta em *Populações meridionais* (1920) como "etnologia das classes rurais", seria objeto de análise detalhada em *Raça e assimilação* (1932). Um outro estudo, *História da formação racial no Brasil*, programado para depois de *Instituições políticas brasileiras*, só seria realizado em parte.[16] Enveredar

---

15 Márcia Naxara refaz parte desse percurso no já citado *Estrangeiro em sua própria terra: representações do brasileiro – 1870/1920* (1998). Acompanha a indicação de Antonio Candido na sugestão de que os primeiros ensaios nessa direção teriam sido feitos pela literatura (cf. p.76). Também Ana Maria Medeiros da Fonseca analisa em sua monografia de mestrado, *Das raças à família: um debate sobre a construção da nação* (1992), vários autores que em diferentes disciplinas buscaram compatibilizar a "heterogeneidade racial" à formação de uma população una.

16 Oliveira Vianna anuncia em *Instituições políticas brasileiras* a intenção de se deter nesse estudo, construído sobre os eixos "raça" e "clima", o qual constaria de quatro partes: Raça e seleções étnicas; Raça e seleções telúricas; Mobilidade social; Antropo-sociologia das elites. Na quarta edição, em 1959, de *Raça e assimilação*, há notas de Hélio B. Palmier e Marcos A. Madeira sobre a próxima edição dos dois primeiros volumes pela Editora José Olympio, novamente anunciados como prelo pela Record, em 1974. Anunciaria também a *História social da economia*, em dois volumes, economia capitalista e economia pré-capitalista, publicados postumamente e inacabados pelas editoras Itatiaia/UFF em 1987.

pelos tortuosos caminhos do elogio ao arianismo luso, especialmente o da "raça dos bandeirantes", e da valorização da tendência de "branqueamento" da população brasileira, em *A evolução do povo brasileiro*, custou-lhe críticas até de autores que concordavam com muitas de suas idéias. Esse seria, pois, um ponto por ele mesmo considerado delicado e de difícil aproximação, embora acreditasse ser, sem dúvida, crucial para se entender a sociedade brasileira.

Somente em *Raça e assimilação*, de 1932, estabeleceu a diferença entre as noções de "raça" e "etnia", afirmando ser o tema: "um privilégio todo nosso", uma vez que "os fenômenos da Raça mostram-se aqui em estado de elaboração contínua", e de modo todo especial para os estudiosos; "tudo é como se estivéssemos observando numa retorta as fases de uma reação química". Retomava de Taine a valorização positiva da contemporaneidade entre o fenômeno observado e o observador, o que significava contar com o privilégio de comprovar a análise por meio da experiência. Seu cuidado na diferenciação das noções de raça e etnia se inscrevia na crítica às "teorias igualitaristas" desenvolvidas nos centros latinos e eslavos como reação às teorias da superioridade da "raça ariana" dos antropologistas, tais como Gobineau, Woltmann, Lapouge e Ammon, que teriam incorrido no erro de pensar a "psicologia étnica" como "psicologia da raça considerada como tipo zoológico" (Vianna, 1934, p.15-29).

Para ele, os pesquisadores europeus envolvidos no debate teriam se apegado a ultrapassados e "errôneos princípios universais". Sublinhava, nesse sentido, a necessidade de esclarecer "a confusão trazida à compreensão da psicologia das raças pela noção de 'raças nacionais' e de 'raças históricas'", recobrindo com a genérica noção de raça "a psicologia diferencial de 'povos' ou mais propriamente de 'etnias'". "Raça inglesa, raça francesa, raça alemã, raça italiana": denominações que, para ele, caracterizavam "os atributos diferenciais da mentalidade coletiva de cada um desses povos nacionais", porém, não os das diferentes raças que teriam entrado na sua composição. A confusão, ele a atribuía à má compreensão acerca dos componentes de cada povo, dado os métodos de "análise antropológica diferencial" não disporem, até pouco tempo, dos recursos das "pesquisas antropométricas". Em grande parte, suas críticas se endereçavam a pesquisadores como Gustave Le Bon e Alfred

O charme da ciência e a sedução da objetividade

Fouillée, que mesmo quando se ressentiram, como Fouillée, de ver a França excluída do seleto grupo ariano, mantiveram-se restritos ao campo conceitual que não diferenciava "a composição étnica das nacionalidades européias da psicologia de suas raças formadoras".[17]

Oliveira Vianna iniciava assim um percurso por região complexa e controvertida, já bastante explorada por estudiosos de diversas formações acadêmicas interessados, tanto em delinear a intricada tessitura da produção literária, como Silvio Romero, ou em compreender o complexo entrelaçamento de tipos antropológicos na composição da população, no caso Euclides da Cunha, quanto em estabelecer os nexos entre raça e comportamentos desviantes, na perspectiva médica e criminal, com Nina Rodrigues e Oscar Freire na medicina legal. Assim, embora deplore, em 1932, o desinteresse pelos estudos raciais, interrompendo no Brasil, acreditava, um fecundo e necessário campo de pesquisa, as citações de trabalhos de autores seus contemporâneos em *Raça e assimilação*, na primeira edição, e os acréscimos nas posteriores, mostram estarem ativas as pesquisas nesse campo.[18] Encontram-se, logo nas páginas iniciais, citações de Nina Rodrigues em *As raças humanas e a responsabilidade penal no Brasil*, de 1894, mas também de *Os africanos no Brasil*, escrito em 1905, mas publicado somente em 1933; de Roquette-Pinto, em *Seixos rolados*, de 1927, e ainda deste um capítulo dedicado à análise crítica de *Ensaios de antropologia brasiliana*, de 1933, incorporado, nesse mesmo ano, entre as notas complementares da segunda edição (Roquette-Pinto, 1933).

Também as aulas de Afrânio Peixoto na Faculdade de Medicina do Rio de Janeiro, em 1917, cujas notas seriam publicadas em 1938 por insistência de discípulos e amigos, indicam a persistência do tema nos meios acadêmicos no Brasil (1938). Afinal, nos anos 1920 e 1930, a ques-

---

17 Os trabalhos desses autores citados são: Le Bon (1905) e Fouillée (s.d.), aos quais poderíamos somar, Fouillée (1898).

18 Oliveira Vianna relaciona em *Raça e assimilação*, "naturalistas como Batista Caetano e Batista Lacerda, médicos como Moura Brasil, Érico Coelho, Jansen Ferreira e principalmente Nina Rodrigues" (p.16). Sobre esse tema, o estudo de Mariza Corrêa, já citado, é fundamental, seja pelas informações sobre esse complicado entrelaçamento de "ciências", seja pela posição crítica em relação à explicação dos desacertos brasileiros estarem assentes nas "idéias fora do lugar", teoria ainda corrente nos trabalhos acadêmicos de várias disciplinas.

249

tão da nacionalidade e dos nacionalismos estava em plena ebulição. Ou como ele próprio colocaria em 1945 por ocasião da segunda edição de *Problemas de política objetiva*: "este livro é reeditado sob uma atmosfera de agitações políticas e ideológicas idênticas à da época climatérica em que foi editado: em 1930".[19] Beneficiava-se o autor de extensa produção interessada em encontrar um caminho para pensar a heterogeneidade da população brasileira, na qual estavam em jogo, afirmava, questões fundamentais para o país, que iam desde a (im)possibilidade de um código penal único para todo o território, até a unidade nacional, passando pela difícil definição de um padrão racial que pusesse o Brasil ao lado das grandes nações do mundo (Fonseca, 1992).[20] Raças superiores e raças inferiores?

Oliveira Vianna diria não colocar a questão nesses termos: "não é esta a ocasião mais oportuna para discutir se há raças superiores e raças inferiores. Estou mesmo convencido de que a superioridade de uma raça é função do 'momento' histórico, podendo uma mesma raça mostrar-se superior num dado 'momento' e, em outro, revelar-se inferior". Relativizando as críticas dos que temiam um alinhamento do tema das raças a posições européias em defesa da superioridade da "raça branca", ele procurava deixar claro: "minha tese é outra. Eu não me preocupo com afirmar propriamente a inferioridade ou a superioridade desta ou daquela raça ... O que afirmo é que as raças são *desiguais*. Desiguais num sentido apenas da maior ou menor freqüência em tipos de temperamento e em tipos de inteligência. ... a minha tese é essencialmente biológica"(1934, p.177). Afirmação, sem dúvida, ambivalente entre biologismo e cultura, se lembrarmos sua aposta na "evolução" do Brasil no sentido da "civilização", ou em outras palavras, da "arianização".

No recorte temático das raças e etnias, orientava novamente seu plano de estudos para o aspecto pragmático do conhecimento da socie-

---

19 Wilson Martins apresenta parte importante desse "esforço intelectual do Brasil" para conhecer a si mesmo e formar opinião pública interessada e informada sobre o país, e a intensa participação de médicos em campanhas de saneamento, entre iniciativas também no campo acadêmico, no citado v.VI (1915-1933) de *História da inteligência no Brasil* (1978, p.288 ss.). Ver também Daniel Pécaut (1990) e Carlos Guilherme Mota (1977).

20 Em sua monografia, infelizmente não publicada, Medeiros Fonseca apresenta um amplo painel da discussão em torno da questão raça-família-nação.

O charme da ciência e a sedução da objetividade

dade como condição prévia para a formulação de um projeto político de integração nacional. Havia também o que considerava a efetiva contribuição que esses estudos poderiam trazer para o campo da antropologia, uma vez que, do seu ponto de vista, a "análise social científica" dispunha de situação privilegiada no Brasil, pois se tratava de "um país jovem", onde as diferenças se mostravam nítidas, e "os fenômenos resultantes dos contatos étnicos, não só no ponto de vista das culturas, como relativo aos cruzamentos, apresentavam uma evidência, uma visibilidade, uma clareza que feriam o olhar dos mais inexperientes observadores". Demonstrando nítida contrariedade pelo desserviço dos que chamou de "pregoeiros do 'pangermanismo', do 'nordecismo', do 'anglo-saxonismo'", e a decorrente proclamação da doutrina da superioridade das raças germânicas, "chocantes do orgulho nacional de vários povos civilizados", o autor sublinharia, em *Raça e assimilação*, a importância dos estudos da formação racial no Brasil. O movimento de repulsa a essa teoria gerara, segundo ele, uma opinião oposta e radical, que sustentava, por sua vez, "a *igualdade de todas as raças*". Para Oliveira Vianna, o prejuízo maior dessa querela entre europeus ficara para os países como o nosso, nos quais "o encontro das diversas raças humanas, vindas da Europa e da África", situava-se no curto horizonte de 400 anos. Países de formação recente, portanto, plenos de contatos entre várias etnias, povos "tão preciosos para os estudos de biologia da raça, quanto os climas tropicais o são para as pesquisas sobre a febre amarela e a malária". A posição adotada – observação *in loco* que acompanha o fenômeno em seu desenvolvimento –, repetia Taine na avaliação dos acontecimentos franceses do final do século XVIII, ao comparar o Brasil a um laboratório exemplar para "os fenômenos da raça. Nós os temos, por assim dizer, sob as nossas vistas, visíveis a olhos nus..." (Vianna, 1934, p.18-9).[21]

Muito embora a ampliação dos quatros teóricos desse lugar à valorização do diferente e da diferença, se manteve pouco questionado, em suas análises, o preconceito plurissecular sobre a superioridade da "raça

---

21 cf. Taine: "Elles (les forces intimes) sont sous nos yeux... Par un bonheur singulier, nous apercevons les hommes eux-mêmes, leur dehors et leur dedans. Les Français de l'Ancien régime sont encore tout près de nos regards". *Les Origines de la France Contemporaine* (1986, Prefácio, p.5).

branca" e da cultura européia extensiva aos Estados Unidos. Em vários momentos, Oliveira Vianna deixaria claro não ser a antiguidade de um povo o fator determinante e suficiente da superioridade cultural, mas um conjunto de fatores, neles sobressaindo as características mesológicas da região na qual se instalava.[22] O transplante da cultura não ocorreria nunca sem alguns transtornos.

O meio, a raça e o momento – pessoas inseridas em meios diversos, componentes genéticos atuando nas entranhas da população, o tempo em seu lento e previsível desenvolvimento – são noções básicas que exigiam, contudo, definições precisas sempre balizadas pelas "modernas" correntes teóricas. Esse é o argumento básico defendido por Oliveira Vianna e justificativa para as pequenas correções de trajetória e atualização de sua inserção no debate teórico internacional. A teoria da história encontrava guarida no campo da Antropologia. Imerso no amplo e conflitado **fundo comum** das teorias científicas e procedimentos de análise, o autor recolhia os elementos que lhe propiciavam apoio acadêmico à evidência e ao **lugar-comum** da diferença das raças. Afinal, a sugestão de que a história e a sociedade brasileira se explicavam pela forma de inserção das três raças nas circunstâncias sob as quais se desenvolveram e viviam, datava de pelo menos 1843, quando Martius definira em trabalho para um concurso do Instituto Histórico e Geográfico do Brasil[23] (1844, p.388-411) uma diretriz para a escrita da história do Brasil. Ela vinha servindo de eixo de análise nos estudos de diversos historiadores e, se lembrarmos Gilberto Freyre em *Casa-grande & senzala*, continuou servindo de orientação a outros trabalhos na década de 1930.

A despeito de merecer a atenção de profissionais de diferentes áreas, os estudos referentes a questões raciais tinham forte inserção nos do-

---

22 A importância das características raciais está presente, com variações de ênfase, em todo o trabalho de Oliveira Vianna. Ainda em *Instituições políticas brasileiras*, o assunto merece destaque em relação à "estrutura do Estado" e a "sociedade", quando o autor demonstra o lento processo de "seletividade da cultura superior" impondo-se à inferior e eliminando-a. Fala de "restos ou manchas de cultura negra ainda não 'deglutidas' pela cultura ariana" (p.107-8).

23 Lílian Schwarcz comenta o concurso promovido em 1844 pelo IHGB do qual Von Martius foi o vencedor em *O espetáculo das raças: cientistas, instituições e questão racial no Brasil – 1870-1930* (1993, p.112).

O charme da ciência e a sedução da objetividade

mínios pouco definidos da Etnologia, da Antropologia e da Psicologia Social. Compreende-se, dessa maneira, a importância conferida por Oliveira Vianna aos procedimentos da Antropologia e da Psicologia Social em *Raça e assimilação*, nos anos 1930.[24] A ênfase na dimensão psicológica seria mesmo a mais presente em seus trabalhos, diferentemente de outros especialistas dedicados ao estudo das raças no Brasil, entre eles, Nina Rodrigues, que só mais para o final de sua vida concedeu o primeiro plano à psicologia em suas preocupações (Corrêa, 1998, p.140-1).

A noção de raça esteve presente em estudos posteriores de Oliveira Vianna, ainda que minimizada em sua importância; ocupa lugar de relevo na discussão conceitual das noções de cultura e panculturalismo em *Instituições políticas brasileiras*, no qual afirmou estar "em moda a famosa teoria da 'cultura'" como explicação "da vida e da evolução das sociedades humanas". Nesse sentido, lamentava nesse texto, já na segunda metade dos anos 1940, o abandono das noções de "meio físico" (de Buckle e Huntington) e de "raça" (Gobinneau, Lapouge, Chamberlain e Wiltmann), muito embora criticasse esses autores por terem transformado essa última noção em "causa única e exclusiva da civilização".

Apoiado em Ralph Linton, confirmaria sua recusa do pressuposto "da *unidade fundamental da espécie humana* e o da *igualdade psíquica de todas as raças*", acentuando que considerava inegável importância dos "fatores fisiológicos, temperamentais e hereditários (raciais)", confirmando sua convicção quanto à "extrema variabilidade ... ou tipos de temperamentos, ... de inteligência, ... e de personalidade, em suma".[25] Em longa digressão sobre a atitude crítica de Linton em relação à teoria culturalista, da qual partira o etnólogo, mostrou ter esse autor reconhecido a "influência dos *fatores hereditários* sobre a 'cultura' das sociedades". Para Oliveira Vianna, esse reconhecimento "de *aptidões congênitas e hereditárias dos grupos étnicos*", mesmo primitivos, abrira "uma enorme brecha na solidez do postulado fundamental da escola culturalista" e na Antropo-

---

24 Impossível minimizar a aceitação de público desse livro, que mereceu três edições muito próximas, 1932, 1933 e 1938. Utilizo a quarta edição de 1959, portanto, publicação póstuma.

25 O trabalho de Ralph Linton citado por Vianna é *Culture and Personality*, de 1945, na versão em espanhol, do México, no mesmo ano.

logia norte-americana, e representaria um passo importante na aceitação do "papel da raça ... na gênese e transformações das sociedades". "A ciência confessa que tudo se encaminha para uma explicação múltipla, eclética, conciliadora: Raça + Meio + Cultura. Com esses elementos é que ela está recompondo o quadro moderno dos 'fatores da Civilização'", proclamava ao final, sublinhando a correção do caminho que vinha percorrendo, desde 1920, em *Populações meridionais do Brasil*, até *Problemas de direito sindical*, em 1943. Recorrendo a uma nomenclatura atualizada, Oliveira Vianna voltava a confirmar seus pressupostos básicos: "o meio antropogeográfico (*clima e solo*), os fatores biológicos e heredológicos (*linhagem e raça*) e os fatores sociais (*cultura*)" (1974a, p.66-72).

Parte crucial do passado da população brasileira relacionada à sua composição racial fora capítulo importante, pelos desdobramentos posteriores, de *Populações meridionais do Brasil*, e uma das três partes de *Evolução do povo brasileiro*, dois dos primeiros estudos do autor. A heterogeneidade evidente na presença de brancos europeus, negros africanos e índios autóctones complicava-se, segundo o ponto de vista do autor, pela heterogeneidade interna a esses vários grupos (1933, p.107 ss.). Se índios e negros mereceram a qualificação de "raças inferiores" sem qualquer referência a fontes teóricas e a informações que justificassem essa classificação, o quadro da composição do povo português cobria-se com as nuances da lenda e das teorias filosóficas setecentistas: iberos do ramo chemita, árabes com o ardente sangue semita, celtas, romanos e gregos detentores da espiritualidade e sensibilidade da gente mediterrânea, godos e suevos de índole germânica. Composição heteróclita responsável pela sensibilidade e inteligência, mas também pelo específico tipo antropológico, dizia Oliveira Vianna, desse grupo mesclado no decorrer dos séculos. Embora complexa em sua composição, permitia distinguir, "ao abrir-se o ciclo dos descobrimentos, dois grupos entre os portugueses: um, louro, alto, dolicóide, de hábitos nômades e conquistadores; outro, moreno, de pequena estatura, dolicóide ou braquóide, de hábitos sedentários e pacíficos".

A partir das características dos dois grupos, Oliveira Vianna estabeleceu uma hierarquia social, conferindo aos "elementos dolicóides e

O charme da ciência e a sedução da objetividade

louros" preponderância "na classe aristocrática, ou seja, na nobreza militar e feudal da península". A eles debitava a obra da reconquista ibérica e da colonização das terras descobertas, e "os elementos morenos, dolicóides ou braquóides, mais numerosos nas classes média e populares".[26] Com as características de cada um dos grupos, o autor explicava a quase absoluta preponderância atual do homem moreno e baixo entre os habitantes de Portugal, uma vez que, como explicava, a mãe-pátria fora desertada pela parcela alta e loura da população que, por suas qualidades guerreiras e desbravadoras, teria se aventurado na empresa de colonização.

A representação da composição racial da população portuguesa, elaborada por Oliveira Vianna, colorida pelo mito "do brilho e do estrondo das armas nas guerras e cruzadas contra a ignomínia sarracena", foi de grande relevância para a definição da origem aristocrática do contingente que aqui se instalara nos primórdios da colonização, formando "nossa aristocracia rural".[27] Somente numa segunda leva, continuava, o tipo moreno e baixo, "sedentário e de costumes patriarcais", teria vindo completar a obra dos "intrépidos desbravadores" (ibidem, p.109-11). Os argumentos de Oliveira Vianna atingiriam o paroxismo das representações imaginosas ao entretecer informações colhidas nos cronistas de época e em genealogistas com o que chama de "suposições razoáveis".[28] Em apoio de seu argumento, lançou mão também de um relato do historiador Taunay sobre a descoberta do túmulo de Fernão Dias Paes Leme quando das escavações realizadas na velha igreja de São Bento, em São Paulo, onde, perto de um fêmur agigantado, foram encontrados pedaços

---

26 Em nota introdutória à segunda edição de *Evolução do povo brasileiro*, Oliveira Vianna defende-se das críticas ao destaque dado ao tipo ariano, em especial no que dizia respeito à composição das bandeiras paulistas e sua importância para a conformação do território nacional, dizendo já ter superado a fase em que partilhara essa crença, e não ser esse um elemento fundamental em sua interpretação da história do país.

27 O tema já foi tratado no item anterior. Ver *Populações meridionais do Brasil* (1973, v.I, cap.1).

28 No *Addendum* já citado a *Populações meridionais do Brasil*, Vianna referiu-se às críticas que recebera por utilizar como fonte a *Nobiliarquia Paulistana* de Pedro Tacques, um "fabulista imaginoso", segundo eles. Defendeu-se e dizendo que mesmo eliminada a opulência dos primeiros paulistas, sua conclusão sobre a tendência ruralizante da aristocracia nos séculos XVII e XVIII não seria desmentida (p.295).

de um crânio ao qual se aderiam restos de cabeleira ruiva, "de indivíduo branco, indubitavelmente" (p.112-7).

À complexidade das levas dos colonizadores viera somar-se a dos componentes da população aborígine; são tupis bronzeados e tapuias, cuja tez clara enchera de espanto um viajante inglês do século I e levara o português Pero Lopes a tecer elogios às mulheres tupinambás, "alvas e mui formosas". Os relatos diziam existir entre a população da terra indígenas pacíficos e dóceis, mas também relacionava os guerreiros e os intratáveis; os que pela civilização superior revelariam qualidades intelectuais e aqueles que nem o estágio da "organização social das aldeias" haviam atingido. Enfim, "é revolto e confuso o caos étnico" do aborígine nas terras brasileiras, concluía Oliveira Vianna (p.117-9). Caos profundamente acentuado pelas levas posteriores dos tipos africanos, cuja diversidade "é desconcertante", dizia, passando a relacionar uma série longuíssima de tribos originárias, que lado a lado com os negros "yebú", "cassange" e "haussá", donos da "fealdade repulsiva dos tipos negros puros", alinhava "mina", "fula" e outros mais, "de grande beleza pela proporcionalidade das formas, pela suavidade dos traços, pela esbelteza da estatura, pela cor mais clara e pelos cabelos menos encarapinhados". Impressas nos caracteres morfológicos diversos vinham também as diferenças de temperamento, inteligência, moralidade e atividade; responsáveis pelas características do mulato, essa mescla de branco com negro, e dos "cafusos, caborés ou carijós", mistura do negro com o mameluco, dando origem aos "tipos antropológicos poliformes"(p.119-21). Nessa imensa e rica gama de variedade, resultava impossível definir um tipo único e nacional, sentenciava Oliveira Vianna.

A geografia e o meio social modelam corpos e almas

> Brasileiro é o negro; brasileiro é o índio; brasileiro
> é o branco das diversas raças aqui confluentes;
> brasileiro é o mestiço indo-árico, é o mestiço afro-árico,
> é o mestiço indo-negro, é o mameluco, é o mulato,é o cafuzo. ...
> Qual deles representará o nosso tipo antropológico nacional?

O charme da ciência e a sedução da objetividade

> Todos eles e nenhum deles: daí a impossibilidade
> de um tipo único.
> Oliveira Vianna[29]

> O tipo psicológico do brasileiro não pode deixar, como se vê,
> de oferecer uma enorme variedade; cada raça tem a sua
> psicologia própria e, dentro de cada raça, cada grupo ou tribo,
> em que ela se divide. Cada um desses grupos, ou puros,
> ou cruzados, traz ao conjunto da massa nacional uma
> sensibilidade própria, uma intelectualidade própria, em suma,
> sentimentos e idéias, tendências e aspirações específicas;
> de maneira que, na sua totalidade, a massa nacional se move,
> segundo um conjunto de forças muito complexas,
> nem sempre convergentes e harmonizadas.
> Oliveira Vianna (1991)

Sempre atento à força modeladora do meio, Oliveira Vianna preocupou-se, em seguida, com a distribuição geográfica das três raças, cuja diversidade e dispersão resultara em tipos étnicos regionais. Com base em informações de viajantes e autoridades governamentais de época, Balthasar Lisbôa, Ayres Maldonado e Morgado de Mateus, traçou um quadro da rota da ocupação das terras pelos portugueses nos inícios da colonização: na Amazônia primeiro, onde o índio seria dócil, descendo depois para as áreas de mineração, atraídos pelo metal precioso e sempre nas cidades maiores, Rio de Janeiro e Recife, centros onde se instalavam os sem lugar nas propriedades rurais, núcleos, aliás, de "alto coeficiente ariano e eugenismo", lembrava. Os índios, desde sempre espalhados por todo o território, se veriam empurrados das faixas agrícolas e zonas de mineração por brancos e negros, mantendo as antigas práticas extrativas e o pastoreio no norte e sul da colônia.[30] No caso do negro, dois movimentos – um em torno das faixas agrícolas e outro nas

---

29 "O tipo brasileiro e seus elementos formadores", in *Ensaios inéditos*, 1991, p.15-6 e 26. Embora não esteja datado, o texto recorre a *Relatórios da repartição de estatística do Rio Grande do Sul* e a *Mensagem presidencial*, do ano de 1921.

30 Em seus estudos sobre a maneira como os vários segmentos étnicos se dispõem sobre o território, Oliveira Vianna procede de maneira semelhante à de Halbawchs em *Morphologie sociale* (1938), em seus capítulos sobre os processos migratórios e os estímulos a esse constante movimento mantido pela humanidade desde tempos imemoriais (cf. caps.3 e 4). Um dos pontos comuns aos dois autores pode ser o geógrafo Ratzel, cujo livro *Anthropogéographie* foi citado pelo autor francês (p.85 ss.).

áreas de mineração – caracterizariam sua distribuição, sofrendo interferência somente no "IV século" com a cultura do café. No que dizia respeito à miscigenação das raças, Oliveira Vianna concluía que "o trabalho arianizante ... sofre um retardo ou aceleração, conforme se trate de zona de concentração ou de transmigração" (1991, p. 122-8).

O recenseamento de 1890 serviu-lhe de base para completar a distribuição de "cada raça e do subgrupo mestiço" pelo país no século XIX. O branco predominava ao Sul, de São Paulo para baixo (Santa Catarina com o índice de quarto quintos da população), sendo mínima sua incidência nos estados do Norte (um quarto da população baiana). Já o negro concentrava-se mais no Rio de Janeiro (26,79% da população), Bahia e Minas, constituindo na Amazônia somente 3% da população, apresentando distribuição percentual irregular no restante do país: por volta de 15% no Maranhão e Piauí, entre 6% e 8% no Pará e Ceará, 12,97% em São Paulo. O indígena entrava com 50% da população da Amazônia, distribuindo-se desigualmente no restante das regiões: 2% dos fluminenses, 18,4% em Alagoas, 12,37% no Paraná, 6,52% em Sergipe, 3,25% em Santa Catarina, um quinto da população do Pará e Piauí, estados limítrofes do Amazonas. Oliveira Vianna detalharia mais suas observações indicando como essa irregularidade se desdobrava ainda dentro de cada estado. Chegava, enfim, a um denominador comum dizendo que os mestiços formavam com os brancos a maioria da população, e concluía que, se alguma característica "somática" comum podia ser notada entre os brasileiros, seria sua cor morena e a estatura mediana.

A explicação para estas características médias, ele a encontrava na adaptação imposta aos brancos dólico-louros pelo meio (o clima tropical, o fraco teor calcáreo do solo), pela miscigenação com o indígena, homens de estatura baixa, e com os africanos, aos quais atribuía a elevação da estatura média da população. Esta configurava, pois, uma faceta positiva desse contingente racial, ambígua contudo, uma vez que, em sua perspectiva, um longo processo de seleção étnica e natural deveria ainda atuar sobre o conjunto da população com sua ação simplificadora e unificadora da multiplicidade originária na "tendência para a arianização progressiva". Para Oliveira Vianna, o crescimento natural da massa

O charme da ciência e a sedução da objetividade

ariana da população (dado o alto índice de fertilidade) e a chegada dos imigrantes europeus, contrastando com a condição estacionária da população negra (onde o baixo nível de fertilidade somava-se a miséria, o vício e os castigos físicos infligidos aos antigos escravos) e o decréscimo da indígena (mais frágil biologicamente), explicavam por que "o coeficiente da raça branca eleva-se cada vez mais em nossa população". Tomava como referência o quadro estatístico da imigração dos anos 1890 a 1901, e concluía: "Uma média anual de cerca de 100.000 imigrantes das melhores raças européias, que se distribuem pela massa da nossa população, influi poderosamente para a redução do índice de nigrescência da nossa gente".

Em concordância com seus pressupostos, Oliveira Vianna via, nos anos 1920, de forma extremamente positiva esse "branqueamento" do brasileiro e, embora recusasse entrar no debate sobre superioridade e inferioridade entre as raças, confirmava serem as "raças desiguais". Não deixa de intrigar ter ele em mãos as informações proporcionadas por índices da própria "cultura civilizada" para realizar uma avaliação crítica das condições de vida da população de origem africana no Brasil e entretanto relegar a "fatores biológicos" a alta taxa de morbidade, em particular a infantil. Afinal, ele mesmo sublinhara a tripla "seleção" – "uma seleção social, uma seleção patológica e uma seleção econômica" –, a que fora submetida a população de origem africana. Deixando de lado os elogiados e "mais flexíveis fatores sociais", diria que "na plebe dos campos, os elementos étnicos dominantes pertencem aos tipos inferiores (negros, caboclos, mulatos, mamelucos)", o que justificava serem "certamente os descendentes destes os, de preferência, eliminados". Corroborava esse seu ponto de vista a maneira como encarava a questão da miscigenação: "o cruzamento das raças humanas é um problema de zootecnia, como o cruzamento das raças animais".

Considerou essa tendência à eliminação gradual dos componentes raciais mais fracos simplesmente na dimensão positiva de negação do prognóstico sombrio feito pelos autores franceses Lapouge e Le Bon que teriam dito – "le Brésil constituera sans doute d'ici un siécle un immense état nègre, à moins quil ne retourne, et c'est probable, à la barbarie" (o Brasil será, sem dúvida, daqui há um século, um imenso estado negro, isto se não retornar à barbárie, o que é provável).[31] Completaria sua preocupação com o progresso da civilização no Brasil, ou seja, o processo seletivo implicado no aprimoramento genético, uma dimensão social de registro puramente estético, a do embelezamento da população: "nosso tipo étnico, explicava, oriundo do cruzamento do ariano com duas raças feias", encontra-se em fase de elaboração, em vias de se tornar "um tipo plasticamente perfeito", só encontrável por enquanto nas "altas classes urbanas e rurais"(Vianna, 1933, p.159-63).

Penso poder localizar na evidente tensão entre a celebração da diferença e o elogio da civilização (inscrita na arianização) uma contradição ligada à sua adesão aos pressupostos mutuamente excludentes de cultura e de civilização, e aparentemente resolvida pela teoria da "heterogeneidade original" de Gabriel Tarde. Digo em aparência resolvida, por lembrar ter Oliveira Vianna afirmado, em defesa de seus estudos sobre raça, distanciar-se da questão da hierarquia entre elas e fixar-se na noção de *desiguais*, pretensamente isenta de juízo de valor. Essa desigualdade, ou digamos, diferença, lhe serviria, deixou claro, de baliza para explicar o predomínio de uma dada raça, em dado momento histórico. Ou seja, para além da questão de ordem puramente biológica, haveria a questão complementar da superioridade ou inferioridade social das raças, embora circunstancial. Todo seu trabalho foi atravessado por essa tensão mal resolvida que lhe permitiu manter uma oscilação pendular, nitidamente tendente para o lado da civilização, ou seja, a cultura da "raça branca" hegemônica em sua função civilizadora. Não estariam aí ressonâncias de considerações de Nina Rodrigues? Afinal, esse autor afirmara a missão civilizadora da "raça branca":

> Os extraordinários progressos da civilização européia entregaram aos brancos o domínio do mundo, as suas maravilhosas aplicações industriais suprimiram a distância e o tempo. Impossível conceder, pois, aos negros como em geral aos povos fracos e retardatários, lazeres e delongas para uma aquisição muito lenta e remota de sua emancipação social. ... A geral desaparição do índio em toda a América, a lenta e gradual sujeição dos po-

---

31 Oliveira Vianna cita aqui Lapouge, *Les Selections Sociales* (p.187) e Le Bon, *Lois Psychologiques de l'Evolution des Peuples* (liv.III, cap.II, p.159).

O charme da ciência e a sedução da objetividade

vos negros à administração inteligente e exploradora dos povos brancos, tem sido a resposta prática a essas divagações sentimentais" (apud Corrêa, 1998, p.63)

Afrânio Peixoto, também médico, tomava partido contrário ironizando esse deslumbramento com as conquistas européias, sobretudo em matéria de teorias raciais. Identificava em todo homem um componente autocentrado, pelo qual explicava o que chamamos atualmente de eurocentrismo. Na cultura européia, o homem europeu seria logicamente o centro e a todos os males atribuira origem estrangeira. Assim dizia: "a peste era 'oriental'; a cólera 'indiana'; a febre amarela, tifo 'americano'". E levando ao limite a ironia prosseguia: "Malefício algum foi europeu, nem difteria, nem tifóide, nem tuberculose... Foi ela, a Europa, quem inventou as 'doenças tropicais'". Reconhecia, é verdade, a nossa cota de cumplicidade ao aceitarmos e absorvermos acriticamente essas idéias preconcebidas, exemplificando suas observações com o hábito comum de nem sequer percebermos o equívoco em que incorríamos em alguns casos.

Esse autor oferecia certamente uma interpretação alternativa para a relação meio-homem. Procuraria afastar o preconceito relativo à adaptação, designando por "aclimação" o efeito de adaptar-se a clima diverso do originário, explicando que "sem as prevenções européias, é uma operação fácil e imediata, apenas limitada pelo senso de viver conforme o novo clima e não querer modificar, insensatamente, esse clima, com os hábitos antigos..." Remetia essas idéias preconcebidas a Boileau, La Bruyère, Corneille e principalmente a Montesquieu, que teria dado à sociologia sua "base mesológica: costumes, jurisprudência, são imposições climáticas, 'o espírito das leis'", idéias engrossadas, entre outros, dizia, por Rousseau e Taine (Peixoto, 1938, p.31 ss.,123 ss.). As observações irônicas de Afrânio Peixoto são extremamente saborosas até quando transcreve os comentários do historiador inglês Thomas Buckle:

> O Brasil que é quase tão grande como toda a Europa, está coberto com vegetação de incrível profusão. Com efeito, o crescimento neste país é tão fecundo e tão vigoroso que a natureza parece entregar-se à orgia desregrada da pujança. O hino continua entusiástico, à maravilhosa beleza da terra,

mas, [diz ele], declina, ao fim: no meio desta pompa, desse esplendor da natureza, não há lugar para o homem. Ele é reduzido à insignificância pela majestade que o cerca. As forças que se lhe opõem são formidáveis, que não pode resistir-lhe à imensa pressão. (ibidem, p.28).

Afrânio Peixoto também comenta com ironia, sem rebaixar o tom de crítica severa, os volumes após volumes escritos por Ellswort Huntington que, "apesar de americano e por isso mesmo sem muita repercussão na Europa ... se tem esgotado em prejuízos... Europeus". De forma breve, transcreve em seqüência os títulos de livros de Huntington e alguns trechos expressivos, tais como aquele de *Civilization and Climate* em que afirmava categoricamente: "não é possível uma civilização nos climas quentes e úmidos da terra...". Menciona o oportunismo de Huntington, destituído de qualquer base científica, para afirmações tais como a da Índia ter sido "mãe das civilizações", nas quais as evidências teriam obrigado o autor a buscar uma explicação para o precário estado atual do país, explicara que se limitara à simples menção de que o clima mudara! Afrânio Peixoto iria mais longe em seus comentários mordazes, observando que, se aceitos os próprios pressupostos com que Huntington trabalhara, ele não encontraria explicação plausível para o caso dos pele-vermelhas da América do Norte não terem construído "civilização alguma", apesar do clima frio das terras por eles ocupadas. E concluía sugerindo o absurdo a que se chegara: "o clima muda para não mudar a teoria" (p.30).

Uma rápida passagem por um dos trabalhos do médico e professor Afrânio Peixoto põe assim à mostra uma outra face do debate, sua complexidade e suas implicações políticas nas quatro décadas iniciais do século XX, quando textos usados por estudiosos, fossem de "descobridores" – Caminha e Américo Vespúcio – ou de viajantes – Jean de Lery e Pero Lopes –, lhe forneciam argumentos para mostrar terem as doenças endêmicas sido trazidas para a América pelos próprios europeus, "a tuberculose, a varíola, e febres eruptivas outras, a febre amarela, o tracoma ... quase todas as doenças infecciosas e infestantes que são por irônica fatalidade, o privilégio das sociedades cultas..." Virando pelo avesso as visões pessimistas da sociedade brasileira e suas congêneres, o médico afirmava categoricamente a derrubada de velhos preconceitos que diziam ser a "nossa palidez falta de sangue, hipoemia ou anemia tropical".

O charme da ciência e a sedução da objetividade

A prova do equívoco estava nos resultados de análises clínicas amplamente demonstradoras da igual porcentagem de hemoglobina em nosso sangue e no dos europeus. A questão no Brasil, asseverava, se devia à "falta de educação higiênica do povo, na falta de competência administrativa e técnica do governo", e afirmava convicto: "a terra pôde e pode ser saneada". Contudo, ele mesmo ainda mostraria uma ponta aguda de preconceito e de ressentimento relativo à composição racial da população brasileira ao dizer que "a gente, estancada a fonte africana, misturada a outros europeus, se irá recompondo, do nível etnográfico que nos impôs *a colonização escrava, no sangue e na alma*" (grifos meus) (p.287-91). Preconceito forte e persistente, esse sim enraizado nas mentes e corações, relacionando raça à capacidade física e intelectiva.

Colocadas lado a lado essas posições contrastantes, resulta impossível não destacar que, mesmo na forma de considerações *a posteriori*, Oliveira Vianna não manifestaria preocupação com a necessidade de melhorar as condições sanitárias e alimentares da população, ao menos da parcela mais atingida pelos altos índices de morbidade. Preocupações de resto presentes, não só em Afrânio Peixoto, mas que configuram o núcleo da questão da saúde para muitos outros autores e autoridades governamentais.[32] O campo conceitual de Oliveira Vianna, que o faria passar ao largo das questões sanitárias, exigia, porém, o estudo da "distribuição social" das raças como complementar ao da "distribuição social". Estruturada sobre a base das respectivas capacidades de cada uma delas para os diversos tipos de trabalho e ocupações, o esquema resultante concedia "aos brancos distinguir essas aptidões e orientar a distribuição e a fixação das duas raças inferiores no sentido do seu melhor aproveitamento" pela sociedade no período colonial.

Na distribuição social das raças e etnias, ou em decorrência de serem "as raças desiguais", aos "negros" tocara o grosso do trabalho agrí-

---

32 As questões sanitárias preocupavam as autoridades públicas desde o final do século XIX, em especial nos centros urbanos mais populosos, como Rio de Janeiro, ou nos quais houvesse concentração de população operária, como em São Paulo. Ver, entre outros, Chalhoub (1996); Carlos Lemos (1985, p.60 ss.); Maria Stella Bresciani (2001a); Lilian Schwarcz (1993, p.189 ss.); Mariza Corrêa (1998, p.199 ss.).

cola e os serviços mais rudes nas cidades, exceção feita aos "mais inteligentes", aos quais haviam sido reservados os ofícios mais delicados. Para os menos dotados de inteligência, sobrara o machado, a foice e a enxada no campo; nas cidades se encarregariam de todos os tipos de trabalho braçal. Aos provenientes das "tribos negras mais bem dotadas de inteligência e sentimento", foram atribuídas as profissões de pedreiro, carpinteiro, tanoeiro, ferreiro e calafate. Às mulheres de origem mina, "dóceis e afetuosas", dotadas de habilidade culinária, destinaram os serviços domésticos de mucamas e cozinheiras. Os mulatos, situados entre os "mais inteligentes", em resultado da miscigenação, ocupavam-se com os "serviços mais finos": sapateiros, sirgueiros, marceneiros e alfaiates; os mais claros e esbeltos, especificava Oliveira Vianna, seriam os preferidos para o serviço de pajem. Conseguiriam muitas vezes deixar a "classe dos escravos" e ascenderem à "classe livre dos 'moradores'"; formavam o grosso da população rural e compunham a "plebe dos campos", como sitiantes ou rendeiros dos senhorios (Vianna, 1933, p.150-64)[33]

Quanto aos brancos não aristocráticos e não proprietários, nenhuma oportunidade lhes restara além de engrossar a plebe rural ou a peonagem na cidade. "Quase nunca trabalham com seus braços", diria Oliveira Vianna, "por que o trabalho enxadeiro é deprimente para o branco". Identificando-os como homens que em Portugal haviam sido criados no trato com a terra, o meio social da colônia os faria recusar aqui essas tarefas. É notável como Oliveira Vianna passava por cima da pecha degradante do trabalho manual em uma sociedade na qual este seria executado quase exclusivamente pelo homem escravizado. Tudo se passa como se a genérica aspiração à ascensão social tivesse motivado milhares de homens em sua travessia do Atlântico. Restara-lhes, portanto, ocuparem-se com o comércio nas cidades; no interior seriam vendedores ambulantes, os conhecidos mascates, às vezes conseguiriam ser proprietários de pequenas engenhocas ou rebanho de gado modesto; todos aspirando, segundo Oliveira Vianna, a condição de grandes senhores de engenho ou a posse de latifúndios pastoris. Ou, em outra

---

33 Há também o livro de Myriam Bahia Lopes (2000).

O charme da ciência e a sedução da objetividade

opção, pretenderiam ocupar os cargos públicos, civis e militares (ibidem, p.128-32).

Ao avaliar ainda o quadro social da população do país, Oliveira Vianna comentava a "importância dos tipos superiores de um grupo étnico", por sua capacidade de liderança e eugenismo e, baseado nesta observação, discorria sobre a relatividade das raças quando se realiza uma análise comparativa sobre a impossível assimilação dos padrões morais do branco pelo negro puro; "sua *civilizabilidade*", sentenciava, "não vai além da imitação, mais ou menos perfeita dos hábitos e costumes do homem branco". Trata-se de uma "diferença de estrutura, substancial e irredutível", explicava, citando em seu apoio pesquisadores americanos. Daí que, afirmava o autor, quando apartado do controle do branco, o negro decairia para "a situação abastardada em que os vemos hoje", após a supressão do trabalho escravo (p.134).

A hierarquia de raças – superiores e inferiores –, base teórica negada, porém inegável em seus argumentos, orienta sua apreciação da categoria étnica dos mestiços. Concede a estes, como mescla de raças, uma situação particular, considerando impossível fazer afirmações tão genéricas como as utilizadas em referência às duas "etnias inferiores puras". Entre eles se posicionariam os eugênicos ou superiores, componentes importantes da população. Sua "antropogênese" se encontrava ainda mal estudada, segundo ele, por terem os estudiosos desconsiderado a diversidade dos tipos negros que, dizia, apresentavam variação "tanto somática, como psíquica", mais nuançada do que a prevalecente entre as diversas etnias européias aqui estabelecidas.

Assim, concluía, havia "negros absolutamente indomesticáveis e incivilizáveis, de instintos selvagens, de mentalidade rudimentar, incapazes de qualquer melhoria ou ascensão". Contrastariam, por isso, com os provenientes de tribos que revelavam "inteligência superior, capacidade progressiva, talentos artísticos, temperamento dócil, generoso e obediente". Completavam o quadro dos característicos tribais da população de origem africana, os "negros inteligentíssimos, vivazes, sagazes, ardilosos, mas de caráter pouco sólido". Essas características psíquicas se dariam a conhecer ao pesquisador mediante características somáticas claramente expressas na cor, traços fisionômicos e porte físico. Desse modo, se havia os de "inominável fealdade", outros traziam traços "cheios de beleza e harmonia"; se os havia de "cor absolutamente negra", esses também se viam equilibrados pelos "de cor acobreada, azeitonada ou escura"; "os de pequena estatura e fácies simiescas" viam-se compensados e contrastados pelos que "exibem esplêndida estatura de atletas, torso robusto e linhas esbeltas e graciosas", concluía Oliveira Vianna.[34] Na confirmação de sua avaliação estética das diversas etnias negras, o autor recorreu a reproduções em desenhos que identificavam os diversos grupos das várias etnias africana e aborígine.[35] Onde colocar sua afirmação de não alimentar convicções sobre a superioridade e inferioridade das raças, sobre serem simplesmente *desiguais,* se essa desigualdade inerente a cada uma reservava-lhe destino também *desigual* nas sociedades civilizadas?

Ora, de seu ponto de vista, a diversidade genética atuava de maneira decisiva, quando da miscigenação, nesse desdobramento das características genéticas e definidor da extensa variação da população mestiça. Em relação a esses grupos mestiços, os preconceitos do autor evidentemente ultrapassavam sua intenção declarada de alcançar a "realidade objetiva". Argumentos como "caldeamentos infelizes" e "caprichos de fisiologia" uniam noções de "retornos atávicos" e "leis antropológicas" na explicação da origem genética do "mulato inferior", "cruzamento do branco com o negro inferior", e do "mulato superior", um "mestiço de escol". Os mestiços do "tipo superior", personalizados por Oliveira Vianna "num mulato ou mameluco superior", configurariam o resultado do cruzamento de um "tipo superior de negro, sem, entretanto, vale a pena sublinhar, deixar de supor um(a) parceiro(a) branco(a) bem dotado(a) de eugenismo". Seus argumentos se tornariam ainda mais preocupantes pelas conclusões que deles tirava sobre a condição "degradada e incapaz de ascensão" de uns, os inferiores, e a condição superior dos negros "arianos pelo caráter e pela inteligência", mais "próximos pela moralidade e pela cor, do tipo da raça branca" (Vianna, p.108).

---

34 Importa anotar que Oliveira Vianna se apóia nessa descrição classificatória em apenas um autor, Braz do Amaral, e em um artigo, "As tribos negras importadas" (*Revista Trimestral,* tomo especial, parte II). Cf. *Populações meridionais do Brasil* (1973, v.I, p.99-107, e nota, p.115).

35 Ver em *Evolução do povo brasileiro* (1933), as ilustrações entre as p.116-7, 132-3.

O charme da ciência e a sedução da objetividade

Nesses argumentos verifica-se uma coincidência no mínimo paradoxal: primeiro, explicava-se o eugenismo da "nobreza territorial" pela prevalência, nos três primeiros séculos de colonização, do preconceito de cor e de sangue; mas, em seguida, suas próprias razões seriam construídas sobrepondo justamente esse preconceito às "leis antropológicas". Poderia então enfatizar ter sido "providencial" a distância preconceituosa mantida pelos colonizadores portugueses em relação aos grupos inferiores da população, já que evitara o "fator poderosíssimo da seleção regressiva dos atavismos étnicos em sua tendência degenerescente" de preponderância do "elemento inferior" sobre os elementos da "raça superior". Este mesmo preconceito se apresentava em seus próprios argumentos sustentado agora pelas certezas das leis científicas.

Diferentemente de Afrânio Peixoto, em nenhum momento Oliveira Vianna se indagaria das "origens" etnocêntricas das noções científicas confirmadoras dos preconceitos correntes, atitude que poderia ter lhe oferecido uma interpretação mais adequada à sua concepção plural da origem da espécie humana. Em seus estudos não há indagações sobre a definição do campo da "ciência", dos seus objetos de estudo e dos procedimentos utilizados. Os próprios "cientistas" seriam encarregados de constituir e referendar o campo da objetividade e da subjetividade, do reconhecimento acadêmico e da convicção do que era o domínio da ciência. Ou seja, o raciocínio circular, por seu dogmatismo, atua como armadilha.

Como em outras passagens, Oliveira Vianna faria opção pelo recurso a figuras metafóricas como reforço argumentativo poderoso. Lembro de trechos em que alicerça seus argumentos em "lei antropológica" que, segundo ele, explicava herdarem os mestiços, com mais freqüência, antes "os vícios do que as qualidades dos seus ancestrais". Com o intuito de sublinhar os efeitos do "sangue disgênico que lhes corre nas veias", ou seja, essa "espantosa desordem moral" e a "instabilidade de caráter" que os tornavam "uns desorganizados morais, uns desarmônicos psicológicos, uns desequilibrados funcionais", o autor afirmaria que a miscigenação entre brancos e negros de tipo inferior atuava "como a força da gravidade sobre os corpos soltos no espaço; os atrai para baixo com velocidade crescente, na medida em que sucedem as gerações". Esse argumento oferecia-lhe a possibilidade de esboçar uma representação visual – estetizante – da tendência desses "mestiços inferiores" a decair e/ou a degenerar e, mais, de afirmar categoricamente, sem nenhum apoio estatístico ou outra evidência qualquer, serem eles "os vadios congênitos e incorrigíveis das nossas aldeias, os grandes empreiteiros de arruaças e motins das nossas cidades" (p.109-10). Explicava a criminalidade com um raciocínio rápido e opinativo, como algo inscrito na própria estrutura genética de ampla parcela da população do país.

Certamente, sua explicação passava pela ampla divulgação na época dos trabalhos de medicina legal cujos começos mergulhavam suas "raízes" nos escritos literários e jornalísticos, ganhando com Nina Rodrigues, e não só com ele, os foros acadêmicos. Passava também pela explicação alternativa popularizada por Monteiro Lobato, relacionando a proclamada "preguiça" do caboclo brasileiro – o Jeca Tatu – com doenças endêmicas, alimentação errada e higiene precária.[36]

Em relação ao indígena, o tom categórico não se mostrou capaz de encobrir a dubiedade da posição de Oliveira Vianna. Em *Evolução do povo brasileiro*, a situação do aborígine apresentava-se mais sombria que a do negro: teria condições de "*ascensionabilidade* muito inferior",uma vez que nele, nem mesmo o "temperamento servil e imitador" do negro se fazia presente; tratava-se de um tipo "absolutamente incivilizável", "inteiramente refratário a qualquer influxo educativo no sentido de sua arianização". São "absolutamente incapazes de se tornarem proprietários de terras", sentenciava categórico. Essa incapacidade, na verdade, tornaria mais acentuada a distância cultural entre o aborígine e o branco europeu, dado lhe faltar a "grande ambição da vida civil". O indígena deteria ainda caráter passivo, senão regressivo, sendo por ele classificado em posição inferior a do negro "como agente histórico do nosso progresso coletivo".

Ora, este argumento contrasta com idéias expressas alguns anos antes em *Populações meridionais do Brasil*, no qual atribuíra aos "cruzados de índio e branco", os mamelucos, superioridade física –"são mais rijos

---

36 Remeto aos trabalhos de Corrêa (1998), Naxara (1998) e Fonseca (1992).

O charme da ciência e a sedução da objetividade

e sólidos" –, detêm maior "equilíbrio" por estarem "menos distante da raça européia", e possuem maior "capacidade de ascensão e classificação" por não serem "uma raça servil". Em defesa da superioridade do indígena, Oliveira Vianna chegaria a afirmar, nesse primeiro estudo, que "na orgulhosa nobreza vicentista não" tinham sido "raros os tipos confessadamente oriundos de raça vermelha, que nela figura[va]m sem desaire e até com lustre". Casamentos aliás apreciados pelo governo da metrópole, diria ele, que a favor dessa "raça" teria declarado, por meio de alvará de 4 de abril de 1705, "que o casamento com índios não traz a menor infâmia" (1973, p.110-11). Contudo, já nos parágrafos seguintes, o autor iria restringir o alcance das próprias afirmações assinalando, por um lado, o número limitado desses "espécimes superiores", e dizendo, por outro, que "mamelucos ou mulatos, padecem todos de uma sorte de assimetria moral, que lhes acompanha a inegável assimetria física". Nova metáfora pejorativa com evidente apelo estético na qual projetava no físico de um grupo as características negativas a ele atribuídas. Confirmação de preconceito e do argumento usado em *Evolução do povo brasileiro* quando, após percorrer a distribuição geográfica e socioprofissional das diversas etnias/raças, fechava a conclusão sobre a incapacidade indiscutível das "raças inferiores", dizendo, em reforço de sua concepção determinista, que "durante o longo processo da nossa formação social, não dão [negros e índios] às classes superiores e dirigentes, que realizam a obra de civilização e construção, nenhum elemento de valor". E diria mais: "a nossa civilização ... é obra exclusiva do homem branco" (1933, p.135-7 e 160).

A noção de raças desiguais poderia tê-lo levado à apreciação diferenciada e positiva de usos e costumes em um país de formação plural em termos étnicos, como depois faria Gilberto Freyre em *Casa-grande & senzala*. Em seus textos, porém, nunca surgiriam dúvidas acerca da noção de civilização que se encontrava no cerne da proposta política subjacente à avaliação da "realidade brasileira". A colonização seria um fato de civilização; a redução do indígena aos *mores* do colonizador, um dado de civilização e a transferência de grandes contingentes populacionais de africanos para terras americanas, um acontecimento inerente ao processo de civilização. Nas análises da sociedade, as três raças parecem simplesmente compor o quadro problemático da formação da unidade e da identidade nacional.

Esse enquadramento parecia isentá-lo de juízos de valor ou de compromissos éticos estranhos à "verdade científica", discutível sem dúvida, se lembrarmos serem o produto de trabalhos alicerçados sobre as leis da antropologia ou da psicologia, também elas, como a noção evolucionista de história, saturadas de preconceitos misturados a dados estatísticos sobre as tendências genéticas das "diversas raças formadoras da nacionalidade". O apoio teórico de que dispõe e pelo qual opta só lhe facultaria esse raciocínio circular, de modo que a conclusão viria confirmar a suposição inicial de que, no contexto da sociedade colonial, "o desejo de enriquecer, de ascender, de melhorar, de gozar os finos prazeres da civilização só pode[riam] realmente existir no homem da raça branca". Em seus argumentos, a própria natureza – mesológica e biológica – compunha o quadro da diversidade caracteriológica dos componentes da população brasileira; a presença dessa diversidade, justificava-a a história. Noções vinculadas aos pressupostos teóricos claramente formulados de posições etnocêntricas conduziram-no a declarações do seguinte teor: "a lenta evolução" pela qual passa o mestiço, lhe incute "a vontade de alcançar essas situações sociais, cujo gozo e importância só o homem de raça ariana com a sensibilidade refinada ... sabe apreciar devidamente".

Oliveira Vianna completava o quadro da distribuição social da população, atribuindo à "plebe rural" um lugar intermediário, uma condição de "mediador plástico colocado entre a massa escrava e a nobreza territorial". Seriam "elementos inferiores da nacionalidade", "sangues abastardados", pois gestados na mestiçagem de "nobres decaídos por acidente de fortuna" com negros escravos alforriados; intermediários e dependentes. Seriam os "agregados" formando contingente apreciável da população, um quarto dela, diria ele, seguindo as informações de Eschwege em visita ao país em 1823. Entretanto, nem tudo se apresenta como decadência nessa camada intermediária; há sempre a "minoria diminuta" sobre a qual recairia a feliz oportunidade das "seleções favoráveis", dos "apuramentos sucessivos", o clareamento lhe retirando "os sangues bárbaros" depois da quarta ou quinta geração. Até na explica-

O charme da ciência e a sedução da objetividade

ção para o caráter recente da "arianização", Oliveira Vianna recorreria ao que denominou o "ponto de vista antropológico", mantendo suas explicações dos complicadores do processo étnico seletivo no plano do "afluxo incessante de negros e índios ao seio da massa mestiça". Encerrava sua análise "da evolução do povo" no período colonial no Brasil com a apresentação de uma nítida estrutura social tripartite: escravos negros, foreiros mestiços e senhores brancos (1973, v.I, p.112-3). Definido o quadro antropológico dos componentes raciais do país, o autor acreditava deter os elementos necessários para explicar a formação de preconceitos entre os brancos, para os quais a cor da pele representaria um estigma que repele e os impede de se nivelarem, em especial aos mulatos (1933, p.138-40). Preconceitos justificáveis, pensava, porém negativamente impeditivos do rápido branqueamento da população e formação de um tipo único de homem brasileiro.

Esses preconceitos antropológicos desdobravam-se na definição do tipo psicológico do brasileiro, o que levaria Oliveira Vianna a observar não estar ainda realizado o estudo de nosso povo e a preconizar a necessidade de fazê-lo de forma sistemática. Proporia até, com base nas conclusões preliminares sobre "a diminuição do índice de nigrescência da nossa gente", um estudo pormenorizado das "seleções naturais e sociais", estudos que estipulassem o índice de "aclimatação das duas raças exóticas" (africanos e europeus), e a tendência ao desaparecimento dos indígenas por causa da sua "menor resistência biológica". Aliás, essa característica biológica de inferioridade revelara-se também entre os negros nas senzalas, por meio dos índices de natalidade e de mortalidade elevados, que indicavam a tendência à "redução rápida dos elementos inferiores do nosso povo", e ao conseqüente e desejável, não esqueçamos, "aprimoramento da raça". Um processo de "clarificação do nosso tipo nacional", que, nem por ser desigual nas várias regiões do país, deixava de se manifestar com nitidez (ibidem, p.147-66), concluía o autor.

Raça e assimilação foi, com certeza, o estudo mais sistemático de Oliveira Vianna sobre a questão racial e seus desdobramentos para a formação do país. Nele esboçou um amplo e detalhado projeto de avaliação dos componentes étnicos da população brasileira, conclamando toda uma plêiade de especialistas – "antropo-sociologistas, bio-sociologistas, antropo-geografistas, demologistas e demografistas" – para que "não dispersem os seus esforços e orientem as suas pesquisas no sentido de nos dar as bases científicas para a solução de alguns problemas mais urgentes e imperativos, como os que se prendem à formação da nossa nacionalidade no seu aspecto quantitativo e no seu aspecto qualitativo". Estabeleceria inclusive uma divisão de tarefas de acordo com as especialidades: caberia, primeiro, aos biometristas e antropologistas a missão de observar minuciosamente os "indivíduos mais típicos", para, num segundo momento, entrarem em cena os "especialistas das ciências da Sociedade". Confirmava o sentido pragmático que impusera a seus trabalhos mantendo sempre presente a faceta militante do pesquisador e sua intenção de intervir na formação da "nação brasileira". Criticava duramente a desvinculação entre o conhecimento e a atuação, considerando-a prática corrente entre parcela significativa da intelectualidade brasileira (1934, p.86, 89-90). No projeto proposto, a importância do recorte do território e o ponto de vista nacional das pesquisas apoiava-se na justificativa de oposição às teorias racistas européias. Um meio outro e uma outra história separavam europeus transladados para as Américas dos europeus que permaneciam em seus países de origem (ibidem, 1934, p.15-8).

Descartava, por falta de confiabilidade, os resultados niveladores dos levantamentos estatísticos, dizendo categórico: "estas 'médias' não significam nada". Tratava-se, segundo ele, de "puras expressões matemáticas, insuscetíveis de serem traduzidas em realidades vivas" (1934, p.88). Essa conclusão confirmava sua hipótese inicial de serem as rivalidades entre especialistas, somadas à má utilização política e cultural dos resultados obtidos em estudos sobre as raças, o obstáculo maior ao conhecimento e prosseguimento das pesquisas no campo das diferenças étnicas; referendava desse modo a urgência para o Brasil e para a ciência da execução de seu projeto. Segundo Oliveira Vianna, na equivocada polêmica sobre a superioridade ou não das raças, perdera a ciência, e com ela fora mal interpretada a noção do caráter provisório das conclusões de pesquisas, em particular nas ciências naturais e sociais, para as quais "nenhuma lei é absoluta" e "tudo deve ser sempre com-

O charme da ciência e a sedução da objetividade

preendido num sentido relativo". Redundara, lamentavelmente, na interrupção das pesquisas sobre as raças. Igual incompreensão teria se abatido sobre o Brasil, ao terem os pesquisadores se deixado levar pelos argumentos da polêmica estranha a nós, interrompendo estudos de grande importância sobre o tema das raças em andamento desde a década de 1890.

Em sua interpretação da querela européia, aproximava-se de Alfred Fouilléee, que, como estudioso da psicologia social, de modo bastante semelhante a Oliveira Vianna, denunciara, na virada do século XIX para o XX, o caráter político da utilização dos resultados desses estudos e com freqüência o próprio conteúdo político dos estudos, cujos argumentos teóricos mobilizariam para a guerra as rivalidades econômicas e políticas entre diferentes países. No entendimento de Fouilléee,

> se não bastasse a luta pela vida entre o homem e os animais, entre as diversas raças humanas, entre os brancos e os negros ou os amarelos; certos antropologistas imaginaram também a luta pela vida entre os louros e os morenos, entre os crânios longos e os crânios largos, entre os verdadeiros "Arianos (escandinavos e germânicos)" e os "Celtas-Eslavos": isto é, uma nova forma do pangermanismo.

Tal como o autor brasileiro faria duas décadas depois, Fouilléee repudiou as vertentes teóricas que subordinavam a "história humana" à "história natural", e diria: "três grandes causas agem em sentido inverso para formar e manter a constituição e o temperamento, ou o caráter psíquico de um povo: a primeira é a hereditariedade (fisiologia), que fixa a raça; a segunda é a adaptação ao meio físico; a terceira é a adaptação ao meio moral e social". Daria a essas "causas" fixas toda a dimensão de sua força formativa inserindo-as no tempo: "à medida que um povo se aproxima do tipo moderno, a ação do meio social prevalece sobre a do meio físico; assim como os fatores físicos tendem a se transformar em fatores sociais". Essa inserção no tempo não assegurava, entretanto, uma melhora, pois, diria ele: "pela seleção, se produz num povo um desvio progressivo a partir do tipo primitivo e este desvio pode ser um progresso ou uma decadência". Fouillée concedia, porém, tal poder às forças mesológicas que acreditava sofrerem as raças mutações radicais ao se transferirem para condições ambientais muito diferentes das originais, constituindo "tipos regionais". Além de dar exemplos desse tipo de adaptação entre os animais, chegava a exemplificar sua teoria dizendo, entre outras coisas, que os "ingleses transportados para a América se transformam e tendem a se aproximar dos peles-vermelhas". Citando Quatrefages, sua certeza atinge a surpreendente afirmação de que, a partir da segunda geração, o anglo-saxão adquiria na América traços fisionômicos assemelhados aos dos iroquezes e chiroqueses, passando a usar uma língua "polissintética" com "palavras-frases" e "frases-fórmulas", aproximando-se dos pele-vermelhas até nas idéias e sentimentos![37]

Menos radical, Oliveira Vianna criticaria nos estudos antropológicos a inexatidão e o falso conceito de homogeneidade étnica que haviam dado lugar às noções de "raças nacionais" e de "raças históricas", noções insustentáveis quando, diria, submetidas às modernas pesquisas antropométricas (Vianna, 1934, p.15-25).

Remete suas observações a trabalhos de estudiosos europeus, ao enveredar por uma trilha bastante freqüentada por vários pesquisadores, para os quais haveria uma nítida ruptura entre os estudos de psicologia coletiva, ou psicologia diferencial dos "povos", ou ainda das etnias, e os estudos de antropologia diferencial e antropometria conduzidos por teorias modernas, proporcionando conclusões seguras sobre a não-unicidade dos componentes raciais formadores de um povo, fosse ele o alemão, o inglês ou o francês. Nesse sentido, dava crédito ao pioneirismo e relevância dos estudos de Fouillée e outros pesquisadores por terem estabelecido a diferença entre a "psicologia das raças ou constituição mental de uma raça" e a "psicologia de um povo ou caráter nacional". Não deixaria de criticá-los, é verdade, pela afirmação da unicidade das características raciais e psíquicas da população de cada país. Citaria, em

---

37 Em *Psychologie du Peuple Français*, de 1898, Alfred Fouillée faria menção a essa polêmica em torno da questão dos estudos sobre as raças e de seus desdobramentos políticos indesejáveis. Para ele, como para Vianna mais tarde, os excessos deveriam sempre ser evitados, uma vez que "sous l'empire de préocupations politiques on s'est efforcé, d'abord en Allemagne, puis en France, de confondre l'étude des nationalités avec celles des races" (p. I-IV, p.14 e 22).

O charme da ciência e a sedução da objetividade

apoio de sua avaliação crítica, o exemplo de povos que durante muito tempo teriam sido considerados e assim se auto-representado como homogêneos do ponto de vista étnico – a raça inglesa, a raça italiana ou a raça alemã. Haviam acreditado, dizia ele, existir um "elemento exclusivo" característico da população de um dado país; dobravam-se agora à evidência da diferença. A maioria dos trabalhos de Lapouge, Gunther, Le Bon e Fouilléee constituíam a seu ver belos estudos sobre a psicologia coletiva de determinadas populações de um país, porém nunca uma base segura para determinar as múltiplas características raciais que as compunham.

Nessa cisão, à "psicologia das etnias", ciência social, ramo da psicologia coletiva, caberia o estudo da "alma dos povos"; à "psicologia das raças, ciência natural, ciência puramente antropológica e para a qual a raça é um fato biológico e a psicologia da raça uma pura questão de psico-fisiologia humana", caberia precisar que "quando se fala da 'psicologia' da raça A", isso significa modernamente "o conjunto de qualidades que caracterizam um certo tipo morfológico (A) em confronto com outros tipos morfológicos (B, C, D, etc.)". Características que encontravam sua inscrição num campo bem preciso: o da biologia e da fisiologia, na "determinação da base física do caráter, da sensibilidade e da inteligência" (ibidem, p.29-30).

Em seus argumentos, Oliveira Vianna buscaria, uma vez mais, amparo nos proclamados "estudos rigorosamente científicos", cujos adeptos disporiam de procedimentos capazes de estabelecer uma correlação entre "tipos morfológicos e peculiaridades da sua psicologia, patologia e fisiologia". Ou seja, um procedimento que, percorrendo os domínios da biologia, da fisiologia, da patologia e da psicologia diferencial das raças, chegava à sociologia diferencial e, a partir daí, às características de cada uma em particular. Com esse procedimento, diria Oliveira Vianna, Frederico Muller teria mostrado ser o negro "um sensitivo, em que a fantasia domina". Característica que explicaria "o fundo de seu temperamento, uma serenidade expansiva", e "seu gosto pelos espetáculos e pela dança, sua frivolidade", mas também a reconciliação com "sua sorte triste". Trava-se, portanto, de "um tipo sangüíneo", vivendo *au jour le jour*; ao qual faltaria energia, o que o tornava um ser "cheio de benevolência para com os amigos e cruel com seus inimigos". Seriam essas as características detalhadas pelo modelo dos "cicloides kretschmerianos", concluía.

Ao naturalista Rodrigues Ferreira debitava o reconhecimento das características do índio autóctone, "um tipo perdido para a civilização", sentença expressa nessas palavras: "bem o tel-os mui mimosos e ainda mais guardados que bichos de seda, nem por isso mudam de conduta". Tratar-se-ia de "um autista (na classificação de Bleuer), esquizóide típico" (na de Kretschmer) (Vianna, 1934, p.28-9). Em conclusão, Oliveira Vianna encaminharia a pergunta: quais "as conseqüências de ordem moral e intelectual" decorrentes de uma população com predominância da raça ameríndia ou negra?

No painel de raças formadoras da população brasileira, Oliveira Vianna diria que o "mestiço" aguardava um estudo semelhante ao realizado por Pascal e Sullivan para os mestiços de índio e branco no México. Detalhadas conclusões dos dois pesquisadores indicariam a "direta correlação entre a quantidade de sangue índio e o quociente intelectual, o coeficiente de aproveitamento escolar e a condição social dos mexicanos da localidade estudada" (ibidem, p.43-8). O que parece insólito no procedimento de Oliveira Vianna nesse estudo é a generalidade com que recobre índios e negros sem mencionar a multiplicidade de tribos e nações originárias, tão particularizadas em *Evolução do povo brasileiro*. A indiferenciação só mereceu um comentário quando da resposta do autor à acusação de racismo da parte de outro estudioso da biotipologia (p.241-50).[38]

Contudo, delicadas questões referentes a características da população foram tratadas por ele de modo pouco cuidadoso, levando-o a afirmar dispor o "negro" de "menor fecundidade [relativa "a capacidade mental"] quando comparada a das raças arianas ou semitas, com que ele tem estado em contato". Diria ele, apoiado em pesquisadores estrangeiros: "Não é que as matrizes africanas sejam negativas na gestação destes tipos; elas também os produzem ... o que parece é que, entre os

---

38 Trata-se de resposta às críticas ao livro em sua primeira edição, de 1932, mencionando explicitamente o livro de Waldemar Benardinelli, *Noções de biotipologia* (1933).

O charme da ciência e a sedução da objetividade

negros, estes tipos intelectualmente superiores são produzidos em pequena proporção", diferentemente do que ocorre "nas raças arianas ou semitas".[39] Em apoio a seu argumento biológico, buscaria novamente na história a confirmação de que as grandes civilizações africanas "floresceram" não sob a direção dos aborígines, mas sob o comando de povos estranhos, os conquistadores árabes ou berberes, brancos e não negros. A documentação de apoio para a construção "da história" de todo um continente, ele a encontrou "em textos antigos", testemunhos de cronistas árabes da época do apogeu dessa civilização. Ainda uma vez, recorreria a lendas de fundação e mitos de origem mesclando-os a "dados objetivos" de pesquisas genéticas. Essa prática argumentativa ocorreu com muita freqüência em seus estudos, sem que fosse intercalada qualquer indagação sobre a "confiabilidade" da documentação de que dispunha.

Descuidos desse tipo não pareceram preocupar o autor. A dimensão prática da pesquisa evidentemente predominou nas avaliações feitas por Oliveira Vianna e daria um novo contorno às suas críticas dos desdobramentos políticos da polêmica européia em torno dos estudos das raças. Foi sob esta perspectiva que avaliou os estudos de sociólogos e historiadores (Sylvio Romero e José Veríssimo), de naturalistas (Baptista Lacerda e Baptista Caetano), e médicos (Moura Brasil, Erico Coelho, Jansen Ferreira e Nina Rodrigues). Considerava-os importantes por mostrarem "a relação entre tipos antropológicos e estímulos do meio social ou do meio cósmico", lamentando a confusão entre as noções de raça, povo e etnia prevalecentes no início do século.[40] Confusão que confessaria ter partilhado em *Evolução do povo brasileiro*. Criticava, inclusive, a utilização desses estudos anteriores nas diretrizes dos censos brasileiros de 1872 e 1890. Com a mesma argumentação tecia comentários aos estudos de Roquette Pinto, na época diretor do Museu Nacio-

---

39 Cita pesquisas de Strong e Morse, transcritas por Huntington em *Civilization and Climate* (1923) e *The Character of Races* (1927), em *Raça e assimilação* (1934, p.196 ss.).

40 Em Nina Rodrigues reconhece a contribuição de *Raças humanas e a responsabilidade penal no Brasil* (Bahia, 1894) para se estabelecer "com método tanto quanto possível científico, os característicos, não só fisiológicos, como principalmente psicopatológicos que diferenciam os nossos mulatos dos tipos fundamentais que lhes dão origem" (Vianna, 1934, p.22).

Maria Stella Martins Bresciani

nal, de quem, sem deixar de reconhecer a competência em Antropologia, dizia ter uma pesquisa "pouco susceptível de ser aproveitada utilmente para o estudo das raças" no Brasil. Criticou-a pela insuficiente classificação em quatro tipos: leucodermos (pele branca), xantodermos (pele amarela), melanodermos (pele preta) e faiodermos (pele parda). Considerou-a mesmo "no fundo, a velha classificação popular e puramente empírica dos nossos tipos étnicos", completando irônico, "a que as denominações gregas revestem de um colorido científico".

Evidentemente, sua avaliação positiva recairia sempre em trabalhos que corroborassem a correção das hipóteses por ele levantadas e confirmassem a urgência na realização do projeto de pesquisa por ele proposto, de modo a que pudessem ser determinadas "as características psicológicas mais freqüentes de cada um desses tipos, bem como suas particularidades fisiológicas, sua reatividade às influências do ambiente cósmico, maior ou menor adaptabilidade ao nosso meio e aos nossos climas tão variados".[41]

A maneira como avaliava as ciências em função de sua utilidade, nunca arte por arte, ou em outros termos, teoria *versus* teoria, assumia importância pragmática ao apreciar as conclusões dos estudos sobre a população dos vários países europeus. Assinalaria que muito embora houvessem decepcionado os alemães por terem suas teorias eugênicas contraditas em relação à homogeneidade racial de seu país, ainda quando houvesse coincidência entre as unidades cultural e nacional, as conclusões teriam avançado no estudo das diferenças internas das populações de vários países, e contribuído, assim, para o conhecimento das possibilidades de adaptação delas ao clima tropical. Em posição contrastante a de Afrânio Peixoto, por exemplo, Oliveira Vianna acatou as conclusões, mais próximas às de Fouillée, de que os nórdicos degeneravam nos climas quentes, ao passo que os mediterrâneos apresentariam capacidade de adaptação. Reforçava a certeza de que os estudos por ele propostos contribuiriam para a solução de um "problema prático" do

---

41 Os comentários sobre os estudos de Roquette-Pinto se detiveram na apreciação de cada uma de suas conclusões, e se referiram a *Ensaios de antropologia brasiliana* (1933), e também a "Os tipos antropológicos brasileiros", publicado em *Arquivos do Museu Nacional* (v.XXX, 1928).

O charme da ciência e a sedução da objetividade

Brasil, "o da distribuição em nosso território dos diversos tipos ou etnias européias segundo o critério da adaptabilidade"(1934, p.64-72).

Assimilação e a formação da nacionalidade

> Em nenhum país do mundo coexistem, em tamanha
> harmonia e sob tão profundo espírito de igualdade,
> os representantes de raças tão distintas. ...
> Essa extrema simplicidade do problema étnico em nosso
> país, quando visto sob o aspecto político, desaparece,
> entretanto, quando o encaramos sob o ponto de vista
> puramente científico, que é o da Antropologia, da Etnologia
> e da Antropossociologia. ... o contrário do que se dá sob o
> aspecto político: o problema das raças adquire
> complexidade desconcertante.
> Oliveira Vianna (s.d.)[42]

Oliveira Vianna localiza seu foco de análise nas instituições políticas republicanas e considera ser simplificação igualitária considerar todo indivíduo do sexo masculino nascido em território nacional apto ao exercício do voto. Essa igualdade ganharia, em seus argumentos, o tom da ficção, pois diria que, colocadas lado a lado, a letra escrita das leis e a particular inserção social dos componentes das diversas "raças", o tipo psicológico, o nível de inteligência e a mentalidade mostravam disparidade gritante. Embora tivesse novamente em mãos informações suficientes para formular uma crítica da igualdade formal contraposta à desigualdade de fato, mantida pela desigual oportunidade de acesso aos bens e às profissões, Oliveira Vianna optaria pela explicação baseada na fisiologia, fruto de uma determinação biológica causadora das desiguais aptidões e da assimilação diferenciada das várias raças ao meio brasileiro.

Da impossível caracterização do "tipo médio" da população do país, e aliás de qualquer outro país, Oliveira Vianna deduziria ser da antropologia diferencial em prática o procedimento confiável para estabelecer as características dos componentes raciais de todas as populações. No recorte específico do Brasil, mesmo o "tipo mestiço", resultante da mis-

---

42 O tipo brasileiro e seus elementos formadores in *Oliveira Vianna* (1991, p.15). O artigo não vem datado; pelas notas, pode-se supor ter sido escrito por volta de 1921-1922.

cigenação dos tipos originários, não configuraria o "verdadeiro tipo brasileiro", um tipo único encontrável em todo o território do país. Havia, portanto, pela frente, um trabalho de observação que precedia outros passos necessários para que se alcançasse o objetivo maior de forjar na diferença a identidade e a unidade nacionais. Essa é uma questão maior em seus estudos se atentarmos para os problemas com que finalizou a questão das etnias no Brasil colonial, advertindo para as conseqüências políticas funestas da predominância de certos tipos raciais: onde o negro e o mestiço predominassem, como no Haiti, a desordem prevaleceria; onde os europeus sobressaíssem, como os bascos na "nobreza chilena", o "alto tônus moral" marcaria sua presença, em situação semelhante à dos saxões na composição da "aristocracia britânica" (1973, v.I, p.113).

O reconhecimento da evidente pluralidade de "raças" e cruzamentos entre elas colocava-se para Oliveira Vianna como uma questão prática a exigir solução. Nas investidas pelas trilhas da miscigenação trazia a certeza da irregular distribuição das diversas "raças" e "etnias" pelo território nacional, menos sensível em relação aos brancos, até o advento da imigração em massa de europeus no final do século XIX. A despeito da admiração pela organização disciplinada dos trabalhadores alemães, ele centraria suas críticas, no início dos anos 1920, às levas de população européia aqui aportadas, e mais exatamente a esses imigrantes, de "difícil diluição no meio brasileiro". Essas figuras de linguagem associando processos migratórios a reações químicas surgiam mescladas a um forte apelo estético. Com esse recurso retórico, Oliveira Vianna percorre o espectro dos povos, classificando-os segundo as respectivas capacidades de aceitação de casamentos ou acasalamentos mistos. Nessa classificação, os alemães, a despeito da endogamia predominante entre os imigrados, não atingiriam o limite da recusa à assimilação do anglo-saxão, do sírio e, num recorte específico, da "raça semita", que em sua classificação pertenceriam ao grupo dos "absolutamente insolúveis ... verdadeiros corpos estranhos em nossa sociedade". Avaliados por uma ótica muito otimista, os portugueses seriam os mais bem vistos por ele, dado comportarem-se como elementos de "extrema fusibilidade", seguidos pelos italianos e espanhóis, mais arredios, com diluição menos rápida

O charme da ciência e a sedução da objetividade

na "massa nacional". Seria na corrente imigratória japonesa, com cerca de cinqüenta mil fixados em colônias em São Paulo, que Oliveira Vianna apontaria, em artigo de 1927, o problema maior, não pela sua inferioridade em termos raciais, "mas pela sua incapacidade de se deixar absorver pela massa nacional". E finaliza, novamente, com uma imagem de laboratório: "O japonês é como o enxofre: insolúvel".[43]

Fusão e diluição, duas reações químicas em que os elementos postos em contato perdem suas características originais tornando-se uma outra substância. A imensa massa territorial brasileira assimilada à imagem do *melting-pot* ou cadinho, como receptáculo dessa reação modificadora, em clara demonstração de seu recorrente recurso estético a imagens relacionadas às ciências em apoio de uma tese política. Mesmo em artigos para divulgação de idéias e posições relativas à questão das "raças" formadoras da população brasileira, Oliveira Vianna lançava mão desse recurso estético. Em artigo do *Correio da Manhã* de 11 de abril de 1926,[44] comentando o livro do "professor Mendes Corrêa", polemiza sobre teorias aplicadas ao estudo "dos nossos elementos étnicos", saindo em defesa da aplicação das "leis de Mendel" à Antropologia pela maior precisão na determinação da diversidade e da complexidade da composição populacional do país. Após discorrer sobre as variedades étnicas de arianos, semitas, indígenas, negros e amarelos (*sic*), chegava à seguinte conclusão: "Ao todo dezessete variedades humanas. São estes os elementos étnicos atualmente em fusão no nosso crisol etnológico".

Centrada na questão da difícil formação da nacionalidade brasileira, sua preocupação, evidentemente, dirigia-se para a necessidade de dissolver esses enquistamentos étnicos, a despeito do tom idílico de suas descrições das regiões do sul colonizadas por alemães, e os elogios dedicados aos componentes de elite dos anglo-saxões (só eles para cá teriam emigrado), como elementos de comando e de progresso. No entanto, o núcleo de seus argumentos seria mesmo a questão da miscigenação,

---

43 "Raça e psychologia differencial", *Correio da Manhã*, 8.5.1927. Fundação Oliveira Vianna, Reg. n.1073.49.
44 "Os nossos elementos ethnicos", *Correio da Manhã*, 11.4.1926. Fundação Oliveira Vianna, Reg. n.1073.25.

porque dela dependia o processo de "branqueamento" da população e, mais, da formação de uma nacionalidade sólida. Recorrendo novamente a figuras de linguagem de poderoso efeito estético, comparou a população brasileira a "um poderoso maquinismo, com caldeiras em alta tensão, o dinamismo latente e contido ... à espera ... da força propulsiva, capaz de operar a *démarrage* do sistema" que "só o homem da raça branca" possuía.[45] Em busca de solução para o "problema de formação da nacionalidade" no Brasil, perseguiria, portanto, a outra face dos estudos da composição populacional, dirigindo o foco de análise para avaliar de que modo agiam nesses anos finais da década de 1910 e na década de 1920 a assimilação, o "caldeamento ou fusão das raças", o "nível de fusão", o"*melting-pot*", a miscigenação, enfim.

Em abordagem preliminar, traçou uma linha de permanência possível dos "tipos étnicos fundamentais". Entre os "negros", pouco restara de "tipos puros", salvo em alguns redutos africanos. Quanto aos índios, a persistência seria mais pronunciada, mantida pelas ondas renovadoras das "zonas 'periféricas' do alto sertão". Entre os "arianos", identificaria maior índice de "*full-bloods*", mantido pela constante afluência de imigrantes europeus para os núcleos coloniais de São Paulo, Santa Catarina e Rio Grande do Sul. Agregaria a esse argumento a observação de que "graças a dispersão vicentista, a seleção da classe superior [se teria feito] para nossa felicidade, num sentido ariano". Ponderava ter sido "esse caráter ariano da classe superior, tão valentemente (*sic*) preservado na sua pureza pelos nossos antepassados dos três primeiros séculos, [o que nos salvara] de uma regressão lamentável" (Vianna, 1973, p.144). Aliás, parece ter sido para ele quase uma obsessão a questão do eugenismo paulista. Por ocasião do lançamento de *História geral das bandeiras*, de Afonso de Taunay, Oliveira Vianna chegaria a polemizar

---

45 "O tipo brasileiro e seus elementos formadores", in *Ensaios inéditos* (1991, p.51-8). Há a tradução estatística dessa sua tese em artigo para o *Correio da Manhã*, de 10.10.1926: "O crescimento da população", no qual demonstra "a involução do movimento demográfico no núcleo do nordeste" por causa da migração de parcela significativa da população dessa região para "os grandes campos de atração do sul", para os quais cederia "os elementos mais ousados, ativos, enérgicos e capazes da sua população". A base para seu estudo fora os recenseamentos de 1872, 1890 e 1920.

O charme da ciência e a sedução da objetividade

com o autor, em 1925, no jornal *Correio da Manhã*,[46] sobre a origem, germânica para ele, e espanhola para Taunay, dos chefes do bandeirismo paulista.

Ao que tudo indica, no mesmo ano escreveria para o *Correio Paulistano* um artigo sobre idêntico tema relativo "à origem étnica" e ao "tipo antropológico" dos "mais velhos e robustos troncos da aristocracia do bandeirismo". Comentando a publicação de *Paulistica*, de Paulo Prado (1925), expunha objeção também à hipótese levantada por este autor de que teria sido preponderante o "elemento judeu – os cristãos novos" na "formação étnica da sociedade paulista do ciclo bandeirante", considerando-a sem fundamento histórico ou antropológico. Voltaria ao tema dois anos depois, comentando novamente três textos de Taunay sobre o movimento das bandeiras em São Paulo, elogiando vários de seus aspectos, e especialmente um deles – Carta Geral das Bandeiras –, insistindo na idéia da "**permanência**" (grifo no original) do "grupo paulista": "é o único, cujas matrizes eugênicas se têm mantido em atividade permanente, sem nenhuma mostra de próxima exaustão".[47] Oliveira Vianna faria ainda no artigo referência à expansão da cultura do café como demonstração cabal de que espírito expansionista e vital dos paulistas seus contemporâneos perdurava. Em entrevista concedida a um repórter do jornal *Estado de S. Paulo*, em 17 de fevereiro de 1924, ao ser perguntado sobre o que achava do urbanismo em São Paulo, ele confirmaria sua opinião sobre o eugenismo paulista, e exporia o que pensava do caráter da população do estado: "Mas há urbanismo em São Paulo? ... Haverá, porventura, tendência urbana, centripetismo urbano num povo que está operando a conquista e o desbravamento dos vastos sertões da noroeste e do Paranapanema?"

Em relação às levas recentes de imigrantes do Velho Continente, diria dispor de dados suficientes para ter certeza de que os casamentos

---

46 "Origem dos paulistas antigos", *Correio da Manhã*, 19.10.1925. Fundação Oliveira Vianna, Reg. n.1073.9.

47 Os artigos são "Origem dos paulistas antigos" (19.10.1925) e "Christãos novos em São Paulo" (s.d.), "O eugenismo paulista", no *Correio Paulistano* (15.2.1927), incluídos no acervo da Fundação Oliveira Vianna sob Reg. n.1073.9, 1073.96 e 1073-41, respectivamente.

mistos estariam acontecendo, tão só, entre as diversas etnias européias. Daí a população das áreas que os acolheram corresponderem, para ele, à complexidade étnica da Europa atual. Diferiam e contrastavam com a evidente miscigenação dos "centros de hibridação do centro e norte do país", áreas demandando estudos urgentes que indicassem a "tendência natural à assimilação e à fusão" (Vianna, 1934, p.89-95). Ainda que não dispondo desses estudos, acreditava poder inferir, apoiado em seus estudos anteriores, ser a tendência da "evolução histórica da nossa mentalidade coletiva outra cousa senão um contínuo afeiçoamento ... à mentalidade ariana, isto é, ao espírito e ao caráter da raça branca" (idem, 1973, v.I, p.114). Raças inferiores e raças superiores? Volto à indagação.

Se lembrarmos as entusiásticas observações de Roquette-Pinto sobre as reuniões da *National Inter-racial Conference,* na John Hopkins University, em Washington, a 17 de dezembro de 1928, e do Congresso de Eugenia, na Academia de Medicina do Rio de Janeiro, em julho de 1929, as idéias de Oliveira Vianna parecem encontrar guarida em meio a **lugares-comuns** da época. O diretor do Museu Nacional tecia elogios à comunicação de Azevedo Amaral pela "rara penetração e amplo descortino" com que avaliara o problema da imigração no Brasil em termos de "eugenia". Resultado maior do conclave, afiançava Roquette-Pinto, estava no apelo que seria enviado ao presidente da República e às casas do Congresso para que fossem enfrentados "os gravíssimos perigos da imigração promíscua, sob o ponto de vista da raça e da segurança política e social da República". O documento em IX itens apresenta a súmula dos preconceitos vigentes e sustentados pelo saber especializado nas décadas iniciais do século XX, que podem ser resumidos na afirmação acerca da influência somente relativa do meio ambiente sobre os caracteres hereditários dos indivíduos, o que tornava imprescindível a "seleção rigorosa dos elementos imigratórios" como "meio de defesa da nossa raça" (Roquette-Pinto, 1933, p.43-7 e 69-75). A sugestão de lugar-comum procede da fala elogiosa de Roquette-Pinto à opinião de Azevedo Amaral que segue a mesma tese de Oliveira Vianna expressa em escritos contemporâneos sobre a questão da seleção dos contingentes de imigrantes para o país. Em 1926, o autor escrevera um artigo para o *Correio*

O charme da ciência e a sedução da objetividade

Paulistano,[48] em tom de denúncia, sobre a ausência de "política selecionista" da parte do governo brasileiro. Dizendo tratar-se de seleção de indivíduos, não de raças, dado que "seleção racial, esta só podemos realizá-la depois de termos concluído as pesquisas que sugeri", o autor faz uma advertência peremptória:

> Nós podemos, com efeito, e devemos, desde já, vedar a entrada em nosso país aos indivíduos que pertencem àquela classe que Malato denominou – aetriotaria – isto é, os que trazem, patentes, os estigmas de profundas hereditariedades mórbidas: surdos, mudos, loucos, retardados, criminosos, etc. O rigor dos norte-americanos neste sentido, como observa Herbert Walter, tem, destarte, preservado a massa da população dos Estados Unidos de uma copiosa multidão oriunda de matrizes mórbidas. Só em 1908 foram repelidos dos portos americanos cerca de 7.000 indivíduos entre loucos, idiotas, mendigos, criminosos e portadores de doenças contagiosas.

Amplia-se a difusão desse lugar-comum, pois, também a esse respeito, Oliveira Vianna mostrava-se atualizado em relação, não somente às pesquisas na sua área de interesse, mas também no que dizia respeito às políticas imigratórias para o país americano que recebia o maior contingente de imigrantes na época. Alguns anos depois, em *Raça e assimilação*, iria sugerir que os estudiosos brasileiros adotassem o procedimento utilizado por Bloom Wessel em seu estudo sobre a localidade de New London nos Estados Unidos. Via nele um modelo de análise eficiente para detectar o "nível de fusão" e o "índice de fusibilidade" das diversas etnias e raças estabelecidas naquele país. Considerava difícil sua aplicação imediata no Brasil em razão da pouca confiabilidade dos dados disponíveis fornecidos pelos censos demográficos. Sua crítica maior visava à forma imprecisa como os censos de 1890 e 1920 dividiram a população pela cor da pele em brancos, negros, mamelucos e mulatos, divisão de pouca valia em uma pesquisa mais acurada, concluía (Vianna, 1934, p.70-9 e 167-275). Do seu ponto de vista, a genérica menção à nacionalidade dos imigrantes impedia, por sua vez, determinar com precisão o

---

48 "Selecção immigrantista", *Correio Paulistano, 15.9.1926, Fundação Oliveira Vianna, Reg. n.1073.31.*

local de origem das raças componentes das diferentes etnias nacionais, e o mesmo acontecia em relação à população brasileira. Resultava inexeqüível, portanto, a tarefa de organizar um quadro populacional para o Brasil baseando-se nos dados disponíveis.

Acreditava impossível se chegar, por meio deles, à precisão da pesquisa norte-americana, na qual a população nos censos aparecia dividida em três categorias – *"natives of american parentage"*, *"natives of foreign parentage"* e *"full naturalized"* –, pela imprecisão dos dados brasileiros, com a população separada somente por "brasileiros de nascença" e "estrangeiros naturalizados". Para ele, esse seria um critério impeditivo para se quantificar, entre os nomeados "brasileiros de nascença", os filhos de imigrantes. Retomando a crítica de que a intelectualidade brasileira estaria preocupada somente com questões políticas e querelas de partidos, afirmou que essa identificação em dois níveis seria útil somente para os direitos civis e políticos, porém pouco esclarecia a assimilação dos estrangeiros, em termos fisiológicos, de mentalidade e psicologia. Seriam ainda mais incompletos a respeito das informações sobre o estrangeiro naturalizado, considerado pelo autor "um organismo sempre em crise de adaptação", demandando um exame com base na noção de *"marginal man"* de Park.[49] Definia-se com esses argumentos outra preocupação de cunho prático para Oliveira Vianna, no início dos anos 1930, o da aplicabilidade desses estudos na formulação de uma "política selecionista [para a imigração], com a amplitude que esta política deve ter para um povo, como o nosso, carregando já as responsabilidades de uma nação líder do continente"(ibidem, 1934, p.161).

Bastante sintonizado com as idéias correntes sobre a formação da nacionalidade, ponto central de suas preocupações, Oliveira Vianna indicaria a importância da identificação detalhada dos nódulos de resistência à aculturação dos milhões de imigrantes aportados no país e de uma necessária política seletiva para a imigração. Tema que o levaria a pesquisar as primeiras gerações de imigrantes em São Paulo, registro de

---

49 Os estudos usados por Vianna são os de Wessel, "Ethnic Factors in the Population of New London", *Amer. Journal of Sociology*, july 1929, e *An Ethnic Survey of Woonsocket* , de 1931, p.103, e o de Park, "Human Migration and the Marginal Man, *Amer. Journal of Sociology*, 1928 (cf. Vianna, 1934, p.76-95).

O charme da ciência e a sedução da objetividade

1924, e Rio Grande do Sul, registros de 1925 e 1927. Também nesse caso, criticaria o modelo de estatística utilizado, por achar que os dados induziriam erroneamente a concluir sobre a "insuficiência de contato entre as diversas etnias", e sobre o processo de aculturação ser mais profundo e extenso em São Paulo, com 16,30% de casamentos exogâmicos, contra os 4,60% do Rio Grande do Sul. Dados que indicavam o índice surpreendente, mas pouco confiável, da "pequena capacidade exogâmica entre brasileiros, 8,4% para São Paulo e 2,5% para Rio Grande do Sul", em contraste evidente com o inusitado e desconcertante "alto grau de fusibilidade" do semita, 34,9%, e dos japoneses, 75%, em São Paulo (p.106-19).[50]

A incursão pelos dados estatísticos indicava, segundo ele, o quanto "essas inferências são inseguras" por não haver precisão nos estudos sobre "processos de seleção e adaptação" dos imigrantes, cujos casamentos exogâmicos se realizariam mais entre grupos étnicos europeus do que com brasileiros. Seus argumentos encaminhavam-se para a ênfase na necessidade de se conhecer melhor esses quatro milhões de europeus vindos para o país no curto espaço de cem anos, e esses quase cem mil japoneses que "em menos de vinte anos ... o mundo asiático, pululante no seu formigueiro humano, já nos lançou" (p.129).

Conhecer melhor para minimizar o impacto dessas disparidades na população do país resultantes "dos abalos das vagas imigratórias": essa é sua preocupação. Novamente, dirigiria suas críticas às autoridades brasileiras, dizendo que enquanto esses choques étnicos estavam "ferindo os ouvidos e a consciência de todo o mundo", somente os "nossos observatórios demográficos" conservavam-se indiferentes à "essas vibrações subterrâneas de vida nova"(p.158-71). Voltava a traçar um paralelo com a cuidadosa e seletiva política imigrantista dos Estados Unidos, Oliveira Vianna criticava a irresponsabilidade com que o Brasil recebia essas levas de adventícios:

... nos chegam, civilizados ou semibárbaros – gentes do ocidente e gentes do oriente europeus, gentes do ocidente e gentes do oriente asiáticos – car-

---

50 Oliveira Vianna refere-se à pesquisa de Alfredo Ellis, Pedras lascadas (1928, p.274), in *Raça e assimilação* (p.106-119).

regando usos estranhos, costumes, tradições, modalidades folclóricas de todo o gênero. Em suma, formas novas de civilização, que, entrando em conflito entre si ou com a nossa, substituindo-se, superpondo-se ou interfundindo-se, estão alterando profundamente as camadas tradicionais da nossa sedimentação cultural. (1934, p.129)

Confirmava sua posição crítica em relação ao que considerava alienação da parcela instruída da população brasileira, alheia às evidências e às ameaças contidas nesses bolsões étnicos, e em decorrência da precária e equivocada orientação governamental quanto à imigração. Parte significativa dessa alienação, ele a explicava pela "mentalidade dos nossos centros culturais" desconhecedores dessas "novas ciências". Nos currículos dos principais cursos superiores, a ausência de "cadeiras especializadas" nessa área reafirmaria preconceitos arraigados e ignorância (p.198 ss.). Enfim, postulava, "o estudo de nosso *melting pot* segundo os métodos estritamente biométricos é condição essencial para o conhecimento das leis que estão regendo a formação e a evolução antropológica das raças em nosso povo e sob os nossos climas" (p.94). Em resenha a um livro de Jennings, autor que, em artigo para o *Correio Paulistano,*[51] elogiara por seu procedimento eficaz para a determinação e "seleção das nossas matrizes étnicas", explicitaria novamente sua adesão às teses deterministas na sua versão pluricausal, parte herança genética, parte influência do meio físico e cultural. Apenas mediante pesquisas numerosas, numa copiosa massa de dados científicos, principalmente de "ordem psicométrica", teriam as autoridades governamentais norte-americanas chegado à atual "política de seleção imigrantista". Necessidade evidente também no caso brasileiro, pela falta de estudos das "variações do eugenismo das diversas raças advenas em função do nosso meio tropical" (p.151 ss.).

A força explicativa dos componentes raciais da população brasileira se manteve em praticamente todos os trabalhos de Oliveira Vianna, com menos ênfase e menor incidência em certos textos. Assim, no "fragmento de um ensaio" sobre "Raça e cultura", em elogio à "escola

---

51 "Selecção immigrantista", *Correio Paulistano*, 15.9.1926. Fundação Oliveira Vianna, reg. n.1073.31.

O charme da ciência e a sedução da objetividade

funcionalista, de Malinowski, Chaple e Coon", o autor voltaria a criticar os que acreditavam que "tudo é cultura", mencionando ironicamente "todo literatinho novi-emplumado ou sociologista de cueiros invocou a cultura". Ainda que minimizando a importância dos componentes raciais, explicava, "não direi a raça, mas os fatores temperamentais e bio-tipológicos, que exprimem a personalidade do indivíduo, dentro da cultura, estão sendo chamados a intervir na explicação da fenomenologia social, ao lado da cultura". Minimização dúbia, uma vez que manteria, apoiando-se no livro *Society* de MacIver (1937), a prioridade das "peculiaridades hereditárias" ou "peculiaridades orgânicas" na formação de uma cultura (Vianna, 1991, p.65-8).

Foi sobretudo nas décadas de 1930 e 1940 que expressou suas maiores objeções à imigração mal selecionada. Os artigos mais contundentes ele os escreveria na fase da conflagração mundial em que a ameaça expansionista alemã em sua concepção de espaço fundada sobre a noção de "espaço vital" lhe parecia mais iminente. Em sucessivos artigos, publicados entre fevereiro e maio de 1943, no jornal *A Manhã* e em longo texto com o título de "Pangermanismo", aparentemente inédito, pois não constam data e local de publicação, Oliveira Vianna teceria comentários e análises contundentes relativas aos alemães e às concepções de identidade e de estado na Alemanha. Para um autor que se dedicava a construir a noção de identidade brasileira sobre uma base de diversidade racial e étnica, aparecia como enorme ameaça uma concepção de identidade e de comunidade política fundada na raça, o "critério de sangue", inscrita em uma indisfarçável pretensão de domínio político sobre todo território onde existisse qualquer punhado de alemães e seus descendentes. Na noção de "espaço vital" defendida pelas autoridades alemãs do Terceiro Reich, ele identificava, em outros artigos para o jornal *A Manhã*, a persistência da "dura filosofia bismarkiana", agora empalmada pelo seu "brutal continuador, Hitler", noção que advogava expressamente o direito de uma comunidade, como a alemã, comprimida no espaço físico de seu país, expandir-se pelos territórios vizinhos, como o francês, com população mais rarefeita.[52]

---

52 Duas concepções de "espaço vital", *A Manhã*, 23.4.1943. Fundação Oliveira Vianna, Reg. n.1073.79.

Alguns dias após o artigo sobre a noção alemã de "espaço vital", Oliveira Vianna publicaria, no mesmo jornal, outro vinculando explicitamente o nazismo com as colônias alemãs no Brasil. Dessa vez, ele exporia em tom alarmado (ou alarmante) o modo pelo qual a Alemanha nazista incluíra o Brasil em seu "espaço vital", obedecendo ao postulado da política nacional-socialista do **Estado fundado no sangue e na raça**", pregando "a colonização por estrangeiros e a soberania estrangeira sobre o espaço colonizado", e alicerçando sua posição no pressuposto de que "a comunidade formada pela identidade do sangue (raça) e da língua é mais forte do que todas as fronteiras políticas".[53] Essa política expansionista do Reich alemão, explicaria Oliveira Vianna, mostrava uma **"face lógica e de justiça natural"**, vale dizer a questão da sobrevivência da população sobre um território, desvinculada, entretanto, pelo teor de "sua associação com a idéia de conquista e de rapina", daquela praticada pelos demais países civilizados (grifos no original).

Surpreende, sem dúvida, o lugar de destaque concedido, em 1949, à noção de raça dissociada de qualquer tonalidade política em *Instituições políticas brasileiras*. A noção persiste com força explicativa e referência a autores já anteriormente citados, Kretschmer, Jung e Brandès, e compõe um dos "fatores" determinantes das características e mazelas peculiares à vida política no país.[54] O tema das raças e das etnias percorre significativamente toda a sua produção intelectual. Ao morrer, deixaria ainda inédita a *História da formação racial no Brasil*, cujos títulos dos dois primeiros volumes previstos ("raças e seleções étnicas" e "raças e sele-

---

53 Os artigos citados foram publicados em *A Manhã*: "Duas concepções do Estado", 26.2 e 14.3.1943. Fundação Oliveira Vianna, reg. n.1073.75 e 1073.75.1; "O 'herrenvolk' e os seus direitos...", *A Manhã*, 5.3.1943. F.O.V., reg. n.1073.98; "O conceito de 'inimigo' na doutrina nacional-socialista", 19.3.1943, F.O.V., reg. n.1073.76; "Conciência e inconciência dos 'simpatizantes' da Alemanha", 9.4.1943, F.O.V., reg. n.1073-78; "O nazismo e as colônias alemãs no Brasil", 30.4.1943, F.O.V., reg. n.1073.80; "O conceito de ariano na doutrina nazista", 7.5.1943, F.O.V., reg. n.1073.81. O longo artigo "O pangermanismo", sem informação de data e local de publicação, faz parte da coletânea *Ensaios inéditos* (1991, p.97-146). Para uma análise do pangermanismo e sua aplicação nas colônias alemãs brasileiras há o importante estudo de Marionilde B. de Magalhães, *Pangermanismo e nazismo: a trajetória alemã rumo ao Brasil* (1998). Sobre a política do Estado Novo relativo às comunidades alemãs no país, recomendo a tese de doutorado de Cynthia Machado Campos (1998).

54 Ver, por exemplo, v. I, p.329.

ções telúricas"), reproduziam a concepção de determinação genética e mesológica com a qual iniciara seus estudos na década de 1910.[55]

Prisioneiro de um argumento que se movia no interior de um raciocínio tautológico, Oliveira Vianna se obrigaria a fazer da impossível identidade fundada em características raciais da população um denominador comum no qual nem a negativa categoria de mestiço poderia dar conta de qualquer representação unitária. Num país formado por "raças exóticas", exceção feita aos indígenas, apresentava-se como tarefa especializada a ser prosseguida o conhecimento das "reações do meio cósmico sobre o advena", perseguindo o rumo de cada grupo aportado a fim de detectar sua particular "evolução". Esse conhecimento implicava explorar a ampla variedade do processo histórico e a condição presente de sua adaptação para além das resultantes físicas individuais, segmentadas e distribuídas pelo imenso território nacional, e da "assimilação" no nível da "mentalidade", forjada pela lenta acumulação de experiências da vida cotidiana. Por "mentalidade", o autor entenderia ser "o conjunto inextricável de idéias, sentimentos, preconceitos, desejos, crenças e tendências" expresso nos "reflexos múltiplos, perceptíveis ou imperceptíveis, das forças modeladoras da terra, do clima e da história sobre cada grupo étnico" (1933, p.33).

Inserida na lógica de seus argumentos, a afirmação de que "a identidade moral não é uma fantasia, os fatos comprovam" ganhava maior ênfase. Acreditou poder captar "os fundamentos iniciais da nacionalidade nessa nobre e sonora língua que falamos", cujo som faria "o homem do campo ou da cidade, de alma tranqüila ou de alma inquieta ... sentir dentro de si vibrar uma súbita emoção, ampla e profunda, mista de confiança serena e íntimo orgulho, ressonância simpática, afinidade eletiva, voz obscura e subconsciente da raça". Assim, concluiu existir "uma funda identidade moral em nós, os de hoje, e esses intrépidos piratas das florestas, caçadores de índios e de ouro" (1942, p.15-7).

Se lembrarmos que Oliveira Vianna, apoiado pelos procedimentos da antropologia, reafirmou inúmeras vezes a evidente heterogeneidade

---

55 Na terceira edição de *Instituições políticas brasileiras* (1974) há, entre a relação das obras do autor, a informação de serem obras póstumas e estarem no prelo.

psicológica das raças formadoras da população brasileira, fica-nos a indagação sobre a base que constituia a um denominador comum – "a funda identidade moral em nós" –, apoiado somente na língua portuguesa. Em seus argumentos, esboça-se a indicação clara de que essa identidade pressupunha uma escolha, baseada no conhecimento obtido pela pesquisa, pela preponderância de um dos grupos, evidentemente o de "raça" branca, sobre os outros dois grupos fundadores e a extensa variedade de mestiços. Uma certeza prévia, evidentemente, ou uma intuição, que lhe orientara na escolha da(s) teoria(s) e do(s) método(s) de pesquisa que, por sua vez, fechavam o círculo, levando-o a corroborar sua suposição inicial. Esse procedimento circular pode indicar, a nós, o caminho que explicaria a necessidade de revelar aos brasileiros algo que ele supõe já sentirem de forma espontânea, intuitiva, porém pouco organizada em suas consciências. Se também respeitarmos seus próprios pressupostos, a "afinidade eletiva" propiciada pela sonoridade da língua portuguesa só poderia ocorrer entre os que a vivenciassem como língua materna. Essa "funda identidade moral" exigiria, portanto, no plano dos sentimentos espontâneos, instintivos, a exclusão de todos que não tivessem no português sua primeira língua. Ou talvez exigisse dos estrangeiros que adotassem a língua portuguesa o simultâneo recalque do idioma de seus antepassados.

Estava, pois, propondo um sentimento a ser incutido em boa parcela da população por meio de suas mentes; um sentimento básico que pressupunha o processo intelectivo de convencimento por argumentos racionais demonstraria coincidir a história brasileira com a narrativa do passado heróico dos colonizadores de "raça branca". Segundo ele, muito desse sentimento perdera-se sobretudo entre os "urbanitas das nossas grandes capitais", que, preocupados com os movimentos vindos da Europa e dos Estados Unidos, haviam apagado de suas memórias a epopéia do "movimento colonizador expansionista de há três séculos". Com olhos voltados para fora, diria, pouco espaço restara em suas mentes para se interessarem pelo que acontecia "por esse vastíssimo Brasil de lavradores e pastores".

Sua proposta apontava para o objetivo bastante definido de recuperar a dimensão interna da identidade brasileira de forma a projetá-la ní-

O charme da ciência e a sedução da objetividade

tida para o exterior. Essa proposta implicava trazer para a consciência dos "brasileiros atuais" um passado, "esses começos da nacionalidade com fortes predicados de rusticidade e combatividade", ainda presente na "gente desses remotos rincões que fronteiam o deserto [a parte desocupada do território]". Consciência ainda presente, também, embora de forma mais "obscura nas zonas intermediárias ao alto sertão e a costa". "Instintos rurais" e "vitalidade primitiva" que seriam traços comuns e características das quais "só poderíamos nos orgulhar", tão vivaz lá onde estava "o brasileiro entregue aos seus próprios pendores e instintos" (Vianna, 1942, p.17-9).

Ronda certamente seus argumentos preconceitos semelhantes aos expressos por Gilberto Freyre em *Casa-grande & senzala* e *Sobrados e mucambos*: certa repulsa pelo que considerava o contágio "das correntes de civilização", essa força niveladora dos tempos atuais, cuja ação parecia a ele desfigurar a face verdadeira das diferentes nacionalidades, com insofismável prejuízo maior para aquelas mais distantes dos padrões de excelência universalmente estabelecidos. Nesse ponto, Sérgio Buarque de Holanda defenderia opinião contrária a Oliveira Vianna e Gilberto Freyre, propondo que nos libertássemos de nossas raízes ibéricas como forma de deitarmos raízes em nossa própria terra. Entretanto, os três autores convergiam em um ponto crucial: apesar de louvarem as características dos "povos avançados", criticavam e reagiam contra o que consideravam ser a transferência de modos de vida, idéias políticas e instituições de maneira a abreviar a obra civilizadora. Quanto a Oliveira Vianna, acreditava que só o tempo em lenta moldagem executaria o trabalho. A ação possível se limitaria em acelerar seu ritmo e não lhe opor obstáculos, mediante o (re)conhecimento intelectual da verdadeira condição da sociedade brasileira aliado a uma política de reformas que implantasse instituições capazes de conjugar o passado e sua herança na direção ao progresso futuro. Obra civilizadora tecida por vínculos de solidariedade estabelecidos, em primeira instância, entre o cientista social e o homem de governo, ou estadista. Essa seria a posição estratégica reservada por Oliveira Vianna para a *intelligentsia* brasileira, revelação convocatória, estímulo à ação de grande força persuasiva em sua argumentação.

5
Liberalismo, idéia exótica!

> Há um século estamos sendo como os fumadores de ópio,
> no meio de raças ativas, audazes e progressivas.
> Há um século estamos vivendo de sonhos e ficções,
> no meio de povos práticos e objetivos.
> Há um século estamos cultivando a política do devaneio
> e da ilusão diante de homens de ação e de prea, que,
> por toda parte, em todas as regiões do globo, vão plantando,
> pela paz ou pela força, os padrões da sua soberania.
> Oliveira Vianna (1973)[1]

> ... esse espírito republicano é apenas uma emanação do Contrato
> Social de Rousseau, da *História dos Girondinos* de Lamartine,
> e de alguns volumes da *Filosofia Positivista*, de Auguste Comte,
> aqui chegados há cerca de cinqüenta anos, nos porões de
> um transatlântico qualquer... (grifos no original)
> Oliveira Vianna (1974b, p.158)

Ao avaliar o "espírito republicano" que prevaleceu no início do regime implantado no país em 1889, Oliveira Vianna, com doze anos de intervalo (1918-1930), repunha a imagem alienada da elite brasileira e deslocava a crítica para o plano político, convocando a *intelligentsia* do

---

1 Prefácio escrito em 1918 (p.20).

país a ter uma participação mais "realista" e cooperativa com os homens públicos na árdua tarefa de forjar uma nação.

Em linguagem mesclada de argumentos e imagens, o autor contrastava a "objetividade dos homens ativos e progressistas" e a condição de "alheamento da intelectualidade brasileira". A força expressiva da afirmação de viver o brasileiro sob a ação de entorpecentes, como o ópio tão citado na época como hábito da elite das grandes cidades,[2] ganha relevo na imagem oposta da avidez das "raças dos homens de ação e de prea" a imporem seus padrões para a população mundial. A sugestão da possibilidade de uma via alternativa às do sonho-ilusão (o que vínhamos cultivando) ou à da ação de conquista dos "homens de prea" (aquela escolhida pelas nações expansionistas) cumpre em seu argumento a função de estímulo mobilizador e, mais ainda, de convocação imperativa: segurar com mãos fortes as rédeas da direção política do país. Seria este, para o autor, o único caminho "realístico" e eficaz para assegurar a unidade e a soberania nacionais.

Nada de tomar de empréstimo belos projetos livrescos já provados e fracassados entre outros povos. Nem de permanecer no domínio do devaneio ilusório acreditando ser possível manter um confortável *status quo*, quando se vivia num mundo em que a própria política internacional sancionava o domínio das nações fortes sobre as fracas. Para tanto, acreditou ser indispensável formular um projeto político isento de qualquer desacordo com a "realidade brasileira". A hipótese do descompasso ou desencontro entre sociedade e instituições políticas que a regiam assume em seus estudos valor de tese a ser demonstrada.

O projeto político seria, portanto, o passo subseqüente à análise da sociedade apoiada na tríade conceitual: meio, história e raças formadoras. Caberia a essa base conceitual dar conta das "condições da vida e cultura do povo, entendida esta palavra no seu sentido etnológico", pois postulava "a estrutura do Estado deve ser o reflexo (delas) ou sob cuja influência vive e funciona". Em 1949, no segundo volume de *Instituições*

---

2 Lembro, entre outros, o romance de Théo Filho, *Praia de Ipanema* (2000), publicada em 1927.

políticas brasileiras, ao expor como questão de método "o'regionalismo' no direito", Oliveira Vianna reafirmaria terem sido condições de vida e cultura a orientação de seus estudos desde o final da década de 1910 em *Populações meridionais do Brasil*. Nada mais coerente para quem havia se proposto estudar as "nossas instituições políticas", considerando-as a dimensão "mais interessante" do "nosso direito público". Esse plano geral, "objetivo e monográfico", seguia a acepção de Le Play em *La réforme sociale en France*, de 1874, e permitia "fixar objetivamente o comportamento" dos grupos por região, conhecer sua capacidade de criarem órgãos políticos e administrativos, e exercê-los nos municípios, províncias e nação. Possibilitava também, prosseguia o autor, "precisar cientificamente a amplitude e a profundidade da consciência cívica de cada um deles, o grau da sua vocação política e de seu interesse pela vida pública, que os regimes das Constituições em vigência presumiam" (1974a, v.II, p.73-6).

Contudo, de todas as regiões mapeadas, limitaria seus estudos às populações meridionais; no primeiro momento às populações do "Centro-Sul", Rio de Janeiro, Minas Gerais e São Paulo. Por quê? Havia a justificativa política de que o centro político e administrativo encontrava-se nessa região desde a transferência da capital, ainda no período colonial, para o Rio de Janeiro. A justificativa intelectual seria, contudo, seu argumento maior, e este se apoiava no próprio método escolhido, ou, como diria o autor, no procedimento de "observar *visum et repertum, en naturaliste*", o que pensou ser exeqüível para as populações meridionais, e não para as da região Norte, mesmo limitadas às "populações sertanejas do Nordeste". Não podendo se deslocar para "aqueles meios distantes", considerou-se impedido de incluí-las em seus estudos que, diria, pressupunham o trabalho pioneiro de "estudar nosso direito público *costumeiro* – o direito elaborado pelo povo-massa", para, a partir dele, contar com referências suficientes para compará-lo com o direito escrito, as leis vigentes. "A nossa sociedade existe; é preciso levá-la em conta ao elaborar as nossas Constituições", reafirmaria em 1949, listando os livros nos quais, desde 1920, defendera essa posição. Ao mesmo tempo, voltava a criticar o "'marginalismo' das nossas elites dirigentes, principalmente as nossas elites parlamentares e forenses", cujo alheamento provinha, segundo ele, de um persistente sentimento de "'complexo de inferioridade' em face da Europa" (1974a, p.77).

Com essa proposta, Oliveira Vianna acreditou incitar o intelectual e o homem político a olharem para o Brasil, a conhecerem seus lugares mais recônditos, sua população mais afastada do raio de visão abarcado pela situação privilegiada, porém insuficiente, das cidades da costa atlântica. Fazia portanto coincidir o encaminhamento de sua proposta com a tese sustentada – a da inadequação de leis e instituições de caráter liberal e democrático para a "realidade" da sociedade brasileira. Uma denúncia e posicionamento claros a favor de um projeto político autoritário que só a intelectualidade, "abrasileirando" suas idéias, estaria em condições de formular.

Onde muitos se encontram

Lembro que, nos anos 1920-1930, vários autores, todos críticos das instituições liberais, partilhavam opinião semelhante sobre a incompatibilidade das idéias e instituições liberais com a condição presente da sociedade brasileira. Essa opinião, porém, não prevaleceria somente entre políticos de tendências centralizadoras e autoritárias. Sérgio Buarque de Holanda[3] pode ser lido como um caso exemplar. Ao buscar mostrar o que considerava "o desequilíbrio singular" entre a efetiva sociedade brasileira e a imagem do país construída para nós mesmos e projetada para o exterior, o historiador diria:

> Modelamos a norma de nossa conduta entre os povos pela que seguem ou parecem seguir os países mais cultos, e então nos envaidecemos da ótima

---

3 Embora sem definir uma proposta política, o autor se contrapõe energicamente aos princípios e métodos dos adeptos do fascismo italiano e alemão, ainda mais empobrecido na versão do "integralismo", como menciona com ironia serem os adeptos do comunismo no Brasil os menos aptos a realizar os "princípios da III Internacional", dizendo exporem idéias e propostas mais próximas da "mentalidade anarquista" (Buarque de Holanda, *Raízes do Brasil*). Usei a primeira edição de 1936, da José Olympio, Edição Documentos Brasileiros, dirigida por Gilberto Freyre, e a quinta edição de 1969, da mesma editora e coleção, na época dirigida por Afonso Arinos de Melo Franco. As citações aparecem com a data seguida da página (1936, p.159-60; 1969, p.140-1).

O charme da ciência e a sedução da objetividade

companhia. Tudo isso são feições bem características do nosso aparelhamento político, que se empenha em desarmar todas as expressões menos harmônicas de nossa sociedade, em negar toda espontaneidade nacional.[4]

Via nisso, tal como Oliveira Vianna, o isolamento em que se achavam "as classes altas e cultas". Seriam "homens de idéias", "puros homens de palavras e livros", o que fazia com que não saíssem "de si mesmos, de seus sonhos e imaginações" (1936, p.125; 1969, p.121). Contudo, não lhes atribui culpa, mas desventura, uma vez que endossava a afirmação de Herbert Smith de que "a sociedade foi mal formada nesta terra, desde as suas raízes" (1969, p.135). Em apoio desse argumento, Buarque de Holanda não hesitou em recorrer a Alberto Torres, crítico do ideário liberal e autor de vários livros em defesa da unidade nacional por meio da centralização política, apontado por Oliveira Vianna como o primeiro a usar a expressão "realidade nacional" e desbravador da senda que ele mesmo trilhava. Apresentando-o como "um publicista ilustre", Buarque de Holanda reproduz em citação trecho bastante ilustrativo da opinião compartilhada:

> A separação da política e da vida social atingiu, em nossa pátria, o máximo da distância. À força de alheação da realidade a política chegou ao cúmulo do absurdo, constituindo em meio de nossa nacionalidade nova, onde todos os elementos se propunham a impulsionar e fomentar um surto social robusto e progressivo, uma classe artificial, verdadeira superfetação, ingênua e francamente estranha a todos os interesses, onde, quase sempre com maior boa-fé, o brilho das fórmulas e o calor das imagens não passam de pretextos para as lutas de conquista e a conservação das posições.

e acrescentaria, algumas linhas depois:

> Escapa-nos esta verdade de que não são as leis escritas, fabricadas pelos jurisconsultos, as mais legítimas garantias de felicidade para os povos e de estabilidade para as nações.

---

4 Esse trecho e os citados em seguida estão nas p.144-5 da primeira edição e p.132-3 da quinta edição.

Afinal, de pouco proveito seriam, uma vez que:

> As Constituições feitas para não serem cumpridas, as leis existentes para serem violadas, tudo em proveito de indivíduos e oligarquias são fenômeno corrente em toda a história da América do Sul.

Essas observações estão no capítulo "Nossa revolução" (1936, p.144-50; 1969, p.132-7), e dão seqüência à crítica da absorção fácil do ideário positivista e seu "bom sucesso" entre a intelectualidade brasileira no século XIX, desenvolvida no capítulo anterior, "Novos tempos". Imputava essa fácil absorção a um dos "aspectos mais significativos do caráter brasileiro": "um amor pronunciado pelas formas fixas e pelas leis genéricas, que circunscrevem a realidade complexa e difícil dentro do âmbito dos nossos desejos".

Considero importante sublinhar o elo estabelecido pelo autor entre a elaboração de representações fantasiosas da sociedade brasileira e as limitações, do seu ponto de vista, da capacidade intelectiva da população, ainda quando a referência seja à parcela intelectualizada, uma vez que conclui: "essas construções de inteligência representam um repouso para a imaginação..."(1936, p.118; 1969, p.117). Enfim, essa "desventura" das elites conduzira-as a se apegarem a certas "ilusões da mitologia liberal" esquecidas de que "com a simples cordialidade não se criam bons princípios. É necessário", prosseguia, "algum elemento normativo sólido, inato na alma do povo, ou mesmo implantado pela tirania, para que possa haver cristalização social". Logo em seguida, significativamente, Buarque de Holanda se apressa em lembrar existirem "outros remédios, além da tirania, para a consolidação e a estabilidade de um conjunto social e nacional" (1936, p.157; 1969 , p.140).

Suas observações quanto ao alheamento das elites em relação aos problemas efetivos do país voltam a se aproximar das de Oliveira Vianna algumas linhas adiante, quando diz terem os homens da Independência se comportado em relação à "situação dos negros escravos", tal como os políticos republicanos posteriores o fariam, escolhendo desviar seus olhos da sociedade, não duvidando "um único momento de que a sã política é filha da moral e da razão":

O charme da ciência e a sedução da objetividade

E assim, preferiram esquecer a realidade feia e desconcertante, para se refugiarem no mundo ideal de onde lhes acenavam os doutrinadores do tempo. Criaram asas para não ver o espetáculo detestável que o país lhes oferecia. (Holanda, 1969, p.140; 1936, p.157)

Outra evidência cabal dessa atitude alheada estaria no procedimento reincidente dos homens políticos ao trazerem "de terras estranhas um sistema completo e acabado de preceitos, sem saber até que ponto se ajustam à vida brasileira".

Na verdade a ideologia **impessoal** e **antinatural** do liberalismo democrático, com suas maiúsculas impressionantes e com suas fórmulas abstratas jamais se naturalizou entre nós ... A democracia no Brasil foi sempre um lamentável mal-entendido. Uma aristocracia rural e semifeudal importou-a e tratou de acomodá-la, onde fosse possível, aos seus direitos ou privilégios, os mesmos privilégios que tinham sido, no Velho Mundo, o alvo da luta da burguesia contra os aristocratas. (1936, p.1; 1969, p.119, grifo nosso)

Seu argumento casa-se às mil maravilhas com a tese de que no Brasil as idéias vindas de fora não deitavam raízes, não se naturalizavam, permaneciam na forma de adorno usado inadequadamente. O argumento de Buarque de Holanda é perfeito e circular: se às elites dirigentes atribuía a confiança no poder da letra escrita, dada a crença inabalável na moral e na razão, como poderiam elas formar opinião a partir do equacionamento das prioridades do país? Como pautarem sua conduta pela impessoalidade requerida pelos preceitos liberais se não conseguiam se desvencilhar da primazia concedida "às conveniências particulares sobre os interesses de ordem coletiva"? Complicava além do mais a atitude desses homens públicos a demonstração, clara e insofismável, do "predomínio [em seu caráter] do elemento emotivo sobre o racional" (1936, p.118; 1969, p.117).

Afinal, o que esperar de uma elite formada no "vício do bacharelismo", na repulsa ao trabalho rotineiro e metódico, grande estimulador da "capacidade de organização social"? Imersa em uma sociedade estruturada na relação de obediência e mando, carente de uma "moral do trabalho humilde, anônimo e desinteressado", apontado por ele como "agente poderoso da solidariedade de interesses" e da "organização racional dos homens". Em suma, o Brasil corroborava a afirmação: "a experiência e a tradição ensinam, que toda cultura só absorve, assimila e elabora verdadeiramente os traços de outras culturas, quando estes encontram uma possibilidade de ajuste aos seus quadros de vida"(1936 (1.ed.), p.13-4; 1969 (5.ed.), p.10-1). Buarque de Holanda fixava a imagem do país diferenciado, distante dos valores culturais europeus, ao mesmo tempo cego a essa evidência e prisioneiro da crença na contigüidade e semelhança com o Velho Mundo.

Ora, a justificativa de Buarque de Holanda pouco divergia daquela expressa por Oliveira Vianna, pois considerava que só assimilávamos esses princípios alheios de modo rápido e interessado, de modo superficial, naquilo que nos ofereciam de "negação pura e simples de uma autoridade incômoda, confirmando o nosso instintivo horror às hierarquias e permitindo tratar com familiaridade os governantes". Absorção superficial e interessada, confirmando, pois, as características acima mencionadas, e impedindo compatibilizar a sociedade com o ideário liberal, cujo pressuposto maior seria a familiaridade com a "ideologia impessoal e antinatural". Faltava-nos, em suma, essa familiaridade com um princípio supra-individual de organização (Holanda, 1936, p.122; 1969, p.119).

Assim, se o imbróglio maior ficava na contradição expressa na maneira pela qual, no dizer de Buarque de Holanda, a "aristocracia rural e semifeudal" havia importado e "acomodado" a seus interesses os preceitos democráticos, os dois autores se aproximam, ao afirmarem, o primeiro, "a ausência de verdadeiros partidos políticos entre nós", o segundo, "a ausência de partidos políticos de idéias". Os dois partidos do Império, "menos representativos de idéias do que de pessoas e famílias", teriam sido um claro sintoma "de nossa inadaptação" aos "ideais teóricos", para o historiador (1936, p.151; 1969, p.133); para Oliveira Vianna, o vazio de idéias no período monárquico decorrera da acomodação das instituições liberais aos interesses pessoais ou de clãs.[5]

---

5 Oliveira Vianna afirmaria isso em todas suas análises da vida política brasileira. Já consta em vários momentos de *Populações meridionais do Brasil* (cf. p.222), ao afiançar

O charme da ciência e a sedução da objetividade

Aproximam-se novamente os dois autores na contradição apontada por ambos entre posição social e adesão intelectual a idéias progressistas da parte de filhos bacharéis dos proprietários fundiários, idéias contrárias e até nocivas à aristocracia à qual pertenciam.[6] Transparece através das palavras de Buarque de Holanda a imagem dramática do destino contraditório e em parte cruel de uma *intelligentsia* ávida por idéias novas, inconsciente e despreocupada, porém, com as conseqüências dolorosas e inevitáveis da propagação desse ideário. Destino bastante próximo, como vimos, daquele relatado por Hyppolite Taine em relação à nobreza cortesã francesa do século XVIII em seu desavisado acolhimento dos *philosophes* em seus salões.

Tal como Oliveira Vianna, Buarque de Holanda fixou em 1888 a data que teria tido "uma transcendência singular incomparável" para o Brasil, dando prosseguimento "ao crescente cosmopolitismo de alguns centros urbanos" provocado pela "migração forçada da família real portuguesa para o Brasil, em 1808": seria o momento decisivo no longo processo de erradicação das raízes ibéricas em nosso país (1969, p.120). Entretanto, sua interpretação percorre argumento oposto ao do sociólogo fluminense, que localiza nos primórdios do movimento abolicionista e da atuação dos propagandistas republicanos um passo a mais no erro persistente dos "idealismos", sem raízes em nossa sociedade, e o início da "fase de desorganização profunda e geral, sem paralelo" para o país, prelúdio do "período republicano, perturbadíssimo por crises sociais, econômicas e políticas".[7]

---

    ser o poder moderador "uma adaptação genial do instituto europeu ao nosso clima partidário".

6 Sérgio Buarque de Holanda (1969, p.41-2). Vale indicar que, na primeira edição, Buarque de Holanda não incompatibiliza a iniciativa de movimentos liberais e a introdução de civilização material com a condição dos fazendeiros e de seus filhos formados em profissões liberais; contrariamente, afirmava que tomaram essas iniciativas "sem que isso lhe afetasse em absoluto a estrutura moral e sem que fosse arruinado seu predomínio". (p.45).

7 Oliveira Vianna expõe essa tese desde *O idealismo da Constituição*, cuja primeira edição é de 1920, e na "Introdução" a *Populações meridionais do Brasil*, datada de 1918 (p.18, 6.ed., 1976), retoma-a em 1924 em artigo com o mesmo título escrito para a coletânea organizada por Vicente Licínio Cardoso, *À margem da história da República*, em 1924. Republicada pela Câmara dos Deputados/Editora da Universidade de Brasília em 1981.

Insistiria ainda Buarque de Holanda na importância do ano de 1888 como "marco divisório entre duas épocas – o instante talvez mais decisivo em toda a nossa evolução de povo" (1936, p.43-4). Via nesse momento o nítido deslocamento do pólo rural para o pólo urbano, "a transição para a 'urbanocracia'", que viria a se impor completamente. O processo iniciado pela Independência crescera com as crises da Regência interrompendo o "convívio com as coisas elementares da natureza", obrigando parte da aristocracia rural a transitar para a "existência mais regular e abstrata das cidades". Ao pressentirem pela primeira vez ameaçados os "velhos padrões coloniais", viram-se obrigados a ver "a *dura*, a *triste* realidade", situação para a qual não estavam preparados, abrindo caminho para "uma crise subterrânea, voraz". Fixa na sua interpretação a característica psicológica da intelectualidade brasileira: a fuga imaginosa e talvez inadvertida para o "romantismo", "copiando Byron, Musset, Espronceda", traduzida na criação de "um indianismo de convenção, já antecipado ... por Chateaubriand e Cooper". O resultado malfazejo dessa fuga às evidências estaria na produção artística impregnada por "uma sensibilidade feminina, deliqüescente, linfática" de homens "mal acordados para a vida de nação independente". Ou seja, atribuía à "literatura romântica", a responsabilidade pela "criação de um mundo fora do mundo ... o horror à nossa realidade cotidiana" (1936, p.124-5; 1969, p.120-1).

Delineia-se de maneira clara a dupla dimensão perniciosa da incapacidade de se dobrar perante a evidência da situação do país: se por um lado essa incapacidade estimulava a fuga para as paragens idealizadas do romantismo mantendo a intelectualidade alheada, efeminando sua sensibilidade; por outro, impusera "distância entre o elemento 'consciente' e a massa brasileira", evidente e desastrosa em "todos os instantes supremos da vida nacional". Buarque de Holanda prosseguia em sua crítica afirmando que "qualquer pretexto estético" servia de conteúdo a esse pensamento fragilizado; sempre expondo a "mesma inconsistência íntima, a mesma indiferença, no fundo, ao conjunto social".

Ora, qual conseqüência se pode deduzir desse comportamento na situação em que o "elemento consciente", o mesmo que se refugiava em um mundo fora do mundo, devia legislar e cuidar de coisas práticas?

O charme da ciência e a sedução da objetividade

Buarque de Holanda chega assim a uma conclusão previsível: com essa disposição de espírito, esses homens só poderiam manter-se ensimesmados em "seus sonhos e imaginações", dando lugar à "fabricação de uma realidade artificiosa e livresca, onde nossa vida verdadeira morria asfixiada". O autor coloca toda a ênfase possível nessa recusa a ver "a realidade, a nossa realidade", recusa relacionada evidentemente com a própria adesão ao romantismo, que ao constituir um derivativo impedira "uma reação sã e fecunda" para "corrigi-la ou dominá-la". "Esqueceu-a simplesmente", diria o autor, "ou detestou-a, provocando desencantos precoces e ilusões de maturidade. Machado de Assis foi a flor dessa planta de estufa", conclui. No roldão das conseqüências listava ainda os movimentos "aparentemente reformadores" ocorridos no Brasil, cujo sentido "de cima para baixo" expunha a "inspiração intelectual, tanto ou mais que sentimental" (1936, p.25; 1969, p.121).

Essa, digamos, incoerência ou alienação da sociedade explicava ainda terem as reformas vindo de surpresa, provocando uma reação inevitável: "a grande massa do povo recebeu-as sempre com displicência, quando não com hostilidade". Acontecera isso quando da "realização da idéia republicana", de larga popularidade entre os "moços das Academias" e completamente alheia à maioria da população. Recorrendo à "célebre carta de Aristides Lobo", Buarque de Holanda usou-a para dizer que, quando da implantação da República, "o povo assistiu àquilo bestializado, atônito, surpreso, sem conhecer o que significava". Repetia-se, diria, o processo que nos levara à independência pela "fermentação liberalista", "obra de minorias exaltadas". Também naquela ocasião continuava, utilizando observação de Saint-Hilaire, a "massa popular a tudo ficou indiferente". O mal-entendido republicano encontrava sua razão de ser no idealismo romântico de boa parcela da intelectualidade e na distância entre esta e o restante da população do país. Nem povo consciente, pois as "conquistas liberais ... não emanavam de uma predisposição espiritual e emotiva particular, de uma concepção de vida bem definida e específica" da grande massa da população; nem elite política capaz de compreender que "as formas de vida não são expressões voluntárias, não se 'fazem' ou 'desfazem' impunemente" (1936, p.121-3; 1969, p.119-20).

Fosse para explicitar tal mal-entendido, nas palavras de Buarque de Holanda, ou a incompatibilidade, nas de Oliveira Vianna, os dois coincidentemente utilizaram a carta de Aristides Lobo como testemunho de época para enfatizarem a ausência de capacidade política do povo brasileiro, que assistira bestializado "ao golpe do Quartel General", inesperado e só aplaudido pela minoria republicana.[8] "O povo", acrescentava o sociólogo, em explícita denúncia da condição imatura, apolítica, em suma, alienada da maior parcela da população do país, "o nosso povo, se mostrou, como sempre, indiferente às formas de governo: aceitou a República, como já havia aceitado a Monarquia, como aceitaria amanhã o regime bolchevista, ou o fascismo italiano"(Vianna, 1959a, p.194-5). A mesma sugestão de inconsciência do povo no processo da independência encontrava-se nas palavras de Saint-Hilaire, escolhidas por Buarque de Holanda para comentar o que iria pela cabeça da massa do povo na época da independência: "Não terei a vida toda de carregar a albarda?"

Percorrendo em paralelo os argumentos dos dois intérpretes do Brasil, pergunto se seria inadequado indagar sobre a persistência ainda em nossos dias da força explicativa desse argumento? Nas décadas de 1920 e 1930, o argumento do despreparo político da população brasileira esteve presente em diversos matizes do pensamento político crítico configurando um verdadeiro **lugar-comum**. No entanto, o uso desse argumento assume dimensão de impacto quando em 1987 o qualificativo "bestializados", referido à população brasileira, ganha a dignidade de título de livro e mote dos argumentos que compõem a tese central de *Os bestializados*, de José Murilo de Carvalho, em que reproduz os velhos refrões – idéias importadas e sua defeituosa absorção – ditos e reditos por muitos dos intérpretes da história do Brasil, ao afirmar:

> Já ficou registrado que o fim do Império e o início da República foi uma época caracterizada por grandes movimentos de idéias, em geral importadas da Europa. Na maioria das vezes, eram idéias mal absorvidas ou absorvidas de modo parcial e seletivo, resultando em grande confusão ideo-

---

8 Oliveira Vianna usara dez anos antes de Buarque de Holanda, primeira edição de *O ocaso do Império*, de 1925.

O charme da ciência e a sedução da objetividade

lógica. Liberalismo, positivismo, socialismo, anarquismo misturavam-se e combinavam-se das maneiras mais esdrúxulas na boca e na pena das pessoas mais inesperadas. Contudo, seria enganoso descartar as idéias da época como simples desorientação. Tudo era, sem dúvida, um pouco louco (*sic*). Mas havia lógica na loucura, como poderemos verificar no exame do problema da cidadania. (1987, p.42)[9]

Páginas depois, Carvalho retoma a tese da incompatibilidade do ideário republicano em terras brasileiras. Em ampla e esclarecedora exposição da "efervescência ideológica dos anos iniciais da República", mapeia os desacertos e desencontros entre as vertentes políticas – liberal e positivista – que sustentavam as recém-implantadas instituições. Sem dúvida, seus argumentos mostram quanto o descaso e o medo dos liberais excluíam da vida política, pela condição de analfabetos, a maior parcela da população do país, casando-se, embora de modo conflituoso, com a defesa da idéia de ditadura republicana positivista, "com resquícios rousseaunianos", como diria o autor. Em apoio de sua tese, acompanha os adendos concedidos à cidadania, parcos, aliás, pelas instituições republicanas. Identifica a pouca expressividade dos adendos como decorrência da "concepção restritiva da participação" no processo eleitoral. Viu nisso a reedição da antiga concepção liberal da Constituição francesa de 1791, estabelecendo uma linha divisória entre "cidadãos ativos", portadores de direitos civis e políticos, e cidadãos inativos ou "cidadãos simples", os quais detinham somente os direitos civis. Confirmava-se a vitória do "conceito liberal de cidadania", embora, diria, entre nós tivesse ficado "aquém dele, criando todos os obstáculos à democratização".[10]

---

9 O argumento central desse livro foi retomado em *A formação das almas: o imaginário da República no Brasil* (1990). Neste último, o autor atenua as implicações de importar idéias e instituições estrangeiras mostrando ter sido um fenômeno universal (p.22).

10 Esse argumento está, em sua maior parte, no capítulo II, "República e cidadanias", (p.42-65). Carvalho deixa de lado elementos complicadores do difícil processo de definição constitucional na França pós-1789 e os vários ensaios de Declaração dos Direitos do Homem. Remeto à primeira parte deste trabalho para uma avaliação das noções de cidadania correntes no processo revolucionário francês que, se não se esgotam na Constituição restritiva de 1791, com o direito político somado aos direitos civis limitado aos proprietários

Essa breve menção ao livro de Carvalho cumpre aqui o intuito de lembrar o quanto, ainda hoje em dia, análises e interpretações da história do país, formuladas na primeira metade do século XX e baseadas em campos conceituais diferentes, mantêm aprisionada parcela expressiva da intelectualidade brasileira. Carvalho expressa, de modo exemplar, a condição de prisioneiro dessas análises críticas, compondo junto a muitos outros importantes estudiosos da história do Brasil o coro dos que afirmaram e afirmam estarem nossos problemas localizados na persistente importação de idéias e instituições, e de elas não terem em nossa terra suas raízes, de estarem, portanto, fora do lugar. Valendo-se das observações de outros franceses, o muito conhecido Louis Couty, mais Blondel e Amelot, ex-embaixador da França no Brasil, Carvalho diria que, a despeito dos preconceitos de europeus contidos nas avaliações negativas da proclamação da República, esses observadores proporcionavam uma avaliação interessante de nossa situação:

> O que na realidade diziam os representantes era que qualquer semelhança entre os sistemas políticos do Brasil e da Europa era enganadora, superficial, mera coincidência. Tratava-se de realidades totalmente distintas. ... No Brasil não havia povo político, não havia cidadãos, nem mesmo na capital do país.[11]

---

detentores de certa quantia em rendas, de forma alguma se detém na Constituição jacobina de 1793, que concedera o sufrágio universal para a parcela masculina da população. Lembro ainda que na França o sufrágio universal masculino resultou da vitória socialista na revolução de 1848, neutralizado durante o II Império e reabilitado e confirmado após a deposição de Napoleão III com a Constituição da Terceira República em 1875.

11 Cf. cap. III, "Cidadãos inativos: a abstenção eleitoral" (p.66-90). A afirmação sobre a condição de exclusão da população da capital do país é atenuada no decorrer do capítulo pela idéia de que a concepção de povo politicamente ativo dos europeus e de nossa intelectualidade – em termos do sistema político formal – não encontrava amparo na situação brasileira, dado que "o povo do Rio, quando participava politicamente, o fazia fora dos canais oficiais, através de greves políticas, de arruaças, de quebra-quebras. Ou mesmo através de movimentos de natureza quase revolucionária, como a Revolta da Vacina" (p.90). Gostaria de assinalar quanto o movimento popular de resistência à vacinação obrigatória foi induzido pela disputa teórica e política entre frações da elite brasileira, nela compreendida os médicos e biólogos, disputa já amplamente exposta na tese de doutorado de Myriam Bahia Lopes (1998). Essa revolta popular retirava, portanto, também suas bandeiras de luta de posições e idéias formadas na elite pensante, tornando difícil conceder-lhe a condição de movimento quase revolucionário, como quis Carvalho.

O charme da ciência e a sedução da objetividade

Ao retomar Buarque de Holanda, encontramos em seu livro a significativa afirmação de ter sido exatamente a preponderância dos bacharéis na política, filhos de fazendeiros, o que dera incontestável estabilidade às instituições do Império, afirmação que o aproxima de Oliveira Vianna. Há mesmo certa apologia desse segmento da sociedade pós-independência, por ter empreendido os movimentos liberais de maior expressão, estimulando a introdução em larga escala no país "dos traços de civilização material mais caracteristicamente urbanos". A eles atribui a iniciativa, na década de 1850, da constituição de sociedades anônimas, da fundação do Banco do Brasil, da primeira linha de telégrafos e das estradas de ferro, além de darem início à formação do mercado de trabalho livre. Por outro lado, sublinha a resistência encontrada por "esses homens empreendedores" em um ambiente impregnado de costumes caudilhescos, um país ainda não "amadurecido para grandes empreendimentos de ordem econômica".

O elogio se desdobra na avaliação positiva de disporem os membros da elite da "mesma digna ociosidade que tanto singularizou esses senhores de engenho, de quem dissera Antonil que os escravos eram suas mãos e pés". O tom do elogio muda, entretanto, rapidamente, nas linhas seguintes ao correlacionar a condição de vida da elite à formação da burocracia, cuja baixa remuneração dera lugar a um "certo patriotismo ingênuo e contente de si ... Patriotismo negativo, feito de ressentimentos", o reverso do patriotismo "ativo e construtor". Teria sido o transplante brusco do campo para a cidade o motivo das deficiências de nossa burocracia. Arrancara esses homens do isolamento rural levando-os a enfrentar os elementos mais complexos e abstratos da vida urbana, o que considerava positivo, porém a rapidez do processo os fizera trazer consigo os vícios e preconceitos da classe a que pertenciam (1936, p.44-8; 1969, p.41-2). Em suma, para Buarque de Holanda, os filhos bacharéis haviam assegurado certa estabilidade político- institucional no período monárquico, embora estruturada sobre idéias liberais pouco condizentes com a sociedade pós-independência; haviam também formado simultaneamente uma burocracia eivada de traços personalistas, pouco afeita aos procedimentos impessoais; daí ineficiente. Arrastaram para o regime republicano "elementos estreitamente vinculados ao velho sistema doméstico, ainda em pleno viço, não só nas cidades como nas fazendas"; mantiveram entre nós "o tipo primitivo da família patriarcal", cuja esfera de influência do rural sobre o urbano acarretava "um tremendo desequilíbrio social". Resultara disso a dificuldade dos membros da burocracia em manter separados seus interesses particulares dos interesses de ordem pública, o privado e o oficial. Buarque de Holanda recorreria à tipologia de Max Weber para aproximá-los do tipo do "funcionário patrimonial" em contraste com o tipo do "puro burocrata" (1936, p.98-100; 1969, p.104-5).

A caracterização da classe de proprietários rurais brasileiros, incluindo a fração da elite política e burocrática, foi lhe imprescindível para chegar à imagem-representação do "homem cordial", exatamente o homem avesso aos valores universais e impessoais indispensáveis ao sucesso de uma república liberal democrata. Como fundar instituições impessoais sobre os "valores da personalidade", próprios da domesticidade, em que "cada indivíduo se afirma ante os seus semelhantes, indiferente à lei da comunidade e atendendo apenas ao que o distingue dos demais, do resto do mundo"? (1936, p.101, 13; 1969, p.106, 13).

Neste ponto há explícita discordância de Oliveira Vianna, pois Buarque de Holanda proclama errarem "profundamente aqueles que imaginam na volta à tradição, a certa tradição, a única defesa possível contra a nossa desordem". Sua aposta política passa pela ênfase na ineficácia perniciosa do "recurso ao passado em busca de um estímulo para melhor organização da sociedade", uma vez que nada de organizado lá encontraria. Confirmava assim o que dissera nas páginas iniciais de *Raízes do Brasil*, em forma de tese a ser demonstrada, que "a falta de coesão em nossa vida social não representa ... um fenômeno moderno". O passado, na forma de sua recuperação histórica, explicava a sociedade presente, não continha entretanto nada a ser recuperado ou mantido. Seus argumentos convergiam criticamente sobre aqueles que, como Oliveira Vianna, reivindicavam para si a condição de intelectuais conscientes e críticos da incapacidade intelectiva da população, voltando-se, contudo, para o passado em busca de modelos a seguir. Indagava mesmo se essa busca obsessiva de inspiração no passado não manifestaria significativamente o "índice de nossa incapacidade de criar espontaneamente" (1936, p.6-7; 1969, p.4-5).

O charme da ciência e a sedução da objetividade

No que diz respeito ao desacordo entre o "idealismo republicano", expresso na Constituição de 1891, e a "realidade nacional", denunciados por Oliveira Vianna, temos, como já assinalei, um lugar onde muitos se encontravam, um **lugar-comum** no pensamento crítico brasileiro dos anos 1920 e 1930. Lugar-comum que acolhia representações muito aproximadas da sociedade, embora os métodos fossem por vezes diversos, e os autores polemizassem entre si na defesa de projeções políticas diferenciadas para o país.

De modo que, se Sérgio Buarque de Holanda localizara na Abolição e Proclamação da República "o fim do predomínio agrário", tendo "o quadro político que responder à conveniência de uma forma adequada à nova formação social", era porque via "um elo secreto entre esses dois acontecimentos e numerosos outros", elo velado e, no entanto, de extrema importância para o país: "uma revolução lenta, mas segura e concertada, a única que, rigorosamente, temos experimentado em toda a nossa vida nacional". Avaliava com otimismo a mudança do centro de gravidade da sociedade brasileira do campo para a cidade por ver nisso um decisivo movimento de subversão das bases em que se assentava a sociedade: "um lento cataclismo, cujo sentido parece ser", diria, "o do aniquilamento das raízes ibéricas de nossa cultura para a inauguração de um estilo novo, que crismamos talvez ilusoriamente de americano, porque seus traços se acentuam com maior rapidez em nosso hemisfério". Completava com essa asserção a aposta na operação extirpadora dos resíduos metropolitanos, cujas conseqüências para a formação da população e da cultura, idéias e instituições nela incluídas, expusera no decorrer das páginas do livro, criticando diretamente Oliveira Vianna, entre outros "estudiosos eminentes", pela confusão que lhes atribuía fazerem entre agrarismo e iberismo (1936, p.135-7; 1969, p.127).

Significativamente, sua linha argumentativa seguia o caminho da proposta de formação de uma cultura própria, liberta de nossas raízes ibéricas, o que vale dizer, da incapacidade de reflexão intelectual, e de todos os atributos impeditivos da aplicação ao trabalho sistemático, à coesão social, à solidariedade, elementos indispensáveis a uma sociedade moderna. A proposta final fechava por sua vez o círculo aberto nas páginas iniciais de *Raízes do Brasil*, nas quais afirmara que a "inteireza", o "ser", a "gravidade", o "termo honrado", o "proceder sisudo", atri-butos dos portugueses segundo o poeta Francisco Rodrigues Lobo, compunham "virtudes essencialmente inativas", fazendo o indivíduo do-brar-se sobre si mesmo, "incapaz de modificar o mundo ao seu redor" (1936, p.12; 1969, p.10).

A dimensão afetiva permeia compassadamente o texto de Buarque de Holanda da primeira à última página no chamado à conscientização para "a nossa realidade", de modo a não nos deixarmos enganar por outras elaborações, tão engenhosas como os princípios do liberalismo, mas que seriam como ele "uma inútil e onerosa superfetação". O apelo afetivo não se completa, entretanto, sem a correlata dimensão estética: a posição do Brasil no cenário do mundo civilizado. A imagem negativa da sociedade patriarcal – marcada pelas características psicológicas do brasileiro e do descompasso entre a sociedade, movida pelos interesses e solidariedade de clã e as instituições liberais e liberal-democráticas – afirma-se na representação hierárquica de formas superiores de socie-dades, logo, de inferiores também. Foi com uma frase metafórica mode-lar que Buarque de Holanda articulou o apelo afetivo ao estético ao fina-lizar seu livro:

> O espírito não é força normativa, salvo onde pode servir à vida social e onde lhe corresponde. ... Há, porém, um demônio pérfido e pretensioso, que se ocupa em obscurecer aos nossos olhos estas verdades singelas. Inspirados por ele, os homens se vêem diversos do que são e criam novas preferências e repugnâncias. É raro que sejam das boas. (1936, p.161; 1969, p.142)

Estariam presentes nessa sua aposta os ecos dos preceitos do movi-mento modernista? Afinal, não fora ele que, em janeiro de 1922, inda-gara quais seriam os característicos dessa nova era? Indagação que não deixara sem resposta, dizendo ser em parte "a completa abolição de to-dos os *parti pris*, de todos os preconceitos, de todas as convenções idiotas, de todas as regras sem razão de ser", "a completa libertação do artista", em suma. Deu a seu artigo, significativa e talvez ironicamente, o título "...Il faut des barbares".[12]

---

12 O artigo publicado em *A garoa*, São Paulo, 3 de janeiro de 1922, abre a coletânea *A Semana*

O charme da ciência e a sedução da objetividade

Na figura imaginada dos bárbaros, há um imenso campo simbólico a ser preenchido. Ainda que Buarque de Holanda tenha retificado a proclamação de Charles Louis Philippe dizendo – "Bárbaros, não são mais as multidões! Bárbaros são as elites" –, permanece vasta gama de possibilidades. O que seria ser bárbaro? A volta às origens na reverência ao passado com certeza não era. O ser bárbaro poderia bem estar definido em outro artigo, publicado cinco meses depois, no qual nega a condição de moderno ao "movimento sertanista" da *Revista do Brasil*, ainda que reconheça o valor de *Urupês* de Monteiro Lobato. Os "novos", dizia, continuavam a reagir. E acrescentava explicitando o significado da reação:

> Guiados por Oswald de Andrade, o grande romancista de *A Estrela de Absinto*, leram os modernos de todos os países, leram Apollinaire, Jacob, Salmon, Marinetti, Cendras, Cocteau, Papini, Soffici, Palazzeschi, Govoni, leram os imagistas ingleses e norte-americanos. Mas em lugar de os tomarem por mestres, desenvolveram na medida do possível a própria personalidade, tomando-os apenas por modelos de rebeldia literária.[13]

Nas palavras de Buarque de Holanda, podemos entrever a proposta mais extensa e justificada que nortearia depois *Raízes do Brasil*, no qual esclareceria o significado da reação: a eliminação radical, extirpadora, da herança ibérica, essa âncora enganadora à qual teríamos nos mantido atados por preconceito, ou talvez pelo medo de enfrentar o desafio do novo. O "novo" não implicava a recusa do conhecimento do que se produzia na Europa e Estados Unidos; deveria, porém, reverter o procedimento mimético que denunciara como prática da inteligência brasileira. Não seriam as idéias a serem copiadas, mas a atitude. Atitude liderada por um guia – Oswald de Andrade, admite Buarque de Holanda. O que nos dá o que pensar, pois seria o próprio Oswald quem no *Manifesto Antropofágico* explicaria esse processo de leitura e deglutição transformadora.

---

de *Arte Moderna vista pelos seus contemporâneos*, organizada por Maria Eugenia Boaventura (2000, p.37-9).

13 *O mundo literário*, Rio de Janeiro, 5 de junho de 1922, in Boaventura (2000, p.137-9).

Penso ser importante reter de seu argumento a figura do "líder ou gênio" como aquele(s) que sabe(m) captar e traduzir por meio de conceitos – apresentar/representar – o que, por se encontrar disperso na sociedade, não se expõe à inteligibilidade imediata. Pode-se tomar a referência à genialidade de Oswald de Andrade como mero recurso retórico, figura de linguagem usada no elogio ao literato. Ainda assim, fica a pergunta: seria essa proposta feita aos homens de pensamento, ou às "elites", como os denominara Buarque de Holanda, extensiva aos homens públicos e políticos nesse particular momento da vida brasileira?

"Esthetas de Constituições"

O trabalho de construção do aparelhamento político
tem no Brasil, um processo inteiramente oposto ao seguido,
na sua organização política e na sua estruturação constitucional,
pelos grandes povos da antiguidade, como o romano,
ou pelos grandes povos modernos, como o inglês,
o japonês, o norte-americano, o alemão da fase imperial. ...
não é no "povo", na sua estrutura, na sua psicologia íntima
e nas condições particulares da sua psique que...
vão buscar os materiais para as suas formosas e soberbas
construções: é fora de nós, é nos modelos estranhos,
é nos exemplos estranhos, é nas jurisprudências estranhas,
em estranhos princípios que eles se abeberam e inspiram
– e parece que é somente sobre estes paradigmas forasteiros
que a sua inteligência sabe trabalhar com perfeição.
Oliveira Vianna (1922, p.7-8)

Na sua obsessão de sumariarem o que de mais alto existe
nos ideais da civilização ocidental, estes estupendos
edificadores de regimes ... legislam para abstrações ...
não para que as executem brasileiros ...
mas uma entidade abstrata, esse homem-utopia:
o Cidadão – esplêndido boneco metafísico,
armado de molas idealmente perfeitas e precisas ...
Oliveira Vianna (1942, p.145)

Ora, nós homens de agora, tomados do espírito realístico
e objetivo do nosso tempo, não podemos continuar a cultivar
este ingênuo estado d'alma de estetas de Constituições.
O nosso ideal não será mais a "harmonia", nem a "beleza";

O charme da ciência e a sedução da objetividade

> mas, sim a "conveniência" e a "adaptação". O que devemos
> querer não são regimes belos ou harmônicos,
> mas regimes *convenientes* e *adaptados* ao nosso povo e
> aos seus destinos no continente e no mundo.
> Oliveira Vianna (1939, p.115-6)

Ao conclamar os estudiosos a nacionalizarem suas idéias dirigindo seus olhos para o interior do país, voltando as costas para as cidades litorâneas, a proposta de Oliveira Vianna divergia abertamente da aposta de Buarque de Holanda. Considerava ser uma demonstração cabal do desinteresse das elites intelectuais pelas regiões da *hinterland* brasileira ter sido a busca da liberdade conduzida por "homens hipnotizados" pelas lutas políticas européias. Com os olhos e mentes voltados para o Velho Continente, teriam no seu entender, desde a Independência de Portugal em 1822, descuidado dos "sertões", pensando tudo resolver com o "Constitucionalismo, o Parlamentarismo, o Liberalismo e o Federalismo", tal como agora acontecia com "o Socialismo, o Bolchevismo e o Anarquismo". Considerava serem doutrinas perigosas para a existência da nação brasileira, para sua independência e autonomia identitária em meio às demais nações do mundo e as via fadadas ao fracasso, tal como estava acontecendo com o "idealismo republicano".[14] "Há idealismos fecundos" explicava, trazendo para seu texto a citação de Julio Endara – "una fuerza moral inspirada en el deseo de mejorar el real y no una simples doctrina metafisica abstracta". A esses denomina "idealismos orgânicos", nascidos na "própria evolução da sociedade"; seriam "visões antecipadas da realidade futura" em oposição ao praticado entre nós, "o idealismo utópico," responsável, afirmava, por não "podermos exibir ao mundo coisa alguma organizada" em pleno ano de 1922, em meio às comemorações do centenário da Independência.[15]

Amparado pelas diretrizes "do moderno conceito de evolução social", Oliveira Vianna concluía, após exame dos três séculos de existên-

---

14 Conforme *O idealismo da Constituição* (1939, cap.III, p.91-6) e *Problemas de política objetiva* (1974b, p.70-5). Oliveira Vianna retoma neste livro o tema, ao comentar Alberto Torres e a ameaça das "tendências expansionistas e conquistadoras do imperialismo europeu e americano" desde a segunda metade do século XIX (cap. XV, p.171).

15 Essas observações constam da primeira edição de *O idealismo da Constituição* (1939, p.17-8).

cia do Brasil, ser incompatível a "democracia de tipo federativo", o modelo norte-americano, com a nossa "realidade nacional". A despeito de suas críticas às teorias comteanas e aos positivistas brasileiros das últimas três décadas do século XIX defendia a necessidade de um princípio de centralização autoritária, cuja finalidade seria impedir a força da dispersão demográfica aliada à dimensão e diversidade do território. Seu argumento desenha a imagem de um governo forte assegurando à "União" a vitória sobre as forças dispersivas e desagregadoras dos estados e do regionalismo.

É interessante notar que declarou se alinhar aos sociólogos por considerar limitada e insuficiente, por demais abstrata, a maneira dos filósofos no Brasil tratarem as questões relativas às instituições e leis, como "estetas de Constituições". Adotando métodos da Sociologia em seus estudos, confirmava a suposição inicial de ser "o Brasil um país descontínuo e ganglionar uma série numerosa e variada de núcleos ou gânglios regionais", separados entre si por extensos espaços inabitados.[16] Coerentemente, organizaria suas pesquisas apoiado nesses "fatos regionais", iniciando com *Populações meridionais* uma clara definição desse procedimento.

Comprovaria em seus trabalhos a dispersão geográfica e seu desdobramento na rarefeita comunicação entre os núcleos auto-suficientes durante o período colonial, configurando a "fisionomia ganglionar" da estrutura sociocultural do país. São *habitats* diversos na sua "composição climato-botânica, sua etnia, sua história", que moldam populações diferenciadas entre si: o sertanejo do Norte, o gaúcho do Sul, os matutos do Centro-Sul. Dentro dessa classificação trinária, os matutos do Centro-Sul não configuravam um tipo único; havia o mineiro hospitaleiro, contido, recolhido e cultor das virtudes domésticas; o fluminense sociável, polido, civilizado; o paulista, cujas epopéias de conquista da terra no passado o aproximava dos sertanejos pernambucanos e gaúchos do Sul do país. Só existiria um traço comum a toda a população do

---

16 Essa frase e a exposição detalhada da noção de "gânglios" está presente na parte III do cap.IV de *Instituições políticas brasileiras* (1974a, vol.II, p.75 ss. Aparece já mencionada na parte final do primeiro volume de *Populações meridionais do Brasil* (1973, p.255).

O charme da ciência e a sedução da objetividade

país ao final do primeiro século de colonização: o ruralismo, traço de notável persistência até o final do período monárquico no final do século XIX (Vianna, 1973, p.15-6).

A imagem resultante dessa evidente configuração organicista, montada com elementos considerados "objetivos", tais como a dispersão geográfica, os núcleos auto-suficientes, a composição climato-botânica dos *habitats* diversos, dava lugar a uma seqüência argumentativa formada primeiro pela informação, seguida da explicação e da produção de sentimentos de identidade em relação ao país. No intuito declarado de arrancar a *intelligentsia* brasileira do mundo ilusório de "esthetas de Constituições", Oliveira Vianna não hesitou em utilizar figuras de linguagem embebidas de forte teor estético na cuidadosa mescla de argumentos de ordem racional e imagens de apelo afetivo. Sem dúvida, uma forma insidiosa de persuasão emocional.

Esse procedimento argumentativo presente nos textos de Oliveira Vianna, e lembremos também nos de Buarque de Holanda, encontra apoio, confesso ou inconfesso, consciente ou não, em teorias em voga no início do século XX, em sua maioria formuladas como resposta aos conflitos criados pelo anseio de democratização da representação política na Europa e Américas, expresso por parcela significativa da população. Essas teorias não negavam ser exigência fundamental das instituições democráticas o exercício da cidadania, este, porém, teria que ser responsável, pressupondo opinião pública consciente e ativa. Compreende-se, assim, a preocupação generalizada de vários intelectuais com as formas de comunicação como meio de divulgar idéias para uma "multidão dispersa". Esse foi o objeto de estudos de vários estudiosos, com destaque para o advogado francês Gabriel Tarde.[17]

Em trabalhos, publicados no final do século XIX, o autor, bastante citado por Oliveira Vianna, estabeleceria uma diferença fundamental entre "multidão" e "público". Para Tarde, a formação do público suporia

---

17 Gabriel Tarde, formado em Direito, atuou como juiz de instrução em região do interior da França, e foi no exercício de sua profissão que desenvolveu a tese segundo a qual a vida coletiva é um fenômeno de relações interpsicológicas. É considerado o iniciador da criminologia e grande colaborador para a formação da psicologia social. Cf. Introdução de Jean Milet a *Les transformations du Droit* (Milet, 1994).

"a simultaneidade de sua convicção ou de sua paixão" expressa na "consciência que cada um deles possui de que uma certa idéia ou uma vontade é partilhada no mesmo momento por um grande número de outros homens". A própria condição dispersa do público demandava meios de comunicação de massa eficazes em sua função formadora de opinião, vale dizer, de idéias e convicções simultaneamente comparti-lhadas. Ora, essa diretriz encontrou guarida entusiástica nos argumen-tos de autores brasileiros que, como Tarde, previam a necessidade de "uma evolução mental e social bem mais avançada do que a formação de uma multidão" precedendo esse compartilhamento. A multidão propi-ciava o contato direto, físico mesmo, entre seus componentes; já o pú-blico poderia estar reunido em um auditório, mas no cotidiano compu-nha-se de pessoas dispersas, com freqüência bastante afastadas espa-cialmente. A formação de um público pressupunha a sugestibilidade puramente ideal, o contágio sem contato, uma multidão espiritualiza-da, cujos membros tivessem praticado "a sugestão por proximidade" por longo tempo "pelo hábito da vida social intensa, da vida urbana". Tarde salientaria ainda a importância de "vínculos de uma certa solidari-edade", fruto de comunicações impessoais mantidas com regularidade entre os membros desse público.[18]

Assim, se, nas décadas de 1910 e 1920, Oliveira Vianna lança mão de figuras de linguagem de grande apelo estético e afetivo, seria por par-tilhar a convicção no seu poder de comunicação. Ao unir a imagem "rea-lística" do "país ganglionar" à imagem dos "ingênuos d'alma estetas de Constituições", conseguiria contrapor, de maneira explícita, ciência e romantismo, verdade objetiva e idealização fantasiosa. Induziria tam-bém de forma subliminar a que se tomasse uma posição definida entre duas opções – ficar entre os ingênuos ou alinhar-se com os que elege-ram a ciência para seus objetivos pragmáticos? Menosprezar as ameaças de fragmentação do país ou aderir firmemente a um projeto político,

---

18 Remeto para o texto de Gabriel Tarde (1992, p.32-5). A primeira edição saiu em Paris pela Alcan em 1901. Os textos de Tarde mais citados por Oliveira Vianna são: *La logique sociale*, Paris, 1928 (primeira edição de 1895); *Les lois de l'imitation*, Paris, 1921 (primeira edição de 1890). Cf. *Instituições políticas brasileiras* (1974a, V.II, p.108).

O charme da ciência e a sedução da objetividade

cujo objetivo inquestionável seria o de assegurar a integridade da nação e seu fortalecimento?

Recolocaria essas mesmas questões, compartilhadas com outros intelectuais brasileiros, nos anos imediatos ao término da Segunda Guerra Mundial e final da ditadura do Estado Novo, completamente convicto, agora, de que a objetividade do método sociológico estaria invadindo cada vez mais o campo dos estudos jurídicos, o que considerava "uma grande revolução no domínio do pensamento jurídico e do direito positivo". O Direito abandonava finalmente o domínio das especulações filosóficas dos "estetas de Constituições" em favor da "moderna ciência do direito". Deslocava-se definitivamente, dizia, do estudo do direito *escrito* para o do direito *costumeiro*; "das *atividades* ou *comportamentos* das elites para as *atividades* ou *comportamentos* do povo-massa", para lá encontrar, como afirmara reiteradamente, "as matrizes do nosso direito público *costumeiro* ou *cultural*", "o produto autêntico" da nossa história de nação jovem com 400 anos de idade (1974a, v.I, p.33-9) (grifos no original).

Oliveira Vianna proclamou, em *Instituições políticas brasileiras*, de 1949, a vitória de seus pressupostos e métodos de análise como fruto de quatro décadas de militância intelectual e oito anos de colaboração com o Ministério do Trabalho Indústria e Comércio (1974a).[19] Até onde, entretanto, essa vitória dos "métodos objetivos" encontrava guarida na simultânea tradução institucional? Afinal, o Estado Novo fora derrotado e banida a Constituição de 1937, e a recém-promulgada Constituição de 1946 restaurava, seguindo os ares liberais do tempo, a Federação e a autonomia dos estados, só passível de suspensão em casos excepcionais e previstos em seus artigos. *Instituições políticas brasileiras* só poderia, assim, ser lido como uma reiterada crítica ao ideário liberal-democrático e a confirmação de sua aposta em um projeto centralizador e autoritário, o que asseguraria a íntima correlação, de seu ponto de vista crucial, entre ciência/objetividade e política/técnica.

---

19 Essa afirmação encontra-se em vários momentos dos dois volumes em que mostra comparativamente a excelência reconhecida dos métodos de análise por ele adotados.

Toda a sua produção intelectual configura, portanto, uma cruzada em favor do que pensava ser a adequação das idéias políticas e instituições à "realidade brasileira", objetivo explicitado em 1920 com *Populações meridionais do Brasil* e em 1922 com *O idealismo da Constituição*: "criar um conjunto de instituições particulares, um sistema de freios e contra-freios que, além dos fins naturais a toda organização política tenha por fim neutralizar ... (ou reduzir) a ação das toxinas do espírito de clã no nosso organismo político-administrativo".[20] Em defesa dessa tese, Oliveira Vianna não hesitaria em transpor a materialidade mais ambiciosa do livro. Revistas e jornais foram veículos privilegiados de sua produção, além do rádio e das aulas na Faculdade de Direito do Estado do Rio de Janeiro, e conferências em algumas situações específicas. Foram meios de comunicação a que recorreu incansavelmente.[21] Talvez por isso sejam exatamente os artigos para a imprensa, veículo mais ágil, os que possibilitam acompanhar as alterações de tom seguindo os acontecimentos do momento, tanto os de âmbito nacional como internacional durante a Segunda Guerra Mundial. Manteria sempre a intenção anunciada em 1918, na "Introdução" a *Populações meridionais do Brasil*, de trabalhar para a imprescindível nacionalização do pensamento das elites, de modo a compatibilizar instituições e leis com a "realidade nacional".[22]

Exemplo disso e da convicção relativa à formação de "opinião pública" no país seria a palestra irradiada pelo Departamento de Propaganda da República em 1935, na qual apresentava uma súmula de suas convicções sobre a política de unidade nacional frente à força desagregadora dos regionalismos, reforçados, segundo ele, pelos dispositivos da Constituição de 1891. Declarando sua opinião crítica ao federalismo das instituições republicanas, insistia ser isso uma ameaça à unidade e à integridade do país. Para Oliveira Vianna a Constituição federativa expunha

---

20 Consta já da primeira edição de 1922 (p.93-4).

21 Essas informações podem ser colhidas na biografia do autor escrita por Vasconcelos Torres (1956).

22 Lembro, a título de exemplo, de artigos jornalísticos reunidos em livro na segunda edição aumentada de *O idealismo da Constituição* (1939), e da primeira edição de *Problemas de política objetiva* (1930) com artigos publicados entre 1918 e 1928 em *O País*, *Correio da Manhã*, *O Jornal*, *O Estado de S. Paulo* e *Correio Paulistano*, bem como a primeira edição de *Problemas de direito corporativo*, com artigos publicados no *Jornal do Commercio* (1938).

O charme da ciência e a sedução da objetividade

a diferença de atitude entre os constituintes republicanos e os "patriarcas fundadores" do Brasil independente que, em 1822, embora penetrados de idealismo, haviam se concentrado na necessidade de assegurar a unidade do extenso território recém-emancipado. Os homens de 1822 haviam lutado contra "a pesada herança do período colonial", responsável pela organização social e pela dispersão e "estrutura ganglionar" dos grupos provinciais, e obtido sucesso em preservar o país unificado à base de "golpes de gênio político". Em sua opinião, ao assegurarem a unidade política, haviam controlado seus desdobramentos fazendo valer a unidade do direito, da justiça, do ensino (inclusive pela limitação dos centros universitários), da organização militar e coesão unificadora dos partidos de âmbito nacional. Em tudo isso veria certa coerência no procedimento desses "fundadores", já que a unidade política não surgira do vácuo; fora exeqüível, afirmava, graças a elementos de coesão já existentes – "um fundo de identidade religiosa, lingüística e étnica enraizado na população."[23]

Nada dessa genialidade teria se repetido, contudo, quando da implantação do regime republicano que, com sua organização descentralizada, interrompera "o processo de unificação, tanto material como moral", base, em sua opinião, de "uma verdadeira consciência nacional". Dois anos depois, diria que na contracorrente dos dispositivos dispersivos a "tradição unitária legada pelo regime imperial" salvara o país da desagregação nos quarenta anos de regime republicano. Mesmo reconhecendo a realização de obras integradoras pelos governos republicanos, em particular, as relacionadas aos meios de comunicação – ferrovias, navegação, correios, telégrafo, telefone, aviação, radiodifusão e imprensa – postulava que só graças à nova Carta constitucional de 1937 se estaria corrigindo erros anteriores e instituindo um poder central. Dava-se agora à União, acreditava, instrumentos efetivos para a realização do "grande programa de coesão e unidade, ideado pelos fundadores de nossa independência". Em nota de rodapé na parte V do primeiro capítulo da segunda edição de *O idealismo da Constituição*, o autor definia de modo sucinto e excludente seu projeto político:

---

23 Vianna, "Os regionalismos e a unidade nacional", publicado em *O Jornal*, de 17.9.1935; e Vianna (1991, p. 363-6).

Na verdade, os dois grandes objetivos do Estado em nosso povo são estes: **organização da ordem legal** e **consolidação da unidade nacional** – o que se traduz nestes dois outros: **organização da autoridade pública** e **hegemonia do poder central**. Tudo o que não for isto, toda ideologia política, que não objetive estes dois fins, que tente ou pretenda constituir o Estado sem dar preponderância a estes dois princípios ou a estes dois postulados fundamentais, é utópico. (Vianna, 1939, p.35) (grifos no original)[24]

Esta tese, presente em todos seus escritos, tivera na primeira edição de *O Idealismo da Constituição*, de 1922, uma avaliação detalhada. Como livro de política militante contra a "democracia liberal", ideal ultrapassado no mundo do século XX no seu entender, e especialmente fora de propósito ou de lugar no Brasil, explicita-se nele a defesa da instauração de um "Estado Autoritário", que considerou mais condizente com o mundo contemporâneo e com a "nossa realidade nacional". Pode-se pois afirmar a semelhança de posição com Alberto Salles que, já em 1901 no "Balanço Político" publicado no jornal *Estado de S. Paulo*,[25] criticara as instituições de molde liberal, afirmando tanto seu caráter de exoticidade no que dizia respeito à sociedade brasileira quanto ao seu anacronismo em relação às grandes questões políticas da atualidade mundial.

Outra noção de forte poder imagético, noção estratégica nos trabalhos de Oliveira Vianna, seria a de "reflexo", como conceito demonstrativo da mentalidade imitativa das elites pensantes, mentalidade de "uma elite política de idealistas utópicos". Encontramos aí outro ponto de aproximação com Buarque de Holanda. Os dois autores criticavam a elite política colocando-a isolada no mundo das palavras, das idéias e dos livros. Para o historiador, a condição de ensimesmada constituía desventura e fuga para as paragens românticas; já o sociólogo veria nisso uma obsessão persistente classificada por Jung como característica dos "espíritos introversos, para os quais a realidade social não existe". Os desacertos políticos, decorrentes da adoção de instituições importadas de outros países, traduziam a conseqüência inevitável da condição

---

24 Cf. caps. II, "O primado do poder legislativo (1891-1930) – (1934-1937)", e III, "O primado do poder executivo (1937- 19...)", p.73 ss.

25 O artigo, já mencionado, foi publicado no jornal *O Estado de S. Paulo* em 1901, e reproduzido na coletânea *Plataforma do positivismo ilustrado* (Paim, 1980, p.63-76).

O charme da ciência e a sedução da objetividade

ensimesmada e ao mesmo tempo mimética da elite dirigente. Seria ainda noção-chave para Oliveira Vianna caracterizar a mentalidade de pessoas, a seu ver, acostumadas a executar a "pura arte de construção no vácuo", para as quais "a base são as teses e não os fatos; o material, as idéias e não os homens; a situação, o mundo e não o país".[26]

Usara já em *O ocaso do império* (1925) essa noção para explicar que, entre os que defendiam a "democracia liberal", prevalecia o "reflexo" da "mentalidade antiga dos que há cem anos vêm sonhando com a liberdade e a democracia no Brasil", recorrendo a ela novamente para colocar em relevo a ausência de fundamento entre nós da idéia federativa, mero "reflexo das aspirações dominantes no meio internacional".[27] Daquela virada para os anos 1920, Oliveira Vianna contrapunha a esta "velha tese" o que nomeava a "nova tese da democracia autoritária" adotada pelos que se curvavam à evidência de que "a realidade social existe, os grupos humanos são criações naturais como os animais e as plantas e se preocupam em examinar a experiência desses centos e tantos anos de experiência democrática no Brasil". Chegou a aplaudir a "crescente tendência nacionalista das nossas elites" por estarem começando a ver com nitidez os "grandes problemas da nacionalidade: o saarismo, o analfabetismo, o impaludismo, o banditismo, o coronelismo, o satrapismo, o federalismo – e não o Constitucionalismo, o Parlamentarismo ou o Liberalismo...".

"Liberdade ou nacionalidade?", indagava no ano de 1930 em *Problemas de política objetiva*,[28] exatamente no capítulo seguinte à avaliação da "experiência haitiana": a ocupação armada do Haiti pelos Estados Uni-

---

26 Oliveira Vianna traz em apoio de seu argumento a afirmação de Hauriou: "Tout le secret de l'ordre constitutionnel est dans la création des institutions vivantes. Les lois constitutionneles ne signifient rien en tant que de règles; elles n'ont de signification qu'en tant que status organiques d'intituitions". Epígrafe do cap.VIII, do v.I de *Instituições políticas Brasileiras* (1974a, p.135).

27 Essa tese ele a defende em todos os seus escritos que passam pela política; remeto para um dos primeiros, *O ocaso do império* (1959a, p.40-1). Para ele, também o Manifesto de 70 "refletia bem esta feição da mentalidade européia..." (p.44).

28 Sobre a questão da data em que teria formulado os argumentos desse livro, motivo de críticas que lhe atribuíam oportunismo na coincidência com o ideário do golpe de 1930, Oliveira Vianna diria no "Prefácio" à segunda edição de 1945 que o livro já estava pronto antes dos acontecimentos se darem. Cf. *Problemas de política objetiva* (1974b, p.24).

dos em 1915. Em sua pregação para o fortalecimento centralizado do Brasil, retomava a questão da ameaça externa pelas "nações de prea", já exposta em "O imperialismo *yankee*", publicado no *Correio da Manhã* em 30 de janeiro de 1927.

As ameaças estavam aí, dizia. Ameaça interna de desagregação estimulada pelas idéias, doutrinas e instituições importadas, e ameaça externa propiciada pela fragilidade do país frente à força expansionista e integradora das grandes potências. Com essa avaliação da situação brasileira e internacional, procurava convencer seus leitores de que a ordem internacional sofrera alterações, dando lugar a que as nações poderosas tivessem "se arvorado em agentes civilizadores do resto do mundo". Nações que advogavam para si a missão paralela e complementar de guardiãs da tranqüilidade da "comunidade internacional", a "grande sociedade' de Graham Wallas". Em seu modo de ver, estava-se perante a "evolução do Direito Internacional", com a clara evidência da derrocada do princípio liberal da "*self-determination*" e do surgimento de "um critério pragmático da própria nova moral internacional", cuja legitimidade se abstinha de discutir. Concluía, porém, com uma consideração que desejava ver seriamente ponderada por todos: "a liberdade dos Estados está sofrendo, na esfera da sua vida internacional, limitações tão grandes e sensíveis como a liberdade dos indivíduos na esfera da vida civil". Paradoxalmente, avançava uma espécie de justificativa dúbia dessa limitação, por considerar terem essas intervenções o objetivo confesso de, nos países "turbulentos", "enquadrar suas estruturas políticas nos clássicos padrões da democracia e do liberalismo"(Vianna, 1974b, cap.5 e 6).

Afinal, o artigo de 1927, "O imperialismo *yankee*" partia da pergunta preliminar: "É justo ou injusto o domínio atualmente exercido pelos norte-americanos no Haiti?" A resposta contrapõe em paralelo a situação anterior – "a do Haiti livre, quando o povo do Haiti dirigia seus próprios destinos, e a do Haiti escravizado, quando os referidos destinos passavam a ser dirigidos por funcionários americanos". Embora reconheça a violência da investida dos Estados Unidos sobre o Haiti, realizada "a tiros de canhão, a golpes de sabre ... mandando ao diabo a democracia", Oliveira Vianna acatou argumentos favoráveis a ela. Do "professor Ulysses Weatherley, da Universidade de Indiana", transcreveu parte

O charme da ciência e a sedução da objetividade

do artigo publicado no *American Journal of Sociology* – "Haiti: An Experiment in Pragmatism". Apresentava aos seus leitores com trechos do artigo de Weatherley a imagem de um Haiti livre, porém desorganizado – sem governo, o exército e a polícia meros bandos armados – um "país sem *defesa nacional*, nem *ordem pública*", prevalecendo no norte "um regime de banditismo endêmico, mais bem organizado do que o dos nossos altos sertões", sem justiça, "entregue à politicalha das facções", sem ensino, sem meios de comunicação, sistema financeiro arruinado, a higiene pública ausente em meio a um povo enfraquecido pela tuberculose nas cidades, pela malária e anquilostomose no campo (grifos no original).

Desnecessário relacionar a seqüência listada pelo autor de todos os benefícios introduzidos pela presença norte-americana para a saúde da população, bem como para a produção econômica agroindustrial, a escolaridade. Mereceram ênfase especial os meios de comunicação – rodovias, telégrafo, telefone – que atravessam a região antes dominada pelo banditismo organizado. Desnecessário também sublinhar o efeito emocional produzido pela representação de um país cujos habitantes, em sua incapacidade de se auto-organizar, encontravam-se submetidos ao invasor; agora **organizados** e **livres** dos problemas que os assolavam. "E o banditismo desapareceu, com os seus Lampiões, as suas algaras, os seus temíveis *raids* revolucionários sobre a capital do sul...", concluía Oliveira Vianna na transcrição literal das palavras de Weartheley. Para ele o caso do Haiti dava "uma bela lição aos retóricos da democracia".

Com os argumentos explicitados nesse paralelismo, o autor retomaria em nota ao mesmo artigo, na segunda edição revisada de *Problemas de política objetiva*, de 1945, os contornos do quadro de alerta para o possível custo social e político da manutenção da Constituição federalista, de "cunho dispersivo", impotente em sua missão de formar a unidade nacional, apoiado agora em livro de Leyburn de 1941 (p.70 ss.). Quadro sombrio, no qual grande parte da responsabilidade no caso do Brasil era atribuída à persistência do regime de clã, essa particular forma de estrutura da nossa sociedade, na qual, em vez da solidariedade, a dependência atuava como amálgama pouco eficaz, mantendo um simulacro de sociabilidade e de estrutura social. Simulacro, a seu ver, sustentado pelas mentes imaginosas e idealistas de "oradores prodigiosos", como Rui

Barbosa, "um intelectualista" defensor ativo das "campanhas democráticas", homens que pouca atenção davam às conhecidas teorias sobre o comportamento das massas elaboradas por Freud e Jung.

Dessa maneira, as tentativas de colocar em prática a democracia no país viam-se na sua perspectiva fadadas ao fracasso. "Não há maior ilusão do que supor que no Brasil exista uma opinião organizada. ... Ora, um dos grandes problemas da nossa organização política está precisamente em fazer evoluir a nossa democracia desta sua condição atual para uma democracia de opinião organizada", reafirmava em 1945 no "Prefácio" à segunda edição de *Problemas de política objetiva*. Ainda no "Prefácio", o autor respondia aos que haviam criticado suas opiniões imputando-lhe ser *antifederalista, antiparlamentarista, antiliberal* e *antidemocrático* (grifos no original). Aceitava os dois primeiros qualificativos, recusou de modo cabal o rótulo de adversário da democracia e do liberalismo, sublinhando que sua crítica se restringia à ausência dos pré-requisitos à sua efetiva implantação no Brasil. Continuava, portanto, no pós-Segunda Guerra, e passada a experiência do Estado Novo, a considerar atual e necessário "organizar as fontes de opinião pública e de opinião democrática, torná-las mais amplas e mais autorizadas" (Vianna, 1974b, p.35). Mantinha o caminho indicado e retomado sistematicamente em seus escritos, em quase trinta anos, tendo sempre como referência a Inglaterra. Esse cidadão inglês, que para Oliveira Vianna seria a base da "opinião pública" de seu país, que teria sido formado pelas "várias associações de classe", origem do "admirável espírito de solidariedade da raça saxônia", com seus *"leagues, clubs, commitees, societies, etc."*.

Ao apresentar o descompasso entre as instituições e as práticas vigentes, Oliveira Vianna volta, em 1949, a afirmar a coexistência de tempos ou níveis de civilização diversos sobre o território brasileiro. Na apreciação da questão do Direito, atacava a concepção federalista, tanto pelo que teria de descentralizadora, como principalmente por partir do *postulado* ou, pior ainda, do *"preconceito de uniformidade"*. Afinal, dizia, do homem "metropolitano instruído para o sertanejo inculto" interpunha-se uma distância de épocas mais significativa do que a geográfica, tornando "essa uniformidade puramente aparente e ilusória". "Porque o Brasil é uma espécie de museu de sociologia retrospectiva ou de histó-

O charme da ciência e a sedução da objetividade

ria social", concluía. Ora, com semelhante conclusão, seria coerente pensar que, entre esta população extremamente diferenciada, o nível de cultura jurídica apresentava-se bastante variado. A diferença chegaria ao limite de se considerar "o registro civil uma esdruxularia" nos "altos sertões do Norte" – uma rejeição decorrente das tradições religiosas dessas terras remotas; o direito penal fora naquela região relegado ao esquecimento, por pressupor a noção de *responsabilidade pessoal* pelos delitos", o inverso do "direito costumeiro" praticado por meio do "talião de sangue, a vingança privada e familiar"(1974a, v.II, p.90-94).

Retomava nesse volume II de *Instituições políticas brasileiras* a digressão acerca da fragmentada organização social brasileira, já que dedicara parte importante do volume I às manifestações do Direito público costumeiro brasileiro, classificando-as em três ordens de fenômenos: os *tipos sociais* – "o oligarca", "o coronel", "o potentado do sertão", "o político profissional", entre outros; as *instituições sociais* – os *partidos nacionais*, os *partidos dos Governadores*, os *partidos dos Coronéis*, a *solidariedade da família senhorial*, e suas subinstituições – a *responsabilidade coletiva familiar* expressa na *vendetta*, no talião, o nepotismo, o afilhadismo, o *banditismo coletivo* ou banditismo sertanejo; os *usos e costumes* – as tropelias generalizadas do *banditismo, urnas quebradas, atas falsas, tumultos eleitorais, sinecurismo parlamentar, derrubada* dos adversários etc. (grifos no original). Delas diria que umas se insulam em determinado setor do país – e a referência ao Nordeste é marcante, a outras, porém, reconhece serem de "caráter geral", embora circunscritas ao interior do país (1974a, v.I, p.172-9).

Assim, no volume II, o comentário irônico em relação ao idealismo inconsciente das elites legisladoras ganha eloqüência mordaz pela referência aos "comentadores" das leis:

> O nosso direito escrito tem, assim, – nas florestas, nos sertões e nos campos – **comentadores** ignorados e obscuros, com os quais nem de longe sequer entressonham os nossos codificadores metropolitanos. O regime é de uniformidade legal – o direito é o mesmo para todo o país; mas a observação descobre sob esta *uniformidade legal*, através da diversidade dos *comportamentos* locais e regionais, o latejar poderoso de uma outra vida jurídica – múltipla, profunda, obscura, original. (grifos no original, negrito meu) (1974a, p.95)

Em posição convergente sobre os perigos de se adotar instituições alheias à vida social, também Buarque de Holanda ressaltara em *Raízes do Brasil*, em crítica à nossa crença no poder modelador das "leis escritas e fabricadas pelos jurisconsultos", ou seja, "o mundo das fórmulas e dos conceitos", o contraste com os ingleses dos quais nos distinguíamos, e que, não tendo uma constituição escrita, regendo-se por um "sistema de leis confuso e anacrônico", revelariam, "uma capacidade de disciplina espontânea sem rival em nenhum outro povo". Para Oliveira Vianna como para Buarque de Holanda, essa constatação conduzia à denúncia da artificialidade dos partidos políticos no Brasil, país em que, diria o historiador, "o personalismo é uma noção positiva", sendo a oligarquia seu "prolongamento no espaço e no tempo", elementos de todo incompatíveis com "os lemas da democracia liberal" (Holanda, 1936, p.145-6, 152-3; 1969, p.133-4, 139; Vianna, 1922, p.7-8).

A incompatibilidade das instituições liberais com o país e sua explicação no "marginalismo" das elites políticas ganha força como **lugar-comum**. Os autores fixam-na em imagens, deslocam-nas para justificativas racionais com o objetivo explícito de angariar adeptos para seus projetos políticos, remetendo-as com freqüência novamente para o registro imagético, já trazendo nesse segundo momento uma imagem bem mais complexa. Em argumento dúbio, Buarque de Holanda faria um paralelismo entre a "negação do liberalismo" que encontrara um "corpo de doutrina no fascismo europeu" e a previsão de "uma superação da doutrina democrática" que, entre nós, só seria "efetivamente possível" quando tivéssemos vencido "a antítese liberalismo–caudilhismo" e estivessem liquidados "os fundamentos personalistas" da sociedade. Sua aposta na "dissolução lenta, posto que irrevogável, das sobrevivências arcaicas", resíduos da "velha ordem colonial e patriarcal", voltava-se para o "processo revolucionário" que, fazendo suas as palavras de Herbert Smith para a América do Sul, chamou de "boa e honesta revolução, uma revolução vertical que trouxesse à tona elementos mais vigorosos, destruindo para sempre os velhos e incapazes" (1969, p.135).[29]

---

29 Na primeira edição, o argumento é o mesmo, porém organizado de modo diverso entre as p.148-51. Também a referência à Herbert Smith é antecedida pela informação de ser cientista norte-americano e de suas observações serem relativas ao Brasil Império.

O charme da ciência e a sedução da objetividade

Há em Buarque de Holanda uma clara proposta para o futuro articulada à crítica da projeção retrospectiva dos "adeptos de um passado que", dizia, "a distância já vai tingindo de cores idílicas", resistência que poderia estar referida a, entre outros, Oliveira Vianna. Coexiste, porém, nessa projeção um ponto em comum com o sociólogo na defesa da exigência de que "por trás do edifício do Estado, existam pessoas de carne e osso", e não "Constituições feitas para não serem cumpridas, as leis existentes para serem violadas, tudo em proveito de indivíduos e oligarquias..." (ibidem, p.136-7).[30] Em seu projeto difuso, duas colocações delineiam-se de modo mais claro: primeiro, a inutilidade da adoção de experiências alheias no terreno político e social e a sua contrapartida, a de nos livrarmos do "demônio pérfido e pretensioso que se ocupa em obscurecer nossos olhos", que impede de nos "encontrarmos **um dia** com a nossa realidade"; segundo, a necessidade de adquirirmos a consciência de que "o espírito não é força normativa, salvo onde pode servir à vida social e onde lhe corresponde"(Holanda, 1936, p.160-1; 1969, p. 141-2) (grifos nossos). Localizada em um futuro indefinido, a proposta de revolução seria antes profissão de fé do que projeto político e, no entanto, mantinha proximidade da exigência de Oliveira Vianna de nacionalizarmos nossas mentes e nossas idéias. Ou, estaria mais próxima da idéia da túnica costurada pachorrentamente, proposta por Gilberto Freyre, ainda que no sentido oposto ao conservadorismo do autor pernambucano? Talvez estivesse na síntese da nova era modernista: *Il faut des barbares*! Estaria nas mãos dos intelectuais adeptos da liberação dos *parti pris* aprisionadores a responsabilidade de estimular, como ele próprio estaria fazendo, e realizar a revolução.

Oliveira Vianna definia, de seu lado, uma proposta de organização do país muito clara. Constatada a inexistência espontânea de formas de organização solidária, colocava a importância da "organização das classes produtoras", consideradas, por ele, "fonte da opinião" e, portanto, da cidadania. Deveria preceder a "prerrogativa eleitoral", induzindo a formação do "espírito de solidariedade de classe, esse sentimento instintivo do interesse coletivo"(1939, p.97-9).

---

30 Primeira edição.

Projeto em tudo coerente com sua análise da sociedade, análise que lhe confirmara a suposição de que em seu cerne o "Brasil é o país da insolidariedade" – suposição evidenciada na ausência do espírito de associação que na Inglaterra, diria, se formara espontaneamente no decorrer dos séculos (ibidem, p.24 ss.). A ausência de solidariedade, fruto da específica organização social baseada no latifúndio e no sistema de clã patriarcal, amplamente estimulada, do seu ponto de vista, pela força atomizante das instituições liberais, seria responsável pelo "caráter inorgânico da organização nacional". Chegamos a outra noção-chave do campo teórico no qual Oliveira Vianna e outros contemporâneos seus buscaram apoio para caracterizar as organizações sociais: a noção de **solidariedade**, presente em todos seus estudos.

Sociabilidade e insolidariedade

> Uma multidão de patriarcados aristocráticos,
> divididos por intrigas, vaidades pueris,interesses mesquinhos,
> estavam disseminados sobre a superfície do Brasil;
> porém, nesse país, a sociedade inexiste, podendo-se nela
> descobrir apenas alguns elementos de sociabilidade.[31]
> Saint Hilaire

Não por acaso, Oliveira Vianna escolhe esta afirmação do viajante francês Saint-Hilaire para iniciar sua argumentação exploratória em torno das "instituições de solidariedade social" em *Populações meridionais do Brasil* (1973, v.I, p.155). Já nesse seu primeiro livro expõe como o isolamento no latifúndio ou na família oferecia a evidência explicativa da "carência de institutos de solidariedade e cooperação", fazendo da insolidariedade o denominador comum social da população brasileira. "Nós somos o latifúndio", proclamava explicando: "Ora, o latifúndio isola o homem; o dissemina; o absorve; é essencialmente antiurbano". Não via nenhuma atitude preconcebida da parte do colonizador em relação a

---

31 "Une foule de patriarchies aristocratiques, divisés entre elles par des intrigues, des puériles vanités, des interêts mesquines, étaient disseminées sur la surface du Brésil; mais, dans ce pays, la société n'existe point, et, à peine, y pourait-on découvrir quelques elements de sociabilité."

essa específica organização social; o próprio latifúndio impelira os grupos humanos a esse insulamento, no qual, diria, "a vida da família se reforça progressivamente e absorve toda a vida social em derredor". E completa a representação das características da grande propriedade fundiária com uma frase que repete com freqüência e mantém semelhança com a noção de complexo da casa-grande de Gilberto Freyre: "O grande senhor rural faz de sua casa solarenga o seu mundo ... um micro-cosmo ideal ... como se não existisse a sociedade". Para o autor, esse tipo de vida em família fizera da "nobreza rural ... uma classe fundamentalmente doméstica" (1973, p.53).

Nem as "instituições de cooperação social" trazidas pelo colonizador português, a "solidariedade vicinal" própria do pequeno domínio, nem "os antigos 'concelhos' medievais, com suas cartas de forais, a sua bela organização defensiva, de caráter popular e civil," haviam encontrado solo propício para se enraizarem, "desapareceram completamente depois de transplantados para aqui com os primeiros colonizadores". Nada mais conseqüente com sua convicção determinista na clara demonstração do poder do meio físico para destruir culturas e moldar os homens. Estaria aí a explicação para a não-aclimatação aos trópicos das diversas modalidades de festas aldeãs, parte da cultura rural lusa. Em terras da colônia, os pesados trabalhos da lavoura haviam sido destinados ao trabalhador escravo, o africano arrancado de suas terras de origem.

Colheitas, ceifas e vindimas, atividades compartilhadas por vizinhos no sistema da pequena propriedade européia, perdiam sentido aqui. Embora Oliveira Vianna não negasse algumas evidências de cooperação, concluía que estas não chegavam a inverter a tendência predominante. Listava a assistência aos enfermos e a guarda aos mortos, bem como as filarmônicas de povoados, vilas e cidades do interior, considerando-as reminiscências da restrita e rudimentar solidariedade popular. Com esse esboço das tênues formas de "solidariedade" entre os brasileiros, reforçada pela dependência do trabalhador rural ao fazendeiro, o autor desenhava o perfil psicológico do homem do campo, o grande proprietário, aproximado do "homem cordial" na definição de Buarque de Holanda, embora este negue a condição de completo isolamento das propriedades agrícolas. O grande senhor fora forjado pela propriedade rural, matriz do "caráter e da mentalidade" da aristocracia fundiária caracterizada pela fidelidade à palavra dada, probidade, respeitabilidade e independência moral, quatro qualidades louváveis, porém pouco condizentes com os requisitos fundamentais para formar vínculos solidários, ou seja, para aproximá-los por interesses comuns e atá-los a um ideal comum pelo qual combatessem. Suas expressões de sociabilidade seriam, acima de tudo, apenas maneiras de exteriorizar "impulsos de afetividade e delicadeza moral, de que é tão rica e pródiga a nossa raça". Seriam mais persistentes outras formas rudimentares de cooperação praticadas nos pampas sulinos e caatingas do norte do país, regiões em que a atividade do pastoreio ensejava "vaquejadas" e outros costumes de cooperação, expressos na ajuda mútua, em cerimônias ou rituais de organização espontânea entre os habitantes de um lugarejo.[32]

No cerne da caracterização de um povo, Oliveira Vianna estabelecia, com a noção de solidariedade, uma referência universal para explicar as assim denominadas formas de organização "espontâneas", por ele consideradas indispensáveis para que o "egoísmo inicial" de todo homem fosse vencido pela união com seus semelhantes como medida de defesa. Percorrendo um caminho que retoma a representação imaginada/imaginária de nossos ancestrais trogloditas vivendo em cavernas, depois reunidos em hordas guerreando entre si, buscaria demonstrar como da elementar "solidariedade interna", limitada ao clã familiar, o homem havia chegado à "solidariedade humana", primeira forma da "solidariedade social", tendo como "resultado objetivo os vários tipos de sociedade humana, configurados nas hordas, tribos, clãs, comunas, estados, nações". Nessa pretendida reconstrução histórica de formas objetivadas de solidariedade social, definiu o medo, instintivo e básico, como o incentivo maior à união dos homens, afirmando: "é o medo do inimigo comum, é a ameaça do perigo comum que dá nascimento ao fenômeno da solidariedade e aos fatos da organização social" (1973, v.I, cap. IX).[33]

---

32 Oliveira Vianna retira algumas dessas informações sobre cooperações rudimentares, inclusive o fanatismo religioso, de *Os Sertões*, de Euclides da Cunha. (Cf. Vianna, 1973, p.156-7).

33 É interessante lembrar a proximidade de sua análise nesse livro de 1920, daquela desenvolvida por Maurice Halbawchs em *Morphologie sociale*, já no final da década seguinte

O charme da ciência e a sedução da objetividade

Ao insistir nesse percurso da história da humanidade, Oliveira Vianna diria ter sido do impulso espontâneo de união para a luta contra o inimigo comum que, posteriormente, se efetivara uma forma subjetiva de solidariedade, que dera lugar a "sentimentos sociais correspondentes às formas objetivas de sociabilidade", ou seja, "o sentimento tribal, o sentimento comunal, o sentimento patriótico, o sentimento da comunidade religiosa, étnica ou nacional". Oliveira Vianna relacionava ainda os tipos de solidariedade às condições em que se formavam: havia "os casos de solidariedade forçada, de solidariedade defensiva, de solidariedade imposta pelo instinto de conservação alarmado"; havia, porém, outro tipo de solidariedade, "a solidariedade pacífica, a solidariedade voluntária, a solidariedade para a conquista de um interesse comum", corrente nos povos de antigas civilizações, orientais e ocidentais (1973, p.160). Agregou ao medo outra força integradora, a "hostilidade das classes", parte constitutiva da história européia desde tempos remotos.

Oliveira Vianna faria deste arcabouço das formas universais de solidariedade o parâmetro comparativo para a análise da sociedade brasileira. Para ele, nem a ameaça do inimigo comum nem a hostilidade de classes teriam tido aqui algum significado histórico, a não ser de forma episódica e descontínua. Exemplos episódicos seriam as situações em que fazendeiros paulistas haviam entrado em luta com os jesuítas ou se agrupado contra os reinóis na "guerra dos emboabas"; ainda uma forma de solidariedade episódica se manifestara quando os oligarcas maranhenses se uniram para derrotar os comerciantes. Nada, porém, afirmava o autor, se aproximaria em grandeza aos interesses comuns que haviam unido os barões saxões na imposição da Magna Carta na Inglaterra. A explicação dessa falha ou carência social estaria exatamente na sociedade brasileira, de base rural, na qual "cada núcleo fazendeiro é um micro-cosmo social, um pequeno organismo coletivo". O argumento explicativo redunda novamente na imagem "ganglionar" de numerosos "organismos coletivos", auto-suficientes e dispersos pela imensidão do território brasileiro. "O grande domínio dispensa a cooperação. É capaz

---

(1938), no que diz respeito à espacialização morfológica dos diversos tipos de organizações e instituições sociais.

de, por si só, procurar seus interesses, como o é de organizar a sua defesa." (ibidem, p.157-61).

Na comprovação da hipótese de que tinha frente a si como problema a ser resolvido o "país da insolidariedade", proporia estimular as formas de organização coletiva de maneira a transformar "nossa simpatia *ativa*", que não iria além da solidariedade de clã, em solidariedade social de sentimento e de prática. A começar pela dissolução daquilo que constituía obstáculo maior à solidariedade social, o "espírito de corpo", essa "poderosa solidariedade interna", para dar espaço à formação de uma "solidariedade externa", necessária para a "integração política". A solução proposta passava pelas "associações de classe", ou seja, classes econômicas agrupadas por seus interesses, de modo a assegurar base social estruturada. As "associações de classe" precederiam necessariamente a formação dos partidos políticos, "esses grupos de pressão ativos na formação da opinião pública".

O Brasil vivia, no entender de Oliveira Vianna, o reverso da situação peculiar ao regime representativo inglês. Na Inglaterra, diria usando as anotações de Taine, "os operários rurais e a classe alta e média (a *gentry* e a *yomanry*) têm os seus interesses entrelaçados numa relação de completa reciprocidade". Essa reciprocidade mantida por laços de interdependência comum – o *gentleman* e o *yoman* eram dependentes dos braços dos operários agrícolas, e estes por sua vez dependiam integralmente do salário que aqueles lhes pagavam – formara-se na dura luta pela vida em um clima áspero e duro, que em nada lembrava "a benignidade incomparável do clima tropical"(grifos no original) (ibidem, p.126). Homens diferentes inseridos em meios físicos diferentes deram como resultado sociedades diferentes. Lá, a "solidariedade de classes", aqui o povo em "estado de semiconsciência dos seus próprios direitos e interesses e de absoluta inconsciência da sua própria força". No Brasil "não existe o sentimento do interesse coletivo", sentenciava o autor. Em seu lugar, dizia, "as ambições personalistas" dos chefes de clãs e a "instintividade das massas populares" orientam a política e fazem das "caravanas democráticas", essas viagens dos candidatos dos partidos pelas regiões interiores do país, um ineficaz "esforço patriótico" de granjear votos por meio de convicções político-partidárias. A prática aí estava

O charme da ciência e a sedução da objetividade

para demonstrar que se votava no chefe local que, por sua vez, oscilava entre os partidos em função de seus interesses particulares. Conclusão lógica e inevitável dada a inexistência de "povo soberano e livre"; prevalecia o povo-massa, ignorante e dependente (1974a, p.99-102; 1939, p.97-101).

Encontramos sem dúvida, nos argumentos de Oliveira Vianna, partes do amplo debate em torno da questão da psicologia individual e coletiva que reunira no Brasil médicos, criminalistas e sociólogos, o mesmo ocorrendo em outros países europeus, na França, sobretudo, desde pelo menos meados do século XIX. Acirrado pelos acontecimentos da Comuna de Paris de 1871, o debate estava ainda ativo nas três primeiras décadas do século XX sob o impacto do fortalecimento de ideologias autoritárias e totalitárias.[34] Na senda desses estudos, fortemente apoiados nos preceitos das peculiaridades físicas e psicológicas das raças e/ou povos, a teoria do comportamento regressivo das massas proporcionava, desde a década de 1880, suporte "científico" para se afirmar que qualquer homem, mesmo o mais instruído, tinha sua capacidade intelectiva rebaixada quando passava a integrar uma multidão. É interessante notar que Oliveira Vianna recorta essa teoria, dela guardando um de seus preconceitos iniciais, o "do primitivismo e da instintividade das massas populares", preconceito elaborado nos registros e avaliações político-históricas da Revolução de 1789 na França. Lembro também que *Les Origines de la France Contemporaine*, escrito por Hyppolite Taine na década de 1880, fornecera aos estudiosos, preocupados com o comportamento coletivo, subsídios "factuais" para afirmar e demonstrar o caráter instintivo, daí irracional e sugestionável das multidões, e mais, a força persuasiva das imagens utilizadas como apelo emotivo de eficácia inequívoca na mobilização das massas.

---

34 Oliveira Vianna cita com freqüência o médico francês Gustave Le Bon, autor de *Psychologie des Foules* (1895) e *Psychologie du Socialisme, La Révolution Française et la Psychologie des Révolutions* (1912), Alfred Fouillée, *La France au point de vue morale* (1900) e *Psychologie du Peuple Français* (1908), entre outros. Para esse debate no Brasil, ver os já citados *O espetáculo das raças* (Schwarcz, 1993) e *As ilusões da liberdade* (Corrêa, 2001). Elizabeth Cancelli expõe em detalhes esclarecedores a aplicação desses preceitos na repressão policial em *A cultura do crime e da lei* (2001).

Uma seqüência de estudos médicos, jurídicos, sociológicos e psicológicos é produzida nas décadas posteriores a 1870, persistindo o interesse pelo tema ainda na segunda metade do século XX.[35] Nos anos subseqüentes à Comuna de Paris, Henri Fournial, Scipio Sighele, Gustave Le Bon, Emile Durkheim elaboraram tendo por base os dados e conclusões de análises expostas, muitas delas nos textos de Hyppolite Taine, um corpo de conhecimentos largamente divulgados, inclusive no Brasil.[36] Gabriel Tarde, teórico e polemista da noção de psicologia coletiva, com trabalhos bastante difundidos na virada do século XIX para o XX, como já indicado, teve também presença notável entre eles, sobretudo pela diferenciação que estabelecia entre multidão – reunião de grande número de pessoas em um mesmo local, e público – a multidão permanente e dispersa, entidade moderna produzida pelos meios de comunicação à distância, a começar pela própria imprensa.[37] Sigmund Freud partiria dessas análises, em particular dos escritos de Gustave Le Bon, nos quais a figura do líder era crucial, para em seus trabalhos sobre psicologia coletiva, escritos na década de 1920, sugerir formas de organizar grande grupos humanos de forma permanente sob lideranças que inverteriam a tendência de descida em direção à barbárie, estimulando progressivamente comportamentos disciplinados.[38]

Oliveira Vianna se detém na teoria do comportamento regressivo das massas para definir a "realidade brasileira", que estaria ainda, parti-

---

35 Lembro o importante trabalho de Elias Canetti (1983) (edição no original alemão de 1960), mas também George Rude e J. S. McClelland, entre outros citados em notas subseqüentes.

36 Indico o trabalho sugestivo de Jaap Van Ginneken, *Crowds, Psychology and Politics. 1871-1899*, Vechtstraat 175 (2), 1079 JJ Amsterdam, Holanda, pré-publicação do autor. Nele, a seqüência que vai de Taine a Tarde fica estabelecida.

37 Cito aqui observações contidas no "Prefácio" de Gabriel Tarde (maio de 1901) para *A opinião e as massas* (1992, p.25-7).

38 Cf. Freud (1973, p.2563-610). Há também, além da obra clássica de Elias Canetti acima citada, textos de historiadores que têm trabalhado com a questão das "massas", entre eles o trabalho pioneiro de Georges Lefebvre, "Foules Révolutionnaires", artigo escrito em 1932 e republicado em *Etudes sur la Révolution Française* (1962); George Rudé, *The Crowd in the History*, Londres, 1964, e o mais recente, *The Crowd and the Mob from Plato to Canetti*, de J. S. McClelland (1989). Para uma relação entre os debates surgidos logo após a Comuna de Paris, remeto para o artigo de Dominique Cochart, "As multidões e a comuna" (1990).

O charme da ciência e a sedução da objetividade

cularmente nas áreas rurais, "sob aquilo que em ciência social se costuma chamar – o sistema de clã". Do ponto de vista psicológico, o sistema de clã impedia a formação de consciência nacional, pois não dava lugar à circulação permanente de idéias formadoras do "público" e da "opinião pública". Se toda a oratória ilustrada fora incapaz de formar opinião política ou modificar equivocados comportamentos eleitorais, seria porque lhes faltaram as bases, os ideais políticos necessários à formação de programas de partidos. E, dizia, compondo seu argumento: "os nossos homens de interior costumam apoiar homens – e não programas; pessoas – e não idéias" (1974b, p.101-2). Partia da evidência estatística do predomínio do agrarismo no país, portanto de uma parcela majoritária da população vivendo sob o regime de clã, para mostrar que a insolidariedade, a inconsciência cívica e a incultura política delas decorrentes, apoiavam sua tese de que a democracia no Brasil só poderia ser uma ilusão, um erro grosseiro. A inconsciência e a incultura da população contaminara, diria, até "os constituintes republicanos", segundo ele, "vitimas inconscientes de uma grande ilusão". Tal como Buarque de Holanda, Oliveira Vianna recorreu à metáfora arquitetônica ao avaliar a obra desses legisladores: "O edifício, que construíram, de tão majestosa fachada, não se assentava, como se vê, sobre alicerces de realidades: assentava-se sobre ficções – e nada mais" (1939, p.101).

Convicto de que o país estava em "matéria de psicologia política ainda na fase do patriotismo tribal, da solidariedade de clã, clã rústico, parental, senhorial ou eleitoral", relacionou em 1930 os pressupostos que seriam necessários para tornar efetivos os ditames da Constituição de 1891: "a capacidade política do nosso povo", ou seja, "a difusão de alto a baixo no povo" de "uma consciência nacional forte, vivaz, preponderante", "o sentimento profundo e enérgico dos interesses públicos" – Município, Estado, Nação – igualmente difundido, "correntes de idéias" circulando e dominando de uma maneira contínua a consciência e a vida de toda a Nação. Pressuporia ainda, sintetizava Oliveira Vianna,

> na psicologia de cada um de nós – boiadeiro em Goiás, lavrador em Minas, estancieiro no Rio Grande, senhor de latifúndios em São Paulo, ou plantador de cana em Pernambuco (para só falar na aristocracia local) – um subs-

trato moral formado de umas tantas qualidades cívicas, orgânicas, instintivas, fortes bastante para determinar e regular, de modo permanente, a nossa conduta na vida pública. (1974b, p.40-1).

Objetividade e subjetividade novamente unidas na consciência e no sentimento, postas lado a lado com as formas institucionais político-administrativas. Voltando à metáfora do edifício, estas seriam as bases para dar à fachada constitucional a estrutura adequada e necessária e torná-la um edifício sólido, firme.

Não estranha, pois, seu elogio à extinção dos partidos políticos pelo decreto ditatorial de dezembro de 1937, mesmo porque nem a possibilidade do partido único, como na Alemanha e na Itália, ele acreditava ser aqui possível, dado não existir uma mística ou "alma do povo". Considerava que o pouco de significado prático que haviam tido os partidos durante o período monárquico teria se perdido com a República e afirmava de modo enfático o erro de mantê-los sob o regime proporcional da representação como dispusera a Constituição de 1934:

> *Nada mais absurdo, pois, do que se dar preferência de representação no governo a estes grupos improdutivos, e mesmo nocivos, e deixar-se de lado os grupos que significam interesses reais, que fazem com a sua atividade a grandeza e a riqueza do País.* É tempo de corrigir este erro – o erro que cometemos, sob a sugestão dos regimes democráticos da Europa e da América, – de erigir as nossas mutualidades eleitorais, aqui rotuladas com o nome de "partidos", em instituições políticas, como se fossem partidos de verdade, à maneira inglesa ou americana, isto é, partidos que têm ideologias ou fins coletivos evidentes. (grifos no original)[39]

Em suma, os partidos políticos, ele os considerava entre nós "uma ficção ridícula", e extremamente perniciosa.

Oliveira Vianna dedicaria em 1939, nessa segunda edição aumentada de *O idealismo da Constituição*, todo o capítulo III, com mais de cinqüen-

---

39 Oliveira Vianna afirma: "os partidos políticos no Brasil ... não são associações com fins de ordem pública ... Compreende-se que função de tamanha responsabilidade e transcendência seja conferida a partidos como os ingleses ou os americanos ... compreende-se que seja conferida a um partido nacional, como o Fascista ou Nazista." (1939, p.191-6).

O charme da ciência e a sedução da objetividade

ta páginas, à defesa do "primado do poder executivo instituído pela Carta de 10 de Novembro de 1937": "a peça mais importante não é o Parlamento, mas o Presidente da República. É nisso que está a verdadeira originalidade do novo sistema constitucional". Nesse "alargamento da competência *regulamentar* do Presidente" incluía-se o poder de legislar, extinta a figura de "mero executor das deliberações do Parlamento". Apesar disso, considerava tratar-se de "república democrática", na qual permanecia a divisão dos três poderes. Para ele, mesmo as limitações impostas ao poder do legislativo justificavam-se, uma vez que, congregando representantes de partidos sem ideologia, "as Câmaras dos deputados haviam se transformado em centro de agitações estéreis", gerando "um ambiente de intranqüilidade geral, conspirações latentes", quando "se associaram com o seu ouro e sua técnica brutal e sanguinária, os agentes da III Internacional" (1939, p.117).

Extensiva a essa lógica seria a justificativa e o aplauso ao "golpe de Estado de 10 de novembro, que instituiu o Estado Autoritário". A justificativa mereceu uma nota explicativa em que o autor dizia ser um pleonasmo a expressão "Estado Autoritário", dado o conceito de Estado trazer implícita a idéia de autoridade. E prossegue dando ao novo regime a denominação que considerava correta: "O que se instituiu foi a Democracia Autoritária, isto é a democracia fundada na **autoridade** e não mais na **liberdade**, como princípio essencial" (grifos no original). Vai além, na atribuição dessa expressão a Goebbels (p.121-3 e 131).[40]

Visualizava em suma a vitória do que chamou de "os velhos ideais meus", ou seja, o "idealismo orgânico contra o idealismo utópico", relacionando significativamente os itens previstos para a organização da nação: governo central poderoso contra a excessiva descentralização; redução do papel do Parlamento a favor da colaboração mais estreita das classes produtoras; a organização corporativa da economia; derrogação do princípio da separação dos poderes e ampliação dos poderes legislativos do executivo; descentralização autárquica corrigindo a descentralização territorial e federativa; eleição do presidente por um corpo elei-

---

40 Na nota remete à citação de Goebbels ao livro de Mankiewicz, *Le national-socialisme allemand* (1937, p.149).

toral especial, e não pelo sufrágio universal; sindicalização profissional como forma de organização das classes produtoras; reação contra os partidos políticos e organização de novas fontes de opinião (p.171-3). Cada um desses itens ele o remetia a posições defendidas em um ou mais livros seus. Considerava especialmente vitoriosa sua proposta, defendida em *Problemas de política objetiva* (1930), de substituição dos partidos políticos pela "representação profissional de caráter corporativo" e pela "relação direta do povo com o governo" e, sobretudo, de "um chefe de Estado acima dos partidos e grupos de qualquer natureza, de modo a poder dirigir a Nação do alto, num sentido totalitário, agindo como uma força de agregação e unificação" (Vianna, 1939, p.171-3). Conferia ao chefe de governo a condição de líder, exatamente a figura indispensável para transformar uma multidão em povo, ou em coletividade organizada.

Há em *Problemas de política objetiva* uma nota extensa e esclarecedora do perfil do "homem de estado" – fosse ele "o legislador, o administrador, o homem de governo, o chefe de um grande partido". Seguindo a definição de Finney, diria não ser do homem de governo a "competência especializada (*técnica*) e sim a competência *geral*, isto é, a aptidão para a visão complexiva que os problemas oferecem", conferindo a esse "*homem-de-estado*" a característica de *social leader*, o coordenador de todas as funções dos especialistas chamados a conselho. Esse seria o domínio do político, enquanto o domínio técnico cabia ao especialista. Ao líder político incumbia ver o conjunto, conhecer e estabelecer as relações; já o técnico conheceria o seu setor específico. Ao líder caberia tomar as decisões, não rigorosamente de acordo com o parecer do técnico, mas de acordo com a "visão complexiva do conjunto". Esse homem de governo deveria ter "o senso ou a intuição *política*, a *totalidade* do problema"; raciocínio diverso daquele do técnico que operaria pela dedução. Completava a elaboração da figura do líder dizendo ter a Constituição de 1937, em seu artigo 73, dado ao presidente da República a prerrogativa de dirigir a política administrativa e política da União (1974b, p.142) (grifos no original).

Eliminado "o equívoco dos partidos políticos" e o domínio das "elites alienadas da realidade brasileira", dar-se-ia lugar, dizia Oliveira Vianna,

O charme da ciência e a sedução da objetividade

a que se formassem as bases sólidas da unidade nacional.[41] Não mais seriam elaboradas cartas constitucionais transcritas de modelos europeus para um país onde imperava o direito costumeiro, tanto entre os clãs territoriais como entre o "povo massa". Abria-se finalmente a possibilidade de tornar efetivos os dois caminhos propostos a serem percorridos simultaneamente: por um lado, formar elites, já que em sua opinião o governo é "função de elite e da elite"; por outro, estabelecer por meio da ação do "Estado com autoridade" uma forma de solidariedade, a mais simples e menos exigente em termos de formação política, a solidariedade no trabalho. O princípio unificador ou denominador comum pelo trabalho e, no trabalho, pela profissão, indica a aceitação por Oliveira Vianna de que carecíamos de características herdadas permanentes no tempo, portadoras de efetiva identidade nacional e caráter político. A estratégia escolhida para a formação dessa identidade passava primeiro pelo reconhecimento da condição de similitude entre pessoas unidas em um grupo de interesses e representadas como homogêneas.[42]

Considerou que as novas instituições dariam ao Brasil condições para superar "o caráter inorgânico de sua organização", eliminando a insolidariedade e revertendo o movimento atomizante imposto à sociedade pelas anteriores constituições de base liberal. Fechava-se dessa maneira mais um círculo de seu raciocínio. A tese da inadequação do liberalismo e de suas instituições para o Brasil, confirmada pelas "análises objetivas" das ciências sociais, havia apontado para uma única possibilidade, a via do Estado autoritário e seus métodos de formar e assegurar a unidade nacional, de forjar a identidade do país e a cidadania de sua população. Sem dúvida, uma profissão de fé nos métodos da ciência e nas formas de governo autoritário com ampla aceitação, lembremos, em vários países europeus enfraquecidos pelas derrotas da guerra de 1914-1917 e/ou apreensivos pela dimensão expansionista da Rússia soviética.

---

41 Esta tese foi também detalhadamente esmiuçada em *Instituições políticas brasileiras* (1974a, p.135 ss.).

42 Essa forma de pensar aproxima o projeto de Oliveira Vianna da acepção mais aberta de constituição da identidade nacional, tal como apresentada por Yves Déloye em "A nação entre identidade e alteridade: fragmentos da identidade nacional" (Seixas et al., 2002, p.95 ss.).

As elites – a "alma" do corpo social

> Um povo pode realmente falhar o seu destino,
> se no momento oportuno, as suas matrizes étnicas não
> gerarem este pequeno contingente de homens superiores.
> Oliveira Vianna[43]

> Na formação dos nossos escóis políticos, a maior, a
> mais volumosa contribuição não vem das elites econômicas:
> nem da agricultura, nem do comercio, nem das indústrias;
> mas sim, das elites intelectuais, especialmente das
> chamadas "profissões liberais".
> Oliveira Vianna[44]

A questão da adequação das instituições políticas à sociedade brasileira passava, para Oliveira Vianna, pelo problema fundamental da constituição de elites políticas conscientes e militantes. Convicto da impossibilidade de formar um corpo político destituído dessa "alma", dedicou uma seqüência de seis artigos publicados no *Correio da Manhã* em 1925 à exposição didática do problema e às medidas necessárias, tanto de caráter privado, como coletivo, para resolvê-lo.[45] Esses artigos constituem talvez o ponto de maior proximidade com pensadores italianos e sua "teoria das elites".

Como fazia com freqüência, começou o primeiro deles com a citação de um pensador reconhecido, no caso, Saint-Simon, para dar a seu argumento o alcance de verdade universal. É dele que retira a noção de "alma", na acepção de mentes inteligentes e instruídas, concordando com a frase em que o filósofo francês havia sentenciado que "se retirassem da França seus cinqüenta maiores sábios, seus cinqüenta maiores artistas, seus cinqüenta maiores fabricantes, seus cinqüenta maiores agricultores, a nação se tornaria um corpo sem alma, ela seria decapita-

---

43 "O problema das élites I", *Correio da Manhã*, 29.10.1925.

44 "O problema das élites III", *Correio da Manhã*, 15.11.1925.

45 Como sempre, quando me refiro aos artigos para a imprensa, são os que encontrei colecionados na Fundação Oliveira Vianna. Sobre "O problema das élites", eles saíram numerados de I a VI nas seguintes datas: 29.10.1925 (Reg. n.1073.11), 13.11.1925 (Reg. n.1073.12), 15.11.1925 (Reg. n.1073.13), 20.12.1925 (Reg. n.1073.14), 27.12.1925 (Reg. n.1073.15), e o último de 3.1.1926 (Reg. n.107316). Serão referidos no texto pela sua numeração.

O charme da ciência e a sedução da objetividade

da". Dessa frase, ele deduziria a relação existente entre o total da população de um país e o número reduzido de seus homens de elite.

Ao ressaltar, já no primeiro artigo, a importância crucial das elites nos destinos de um país, criava entre seus leitores a expectativa de que deviam conhecer a dimensão dos problemas brasileiros e saber como enfrentá-los. Destacou, logo de início, a relativa independência dos "fatores históricos e sociais" da existência desses homens especiais, definindo-a como questão de eugenia, portanto de "biologia étnica", algo que a escola poderia revelar, porém nunca criar. Na impossibilidade de modificar as leis da natureza, era possível, entretanto, trazer à luz esses homens superiores, o que só poderia acontecer se parte da questão fosse retirada do campo da hereditariedade e levada para o campo da sociologia, onde se podia atuar. Nesse ponto entravam os procedimentos da sociologia, no intuito de "descobrir e fixar as leis que presidem o movimento ascensional desses elementos eugênicos, através das diversas camadas da sociedade, até a alta camada aristocrática (no sentido de homens intelectualmente superiores), bem como as leis que regulam o tempo de sua permanência ali, e a destruição final pelo mecanismo das seleções sociais".

No segundo artigo, Oliveira Vianna busca referência sobre a *teoria da circulação das elites* nos estudos de Pareto, Mosca e Niceforo, para por meio dela calcular o *sentido* e a *velocidade* da circulação no seio das elites brasileiras (grifos no original). Apoiado na teoria da "escola italiana", disse poder afirmar que "os fenômenos sociais" tinham "resíduos constantes", o que significava formas de vida social permanentes, veladas pelas variações aparentes (aspas no original). Um dos "resíduos" estava evidente na constância com que esses homens mais capazes apresentavam-se sempre em minoria infinitesimal dentro do grupo a que pertenciam. Fossem chamados de "minorias dos mais capazes", como queria Niceforo, ou "elites de eugênicos", designação dada a eles por Lapouge, sua incidência seguiria uma constante definida pela curva de Galton, que postulava a ascensão lenta do nível intelectual através de gerações até atingir seu ponto mais alto e então iniciar a descida até a mediocridade inicial. Cita, como exemplos para comprovar essa teoria, nomes de brasileiros ilustres, como os homens da família Nabuco, dos quais Joaquim Nabuco seria o ponto culminante antecedido no movimento ascensional por seu pai.

Com base nessa constatação sociológica, Oliveira Vianna insistiria, no artigo subseqüente, na necessidade de se conhecer a maneira pela qual as elites circulavam, de modo a manter e elevar o nível de excelência delas exigido ou esperado. Seu foco se dirige então para as casas legislativas e as modificações que haviam sofrido, em datas marcantes, pela alteração substancial dos elementos que as compunham. A independência em 1822 rompera com "os velhos quadros políticos e administrativos", descentralizando o sistema e com isso exercendo uma espécie de atração nas províncias que aumentara em número a elite política, numa reação quase natural de preenchimento do vácuo deixado pela descompressão. Contudo, segundo ele, residia exatamente nesse processo de "atração e confluência" a chave para se entender as conseqüências perturbadoras e nefastas para o equilíbrio social das classes, dado que "elementos", os "mais eugênicos da classe dos grandes proprietários agrícolas", teriam abandonado o campo para se incorporar à elite política nas cidades. Nada mais natural, não fosse esses egressos das classes proprietárias mudarem de "mentalidade" ao deixarem para trás suas terras, de modo a se integrarem às elites culturais e políticas urbanas. Em um país em que, ponderava, diferentemente da Inglaterra e de maneira semelhante à França, as elites intelectuais forneciam o maior contingente para as casas legislativas, o resultado lógico consistia na representação mínima das elites econômicas, fossem elas industriais, comerciais ou agrícolas. O deslocamento da área rural configurara a adoção de idéias que não encontravam base de sustentação mesmo entre seus defensores.

Fenômeno de "metamorfose psicológica", nas palavras de Oliveira Vianna, citando agora Robert Michels em seu quarto artigo. Fenômeno em que o abandono da classe de origem obriga para a adaptação ao novo meio à mudança na mentalidade. Metamorfose com resultado pernicioso, pois dessa maneira ficavam "as classes econômicas despojadas de seus melhores elementos" e assim reduzidas à condição de inferioridade política, subordinada mesmo, diria o autor, "às classes [intelectuais] que no fundo dependem delas" economicamente. Propunha especifica-

O charme da ciência e a sedução da objetividade

mente uma saída para modificar esse quadro com a multiplicação de instituições culturais, o que já estaria ocorrendo na região Sul do país (atuais Sul e Sudeste). Essas instituições de caráter profissional e especializado, voltadas para as classes agrícolas, comerciais e industriais, propiciariam, essa era sua convicção, a formação de uma elite de "fixados", atraindo para suas classes o prestígio social.

Ainda que não considerasse suficiente o prestígio social, Oliveira Vianna acreditava ficar a meio caminho da ocupação de um vazio importante, "a falta de espírito associativo", que explicaria a baixa participação de seus membros na federação. Ou seja, algo devia ser feito para que os "fixados" deixassem de ter alcance puramente local e importância política negativa, em virtude de não disporem de "espírito cívico" nem de "organização eleitoral" mais amplos. Até certo ponto, no que dizia respeito ao comércio e à indústria, a ausência de participação política encontrava explicação, apontada em seu quinto artigo, no fato de estarem estas atividades preponderantemente em mãos de estrangeiros, e esses não terem acesso legal à política. Pouco plausível, contudo, era a pequena participação ser extensiva à classe agrícola, em decorrência do costume dos grandes senhores rurais se absorverem na administração de suas fazendas, sendo que somente 10% deixavam essa tarefa em mãos de administradores.

O interessante é que Oliveira Vianna vê nessa atitude resquícios do isolacionismo herdado de épocas anteriores. Revelava desatenção ou descuido da parte deles, pois em situação contrastante a classe operária, formada por pessoas pobres e incultas, conseguia trazer para suas fileiras pessoas das elites da cultura e da política graças ao poder de atração do seu "espírito associativo". Retomando as metáforas dos fenômenos físicos e químicos, apontava como evidência desse fenômeno de "circulação" ou "capilaridade" as lideranças dos movimentos operários formadas por intelectuais. A solução para uma melhor participação política de todas as "classes econômicas" passava então pela organização. Organizadas, as classes desenvolveriam "espírito associativo" militante, e promoveriam uma real circulação das elites, sob a condição de seus membros manterem a "mentalidade" de sua "origem social". Acreditava que com as classes organizadas e um sistema de representação por classes no Congresso Nacional, o país teria certamente uma orientação diferente, com outras diretrizes para as atividades legislativas.

Trouxe em apoio de sua tese, no sexto artigo, os precedentes que teriam ocorrido em nossa história, com a independência e com a república: no primeiro caso, avaliou positivamente o surgimento da elite de formação nacional, acentuando, como em *Populações meridionais*, as qualidades características das "classes que não traficam" – frugalidade, simplicidade, probidade; no segundo, haviam ... sido elites de moldes caracteristicamente urbanos a dominarem em ondas sucessivas e perturbadoras com flutuações de "classes, seitas e regiões sociais" (aqui entendidas literalmente no sentido territorial). Constatava, como Freyre e Buarque de Holanda, que o centro de gravitação deslocara-se do campo para as cidades que estariam projetando "seu espírito, em reflexos cada vez mais profundos no interior dos campos". Afastava-se contudo de Buarque de Holanda e de sua avaliação positiva desse deslocamento, aproximando-se de Freyre e de seu receio em relação à perda de características próprias pelo contágio com o mundo exterior. Preocupava Oliveira Vianna o movimento das flutuações, dada a instabilidade inerente às "mudanças de mentalidade" das elites urbanas, e alertava para a necessidade de se encontrar pontos de equilíbrio.

Em artigo para o mesmo *Correio da Manhã*, de 25 de maio de 1927, ele tocaria em um ponto nevrálgico para a vida política: a "participação direta e preponderante das classes econômicas, as classes que produzem, ... as classes que pagam", formando "elites", para que se efetivasse "uma verdadeira democracia" no país. Com isso, procurava dar a devida dimensão à participação coletiva dessas classes "nos negócios públicos, na determinação das suas diretrizes administrativas e políticas". Nesse artigo, nomeado "Educação democrática",[46] Oliveira Vianna define a condição de "cidadãos": homens que agem não como *indivíduos*, mas como "membros desta ou daquela corporação, como parcelas de uma dada coletividade, unidas pelo interesse comum – de classe". Em outras palavras, propunha que se transformasse "nossa suposta democracia" de base individual, "democracia atomística", em democracia organizada

---

46 Seu registro na Fundação Oliveira Vianna é de n.1073.50.

O charme da ciência e a sedução da objetividade

em classes unidas pelo "espírito de solidariedade e cooperação". No artigo, há um elogio ao esforço do Partido Democrático paulista de atuar nessa direção. Contudo, o elogio rapidamente expõe seu teor projetivo, ao se transformar em crítica, já que esse esforço mostrava ser um "equívoco enorme", por não encontrar apoio em uma prévia organização de classes. Seu relativo sucesso em terras paulistas, ele imputava à "própria organização das classes produtoras urbanas e rurais", em processo que lhes propiciava a aquisição de consciência de seus interesses de classe pressionados pela necessidade de defendê-los. Ou seja, Oliveira Vianna divisava em São Paulo aquele "estímulo espontâneo" para a formação da solidariedade, detalhadamente exposto em *Populações meridionais*, estímulo até então submerso no isolacionismo característico da sociedade brasileira. Em São Paulo, essa organização formara "o espírito de solidariedade e cooperação no campo econômico", espírito que, se "trabalhado habilmente, acabaria transmudando-se com facilidade em espírito de cooperação e solidariedade no campo político – e o partido teria então seus pontos de apoio ... na própria estrutura social". Não considerava possível estender esse sucesso ao país, pois não acreditava "na viabilidade atual de uma grande organização partidária, de caráter nacional".

Encontrava outro impedimento à formação de elites de caráter nacional no precário intercâmbio intelectual entre as diversas regiões do país. Reconhecia existirem "vários focos de cultura por este Brasil afora", nos quais se mostrava expressiva a produção de ensaístas, estudiosos e numerosos pesquisadores. Contudo, seus trabalhos tinham difusão reduzida em vista da péssima distribuição editorial. Ele apontaria em especial, além da literatura, trabalhos nas áreas "da história, da antropogeografia, do folclore, da etnografia, da economia rural ou social, da estatística", áreas que considerava imprescindíveis para um melhor conhecimento da sociedade brasileira.

Em artigo para o *Diário de Notícias* de 14 de fevereiro de 1939, discorreu sobre o precário intercâmbio intelectual no país, colocando em paralelo a efervescência da atividade editorial em outros países, no caso os Estados Unidos, onde a publicação recente do *Handbook of Latin-American Studies* para o ano de 1937, pela Universidade de Harvard, fornecia indicações completas de tudo o que havia sido publicado nesta parte do continente americano. Espantava-o, diria, a maneira "como estes americanos conseguiam coligir tamanha cópia de informações sobre as nossas coisas", vendo nisso o fruto de uma atitude radicalmente diversa daquela "gravidade professoral de nossos eruditos". Cita o exemplo do professor Lewis Hanke, responsável pela direção do *Handbook*, que por aqui estivera e com "seu ar esportivo, de jogador de *golf*, mais do que de professor, sadio, ágil, irradiante, expansivo, bem humorado, risonho, americano cento por cento, ... meteu-se por toda parte, falou com todo mundo e acabou carregando para os Estados Unidos esta esplêndida messe de dados e informes bibliográficos sobre as nossas coisas, que nós mesmos desconhecemos..." Oliveira Vianna aproveitava a oportunidade para, após esta constatação, enfatizar o quanto era paradoxal a posição das elites intelectuais brasileiras, preocupadas em se manterem atualizadas com tudo o que saía publicado no exterior, descuidando do intercâmbio com nossos próprios centros culturais, em clara demonstração de vivermos ainda "a desarticulação espiritual do período colonial". Faria até ironia mordaz ao transcrever trecho da carta do Marquês de Barbacena a José Bonifácio, pouco antes da Independência:

> Não escondem a intenção de converter as províncias do Norte em diferentes repúblicas, dizendo que a sua comunicação é muito difícil com o Rio de Janeiro e que só precisam de relações européias...[47]

Sem dúvida, a ironia continha implícita a ameaça de desmembramento do país, para ele ainda latente nesse final da década de 1930, sustentada a unidade nacional pelas regras autoritárias do Estado Novo.

Aliás, sua suposição de não termos atingindo a condição de cidadãos nacionais havia ficado clara, alguns dias antes, quando em outro artigo para o mesmo jornal definira o que entendia por "o cidadão do Estado Novo". Insistia na tônica da mudança de "orientação" do *indivíduo* para a *coletividade* e o *coletivo* e *enfatizava que esta deveria ocorrer não só no plano das idéias*, mas "principalmente nos seus *sentimentos*". Como

---

47 "Intercâmbio intellectual", *Diário de Notícias*, 14.2.1939. Fundação Oliveira Vianna, Reg. n.1073.66.

O charme da ciência e a sedução da objetividade

sempre, buscou apoio no exemplo das "elites dirigentes dos grandes povos, como a Alemanha, a Itália e os Estados Unidos", onde "os sistemas educativos" estariam adaptando-se às necessidades "daquele *dressage totalitaire*", ou seja, "da educação do indivíduo para a *totalidade* ou para a *coletividade*" (grifos no original). Propunha assim modificação radical em "nosso processo educativo – no ponto de vista da educação moral – orientado no sentido de criar, pela ação da escola e das instituições extra-escolares, este sentido da vida coletiva, este sentimento do grupo profissional, local ou nacional". O "sentimento de grupo", que a história não nos propiciara, e cuja ausência consistia em "uma de nossas linhas de menor resistência", precisaria ser incentivado de outras maneiras. Sua crítica recaía mais uma vez na diretriz das escolas primárias e secundárias, que no Brasil estariam sempre voltadas para dar aos alunos "o máximo de *instrução*, ou seja, de cultura especial e geral", sem incutir-lhes "nenhum claro sentido de vida coletiva, nenhuma idéia de sacrifício individual em favor do grupo, nenhum espírito de devoção à coletividade; em suma, nenhum princípio, hábito ou tradição de solidariedade social ou de cooperação". Resultava desse processo de exacerbação individualista a formação de "um pequenino monstro, anti-social e anti-cristão".[48]

O quadro pintado por Oliveira Vianna não poderia ficar completo em seu permanente paralelismo comparativo sem a menção das tintas sombrias a contornarem o "cidadão" brasileiro e a das cores brilhantes envolvendo o cidadão "dos grandes povos" – agora além do alemão, inglês e americano, também o japonês – povos que "vencem e dominam", pelas suas qualidades de raça, processo histórico, ou "por virtude de um sistema educativo severo" formando "o espírito de grupo" e a "solidariedade nacional". Em sua ênfase na formação de um espírito de solidariedade coletiva, ele não excluía, e deixava isso claro, o "individualismo que o espírito de bandeirismo e de sertanismo" havia criado entre nós, e que, afirmava, "ainda subsiste e deve subsistir como uma das grandes forças morais, necessárias à nossa expansão territorial, à conquista e à

---

48 "O cidadão do Estado Novo", *Diário de Notícias*, 7.2.1939. Fundação Oliveira Vianna, Reg. n.1073.65 (Vianna, 1991, p.373).

exploração do nosso vasto interior deserto". Entretanto, o individualismo deveria ser "temperado ou moderado em seus excessos egoísticos", na *consciência* e na *conduta* de cada um, de modo a se desenvolver dentro das "preocupações solidaristas" da Constituição de 1937. Firmado na consciência penetraria o subconsciente, acabando por se sublimar afetivamente, acreditava, em "sentimento de dever cívico".

Esse artigo desenvolve, acredito, de modo magistral e sintético o que Oliveira Vianna postulava ser esse novo homem, o cidadão do Estado Novo, o cidadão das "modernas elites dirigentes", deslocando o modelo educacional a ser adotado das escolas propriamente ditas, para as forças armadas, as formações escoteiras e as organizações sindicais. Esse "novo sentido da educação" prefiguraria, para ele, "imensas 'repercussões sociais' deslocando o centro de gravitação do *indivíduo* para o *grupo*, especialmente para o grupo-Nação". Todo seu entusiasmo expressava-se na certeza de que adotada essa orientação educacional "a revolução estará feita", "a maior revolução operada na nossa vida de povo independente"[49] (grifos no original).

Voltaria com freqüência ao tema das "elites modernas", também na avaliação de questões conjunturais, como a da crise da indústria têxtil, quando em artigo de 1939 aproveitou para, mais uma vez, expor a pouca valia da "mentalidade" predominante entre as elites dirigentes desse ramo da indústria, voltada somente para situações de demanda ilimitada, incapaz de agir em defesa dos interesses coletivos da classe em momento de crise ocasionada pela retração do mercado.[50] Entretanto, a tônica de sua militância em favor da organização corporativa das "classes econômicas" recaía privilegiadamente sobre a formação das elites contemporâneas de forma geral. Em matéria publicada em *A Manhã*, de 18 de julho de 1943, enfrenta a questão sem dúvida delicada dos "sistemas educativos no Estado Moderno", sublinhando sua diferença em relação ao Estado Liberal-Democrático. Todo seu argumento voltava-se para a

---

49 "O cidadão do Estado Novo", *Diário de Notícias*, 7.2.1939. Fundação Oliveira Vianna, Reg. n.1073.65 (Vianna, 1991, p.373).
50 O artigo "Crise e elites dirigentes" foi publicado no *Diário de Notícias* em 15.3.1939. Fundação Oliveira Vianna, Reg. n.1073.68.

O charme da ciência e a sedução da objetividade

necessidade de dotar os governos de elites adequadamente formadas para que pudessem tomar a iniciativa de ações eficazes na administração pública e na direção política, atividades que se teriam transformado em uma *ciência* e uma *técnica*.

Ainda em 1943, a questão não estava resolvida em sua avaliação. Retoma, em artigo intitulado "O Estado moderno e o problema das 'élites'",[51] a questão da "política de educação", que, para ele, não deveria ser confundida com o sistema de ensino. Sua preocupação nesse momento fixava-se na formação do tipo de elite para um Estado que deixara a "atitude passiva ou meramente receptiva" do Estado liberal-democrático assumindo posição de iniciativa e de ação, exigindo assim "elites políticas, econômicas e profissionais" preparadas para as novas funções. A clara cisão entre educação e ensino tem nos argumentos de Oliveira Vianna uma função estratégica, qual seja a de afirmar a dimensão completa da educação frente aos objetivos parciais da instrução. Nesse sentido propõe a obrigação inerente ao Estado de proporcionar "educação" às elites, por meio do ensino secundário, técnico-profissional e superior, dando a elas formação adequada a servir de exemplo modelar para as "massas". Seu ponto de vista sobre o que denominou "uma organização racional de ensino" pode ser resumido na frase:

> O Estado não tem meios para dar educação às massas ... O Estado dá *instrução* à massa; mas a *educação* das massas é feita pelas elites, instruídas e educadas pelo Estado.

E completa logo adiante:

> Educar elites é ainda o processo mais expedito, mais eficiente, direi mesmo mais *econômico*, de educar as massas. Estas – é um fato de observação – não passam de pontos de aplicação sobre os quais a inteligência esclarecida e a vontade forte das elites bem educadas se exercem no sentido de seus objetivos – da sua concepção de mundo, do seu sistema de crenças e idéias.

---

51 Esse artigo foi publicado no jornal *A Manhã*, de 19.7.1943. Fundação Oliveira Vianna, Reg. n.1073.84.

Em seus artigos, a palavra "elites", sempre no plural, cumpria a função de sublinhar essa multiplicidade desejada de "elites dirigentes" – locais, municipais, estaduais, nacionais; políticas, administrativas, econômicas, literárias, científicas, profissionais – multiplicidade que se desdobrava em suas variadas finalidades práticas: educar as massas pela atuação nas organizações pedagógicas e colaborar com o governo como previa o "novo regime" instaurado com a Constituição de 1937. Na forma de representação classista fariam parte dos Conselhos Federal e da Economia Nacional, colaborariam como conselhos técnicos junto à Presidência da República, nos ministérios e nas administrações estaduais e municipais, na justiça do trabalho, "toda ela, dizia, de base corporativa e profissional". A lista se alongaria com as "modernas organizações corporativas, os vários institutos de previdência social, as associações de classe – sindicatos, federações, confederações, a que foram atribuídas grandes funções públicas", empresas de serviços públicos urbanos, empresas de navegação, de mineração e de energia hidroelétrica, empresas bancárias e de seguros, jornalísticas, "todas elas, enfatizava, também nacionalizadas". Seu argumento demonstrava a "importância primacial" da boa formação das "elites dirigentes" sempre com o mesmo objetivo: dar prioridade ao ensino secundário e superior, embora sem sacrificar, lembraria, a **instrução do povo**", o ensino primário. Considerava essa diretriz da política educacional "condição *sine qua* da salvação para as democracias que não estão dispostas a morrer" (grifo no original).

Os textos jornalísticos corroboravam e difundiam em primeira mão para um público talvez maior as idéias expressas em livros; artigos freqüentemente reunidos depois em coletâneas, como *Problemas de política objetiva* de 1930, ou ampliados e atualizados, como na segunda edição de *O idealismo da Constituição*, de 1939, quando aproveita a oportunidade para explicitar de modo inequívoco, nas primeiras linhas do "Prefácio", o interesse despertado pelo debate em torno da "velha tese da 'democracia liberal' e da nova tese da 'democracia autoritária'".

Penso não ser desnecessário lembrar a força imagética de sua representação projetiva das elites – plurais, diversificadas, especializadas, solidárias e unidas pelo interesse comum de classe, conscientes das questões nacionais e modelos-exemplares a serem seguidos pela população.

O charme da ciência e a sedução da objetividade

Essa representação se estrutura sobrepondo várias imagens, elaboradas em diversos campos disciplinares: no campo da biologia – homens que se destacam graças à herança genética; no campo da sociologia – a apreensão das tendências e possibilidades inscritas nas sucessivas gerações de homens de elite em cada país; no campo da formação educacional – a ação governamental que fecha assim o círculo por meio de enérgica atuação no ensino, especializado e superior, direcionado ao substrato superior da sociedade. Imagens que também movimentam a idéia de cisão – a população ou o povo-massa *versus* a minoria dos mais capazes, e destacada delas, a figura do líder, imprescindível para transformar a multidão/o povo-massa em público-cidadão moderno, cônscio de sua condição de parte integrante de várias totalidades – grupos profissionais, classes, da nação. Trata-se de representações imagéticas complexas que pressupõem conhecimento anterior de seus leitores. Operam, sobretudo, justapondo imagens, procedimento argumentativo próprio do convencimento racional mesclado à persuasão saturada de apelos afetivos. Tratava-se de convencer e ganhar emocionalmente um "público", amplo e variado, para a necessidade de se transitar da "democracia liberal" para "democracia autoritária".

Estado autoritário – democracia social

> Se há uma mística para todos os brasileiros que colocam
> a pátria acima de tudo e para quem os preconceitos localistas e
> provincialistas devem ser erradicados da alma de cada cidadão
> como se erradica da leira semeada a erva má e daninha,
> esta mística há de ser a que procura restaurar o poder
> central na sua velha e secular missão,
> que a Constituição de 91 lhe havia negado:
> – a de fundador da Nação.
> Oliveira Vianna[52]

> Na verdade, o que devemos fazer, para melhorar
> o teor da nossa vida política, não é imitarmos os ingleses
> e querermos ser como eles – nesta vã expectativa de que

---

52 "O movimento de 37 e o seu sentido histórico", *A Manhã*, 10.11.1942. Fundação Oliveira Vianna, Reg. n.1073.72.

> podemos mudar de natureza a golpes de leis ou de Constituições. O que devemos fazer é aceitar resolutamente a nossa condição de brasileiros e as conseqüências da nossa 'formação social': – e tirarmos todo o partido disto. Não há razão para nos envergonharmos de nossos clãs, da nossa politicage e dos seus 'complexos' políticos; somos assim, porque não podemos deixar de ser assim; e só sendo assim é que poderemos ser como nós mesmos.
>
> Oliveira Vianna (1974a, v.II, p.142)

> Trata-se de dar às classes dirigentes não apenas um novo sistema de 'idéias'; mas antes de tudo, um novo sistema de "sentimentos".

> Quem observa, com efeito, as elites que, no momento atual, neste ciclo atormentado da história, estão no governo e na direção política e intelectual dos grandes povos modernos, reconhecerá que ... não os dominam mais aquelas preocupações e instintos individualistas das gerações precedentes...; revelam antes de tudo, um sentimento vivaz e alerta do seu grupo nacional...

> É este o espírito dos novos tempos, de cuja força afetiva, de cujo determinismo moral está dependendo toda a eficiência de Estado Moderno e a cuja fatalidade não poderemos fugir.
>
> Oliveira Vianna[53]

O contraste entre a primeira citação de "O movimento de 37 e seu sentido histórico", escrito em 1942, e a segunda contida em *Instituições políticas Brasileiras*, de 1949, pode parecer paradoxal. Na verdade, a primeira expressa uma aposta nas instituições do Estado Novo ainda em plena vigência, já a segunda manifesta a preocupação de Oliveira Vianna para com a direção política do país voltando a trilhar, ao menos na letra da Constituição de 1946, os rumos da democracia de cunho liberal. Finda a Segunda Guerra Mundial, com a derrota do eixo Alemanha-Itália-Japão, e o evidente afastamento dos Estados Unidos, aliado à maioria das nações européias, do regime da União Soviética, pareceria difícil ao autor repetir o que antes dissera inúmeras vezes: "O sentido

---

53 "O homem brasileiro e o mundo de amanhã", sem data nem referência a veículo de publicação. Fundação Oliveira Vianna, Reg. n.1073.100.

O charme da ciência e a sedução da objetividade

da evolução constitucional dos povos civilizados está francamente orientado para o princípio autoritário e não para o princípio liberal."

Contudo, a argumentação de Oliveira Vianna, desde seus escritos de 1918, designava o único caminho para que se superasse o individualismo e o mau funcionamento das instituições liberais no Brasil: cidadãos preparados para o associativismo e Estado intervindo diretamente na organização da sociedade. Eliminada a política partidária – ou seja, o conflito entre projetos políticos concorrentes –, o governo passava, a seu ver, a ser uma técnica e a questão central recairia na escolha da técnica adequada para organizar a sociedade. Restava seguir uma proposta pragmática com vistas a repor o país em sua trilha unitária, todos reunidos em torno do objetivo único. O que implicava, sem dúvida, a contrapartida de eliminar as resistências.

Em 1942 ele se sentia, pois, seguro para afirmar terem as instituições brasileiras transitado da democracia liberal para a democracia autoritária, acompanhando o movimento internacional de nações nas quais, como a Suíça, Bélgica e Inglaterra, reconhecidamente democráticas, "a estrutura social" estaria "evoluindo no sentido da autoridade central e de preponderância do Executivo". Buscava apoio em homens públicos do período monárquico (Feijó, Uruguai, Vasconcelos, entre outros) para elogiar o modo como haviam atuado no sentido de preservar a unidade nacional, "ameaçada pela desintegração e pelo separatismo", graças a suas "claras mentalidades de feitio realista e objetivo".

O que afirma em "O movimento de 37 e seu sentido histórico", de finais de 1942, contrasta também com a terceira citação, retirada de "O homem brasileiro e o mundo de amanhã",[54] escrito em pleno conflito mundial, segundo ele, no momento em que se aproximava "a vitória das democracias", e cerca de vinte anos após a publicação de *Populações meridionais do Brasil*. Mantinha-se convicto da necessidade de preparar as "elites dirigentes" para enfrentar "o espírito dos novos tempos", sublinhando enfaticamente a importância da inclusão do componente afetivo, de modo a formar "um sentimento vivaz e alerta do seu grupo, desde o pequeno grupo profissional, ao grande grupo nacional", e mais "um

---

54 O recorte do acervo da Fundação Oliveira Vianna não está datado.

profundo 'senso do Estado'". Chamava a isso de "adaptação ativa", do "homem brasileiro ... no sentido da civilização em mudança", algo que não poderia prescindir do "novo complexo afetivo que constituiu o **substractum** psicológico no Estado Moderno" (grifo no original).

A reiterada afirmação de reeducar as elites brasileiras viria acompanhada do alerta em relação à situação mundial no pós-guerra pois, em sua avaliação das perspectivas futuras, mesmo "vencidos os povos do grupo totalitário, o Estado" não perderia "sua influência, retornando à sua condição meramente policial ... tal como propugnavam os velhos doutrinadores do puro Estado Liberal". Afirmava convictamente não haver "nesse ponto reversibilidade possível: "o Estado se afirmará cada vez mais neste novo ciclo da história que se vai abrir ao mundo, embora sem os rígidos métodos dos regimes totalitários". E prognosticava de modo conclusivo: "o que caracterizará essa nova organização política do mundo ... será uma participação mais efetiva das massas ou categorias profissionais na vida do Estado e no mecanismo do governo". No caso do Brasil, a pressão das "massas" e o individualismo das "classes dirigentes" exigiam a pronta intervenção da "autoridade externa" do Estado, tendo em vista "modelar a mentalidade das novas gerações no sentido do futuro", o que valia dizer: preparar um homem fundamentalmente diferente em suas idéias e sentimentos, educado para a coletividade, o Estado Moderno e seus **objetivos solidaristas**, em suma.

Oliveira Vianna procurava nesse artigo estabelecer uma clara distância em relação aos regimes políticos fundados nas concepções do nazifacismo. Aliás, já em 1943, preocupado com o andamento do conflito mundial iniciado em finais de 1939, redigia longas matérias jornalísticas de esclarecimento a seus leitores sobre o real significado da orientação política totalitária do Terceiro Reich. Em artigos publicados no jornal *A Manhã*, expôs pedagogicamente a noção de Estado adotada pelo socialismo alemão, dando destaque para o fundamento racial ou de sangue da identidade política alemã. Reinterpretando uma noção que lhe servira de apoio para explicar de forma contrastante a ausência de sentimento coletivo que unisse o povo brasileiro, ele prosseguia denunciando que o Reich nazista se autoconcebia como "uma espécie de **corpus misticus**" que pretendia estender sua soberania sobre todas as pessoas

O charme da ciência e a sedução da objetividade

de sangue alemão espalhadas pelo mundo[55] (grifos no original). Essa pretensão expansiva encontrava sua base na concepção de "espaço vital", originária da antropogeografia de Ratzel, a serviço de Bismark no século precedente, e reatualizada pela geopolítica de Haushofer, a serviço de Hitler. Para referendar sua denúncia do perigo expansionista alemão, citava a frase atribuída a Rommel, quando este justificara a subtração de parte do território francês ao final da guerra franco-prussiana em 1870 (Primeiro Reich): "Quando uma nação, cuja população densa e crescente se comprime contra uma outra, de população disseminada, e por isto forma um centro de depressão, estabelece-se uma espécie de corrente de ar, que vulgarmente chamamos invasão; ora, este é um fenômeno durante o qual o Código Civil é posto de lado... ."

Reconhecia que as necessidades de sobrevivência da população de um país seriam algo a ser certamente visto como "substancialmente justo"; o complicador inaceitável ficava para a "forma repulsiva ... de sua associação com a idéia de conquista e de rapina".

Apoiado na suposição básica do direito à sobrevivência, o autor apontava uma outra concepção de "espaço vital": a "concepção clássica" que teria orientado "a colonização moderna pelas raças européias, dos imensos espaços vazios do nosso continente". Nessa acepção clássica, a idéia de hospitalidade estaria incluída nas "leis de imigração" e "convenções internacionais" de modo a "abrir os nossos sertões desertos a estes excedentes humanos, mal contidos nos limitados espaços vitais desses velhos povos". É interessante anotar, nesses artigos de 1943, a radical mudança de opinião de Oliveira Vianna a respeito das características do povo alemão e dos prováveis benefícios advindos de seus núcleos coloniais em terras do Sul do país. A boa ordem e o progresso observados nos povoados e cidades de população predominantemente alemã, e avaliados de forma muito positiva em escritos anteriores, passavam a ser vistos como mero translado de costumes de grupos comunitários, cuja intenção teria sido a de fundar "uma outra pequena Alemanha", ausente qualquer intenção de "se incorporarem à nossa gente e à nossa

---

55 Para uma explanação ampla da ideologia expansionista alemã recomendo Marionilde Brepohl de Magalhães (1998).

nacionalidade". Pura má-fé a destes alemães que penetravam nosso território, nele se enquistando.[56]

Embora não abandone a pretendida neutralidade da ciência e as representações metafóricas das reações químicas, assumia abertamente a militância política. Nada mais coerente com suas premissas sociológicas e com os objetivos políticos de seu projeto para o Brasil. Afinal, seria crucial ele se opor a uma concepção de Estado beligerante e expansionista, baseado na consangüinidade, configurando "uma comunidade política condenada a uma contínua expansão territorial". Situação radicalmente oposta à que tinha frente a si, obrigando-o a lidar com outras variáveis: a urgente necessidade de forjar a unidade sobre um território extenso com baixa densidade demográfica e população multirracial e multiétnica. Ao Estado etnia ele opunha o Estado território; a ao Estado formado por consangüinidade ele opunha o Estado baseado em uma língua, no nosso caso, o português. Mostrava dessa maneira total coerência com a acepção de identidade nacional fincada no reconhecimento da similitude entre pessoas que formam um mesmo grupo, similitude oferecida primeiramente pela igual condição no trabalho ou na profissão, fosse o grupo formado por assalariados ou por empresários-patrões.[57]

Em reforço de sua denúncia da ameaça expansionista da política alemã, Oliveira Vianna insistiria em vários artigos no conteúdo pernicioso da convicção propagada pelos adeptos do nacional-socialismo sobre a superioridade da raça ariana, que a ela conferiam a responsabilidade pela "civilização no mundo": "*das Herrenvolk* – o povo de senhores", essa a expressão cunhada para si mesmos pelos alemães, aliada ainda a outras duas – *das Lichtvolk* – o povo da Luz – e *das Reichvolk* – o povo soberano do mundo. Evidentemente, diria o autor voltando a usar sua competência acadêmica, essa autoprojeção idealizada dos alemães só se tornara plausível pela ajuda que haviam obtido de "seus sábios venerandos",

---

56 Essa argumentação está nos artigos publicados no jornal *A Manhã*: "Duas concepções do Estado", de 14.3.1943, republicado no dia 23 do mesmo mês; "O conceito de inimigo na doutrina nacional-socialista", de 19.3.1943; "O nazismo e as colônias alemãs no Brasil, de 30.4.1943.

57 Refiro-me novamente ao artigo de Déloye, "A nação entre identidade e alteridade: fragmentos da identidade nacional" (Seixas et al., 2002, p.95 ss.).

O charme da ciência e a sedução da objetividade

em especial daqueles que "forjaram uma teoria racial" de caráter tendencioso para fundamentar os objetivos políticos do Reich alemão em seu primeiro surto pangermanista no século XIX.

Na dupla denúncia – do caráter equivocado da suposição de uma única raça formando o povo alemão ou qualquer outro povo e da mudança proposital do sentido clássico da concepção de "espaço vital", base da política agressiva e expansionista do nacional-socialismo – Oliveira Vianna estabelecia a distância e a fundamental diferença entre o projeto político totalitário alemão e seu projeto autoritário voltado para a política de unidade nacional no Brasil. Ia além em abril desse ano de 1943, na denúncia da "inconsciência" dos que entre nós nutriam simpatia para com a política alemã e viam com otimismo o avanço das tropas do Reich. Ao perigo representado por esses simpatizantes o autor somava aquele da "neutralidade", verdadeira "coonestação de atitudes imperdoáveis e condenáveis".[58] Os artigos de 1943 constituem advertências nas quais a aproximação racional e afetiva com os colonos alemães no Brasil, pelo sociólogo antes preocupado com a "arianização" da população brasileira, se desfaz e se transforma em ostensiva hostilidade, na elaboração da representação imagética do regime de horror que tomaria conta do mundo caso os alemães e seus aliados saíssem vitoriosos da guerra.

Denúncia que não rebaixa suas críticas ao ideário liberal democrata, sua inadequação em terras brasileiras, seu caráter anacrônico para os países mais civilizados. Demonstrando estar convicto disso, Oliveira Vianna recorreu a uma expressão política, de efeito na época, afirmando que se o século XVIII proclamara os "Direitos do Homem", o século XX estava proclamando os "Direito do Grupo".[59] Na verdade, o autor, con-

---

58 "O conceito de 'aryano' na doutrina nazista", de 7.5.1943; e "Conciência e inconciência dos 'simpatizantes' da Alemanha", de 9.4.1943; "O 'Herrenvolk' e os seus direitos...", de 5.3.1943; "A ilusão da neutralidade", de 26.3.1943.

59 Refiro-me aqui à idéia corrente, desde pelo menos a Comuna de Paris (1871), de que o ideal republicano do século das Luzes, ao ser confrontado com as reivindicações democráticas, deveria dar lugar prioritário à "questão social" e, assim, rever a aura que cercava a noção de indivíduo e de liberdades individuais. Cf., por exemplo, Jacques Donzelot (1984). Também o artigo de Dominique Cochart (1990). Oliveira Vianna usou essa expressão em *Instituições políticas brasileiras* (1974a, v.II, p.156).

vencido da incapacidade política da população brasileira, questionava o sufrágio universal masculino, puro "idealismo anticientífico". Em seus escritos, anteriores a 1930, chegara a enfatizar com veemência a vacuidade das discussões formais em torno da reforma da Constituição republicana de 1891, caso não fosse levada em consideração uma necessária triagem do eleitorado: "proponho um eleitorado recrutado pelo critério da cultura geral e pela presunção do conhecimento dos negócios públicos 'nacionais' e dos homens públicos de valor nacional" (1939, p.252-3).

Ainda em 1943, alguns meses depois, Oliveira Vianna sintetizava em "Individualismo e Solidarismo", escrito para o mesmo jornal *A Manhã*,[60] sua proposta de organização para o Brasil. Retomando conclusões de *Populações meridionais do Brasil*, estabelecia uma estratégia para enfrentar "o problema fundamental" – corrigir a condição molecular ou atomítisca da nossa formação social – formulando "uma política de organização" com o objetivo de constituir, desenvolver e integrar "uma forte mentalidade solidarista em nosso povo". A estratégia deveria visar dois níveis: primeiro "as elites dirigentes (políticas, intelectuais e econômicas)" e "a consciência e o sentimento dos interesses coletivos ... em cada cidadão no plano de sua vida pública" no plano da "categoria e da classe", depois ampliar a consciência e o sentimento para o município, a província e a Nação. Dada a constatação em suas análises do "insolidarismo, por ele, aliás, considerado um dado cientificamente determinado da nossa psicologia social", ou seja, da ausência de formas espontâneas de organização dos interesses coletivos, nada mais coerente em seus argumentos do que indicar a necessidade de uma força externa motivadora. Nesse sentido, voltava a afirmar ser "dever supremo do Estado Nacional amparar, estimular e desenvolver todos aqueles movimentos privados que representem, no nosso povo, expressões de cooperação, de agregação, de solidariedade social ativa, em suma".

Recorria mais uma vez a dados "objetivos" – a dispersão geográfica da população, a condição incipiente e rudimentar da estrutura econômi-

---

60 O artigo data de 8.10.1943. Fundação Oliveira Vianna, Reg. n.1073.86 (Vianna, 1991, p.271 ss.).

O charme da ciência e a sedução da objetividade

ca, industrial e urbana, aliadas às facilidades oferecidas para a sobrevivência em clima tropical, ao trabalho servil e a ação desintegradora dos grandes domínios – para a eles atribuir a responsabilidade pela ausência ou raridade de consciência de grupo e organização, decorrentemente, de associações sindicais. Seria, portanto, esse o vácuo a ser preenchido pelo Estado, e só ele podia "objetivar" (essa palavra é recorrente) "o pensamento de uma política de preparação do homem brasileiro para a vida associativa", a "progressiva sindicalização das classes produtoras". Lembrava ter sido Sílvio Romero quem desde 1910 prenunciara a importância do movimento de sindicalização e afirmava ser "o sindicalismo ... um agente corretivo ou retificador" do espírito individualista do brasileiro de modo a criar "formas de solidariedade social ativa", que, pelas "contingências históricas", fora impossível obter nos quatro séculos anteriores. Prossegue ainda indicando o papel fundamental das instituições sindicais e instituições corporativas como instrumentos de solidarização, "duas técnicas", também diria, "para o cultivo e a prática por assim dizer quotidiana dessa nova modalidade de ação ... a ação solidária". Novamente a imagem da transcendência do Estado e do sindicato fecha o argumento em que a figura do líder, as "elites", atua de modo a arrancar essa população dos "transitórios **états de foule**", trazendo-a para a consciência dos interesses coletivos[61] (grifo no original).

Oliveira Vianna militava assim nos anos da Segunda Grande Guerra, por uma política de organização da sociedade com o apoio da autoridade do Estado, posição amplamente exposta em livros, mas principalmente na imprensa jornalística, como em "O homem brasileiro e o mundo de amanhã", já citado, no qual voltava pela enésima vez a contrapor as condições da sociedade brasileira e as exigências do Estado Moderno, e proclama a necessidade de se incutir na população o sentimento e a prática de solidariedade e de cooperação. Sem esse "sentido de grupo", não considerava possível ultrapassar a condição de incapacidade política dos brasileiros, questão pela qual se batia desde os primeiros escritos.

---

61 "Individualismo e solidarismo", *A Manhã*, 8.10.1943. Fundação Oliveira Vianna, Reg. n.1073.86 (Vianna, 1991, p.271).

Seus argumentos seguem a mesma orientação argumentativa de artigos de 1926 para o *Correio da Manhã*, nos quais expusera a convicção do erro ou paradoxo do sufrágio universal nas condições em que se encontrava a maioria da população brasileira. São artigos em que polemiza com Júlio de Mesquita Filho e o recém-formado Partido Democrático, que, na época, iam além da defesa do sufrágio universal e propunham o voto secreto como remédio ao mal das pressões das oligarquias. Na contra-corrente da posição defendida por Mesquita Filho, ele traria em apoio de sua proposta de "seleção do votante" o argumento de que o sufrágio universal não resolvera os problemas básicos do país, que estaria a exigir uma organização democrática antes do ponto de vista "social" do que "político". Tratava-se de "uma obra social e não de obra política".[62] Essa avaliação de "nossa vida pública", Oliveira Vianna mantém em *Instituições políticas brasileiras*, de 1949, reafirmando continuar sendo o "espírito de clã o mal que envenena nossa existência". Salienta persistências das quais não deveríamos nos envergonhar, dado que "o regime de clã, com sua mentalidade específica, é o regime mais generalizado no mundo. Encontramo-lo em povos bárbaros e em povos civilizados. ... Os povos civilizados europeus não escapam a ele". Em reconhecimento às intervenções do Estado Novo, diria terem ocorrido, nos anos recentes, modificações na estrutura social brasileira, tais como, a "sindicalização profissional *urbana*, a lei do serviço militar, a *legislação trabalhista*", evidências de que "se estava tomando gosto pela cooperação e pela solidariedade", se caminhava "para o *sindicalismo* com uma espontaneidade crescente" (grifos no original). Contudo, não deixou de enfatizar de modo afirmativo:

---

62 A polêmica se ampliaria no segundo artigo, com a resposta às críticas de Antônio Leão Velloso expondo seu recorrente recurso a metáforas médicas. Dizia concordar com o autor, exceção feita para sua "maneira de considerar a etiologia do fenômeno e a terapêutica do fenômeno". Contrariamente a Velloso, via na existência das oligarquias (broncas, ainda mais) "um fato natural no nosso organismo social, perfeitamente explicável pela evolução histórica" do país, e ainda em posição oposta a dele, propunha métodos indiretos de solucionar o problema, qual seria o de, em vista da pouca densidade populacional, "incentivar, ou acelerar o processo de integração demográfica, de integração das classes, e conseqüentemente, de integração da opinião". Os artigos são: "O nosso problema político", de 18.4.1926, e "Ainda o problema político", de 25.4.1926. Fundação Oliveira Vianna, Reg. n.1073-26 e 1073-27.

O charme da ciência e a sedução da objetividade

Note-se, porém, que estas leis citadas apresentam todas elas este traço comum; *em todas elas há uma utilização direta ou indireta do princípio fundamental da técnica autoritária.* Quero dizer: há sempre um *modicum* de coação. (1974a, v.II, p.142)

Em suas palavras, podemos divisar os argumentos de diversas linhagens de pensadores críticos ao liberalismo e ao seu fundamento, o indivíduo e o individualismo. Aproximando-se dos formuladores do solidarismo francês, segue a trilha de Auguste Comte,[63] aceitando as noções de "egoísmo inicial" e de "simpatia pelos semelhantes" como impulsos inatos e contraditoriamente presentes no ser humano; acolhe também a noção de continuidade em um presente denso no qual se apresentariam acumuladas e sobrepostas as heranças do passado, mantendo ainda a noção de interdependência dos elementos constitutivos do conjunto da organização social. Sobre as noções básicas da concepção organicista de sociedade, formou a representação da sociedade e da vida política do país, representação que o conduziu à conclusão de que "toda a nossa história política" teria "no nosso clã rural ... a sua força motriz, a causa primeira da sua dinâmica e evolução" (1973, p.137-53).

Permaneceria na trilha do pensador francês, afirmando ser o "sentimento de simpatia pelos nossos semelhantes condição elementar da sociabilidade", mas sentimento precário, quando não inexistente entre nós, o que dera lugar à insolidariedade. A "solidariedade parental", tecida basicamente na relação de dependência dos familiares, escravos e agregados ao grande senhor rural, teria sido a única formada na grande propriedade, cuja característica fora a de ser "um organismo completo". Dessa "falta de coesão" entre os elementos básicos da sociedade, resultara em seu entender serem "as classes inorgânicas e informes", ou, na imagem de impacto mais forte, um "estado ganglionar". Ora, a imagem resultante dessa avaliação seria a de organismos de dimensão reduzida que obstaculizam a formação integrada do organismo maior, a nação.

---

63 Para estabelecer a relação entre Auguste Comte e os teóricos do solidarismo na França da Terceira República, autores bastante citados por Vianna em seus trabalhos, recorri a Patrick Cingolani, "L'idée d'humanité chez Auguste Comte: Solidarité et Continuité" (1992, p.42-54).

Certamente a geografia e a pouca densidade demográfica tiveram sempre nos argumentos de Oliveira Vianna papel determinante na explicação da ausência de solidariedade nas terras brasileiras. Destituídos da "automaticidade instintiva dos anglo-saxões", fôramos incapazes de formar partidos políticos ou ligas humanitárias, sociedades com fins morais ou clubes recreativos, que tiveram sempre duração efêmera. A carga da heterogeneidade racial, aliada ao meio ambiente e à imensidão do território, além, da obsessão sempre renovada em relação a "culturas de transplante", só poderiam resultar numa sociedade radicalmente diversa das sociedades européias. "Nós somos o latifúndio", proclama Oliveira Vianna, estabelecendo a clara diferença entre o meio rural luso e o brasileiro. Aqui, "a solidariedade vicinal se estiola e morre. ... a vida familiar se reforça progressivamente e absorve toda a vida social em derredor" (ibidem, p.52-5, 160-3).

Na elaboração dessa representação de uma sociedade sem estrutura, "inorgânica", Oliveira Vianna usou sempre como referência modelar a Inglaterra, para ele a representação paradigmática da sociedade bem estruturada, em que diversos vínculos solidários asseguravam a coesão social e o bom funcionamento das instituições políticas. Lá, afirmava, acolhendo sempre as observações de Taine, "os operários rurais e a classe alta e média (a *gentry* e a *yomanry*)" teriam "seus interesses entrelaçados numa relação de completa reciprocidade". Em sua idealização da sociedade inglesa, não hesita em afirmar ser a categoria de trabalhador rural "o *peasant*", formada por homens fortes, porque autônomos e livres; nem em usar uma frase de Montesquieu, recolhida de *Minha formação*, de Joaquim Nabuco, para dizer que: "Quando um homem na Inglaterra tivesse tantos inimigos, quantos os cabelos que tem na cabeça, ainda assim nada lhe aconteceria" (Vianna, 1973, p.126 e 150).[64]

---

64 Ao ler essa frase, mesmo reconhecendo não estar disponível na primeira metade do século XX a bibliografia hoje corrente sobre as arbitrariedades dos proprietários rurais e empregadores ingleses nos séculos XVIII e XIX, não posso deixar de apontar o paradoxo do raciocínio argumentativo de Oliveira Vianna, tão exigente em termos da análise da "organização social" no Brasil, ingênuo e entusiástico quando aceitava as representações de outros países que lhe eram fornecidas pelos livros. Ver também *O idealismo da Constituição* (p.259-61). Neste último, após comparar Brasil e Inglaterra, diz: "Insisto sobre este pon-

O charme da ciência e a sedução da objetividade

Com a aceitação acrítica de informações, fossem de Taine como de outros autores, aos quais atribuía trabalharem com métodos científicos, o autor brasileiro expunha, sem dúvida, a convicção de estar partilhando com eles o **domínio comum** dos conhecimentos científicos e de, em comum, depositarem nesses conhecimentos a expectativa de encontrar soluções às questões que o momento lhes colocava. Em seu modo de ver, a política moderna mudava radicalmente de sentido e de conteúdo, garantindo ao "cidadão", por meio das associações sindicais e da atuação direta nos conselhos técnicos, a "democracia social", significando isso, a meu ver, a liberdade apolítica, no sentido de política partidária. Ficava com o Estado o monopólio da política; à democracia restava aceitar seu estatuto de "palavra viajante" e polissêmica, cujo significado, como diz D'Allones, nunca obtivera consenso, mesmo entre os gregos, seus inventores.

De qualquer modo, a política retomava ou mantinha a concepção moderna clássica, em que a finalidade de sua ação deveria subordinar-se e orientar-se pela determinação de sua origem.[65] No caso, origem não mais instaurada pela vontade dos indivíduos, como propôs a modernidade clássica, mas pela coletividade, a comunidade inscrita na natureza; comunidade cuja origem seria a associação de famílias unidas para enfrentar os imperativos da sobrevivência. A noção de sociedade – associação de um conjunto de homens que permanecem distintos e independentes apesar de manterem relações entre si – submete-se à noção de comunidade, em que as individualidades devem, segundo a metáfora química, dissolver-se necessariamente no todo orgânico harmonioso e indivisível. Elimina-se a competição entre indivíduos em nome da fundação da associação solidária, cujo objetivo comum e único se concentra na fundação da nação brasileira. A concepção liberal do **político** expres-

---

to: não se improvisa a solidariedade de uma classe; não se improvisam o sentimento e o hábito de cooperação, o espírito sindicalista, a organização corporativa ... são produtos ... do tempo, dos fatores históricos, dos fatores sociais, dos fatores econômicos, dos fatores geográficos".

65 Remeto aos argumentos de Myriam Revault D'Allones (*Le dépérissement de la politique* (1999, p.15, 105, 68- 113) aqui acolhidos para pensar as condições da eliminação do político em nome da política estatal em Oliveira Vianna.

so como mero "guarda noturno ou polícia da burguesia", recuaria em nome da força imperativa e absoluta da **política**, como meio de modificar a natureza humana, fazendo com que cada indivíduo abdicasse da condição de um todo, perfeito e solitário, para passar a ser parte de uma totalidade maior da qual retiraria sua própria existência.

6
Solidarismo e sindicalismo corporativista: a arquitetura política da harmonia

Quanto mais avançamos, mais toda ciência se torna indissoluvelmente prática e teórica, a tal ponto de lhe ser impossível se desinteressar das aplicações sociais e econômicas. ... Se o filósofo deve necessariamente buscar os fundamentos teóricos da moral, não lhe é inútil seguir, ao mesmo tempo, a marcha das idéias e dos sentimentos no meio social de sua época, sobretudo de seu próprio país.

... É necessário defender-se daqueles que atribuem a uma espécie de fatalidade das raças,sobretudo das raças pretensamente *latinas*, o efeito contingente de causas particulares. ...
... não esqueçamos que, na civilização moderna, os diferentes povos agem uns sobre os outros e são cada vez mais solidários modificando-se reciprocamente.
... Hoje, o sistema de exclusão se vê substituído entre os povos pelo sistema de cooperação e de solidariedade, corretamente denominado o organismo moral dos povos civilizados.

Fouillée (1900, p.1)[1]

---

1 No original: "Plus nous allons, plus toute science devient indivisiblement pratique e théorique, à tel point qu'elle ne peut plus se désintéresser des applications sociales et économiques. Les sciences morales, en particulier, se socialisent de plus en plus. Si donc il est nécessaire au philosophe de rechercher les fondements théoriques de la morale, il

> O insolidarismo é, aliás, um dado, cientificamente
> determinado, da nossa psicologia social, coletiva – de povo.
> É uma verdade experimental indiscutível.
> ... É dever supremo do Estado Nacional amparar,
> estimular e desenvolver todos aqueles movimentos
> privados que representem, no nosso povo, expressões de
> cooperação, de agregação, de solidariedade social ativa,
> em suma. ... o que poderíamos chamar – a luta oficialmente
> organizada contra o insolidarismo, isto é, contra a
> grande falha ou lacuna da nossa estrutura social.
>
> Oliveira Vianna[2]

A primeira citação colhida no "Prefácio" de *La France au point de vue moral*, livro de Alfred Fouillée publicado em 1900, expõe uma posição amplamente partilhada entre os intelectuais naquela virada de século – a participação ativa da *intelligentsia* na formulação de análises sociais e propostas de intervenção na sociedade –, indicando a trilha que levou Oliveira Vianna a ir de sua admiração por Taine e seu método de trabalho até os solidaristas franceses da Terceira República. O autor brasileiro aproxima-se dos solidaristas franceses por afinidades teóricas – a concepção determinista de história – e problemas práticos a serem solucionados – a instabilidade política, a integridade do território nacional e as incertezas quanto à identidade da população. Chamaram minha atenção as várias citações de teóricos do solidarismo em momentos estratégicos de suas análises da sociedade brasileira e a simpatia por modelos coletivistas e corporativistas como solução às questões de organização social e política de seus respectivos países – uma terceira via política apresentada como alternativa reformista em substituição ao liberalismo e capaz de fazer frente às diversas vertentes do movimento operário.

---

ne lui est pas inutile de suivre en même temps, dans le milieu social de son époque et surtout dans son propre pays, la marche des idées et des sentiments" (p.I). "Il faut donc se défendre contre ceux qui attribuent à une sorte de fatalité des races, surtout des races prétendues *latines*, l'effet contigent de causes particulières". ... "...n'oublions pas que les différents peuples, dans la civilisation moderne, agissent les uns sur les autres, sont de plus en plus solidaires et se modifient réciproquement". ... Aujourd'hui, au système d'exclusion succède entre les peuples le système de coopération et de solidarité, qu'on a justement appelé l'organisme moral des peuples civilisés" (cap.I, p.4-5).

2 "Individualismo e solidarismo", *A Manhã*, 8.10.1943. Fundação Oliveira Vianna, Reg. n.1073.86.

O charme da ciência e a sedução da objetividade

Considero, portanto, a hipótese dessa trajetória ter sido uma opção estratégica de Oliveira Vianna, por abrir caminho para sua adesão às reformas de caráter conservador "moderno", posteriormente incorporadas por meio da sociologia jurídica norte-americana e do corporativismo europeu. Percorramos, primeiro, a trajetória dos solidaristas de modo a traçar as afinidades com o pensamento de Oliveira Vianna em seguida.

Tecida pelos conceitos de solidariedade e tradição, a sociologia se afirmara entre os intelectuais franceses pela crítica ao individualismo visto, em parte, como herança da Revolução de 1789 com os proclamados direitos do homem e o livre exame de consciência da tradição protestante, substituindo-os pela idéia de totalidade social anterior ao indivíduo. Opunha-se também às noções sobre as quais se constituíam então os socialismos marxista e anarquista. Fouillée, que publicara em 1880 *Science Sociale Contemporaine,* usando a "psicologia sociológica" como método, foi e tem sido considerado o responsável pela "fundação [da dimensão] 'subjetiva' da solidariedade social" e inspirador de Léon Duguit, um dos teóricos da doutrina solidarista francesa (Hayward, 1960a, p.185-202; cf. p.189). As marcas deixadas pela derrota na guerra franco-prussiana e a gravidade dos conflitos sociais evidenciados durante a Comuna de Paris estavam ainda presentes em *La France au point de vue moral* (1901), expostas em todo seu alcance dramático já no "Prefácio" do livro.

A terceira via – em busca da "paz social"

> Hoje, o sistema de exclusão é suplantado pelo sistema
> de cooperação e solidariedade, que foi corretamente nomeado
> o organismo moral dos povos civilizados.
> Alfred Fouillée (1900)[3]

> Enquanto a velha política social resumia os seus objetivos
> tutelares na proteção do INDIVÍDUO, a nova política social
> se propõe a objetivos mais precisos da proteção
> da PESSOA... (grifos no original)

---

3 "Aujourd'hui, au système d'exclusion succède entre les peuples le système de coopération et de solidarité, qu'on a justement apppelé l'organisme moral des peuples civilisés" (p.5).

> Na verdade, o Brasil está perfeitamente integrado nesse
> movimento incoercível, de extensão universal, que constitui a
> política da restauração das massas trabalhadoras na
> posse e na consciência da sua nobreza humana.
> Oliveira Vianna (1939).[4]

Em parte, a dimensão de teor romântico e politicamente conservador da Sociologia nascente se nutre da conflitada situação francesa do último quartel do século XIX. A forte recessão econômica dos anos 1880, somada às incertezas políticas provindas das ameaças dos monarquistas e da força expressiva das diversas vertentes do movimento operário, dava lugar para o sentimento de ansiedade expresso em textos de autores como Alfred Fouillée. Em *La France au point de vue moral*, o autor desenvolvia a idéia da necessária correlação entre teoria e prática nas ciências sociais. Manifestava total afinidade com a sociologia em sua etapa de formação, com base nos conceitos de solidariedade e de tradição, da anterioridade da sociedade em relação ao indivíduo, da íntima correlação entre mortos e vivos, postulando as noções de tradição e de dívida social em elementos determinantes do processo social. Essa concepção de sociedade, ao mesmo tempo reativa e reformista, tecida por vínculos morais, isto é, vínculos com uma memória original que afastaria o fantasma de uma nova revolução (aqui a referência seria sempre a Revolução francesa de 1789), resultaria, no início da Terceira República na França, em fundamento da nova noção de "solidariedade" e do núcleo teórico do "solidarismo". A teoria solidarista se propunha, portanto, a superar a oposição patrão–operário, ou capital–trabalho, oferecendo uma terceira via reformista e apaziguadora, da qual buscava afastar conotações jurídicas recobrindo-a com o manto da moral.[5]

Com suas indagações sobre a condição moral da França e do caráter dos franceses, Alfred Fouillée foi considerado o fundador da doutrina solidarista, cuja importância significativa nos anos que antecedem a Primeira Guerra Mundial se concretizaria como doutrina política e base do Partido Radical. Em *La France au point de vue moral*, o autor parte da consta-

---

4 Oliveira Vianna, "As novas diretrizes da Política Social", *Boletim do Ministério do Trabalho, Indústria e Comércio*, n. 62, ano VI, Rio de Janeiro, p.98 e 113, out. 1939.

5 Remeto para o "Posfácio" de Gerard Namer em Maurice Halbawchs (1994, p.302-3).

O charme da ciência e a sedução da objetividade

tação corrente na época de que a França enfrentava uma "crise de morali-dade" com indagações que persistem nas mais de quatrocentas páginas do livro.[6]

De seu ponto de vista, a França vivia desde 1870 uma grande e ansiosa interrogação quanto a seu destino. Daí que sua representação do país como sujeito, como pessoa, ser humano, entidade moral portanto, comportasse uma carga de emoção capaz de aproximar o leitor de um sujeito coletivo que o envolve, fazendo dele também responsável e vítima da alegada "degenerescência do caráter nacional". Embora reconhecesse a generalidade do fenômeno que atingira todas as nações, Fouillée advertia que parte delas estava em condições mais favoráveis para reagir, graças ao sólido assentamento de suas instituições políticas e religiosas, possibilitando inclusive "esconder o abalo que agitava internamente as consciências". Seria exatamente a consciência dos franceses, ou "o espírito francês", que estaria a exigir um estudo tanto do ponto de vista moral como religioso; estudo que se propõe realizar buscando suas causas em um moderno meio de comunicação, a imprensa, a seu ver responsável pela inadequada formação da opinião pública. Denunciava a maneira pela qual os que exploravam a imprensa dela faziam "um instrumento, uma arma, uma máquina de guerra". Ia ao extremo de dizer "não ser ela somente um quarto Estado, mas com freqüência uma aliança internacional secreta".

Fazia recair assim sobre os meios de comunicação impressos grande parte dos danos causados à "consciência de si do povo francês", em virtude da má definição do limite entre as noções fundamentais de liberdade e responsabilidade. Em uma frase prenhe de emoção, Fouillée elogia a liberdade de imprensa na Inglaterra, onde considerava que a livre opção na publicação de matérias se via contrabalançada pela força

---

6 Em livro publicado em 1908, Ferdinand Buisson (1908, p.33), em rápida passagem pelos problemas vividos pela França nos anos 1870, explicava a atitude precavida dos "radicais" nesses anos: "O esfacelamento da Comuna e a longa e impiedosa repressão subseqüente, a febre de reação que toma conta da burguesia consternada, a composição da Assembléia nacional eleita para fazer a paz e que se transforma em Constituinte, a probabilidade e um momento de quase certeza quanto a restauração monárquica, a formidável campanha conduzida pelos bispos para aproveitarem-se das circunstâncias e entregar a França ao clericalismo, protetor e protegido dos vários partidos retrógrados, todos esses acontecimentos ... tornavam inverossímil até a manutenção do nome República...".

contrária do medo a multas e processos judiciais por interesses prejudicados, sendo da alçada da lei inglesa o reforço dos bons costumes pela punição por difamação e obscenidade. A imprensa inglesa e seu respeito ao outro confirmavam ser aquele um país onde "a lei, tanto quando os costumes, não separa a responsabilidade da liberdade". Situação bem diversa à da França:

> Podemos dizer o mesmo sobre nosso país? Não. Por liberdade entendemos a liberdade *para nós*, e, mesmo pretendendo sermos amigos da *igualdade*, a liberdade do outro raramente nos parece igual à nossa. Quanto à *fraternidade*, ela só existe nos muros dos edifícios públicos. (grifos no original) (1900, p.94)[7]

Sua crítica prosseguia atingindo a própria instituição republicana, mal governada segundo ele, permitindo que a imprensa ficasse em mãos dos que menos preocupados estavam com "a verdade, a justiça e o bem do Estado". Com suas considerações, Fouillée forma uma imagem extremamente inoperante e ameaçadora da república francesa nesses anos, e imputa-lhe o estado anárquico e inorgânico da imprensa e da própria sociedade:

> A verdade é que a democracia que ensaiamos de modo pouco seguro [à bâtons rompus], sem método, sem regra, desenvolve simultaneamente ao lado dos benefícios, males que não conseguiu prevenir nem remediar. (ibidem)[8]

Com essas observações, o autor não só reforça seus argumentos sobre a necessidade de uma terceira via, alternativa ao liberalismo individualista e ao movimento operário socialista, como também define a im-

---

7 "Pouvons-nous dire que dans notre pays il en soit de même? Non. Pour liberté, nous entendons la liberté *pour nous*, et, bien que nous nous prétendions amis de l'*égalité*, la liberté d'autrui nous semble rarement l'égale de la nôtre. Quant à la *fraternité*, elle n'existe plus que sur des murs des édifices publics."

8 "Ce qui est vrai, c'est que la démocratie, dont nous faisons l'essai à batons rompus, sans méthode, sans régle, développe sucessivement, à cote de ses biens, tous les maux que l'on n'a pas su prévoir ni voulu prevenir". (Cf. Fouillée, livro II, "L'Opinion et la Presse", cap.I, p.79-104; para a citação, p.101).

O charme da ciência e a sedução da objetividade

portância do papel do sociólogo na formulação dessa via, nomeada por ele de "sociologia reformista". Com esses argumentos, projeta e reforça a imagem da ameaça política nos escritos de uma imprensa incentivadora da guerra social:

> Hoje, quantos jornais malsãos representam a sociedade atual como uma vasta exploração dos pobres pelos ricos, a propriedade como um roubo, o capital como uma detenção iníqua dos produtos do trabalho e uma espoliação do operário, a revolta e a revolução como o mais sagrado dos deveres...

e completava:

> Crêem que esses erros e essas mentiras permanecerão por muito tempo no estado de especulação platônica, que a insensatez dos pensamentos não se tornará insensatez nos atos? Esperam que as idéias permaneçam imóveis e inertes nos espíritos "como as facas no bolso"? Não, essas são armas que aspiram sair e atacar. (ibidem, p.82-3)[9]

A posição defendida por Fouillée em 1900 permaneceria inalterada em 1909, quando publica *Socialisme et Sociologie Réformiste*, deixando clara a ameaça de parte do movimento operário conduzida por certos socialistas "de uma lógica intransigente", ou seja, que "não queriam cooperar com as reformas legais dos governos" por considerarem, seguindo as diretrizes de Georges Sorel, que "reformar dentro da sociedade burguesa seria afirmar a propriedade privada". Criticando essa posição, Fouillée mantinha a convicção de que "todas as reformas sociais são tão independentes dos sistemas de revolucionários como dos sistemas conservadores". Reivindicava, pois, à semelhança de Oliveira Vianna, posi-

---

9 "Que des journaux malsains représentant la société actuelle comme une vaste explotation des pauvres para les riches, la propriété un vol, le capital comme une détention inique des produits du travail et une spoliation de l'ouvrier, la révolte et la révolution comme le plus sacré des devoirs, croyez-vous que ces erreurs ou ces mensonges resteront longtemps à l'état de spéculation platonique, que la déraison dans les pensées ne deviendra pas la déraison dans les actes? Esperez-vous que le idées se tiendront immobiles et inertes dnas les esprits 'comme des couteaux dans la poche'? Non, ce sont des armes qui aspirent à sortir et à frapper."

ção de objetividade, e negava qualquer alternativa ao dizer: "mais que o homem de ação, o homem de ciência deve recusar se envolver com qualquer partido seja ele individualista ou socialista. A sociologia científica e prática busca assegurar a justiça e, *pela justiça*, a solidariedade; deixa porém o domínio dos interesses materiais e morais para as liberdades isoladas ou associadas"(Fouillée, 1909, p.31).[10]

Segundo esse pensador, o mais importante para os franceses nos anos finais do século XIX estava na recuperação "do belo sentimento de comunidade espiritual do catolicismo"; não o catolicismo de moda, clerical e agenciado por interesses políticos, mas o "cristianismo primitivo", capaz de "reconquistar a oportunidade de agir sobre as almas". Embora ambígua, quando não negada, a dimensão política atribuída ao catolicismo revela-se prontamente em seu elogio à função de "caráter social" assumida pela Igreja na França e na Alemanha, conferindo orientação segura ao socialismo católico. Seria uma alternativa ao "outro socialismo, materialista e utilitário" que, dizia criticamente, ao atribuir "importância capital aos interesses e bens materiais, lhes confere um tal valor teórico que deles faz o motor de toda a história, um valor tal, que os reivindica com violência para todos os homens, como se fosse o que de mais precioso existisse sobre a face da terra". Concedia assim um caráter místico à alternativa do socialismo cristão, com poder de ressignificar o ideal de fraternidade humana laicizado pelo pensamento filosófico, devolvendo-lhe a dimensão divina e a unidade primitiva dos homens em Adão (Fouillée, 1909, livro I, cap.IV, p.62 ss.).

Qual a finalidade desse procedimento argumentativo? Há a realocação da justiça nos princípios cristãos com o poder de reorientar os conflitos econômico e social para a "dimensão religiosa dos deveres recíprocos de patrões e operários". Há, porém, nesses argumentos de Fouillé, a intenção complementar de se contrapor à exigência jurídica de justiça do "socialismo materialista e utilitário" deslocando-a para o leito religioso, fazendo da "justiça uma forma da caridade e um reconhecimento do dever religioso no dever social".

---

10 O livro de Georges Sorel citado é *Introduction à l'économie moderne*.

O charme da ciência e a sedução da objetividade

No decorrer do livro, sua atenção converge para a questão da educação moral nas escolas, em seus vários níveis, e nas demais instituições, entre elas o exército. Na utilização recorrente de argumentos próprios do movimento romântico sobressai o apelo afetivo de sua proposta, carregada da certeza de que "o grande móvel (estímulo) da moral é a emoção estética". A partir desse ponto de vista indagava: "A honra não é em si uma espécie de forma estética do sentimento de solidariedade social?" Mantinha-se desse modo em total concordância com os que afirmavam que "o ideal moral deverá seduzir e se impor pela simples beleza do bem e pela feiúra do mal". Afinal, diria, "além da razão, apaixonada pela universalidade e pelo sentimento de simpatia universal, o que mais contribui para a moralidade nacional entre nós é o sentimento da beleza". Essa afirmação não se limitava a mero elogio ao caráter nacional francês; continha a possibilidade de atuar sobre ele. Ao vínculo entre o belo e o bem ... acrescentava pragmaticamente os meios de atingir o foro íntimo das pessoas, discorrendo sobre o poder sedutor da poesia, considerada por Aristóteles, segundo ele, "mais verdadeira e filosófica do que a história, por se relacionar ao universal e não ao particular como a história". Prosseguiria suas observações sobre o caráter nacional dizendo: "nós [franceses] encontramos ajuda moral no sentido da medida e do gosto ... Quanto ao sentimento do sublime, este é menos desenvolvido entre nós e muito mais intermitente que o do belo: não temos no mesmo grau das raças germânicas a atração pelo mistério ... O povo francês", completava, " em sua generalidade, é menos voltado para a vida interior que para a exterior, sobretudo para a vida em sociedade. Possui uma necessidade inata de agir e fruir".[11]

Contudo, a segunda citação do início deste capítulo, recortada também do primeiro capítulo de La France au point de vue moral, desloca a

---

11 Em relação aos caracteres nacionais, Fouillée segue Kant, mencionando-o explicitamente, para classificar o caráter francês. Cf. em Fouillée (1900, Livro I, cap.1, p.8-10 e cap.IV, "La crise religieuse en France", Item III, p.72-73, Livro V, cap.II "L'enseigment de la morale dans les écoles de France", Item III, p.239). Kant afirmava que o francês era particularmente sensível ao belo moral, e na seqüência de qualidades aproximadas da frivolidade e maneirismos afeminados remete suas observações a Montesquieu e d'Alembert. Sobre os diferentes perfis caracteriológicos, cf. Emmanuel Kant (1980, p.438 ss. e p.497-9).

Maria Stella Martins Bresciani

questão para os termos laicos dos princípios das ciências e expressa a opinião de Fouillée a respeito da relação entre raça e civilização, na denúncia de que "ninguém, moralista ou historiador", poderia se arvorar o direito de condenar um povo, nem "daná-lo por um suposto pecado original de raça". Conferia à psicologia sociológica a função de, apoiada na relação entre "raça", "meio físico" e "meio moral e social", "colocar em evidência o lado relativo e móvel, portanto perfectível, dos caracteres nacionais". Ia além em sua denúncia do sectarismo racista de certos teóricos apologistas da superioridade das raças nórdicas, e enfatizava a relação de reciprocidade existente entre os "diversos povos", algo que considerava cada vez mais evidente no mundo contemporâneo.[12]

No final do século XIX, a noção de solidariedade via-se assim deslocada do campo conceitual que a vinculara em seus começos à vontade divina, mantendo contudo, ao se laicizar, a noção de tradição como união entre vivos e mortos. Por meio dela dotava-se o passado de força determinante sobre o presente. A noção de sujeito de direito universal, tal como estabelecida nos tratados fundadores das instituições liberais na Inglaterra do século XVII e retomada na Declaração dos Direitos do Homem em 1789 na França, seria questionada por seu caráter abstrato e, segundo muitos, artificial. As críticas recaíam na noção de indivíduo, pressuposto da teoria do governo de Locke, na qual o homem, mediante contrato voluntário, teria deixado a insegurança do estado de natureza para se submeter à ação normativa das regras de convivência expressas em leis, configurando nesse movimento o sujeito de direito como elemento instituinte da sociedade. Recaíam com igual veemência sobre os revolucionários de 1789, que, na intenção de zerar a história, haviam feito tábula rasa do passado francês. Convergiam, enfim, na importância

---

12 O questionamento das posições desses teóricos não impede Fouillée de revelar seus preconceitos racistas ao aceitar a superioridade dos povos nórdicos em relação aos do Sul (Midi), o que atribui, ao clima mais rude e, portanto, formador de complexões físicas rijas, e ao caráter tardio dessas civilizações, o que as teriam mantido menos sensíveis à sensibilidade física ou intelectual. Relaciona assim, rigidez e força física a certa conformação cerebral aparentada à das "bestas selvagens", uma vez que considera serem as condições do meio moral e intelectual bem mais importantes do que as do meio físico na formação dos caracteres (Fouillée, 1900, Livro I, cap.I, p.1-5, e 1898, p.22).

O charme da ciência e a sedução da objetividade

do vínculo com o passado, como memória social normativa transmitida pelos usos e costumes coletivos (Namer, 1994, p.302).

Os adeptos do pensamento reformista buscavam com esses argumentos elaborar e afirmar um *solidarismo* que, como já indiquei, constituía alternativa diferenciada, inclusive no plano da linguagem, da emergente solidariedade *de classe operária* das matrizes "marxista" e "anarquista". Matrizes que, por sua vez, reforçavam a identidade de *"frères ennemis"*[13] investindo na reelaboração da noção de solidariedade herdada da Revolução de 1789 e do pensamento e práticas revolucionárias anteriores. Sem dúvida, o pensamento liberal ancorado na noção de indivíduo constituía o alvo privilegiado da doutrina solidarista reformista, o que não minimizava a preocupação paralela e não menos alarmada com o movimento operário e sindicalista fortemente marcado, como mostrou Jacy Seixas, pela participação de correntes marxistas e anarquistas surgidas entre 1873 e 1876 com a cisão da AIT (Associação Internacional dos Trabalhadores), que ganha um contorno social e político totalmente inédito no início do século XX até a Guerra de 1914.[14]

Ora, o nítido divisor de águas entre as diferentes noções de solidariedade ficava com a reverência ao passado propugnada pelos solidaristas franceses. Qual então as possibilidades de se recuperar o passado expresso na memória social? Como avaliar "o instinto de sociabilidade", a "moralidade" e a "força intelectual" dos franceses, seus usos e costumes e traduzi-los em instância normativa? A responsabilidade recaía nas disciplinas acadêmicas qualificadas para realizar essa síntese. Como disciplina específica, o Direito associava-se à Psicologia e à Sociologia

---

13 Expressão em uso na época para indicar o que de comum havia entre partidos que defendiam objetivos semelhantes usando táticas diferenciadas. Ver Buisson (1908, p.39).

14 Como referência histórica, comumente desconsiderada pela historiografia contemporânea, lembro que a criação das *Bourses de Travail* de Paris é de 1887, e a formação da Federação das Bolsas do Trabalho data do 1º Congresso de 1892, tornando-se a matriz do sindicalismo revolucionário em oposição ao socialismo político. Em 1895, e como fruto do élan do movimento operário, é organizada a C.G.T. francesa, que não congrega as Bolsas de Trabalho, que a ela se unem somente em 1902. Além disso, o *XV Congrès National Corporatif (IX da CGT)*, realizado em Amiens, entre 8 e 16 de outubro de 1906, proclamava em suas *"Chartes"* os princípios básicos do "sindicalismo revolucionário", orientação hegemônica do movimento operário europeu até a Primeira Guerra Mundial. Cf. Seixas (1989, p.41, nota 1) e Winock (1992, p.60-1 e 74-81).

estreitando confessadamente ou não seus vínculos com a ação política, conferindo aos respectivos especialistas posições de força na determinação dos rumos a seguir nas propostas de recuperação e reformulação das práticas de solidariedade perdidas. Nesse entrecruzamento de disciplinas, a noção de solidariedade deslizava para o campo explícito da política, por meio da teoria solidarista e de sua absorção pelos "radicais" e "radicais socialistas", após a promulgação da Constituição da Terceira República em 1875.

Gerard Namer afirma que, "antes de tomar seu lugar no coração da fundação sociológica durkheimiana, a noção de solidariedade de Augusto Comte se torna no início da III República a ideologia ... do solidarismo"(1998, p.302). Afinal, se fora com nuanças a noção-chave dos socialistas em 1848, vira-se depois empurrada para a sombra com o fim do curto período, da Segunda República. Seria resgatada com empenho nos anos 1880 para constituir a base do solidarismo.[15] A força e a extensão da doutrina solidarista e sua fundamental importância no pensamento político francês é sublinhada por ele na afirmação insistente de ter ela estado "no núcleo da prática da solidariedade republicana", apoiando as conquistas sociais desde as primeiras vitórias expressas nas aposentadorias até a previdência social de 1945.[16] Em avaliação menos lisonjeira da doutrina solidarista, J. E. S. Hayward explicou a rapidez com que o livro *Solidarité*, de Léon Bourgeois, publicado em 1895, ganhara notoriedade entre intelectuais e políticos franceses, pela justificativa teórica lúcida, aparentemente satisfatória e inquestionável, que oferecia a poderosas correntes políticas e sociais prevalecentes na França no final do século XIX (1961, v.VI, p.19-48). Ou seja, a aceitação da doutrina solidarista não teria permanecido só nos escritos de autores como Fouillée e Bourgeois, mas oferecera aos contemporâneos uma opção política capaz de fazer frente aos poderosos desafios do socialismo, ocupando si-

---

15 Recomendo dois artigos que explicitam o lugar da noção de solidariedade em Auguste Comte e Pierre Leroux em meados do século XIX: "L'idée d'humanité chez Auguste Comte: Solidarité et Continuité", de Patrick Cingolani (1992) e "Methamorphose d'une notion: la solidarité chez Pierre Leroux", de Armelle Le Brás-Chopard (1992, p.42-54, 55-69).

16 Há uma excelente síntese do percurso da noção de solidariedade, desde Saint-Simon e Comte até os solidaristas e Durkheim, no já citado "Posfácio" de Namer.

O charme da ciência e a sedução da objetividade

multaneamente o vazio deixado pelo individualismo e pelo clericalismo, ambos questionados, porém manifestamente presentes em textos do católico Alfred Fouillée.[17] Ainda segundo Hayward, a estratégia adotada por Bourgeois encontrou acolhida razoável, por ter atribuído à idéia de solidariedade caráter atual e autoria coletiva: Comte, Leroux, Proudhon, Fouillée e Charles Gide estavam entre os pensadores reunidos em um denominador comum capaz de acolher amplo espectro da gradação política. Parte da sedução exercida pela palavra "solidariedade" residia, portanto, no fato de congregar, deslocando-a de sua base originária, a tríade "Igualdade, Liberdade e Fraternidade", acoplando-a à imagem-idéia de "sociedade harmoniosa e integrada". Sintetizava propostas de pensadores tão diferentes entre si, como de Maistre, Lamennais, Saint-Simon, os fourieristas defensores das associações voluntárias, alguns adeptos da intervenção estatal, como Sismondi, Louis Blanc e Dupont-White, além do sempre mencionado Auguste Comte, inspirador primeiro de todos eles.[18] Foi apresentada como uma aspiração geral, ampla e difusa, intuída e sintetizada por Bourgeois no plano dos princípios e da prática política. Parte dessa força de convencimento e persuasão, ele a obtivera ao isolar a noção de solidariedade do corpo de doutrinas diversas às quais estivera associada, atribuindo-lhe o privilégio de origem e fim último de toda atividade social. "É a democracia francesa tendendo a se organizar na liberdade e na paz", diria em carta de abril de 1909 a Ferdinand Buisson (Hayward, 1961).[19]

Os teóricos do solidarismo haviam retomado a idéia de contrato social de Rousseau, de quem se consideravam herdeiros, não aceitando, todavia, a vontade popular como base única da direção política. Substituíam inclusive a idéia de soberania do povo pela noção de dívida social, apoiados na afirmação de que o homem, não podendo viver sem a sociedade, tornava-se dela devedor. Alfred Fouillée iria ao extremo de cunhar

---

17 Ver também "Le Solidarisme et sés Commentaires Actuels", de Louis Moreau de Bellaing (Chevalier & Cochart, 1992, p.87).

18 O percurso das idéias solidaristas é refeito por Eugène D'Eichthal em artigo crítico dessa teoria: "Solidarité Sociale et Solidarism", publicado na *Revue Politique et Parlamentaire*, t. XXXVII, 1903, pp.7-116. Ver também Cochart, 1992, p.101.

19 A carta de Léon Bourgeois serve de "Prefácio" ao livro de Ferdinand Buisson (1908).

a noção de caráter híbrido do "quase-contrato", como indiquei no primeiro capítulo, no intuito de contrabalançar a naturalização extrema das concepções organicistas.[20] Na acepção de Fouillée, a teoria solidarista pretendia unir todos os indivíduos e grupos por uma obrigação quase-contratual; uni-los, não somente no presente, mas mantê-los presos à herança do passado e a um compromisso em relação ao futuro, de modo a pressupor a anterioridade de um consentimento implícito na noção de "quase contrato" e de "justiça preventiva"(1909, p.7).[21]

Apoiado nesse argumento estratégico, mantido ainda em 1909, não negava a noção de contrato. Recorria, entretanto, a explicações no mínimo questionáveis para estabelecer um vínculo solidário entre lei e moral ao postular ser "a lei uma interpretação e uma representação de um acordo que teria se estabelecido anteriormente entre os homens, tivessem eles sido consultados livremente e em condições de igualdade".[22]

Os fundadores da teoria solidarista – Fouillée, Bourgeois, Roberty e Bouglé – lançavam mão dos instrumentos da ciência social para elaborar uma doutrina filosófica.[23] Como teoria, o solidarismo continha uma crítica severa ao lado conservador do catolicismo e à caridade cristã. Ofere-

---

20 Essa noção tem ampla receptitividade entre teóricos dos oitocentos: cito C. Bouglé, autor que em 1903 faz uma análise da trajetória da noção de solidarismo indicando as mudanças pelas quais passara, desde 1880. Cf. "L'Evolution du Solidarisme", *Revue Politique et Parlamentaire*, mar. 1903. Também o artigo já citado de Bellaing.

21 Ainda do mesmo autor, "La Fraternité et la Justice Réparatrice selon la Science Sociale Contemporaine"(1880). Fouillée publicou inúmeros livros sobre temas correlatos, entre eles, *La Démocratie Politique et Sociale en France* (1910), *La France au point de vue moral* (1900) e *Psychologie du Peuple français* (1898). Este último livro foi muito citado e por vezes criticado por Oliveira Vianna, que considerou pertencer o autor francês à geração de estudiosos que confundiam as noções de raça e povo em seus estudos de Psicologia Social.

22 Louis Moreau de Bellaing diz, a propósito da noção de "quase-contrato", que seria, com o de dívida social, "o conceito essencial do solidarismo. Procede do direito e é teorizado por Alfred Fouillée e Leon Bourgeois que preservam seu caráter jurídico, depois por Bouglé que lhe devolve, seguindo Fouillée, um caráter filosófico e sociológico. O quase-contrato é simplesmente um 'contrato retroativamente consentido'. Frente a esse quase-contrato 'a lei será somente uma interpretação e uma representação do acordo que deveria se estabelecer entre os homens, se eles tivessem sido igualmente e livremente consultados'". Remete a Bourgeois (1902, p.123-33).

23 Léon Bourgeois assim afirma sua fé nos métodos científicos da Ciência Social: "La raison, guidée par la science, détermine les lois inévitables de l'action; la volonté, entraînée par le sentiment moral, entrepend cette action". (in Hayward, 1961, p.19-48).

O charme da ciência e a sedução da objetividade

cia, entretanto, uma proposta ética dos direitos do homem, com a qual esses doutrinadores pretendiam tecer uma rede solidária entre os indivíduos, soldando-os no sentimento social; tratava-se de uma moral de natureza laica que, segundo eles, seria indispensável à democracia. Entrevendo a possibilidade de oferecer uma alternativa antiindividualista ao socialismo, seus teóricos conferiam legitimidade à questão proletária e buscavam neutralizar os riscos da luta de classe por meio das associações, voluntárias ou não.[24]

Mesmo Duguit, ao rejeitar esse "quase-contratualismo social" em *L'Etat: le droit objetif et la loi*, de 1901, não abandonava a noção de solidariedade, aproximando-a da acepção de Durkheim pela ênfase concedida ao caráter espontâneo da solidariedade social, sem modificar a idéia básica de obrigação em relação ao passado. A façanha teórica de Duguit seria de grande alcance por descomplicar a noção de solidariedade, colocando-a nos termos de Durkheim, ou seja, como um mero "fato social" destituído de qualquer verniz moralizante. Com essa manobra argumentativa, retirava os procedimentos jurídicos franceses do campo dos conceitos abstratos e inseria-os na área das ciências sociais, na intenção de fazer da jurisprudência um ramo da pesquisa social baseada em métodos científicos. A lei se tornava uma primeira expressão externa da atividade social. Duguit criava nesse processo de deslocamento um novo campo para os especialistas, o da sociologia jurídica. As alusões sobre o caráter positivo dessa interpretação da solidariedade social teriam implicações claras em sua concepção da comunidade formada pela solidariedade dos grupos ou classes profissionais que poderiam ter assim assegurada sua participação na máquina governamental. Nas palavras de Hayward, "Durkheim provera Duguit com uma fundação objetiva, integrada com sua teoria social, e apta a advogar a representação por grupo (já defendida com sucesso por Krause e Schaeffle na Alemanha, Hector Denis, Guillaume de Greff e Adolphe Prins na Bélgica e Ferneuil

---

24 Essas informações sobre a teoria solidarista estão nos vários trabalhos de Hayward, entre eles, "Solidarity in 19th Century France", e os já citados "Solidarist Syndicalism: Durkheim and Duguit" (1960a); "The Official Social Philosophy of the French Third Republic: Léon Bougeois and Solidarism" (1961). Ainda os artigos citados de Cochart e de Moreau de Bellaing.

na França), assumindo a forma do sindicalismo social reformista em oposição ao sindicalismo revolucionário operário".[25] Duguit aproxima ainda mais sua teoria do solo "objetivista" eliminando a concepção durkheimiana de "consciência social", considerada por ele uma ficção metafísica e assemelhada à "vontade geral" de Rousseau.

Qual o lugar das leis e do Estado nesta representação solidarista da sociedade? Até onde essa moral laica participou do jogo político por meio dos "radicais" e "radicais-socialistas"? Imerso no conturbado mundo político francês e nas controvérsias partidárias das décadas finais do século XIX, Duguit afirmava que o Estado expressava simplesmente a sociedade organizada politicamente, ou seja, seria o produto e não o produtor da solidariedade social. Essa afirmação, acatada com nuances pelos solidaristas, acompanhava a avaliação do caráter nacional francês, feita por Fouillée, no qual diria prevalecer o sentimento do belo, "a inteligência viva e lúcida, apaixonada sobretudo pelo racional, hábil no raciocínio e no julgamento; sensibilidade expansiva e simpática; vontade impulsiva, capaz de grandes esforços, mas nem sempre mantendo o domínio de si". Completava: "eis o que reconhecemos no povo francês, mistura de Celtas, Germânicos e Mediterrâneos, nos quais dominam os crânios grandes, com notáveis proporções frontais". Em suas considerações, aliava a esses elementos biológicos inerentes ao povo a precocidade da vida social na França, que havia "favorecido a particular sociabilidade da raça" (Fouillée, 1900, p.6-7).

Logo, sendo a sociabilidade um impulso espontâneo em relação ao(s) próximo(s), ao Estado caberia estar a serviço da solidariedade social, concebida esta como fundamento de toda "obrigação jurídico-social, cumprindo a função de garantir a todos os cidadãos os meios de satisfazer suas necessidades comuns e desenvolver livremente as capacidades indispensáveis à solidariedade especializada" (Hayward, 1960b, p.202). A suposta síntese entre individualismo e coletivismo se

---

25 Para os argumentos expostos nesses parágrafos, remeto aos acima mencionados artigos de Hayward, em especial, "Solidarist Syndicalism: Durkheim and Duguit" (1960a, p.185-202), bastante elucidativo desse debate interno ao grupo dos teóricos do solidarismo francês, evidenciando seu caráter pragmático e pouco severo em termos de coerência teórica.

O charme da ciência e a sedução da objetividade

propunha a ultrapassar o conflito entre os direitos individuais subjetivos e a soberania do Estado, também subjetiva, oposição que considerava artificial, unindo governo e governados para servirem mutuamente a solidariedade social. Subordinava dessa maneira o Estado à lei da solidariedade, uma vez que esta seria anterior e superior à lei escrita e ao Estado. Caberia à instância estatal fazer leis que garantissem a segurança social e o bem-estar público, promovendo o pleno emprego para os aptos e assistência para crianças, inválidos, doentes e idosos, ou seja, àqueles incapazes de manterem a si mesmos; proporcionando ainda o desenvolvimento físico e intelectual pela educação e acesso à propriedade privada.

Vale lembrar o caráter autoritário e, certamente, contraditório dessa função do Estado em Duguit, pois o acesso à educação assegurado traduzia-se no caráter compulsório, já que, pensava, seria por meio dela que todos poderiam avaliar a positividade da "solidariedade". Nesse, digamos, escorregão da doutrina solidarista, o Estado assumia contornos autoritários com o "dever de proteger e de promover" a solidariedade pela especialização, além de se tornar o árbitro dos conflitos entre empregadores e trabalhadores, definindo a jornada de trabalho e o salário mínimo, penalizando a propriedade improdutiva por meio de impostos progressivos. Duguit fincava no passado as bases de sua proposta vinculando-a ao estatismo e ao associativismo, as duas principais correntes políticas de 1848, sendo entretanto impossível negar sua proximidade com o radicalismo social de Bourgeois e Gide do final do século XIX e com a plataforma reformista da CGT (*Conféderation Générale du Travail*) francesa no pós-Primeira Guerra Mundial. Sua concepção da sociedade traduzia-se na imagem da solidariedade cooperativa: "Cada sociedade é uma grande cooperativa na qual todos se beneficiam de certas vantagens proporcionadas pela divisão social do trabalho". Ao Estado cabia manter esse "tesouro – uma sociedade amistosa fundada para o benefício de seus cidadãos"(Hayward, 1960b, parte II, p.192-4).

Seguindo o ideário solidarista, Duguit tinha o objetivo explícito de trazer para um plano mais "real" a noção abstrata de homem e de cidadão por meio de associações voluntárias ou da iniciativa estatal. Resgatava dessa maneira a idéia de associação, banida pela "revolucionária" Lei le Chapelier, de 1791, exclusão confirmada pelos Códigos Civil e Penal napoleônicos de 1804 e 1810, reabilitada em 1848, graças ao reconhecimento do direito de associação pela segunda República francesa de curta duração, e finalmente alçada à legalidade em 1884 na Terceira República, para as associações profissionais e, para toda e qualquer associação, em 1901. Duguit aplaudiu ainda a jurisprudência de origem extra-oficial do movimento sindicalista francês do pós-Primeira Guerra Mundial, e contribuiu pessoalmente para a sua formulação. Convicto de que o fundamento objetivo e social da lei estaria na solidariedade, afirmava que o regime político ditatorial ou democrático teria pouca importância, conquanto as concepções supranacionais e atomísticas prevalecentes dessem lugar à convergência dos interesses complementares do indivíduo e da sociedade (ibidem, p.186).

Em termos pragmáticos, além da atuação na Assembléia e no Senado, o Partido Radical francês ascenderia ao poder somente no curto intervalo de 1895-1896, com Léon Bourgeois assumindo a posição de Primeiro-Ministro do efêmero primeiro e único gabinete radical da Terceira República.[26] Contudo, sua orientação política doutrinária seria vitoriosa na defesa do intervencionismo estatal e da associação voluntária, embora, segundo Hayward, o crescimento do socialismo no final do século XIX, tenha encoberto em parte a presença atuante das posições radicais e sua adesão ao Solidarismo. Unidos no Partido Radical e Radical-socialista em 1901, seriam os "radicais" que, a despeito da fragilidade teórica da doutrina solidarista, construiriam uma ponte entre a economia política liberal e individualista e o associativismo de um Estado com características sociais (cf. Hayward, 1961, p.19-48). Nas três décadas finais do século XIX e nos anos iniciais do século XX formava-se, no intrincado contexto teórico da teoria solidarista, a "política radical". Esse grupo saíra da cisão das três vertentes do Partido republicano, vitorioso na Constituição de 1875 – Centro esquerda, Esquerda republicana e União das esquerdas – incapazes de formularem um programa mínimo comum.

---

26 O livro de Ferdinand Buisson (1908) expõe detalhadamente os sucessivos deslocamentos do pensamento radical francês desde sua interlocução com o radicalismo utilitarista inglês de Jeremy Bentham no final do século XVIII e início do XIX.

O charme da ciência e a sedução da objetividade

O fantasma da revolução social rondava e consistia estímulo poderoso para o sucesso da doutrina solidarista e da política dos radicais; nela se depositava a expectativa de uma melhor educação para as camadas mais pobres da população e a repartição menos desigual dos benefícios materiais do progresso. Afinal, como dizia Bourgeois em 1908, "a educação pública é o primeiro dever do Estado, pois é o primeiro interesse da Nação. ... é a mola essencial do progresso". Em declarada posição reformista, Bourgeois referia-se ao Partido Radical como o único capaz de realizar a justiça social de modo pacífico e em plena legalidade: "nenhum outro partido", afirmava, "traz um conjunto de soluções encadeadas com mais rigor e naturalidade". ... "o que chamamos 'o partido radical e radical-socialista' não é mais um partido, no sentido estrito. É a democracia francesa tendendo a se organizar na liberdade e na paz". Organização que teria, segundo ele, um objetivo claro: "organizar a sociedade política e socialmente de acordo com as leis da razão, quer dizer, tendo em vista o desenvolvimento integral da pessoa humana, ... a realização da justiça em todas as relações entre os seres humanos". Para tanto, completava, "o partido radical tem um método" – o desenvolvimento ou evolução para um estágio superior como acontece com todo organismo natural; "uma moral e uma filosofia" – a obrigação de todos praticarem racionalmente o regime da solidariedade mútua; "uma doutrina política" – a republicana – e "uma doutrina social" – a associação.[27]

De qualquer maneira, parece haver concordância entre os que estudaram a doutrina e o movimento solidarista de que sua força e a permanência dos princípios pelos quais se batiam seus formuladores e adeptos deviam-se exatamente à pouca rigidez de suas formulações, ou ao caráter híbrido e confuso da mescla de noções sociológicas, psicológicas, jurídicas e naturalísticas. Afinal, a partir de meados da década de 1880 até a Grande Depressão de 1929, as idéias do solidarismo orientaram políticas sociais e introduziram métodos e preocupações suas no campo do direito e nas ciências humanas, em particular na sociologia. Incorporando aspirações comuns a várias tendências políticas da virada

---

27 Essas observações estão na carta endereçada a Buisson e incluída como prefácio ao livro já citado (Buisson, 1908, p. III-V).

385

do século XIX para o XX, o Partido Radical e o radical-socialismo se inserem vitoriosamente no campo de batalha onde se digladiavam o economicismo liberal, o coletivismo marxista, o corporativismo católico e o sindicalismo anarquista. Superadas pelo liberal-dirigismo após 1929, as noções solidaristas ressurgiam no final da Segunda Guerra Mundial em apoio da Previdência social (Securité sociale) e instituições de serviço social. A partir de 1980, novo surto da doutrina solidarista se manifestaria no domínio da sociologia e filosofia jurídica, em comentários fiéis aos objetivos de seus fundadores de posicionar as questões sociais em uma via alternativa ao liberalismo e ao marxismo (Hayward, 1961; Bellaing, 1992, p.85-99).

Pode-se afirmar ter sido exatamente essa opção por uma terceira via entre o liberalismo e o socialismo marxista o elemento que une Oliveira Vianna aos solidaristas franceses?

Havia, sem dúvida, convergência de opinião que os aproximava na opção por uma terceira via traduzida na doutrina da nova política social do Estado Novo em relação às classes trabalhadoras, que teria "elevado o serviço social à condição de uma função pública", substituído a "filantropia do coração" pela "filantropia do cérebro". Isto é, "a filantropia organizada, coordenada, sistematizada, juridicamente regulada, cientificamente ministrada, racionalmente dirigida pelo Estado" prescrita no seguro social, nas leis de higiene, garantia do trabalho e salário mínimo, bem como nas associações e cooperativas.[28]

Expressava-se, assim, a afinidade na aposta quanto à objetividade dos métodos das ciências sociais aplicados à política e quanto à concepção associativa, e em relação à Fouillée havia também a coincidência da importância conferida às raças na configuração da sociedade.[29] Até a indiferença em relação ao regime político, manifestada por Duguit, apro-

---

28 Oliveira Vianna, "As novas diretrizes da política social", *Boletim do Ministério do Trabalho, Indústria e Comércio*, n.62, ano VI, Rio de Janeiro, 1939, p.91-118. Nesse artigo, Oliveira Vianna elogia a nova política social a cargo das instituições do Estado, citando especificamente "os serviços do DOPOLAVORO na Itália e os do ARBEITFRONT alemão" (p.103).

29 Fouillée, como Oliveira Vianna, não aceitava a idéia de uma "humanidade", indicando diferenças entre diferentes povos e até entre as províncias e localidades da França (Cf. Fouillée, 1898, Introdução).

O charme da ciência e a sedução da objetividade

ximava-os, ainda que de modo tangencial, pois rebaixava o conteúdo propriamente político da atividade do Estado. Como eles, Oliveira Vianna advogava a colaboração necessária entre estudos e trabalhos jurídicos e as ciências sociais como forma de fazer das leis um meio seguro de coesão social, concordando com Duguit, quando este propunha retirar as leis e as instituições de seus fundamentos filosóficos anteriores, trazendo-as para a base "realista" e para a finalidade objetiva indicadas pelas ciências sociais. Expõe a posição de ambos, a epígrafe que encabeça em 1930 *Problemas de política objetiva*, extraída dos escritos de Duguit:

> Sou o primeiro a pesquisar as construções jurídicas, porém ainda é necessário que sejam uma síntese da realidade, senão serão uma pura operação do espírito, não respondem a nada, não têm valor, não têm utilidade.[30]

Como os solidaristas, Oliveira Vianna criticou severamente o individualismo e sua base teórica – o sujeito de direito universal –, proclamando a anterioridade dos grupos, da comunidade em relação ao indivíduo. Como eles, depositava na força da solidariedade a ação agregadora e o fundamento da coletividade organizada, e se em seu diagnóstico da sociedade brasileira deparava-se com a insolidariedade, não identificava aí um componente inerente ao povo do país, mas sim a resultante da ação do meio ambiente e das condições sociais adversas sobre a solidariedade trazida pelos pais portugueses. Daí propor como ação primordial do Estado formar as bases da solidariedade pela atividade do trabalho, atividade de caráter universal, de modo a estruturar solidariamente a coesão social. Outras expressões de Duguit poderiam ser endossadas sem retificação por Oliveira Vianna, entre elas:

> Um grupo, associação, corporação ou instituição busca uma finalidade em conformidade com a solidariedade social, tal como é entendida em um tempo e sociedade determinados, sendo portanto conformes à lei obje-

---

30 "Je suis le premier à rechercher les constructions juridiques; mais encore faut-il qu'elles soient une synthèse de la realité; sinon elles sont une pure opération de l'esprit, elles ne répondent à rien, elles sont sans valeur, comme sans utilité". (in Duguit apud Hayward, 1960b).

tiva desse país? Se tal acontecer, tais atos deverão ser juridicamente reconhecidos e protegidos.

Também:

As várias classes sociais estão se tornando conscientes tanto de sua autonomia como de sua interdependência.

Ou ainda:

Seja qual for a opinião, é impossível ignorar a imensa reação, especialmente nos últimos vinte anos, contra as doutrinas individualistas da Revolução e o tremendo movimento associacionista [das associações agrícolas e industriais], particularmente evidente em seu prodigioso desenvolvimento na França e no exterior. (Hayward, 1969b, p.195-7)

Há também evidente afinidade entre os dois autores, já que, como diz Hayward, Duguit "via a associação profissional como o instrumento, por excelência, da solidariedade social no século XX. Expressaria a real comunidade de interesses, antes obscurecida pelo conflito social provocado pelos empreendimentos privados não planejados e pela regulamentação estatal" (leia-se por regulamentação estatal a lei *le Chapelier* e os decretos napoleônicos já citados). Entre as propostas do jurista francês, haveria ainda uma simpática a Oliveira Vianna: Duguit propunha a modificação das instituições políticas por meio da representação classista. Previa duas Câmaras: a eleita por sufrágio universal e paralelamente uma segunda Câmara que representasse os grupos sociais engendrados pela solidariedade social. Também, como Oliveira Vianna faria pouco depois, Duguit não aceitava ser sua doutrina confundida com o sindicalismo fascista de George Valois, que, em Vichy, procurava fazer ressurgir o corporativismo. No entanto, em atitude claramente diversa da adotada por Oliveira Vianna, esforçou-se por manter a dimensão política da sociedade, ainda que advogasse a representação profissional e o voto plural, bem como a representação proporcional que acreditava não serem incompatíveis com o sufrágio universal.

Poderia ir adiante nessa aproximação entre os solidaristas franceses e Oliveira Vianna, já que Joseph Paul-Boncour, futuro Primeiro-Ministro

O charme da ciência e a sedução da objetividade

francês saído de suas fileiras, formularia em *Le Féderalisme Economique*, de 1900, livro de sucesso na época, uma concepção sindicalista e pluralista da democracia econômica e política, baseada não nos direitos individuais, mas no "fato da solidariedade social". Dizendo ter buscado inspiração em Durkheim, Waldeck-Rousseau e os Webbs, Paul-Boncour polemizaria em 1903 com o monarquista Mauras, afirmando sua "tripla fé regionalista, sindicalista e cooperativista", naquilo que denominou de *"fédéralisme integral"*, convicto de que a solidariedade entre aqueles que desempenhavam a mesma profissão seria mais genuína, dada a interdependência ser mais estreita entre eles do que entre os habitantes de uma mesma vizinhança. Tal como Duguit e outros solidaristas, Paul-Boncour defenderia, após a Primeira Guerra Mundial, a CGT reformista (em contraposição à CGT "revolucionária" do período anterior à guerra) e, apoiado por seus aliados, proporia um *Conseil Economique du Travail*, que implementou numa forma atenuada quando de sua breve passagem no cargo de Primeiro-Ministro em 1933 (Hayward, 1969b).

Esse heterogêneo campo conceitual dos textos dos solidaristas franceses teve certamente peso significativo nos trabalhos de Oliveira Vianna, embora não aderisse às plataformas de luta dos solidaristas. Tal como aconteceria com a noção de morfologia, noção-chave do livro *Morphologie Sociale* de Maurice Halbawchs,[31] parte das noções solidaristas seria usada por ele em apoio de suas próprias idéias e opinião formada. Muitos de seus textos denunciam uma adesão *a posteriori* aos preceitos da doutrina solidarista, fórmula corrente ainda nos dias de hoje na produção de nossos trabalhos acadêmicos em relação a outros postulados teóricos, é lógico. O extenso e recorrente recurso a autores reconhecidos no meio intelectual e político ensejava-lhe exibir conhecimento atualizado e erudição, bem como o pertencimento ao grupo seleto de estudiosos, confraria fechada daqueles que detinham as chaves do conhecimento acadêmico e respeitável, que estava em condições de apontar orientação aos projetos políticos e sociais. Penso, porém, que a dimensão maior da "passagem" do autor brasileiro pelo solidarismo consistiu na ampla gama de possibilidades reformistas de caráter coletivis-

---

31 Refiro-me aqui ao livro de Halbawchs (1970) comentado no capítulo anterior.

ta, propugnadas por seus doutrinadores como forma de harmonizar patrões e trabalhadores, na intenção de erradicar a luta de classes e as correntes de pensamento que militavam pela revolução social. Creio, contudo, ser também expressiva a adesão de autores das décadas iniciais do século XX a teorias correntes, às quais se devia a ampla aceitação do propalado caráter objetivo da ciência e dos métodos por ela preconizados. Essas teorias formavam certamente um **fundo comum**, no qual, pela própria objetividade e neutralidade proclamadas, número significativo de pesquisadores se sentiu à vontade para buscar conceitos, noções, idéias, opiniões e preconceitos, e aplicá-los em seus próprios recortes temáticos, como já afirmei mais de uma vez neste estudo. Os conflitos de idéias políticas poderiam se manter dessa maneira velados nos debates entre adeptos de teorias diferentes, proclamando cada uma oferecer os melhores métodos para se avaliar a "realidade" social.

Vínculos e afinidades solidárias

> O problema fundamental a resolver numa política de organização social de nosso povo – era corrigir esta condição molecular ou atomística de sua composição, bem como esse espírito nitidamente individualista.... [embaraçando] o desenvolvimento e a integração de uma forte mentalidade solidarista ... a consciência e o sentimento dos interesses coletivos.
>
> Oliveira Vianna[32]

> "Insisto sobre este ponto: não se improvisa a solidariedade de uma classe; não se improvisam o sentimento e o hábito da cooperação, o espírito corporativo, a organização sindicalista. Nada disto, nem sentimentos, nem estruturas são produtos de improvisação – e sim do tempo, dos fatores históricos, dos fatores sociais, dos fatores econômicos, dos fatores geográficos."
>
> Oliveira Vianna (1932)[33]

---

32 Oliveira Vianna, "Individualismo e solidarismo", *A Manhã*, 8.10.1943.

33 Oliveira Vianna, "O problema da representação profissional", *Correio da Manhã*, 4.12.1932.

O charme da ciência e a sedução da objetividade

A palavra "solidariedade" foi reiteradamente retomada por Oliveira Vianna em diversas ocasiões. Intitula o artigo de onde retirei a citação do início deste capítulo e está presente no trecho que abre este item. Essa recorrência expõe, de modo a não deixar lugar a dúvidas, a intenção de contrapor "individualismo" a "solidarismo", e confere ao sindicalismo o papel "de corretivo ou retificador" do nosso "espírito individualista", de estimulador das associações embrionárias existentes entre nós, alertava, "em alguns raríssimos setores". O problema a ser enfrentado por Oliveira Vianna era algo diverso daquele formulado pelos solidaristas franceses, pois se lá a disposição para a sociabilidade constituía traço do "caráter do povo", herança genética e formação histórica, aqui a questão maior tinha por objetivo desfazer os laços da solidariedade parental ou clânica e seu complemento, o individualismo das elites, estimulá-las à sociabilidade para além do restrito grupo parental, de modo a não mais constituírem obstáculos à forma mais avançada de solidariedade, a solidariedade social.

Oliveira Vianna reconhecia haver expressões associativas "em latência" entre nós, que demandavam entretanto o estímulo externo do Estado para tomarem a forma de associações sindicais com consciência de grupo. Ao escrever o artigo "Individualismo e solidarismo", em 1943, já havia deixado a condição de consultor jurídico, ou, como ele mesmo denominava, de técnico do Ministério do Trabalho, Indústria e Comércio. Do sindicalismo dizia neste artigo: "é o processo mais eficaz, rápido e seguro para a criação e o desenvolvimento destas formas de solidariedade ativa, que ele [o povo] não pôde constituir e consolidar durante os quatro séculos de sua história social, latifundiário e fronteiriço que sempre foi".[34]

O mesmo caráter pragmático de aposta nas associações solidárias repetia-se em 1949 no início do primeiro volume de *Instituições políticas brasileiras*, livro ao qual disse incorporar a experiência do período de trabalho junto ao Ministério. Fora por meio dela que, com surpresa, tomara conhecimento do caráter "inteiramente costumeiro, de pura criação popular" de "um largo setor de nosso direito privado". Nomeia primei-

---

34 "Individualismo e solidarismo", *A Manhã*, 8.10.1943

ro o direito *esportivo*, que segundo ele, só naquele momento (Decreto n.3.199, de 14.4.1941; Decreto n.5.342, de 25.3.1943; Decreto n.7.672, de 25.6.1945), estaria sendo anexado pelo Estado e reconhecido por lei. Considerava-o uma "autêntica realização popular e aplicado com um rigor que muito direito escrito não possui". Fora obra desse direito costumeiro, a organização espontânea de "Clubes, Sindicatos, Federações, Confederações, cada qual com administração regular de tipo eletivo e democrático; e um Código Penal seu, com a sua justiça vigilante...". Outro direito costumeiro, ele o havia observado no "*direito social operário*", com o qual teria entrado em contato durante a gestão de Salgado Filho no Ministério do Trabalho, momento em que, diria, "foram lançados os primeiros fundamentos *legais* do novo direito social, que tanto nos honra hoje". Confessava sua surpresa, confessava também o otimismo que sentimos, "os meus companheiros e eu", ao nos deparamos com "todo um complexo de normas e regras, militante, vivaz, estuante de vida e sangue, objetivado em *usos, tradições, praxes, costumes*, mesmo *instituições* administrativas oficiosas". Seria, pois, um "vasto sistema", "sistema orgânico de normas fluídas, ainda não cristalizadas ou ossificadas em códigos; mas todas provindas da capacidade criadora e da espontaneidade organizadora do nosso próprio povo-massa". Teria também encontrado normas semelhantes nas atividades comerciais, industriais e marítimas, designadas por ele, como "'revelações' mais originais e impressionantes deste direito latente", que eles, "os técnicos do Ministério", teriam incorporado "na *Consolidação das Leis do Trabalho*, ora vigente"(Vianna, 1974a, p.21-4). Tomar conhecimento dessas associações informais resultara em uma grata surpresa para o estudioso da sociedade brasileira, que até então só visualizara formas de solidariedade na dimensão primitiva, parental – "*a solidariedade do clã rural em torno do grande senhor de terras*" (Vianna, 1973, v.I, p.241) (grifos no original).

Afinal, a noção de solidariedade formava já o cerne de sua análise da sociedade brasileira no final da década de 1910, em *Populações meridionais do Brasil*, atuando como eixo ou base da estrutura social determinada pelo tripé positivista: meio, raça e momento/ história. Não há, entretanto, no capítulo "Instituições de solidariedade social" referências aos

O charme da ciência e a sedução da objetividade

solidaristas; a noção é remetida a textos genéricos e idéias esparsas relacionadas à solidariedade animal e humana, esta última estimulada antes pela necessidade de defesa e de sobrevivência do que pela simpatia pelos semelhantes. Essa referência genérica sugere tanto sua veiculação difusa nessas décadas iniciais do século XX como a intenção do autor de não estabelecer vínculo com dada corrente política. "No fundo da sua alma [do homem] habita a insociabilidade", diria Oliveira Vianna, buscando em Rousseau a referência teórica, o que a meu ver tece um liame com a noção de solidariedade sem lhe atribuir valor político atual. Faria desse pressuposto um apoio estratégico, já que a força do "egoísmo inicial", sentimento considerado inerente ao ser humano, manifestaria forte resistência, sendo tão-somente vencido e superado pela "solidariedade interna" aos clãs familiares, ampliada em etapa posterior para a forma de "solidariedade humana", quando (e se) os homens se vissem submetidos à ameaça permanente de grandes perigos e se unissem em grupos maiores ou, na ausência dessa ameaça, fossem submetidos à pressão externa do Estado.

Não se pode, portanto, dissociar em seus argumentos a noção de solidariedade do estímulo inicial indispensável para a formação do homem como ser social; ela é sobretudo "condição elementar da sociabilidade" mais ampla do que a familiar. Ou nas palavras de Alfred Fouillée, "A solidariedade não nos liga somente ao passado, ela nos liga ao futuro pelos deveres de *justiça preventiva*. Será, a nosso ver, uma justiça desse gênero, eminentemente social e não individual, que aspira que o Estado vele pela conservação da raça, pela manutenção ou reparação de sua força de trabalho, de seu valor físico, intelectual e moral".[35] Solidariedade, pois, de caráter eminentemente social e nacional. Oliveira Vianna segue a opinião que confere à solidariedade a força de coesão formadora da sociedade na versão que a considera produto da expansão natural de grupos humanos – crescimento vegetativo ou união para a defesa e/ou sobrevivência –, núcleo teórico do(s) romantismo(s) negador(es) da teoria liberal do contrato social, entre eles o positivismo comtiano, ou dos

---

35 Essa idéia expressa-se em vários momentos dos trabalhos de Fouillée, por exemplo no cap.II, item III, de *La France au point de vue moral* (1900, p.238 ss.).

que, no limite, aceitaram revê-la, como Fouillée, na condição de "quase-contrato", com vistas a contrabalançar o extremo naturalismo da noção de organismo social.

Nada mais coerente com a posição de Oliveira Vianna e, por que não lembrar, de Sérgio Buarque de Holanda, que também afirmou a precariedade das idéias de solidariedade entre nós, herança dos pais ibéricos perdida ao ser transplantada, e fundamento de seu argumento crítico das instituições liberais no Brasil. Na convergência de opinião entre os dois autores, pode-se vislumbrar a possível presença de um **lugar-comum** na aceitação de que na sociedade brasileira verificava-se a "primazia das conveniências particulares sobre os interesses de ordem coletiva", o que revelaria, segundo Buarque de Holanda, "o predomínio do elemento emotivo sobre o racional", fazendo com que só pudesse se sustentar entre nós "a verdadeira solidariedade nos círculos restritos", os familiares, por exemplo, não encontrando "alimento muito substancial nos ideais teóricos ou interesses econômicos", base essencial para "um grande partido político" (1969, p.5-6, 10, 137). Oliveira Vianna, por sua vez, tomaria a representação da sociedade determinada pelo meio, raça e história em apoio da afirmação da carência de solidariedade social no Brasil e da denúncia do que denominou de "exotismo" da Constituição republicana de 1891, imputando a seus idealizadores o desconhecimento do país e a ilusão de poderem moldar uma população pelas leis importadas de outras nações, dramática em seus resultados.

Teríamos na análise de Oliveira Vianna a explícita versão brasileira da concepção de sociedade naturalizada, na qual se decretava a falência do sujeito universal de direito, do homem em sua capacidade criativa e ação voluntária fundando a sociedade pelo contrato social com o objetivo de preservar a própria vida e seus bens; em suma, decidia-se pela afirmação da inoperância dos princípios liberais. Ao criticar o liberalismo, Oliveira Vianna endossava posições decididamente autoritárias, não só no plano da organização da política interna no Brasil, mas também a de autores que proclamavam o descrédito em que haviam caído as instituições liberais no mundo. E não eram poucos a alardearem esse descrédito.

O charme da ciência e a sedução da objetividade

Já acompanhamos os argumentos de Sérgio Buarque de Holanda. O sociólogo fluminense estaria, entretanto, mais próximo dos defensores do autoritarismo político, como Azevedo Amaral, que saudava o Estado Novo em livro de 1938, dele dizendo:

> A Constituição de 10 de Novembro [1937], como já dissemos em páginas anteriores, representa o primeiro marco da nossa emancipação espiritual na esfera política. Os fundamentos do novo regime são profundos e sólidos precisamente por não serem construções puramente racionais realizadas no plano das abstrações, mas na rocha viva a que chegamos mergulhando como brasileiros na essência da brasilidade (p.190-1).

Azevedo Amaral diria nesse livro ter se afastado dos procedimentos adotados em seus trabalhos anteriores, nos quais surgiam avaliações afetivas "certamente coloridas por preocupações promanadas de um coração brasileiro". Mudara de atitude e "o método adotado na análise sociológica das questões nacionais", no livro que apresentava agora ao público, se caracterizaria "por um sentido inconfundivelmente objetivista" (Amaral, 1938, p.5). Caminhando na mesma trilha de Oliveira Vianna, mostrava-se crítico severo da "democracia liberal" e do sufrágio universal, por ele denominado de "sufrágio promíscuo", responsáveis pelos conflitos interestaduais de luta pelo poder central, conflitos que antes de 1930 teriam ameaçado "a coesão política da nacionalidade". Embora adotasse a noção de sociedade enferma, condizente com sua concepção organicista, criticava também as Constituições brasileiras pelo que considerava ser a preponderância de "idéias exóticas", desde a primeira de 1824, passando pelas de 1891 e 1934, aplaudindo somente a Carta de 10 de novembro de 1937, pelo que designava seu "caráter realístico" (ibidem, p.58, 94, 134).

No Brasil dos anos 1920 e 1930, o campo crítico das posições autoritárias formava certamente uma **comunidade** de opiniões bastante expressiva, da qual participavam outros propagandistas autoritários, como Francisco Campos, mas também juristas, como o militante integralista Miguel Reale, que em *Formação da política burguesa* (escrito em 1934) apresentava um esforço de síntese da história do mundo contemporâ-

395

neo, extremamente crítica ao liberalismo (Reale, s.d.).[36] Sua análise consiste em uma avaliação negativa dos princípios liberais de uma perspectiva diversa daquela fundamentalmente comparativa de Buarque de Holanda e Oliveira Vianna. O autor criticava os princípios liberais, não por sua inadequação a países como o Brasil, contrastados com aqueles em que historicamente se formara a noção burguesa de indivíduo, mas afirmando, de modo menos alusivo do que os dois autores citados, seu caráter ficcional por constituírem rompimento filosófico com o "princípio aristotélico da formação natural da sociedade". O sentido reacionário das formulações de Reale pontua todo o seu texto em busca da história, da qual diria ser "a mestra da vida, na apreciação cíclica dos fatos", para "explicar a civilização *burguesa* e a política que lhe é própria". Há no texto o intuito formalmente expresso de reconciliar os homens, ou melhor dizendo, a humanidade, com sua história; mais especificamente, com a cultura histórica medieval rompida pelo racionalismo individualista burguês que, a seu ver, implicava uma "ruptura com a história, pois *o homem colocado no centro do universo,*" ou "o homem colocado no centro da história", fazia o passado perder "todo valor", e a tradição nada podia ensinar às gerações posteriores (grifos nos original).

No bojo de argumentos que mesclam fatos da história a pressupostos teóricos e filosóficos, Reale adota um tom narrativo claramente direcionado para chegar à "terceira fase do naturalismo político, o ciclo da política humanista", ou seja, dos movimentos integralistas.[37] Em sua representação do "individualismo" situa-o no cerne do pensamento burguês, que teria feito "do indivíduo um ser isolado ... que pela sua natureza refoge de todo e qualquer ideal Comum". Em outras palavras, a noção de indivíduo seria um produto datado e qualificado, um artifício; invenção necessária, porém, para alicerçar a estrutura das instituições

---

36 Para uma referência mais ampla sobre o pensamento autoritário na primeira metade do século XX, ver Jarbas Medeiros (1978) e Lucia Lippi de Oliveira (1982, p.48-70). A autora comenta que a visão crítica ao modelo liberal da Carta de 1891 era partilhada por grande parcela da elite política e intelectual dos anos 1930, o que configura a nosso ver um lugar-comum (cf. p.32).

37 Essa intenção é explicitada na p.139, no final do capítulo XII, "Do humanismo ao naturalismo social" (p.122 ss.).

O charme da ciência e a sedução da objetividade

liberais. Esse construto argumentativo, segundo o autor, contivera sentido e finalidade prática em dado momento; perdera-o agora no mundo moderno, revelando a precariedade de sua base conceitual.

Sem dúvida, a representação tecida por Reale sobre a cronologia histórica do mundo ocidental trazia consigo um argumento de forte poder imagético. A figura desse "homem isolado", mal apegado até aos vínculos familiares, forma a base do argumento que procura explicar a artificialidade da doutrina liberal, cuja origem estaria no fato de pensadores políticos, desde Descartes, Hobbes, Locke e Rousseau, terem colocado o homem no centro do universo, proclamando o que denominou a vitória da "Razão orgulhosa e vazia". Haviam deixado para trás, afirmava, "a ação milenar da humanidade no entrechoque dos prazeres e das dores, as instituições, os usos e os costumes, as línguas e as expressões do gênio artístico ... a voz do passado mais forte do que a voz do sangue...". "Inventara-se" a noção do "eu", o homem racional e atomizado, abstrato e universal. Reale buscava formular uma explicação convincente de que, para postular a acepção da sociedade liberta dos desígnios divinos, os pensadores burgueses haviam recorrido, primeiro, a uma analogia com os axiomas astronômicos e suas leis, depois ao evolucionismo biológico. Como corolário desse esforço de laicização do mundo, teriam sido obrigados a constituir uma nova ética jusnaturalista, contratual e igualitária; em suma, uma construção baseada na "hipótese de um contrato imaginário ... um recurso ficcionista" (Reale, s.d., p.189-91).

Suas palavras cantam e celebram a ordem social pré-capitalista e a força dos grupos organizados dentro de cada comuna. À corporação atribuía o "urbanismo" e a autonomia das comunas – "cada corporação é como que uma pequena república, um centro de vida intelectual, política e industrial. Daí o desenvolvimento maravilhoso da cultura, as grandes realizações artísticas e, sobretudo, sob a inspiração dos ensinamentos cristãos, o sentido popular dado às escolas" (ibidem, p.55). Considerou mesmo que, do ponto de vista democrático, "o Renascimento com seus reinos e principados", subordinando todos "ao poder real nas monarquias unitárias", configurara uma regressão. Sua crítica teria, portanto, um alcance amplo de denúncia clara do que denominava um "retrocesso" em termos democráticos, retrocesso que para ele teria bases precárias fincadas em um contrato imaginado ficcionalmente. Diferentemente de Buarque de Holanda e Oliveira Vianna, buscava desacreditar o liberalismo atribuindo-lhe um caráter meramente utilitário, lá mesmo no seu nascedouro.

Unindo em sua crítica à sociedade capitalista a aposta na razão e na objetividade, Reale diria, ironicamente e sem mencionar nomes, discordar "do objetivismo absoluto da história positivista" e suas certezas comprovadas. Nessa crítica adotava um ponto de vista contrastante com o proclamado objetivismo das ciências sociais, afirmando que "a luz nova que se projeta sobre os fatos" se deve sobretudo à "posição do observador". Confessa ter buscado reforço teórico na idéia de "descontinuidade" de Sorel, negadora da continuidade evolucionista darwiniana, na teoria da concepção da origem plural das culturas de Spengler, e na noção de "progresso no sentido de desenvolvimento orgânico no interior de cada civilização". Acrescentava à noção de progresso inerente a uma cultura a de passado, por este condicionar sempre o presente e a idéia de "um fundo permanente" e comum a todos os homens – "a identidade essencial da natureza humana através do tempo" (ibidem, p.143, 26 e 115). No livro pautado por evidente sentido militante, Reale não formulou uma proposta política para a sociedade brasileira, embora apontasse de maneira muito clara a excelência do movimento integralista e seu objetivo transformador de espíritos:

> Uma civilização repousa sobre uma crença exclusiva em uma dada atitude do espírito, e é um complexo de modos de ser, de pensar e de agir que domina os homens como um hábito, sem que eles admitam possibilidades de reformas essenciais. Donde o desejo de perpetuação, o imperativo de imutabilidade.

Daí concluir:

> Mudar de civilização é mudar de atitude do espírito. E é, por conseguinte, mudar de atitude também em relação ao passado.

São bastante interessantes os argumentos de Miguel Reale em seu percurso pela história européia, mais especificamente pelo pensamento político europeu, quase dela extraindo uma comédia de erros. Desse

O charme da ciência e a sedução da objetividade

percurso pode-se inferir a crítica ao pensamento político quando desvinculado da dimensão realista, atingindo parte significativa da intelectualidade brasileira. Detém-se na apreciação, irônica (e saborosa), de que, enquanto "alguns jusnaturalistas [no século XVI] se perdem na hipótese do contrato originário, abandonando o princípio aristotélico da formação natural da sociedade, tão bem posta em evidencia por Grócio", teriam sido dois grandes realistas, Maquiavel e Bodin, que, pragmáticos e pouco preocupados em debater a origem da autoridade, se dedicariam com afinco à tarefa de definir a ação e a finalidade do poder, fundando "a ciência política com um objetivo próprio". Na intenção de evidenciar a precariedade da doutrina liberal, diria mais adiante que "a Inglaterra para Voltaire era um modelo. Mas", continuava, "é sabido que Voltaire só viu a Inglaterra de Locke, passando entre o povo inglês sem dar por ele. Apreciou a elite liberal e humanista, mas não baixou os olhares orgulhosos para a burguesia intolerante e facciosa, pietistamente agarrada à Bíblia, nem para a grande massa sofredora privada dos mais elementares direitos. ... O que foi dito de Voltaire, diga-se de Montesquieu", arrematava (Reale, s.d. p.140, 207-8). Estendia sua opinião ao "século XIX", durante o qual os pensadores políticos teriam fracassado nas tentativas de "resolver o antagonismo entre o Estado e o indivíduo, entre a natureza e o Direito, entre a Liberdade e a Autoridade", antinomia presente no pensamento burguês desde o Renascimento e sem solução, já que baseada em um construto ficcional. Vivia-se assim, para Reale, a "época de realismo integral", o que o levaria a finalizar o livro prognosticando:

> Não estamos, em verdade, mudando de política somente, mas mudando de civilização.[38]

Parte das opiniões de Reale poderia ser partilhada por Oliveira Vianna, embora haja em escritos dos dois autores críticas recíprocas às

---

38 Assim resume Reale a concepção de direito natural: "Essa noção jusnaturalista exprime o desejo de encontrar para a sociedade humana uma ordenação imanente, capaz de realizar por si a harmonia social, sem milagres e sem interferências sobrenaturais, assim como o mundo sideral obedece a leis eternas, no conjunto harmônico dos movimentos dos Cosmos" (s.d., p.133).

posições intelectuais e políticas assumidas. Oliveira Vianna criticou o integralismo e seus adeptos mas, assim como eles, também negava credibilidade "aos ideais universais dos racionalistas", partilhando a celebração do associativismo, embora em acepção bastante diversa da integralista, e o elogio do passado como "arquivo das experiências e direções da evolução futura", convicto de que as diferentes experiências nacionais encontravam correspondência em ideais por sua vez diferentes (1939, p.305-9). Tal como outros intérpretes da tão decantada "realidade brasileira" nesse período do entre-guerras, Reale e Oliveira Vianna, embora em posições teóricas e políticas diferentes,[39] buscaram validar suas convicções nas "verdades da ciência", ciência que, segundo eles, havia ultrapassado a fase do "evolucionismo biológico". Para Reale, que celebrava o "novo humanismo espiritualista", no qual "o princípio de finalidade complementava o de causalidade", esse evolucionismo marcara o pensamento político de Darwin, Spencer, Hegel e Marx até a grande guerra de 1914 (Reale, s.d., p.133-9). Para Oliveira Vianna, que enfatizava em 1939 "o modestíssimo, insignificante mesmo papel reservado à ação da vontade consciente", não seria "a velha concepção spenceriana das unidades supero-orgânicas" o princípio de conhecimento, mas sim as "determinantes nacionais", elementos que fariam com que "os grupos sociais" se desenvolvessem "segundo certas linhas invariáveis", que por sua vez constituiriam as "'determinantes' da sua personalidade coletiva". A fidelidade ao passado seria, pois, o "sentimento dominante" que daria sentido aos "surtos atuais de nacionalismo..." (Vianna, 1939, p.345-54).

Se na própria Europa ... afirmavam de modo assemelhado os dois autores, "a teoria igualitarista" havia sido desacreditada por seu anacronismo,[40] como não ratificar o descrédito frente à evidente diversidade

---

39 Miguel Reale esteve ligado ao movimento integralista; Vianna, ao contrário, jamais se filiou a partidos, fazendo questão de afirmar sua independência a filiações ideológicas; em seus argumentos, como vimos, os partidos não tinham significado no contexto brasileiro da época.

40 Indico aqui os argumentos de Edmund Burke ao contestar o universalismo da "Declaração dos Direitos do Homem e do Cidadão", redigida pelos revolucionários franceses em 1789, demonstrando que na melhor das hipóteses poderiam eles proclamar os direitos

O charme da ciência e a sedução da objetividade

brasileira: a pluralidade de regiões, de economias, de raças? Reale dizia não ser "contra os liberais do passado, mas contra os que roem a rotina liberal, quando as exigências do mundo são outras". Da perspectiva de Oliveira Vianna, além do anacronismo dos princípios liberais, as nações não poderiam ser indiferentes "nem à qualidade, nem à quantidade dos elementos raciais que entram na sua composição", já que são eles que "determinam os tipos de temperamentos e de inteligência que devem preponderar na massa social" (Reale, s.d., p.194).[41] Ora, se lembrarmos suas observações sobre a incultura cívica e política da maioria da população brasileira e a ausência ou presença rara de solidariedade espontânea entre os habitantes do país, para além da parental, pode-se deduzir as diferenças nacionais e os particulares caminhos a serem trilhados por cada país nestas terras colonizadas e neste clima tropical, para se consolidarem os ideais democráticos.

Ratificava-se em termos semelhantes, nas análises de ampla gama de autores brasileiros, a posição teórica que afirmava a diferença das culturas nacionais, determinadas fundamentalmente por fatores externos à vontade dos homens, questionando-se os princípios universalistas liberais. As diferentes posições convergem na forma circular de seus argumentos, que propunham uma análise da sociedade brasileira, já partindo do princípio do seu desencontro com as instituições liberais; ou, de maneira mais ampla, afirmando o engano ou a ilusão contidos no pensamento liberal, ou na melhor das hipóteses o seu anacronismo para a época. Entretanto, projetos políticos diferenciados estavam em jogo.

---

do "homem francês". A pretensão à universalidade dos revolucionários na França foi por ele considerada uma suposição incorreta, pois tal como a experiência revolucionária inglesa de 1688, que fora singular e não "transplantável" para outros países, o mesmo acontecia com a revolução na França. Para ele, só o procedimento de respeito ao passado, ou seja, de reconhecimento da história, deveria ser tomado como universal. Cf. Burke (1982). Como, porém, desconhecer a teoria sobre as *Formações econômicas pré-capitalistas*, desenvolvida por Karl Marx, para mostrar como obstáculos objetivos à sendentarisação das hordas humanas – o meio ambiente físico, o clima, o solo e a cultura, haviam determinado pela maior ou menor densidade demográfica a forma pela qual os homens se organizam em formações sociais diferenciadas.

41 Os argumentos de Oliveira Vianna sobre a questão da raça encontram-se, como já indicado, em *Raça e assimilação* (1934).

Afinal, diante da ameaça da questão social, grande parte dos homens letrados do século XIX vira-se indubitavelmente constrangida a refletir sobre as possíveis formas de evitar a destruição da sociedade, pelo que consideravam ser a barbárie de seres destituídos dos valores éticos da convivência civilizada. As várias tendências do reformismo social e as concepções socialistas, por mais divergentes que fossem suas projeções futuras, buscaram estruturar suas análises nos conflitos decorrentes da terrível espoliação econômica e exclusão política dos trabalhadores, ou seja, da condição de mera força de trabalho em termos econômicos e, em termos políticos, da condição de "cidadãos passivos" da imensa maioria da população do mundo europeu moderno. A imagem das multidões de pobres com suas reivindicações de sobrevivência acolhidas no campo da política, imagem essa já presente nos registros dos contemporâneos dos acontecimentos da França revolucionária de 1789, consistiu estímulo suficiente para que se formulasse a ameaça política às instituições estabelecidas. Outra imagem, a das concentrações de homens nas áreas industriais, em particular na Inglaterra, cumpriu a função de alertar e convencer os contemporâneos dos movimentos operários cartista, sindical, anarquista e socialista de diversos matizes do potencial destrutivo, oculto na capacidade produtiva dos homens reunidos para a produção de bens. Nos anos 1830, o inglês Thomas Carlyle retomava argumentos expressos em 1790 por seu conterrâneo Edmund Burke, na crítica à noção de contrato social de Locke. Denunciava como seu resultado direto o "utilitarismo de Bentham" e a polarização entre patrões e empregados, extremada pela concepção mecânica de uma sociedade que se concebia formada pelo "cash nexus", ou seja, pela noção de contrato de inspiração comercial (Carlyle, 1980).[42]

---

42 Em seu texto há observações sobre o comportamento das multidões da Revolução Francesa. Thomas Carlyle, autor inglês crítico da mecanização do homem (mente e corpo) e da sociedade (suas instituições) imposta pela hegemonia do pensamento radical "utilitarista" do jurisconsulto Jeremy Bentham, divulgado por James Mill e o jovem John Stuart Mill, indica a ameaça contida nas multidões revolucionárias da França e nos movimentos de operários na Inglaterra da primeira metade do século XIX. Cf. The French Revolution (1837). A noção de sociedade movida pelos princípios frios da mecânica, ver "Signs of the Times" (1829) e "Chartism" (1839), in Thomas Carlyle Selected Writings (1980, p.59-85 e 149-232). Em "Metrópoles, as faces do monstro urbano. As cidades no século XIX",

O charme da ciência e a sedução da objetividade

As respostas à questão social seguiram caminhos diferenciados, mas todas contrapondo-se ao campo conceitual do liberalismo. Sem usar os mesmos recursos retóricos, previam um futuro de caos e desordem caso os problemas enfrentados pelas classes trabalhadoras não obtivessem respostas satisfatórias. Carlyle, por exemplo, ao criticar o princípio do *laissez-faire*, dizia que "as classes trabalhadoras não poderiam continuar sem governo, sem serem efetivamente guiadas e governadas; a Inglaterra não pode viver em paz até que se encontre para ela, de alguma maneira, uma direção e um governo" (1980b, p.187). Grande parte dos que criticavam os pressupostos políticos e econômicos do liberalismo recorreria à retórica estética do sublime, pintando com cores sombrias o futuro caso não fosse encontrada uma solução para que se transpusesse o abismo entre a burguesia (*upper classes*) e o operariado (working classes).[43] Ainda quando não estivessem relacionados ao pensamento romântico, a fria razão dos números das estatísticas substituía a retórica metafórica em escritos de autores como John Stuart Mill, sem apagar as imagens assustadoras desenhadas por essas figuras de linguagem.[44]

Tanto no campo do liberalismo radical como nos argumentos de seus opositores, o caminho aberto pela igualitária noção universal de sujeito de direito daria lugar à noção de "dívida social" ou de que todos eram simultaneamente herdeiros e devedores dos antepassados, daí a noção de progresso acumulado, e às reivindicações de justiça social. Imersas em um fundo comum de conhecimentos, e exceção feita à aposta na revolução contida nas vertentes de pensamento marxista e anarquista, as propostas de solução da questão social apontaram para caminhos diferentes, partilhando os reformadores sociais da certeza de que os homens poderiam intervir para abreviar percursos e minimizar gran-

---

procurei mostrar o teor crítico desse pensamento conservador e sua adesão à estética do sublime como recurso argumentativo. Cf. *Revista Brasileira de História* n.8-9, 1985.

43 Sobre a retórica romântica inglesa presente nos argumentos de autores do século XIX, como Thomas Carlyle, ver meu artigo "As faces do monstro urbano. As cidades no século XIX", *Revista Brasileira de História* n.8-9, 1985, p.35-68.

44 Há vários estudos sobre a reação romântica à progressiva expansão do capitalismo no Europa. Cf. Löwy & Sayre (1992).

des inconvenientes se estivessem conscientes das determinações resultantes das condições objetivas da vida social. Mesmo os pensadores românticos que negavam o predomínio do viés racional para as ações humanas, submetendo-as às paixões, estruturaram seus argumentos e conclusões por meio de demonstrações racionais e sistemáticas.[45] É também inegável o respaldo dado pelas concepções cientificistas à idéia de que o movimento da história teria sempre no futuro seu alvo, e que, mesmo aceitas as teorias do nascimento, maturidade e morte das sociedades, não se voltaria ao primitivismo do estado de guerra.[46]

No campo das certezas científicas, parcela significativa de intelectuais do século XIX e XX foi buscar os materiais e os instrumentos para o seu trabalho. A imagem da iminente convulsão social, parte elaboração intelectual, parte evidência assustadora, levou filósofos e juristas a um esforço teórico de busca de formas para retomar, reatualizando-a, a perdida "cooperação" entre os homens. Não só parecia difícil se chegar à harmonia social prevista nos escritos de Adam Smith, em particular em *A riqueza das nações*, de 1776, por meio do intercâmbio entre homens movidos por seus interesses e necessidades individuais, como também os adeptos do liberalismo e de suas instituições representativas resistiam a dar voz à maioria da população. Pensado e proposto num momento em que a participação política fundava-se na condição de proprietário, quando não de aristocrata, o universalismo liberal esbarrava em seus limites ao ser submetido às reivindicações políticas dos não proprietários e às reivindicações de direitos civis e políticos de metade da humanidade: as mulheres. Como conciliar a universalidade do voto, mesmo que somente o masculino, com os conflitos de interesse tão radicalmente opostos entre patrões e operários? A resposta que vozes como a de Thomas Carlyle na Inglaterra, Michelet e Alfred Buret[47] na França, entre

---

45 O texto de Thomas Carlyle, "Chartism", oferece um exemplo paradigmático dessa argumentação. (1908b, p.149-232).

46 É significativo Oliveira Vianna ter utilizado como epígrafe ao capítulo II de *Populações meridionais do Brasil* a seguinte frase de Boissy d'Anglas: "Un pays gouverné par les propriétaires est l'état social; celui où les non propriétaires gouvernent est dans l'état de nature" (1973, p.43).

47 De Thomas Carlyle lembro "Signs of the Times" (1829) e "Chartism" (1839); de Michelet, *Le Peuple* (1846); de Alfred Buret, *La misère des classe laborieuses en Angleterre et en France* (1840).

O charme da ciência e a sedução da objetividade

muitos outros, sugeriam desde a primeira metade do século XIX passou a ser enfatizada cada vez mais: julgou-se imoral pensar relações sociais sem que existisse um apelo afetivo entre os homens; designou-se com o nome de mito as teorias contratualistas, quando não rebaixadas ao nível de ficção precária.

Essas vertentes críticas ao liberalismo denunciavam como idealização perigosa a primazia dada ao indivíduo em relação à sociedade e às formas de vida coletiva, pregando a comunidade como precondição da existência do próprio indivíduo. A anterioridade e a primazia concedida à comunidade proporcionava apoio teórico e histórico ao nacionalismo, e à denúncia da perigosa ilusão criada pelo liberalismo, que acenara às classes sociais com a possibilidade de liberdade de organização. A maior apreensão fixava-se primordialmente no operariado e em uma provável organização de alcance mundial. Entretanto, no início do século XX, a força da idéia de nação e do pensamento nacionalista se sobrepusera aos ideais liberais, suas instituições e o concerto de nações, cujas entranhas haviam sido tragicamente postas a nu durante a Primeira Guerra Mundial. Essas teorias do necessário gregarismo dos homens deram precedência histórica ao grupo e não ao homem–indivíduo–cidadão, num movimento de negação que destruía, ou ao menos revia de maneira radical, as teorias do contrato social. Amparadas pelas certezas das ciências físicas e de suas leis transpostas para as sociedades humanas, as concepções gregárias revisitaram as teorias contratualistas, com freqüência ridicularizando-as.

A noção de solidariedade, acompanhada ou não da teoria solidarista, ganharia adeptos no Brasil das três primeiras décadas do século XX, não só entre reformistas autoritários como Francisco Amaral e Oliveira Vianna, mas também junto ao reformismo socialista saído da Segunda Internacional e as vertentes do pensamento anarquista.[48] O denominador comum dessas propostas políticas tão diferenciadas residia sem dúvida nas apropriações das concepções cientificistas do darwinismo social,

---

48 Cito o exemplo de Piotr Kropotkine (1978). A primeira edição inglesa de *Mutual Aid: A Fact of Evolution* (1972), de 1902, revisada em 1904, e reuniu artigos publicados na Nineteenth Century entre 1890 e 1896. Também Seixas (1989, p.86).

que levaram a representações de forte significação política, como a da idêntica e convergente "constatação" de que a primeira tarefa a ser realizada em países como o nosso seria a "formação da nação" ou a "formação de classe".[49]

Um mesmo **fundo comum** de certezas afirmaria a heterogeneidade da população, a solidariedade clânica estruturada sobre a base social da grande propriedade rural, insuficiente para dar lugar à solidariedade social, a **unidade ausente**, característica própria dos países novos, inacabados.

É interessante anotar, ainda que de passagem, que também do ponto de vista de correntes socialistas ativas no movimento operário no início do século XX a evidência de provirem os imigrantes de países diversos serviria de argumento poderoso em defesa do "adiamento" da formação de um partido operário socialista no Brasil, condição para o movimento revolucionário, apontando para o "lento trabalho das leis da evolução", necessário para que as tantas raças presentes entre os trabalhadores evoluíssem para a homogeneidade necessária à formação da classe operária brasileira nos moldes propostos pela Internacional. As palavras de Antonio Piccarolo expressam bem a posição de diversos militantes:

> Todos estes elementos tão diversos não constituem um povo. ... no Brasil, aonde chegam Italianos, Alemães, Espanhóis, Russos, Poloneses, Turcos e, agora, até Japoneses. ... São eles os elementos que, com o tempo, fundarão e formarão o povo brasileiro. (apud Seixas, 1989, p.130).

A proveniência diversa dos componentes da classe trabalhadora exigia um trabalho preliminar de formação submetida à ação do tempo. A própria idéia de organização deveria ser postergada por supor a consciência, inexistente, diriam jornais operários do início do século XX, em um proletariado inculto. Nas letras de *O amigo do povo*, de setembro de 1903:

---

49 Utilizei para esta aproximação as análises sobre o movimento operário no Brasil do início do século XX realizadas por Jacy Alves de Seixas (1989, cap.3 e 4). Ver, também da autora, "Anarquismo e socialismo no Brasil: as fontes positivistas e darwinistas sociais" (1997, p.133-48).

O charme da ciência e a sedução da objetividade

...se a organização que deve ser a realização prática da solidariedade ... exige a consciência, como obtê-la se há falta de consciência? (ibidem, p.103)

Sem dúvida esse argumento tinha subsidiariamente a intenção de promover a formação intelectual do trabalhador, em que a prioridade dada à instrução por vertentes importantes do pensamento operário no Brasil. Na lógica da teoria da organização operária não era chegado o momento de ela efetivar-se. Ou, como disse Seixas: "A prática se dobrava incondicionalmente à teoria". Seria somente após a greve geral de 1903, na cidade do Rio de Janeiro, que, para uma vertente do movimento anarquista, a ação operária seria alçada a meio de formação para a luta e não como finalidade última (p.103 ss.).[50] Contudo, as avaliações de parte das lideranças operárias, que consideravam o proletário brasileiro inculto e inconsciente, daí incapaz de se solidarizar numa forma organizada, assemelhavam-se à de grande parcela da intelectualidade brasileira.

Se para Oliveira Vianna o liberalismo e seu indivíduo-cidadão dotado de consciência cívica e cultura política não tinham raízes no Brasil, para o pensamento socialista colocava-se, desde o início do século, a diretriz da "espera" pois lhe parecia impossível levar trabalhadores incultos e pouco conscientes a se organizarem em um partido operário transformador.[51]

Isso fornece elementos importantes para a compreensão do papel subordinado dos socialistas no movimento sindical e na "estratégia operária de ação direta", de tons dominantemente anarquistas, das primeiras décadas do século.

Deixando de lado as divergências internas ao movimento operário quero indicar, seguindo os argumentos de Seixas, ao menos dois elementos importantes e comuns aos seus programas políticos: a anotação

---

50 ... mostra como da vertente anarco-comunista se forma sindicalismo revolucionário de nítida feição anarquista.

51 Como afirma um articulista do jornal *O Amigo do Povo*: "A organização deve ser a realização prática da solidariedade" ela "exige a consciência. ... Efetivamente uma massa inconsciente seria a desorganização". "Depois da greve", 13.9.1903 (apud Seixas, 1989, p.103).

da insolidariedade, para eles também evidente no povo brasileiro, ainda que esse registro fosse bem menos realçado entre os anarquistas em sua maioria de tendência malatestiana, críticos contundentes do positivismo e do darwinismo social; e o sindicato como instrumento ou forma primeira de agregação e formação da consciência de classe. O **campo comum**, passível de múltiplas apropriações, é ainda o cientificismo: a aceitação da neutralidade da ciência, o desdém pelos "sistemas a *priori*", os conceitos abstratos sem pé na "realidade" social. Também os teóricos do movimento operário – socialistas e parte dos anarquistas – mergulhavam nos ensinamentos do positivismo e do evolucionismo, aceitando as sociedades humanas como "fatos naturais" e os grupos sociais como correlatos de formas biológicas. Daí a metáfora organicista do "corpo social" corresponder à idéia de sociedade atada à "lei da evolução" e a possível homologia entre classe e raça; e mais, a luta de classes, "o motor da evolução histórica", apresentar-se colada à concepção de "luta das espécies"(ibidem, p.85-97).

Sindicalismo e Conselhos Técnicos – uma solução nacional

> Sou dos poucos publicistas brasileiros que mais cedo percebeseram o problema da organização das classes e pregaram a necessidade de cooperação, da solidarização e da sindicalização em nosso país. Toda minha obra se inspira neste pensamento superior: a necessidade de corrigir, pela organização profissional, o excessivo atomismo social de nosso povo. ... o maior mal de nossa democracia é a dissolução e a incoesão das classes sociais – e que há só um meio de corrigi-lo: é a solidariedade profissional, de que o sindicato é a sua expressão mais viva e característica.
> Oliveira Vianna (1933)[52]

Em março de 1933, Oliveira Vianna concedia entrevista ao jornal *A Nação*, quando, na condição de membro da subcomissão constitucional que debatia "o regime legal a que deviam ficar submetidas as associações de classe", fora acusado de ter proposto a "dissolução dos sindica-

---

52 "O syndicato e o problema do seu controle", *A Nação*, 29.3.1933.

O charme da ciência e a sedução da objetividade

tos profissionais", pela ação da polícia. Defendendo-se da acusação de um ato que designava como "dislate, um despautério, de que seria incapaz um cretino", lançou mão de argumentos, recorrentes em seus estudos, em defesa dos ideais da "solidariedade profissional". Listando escritos, desde *Populações meridionais do Brasil*, reafirmou a total adesão ao "pensamento solidarista (ou grupalista, como diria o sr. Tristão de Atahyde)", pedindo aos leitores que lessem *Problemas de política objetiva*, que dizia ser "livro recente [fora de fato publicado em 1930], largamente difundido pelo Brasil inteiro".

Afinal, somente os que não conhecessem seus trabalhos poderiam crer, alertava, em semelhante "*bluff* ou barriga jornalística", do qual seria "vítima a credulidade do operariado brasileiro". Apesar de aquiescer quanto a improcedência da acusação, o jornalista insistia na dimensão assumida pelo boato, ainda que injustificado, levando Oliveira Vianna a qualificar a "afirmação" como "de uma inconsciência infinita". Afinal, tratava-se de acusação totalmente injusta, por referir-se a ele, uma pessoa que tinha "toda a sua obra trabalhada profundamente pela preocupação da organização profissional das classes, como meio de dar-lhes unidade e prestígio, e fazê-las forças de orientação administrativa e política"; forças que, insistia, assumiriam as formas as "mais expressivas de solidariedade profissional, que são os sindicatos".

Não foi esta a única ocasião em que o autor viu seu nome relacionado a posições que afirmava não serem as suas. Em 1983, na "Introdução" à segunda edição de *Problemas de direito corporativo*,[53] Alberto Venâncio Filho transcrevia trechos de texto de Oliveira Vianna em resposta às acusações de Waldemar Ferreira, contidas no parecer exarado quando da apreciação do projeto de organização da Justiça do Trabalho em 1935. Este deputado e professor da Faculdade de Direito de São Paulo, relator da Comissão de Justiça da Câmara dos Deputados, acusara o projeto da legislação de Direito Social e Direito Corporativo de conter dispositivos fascistas, contrários portanto à Constituição de 1934.

---

53 Há nessa Introdução erro de composição, o que dificulta saber até onde vão as palavras do prefaciador e onde começa a carta de Oliveira Vianna, datada de março de 1938 (cf. p.11-22).

Mencionava o que seria "a maldição de um título!" – *Problemas de direito corporativo* –, Venâncio Filho lamentava, nessa Introdução, ter o livro permanecido quase no anonimato por mais de quarenta anos, "desconhecido dos advogados e juristas, ... dos sociólogos e historiadores que via de regra não deram importância ao trabalho". Perdera-se, segundo ele, a oportunidade de conhecer "uma importante página de hermenêutica do direito". Mencionaria como exceção a esse esquecimento o livro de Evaldo Amaro Vieira, autor que reconhecera ter Oliveira Vianna tentado "uma nova interpretação dos princípios jurídicos que informam a realidade econômica e social", lamentando também, neste caso, ter o autor se mantido na mesma trilha interpretativa de análise das propostas sindicalistas de Oliveira Vianna, reforçando a imagem corporativista a elas atribuída (Vianna, 1983, p.11-22, Introdução).

A "Introdução" confirma, assim, a persistência das acusações a Oliveira Vianna ainda nos anos 1980 e para combatê-las Venâncio Filho corrobora a afirmação do autor em 1938 quanto à procedência norte-americana da fundamentação do direito constitucional adotada no projeto, baseada em autores como Louis Brandeis e em instrumentos de organização administrativa, as *"regulatories agencies"*, as *"corporations"*, ou seja, "os grandes órgãos reguladores" criados nos Estados Unidos a partir do *New Deal*. A "Introdução" permite, além do mais, inscrever as propostas de organização do trabalhador e da Justiça do Trabalho, elaboradas pela Comissão de técnicos do Ministério, reconhecidamente liderada em termos teóricos por Oliveira Vianna, no campo das acirradas controvérsias políticas dos anos 1930. É nesse contexto que as críticas de Waldemar Ferreira compõem um conjunto de argumentos importantes para sugerir a resistência oposta por juristas liberais que apontavam "profundas contradições entre certos dispositivos centrais do projeto e o texto da Constituição de 1934".[54] Daí, a acusação de inconstitucionalidade e caráter fascista ao projeto de lei.

Em 1935, Oliveira Vianna dissera ter se sentido obrigado a vir a público em defesa dos projetos por serem o resultado dos trabalhos da co-

---

54 Alberto Venâncio Filho informa ter o parecer sido publicado em *Princípios de legislação social e direito judiciário do trabalho*, 2 volumes, de 1938 e 1939, p.13-15. Cf. *Problemas de Direito Corporativo* (1983, p.12).

O charme da ciência e a sedução da objetividade

missão encarregada de redigi-lo e da qual participava como consultor jurídico do Ministério do Trabalho. A resposta ao parecer de Ferreira tomaria a forma de sete artigos publicados no *Jornal do Comércio*, reunidos depois em 1938 no livro anteriormente mencionado. Nela Oliveira Vianna defendia as propostas de lei formuladas pela Comissão, conduzindo de maneira estratégica o argumento no tom da disputa entre posições opostas. Elogiava o jurista, designando-o como "um dos nossos mais brilhantes e acatados tratadistas", e seu parecer, dizendo ter sido "um curso sintético de Legislação Social e Direito Processual do Trabalho"; deslocava, entretanto, em seguida o debate para um campo atravessado por controvérsias, o "da técnica interpretativa da Constituição".

Iria mais longe, na nítida investida destinada a desacreditar o parecer ao considerar o debate como

conflito entre duas concepções do direito, a velha concepção individualista que nos veio do direito romano, do direito filipino e do direito francês, através do *Corpus Juris*, das Ordenações e do *Code Civil*, e a nova concepção nascida da crescente socialização da vida jurídica, cujo centro de gravitação se vinha deslocando sucessivamente do indivíduo para o grupo e do grupo para a nação, compreendida esta como a totalidade específica.

Nessa frase ficava evidente a contraposição entre duas concepções de direito na ênfase dada por ele à atualidade das propostas da Comissão e sua adequação à "legislação social saída da Revolução de 30". Expressa assim a convicção de que se vivia "uma nova fase na história de nosso direito positivo", o que, já em si, exigia "uma renovação profunda da dogmática, na sistemática dos nossos conceitos tradicionais". Não só ressaltava o caráter inovador que desejava atribuir à proposta da Comissão, como também rotulava de ultrapassada historicamente a base teórica sobre a qual se apoiava a crítica do jurista paulista.

Ao designar as divergências com Waldemar Ferreira como conflito entre duas concepções do direito, o autor dava ao debate um nítido posicionamento político, indicando ocorrer não só no Brasil, mas "em todos os centros jurídicos do mundo". Lamentava, outrossim, a ausência do debate exatamente onde deveria estar ocorrendo com mais pertinência – "os centros de cultura jurídica brasileira" –, instigando uma vez mais o conflito de opinião com o jurista e professor ao dizer que nesses centros "se continuava a interpretar os textos de direito constitucional e de direito público, como se fosse um texto de direito civil, comercial e processual" (Vianna, 1983, p.13-15).

A seqüência de sete artigos repunha, agora no domínio dos dispositivos jurídico-legais, as idéias defendidas em seus escritos anteriores, inserindo-as de modo inequívoco nas disputas e controvérsias entre projetos políticos divergentes. A proposta relativa à necessária revisão dos pressupostos liberais das instituições brasileiras pelo anacronismo de que padeciam e pela ameaça à preservação da unidade nacional, ele, a mantinha desde o final dos anos 1910. À posição individualista contrapunha a orientação coletivista da organização do trabalho, ferrenhamente defendida em artigos para jornais na década de 1920, reunidos em *Problemas de política objetiva*, de 1930, coletânea listada entre os livros nos quais expusera suas idéias sobre a importância de "corrigir a insolidariedade do povo brasileiro" por meio da "cooperação, da solidarização e da sindicalização", da "solidariedade profissional", em suma. Os artigos da coletânea expõem suas teses coletivistas desde o "Prefácio" à primeira edição, de 1930, na qual o autor alude ao desconhecimento ou falta de informação das "nossas elites dirigentes" em relação à terra e ao povo, reforçando essa imagem alienada e negativa ao afirmar ser "o objetivo principal deste livro justamente mostrar como seria possível corrigir este desconhecimento e os males que dele derivam".

Penso ser importante primeiro acompanhar as propostas apresentadas em *Problemas de política objetiva* (1974b), de modo a apreender a coerência do projeto político de Oliveira Vianna e conceder a devida dimensão aos escritos reunidos no livro de 1938 em defesa do projeto de organização da Justiça do Trabalho enviado à Câmara em 1935. Afinal, os artigos da década de 1920 constituem uma clara evidência da segurança com que Oliveira Vianna confirmava a ausência de solidariedade na população do país, bem como de opinião organizada, reafirmando ainda a base oligárquica do governo, governo de "oligarquias broncas, que todos os nossos espíritos capazes de idealidade deverão pugnar para que se transformem em oligarquias esclarecidas". Sua segurança provinha dos estudos anteriores, por meio dos quais percorrera a trilha

O charme da ciência e a sedução da objetividade

de análises que lhe permitiria reunir em 1930 em coletânea os textos publicados em jornais e revistas, elaborados "em épocas muito diferentes", conforme explicaria em dezembro de 1945 no "Prefácio" à segunda edição. Assinalava a coincidência da reedição estar sendo dada a público em "atmosfera de agitações políticas e ideológicas idênticas à da época climatérica em que foi editado", sublinhando a atualidade da maioria das idéias nele expostas, muitas delas já consagradas em leis, outras ainda plenas de sentido, sem deixar de ressaltar a importância, para o "historiador do futuro, como testemunho informativo e subsidiário do estado dos espíritos e das preocupações daquele momento", das que tivessem perdido essa característica atual.

Esse "Prefácio" constitui indubitavelmente uma defesa das posições assumidas desde os anos 1910 na nítida intenção de mostrar a convergência de suas idéias e propostas com os ideais dos "revolucionários" que, em 1930, haviam posto fim à Primeira República e às pretensões utópicas do "espírito republicano" de 1891. Não configurava, portanto, e isso fica claro, uma adesão oportunista ao ideário da "Revolução".[55] A alusão ao "espírito republicano" assume em seus textos os traços de ironia crítica em relação à elite dirigente do país que, a seu ver, reproduzia "com o automatismo de hipnotizados, os movimentos políticos da Europa: as agitações parlamentares inglesas ou as vanlinoqüências do liberalismo francês"(Vianna, 1974b, p.155). Ao "espírito republicano", abstração retórica ou em sua expressão "esses velhos fetiches verbais", imputava a resistência a questões importantes, tais como o Código do Trabalho, do qual dependia a concessão de direito ao Estado para intervir na regulamentação das horas de trabalho de mulheres e crianças, nas relações contratuais entre patrões e trabalhadores, em total desacordo com as necessidades mais evidentes. No capítulo XIV, "Os problemas do Nordeste e a mentalidade das elites políticas", sua ironia crítica atinge o ponto máximo ao dizer:

---

55 É importante notar a designação feita pelo autor do golpe de 1930 como "Revolução", termo que foi coletivamente assumido, reverenciado e, depois, analisado por numerosos autores mediante várias posições teóricas, confirmando sempre a etiqueta "Revolução". A esse respeito, continuam válidas as observações críticas de Edgar de Decca (1981).

O critério da *utilidade coletiva*, da *necessidade* ou da *conveniência nacional* não tem importância alguma. O valor das medidas legislativas ou administrativas depende de serem elas concordantes ou não concordantes com... o "espírito republicano"!

Um habitante do planeta Marte, onde provavelmente não há "republicanos históricos", notando essa importância soberana que para os nossos políticos tem o "espírito republicano" há de pensar lá consigo que esse "espírito republicano" deve ser qualquer coisa sagrada, como que uma expressão característica da alma da Raça, uma modalidade sublimada do "espírito da Nacionalidade". Mas, grande surpresa há de ter quando verificar que esse "espírito republicano" é apenas uma emanação do *Contrato Social*, de *Rousseau*, da *História dos Girondinos*, de Lamartine, e de alguns volumes da *Filosofia Positiva*, de Augusto Comte, aqui chegados há cerca de cinqüenta anos, nos porões de um transatlântico qualquer ... (grifos no original) (ibidem, p.150)

Nesse artigo de denúncia, a referência ao "espírito republicano" cumpria a função de referência crítica à displicência com que os grupos dirigentes da região Nordeste estariam tratando o problema da seca, questão fundamental para dirimir a miséria dos "flagelados", tocados de suas terras pela fome e pela incúria dos governantes. Aludindo a imagens de forte poder persuasivo, Oliveira Vianna fala das fotografias apresentadas por Ildefonso Albano, autor de *O secular problema do nordeste*, de 1918, no qual se viam "retirantes, homens, mulheres, crianças, todos ostentando a fácies dolorosa da miséria e da fome", as ossadas de rebanhos destruídos, em imagens que lhe traziam à mente "um recanto do Inferno numa ilustração de Doré". A referência ao "espírito republicano" assumia sua mais contundente dimensão de crítica política ao comparar essas terras flageladas, "esses sertões em fogo" com as terras do Arizona nos Estados Unidos, antes "desertos alcalinos, poeirentos, queimados pelo sol, terra montanhosa, solitária e nua" e agora ricas em pessegueiros e videiras, cobertas por searas de trigo dourado. Para ele, só a incúria explicava a situação vivida pelos nordestinos, já que, afirmava, "dá-nos a ciência, hoje, meios para criar nela [a terra do nordeste] condições de habitabilidade mais completa".

É interessante lembrar que, no final do artigo, Oliveira Vianna mencionaria *en passant*, sem maior justificativa, "o movimento naciona-

O charme da ciência e a sedução da objetividade

lista, que Alberto Torres havia por algum tempo lançado e conduzido" e que "visava precisamente operar essa transformação preliminar dos espíritos", não tivesse o movimento, completava o autor, se "desnaturado sob a influência das correntes do futurismo e do modernismo". Sem avançar qualquer explicação ao leitor, a menção alude a "forças perturbadoras de origem exógena", que teriam desviado e anulado a possibilidade de "modificação radical no sistema de idéias políticas das nossas elites dirigentes". A despeito dessa rápida menção, o artigo foi estrategicamente colocado na quinta parte do livro, nomeada "O problema da nacionalidade", antes do ensaio sobre o "Sentido nacionalista da obra de Alberto Torres", autor que ocupa lugar de destaque no texto que encabeça a coletânea "O sentido nacional da revisão", e merecedor de largos elogios em todos os seus trabalhos relativos à reforma da Constituição de 1891 e à formulação da noção de "realidade nacional" (ibidem, p.150-9).

De qualquer modo, não resta dúvida sobre a concordância das idéias dos dois autores e seus projetos de reforma constitucional. Soma-se a isso os livros de Torres terem contribuído para que Oliveira Vianna inserisse seu próprio trabalho em uma das correntes políticas da reforma da Constituição, e desenvolvesse as críticas às instituições liberais republicanas com base em suas conclusões, confirmando a formação e a difusão de um **lugar-comum**. Deslocaria, entretanto, sua avaliação e propostas do campo da genérica noção de "povo brasileiro", usada por Torres, para o da diversidade regional, fincando seus estudos, conforme diria, na área da "ciência política" e não mais no da filosofia política, campo privilegiado por seu antecessor. Há passos preliminares em sua proposta política, em que deixa claro, como já foi dito e redito neste estudo, a inadequação entre instituições liberais e a população do Brasil. A presunção de capacidade política exigida pelo voto universal e obrigatório, daí presunção de uma "consciência nacional forte e vivaz", de um "sentimento profundo e enérgico dos interesses públicos", de "correntes de idéias circulando e dominando a consciência" da população, "qualidades cívicas, orgânicas, instintivas", "qualidades de 'animal político'", na verdade contrastavam com o estado rudimentar do povo, cuja "psicologia política" se encontrava ainda, concluía, "na fase do patriotismo tribal, da solidariedade do clã, principalmente do clã rústico, parental, senhorial ou eleitoral".

Retomava, nessa imagem da sociedade brasileira, a linha argumentativa de crítica a conceitos não extraídos das análises sociais, e a eles atribuía a distância que afirmava existir entre a lei escrita e os usos e costumes da população. Com essas ponderações manifestava sua convicção de ser impossível fazer valer princípios acolhidos somente no plano mental, já que além de demandarem coeficiente elevado de cultura política exigiam adesão emocional. Para ele, palavras como *nação, estado, município* limitar-se-iam ao plano das idéias e dos conceitos abstratos se permanecessem *"sem quase nenhum coeficiente afetivo ou emocional"* ou, diria também, "como estados de consciência puramente intelectuais, sem as condições de afetividade indispensáveis à sua objetivação pragmática" (ibidem, p.40-2) (grifos no original). Atribuía evidentemente pouco valor prático à coação, daí derivando a imprescindível adesão da população para o efetivo funcionamento das leis. O duplo caráter – mental e afetivo – da adesão confirmava a urgência da organização solidária, de modo que fosse "Cooperação e não subordinação" o elo essencial das "relações entre o Estado e os particulares". Oliveira Vianna confirmava o inescapável vínculo entre direito legal e direito costumeiro, sublinhando não poderem a leis se opor drasticamente aos usos e costumes correntes sob pena de fracassarem ao não receberem o apoio da população. Oferece mesmo exemplos do insucesso de estímulos governamentais na área rural concluindo: "É justamente este fator moral que, entre nós, explica a relativa ineficiência do Ministério da Agricultura e dos seus 'serviços' apesar da perfeição com que estão organizados: falta-lhes a adesão do povo. O povo, a massa social do campo ou da cidade, 'não responde'" (ibidem, p.131).

Seria por meio dessa trilha de argumentos que, ao chegar na questão do sentimento básico – a solidariedade –, formador da sociabilidade social, Oliveira Vianna daria forma à conclusão que lhe serviria de fundamento para o projeto político: na avaliação comparada entre nós e "outros povos mais adiantados", resultava evidente que nos faltava o "substrato de sentimentos políticos superiores", imprescindíveis para compatibilizar instituições liberais e formas cotidianas de conduta, ca-

O charme da ciência e a sedução da objetividade

rência extensiva à elite dirigente ou classe política do país. Isolada, preocupada somente com seus interesses individuais, a elite incorria em duplo erro: "um erro de técnica" – o não-recurso aos técnicos, aos profissionais; "um erro de psicologia coletiva" – a ausência de adesão moral do povo (ibidem, p.130).[56]

Dessa maneira, a proposta de adoção do "mecanismo engenhoso dos Conselhos Técnicos", anunciado em 1930 no "Prefácio" à primeira edição de *Problemas de política objetiva*, assume sua dimensão mais abrangente. Só por meio deles se poderia corrigir a falta de conhecimentos dos encarregados do governo e da administração pública. Colocava assim, de modo enfático, sua aposta na "colaboração de todos os homens de boa vontade, práticos, experientes", mesmo que não pertencentes à classe política. Os Conselhos Técnicos comportariam a função de correia de transmissão entre as organizações profissionais e o governo, a ele levando, sem a intromissão de "interesses espúrios", as reivindicações da base sindical. Não que pensasse ser possível estabelecer esse mecanismo de modo espontâneo. Há, em seus escritos, uma aposta na possibilidade de estimular por meio de dispositivos legais a formação de grupos solidários, especialmente a partir do trabalho e das profissões, o que lhe permitia pensar a estrutura da organização da "solidariedade ativa do nosso povo", moldando-se pelas "formas associativas mais expressivas das classes econômicas do Velho Mundo": as "associações sindicais" e as "instituições corporativas" (Vianna, 1974b, p.128-34).

Ironicamente, Oliveira Vianna via-se obrigado a fazer o elogio de fórmula já "testada com êxito" em outros países como mecanismo de formação de "consciência de grupo" no Brasil. Na defesa da opção pelo sindicalismo e corporativismo, diria serem meio eficaz para "promover uma renovação de mentalidade das nossas elites econômicas e das nossas classes produtoras"; adoção que exigia adaptação é bem verdade:

---

56 Lembro a importância atribuída também por Alfred Fouillée (1910) à elite intelectual de um país como possível detentora da "consciência nacional". Não por acaso, Fouillée iniciava o capítulo "Necessité d'une élite dans la démocratie conçue comme organisme contractuel", mostrando que da teoria dependia a prática, e que quando a primeira fosse falsa, redundava necessariamente na imobilidade, na paralização da elite da nação, com todas as demais conseqüências disso advindas. Cf. Fouillée (1910, p.76 ss.).

O nosso problema está, não em reagir contra elas, mas em tomar estas instituições em nossas mãos, encará-las com decisão e coragem, e alterá-las, deformá-las, **abrasileirá-las** em suma, de maneira a ajustá-las ao nosso corpo, à nossa conformação, às dimensões das nossas possibilidades. (Vianna, 1943, p.XII)[57]

O alerta contido nesse texto do "Prefácio" de *Problemas de direito sindical* visava lembrar a semelhança da situação dos anos iniciais do Estado Novo e as vivenciadas "em 1824 em face do Parlamentarismo, no período monárquico, em face do Federalismo em 1891, no período republicano", nivelando as três como instituições exógenas. Iria mais longe ao alertar serem as concepções coletivas "idéias centrais, que estão no foco do pensamento moderno, idéias que vibram na atmosfera do nosso tempo", tal como as duas anteriores em seus respectivos momentos. O erro a evitar estaria em não reincidir no procedimento dos antepassados de adotar "o figurino transatlântico" mas, sem desconsiderá-lo e a partir dele, "criar o *nosso* tipo de organização sindical ou corporativa ... fazer obra pessoal". E diria, completando, "foi justamente o que se fez: *a nossa nova legislação sindical não é obra de decalque; é ao contrário, obra planejada, executada e acabada tendo sempre o Brasil à vista*" (grifos no original). Mesmo "a abundância de citações estrangeiras", para as quais chamaria a atenção, justificava como meio comparativo e "orientação bibliográfica aos novos e jovens estudiosos, porventura interessados por estes problemas e que se queiram lançar a este novo e fascinante campo de estudos" (ibidem, p.XV).

No texto, escrito durante sua colaboração junto ao Ministério do Trabalho, Indústria e Comércio, retomava as recorrentes análises da sociedade brasileira para justificar a decisão assumida pela Comissão encarregada do projeto da Lei de Sindicalização favorável exatamente ao sindicato único, sindicalismo por categoria ou ofício, e não ao sindica-

---

57 Impossível deixar de notar a semelhança com a imagem da túnica pachorentamente costurada à qual aludia Gilberto Freyre no *Manifesto regionalista de 1926*. A largueza e o conforto sem pressa sugeridos por Freyre contrastam, entretanto, com a imagem de força, força do pensamento e da vontade, na tarefa de moldar as instituições estrangeiras ao nosso corpo, presente na retórica de Vianna.

O charme da ciência e a sedução da objetividade

lismo por indústria. Explicava a opção e argumentava favoravelmente à eficácia dessas "instituições elementares, por assim dizer, unicelulares" na missão de desenvolver no homem brasileiro "o espírito de colaboração social e os hábitos de solidariedade profissional". Contrariamente ao sindicato de indústria, que reuniria toda a gama hierárquica de empregados, expressando então interesses complexos e diferenciados, dificilmente absorvíveis como objetivos comuns, o sindicato profissional teria a vantagem de oferecer um ponto de partida mais simples para a formação e consolidação da consciência coletiva. À condição básica de representante de toda uma categoria, Oliveira Vianna acrescentava um argumento essencial para seu projeto de "democracia autoritária": o controle amplo dos sindicatos pelo Estado, previsto nos dispositivos da Constituição de 1937. Sem descartar a importância da experiência anterior baseada no "princípio da pluralidade e da autonomia plena dos sindicatos, estabelecido na Constituição de 1934", concluía ter sido exatamente os resultados dessa experiência que haviam conduzido à opção pelo sindicato único.[58]

Oliveira Vianna sublinhava a importância estratégica das associações sindicais e das instituições corporativas como antídoto à grande falha da nossa estrutura social – o insolidarismo – cumprindo a "função de organizar e de integrar" uma população dispersa por vasto território, vivendo em estágio incipiente e rudimentar da economia industrial e urbana, presa a práticas personalistas, herança da ação desintegradora dos grandes domínios do período colonial, ação reforçada ainda mais pelo individualismo da Constituição de 1891. A base sólida para a boa gestão dos interesses nacionais estaria em grupos de interesses coletivos, dado que, em paralelo ao "papel tutelar, educativo e assistencial" dos sindicatos, estes desempenhariam importantes funções junto à administração pública. Oliveira Vianna insistia na importância da participação nos assuntos do Estado das "nossas classes econômicas, as empregadoras e as empregadas", por meio de seus conselhos e corpora-

---

58 Oliveira Vianna retomava essa avaliação da sociedade brasileira no "Prefácio" de *Problemas de direito sindical* e em vários trechos do livro em que reitera o acerto da opção e faz a defesa da Lei Orgânica da Sindicalização de 1939 (1943, p.V-XVIII e p.3 ss.).

ções, para "neles realizar a afirmação democrática da sua vontade e dos seus interesses".

Um dos argumentos de maior poder de convencimento ficava com o destaque ganho pelo sindicato na projeção da arquitetura política harmoniosa da sociedade, por sua posição hierárquica: "abaixo das instituições administrativas do Estado, mas acima do vasto mundo das associações privadas". Essa posição privilegiada marcava de modo claro a diferença em relação às correntes do sindicalismo liberal ou católico, enérgicas defensoras da pluralidade sindical, entendida por Oliveira Vianna como "coisa absurda". A pluralidade pressupunha, diria, um sindicalismo de tipo arbustivo, típico espécime do clima da "democracia liberal", em nada condizente com "os climas severos e exigentes, de autoridade forte, de Estado supremo orientador da política legislativa, administrativa e econômica do país". O sindicato único por categoria traduzia assim a inegável intenção do legislador em chamá-lo para assumir "poderes de autoridade pública". Em suas palavras:

> ...o pensamento revolucionário sempre proclamou o firme propósito de chamar o sindicato para junto do Estado, tirando-o da penumbra da vida privada, em que vivia, para as responsabilidades da vida pública. (1943, p.6-14)

Na visibilidade ganha pelo sindicato residia o chamado para a atuação responsável e cooperativa, fossem eles operários ou patronais. Certamente um ganho com a abertura de um canal de expressão de seus respectivos interesses, reconhecido e acolhido pelas instâncias governamentais; no reverso da medalha, uma situação em certo sentido incômoda quando as reivindicações não coincidissem com as diretrizes definidas no nível mais alto da estrutura hierárquica da sociedade. Esta proposta de arquitetura harmoniosa, já demarcada em *Problemas de política objetiva*, compõe a matriz de seu programa de reformas sociais e políticas retomada na colaboração como consultor jurídico do Ministério do Trabalho e exposta nos artigos coletados em *Problemas de direito corporativo* (1938) e *Problemas de direito sindical* (1943).

Oferece assim matéria para reflexão a maneira como iria defendê-la no "Prefácio" e no capítulo VI de *Problemas de direito sindical* em exposição de

O charme da ciência e a sedução da objetividade

motivos e resposta às críticas ao anteprojeto de Lei Orgânica da Sindicalização apresentadas pelo empresariado paulista junto à Federação das Indústrias do estado de São Paulo e encaminhadas pela Confederação Nacional das Indústrias à comissão Revisora de Decretos do Ministério da Justiça, na época sob a responsabilidade de Francisco Campos. Deixava claro, uma vez mais, que somente nessas instituições, em particular no "sindicato de ofício", reconhecia uma "função integradora e organizadora", com força suficiente para "fazer nosso povo passar da fase de 'massa' ... para a fase de 'comunidade'". Ao sindicato concedia o poder de "transformação da estrutura material (morfologia dos grupos) e de transformação da estrutura mental (psicologia dos grupos)". Na coincidência de interesses de grupo estaria a melhor maneira de desenvolver "hábitos de cooperação e ação coletiva" e de atuar na direção de "uma profunda modificação na mentalidade de nossas elites políticas". Nada melhor e mais eficiente para expressar "a força moral, a força social, a força política". Tratava-se em suma de conseguir uma ação coletiva atuate e de "caráter meramente técnico e profissional", compondo os "Conselhos Técnicos" com outros representantes da comunidade (Vianna, 1943, p.XXIII e p.57-65).

Seu argumento segue uma trajetória que parte do **lugar-comum**, também aceito pelos liberais, de que "numa verdadeira democracia, deve haver colaboração preponderante das classes econômicas"; dado serem "as classes" que produzem, as que pagam, ou mantêm a estrutura do Estado. É exatamente na bifurcação para o coletivo que a proposta de Oliveira Vianna se afasta dos liberais. Quando afirma ser "capital para a democracia a participação *coletiva*, a participação das classes *como tais* nos negócios públicos, na atividade dos governos, na determinação de suas diretrizes administrativas e políticas", ele elimina o "cidadão" agindo como indivíduo, diluindo-o ou fundindo-o na condição de "*membro* desta ou daquela corporação", como "parcela de *um dado agrupamento*", unido pela consciência de um interesse comum – de classe. Em extensa nota posterior à edição de 1930 de *Problemas de política objetiva*, Oliveira Vianna lembrava, em apoio de suas idéias, que segundo o professor Valter Sandelius, "tanto na Inglaterra como nos Estados Unidos está se generalizando a opinião de que a 'democracia *política*, separada

421

da democracia *econômica*, significa pouca coisa, pouco mais do que o direito formal de lançar um voto na urna, voto que não raro é vendido a baixo preço'". Vai além, em seu exemplo da tendência mundial ao abandono da democracia política, expondo pesquisa de outro professor norte-americano da Universidade de Chicago, Harold Gosnell, na qual se constatava acentuar-se nos Estados Unidos a tendência "corporativa" assumida pelos partidos políticos: *The democratic party is becoming the party of the lower income groups – the organized industrial works, and the beneficiaries of the relief, farm, housing, lending and others programs of the national government*", enquanto, "*The republican party, on the other hand, is tending to become a party of the higher income groups – the businessmen, the profissional classes, white-collar workers, and the independent farmers*" (em inglês no original).

O mesmo resultado de pesquisa obtivera outro professor norte-americano, Robert Brady, da Universidade de Colúmbia, ao mostrar "a poderosa estruturação a que chegaram as classes econômicas e produtoras nas grandes nações industrializadas, modernas, como também o seu crescente e decisivo papel na administração e no governo destas nações". Como sempre contrastava, no passo seguinte, essa poderosa força organizativa com os nossos partidos políticos "de bases meramente doutrinárias e ideológicas, desagregados da nossa estrutura econômica, funcionando acima dela ... um puro anacronismo".[59]

A nota confirmava em 1947 o alerta ao Partido Democrático, na década de 1920, sobre o erro em que estaria incorrendo, ao se manter amarrado a "preocupações puramente eleitorais", quando seu objetivo único deveria ser, segundo Oliveira Vianna, o de "atacar a fundo o problema da organização das nossas classes produtoras e do desenvolvimento do seu espírito de solidariedade e cooperação no campo econômico". Não havia para ele solução de continuidade entre o "espírito de solidariedade e cooperação no campo econômico" e o "espírito de cooperação e solidariedade no campo político". A ação política pressupõe base social, enfatiza. E se fazia referência particular ao Partido Democrático era por ver a possibilidade de organização e cooperação solidária delineando-se no final da década de 1920 em São Paulo, graças à própria

---

59 Trata-se da nota 5, p.95-6, de *Problemas de política objetiva* (1974b).

O charme da ciência e a sedução da objetividade

organização da sociedade paulista. Reconhecia ali um começo de organização das classes produtoras urbanas e rurais, no entendimento de seus interesses comuns, adquirindo a consciência de que deveriam defendê-los. Contudo o que explicava lá ter obtido algum sucesso explicaria também seu fracasso no restante do país (Vianna, 1974b, p.94-8). Sempre coerente com sua maneira de expor idéias e projetos, Oliveira Vianna buscou exemplos em outros países, no caso o "partido antipersonalista argentino", como solução para deslocar os "programas de governo" do âmbito de "programas pessoais" para o de "programas de partidos", ao qual os eleitos teriam que se manter fiéis. Impedidos de se renderem aos apelos e às solicitações interesseiras dos correligionários permaneceriam vinculados a um programa sem acatar sugestões tendentes a corrompê-los.[60]

Ao finalizar os três capítulos de *Problemas de política objetiva*, em que expõe as profundas transformações por que passavam as formas de organização nas "democracias modernas", estrategicamente encaminha seu leitor para os quatro capítulos subseqüentes dedicados com exclusividade ao "estudo do papel que cabe aos Conselhos Técnicos nos governos modernos". Esses ensaios compõem não só o elogio da capacidade técnica na orientação da formulação das leis, mas ainda, e de modo muito enfático, constitui uma exposição detalhada dos benefícios colhidos por essas práticas nos países em que haviam sido adotadas e nos poucos casos em que se faziam presentes no Brasil. Pela apresentação dos argumentos e por terem sido publicados anteriormente em jornais, os ensaios configuram um claro chamamento para a organização solidária das classes, fossem elas econômicas ou não, na certeza de que só coletivamente os homens poderiam se fazer ouvir, conquistar o governo ou obter uma conquista de caráter meramente profissional.[61] Na projeção

---

60 O exemplo e as ponderações de Oliveira Vianna estão no capítulo intitulado "Plataformas de partidos e plataformas de candidatos" (1974b, p.88-93).

61 Pelo menos dois deles, "Os conselhos technicos nos governos modernos" e "O problema da approximação entre a classe política e as outras classes", foram antes publicados em *O Jornal*, Fundação Oliveira Vianna, Reg. n.1073.101.2, Reg. n.1073-102. Não consta a data nos recortes, mas somente retoques de forma constam dos textos publicados na coletânea, capítulos X e XII.

desejada de aproximação permanente entre a classe política e/ou o governo e "as outras classes que representam o povo", Oliveira Vianna só via possibilidade de sucesso com a formação do "espírito corporativo" e a subseqüente "consulta às associações locais de classe".

Mantinha a linha de argumentos adotada, ao tomar sempre exemplos europeus para afirmar a atualidade e urgência de suas propostas frente à constatação generalizada de que estava encerrado o ciclo da onisciência do órgão legislativo. Em sua justificativa diria que, até em países que contavam com uma "elite política mais culta" – França, Alemanha, Itália –, "nenhum homem de Estado" dispensaria "a colaboração dos técnicos, dos profissionais". Em toda parte, afirmava, "a competência técnica vai substituindo a competência parlamentar" (ibidem, p.118-9). Em sua representação da sociedade moderna, o deslocamento da parte da administração e do governo para os Conselhos Técnicos representava uma tendência não só prevalecente, mas o rumo político definitivo dos Estados após a guerra de 1914-1917. É importante anotar, entre as frases em defesa da capacidade técnica e da descentralização das tomadas de decisão, a maneira como o autor desenha uma arquitetura de módulos opostos porém articulados: concede destaque especial ao processo inverso, e complementar ao das consultas de base ao deslocar o poder decisório do âmbito parlamentar para o dos gabinetes, e o dos gabinetes, "personalidade coletiva", para o Primeiro Ministro – homem de liderança, até em países de sólida tradição parlamentar como a Inglaterra.[62] Lá, apontava, os técnicos são escolhidos pelo Primeiro-Ministro e compõem o *"Cabinet-Secretariat"*.

Adicionava a seu argumento a informação de que a colaboração de pessoal especializado não constituía novidade em um país onde as con-

---

62 Em extensa nota certamente posterior à primeira edição de 1930, Oliveira Vianna define o perfil do homem de estado moderno – "não é a competência especializada (*técnica*) e sim a competência *geral*, isto é, aptidão para a visão *complexiva* que os problemas oferecem". Citando Finney (*A Sociological Philosophy of Education*, New York, 1929, p.343), enfatiza a função de coordenação do "homem de governo (social leader)" para liderar os especialistas na formulação de um plano de governo (*social policy*), estabelecendo a clara diferença entre "o domínio do *técnico*, um especialista" e o "domínio do *político*, do *homem de estado*" (1974b, p.142). Cita também o solidarista e membro do partido radical francês Duguit, autor de *Leçons de Droit Public Générale*, publicado em Paris em 1929 (cf. p.143).

O charme da ciência e a sedução da objetividade

sultas consistiam a um procedimento regular, dispondo já há tempos o Parlamento de extensas e detalhadas *"inquiries"*, ou seja, pesquisas de sondagem de opinião, permitindo elaborar de modo eficaz leis adequadas para cada área. A referência às sondagens inglesas e seus bons resultados na elaboração de leis visava um alvo certo – a crítica ao enorme volume de leis promulgadas pelo legislativo brasileiro após a instauração da República, leis que, a seu ver, resultaram em pouco ou nenhum proveito prático dado o caráter puramente teórico de seu conteúdo.[63]

Demonstrou nítida preferência pelos Conselhos técnicos em pleno funcionamento em alguns países europeus – Alemanha, França e Itália –, discorre sobre as especificidades nacionais e os bons resultados colhidos. Na França, o Conselho Nacional Econômico estaria em vigor desde 1925, congregando "as expressões mais representativas dos interesses econômicos e das organizações de classe". Cita em seguida o caso do Conselho Superior da Economia Nacional da Itália, criado em 1923, composto por 45 membros, "todos técnicos, pertencentes a várias especialidades" e de onde os projetos de lei econômicas e sociais saíam diretamente para os órgãos executivos do governo, dispensando a homologação do parlamento (Vianna, 1974b, p.121-2). Sua preferência pelos Conselhos apoiava-se também em exemplos brasileiros, poucos, mas a seu ver expressivos: relaciona o Conselho Nacional do Trabalho e o Conselho Superior de Indústria e Comércio, ambos criados em 1923, por formarem com o pioneiro Conselho Nacional de Ensino, de 1911, três órgãos com funções jurisdicionais, administrativas e também consultivas, por meio de pareceres e sugestões ao poder público. Elogia mesmo o modo como estão constituídos, por "competências", "especialistas" e "técnicos" escolhidos nas "esferas da alta administração, nos centros de cultura especializada e principalmente nas associações de classe". Acreditava –, e não se pode esquecer serem os artigos, reunidos em *Problemas*

---

63 Referindo-se a "um livro muito conhecido e vulgarizado" de Cruet (sem fornecer outras informações sobre o título e local de publicação), retomava a questão do fraco rendimento de leis coativas pela não-adesão e cooperação da população. No caso do Brasil, faltaria às leis exatamente essa "adesão do povo", o que só ocorreria, como afirmava reiteradamente, se existisse um "substrato de coeficiente afetivo", uma forma de adesão emocional aos dispositivos legais (cf. Vianna, 1974b, p.130-1).

de política objetiva, anteriores ao golpe de 1930 –, que esses três Conselhos nacionais abririam espaço para as consultas às associações locais de classe – sistema, dizia, adotado pelos ingleses, americanos, belgas, alemães e austríacos (ibidem, p.135-40).

Mesmo se deixarmos de lado as extensas notas adicionadas à segunda edição com elogios aos procedimentos adotados durante o governo pós-1930, reconhecido o aumento expressivo do número de órgãos consultivos e técnicos,[64] Oliveira Vianna estabelecia relação direta entre organização, cooperação e solidariedade, e a ela conferia a importante função de oferecer a base para instituições estatais compatíveis com os "governos modernos". Pretendia atingir com esse procedimento um dos seus alvos primordiais, "o processo de dissolução" dos partidos políticos, processo de erradicação de "seus elementos componentes", as "células formadoras" – os "clãs territoriais, de tipo patriarcal". Retomava propostas feitas em *O idealismo da Constituição*, de 1920, nas quais defendera "a representação profissional, como forma obrigatória e exclusiva", método único e eficaz para a constituição dos conselhos municipais (Vianna, 1939, p.197). Em uma das notas à segunda edição de *Problemas de política objetiva*, de 1945, explicou ter sido o Conselho de Economia Nacional, instituído na Carta de 1937, não somente um órgão consultivo, mas também um órgão que "podia mesmo vir a ser investido de funções legislativas no setor da economia nacional, com excludência do Parlamento". Comentaria ainda, dando-lhe o devido relevo, a lei da sindicalização, com a qual os sindicatos e associações profissionais se teriam tornado órgãos consultivos do Estado em matéria de suas respectivas competências (idem, 1974b, p.140).

Suas considerações sobre a função das organizações profissionais, Conselhos Técnicos e Governo expõem de modo inequívoco a intenção

---

64 Na nota da p.129, o autor retoma suas considerações para elogiar as leis sociais pós "revolução de 30", afirmando que, com ela, havia se imposto entre nós "o espírito de colaboração técnica dos órgãos representativos das classes produtoras". "No ministério Salgado Filho", prosseguia, "esta foi a praxe invariável e nenhuma lei social, das muitas que ali se fizeram neste período fecundo, deixou de ter a participação *direta* dos órgãos de classe, como membros componentes das comissões elaboradoras dos ante-projetos" (grifo no original).

O charme da ciência e a sedução da objetividade

de esvaziar de conteúdo político partidário a ação governamental, substituindo algo que considerava nocivo por uma administração orientada pelas "exigências pragmáticas do corpo social". Em sua opinião, os Conselhos Técnicos objetivariam uma forma associativa destituída de ideologia política. Com os exemplos de sucesso dos Conselhos Técnicos em países europeus, confirmava a certeza de que se fechara "o ciclo dos parlamentares oniscientes" e dos "grandes estadistas". Era, para ele, chegado o tempo da importância progressiva da competência técnica na elaboração de leis e na administração pública. Em afirmação subsidiada por Duguit, um dos solidaristas franceses que mais cita em *Problemas de política objetiva*, decreta a falência da soberania das urnas.[65] Embora defenda a eliminação ou minimização do poder dos órgãos legislativos, Oliveira Vianna tomou sempre o cuidado de resguardar-se da acusação de inimigo da democracia e mostra não menosprezar em suas propostas políticas os "objetivos democráticos". Assim, completa seus argumentos em defesa da nova "democracia autoritária", afirmando que por meio dos órgãos associativos "a totalidade dos cidadãos teria uma parte igual na direção dos negócios públicos". Não haveria outro caminho além dos Conselhos Técnicos e das organizações de classe, e mais, seria "este é o verdadeiro caminho da democracia no Brasil" (ibidem, cap.X-XIII).[66]

Afinal, de seu ponto de vista, no Brasil, a "cooperação" já existia virtualmente, porém demandava, para "sua aparição e revelação ... um estímulo externo". Ia além ao propor que esse estímulo "só o Estado – objetivando o pensamento de uma política de preparação do homem

---

65 Assim, se no final dos anos 1920, se pode atribuir um caráter projetivo à longa exposição de motivos dos quatro capítulos que tratam do assunto em *Problemas de política objetiva*, a sua reiteração em 1943, no "Prefácio" de *Problemas de Direito sindical* 'constitui' sem sombra de dúvida, a defesa de uma política assumida pelo governo ditatorial de Getúlio Vargas. Afinal, sua experiência como "técnico" (Consultor Jurídico) do Ministério do Trabalho entre 1932 e 1940 tornava-o alguém que podia afirmar ter se desdobrado para tornar "realidade" a "intervenção das classes econômicas na política", uma causa pela qual se batia desde *O idealismo da Constituição*, de 1920.

66 A citação de Duguit é de *Leçons de Droit Public* (1929). Ver também *Pequenos estudos de psicologia social* (Vianna, 1942, p.110-39).

brasileiro para a vida associativa, de grupo – poderia provocar".[67] Expressava desse modo com todas as letras, nos textos de *Problemas de política objetiva* sua profissão de fé no poder aglutinador do Estado, esvaziado de conteúdo político partidário e preenchido de competências técnicas e administrativas, bem delimitadas as áreas de atuação das duas. A figura central da seqüência hierárquica ficava com o homem de Estado subsidiado pelas informações dos Conselhos Técnicos, compondo a maneira moderna e eficaz de definir "as *diretrizes gerais* da atividade legislativa do Parlamento", ou seja, a "*política*".

Em 1930, a defesa dos Conselhos Técnicos mostrava coerência com suas idéias anteriores, e articulava-se com argumentos de lógica perfeita, uma vez que, em sua proposta a adoção desses Conselhos, atuaria "no sentido de dar às nossas instituições legislativas e administrativas uma feição pragmática", para "o estabelecimento de um verdadeiro regime de opinião, de um sistema de governo verdadeiramente popular ... infinitamente mais democrático do que aquele que, há cem anos, estamos procurando realizar pelo sistema representativo ... pela soberania das urnas". Há uma arquitetura de perfeita harmonia complementar nos dois movimentos do caminho pragmático para o regime de opinião: o primeiro partiria necessariamente do governo – poderes legislativo e executivo – com o maior aproveitamento das "funções consultivas dos nossos Conselhos Técnicos"; o segundo seria de iniciativa dos próprios Conselhos Técnicos no "sentido de ampliar o seu campo de informação ... e entendimento mais freqüente, regular e sistemático com os órgãos representativos dos interesses das classes populares, ... das classes econômicas". Citando Duguit, acrescentava: "o princípio característico do governo consiste em dar à totalidade dos cidadãos uma parte igual na direção dos negócios públicos". E completava: "é o melhor caminho para realizarmos a democracia .... *É este o verdadeiro caminho da democracia no Brasil*" (ibidem, p.143-7). (grifos nos original). O caminho brasileiro para a democracia passava então pela "representação

---

67 Nesse "Prefácio", Oliveira Vianna retoma de maneira sintética e bastante clara seus postulados em relação à insolidariedade do povo brasileiro e à solução sindical (p.III ss.).

O charme da ciência e a sedução da objetividade

profissional" em situação intermediária entre a sociedade e a instância superior do governo.

Em longo artigo publicado no *Correio da Manhã* em 4 de dezembro de 1932, Oliveira Vianna expôs o lugar e a importância da "participação popular" na arquitetura das diretrizes políticas do país: demandava uma escala pedagógica em vários níveis que avançavam por etapas do particular ao geral – local ou municipal, estadual e nacional.[68] As organizações profissionais de classe atuariam inicialmente junto aos conselhos municipais, depois nas assembléias estaduais, e por último na Assembléia Nacional, progressão necessária para familiarizá-las com as questões administrativas nas várias instâncias. O sentido pedagógico de sua proposta justificava-se novamente pelas evidências de insolidariedade e de ausência do espírito de associação do povo brasileiro, "mesmo das classes esclarecidas (dos plantadores de café e produtores de açúcar)". Repisava dessa maneira a importância do aprendizado solidário propiciado pelas organizações sindicais, pois, afirmava, "a organização profissional das classes não é obra que se realize por uma simples disposição de lei, por uma decisão imperativa da Carta Constitucional. ... É obra do tempo".

Nessa arquitetura política do encontro complementar dos contrários articulados em progressivos níveis de complexidade, a harmonia configura o objetivo comum enfim projetado na direção do interesse nacional. Ela não se completa, entretanto, sem a noção de tempo, tempo histórico, não passível de intervenção radical. Em seus argumentos, a noção de tempo relativiza o poder modelador dos atos de vontade da pequena parcela da elite dirigente esclarecida. Em um país, diria, com o grosso da população vivendo na região rural, ou seja, "80%" dela formada por "matutos, sertanejos, gaúchos, praieiros, etc., espalhados como proprietários e como trabalhadores, por todos os nossos vastos sertões, matas e pampas", constituía equívoco e ameaça à integridade do país manter acesa a ilusão dos constituintes de 1891. Faltava-nos o elemento básico – "o impulso para a cooperação, para a solidariedade, para a

---

68 "O problema da representação profissional", *Correio da Manhã*, 4.12.1932. Fundação Oliveira Vianna, Reg. n.1073-60. Todas as citações do parágrafo são desse artigo.

ação coletiva"; herança dos pais portugueses, perdida ou desfeita pelas condições do meio a que tiveram que se adaptar. Afinal, a solidariedade erigia-se sobre a base de 'complexos afetivos' profundos, jacentes no íntimo do subconsciente coletivo, que só a evolução histórica gera e desenvolve e que os legisladores não podem fazer surgir e condensar por meio de um *fiat lux* legislativo". A noção de tempo apoiaria sua proposta de avançar por etapas para impedir aquilo que para ele seria "o espetáculo enganador e especioso de uma súbita floração de pseudo-sindicatos, de pseudofederações, de pseudo-confederações, desde os litorais ao mais profundo dos sertões". Seus argumentos oscilavam entre a tarefa inadiável de se estimular por meio de leis a formação de organizações sindicais e a obrigatoriedade da consulta aos Conselhos Técnicos que, para "um país de baixa densidade demográfica, população dispersa e ganglionar", resolveriam, naquele momento, o problema da representação profissional no Parlamento.

Vale lembrar que, na condição de adepto da noção de solidariedade, Oliveira Vianna se manteria fiel a muitos dos pressupostos do solidarismo francês: "a sociedade considerada como organismo ou coletividade" no argumento de crítica simultânea ao individualismo liberal e ao coletivismo socialista; o ideal de cooperação na formação dos laços de solidariedade, a insuficiência da lei da seleção natural das espécies que desconsidera o meio social; a noção de governo-administração considerada função – "autoridade coletiva" – capaz de captar e traduzir os anseios da Nação; e finalmente, o reformismo político de caráter "sociológico" como alternativa à revolução proletária (Fouillée, 1909).[69] Contudo, e não por acaso, outros pressupostos seriam convertidos ao seu próprio entendimento, entre eles, o da condição do trabalhador, e, sobretudo, a noção de "justiça reparadora" decorrente do reconhecimento da exploração de homens, mulheres e crianças nas fábricas. A

---

69 No primeiro capítulo, o autor afirma que "os diversos sistemas sociais resumem-se no economismo e no socialismo, dois extremos que não se tocam". Expõe a necessidade da "justiça reparadora", que considera uma "das espécies do socialismo". Diz mesmo que o medo ao socialismo era de tal ordem que o Senado francês recusava muitas propostas que nada tinham a ver com essa vertente política (p.12).

noção de "mercadoria trabalho", por exemplo, merecia, a seu ver, comentários mais rigorosos que trouxessem para o debate, além da questão salarial, algo mais fundamental, a condição humana do trabalhador (Vianna, 1943, p.12).

Este, um dos pontos cruciais da adesão de Oliveira Vianna a uma terceira via: o projeto de devolver ao trabalhador a dignidade humana. Entretanto, cabe indagar o que significava para ele condição digna para um ser humano. Em conferência proferida em agosto de 1939 na Escola de Serviço Social a fim de expor "o novo conceito e os novos objetivos da política social" do Estado Novo, procuraria desenhar com cores sombrias o "quadro tenebroso" das condições de vida do operário fabril no período anterior à intervenção estatal.[70] Os itens relacionados configuram um verdadeiro inferno dantesco de extensão planetária assemelhado ao descrito por Karl Marx em *O capital*: a duração do trabalho levada ao máximo da resistência normal do indivíduo; os salários, ao sabor da lei da concorrência, desconsideravam as necessidades vitais mínimas do trabalhador; as relações patrão-operário se limitavam ao recinto das fábricas; nas cidades vigorariam dois mundos diferentes: o "supermundo" dos ricos e o "inframundo" dos operários. A seu favor, os operários contavam somente com a caridade privada, ou seja, "o socorro aleatório de uma assistência insuficiente". No contexto das idéias liberais a solução viera com a política social, no início estruturada equivocadamente em leis sociais de "proteção do operário CONTRA o patrão" (grifos no original). Equívoco porque,

> Protegido, amparado, preservado, tutelado, zelado, como quer que seja, na sua capacidade de trabalho, o operário continuava, entretanto, mantido na sua condição de simples instrumento de produção, relegado no seu infra-mundo, fora das condições superiores da existência das classes dominadoras". ... continuavam separados um do outro pelas mesmas barreiras: dos preconceitos de superioridade e dos sentimentos de desprezo, de um lado: das reações correlativas de hostilidade, de revolta e de ódio, de outro. (ibidem, p.96-7)

---

70 "As novas diretrizes da política social", *BMTIC* n.62, p.91 ss.

No relato do percurso da ação estatal em defesa do trabalhador, Oliveira Vianna, tal como fizera Alfred Fouillée no início do século XX, daria relevo especial à Igreja católica e sua doutrina social, em particular às encíclicas *Rerum Novarum* e *Quadragesimo Anno*. Desnuda nessa exposição a dimensão reativa de sua concepção das relações de trabalho: elabora uma imagem nostálgica de condições prevalecentes em uma idade média idealizada – espírito de igualdade e de justiça, atmosfera de fraternidade regulada pelo sentimento de colaboração e solidariedade, distâncias sociais quase nulas entre patrões e operários, ausência de barreiras intransponíveis a separá-los. Reforça para o público presente a mensagem de que seria exatamente uma "atmosfera de colaboração e solidariedade" a almejada e para a qual o Estado requeria "a competência dos especialistas de todas as ciências e a atividade de todos os espíritos e corações generosos". Esta seria a política social postulada pelos Estados modernos, inclusive no Brasil.

Com inequívoco intuito de fixar para os alunos da Escola de Serviço Social as metas almejadas, relaciona de forma pedagógica os cinco problemas a serem resolvidos num crescendo de tom apologético próprio a persuadir seus interlocutores da parte que lhes cabia na política social: a modificação da mentalidade da classe patronal, a modificação da mentalidade do operariado, a constituição de um clima físico e moral favorável a fazer ressurgir e desenvolver o sentimento da dignidade humana no trabalhador, a organização da capilaridade da classe trabalhadora com sua ascensão social à condição de proprietário proporcionada pelo acesso à casa própria asseada e confortável, e por último a instauração da assistência social elevada à condição de um serviço público. Nos itens relacionados, considerava estar a verdadeira solução, "o milagre desses novos tempos" nos quais os sistemas paritários e os regimes corporativos, por abolir as "distâncias sociais, separações de castas", teriam colocado no "mesmo pé de igualdade substancial, o pobre e o rico, o operário e o patrão, o homem de trabalho e o grande capitão de indústria". "SEM DEIXAR DE SER UM OPERÁRIO", o trabalhador colocava-se no mesmo plano das classes superiores, afirmava otimista Oliveira Vianna (ibidem, p.101-8, grifos no original).

Centralização e descentralização – complementaridade dos opostos

> Nos centros de cultura jurídica brasileiros, pelo menos nos meios parlamentares, não nos parece que se hajam refletido, de uma maneira clara e positiva, estas preocupações que estão agitando os centros de cultura jurídica do velho e do novo mundo. Nem as novas concepções relativas ao problema das fontes do Direito Positivo, que começam a preocupar os centros de cultura européia depois do advento do regime corporativo e da conseqüente sistematização do Direito Sindical; nem os novos horizontes abertos à exegese constitucional pela metodologia da "escola sociológica" americana, parecem ter tido aqui, entre nossos legisladores, qualquer influência ponderável ou despertado qualquer sensível movimento de curiosidade ou de interesse.
>
> Vianna (1982, p.36)

Esse longo parágrafo exprime, como já indiquei, a opinião de Oliveira Vianna acerca das posições da maioria dos juristas e legisladores brasileiros sobre cultura jurídica, consideradas por ele ultrapassadas e desconhecedoras das discussões contemporâneas. Direcionava assim as críticas de Waldemar Ferreira, relator da Comissão de Justiça da Câmara dos Deputados, ao projeto de organização da Justiça de Trabalho encaminhada ao legislativo em 1935, para o campo das disputas entre concepções políticas da interpretação das leis. Chegara, enfim, para o professor de Direito da Faculdade de Niterói a ocasião de travar uma batalha sobre interpretações possíveis dos dispositivos constitucionais com um "eminente Professor, catedrático de Direito Comercial da Universidade de São Paulo e notável tratadista". Os elogios ao professor catedrático paulista, carregados de mordaz ironia, antecedem sempre considerações relativas ao apego a formas ultrapassadas de "exegese constitucional", em clara demonstração da parte daquele "provecto jurista" de uma renitente recusa a se dobrar às exigências sociais do tempo presente.

Em posição oposta no campo da interpretação da Constituição de 1934 e em nítida situação privilegiada, Oliveira Vianna respondia ao relator como membro da Comissão encarregada pelo governo pós-1930 de elaborar o projeto de organização da representação sindical e da justiça do trabalho e, principalmente, como seu mentor intelectual. [71] Afinal, ele se encontrava em evidência na década de 1930, não sendo possível minimizar a importância do cargo que ocupava e lhe oferecia a excepcional oportunidade de pôr em execução suas idéias. Oliveira Vianna detinha, além do mais e, em parte, por exigência da atribuição que lhe fora outorgada, o conhecimento da moderna literatura jurídica sobre as instituições corporativas, ao qual somava suas leituras anteriores dos solidaristas franceses, dos teóricos da psicologia coletiva, sociólogos, historiadores e antropólogos. É, sem sombra de dúvida, pertinente a indicação de Ângela de Castro Gomes quanto a ter sido o estímulo da condição de consultor jurídico do Ministério do Trabalho que o levou a multiplicar suas leituras dos trabalhos de juristas norte-americanos, teóricos do corporativismo e modernos sociólogos de matriz conservadora e a citá-los abundantemente em seus textos na defesa das posições assumidas. Afinal, diz a autora:

> A permanência no cargo foi longa e expressiva. Ela se inicia com o então ministro Salgado Filho, cuja gestão é exatamente marcada por uma grande iniciativa legiferante. Irá continuar com Agamenon Magalhães, após 1934, e com Waldemar Falcão, após 1937 e até 1940. É neste ano que ocorrem os mais intensos debates sobre a lei de sindicalização de 1939, momento crucial para a montagem do modelo de sindicalismo corporativista e, em decorrência, momento-chave nas pressões políticas sobre a burocracia do Estado.[72]

---

71 No final do "Prefácio" a *Problemas de direito sindical* (1943, p.XXII), Oliveira Vianna assumia de modo afirmativo a responsabilidade pela orientação dada à Lei Orgânica da Justiça do Trabalho e à Lei Orgânica da Sindicalização.

72 Contudo, as pressões contra a proposta de organização sindical tomariam tal magnitude com a oposição da Federação das Indústrias do Estado de São Paulo apoiada pela Confederação Nacional das Indústrias, que, ao que tudo indica, o teriam levado a abandonar o cargo em 1940. Oliveira Vianna se consideraria "vencido", completa Castro Gomes, em inúmeros pontos pela pressão do *lobby* empresarial da Fiesp. O artigo de Castro Gomes, "A práxis corporativa de Oliveira Vianna", apresenta de forma sintética e bem argumentada os pontos principais de *Problemas de direito corporativo* (1938) e os do "Prefácio" a *Problemas de direito sindical* (1943). In: ___. *O pensamento de Oliveira Vianna* (1993, p.43-57).

O charme da ciência e a sedução da objetividade

Não nos surpreende assim ter Oliveira Vianna, em 1935, centrado a defesa da Lei Orgânica da Sindicalização na questão das alternativas de leitura dos dispositivos constitucionais quando atacado pela Fiesp, e recorrido estrategicamente à interpretação da Constituição dos Estados Unidos, realizada por juristas norte-americanos. Ao falar que os métodos adotados por esses juristas representavam "uma nova atitude do espírito moderno em face da fenomenologia jurídica", respaldava sua posição em defesa do "estrito objetivismo" e do "rigoroso realismo social de sua análise" e atacava os empresários paulistas por sua posição defensiva e retrógrada, pouco imbuída de nacionalismo. Com esse procedimento, defendia-se além do mais da acusação de simpatia pelo corporativismo fascista. Manifestava, além disso, para aqueles que tivessem lido seus escritos anteriores a intenção de relacionar o procedimento dos juristas norte-americanos ao dos ingleses, os quais sempre elogiara pela atitude realista e pragmática na confecção das leis não contraditórias aos usos e costumes em vigor no país. Em vários momentos dos artigos em defesa da proposta de Lei Orgânica da Justiça do Trabalho, lembraria a escolha deliberada da prática norte-americana jurídica e corporativa, na forma atenuada das *corporations*, com palavras tais como:

> Vou procurar a demonstração da minha tese num país que é o mais belo padrão da verdadeira democracia, o mais liberal do mundo, o mais democraticamente organizado e, o que é mais, o mais cioso das prerrogativas constitucionais, os Estados Unidos. (Vianna, 1983, p.55)

No exame da prática dos juristas norte-americanos e apoiado neles, dirigiu o foco exatamente para o repúdio da interpretação dos dispositivos legais que considerava ultrapassada, e desqualificava os procedimentos e críticas dos juristas liberais e "empresários individualistas", na intenção de mostrar o descompasso de suas formas de pensar e de atuar frente às exigências coletivistas e nacionalistas do mundo moderno. Argumentava com a exposição do duplo processo de leitura dos textos constitucionais adotado pelos juristas do país do norte e expunha as possibilidades oferecidas pelas duas vias disponíveis de exegese dos dispositivos constitucionais: a da "interpretação" dos textos e a da "construção" – esta, um processo mais complexo, no qual se somavam ao "conceito gramatical e lógico" da interpretação o critério histórico e "um outro critério extra-jurídico, ou metajurídico – porque de natureza política". Por esse meio, instalava a controvérsia em seu campo de debate predileto: a defesa da urgência de se descer "do plano das fontes puramente lógicas ou históricas", procurando "nas realidades sociais e nos imperativos do interesse público os elementos de inspiração para a exegese constitucional" (ibidem, 1983, p.23-4).

O pragmatismo da jurisprudência norte-americana prestava-se de modo exemplar para evidenciar o caráter "flexível e dinâmico" da Constituição dos Estados Unidos que, contrariando o sistema de regras ou princípios invariáveis e rígidos, aderia "à sociedade evoluindo com ela". Nesse contexto, prosseguia, se por um lado havia "os partidários do método clássico, da *old school*, de Corwin, da *mechanical jurisprudence*, de Pound" – "rigoristas e mecânicos", de outro, alinhavam-se os "partidários do método sociológico ou realista, da *new school*, da *sociological jurisprudence* de Llewellyn" ... "espíritos pragmatistas, para os quais a Constituição é um instrumento de que a sociedade se utiliza para os seus fins de progresso e de ordem" (Vianna, 1988, p.25-7). Mesmo se considerarmos, tal como Castro Gomes, ter sido a política protecionista do *New Deal* seu ponto de maior aproximação com a prática jurídica norte-americana, penso ser importante não minimizar a certeza comungada por Oliveira Vianna, entre outros, de prevalecer nos anos 1930 e 1940 a tendência generalizada de maior intervenção estatal. Pode-se mesmo afirmar que a aceitação da tendência centralizadora e autoritária configurava, na década do início da Segunda Grande Guerra, um **lugar-comum** expresso em projetos políticos de ideologias diversas.

Dessa maneira, os sete artigos publicados no *Jornal do Commercio* em 1935, depois reunidos em *Problemas de direito corporativo*, de 1938, escritos em resposta ao parecer de Waldemar Ferreira, lhe ofereceram tanto a oportunidade de negar qualquer inspiração fascista dos projetos de leis sociais como a de expor exemplarmente suas idéias a respeito da moderna concepção de Direito sem poupar comentários irônicos às opiniões do relator. Todos seus argumentos cumprem o objetivo de detalhar procedimentos de juristas norte-americanos, como Brandeis, "exímio defensor na Corte Suprema do Estados Unidos da máxima romana – *ex facto jus*

O charme da ciência e a sedução da objetividade

oritur – 'o direito nasce do fato'", ou seja, estaria fundado "em dados objetivos, na vida social". Os trabalhos desses juristas – cita longamente nomes, como, Llewellyn, Clark, Holmes, Stone, Cardozo – consistiriam, portanto, "instrumento *político* por excelência", conclui enfático (grifo no original). Seus argumentos não se esgotam na alardeada "atualidade da força renovadora da Constituição americana"; prosseguem na avaliação positiva do movimento, na ordem do dia na Europa, contra o excessivo formalismo dos juristas, tema de reflexão para as "maiores sumidades do pensamento jurídico" do velho mundo. Não lhe faltaram exemplos do vigor dessa corrente renovadora. Cita o Congresso Internacional de Direito Comparado de 1932 e os trabalhos do Instituto Internacional de Filosofia do Direito e Sociologia Jurídica, em sessão de 1934, como momentos de continuidade à "obra de François Geny, na França"; e à "escola do 'direito livre', na Alemanha, com Ehrlich à frente". Seriam esses dois juristas os responsáveis tanto pela denúncia das "insuficiências da técnica interpretativa dos velhos juristas" como pela revelação da "existência de um direito extra-estatal".[73]

Considero esses textos, em defesa das propostas de leis para a Justiça do Trabalho e Sindicalização, os mais expressivos do esforço deliberado de Oliveira Vianna de colocar sua atuação junto ao Ministério do Trabalho, Indústria e Comércio em sintonia com o que dizia existir de mais avançado na época em termos de legislação social. Sentia-se completamente à vontade, em campo partilhado com autoridades reconhecidas em âmbito mundial, para elogiar inclusive a "existência de novas fontes de normas jurídicas, fora das fontes instituídas pelo Estado – o 'Estado Legislador', de Carl Schmidt" – por revelarem normas provindas dos "grupos sociais e coletividades organizadas" dentro do próprio Estado.

Os juristas dobravam-se visivelmente à necessidade de "alargarem os horizontes da exegese 'interpretativa' e 'construtiva'". Sua aceitação entusiástica da *"new jurisprudence"* o fazia aplaudir a "maneira admiravelmente sugestiva" pela qual "um comentador" dissera que "essa con-

---

73 Oliveira Vianna cita esse Congresso por meio do texto de Ed Lambert, "Le Congrès International de Droit Comparé" de 1932 (*Souvenirs d'un Congressiste*, 1934, p.18, in *Problemas de Direito Corporativo*, 1983, p.32).

cepção jurídica procurava atingir, através da superestrutura dos conceitos legais", nada mais nada menos do que "a 'realidade funcionante', *the functioning reality*", "realidade dinâmica e viva, *leit-motiv* dos técnicos do direito contemporâneo" dominando "o pensamento dos mestres da ciência jurídica européia"(Vianna, 1983, p.31-4). Nada mais próximo da posição pela qual vinha se batendo desde seu *Populações meridionais do Brasil*.

Destinava assim ao campo das interpretações ultrapassadas do direito constitucional todos os argumentos "liberais e individualistas" do relator Waldemar Ferreira, o mesmo fazendo poucos anos depois com as críticas queixosas do empresariado paulista. Passando a "examinar à luz do Direito Social e do Direito Corporativo" as questões fundamentais do projeto enviado à Câmara dos Deputados, ou seja, o problema da delegação de poderes e o papel das corporações administrativas no Estado Moderno, fazia da "tendência realista" o cerne da busca de "interpenetração da norma jurídica e da realidade social". Confirmava, citando Giuliano Manzoni, a decisão de acatar as benéficas mudanças impostas ao Direito Público pelo Direito Corporativo. Colocava por esse meio na ordem do dia o embate entre as duas "tendências doutrinárias" – a disputa entre os velhos juristas e o novo campo do direito formal, além de proclamar que trazia para terras brasileiras o que, segundo ele, já estava ocorrendo na Itália, França, Alemanha e América do Norte. De toda a sua exposição resulta nítida a convicção quanto à atualidade da posição que assumira, bem antes do governo com o qual passara a colaborar.

Na leitura da Constituição de 1937, Oliveira Vianna justificou, usando os argumentos fornecidos pela "técnica de construção", a "delegação de poder" ou atribuição de poder legislativo aos órgãos da Justiça do Trabalho, vinculando-a "à adaptação imposta pela conveniência da administração pública e pelos imperativos do interesse coletivo". Entendia ser esse "hoje um fato geral, mesmo em países de Constituições rígidas e onde o princípio da indelegabilidade é acolhido" ou, alternativamente, "países da mais elevada cultura política", no caso, os Estados Unidos, Inglaterra e Alemanha.[74] A tendência à delegação de poder seria nova-

---

74 Todo o capítulo III de *Problemas de direito corporativo* é dedicado ao tema com vários exemplos de formulação de leis fora do Parlamento (1983, p.41-50).

O charme da ciência e a sedução da objetividade

mente expressa e defendida em 1943, quando reivindicou a responsabilidade da opção por esse "traço da nova técnica legislativa" que atribuía significativa parcela de "autonomia de regulamentação ou de decisão discricionária aos executores administrativos ou jurisdicionais" e condicionava suas atividades a "critérios" ou "diretivas", ou seja, a verdadeiros *standards*. Essa orientação presente na formulação da Lei de Orgânica da Sindicalização e suas leis complementares contribuíam, em seu entendimento, para conferir "caráter inteiramente original ao novo sistema sindical brasileiro". Além do mais, prestavam-se por sua "dutilidade ou ajustabilidade" a aplicar-se nas variadas estruturas social, econômica e demográfica tão acentuadas no país (Vianna, 1943, p.XXII).

A metáfora da "construção", usada para designar o procedimento de leitura, interpretação e adaptação dos dispositivos constitucionais pelos juristas norte-americanos, serve de modo exemplar a Oliveira Vianna para apoiar o que creio poder denominar a **arquitetura política** de seu projeto de sociedade solidária. A explanação dessa arquitetura, já bastante detalhada em artigo de 1934 no *Jornal de Commercio*, depois incluída no capítulo III de *Problemas de direito corporativo*, detém-se no papel crucial das corporações administrativas que servem como alicerces do processo de "descentralização *funcional* (ou 'funcionarista', como quer Duguit)" decorrente da delegação de poderes no Estado Moderno. Este o âmago, lembrava o autor, de seu projeto político para o Brasil. Nele, a compatibilização dos contrários em um resultado harmonioso visava tornar mais ágeis os mecanismos burocráticos privados e estatais, subordinando-os certamente à autoridade do governo central.

No cerne de seus argumentos encontrava-se a incompatibilidade desse modelo de Estado e a separação dos poderes inerente aos regimes democráticos e liberais. Até certo ponto, e principalmente o poder de legislar via-se absorvido por vezes pelas autoridades executivas, outras pelas autoridades do poder judiciário. Ao apresentar as adaptações sofridas pelo que denominava "o velho 'Estado Legislador'", relacionava-as à "complexidade e multiplicidade das novas funções do Estado numa situação de "desequilíbrio e desajustamentos profundos" pela qual, afirmava, passavam as sociedades modernas, exigindo os procedimentos propiciados pela "solução jurisdicional" muito mais ágeis do que os tribunais de direito comum.

As "corporações administrativas" se caracterizariam, portanto, pela complexidade da junção dos poderes legislativos, executivos e judiciais, afirmava, recorrendo aos exemplos da "descentralização *funcional*" ou "descentralização autárquica, como chamam os italianos", ou "por serviço, como chamam os franceses", contrapondo-se à "descentralização *territorial*" ou "geográfica", responsável no Brasil pelos enclaves regionais e clânicos. A função principal delas visava, contudo, a "desembaraçar o Estado de atribuições pouco condizentes com suas "funções tradicionais" exageradamente ampliadas, por englobarem as questões do "campo do Direito Industrial, do Direito da Economia e do Direito Corporativo". Mais importante ainda na intrincada arquitetura do Estado Moderno proposto, em particular no que dizia respeito à Justiça do Trabalho, era a oportunidade propiciada pela descentralização *funcional* de ganhar a colaboração dos particulares com o governo em nítido e bem-vindo abandono da "doutrina democrático-individualista com seu antagonismo entre a Sociedade e o Estado".

Tal como fizera em muitos de seus escritos, Oliveira Vianna procurou deixar claro não ser essa tendência de "recentralização das atividades administrativas" exclusiva dos Estados totalitários ou dos liberais ("universalistas"), mas configurar explícita reação às "autarquias territoriais" resultantes da "descentralização geográfica". Mais uma vez, a imagem da arquitetura harmoniosa de seu projeto, porque eliminadora dos conflitos, via-se acionada para mostrar que a relação entre descentralização funcional e recentralização das atividades administrativas, longe de expressar uma contradição, apontava para a tão almejada redução da competência administrativa dominada pelos interesses locais. A idéia apoiada por dois publicistas franceses M. Dendias e C. Rousseau, e pelos italianos G. Salemi e O. Ranelletti[75] corroborava sua opinião quanto à possibilidade de complementaridade e convergência dos diversos interesses em vários níveis na direção de um interesse comum nacional.

---

75 Dendias, M. *Le Gouvernement locale, la centralisation et la descentralisation administratives*, 1930; Rousseau, C. "La reforme administrative", *Annales du Droit et des Sciences Sociales*, 1934, p.187 ss. (cf. Vianna, 1983, p.52).

O charme da ciência e a sedução da objetividade

Ao projetar o bom desempenho administrativo desses dois movimentos opostos e complementares, Oliveira Vianna trazia para o centro do debate a contemporaneidade do "advento dos regimes de economia controlada, dirigida ou planificada". Obrigado a exercer diretamente uma extensa e volumosa massa de atribuições, o Estado adotara o expediente da "administração *funcional* ou por *serviço*, ... de caráter nacional e não mais local". Embora concedesse às organizações corporativas e totalitárias da Alemanha e da Itália o crédito de serem a "expressão mais elevada" de instituições coletivas, não se esqueceria de sublinhar a presença desse movimento de descentralização–centralização "em todos os países civilizados e organizados". Destacaria, outrossim, a evidência do regime corporativo existir até "nos países ainda sob regime democrático-liberal, como a Inglaterra, a França, os Estados Unidos", nos quais as corporações administrativas vinham adquirindo importância na regulamentação de assuntos de ordem econômica e das relações de trabalho. Sem dúvida, o uso do advérbio *ainda* sugere sua aposta no abandono futuro definitivo das instituições liberais ou invidualistas, mesmo nos países em que em determinado momento teriam expressado concordância com a "realidade social" (cf. Vianna, 1983, p.41 ss.).

Afinal, "o estudo comparativo do direito constitucional e administrativo dos povos mais adiantados, mesmo os organizados democraticamente", demonstrava a presença do regime, cada vez mais generalizado das corporações administrativas, tanto na forma adotada nos Estados Unidos dos "tribunais administrativos" como as "autarquias administrativas" de outros países. Há na maneira como expõe a formação dessas corporações administrativas uma certa naturalização do processo de sua formação, já que chama a atenção para o caráter espontâneo da proliferação desses organismos, processo denominado pelos norte-americanos de *"mushroom-like grouth"*, completa. Prosseguiria expondo a proliferação desses organismos nos Estados Unidos onde, dizia, parte considerável da vida social e econômica estava sendo administrada e regulada por eles.[76] O caráter paraestatal, infraestatal e até ex-

---

76 Oliveira Vianna cita como exemplos dessa proliferação uma longa lista de organismos reguladores: "serviços públicos; circulação de veículos; seguros privados; zoneamento urba-

tra-estatal dessas corporações ou tribunais demandavam, certamente dizia, um "organismo administrativo superior" de modo a submetê-los a um poder centralizado.

Fechava com essa exposição de experiências mundiais a afirmação de que careciam de fundamento doutrinário e contemporaneidade as alegações do professor Waldemar Ferreira.[77] O longo arrazoado desse capítulo marcava de modo claro a correção do projeto enviado à Câmara e, por contraste, a improcedência das alegações críticas de Waldemar Ferreira. Ao tema Oliveira Vianna dedicaria ainda mais quatro artigos/capítulos (são 74 páginas no livro) para detalhar – polemizando com o "jurista e advogado forense" e outros "zélotes de Constituições" – sobre as atribuições e competência dos tribunais do trabalho para a arbitragem dos conflitos coletivos do trabalho e dos conflitos econômicos, bem como sobre o conceito de convenção coletiva no direito positivo brasileiro.

Anos depois, em 1943, já afastado das funções de consultor do Ministério do Trabalho, publicava no jornal *A Manhã* um longo artigo que seria incorporado na edição de *Problemas de direito sindical* de 1943, sobre a "originalidade do sistema sindical brasileiro", com argumentos que lhe arrogavam posição de independência de opinião e pioneirismo na atuação no Ministério do Trabalho.[78] Voltava a negar qualquer vinculação ao modelo fascista italiano, acrescentando, porém, que teria sido solução fácil a adoção desse modelo em vista das "tendências declaradamente corporativas da Constituição de 1937" e, mais, do "clima espiritual dominante na época", amplamente impregnado, entre os juristas, do "esplendor e prestígio" do regime fascista. Seriam, segundo ele, os tratadistas italianos de Direito Sindical e de Direito Corporativo os mais lidos e referidos nos estudos dos brasileiros. Diria mesmo que suas

---

no; regulamentação e fiscalização de determinadas profissões e atividades econômicas; higiene pública; comércio bancário, empréstimos populares", entre vários outros (Vianna, 1983, p. 55).

77 Essa exposição doutrinária e de exemplos encontra-se nas páginas do capítulo III de *Problemas de direito corporativo* (1983, p.51-67).

78 "Razões da originalidade do sistema sindical brasileiro", *A Manhã*, 18.6.1943. Fundação Oliveira Vianna, Reg. n. 1073.82. Cap. IV, "O espírito anti-fascista da nova legislação sindical", *Problemas de direito sindical* (1983, p.25 ss.).

O charme da ciência e a sedução da objetividade

obras "entravam aqui em copiosa abundância, rumas e rumas delas se acumulavam nas vitrinas dos livreiros. Havia até casas especializadas na matéria, como a Livraria Boffoni, que passou a ser uma espécie de Meca de todos os interessados nestes assuntos, novos e fascinantes". Mais adiante, diria: "A língua italiana era quase tão falada quanto a portuguesa". E, entretanto, não havia sido esse o rumo escolhido pela comissão da qual fizera parte. Pode-se depreender de suas palavras que as questões de organização corporativa e sindical tinham apresentado significativo aumento de interesse entre os juristas brasileiros nos anos imediatos ao golpe de Estado de outubro de 1937 e à Carta Constitucional de novembro do mesmo ano, em franco contraste ou contradição com as alegações anteriores de ser uma voz solitária num meio jurídico dominado por carência de leituras atualizadas e ausência de debate.

Coerente com suas idéias sobre a especificidade de cada país, Oliveira Vianna explicava que, diante das alternativas disponíveis, os componentes da comissão do Ministério do Trabalho haviam examinado o "quadro dos sistemas estrangeiros" – francês, italiano, português, espanhol – e optado pela "nossa experiência de quase oito anos de vida sindical". Na elaboração da "nova Lei Orgânica da Sindicalização Profissional" a opção recaíra, portanto, na possibilidade de "criar um tipo nosso, em que se refletissem as peculiaridades da nossa estrutura econômica e profissional e também algo das nossas peculiaridades culturais – de espírito e de sentimentos". Explicava assim que, embora vitoriosa a vigência da "nova ideologia autoritária" na Itália e Alemanha, os trabalhos teriam se pautado pela "retomada da velha tradição conservadora e nacionalista, que vinha do velho regime, extinto em 89".[79]

O autor não pára aí a defesa otimista da originalidade do sistema sindical brasileiro, afirmando permanecerem em erro os que estabeleciam proximidade entre o regime fascista e o adotado no Brasil. "Ora", di-

---

79 Considero forçado e, portanto, não concordo com a afirmação de Ângela de Castro Gomes de que, com essa frase, se poderia "situar a práxis corporativa de Oliveira Vianna e entendê-lo como o último dos saquaremas" (1993, p.57). A meu ver, a referência à "tradição conservadora e nacionalista, que vinha do velho regime", consistiu recurso argumentativo para retirar suas propostas de lei do campo da "inspiração fascista".

ria, "nem o regime da Constituição de 37 era fascista, nem a nova lei de sindicalização, que tínhamos que elaborar em obediência ao seu mandamento do art. 137, deveria moldar-se pelo figurino do Fascismo". Fechava o artigo afirmando em tom definitivo: "posso acrescentar, com o conhecimento que tenho da legislação comparada na matéria: não se parece com nenhuma outra legislação sindical existente no mundo". No texto dos capítulos IV e XII de *Problemas de direito sindical* iria mais longe na afirmação da distância entre a Carta de 1937 e o Fascismo italiano. Designa-a como "de tipo autoritário", tendo como objetivo principal impedir serem as associações profissionais postas "a serviço da luta de classes ou de campanários politicantes". Embora conferisse grande poder ao Estado no controle das diretorias – eleição e destituição, quando fosse o caso – muito se diferenciava do regime fascista que instituíra o sindicato como órgão de partido e instrumento dele (1943, p.30-3, 141-64).

No capítulo XII, "Imprestabilidade dos critérios fascistas de enquadramento", o autor deteve-se no exame detalhado das características dos modelos sindicalistas da Itália e do Brasil, sublinhando as diferenças de teor estrutural entre os dois. Do ponto de vista político, sublinhava o caráter de "democracia autoritária, mas não totalitária" da Carta de 1937, e do lado econômico lembrava a extensão territorial brasileira, bem como a extrema diversidade de seus níveis de ocupação e produtividade. Como estabelecer o mesmo critério para Estados tão diversos como São Paulo, "com um parque industrial dos mais desenvolvidos e diferenciados da América Latina", e Amazonas ou Pará, "semidespovoados, industrial e comercialmente deficitários"? O caso do modelo sindical italiano podia ser considerado exemplar por ser "realista", dado basear-se na "estrutura econômica e demográfica da Itália". Pelas mesmas razões não se adaptava ao Brasil.

Assim, ao comentar o art. 138 da Constituição, que, não negava, fora "visivelmente traduzida da Carta do Trabalho italiana" e estruturada, sublinhava, sobre "os pressupostos de uma organização sindical, toda ela, ao modo do Fascismo mussoliniano ... do critério da homogeneidade das categorias", Oliveira Vianna aproveitaria para expor pedagogicamente a técnica de interpretação da "exegese construtiva" da es-

O charme da ciência e a sedução da objetividade

cola sociológica americana. Sem dúvida, o procedimento escolhido se coadunava às idéias pelas quais vinha se batendo e lhe permitia afirmar ter evitado traduzir de modo estreito os ditames constitucionais, acolhendo e preservando as tradições sindicais brasileiras, que vinham propiciando a organização profissional "sob o jogo harmonioso da *identidade, similaridade* e *conexidade*".

Elaborado com base nessa concepção "realista" e "construtiva" o Quadro das Atividades e Profissões fora aprovado em 1940 pelo Presidente, aproximando dois elementos considerados essenciais por Oliveira Vianna – a organização corporativa e solidária da população e a especificidade da sociedade brasileira. Não deixaria ainda de sublinhar a importância da atuação do presidente da República que, com "os poderes excepcionais de supremo intérprete", havia desautorizado a interpretação puramente gramatical do referido artigo ao fazer uma avaliação altamente positiva da maneira pela qual, em obediência aos preceitos constitucionais, estava sendo conduzida "a organização corporativa do país". Há nos elogios dirigidos a Getúlio Vargas a ênfase no seu "profundo senso objetivo e realístico", de modo a aliar na lógica da argumentação a afinidade de pensamento entre ele e o chefe da nação, afinidade tecida sobre a trama da objetividade e dos critérios técnicos (Vianna, 1943, p.131-9 e 141-5).

Completava dessa maneira mais um círculo de seus argumentos, o da crença inabalável no objetivismo científico, na nova metodologia das ciências sociais voltada para o estudo das "realidades culturais peculiares à vida de cada coletividade humana". Certeza ainda da boa obra a ser realizada a partir de uma posição declaradamente a favor da formação dos sentimentos de adesão às formas coletivas, confirmação categórica da vacuidade do poder de criação da razão abstrata e reiteração da concepção do direito como prática que se concretiza na sociedade, da qual "não é", afirmava, "senão uma eflorescência cultorológica" (Vianna, 1943, p.XII-XIII), ou seja, direito costumeiro traduzido na letra da lei. Sua adesão às teorias mesológicas não eliminava a certeza, que retirara dos textos e da prática dos solidaristas franceses, quanto à imprescindível intervenção de homens competentes na sociedade, estudiosos munidos das "modernas armas das ciências sociais".

E seria exatamente esse um dos pontos fundamentais de suas *Instituições políticas brasileiras*, publicado em 1949, em que traça amplo painel das possibilidades analíticas das correntes teóricas das ciências sociais e do direito, mas também reitera a pouca credibilidade sua em relação à "redemocratização" pós-1945 no Brasil. Há, nos dois volumes desse livro, um nítido contraste entre as certeza e aposta nos métodos da ciência e na aproximação crescente entre o direito e as ciências sociais e uma explícita desilusão com o retorno da democracia liberal no país, contraste sensível até no estilo da escrita. Evidente, além disso, a mudança do foco principal das populações rurais para as urbanas, em grande parte motivada, como sugere Castro Gomes, pela passagem pelo Ministério do Trabalho, Indústria e Comércio, cujo campo privilegiado fora o das atividades da economia urbana. Penso, contudo, ter sido o cargo de consultor jurídico um estimulante adicional de preocupações anteriores, já presentes nos textos produzidos na década de 1920 e publicados em 1930 na coletânea *Problemas de política objetiva*, nos quais elogia os Conselhos Técnicos como "mecanismo engenhoso" para "corrigir o desconhecimento" da terra e do povo por parte das "elites dirigentes".

Quanto ao painel do balanço das possibilidades oferecidas pelas ciências sociais em apoio ao campo do direito, expostas na primeira parte de *Instituições políticas brasileiras*, contamos com a crítica rigorosa e contundente de Sérgio Buarque de Holanda em artigos escritos logo após sua publicação.[80] Na crítica erudita, marcada por leituras dos autores citados e conhecimento historiográfico notável e de mérito reconhecido, Buarque de Holanda colocaria em evidência compreensões de Oliveira Vianna que considerou equivocadas, tanto relativas a autores, conceitos e teorias, como a análises da história brasileira. Suas críticas incidem em particular no que aponta como a incorreta compreensão da noção de "cultura", que estaria na base dos equívocos subseqüentes de maior gravidade; recaem, porém, sobretudo na persistente importância dada à noção de raça, que, "do ponto de vista da pesquisa científica",

---

80 Os quatro artigos de Buarque de Holanda citados na "Introdução" à primeira parte deste trabalho estão publicados em *Tentativas de mitologia* (1979, p.37-60).

O charme da ciência e a sedução da objetividade

considerava "um retrocesso", e na afirmação do despreparo da população brasileira para a prática das instituições liberais democráticas. Ao retomar a frase de Oliveira Vianna sobre "nossa incompatibilidade específica e peculiar com o regime democrático", Buarque de Holanda ultrapassa as críticas de caráter intelectual e acadêmico denunciando o uso recorrente das palavras "orgânico" e "inorgânico", que não seriam simples metáforas ou figuras poéticas, mas noção de caráter romântico, leitura política da sociedade partilhada com os "culturalistas mais radicais". Em atitude nada concessiva, aponta o parentesco dessas noções com a doutrina dos fascismos, a "religião da terra e do sangue", e por extensão com a "inspiração nos 'costumes do povo-massa'" buscada pelos que haviam elaborado "nossas atuais leis trabalhistas".

Ainda que possa conter exageros nessa apreciação, o tom brusco, violento até, com que ataca o livro de Oliveira Vianna proporciona um esboço do quadro político polêmico desses anos posteriores à Segunda Guerra Mundial. Se Oliveira Vianna expressava desapontamento perante a Constituição de 1946, Buarque de Holanda não deixou de externar seu desacordo com o rumo dado à colaboração do "consultor jurídico" do Ministério do Trabalho e à persistência de suas críticas à recém restaurada democracia em terras brasileiras.

E seria exatamente nos domínios do direito relacionado à política, em particular ao sufrágio universal e direto para uma população, a seu ver, carente de opinião formada, o alvo privilegiado dos argumentos de Oliveira Vianna contrários à democracia liberal e política em *Instituições políticas brasileiras*. Mantinha a convicção de ser, "ainda hoje, como outrora", evidente "a carência de motivações coletivas nos comportamentos partidários". Resultava disso "um desapontamento ... uma expressão negativa ... da nossa vida pública ... de caráter privado, quase doméstico", traduzido em "uma impressão de vacuidade", a mesma identificada há mais de meio século por Joaquim Nabuco que externara seu "desencanto e melancolia" com a expressão "combate de sombras" (1974a, v.I, p.282-3, 326).

O debate em torno da questão do voto universal e obrigatório voltava a lhe abrir perspectivas para confirmar a inadequação entre o instituto constitucional e a condição presente da sociedade brasileira. O país contava com uma população atravessada por graus extremamente diversos de capacidade intelectual e política, com acentuadas diferenças regionais em evidente oposição à preocupação "uniformista e igualitarista" dos dispositivos constitucionais. Mesmo frente a essa diversidade gritante, concedera-se "a mesma capacidade eleitoral ao sertanejo de áreas de cultura miserável" e ao "cidadão do Rio ou da Paulicéia, instruído, lido em jornais, socializado pelo sindicato de classe, conhecendo a assistência do governo, as instituições de previdência". O pessimismo de suas observações, ainda que dê relevo às conquistas do período de 1930 a 1945, do governo de Getúlio Vargas, fica por conta do que considerava descuido, menosprezo mesmo, para com o "problema da *formação do cidadão*, consciente e independente"; a formação do eleitor, esse

> eleitor *real* – filho do nosso meio e da nossa história, vivendo encolhido e retraído dentro do seu tradicional complexo de inferioridade, disperso e largado aí pelos sertões, pelos campos, povoados, pelos planaltos, pelos taboleiros, pelas coxilhas, pelas cidades, povoados, arrais, "corrutelas", "patrimônios", fazendas, estâncias – como jeca, caipira, vaqueiro, camarada, colono, meeiro, peão, etc. (Vianna, 1974a, v.II, p.157-9)

Sua descrença na capacidade e no empenho político dos brasileiros alcançava as "classes econômicas" ou "chefes das mais prósperas empresas", pouco preparados para agir por iniciativa própria. Em um dos textos reunidos no livro *Problemas de organização e problemas de direção*, publicado em 1952, Oliveira Vianna relata uma conversa tida com "um dos nossos grandes industriais", logo depois de publicada a Constituição de 1937. Comentando com seu interlocutor que estavam de parabéns os empresários por poderem agora "governarem-se por si mesmos, através de suas corporações", obtivera como resposta uma frase áspera: "O que vamos ficar é escravizados". Ora, diria ele comentando a resposta intempestiva do empresário, "o Estado, saído do golpe de 1937, chama-os para uma vida em comum com ele, ... dá-lhes posição nos seus *Conselhos administrativos*, ... fá-los auxiliares *permanentes*, e não *aleatórios*, das suas atividades *legislativas* e *executivas*", e dispõe como única exigência que tenham "um pouquinho mais de disciplina e con-

O charme da ciência e a sedução da objetividade

trole", e paradoxalmente, eles acham que ficarão escravizados. Na lógica de seus argumentos, a conclusão não poderia ser outra: *"nenhuma classe menos preparada, psicologicamente ou culturologicamente, como a dos nossos capitães de indústria, para a prática e realização do Estado Moderno"* (grifos no original).

A aludida carência de visão projetiva do empresariado voltava a ser tratada como evidência da incapacidade organizativa de parcela da elite do país. Já fora motivo de artigo no *Diário de Notícias*, de 1939, a crise nas indústrias de tecelagem, para em paralelo trazer mais uma vez à baila a "crise das suas elites dirigentes". Em observações bastante ácidas, fala do "instintivo movimento de evasão à solidariedade e ao acordo coletivo" da categoria, bem como "a credulidade quase infantil" difundida entre em seu meio de modo generalizado com a Lei do salário-mínimo também daquele ano. O comentário ácido e pessimista retomava contudo uma tonalidade carregada de ironia: "Passou o salário-mínimo a constituir-se ... em uma espécie de mística, ... uma panacéia de política social, capaz de restaurar a plenitude do poder aquisitivo das massas trabalhadoras"(Vianna, 1952, p.72-5).[81] O parco espírito de colaboração do empresariado, em particular o paulista, mereceria longos comentários em *Problemas de direito sindical*,relativos à resistência dessa parcela das "classes econômicas" a aceitar as regras da sindicalização patronal propostas no anteprojeto da Lei Orgânica de Sindicalização elaborada pela comissão presidida por ele.[82]

Ainda assim, somente nas populações urbanas percebia um início de prática autêntica de democracia direta – o sindicato de classe. Ia ao

---

81 Embora publicado após a morte do autor, os textos foram por ele prefaciados e seu objetivo esclarecido: "estou apenas antecipando – e revelando – as perspectivas da nossa organização racional do futuro. Tal a confiança que tenho na inevitabilidade dela, no determinismo da evolução social e políticas do mundo" (p.10). O artigo "Crise e salário mínimo" saiu publicado no *Diário de Notícias* de 7.3.1939. Fundação Oliveira Vianna, Reg. n.1073.67.

82 Cf. cap.VI, p. 57 ss., por exemplo, comenta a oposição do empresariado paulista em aceitar a exigência do terço como exigência mínima para a constituição dos sindicatos, a rotatividade obrigatória dos quadros dirigentes, o registro no Ministério do Trabalho, Indústria e Comércio, as condições para a constituição das associações de 1º e 2º graus – sindicatos e federações.

extremo de afirmar que ele somente daria o direito de voto ao "cidadão *sindicalizado*", de modo a assegurar a certeza de alguma associação extrapessoal. Não o daria "nunca ao homem *desmolecularizado*, ao homem puramente *indivíduo*, ao homem átomo – como é normalmente o homem típico do Brasil, saído do individualismo de nossa formação histórica e ecológica". Desenha-se novamente a projeção idealizada da imagem-representação da sociedade organizada em suas bases pela solidariedade profissional ou de classe contraposta à parca "organicidade" por ele atribuída à sociedade brasileira nesses anos imediatos ao pós-guerra, em particular à população rural, maioria absoluta no Brasil. Para ele, pertencer a um sindicato, cooperativa, liga, sociedade, significaria exibir "'certificado público' da sua *sociabilidade*", ou seja, o fato de sentir e vivenciar interesses comuns com outros de sua categoria profissional ou econômica (Vianna, 1974a, v.II, p.160).

Grande parte de seus argumentos nesse texto publicado em 1949 repisava a vacuidade do direito político, reduzido à ação de colocar periodicamente um voto na urna, na maioria das vezes induzido em sua escolha, perante a inexistência de fato do respeito aos direitos civis, principalmente para a população rural, dependente em sua maioria do grande proprietário e sujeita aos desmandos das autoridades locais. "O que interessa ao nosso povo-massa é a liberdade *civil e individual*", afirmava peremptório.

Opunha-se, dizia, ao "culto fetichista da Lei", algo assemelhado ao "'prelogismo' de Levy-Bruhl". Ironizava assim aqueles que acreditavam em democracia por decreto, sem preparação cultural anterior, sem eleitorado consciente, capaz e livre. Ora, a questão dos direitos e liberdades individuais – direitos e liberdades civis – formaria argumento poderoso em sua denúncia da "democracia de ficção" retomada no pós-45. Lembrando que, se algo se consubstanciara nas cidades em termos de organização coletiva, no campo imperava o maior desamparo entre os homens sem terra – moradores, sitiantes, agregados, vaqueiros; nada lhes viera assegurar a pequena propriedade ou os contratos de arrendamento, garantias mínimas contra o arbítrio dos grandes proprietários. "O problema da organização política do Brasil não está nesta democracia de sufrágio universal", repisava, "o que interessa ao nosso povo-massa é a

O charme da ciência e a sedução da objetividade

liberdade *civil e individual"*, e não a *liberdade política* resumida na colocação do voto nas urnas.

Oliveira Vianna deteve-se na prevalência dos desmandos das autoridades locais aliadas perpétuas dos senhores de terras, de modo a sugerir subliminarmente um comportamento de má-fé da parte dos legisladores que haviam elaborado a Constituição de 1946, ou ao menos uma atitude irresponsável da parte deles. Como dar credibilidade ao voto concedido a um povo que nunca tivera "escolas que o preparassem para a democracia"? Ao dizer que "só concederia o direito de sufrágio ao cidadão *sindicalizado*, ao homem do povo que fosse molécula de qualquer associação de interesses extrapessoal – sindicatos, cooperativas, sociedades, ligas ... impregnado de uma aura qualquer de *sociabilidade"*, pressupunha uma ação pedagógica anterior ao direito político do voto (ibidem, p.156-60). Afinal, se a solidariedade não se estabelecera espontaneamente e em larga escala entre nós e também não éramos um país de *Common Law*, como Inglaterra e Estados Unidos, tínhamos que enfrentar o desafio de dirimir "a discordância entre a Carta (direito-lei) e a cultura do povo (direito-costume)". Na seqüência da crítica, Oliveira Vianna levaria de roldão todas as cartas constitucionais brasileiras – a de 1824, 1891, a de 1934 substituída pela de 1937, e a mais atual de 1946 – como imitações de modelos em voga.

Ora, se como acreditava, *"não é fácil impor-se a um povo uma nova modalidade de comportamento político"* devido ao peso dos "antecedentes históricos", a única saída com o fito de aproximar a letra da lei do comportamento da população estaria no estímulo à organização, externo aos grupos profissionais ou classes econômicas. Seria tal sua aposta na solidariedade inerente às instituições sindicais e corporativas, que mesmo nesse momento, finda a Segunda Guerra Mundial, Oliveira Vianna afirmaria a expansão vitoriosa dessas instituições por considerar terem sido as nações, que na guerra haviam se empenhado na defesa da democracia, "aquelas onde as organizações sindicais" se mostrariam mais poderosas – Inglaterra, Estados Unidos e Austrália. Seu otimismo iria a ponto de afiançar ser a derrota dos países totalitários – Itália e Alemanha – uma explícita demonstração do triunfo do sindicalismo, de aproximação e colaboração com o Estado contra o sindicalismo de abstenção ou de luta contra o Estado, exatamente aquele dos dois países derrotados (1952, p.111 ss.).[83]

Frente ao fato consumado do retorno do Brasil ao modelo da democracia liberal, cobrava de forma enfática a necessidade de coerência, vale dizer, instituir e organizar a *"justiça federalizada* – na dignidade da sua expressão *nacional"* e a *"polícia de carreira* – também federalizada" e garantida como *uma nova magistratura,* "liberta dos 'coronéis de aldeia', dos 'partidos do governo', das oligarquias onipotentes". Contudo, sublinha logo em seguida a impossibilidade de realizar essas propostas por contradizerem a verdadeira camisa-de-força, dos "princípios do regime federativo" e do respeito à "autoridade dos Estados". O tom melancólico, porém não isento de vigor combativo, dos últimos capítulos do segundo volume de *Instituições políticas brasileiras,* reverte-se nas páginas finais na certeza expressa de que "os grupos sociais são como os indivíduos ... como os indivíduos, eles se desenvolvem segundo certas linhas invariáveis, que constituem ... as determinantes da sua personalidade coletiva". Nessas páginas de conclusão, toda a sua aposta no determinismo da evolução histórica dos povos, os vínculos mantidos com o meio geográfico, social e étnico, reaparecem na confirmação de estar o "povo brasileiro" conduzindo-se na vida política em "perfeita concordância com seu passado histórico, com sua estrutura social e com a sua psicologia política". O erro estava do outro lado, exatamente com aqueles que poderiam corrigir sua posição, dado seu nível de conhecimento intelectual. "São nossas elites que estão iludidas, exigindo o que exigem", completa.

Suas conclusões radicavam exatamente na crença no determinismo social, e suas determinantes "invioláveis e irredutíveis". Tal como "o ritmo das ondas do oceano ou a marcha dos astros no firmamento", essas "linhas estruturais do caráter" da sociedade brasileira não poderiam ser detidas "pela simples magia de esconjuros". Essa crença faria com que, entre melancólico e desapontado, porém convicto da correção de suas conclusões, finalizasse o livro com uma apologia ao movimento

---

83 Nesse texto, Oliveira Vianna faz um retrospecto histórico para mostrar serem as instituições corporativas formações naturais das sociedades européias, suprimidas no século XVIII pela Revolução Francesa.

O charme da ciência e a sedução da objetividade

irrecusável das linhas invariáveis da personalidade coletiva dos grupos sociais:

> Só nisto – nesta reação silenciosa e admirável contra o 'marginalismo' das suas elites – é que o nosso povo se tem revelado uma verdadeira democracia. Neste ponto – e só neste ponto exclusivamente – é que se tem mostrado até agora realmente soberano. (idem, 1974a, p.173-8)

Com essa imagem da força determinante da lei da evolução dos povos, Oliveira Vianna fechava o ciclo de seu combate político, regressando ao recolhimento dos estudos acadêmicos. Nem por ser uma conclusão melancólica, com escassos retalhos de otimismo projetado em um futuro indefinido, deixa de manter a força retórica presente em todos os seus escritos e o poder sedutor de argumentos que oscilam entre a afirmação de navegar por certezas científicas das conclusões obtidas por meio de procedimentos objetivos e os apelos emotivos em que duas imagens poderosas se contrapõem: de um lado, a figura do país desarticulado, população carente de cultura e consciência cívica, o espírito de clã dominando nas áreas rurais, a elite urbana, fantasiosa, presa fácil das ilusões, atraída pelas idéias exógenas e instituições avançadas; de outro, o país integrado de norte a sul, população articulada com solidez pela solidariedade social, ativamente presente nas tomadas de decisões políticas e administrativas, povo dono de seu presente e de seu futuro. A bela arquitetura política do país que poderia ter sido e que não fora. Imagem irritante para muitos, como no caso de Sérgio Buarque de Holanda, de grande poder de sedução para outros, exigindo, como sugeriu Octavio Ianni,[84] alguma reflexão sobre o estilo de pensar e de escrever de Oliveira Vianna.

---

84 Octavio Ianni sugere, em "Estilos de pensamento", a importância de conferir relevo à "presença e força do estilo", dado ele ressoar nos continuadores e epígonos de pensadores marcantes como Oliveira Vianna, Gilberto Freyre, Sérgio Buarque de Holanda, entre outros (in *O pensamento de Oliveira Vianna*, 1993, p.429-38).

Uma questão de estilo

Passados trinta anos da publicação de *Instituições políticas brasileiras*, Sérgio Buarque de Holanda comentava algumas considerações sobre a resenha que havia feito em 1949:

> Relendo agora o estudo que abre este livro, dedicado a uma obra de Oliveira Vianna, chego por vezes a perguntar-me se a ênfase dada a enganos patentes, a flagrantes inconseqüências e a critérios anacrônicos, que se encontram nessa obra, não parecerão trair uma espécie de triunfalismo de censor bisonho, que se compraz em dar quinaus num autor consagrado e provecto. Haverá grande vantagem, por exemplo, em denunciar seu recurso constante a argumentos biológicos já caídos em um descrédito mortal ao tempo em que ele,Oliveira Vianna, ainda apelava para seus préstimos sempre que queria explicar os fundamentos de nossa sociedade e de nossa política? A resposta está nisto, que tais inconseqüências – e não se trata, aliás, de miudezas desprezíveis –, estão longe de representar o alvo maior da minha crítica. O alvo maior está numa vasta construção jurídica e política, expressa nas leis trabalhistas, da era de Vargas, a que ela retende fornecer o necessário suporte científico. (Holanda, 1979, p.8)

A "confissão" feita na Apresentação de *Tentativas de mitologias* em 1979, em plena ditadura militar instaurada com o golpe de 1º de abril de

1964, confere explícita dimensão política à resenha escrita no final dos anos 1940. Buarque de Holanda não retira as críticas de teor acadêmico e histórico feitas à época do lançamento do livro. Acrescenta, porém, um elemento importante no centro do debate, apenas aflorada no final de 24 páginas da resenha original: a questão da legislação trabalhista. Embora a referência ao tema tivesse sido rápida, ela atingia justamente a construção jurídica que dera "suporte científico" às leis sociais do período Vargas, à qual o crítico atribuía inspiração ou base conceitual fascista, atribuição infamante naqueles anos do pós-Segunda Guerra Mundial.

A maneira como, no último parágrafo das observações críticas de 1949, Buarque de Holanda tratara da assessoria jurídica ao governo de Getúlio Vargas revela ser a obra legislativa de Oliveira Vianna o que mais causara irritação ao historiador. Acusando-o de compartilhar "a pretensão de refazer a sociedade sobre fundamentos irracionais, mas não obstante legítimos, por isso que 'orgânicos'", denunciava estarem esses fundamentos na "origem de toda 'a doutrinação dos fascismos'". Ainda que expressa em um único parágrafo, a denúncia do sentido corporativista do arcabouço legal não deixava de expressar desconforto e descontentamento em face do desempenho de Oliveira Vianna na comissão do Ministério do Trabalho, Indústria e Comércio. A crítica mais acerba recaía na orientação dada à legislação social. Afinal, ele desfrutara da oportunidade, talvez ambicionada por todo intelectual com posição política definida, de colocar em prática suas idéias e opiniões, de intervir nos rumos da organização institucional do país. Seria exatamente sua atuação como mentor intelectual da comissão responsável pelo projeto das leis sindicais e da Justiça do trabalho do governo Vargas que provocou em Buarque de Holanda a reação irritada, levando-o a utilizar palavras ríspidas para aproximar o autor criticado dos auxiliares do ditador nazista Adolf Hitler que, como ele, "teriam ido buscar inspiração nos costumes do 'povo-massa' para elaborar nossas atuais leis trabalhistas". Concluía, para não dar lugar a dúvidas, ter sido esse o objetivo de Oliveira Vianna, cuja ambição maior visava "poder abarcar as novas instituições brasileiras" (Holanda, 1979, p.37 ss.).

O conteúdo emocional da reação de Buarque de Holanda, em 1979, repõe, no momento do retorno do cerceamento às manifestações con-

O charme da ciência e a sedução da objetividade

trárias ao regime militar, a situação política dos anos da ditadura Vargas, seguido pelo conflito de opiniões do final da década de 1940 e início dos anos 1950 com o fim da Segunda Guerra Mundial e o início da Guerra Fria. A carga afetiva de sua condenação oferece a oportunidade de avaliar a força expressiva de um procedimento argumentativo estratégico na fala e/ou escrita de pessoas públicas – políticos e parlamentares –, ou daqueles que se expressam para um público nos sistemas representativos modernos – jornalistas, acadêmicos e intelectuais engajados. Embora Buarque de Holanda, em 1949, não estivesse diretamente envolvido na luta político-partidária, não se pode minimizar o impacto causado por suas críticas em meio ao público leitor de jornais de grande circulação no Rio de Janeiro e São Paulo.[1]

Ora, se como afirma Pierre Ansart, "é através da linguagem, das palavras e figuras de estilo que o homem político" – ou qualquer dessas categorias "de produtores de bens simbólicos" – com freqüência "transmite as mensagens estimulantes, as indignações e os apelos de adesão"(Ansart, 1983, p.19-21),[2] creio poder colocar as palavras de Buarque de Holanda nesse registro, sublinhando a maestria com que soube utilizar frases de forte efeito emotivo em sua resenha crítica. Afinal, não custa lembrar o ensinamento de Germaine de Staël que nos chega do longínquo ano de 1796, quando falava da insuficiência dos argumentos racionais para a formação de convicções duradouras e advertia que se devia: "dar à verdade sua expressão persuasiva", vale dizer emocional, de modo a fazer com que a "linguagem penetre as almas". Estaria na eloqüência dos discursos dos homens públicos e na escrita dos intelectuais a arma secreta para persuadir os "espíritos" por meio dos sentimentos, exigindo, sem dúvida, mestria no manejo da linguagem. Em suas palavras: "a gradação dos termos, a escolha das palavras, o ritmo das formas, o desenvolvimento de alguns temas, *o estilo em suma, insi-*

---

1 Na "Apresentação", Buarque de Holanda cita os jornais *Diário de Notícias, Diário Carioca,* do Rio de Janeiro, e *Folha de S. Paulo,* com os quais colaborou até 1952, e mesmo depois (1979, p.34).

2 As reflexões de Ansart fazem parte de uma longa "tradição" do pensamento crítico que, na França; tem seus começos nos anos revolucionários inaugurados em 1789.

nuam-se na persuasão dos homens" (grifos no original)[3] Compreende-se, assim, o duplo registro – de convencimento e de persuasão – do tom irado da resposta do historiador ao dar com a expressão "o pleno delírio da democratização", com a qual Oliveira Vianna se referiu às idéias prevalecentes na Constituinte de 1946. Sua crítica "não poderia tolerar complacências", como diria em 1979. Idéias e posições políticas que ainda lhe provocavam palavras acaloradas Trinta anos depois, ao explicar que havia imposto a si mesmo "a tarefa de criticar severamente seu livro novo ... por julgar odiosas e, mais do que isso, altamente contagiosas, certas posições antidemocráticas abraçadas por Oliveira Vianna em um momento em que a crise, ainda muito recente dos regimes totalitários, havia deixado no seu rescaldo ressentimentos e frustrações" (Holanda, 1979, p.13).

À época da resenha crítica, a resposta do autor de *Instituições políticas brasileiras* não se fizera esperar: Buarque de Holanda a transcreve, sem data, na Apresentação à coletânea, com a informação de ter recebido uma carta-resposta de Oliveira Vianna, escrita logo após a publicação da primeira das quatro partes da resenha, sem conhecer, portanto, o teor dos textos subseqüentes, o que provavelmente explicaria o tom de bonomia adotado pelo missivista. Além de se designar como "o sempre admirador e patrício obrigado, sempre atento leitor", Oliveira Vianna persistia na afirmação de ter feito "obra de pura isenção, afastada de qualquer *bias*". A reiterada afirmação de neutralidade e objetividade, em contradição flagrante com o sentido corporativo e contrário à democracia representativa de sufrágio universal das palavras de Oliveira Vianna, parece ser o que mais irritou Buarque de Holanda.[4]

---

3 Há, como indiquei na "Apresentação" deste trabalho, um texto fundamental de Germaine de Staël – *De l'influence des passions sur le bonheur des individus et des nations* –, de 1796, escrito entre 1793, quando exilada na Inglaterra, e 1795, já na Suíça. Ente ensaio encontra-se publicado com o *Essai sur les Fictions* em edição organizada e apresentada por Michel Tournier (1979). Lembro meu artigo "O poder da imaginação: do foro íntimo aos costumes políticos: Germaine de Staël e as ficções literárias" (Seixas et al., 2002, p.31-46).

4 Uso o verbo "irritar" por ser a nítida impressão do estilo argumentativo adotado na resenha e na sua releitura em 1979.

O charme da ciência e a sedução da objetividade

Entre eles, havia "divergências profundas sobre a interpretação do Brasil", como afirmara Oliveira Vianna na dedicatória ao exemplar do livro enviado ao historiador. No entanto, atribuir fundamento fascista às leis sindicais e à sua concepção de Estado, sem ao menos esboçar uma demonstração convincente, parece-me um juízo apressado e inconcludente, já que, na condição de consultor jurídico do Ministério do Trabalho, Indústria e Comércio entre 1932 e 1940 e em escritos posteriores, essa crítica havia sido rechaçada com insistência.

Quanto à legislação trabalhista, seja a sindical ou da Justiça do trabalho, Oliveira Vianna expusera abertamente sua adesão à nova jurisprudência norte-americana e a recusa a seguir os mentores intelectuais dos sindicatos fascistas; quanto à concepção de Estado, os vários artigos de 1943, nos quais denunciava a noção de "espaço vital" como fundamento da concepção de Estado com vocação nacionalista e expansionista do Terceiro Reich, deixam bem claro que o problema da unidade da nação brasileira passava forçosamente por outros critérios.[5] Isso não exime o autor das simpatias nutridas em relação aos regimes autoritários, elogiando as encíclicas papais *Rerum Novarum* e *Quadragesimo Anno* por conferirem dignidade de pessoa humana ao trabalhador. Estende o elogio ao "clima físico e moral" criado pelas encíclicas, favorecendo criar melhores condições de vida e trabalho aos operários, clima inclusive responsável por parte das iniciativas de sentido social, entre as quais se incluía a valorização das corporações e do corporativismo da *Carta do Trabalho* do governo [colaboracionista] de Vichy e aos serviços do *Dopolavoro* na Itália e do *Arbeitfront* na Alemanha.[6] Não o exime, em particular, da suposição otimista de que o período de vigência privilegiada dos regimes liberais teria encontrado seu limite cedendo lugar ao dirigismo de Estado, mesmo em países de notória tradição liberal como os Esta-

---

5 Remeto para o capítulo 5, "Liberalismo uma idéia exótica!", e aos sete artigos publicados no jornal *A Manhã*, entre fevereiro e maio de 1943, um deles republicado no suplemento literário do mesmo jornal.

6 Remeto para a longa conferência "As novas diretrizes da política social", proferida na Escola do Serviço Social a 30 de agosto de 1939, na qual discorre sobre o novo sentido que tomou o trabalhador na sociedade. *Boletim do Ministério do Trabalho, Indústria e Comércio*, n.32, ano VI, Rio de Janeiro, 1939, p.91-118.

dos Unidos. Simpatia partilhada desde seus estudos dos anos 1920 com os reformadores solidaristas franceses, em especial Duguit, que terão sido, aliás, a base de referência para a legislação e as práticas sociais na França, pós-Segunda Guerra Mundial.[7]

Lembro que, se em textos anteriores, o autor louvara a boa ordem e o sentimento de comunidade, responsáveis pelos resultados positivos da imigração alemã no Brasil, fora principalmente por força da admiração pela disciplina de trabalho e organização das colônias, evidentemente decorrentes, acreditava, das "características de personalidade da raça ariana". Na exaltação de características raciais ficava a divergência entre ambos, já que Buarque de Holanda compartilhava a admiração pela disciplina do trabalho. Em *Raízes do Brasil*, o historiador estabeleceu a comparação, que se tornaria referência para inúmeros trabalhos posteriores, entre o que se buscava no Brasil como finalidade do trabalho – "a própria satisfação, ... um fim em nós mesmos" independente, da própria obra – e nos países onde prevalecia a ética protestante, nos quais se conferia ao trabalho um "acento quase religioso".[8] Aliás, o contraste entre "a ética do trabalho e a ética da aventura" mereceu, em seu livro, o extenso segundo capítulo, no qual discorre detalhadamente sobre a importância de se conhecer as características da "ética da aventura", por ser aspecto "singularmente instrutivo das determinantes psicológicas do movimento de expansão colonial portuguesa". Contrariamente às "energias que visam a estabilidade, a paz, a segurança pessoal", próprias à "ética do trabalho", as qualidades do "aventureiro" seriam

---

7 A indicação da diferença entre o pensamento solidarista e a Carta do Trabalho de Vichy, bem como a relação entre o pensamento solidarista e a legislação social posterior à Segunda Guerra, está em Louis Moreau de Bellaing (1992, p.94).

8 Buarque de Holanda dirá na seqüência das palavras acima: "As atividades profissionais são, aqui, meros acidentes na vida dos indivíduos, ao oposto do que sucede entre outros povos, onde as próprias palavras que indicam semelhantes atividades podem adquirir acento quase religioso". Seguindo-se uma extensa e informativa nota sobre o "espírito protestante", elemento explicativo da ética do trabalho para Max Weber, demandando vínculo com o significado religioso das noções de *calling* e *beruf*, em inglês e alemão, um chamado bastante forte para dar precedência às influências morais ou intelectuais na explicação de determinados fenômenos, inclusive o econômico do capitalismo (1969, p.114).

O charme da ciência e a sedução da objetividade

"audácia, imprevidência, irresponsabilidade, instabilidade, vagabunda-gem", valorização das "energias e esforços que se dirigem a uma recom-pensa imediata". Essas qualidades teriam sofrido a "influência dos ne-gros, ... sobretudo como escravos", causadora da dimensão de "suavida-de dengosa e açucarada" da nossa vida colonial e da acentuada carga "enérgica do afetivo, do irracional, do passional", no caráter do brasilei-ro. Entre nós prevalecera exatamente o contrário das "qualidades orde-nadoras e disciplinadoras, racionalizadoras" da ética do trabalho im-prescindíveis à boa organização da sociedade (Holanda, 1969, p.12-40).

Compartilhando com Oliveira Vianna a opinião quanto à precária presença da ética do trabalho em terras brasileiras, a irritação de Sérgio Buarque de Holanda passava, outrossim, pelo terreno da política – a le-gislação trabalhista da ditadura Vargas – irritação que trazia para os anos 1970 seu significado político anterior, explicação provável da in-serção da resenha em *Tentativas de mitologia*. Afinal, na década de 1970, o "fantasma" do retorno a um regime ditatorial de explícita tendência au-toritária e conservadora ganhara consistência, trazendo de volta a cen-sura, o arbítrio político, as denúncias, perseguições, prisões sem o am-paro da lei e as masmorras de tortura. Acredito que o impacto maior, para ele e para muitas pessoas defensoras do Estado de direito, estava na dimensão contagiante desse retorno, merecedor do apoio da maioria silenciosa e de parcela da minoria álacre da população brasileira. Esta talvez a motivação próxima e legítima de Buarque de Holanda para, in-cluindo a resenha na coletânea, abrir espaço e renovar acaloradamente seus comentários críticos ao autoritarismo.[9]

Contudo, as longas páginas de críticas aos pressupostos teóricos e às conclusões dos estudos de Oliveira Vianna sugerem ter sido no do-mínio da prática acadêmica, em particular na insistência quanto à neu-tralidade política que seus estudos estavam longe de poder alardear, o que mais desconforto causou ao historiador Buarque de Holanda e ain-da hoje causa entre nós.

---

9 Não podemos deixar de lembrar a atitude profundamente ética de Buarque de Holanda quando expressou sua repulsa pelo AI-5 de dezembro de 1968 e a seqüência de demis-sões compulsórias de professores e pesquisadores de várias universidades públicas, de-mitindo-se da Universidade de São Paulo em março de 1969.

Já afirmei anteriormente que o **estilo** de pensar e, portanto, de escrever do bacharel e sociólogo fluminense oscilava entre a pretensão à objetividade e as certezas científicas de seus métodos e conclusões e o evidente conteúdo programático político das "soluções" para adequar o "Brasil legal ao Brasil real". Buarque de Holanda dizia, na Apresentação de 1979, que o universo mental de Oliveira Vianna oscilava entre o "domínio do utópico" e o do "orgânico", sem avançar muito na explicitação da afirmativa. Sua indicação, entretanto, é compatível com a projeção utópica do sociólogo, que denominara sua proposta de "utopia orgânica", sintetizada na imagem de uma sociedade solidariamente articulada do particular – o sindicato de profissão soldando interesses coletivos de grupo –, ao mais geral – a nação brasileira articulada e movida pelos interesses coletivos nacionais. Quanto ao recurso a figuras de linguagem de inspiração "organicista" e romântica, verifica-se efetivamente a escolha da noção de "organismo" para falar do Brasil, desdobrando-a em noções subsidiárias, como na afirmação reiterada sobre a "inorganicidade" da sociedade, assemelhada a um "conglomerado ganglionar" ou de "fisionomia ganglionar". A representação da sociedade brasileira por meio da imagem de um conglomerado ganglionar fere o "olhar", causando desconforto racional e afetivo pela associação estética entre a aproximação dos gânglios conglomerados e a subliminar sugestão de doença, imagem associada às "autarquias patriarcais" ao regime de clã. Algo a ser corrigido, senão eliminado. Mesclaria essas noções organicistas para dizer serem "as classes dissociadas, de tipo amorfo e inorgânico, em estado de desintegração profunda", vivendo na "semiconsciência" de seus próprios direitos e interesses", na "absoluta inconsciência de sua força".

Não devemos esquecer, entretanto, que a representação metafórica pode ser a apresentação apaziguada e apaziguadora de uma situação de ameaça, pois traz para o domínio da palavra e da classificação, vale dizer do raciocínio, uma situação antes pretensamente enclausurada no âmbito dos fenômenos naturais. Ou, em outras palavras: a imagem organiza as peças esparsas em um quebra-cabeça que, ao assumir completude, desvenda *alguma* ordem ou ordenação subjacente, tornando possível propor a solução para recomposição de sua dispersão em uma arquitetura harmoniosa. Seria, pois, constitutivo do jogo metafórico o poder de

O charme da ciência e a sedução da objetividade

aproximar dois campos semânticos, estabelecendo a similaridade ou parentesco entre idéias heterogêneas. Segundo Paul Ricoeur, em seu instigante ensaio sobre o processo metafórico (Ricoeur, 1992, p.145-60), o recurso à metáfora constitui-se em transferência de significado, que nada mais é "senão essa mudança ou alteração da distância lógica, do distante para o próximo". Trata-se, diz ele, "do conceito de Kant de imaginação produtiva *como esquematização de uma operação sintética*", composta de três fases. A primeira seria a do *insight* dentro da semelhança – tanto um pensar como um ver, tornando semelhantes, ou semanticamente próximos, os termos que o enunciado metafórico reúne. Essa primeira fase torna possível "enxergar a semelhança, vendo o mesmo apesar, e através, da diferença"; produz um parentesco genérico sem eliminar as diferenças. Na segunda fase, o caráter figurativo da metáfora imprime na imaginação sua dimensão *pictórica*, comportando-se "como teor e como veículo [*focus* e *frame*]" que designam o significado conceitual e seu envoltório pictórico. Tem-se, nesse processo, a produção de imagens esquematizadas: não só uma figura mental de alguma coisa, mas um modo figurativo de expor relações. Nesse processo interno à imaginação, a terceira fase seria a que Ricoeur denomina de "interrupção", ou "momento de negatividade trazido pela imagem no processo metafórico", dirigindo-se para aquilo que não existe, ou seja, a capacidade de projetar novas possibilidades. Nesse processo, imaginação e sentimento se mantêm intimamente ligados no movimento estratégico do discurso que visa persuadir ou agradar. Em suma, concordo com ele quando diz conclusivamente: "a metáfora não é o enigma, mas a solução do enigma".

Acredito que, com base na sugestão de Ricoeur, podemos pensar a referência à noção de utopia orgânica na proposta de Oliveira Vianna como procedimento retórico condizente com um projeto cujo objetivo era o de organizar solidariamente a nação brasileira. Ou seja, o próprio Buarque de Holanda reconheceria que, por vezes, Oliveira Vianna usara palavras relacionadas a noções organicistas para referir-se a "coisa fabricada, fabricável ou retificável pela ação do intelecto humano", sem fechá-la no estrito círculo do pensamento romântico reacionário.

Não se pode negar o poderoso apelo emocional contido no recurso retórico a imagens de caráter organicista ou mecânico, uma vez que o processo de associação de imagens é imprescindível à persuasão; dá força expressiva a determinados argumentos. Imagens como a de "raízes", opção de Sérgio Buarque de Holanda para compor a base da representação do Brasil, revelam sua eficácia para falar de um país de cultura de transplante que nos manteria desterrados em nossa própria terra, raízes cuja tentativa de "implantação" pelo colonizador português redundara em fracasso, por serem estranhas ao meio ambiente encontrado. Raízes mal plantadas, porém fortes o suficiente para nos manter atados durante quatro séculos com todas as conseqüências daí advindas, dentre elas "a falta de coesão em nossa vida social", a cultura da personalidade, a tibieza das associações que implicassem solidariedade, a indistinção entre família e o Estado, donde a ausência do indivíduo tornando-se cidadão, a recusa da "realidade" pela *intelligentsia* brasileira, isolada num mundo fictício. Imagem poderosa, de sentido amplo o bastante para conter a idéia de "revolução" quando **conclama** os homens de pensamento no Brasil para a tarefa urgente do "aniquilamento das raízes ibéricas de nossa cultura".

O apelo à erradicação da herança dos pais portugueses dirigido à *inteligentsia* brasileira assume dimensão crucial se colocado ao lado da sua avaliação das características gerais dos brasileiros:

> Um amor pronunciado pelas formas fixas e pelas leis genéricas, que circunscrevem a realidade complexa e difícil dentro do âmbito dos nossos desejos, é dos aspectos mais constantes e significativos do caráter brasileiro.
>
> Essas construções de inteligência representam um repouso para a imaginação, comparável à exigência de regularidade a que o compasso musical convida o corpo do dançarino. O prestígio da palavra escrita, da frase lapidar, do pensamento inflexível, o horror ao vago, ao hesitante, ao fluido, que obrigam à colaboração, ao esforço e, por conseguinte, a certa dependência e mesmo abdicação da personalidade têm determinado assiduamente nossa formação espiritual. Tudo quanto dispense qualquer trabalho mental aturado e fatigante, as idéias claras, lúcidas, definitivas, que favorecem uma espécie de atonia da inteligência, parecem-nos constituir a verdadeira essência da sabedoria. (Holanda, 1969, p.117)

Esse parágrafo que não isenta o grupo ilustrado brasileiro, pelo contrário, o próprio Buarque de Holanda nele se inclui com a utilização

O charme da ciência e a sedução da objetividade

do pronome "nós", tornar-se-ia apoio, nem sempre explicitado, de muitos trabalhos de outros autores. A ênfase dada pelo historiador ao definir o "caráter brasileiro" a palavras relacionadas a sentimentos e não ao raciocínio – "um amor pronunciado" – sugere ao leitor uma condição da qual ele seria cúmplice e partícipe e o incita a modificá-la no sentido de exercitar sua própria dimensão racional. Seria esse um exercício imprescindível para modificar o "caráter brasileiro" e levá-lo a abrir caminho para o processo revolucionário pautado nos mores urbanos. A analogia estabelecida das "idéias fixas e leis genéricas" com a imagem de "construções de inteligência" nas quais a imaginação repousaria nas certezas das frases lapidares e se embalaria na "regularidade do compasso musical", ou seja, a passiva aceitação do estímulo para a execução induzida dos passos do bailarino, leva o leitor a sentir o horror de sua condição passiva, complacente e pouco reflexiva. Descanso do raciocínio, repouso da inteligência, malformação do caráter do povo incapaz de romper com os liames do atraso rural, herança dos colonizadores. O *nós* utilizado por Buarque de Holanda conclama seus iguais a seguirem o exemplo de repúdio à "atonia da inteligência", e a aceitarem **ver** a "feia realidade" do país. Incita-os a aderirem à necessidade imperativa "do aniquilamento das raízes ibéricas de nossa cultura para a inauguração de um estilo novo", fazendo com que o americano em nós deixasse de ser mera exterioridade e viesse a ser expressão de algo interior. No centro dessa transformação residia seu maior desacordo, nesses anos de 1930, com Oliveira Vianna que, diria Buarque de Holanda, teimava em separar agrarismo e iberismo, para ele inseparáveis, compondo "todo o ciclo das influências ultramarinas específicas de que foram portadores os portugueses", e que só seriam superados com a rápida e impiedosa invasão do mundo das cidades. O texto de *Raízes do Brasil* narra por um lado a história de um fracasso – o da tentativa de transplante de uma cultura estranha às condições do território a ser colonizado – mas também a de um sucesso – a colonização de um extenso território onde malograram os holandeses na tentativa de se estabelecerem em reduzida parcela –, por outro, estabelece exatamente nessa dupla face do fracasso/sucesso o alvo da "grande revolução brasileira" em seu longo processo de erradicação dos "freios tradicionais" impeditivos do "advento do novo estado de coisas", do qual a Abolição teria representado o marco mais visível.[10]

Quero com isso enfatizar que os argumentos de Buarque de Holanda, apoiados em documentação e demonstração racional, não abdicaram dos recursos a figuras de linguagem de ordem orgânica e afetiva sem com isso comprometer politicamente o autor com o ideário romântico, ou melhor, politicamente conservador. Comportaria, entretanto, a força afetiva necessária para a adesão emocional implícita no persuasivo chamamento político.

No intuito de dramatizar a crítica política, Oliveira Vianna usaria também, em sua escrita, imagens de explícita inspiração arquitetônica, cujo extraordinário poder estético é ilustrativo da retórica de persuasão:

> ... os nossos legisladores ... constroem ... para lisonja e encanto de nossos olhos nativistas – uma estupenda arquitetura de fachadas suntuárias, copiadas, linha a linha, às similares da França, da Inglaterra ou dos Estados Unidos. E o estrangeiro que nos visita, sequioso de exotismos, queda-se, a princípio extasiado ante esse primor de frontarias... Os mais inteligentes entretanto, não se iludem. Compreendem logo – com sagacidade e ironia – que essas Constituições impecáveis outra coisa não são que belas artificialidades lantejoulantes. Reflexos da cultura européia ou americana ... refrangem-se, aqui... só iluminam os visos mais altos da nossa hierarquia social; polarizam-se, constelando-se, nas grandes metrópoles estaduais e no Rio; orlam de um traço de luz, vivíssimo, a fímbria dos litorais; não descem, porém, às camadas rurais; menos ainda penetram no âmago do país – os seus vastos e obscuros sertões. Deixam intacto, portanto, a dormir, nessa imensa penumbra em que até agora tem vivido ignorado, o povo-massa do Brasil – que é entretanto a maioria da Nação. ... Certas vezes, como um clarão meteórico, passam ao longe, rastreando-lhe os horizontes – e apagam-se logo, sem deixar vestígios. (Vianna, 1974a, v.II, p.98)

Como deixar de reconhecer a força imagética dessa representação parasitária da vida intelectual e da atividade política em terras brasileiras?

---

10 Esses argumentos de *Raízes do Brasil* (1969) estão no capítulo final "Nossa Revolução" (p.126 ss.), na página inicial do capítulo I, "Fronteiras da Europa" (p.3), e no capítulo II, "Trabalho e aventura" (p.12 ss.).

O charme da ciência e a sedução da objetividade

A noção de reflexo atua nesse e em outros textos seus de modo a colocar o leitor frente a frente com o que, a partir do recorte nacional e de seus pressupostos de análise, seria a imagem eloqüente das conseqüências da imitação[11] ou do mimetismo; não esqueçamos, comportamento próprio dos macacos que, em sua definição das características das raças, ele teria aproximado do perfil psicológico do negro. O reflexo, considerado reação automática e involuntária de um organismo vivo ou mera atitude mimética, "refrange", atinge os sentidos sem passar pela razão, não se apóia no discernimento, nem em convicções sólidas. Daí formar simplesmente "fachadas", "belas artificialidades lantejoulantes".

Em Oliveira Vianna, os argumentos não se esgotam na imagem sugestiva da precariedade das instituições políticas; estendem-se até a hierarquia social, ela também precária. Ao colocar lado a lado a letra constitucional que arquiteta as instituições e a imagem do edifício vazio, e, mais do que isso, da mera fachada, destituída de base estrutural, ausentes também o telhado e as paredes externas e internas, a idéia de fragilidade se impõe. Não há base – o povo consciente de direitos e deveres –; por trás da fachada, a ausência de paredes divisórias – leis dando proteção igual a todos – indica a prevalência da estrutura clânica que impõe a lei do mais forte própria do estado de natureza. Essa aproximação entre as instituições brasileiras e a imagem do edifício inconsistente permite apresentar, pela representação icônica, a fragilidade que se quer atribuir à letra da lei em uma sociedade onde ainda imperavam formas primitivas de poder e, ao mesmo tempo, sobrepor conceitualmente as duas imagens: a importância da estrutura bem fincada, de modo a proporcionar base sólida tanto a edifícios como a constituições. As "artificialidades lantejoulantes" reforçam a idéia de precariedade, de brilho falso, frágil e enganoso.

A superposição de imagens atinge, entretanto, o ponto culminante de dramaticidade no deslocamento escalonado da luz que vai da "fímbria dos litorais", passa pelas "camadas rurais" para chegar ao "âmago do país", os "vastos e obscuros sertões". Desenha na seqüência de imagens a representação explicativa do raio de luz que, embora mero refle-

---

11 A noção de imitação ele a retira de Gabriel Tarde (1979).

xo, ou seja, conhecimento inconsistente, apresentava-se vivíssimo nas cidades costeiras, diluindo-se e perdendo-se, sem lograr atingir os sertões – "essa imensa penumbra". O jogo de sombra e luz alia-se à imagem das edificações de fachadas suntuosas compondo a imagem-representação do Brasil político nas tonalidades contrastantes da retórica persuasiva do sublime.[12]

Toda essa edificação imagética, ele a apresenta para, logo em seguida, conduzir seus leitores para a imagem do efeito perturbador desse "clarão meteórico" – o rompimento da estabilidade dos sistemas tradicionais de organização costumeira e vivência política entre o "povo-massa" dos campos. Construção retórica de clara eficácia na demonstração da perigosa inconsistência da *"eleição direta"*, do *"sufrágio universal"*, da *"autonomia municipal"*, do *"regime federativo"*, quando ilusoriamente presidindo os destinos políticos de um país ainda dominado pela "política de clã", exercendo soberanamente o poder nos, assim nomeados, "complexos retardatários" situados em particular na região Norte e Nordeste do país. Oliveira Vianna não se limita ao campo da crítica, já que essas observações encerram um claro chamamento político de adesão ao projeto que deveria levar à "transformação de mentalidade", acelerando, por meio de estímulos externos, *"a lentidão da evolução das realidades sociais"*, tanto a dos "complexos culturais retardatários como a civilização política, de tipo metropolitano e marginalista" (grifos no original). Ao apresentar a inconsistência da lei, a metáfora do edifício como mera fachada cumpria sua missão de projetar novas possibilidades inscritas na negação da situação atual.

A metáfora do edifício ausente configura também em *Raízes do Brasil*,[13] de Buarque de Holanda, a iminência do desmoronamento das instituições liberais na falta de sustentação estrutural, "pessoas de carne e osso". Também para o historiador, a aproximação da imagem arquitetônica do edifício vazio (de cidadãos) e da inconsistência da palavra escri-

---

12 Refiro-me às observações de Edmund Burke em *Uma investigação filosófica sobre a origem das nossas idéias do sublime e do belo* (1993). Um estudo em profundidade da teoria estética de Burke é Baldine Saint Girons (1993).

13 O autor diria que, para a efetiva eficácia de Constituições liberais, era necessário que, "por trás do edifício do Estado, existam pessoas de carne e osso" (Holanda, 1969, p.136-40).

O charme da ciência e a sedução da objetividade

ta – "constituições feitas para não serem cumpridas, as leis existentes para serem violadas, tudo em proveito de indivíduos e oligarquias" – cumprem a função de trazer para os olhos e a imaginação do leitor uma segunda inconsistência, a dos "políticos [que] imaginam interessar-se mais pelos princípios do que pelos homens", presas "das muitas ilusões da mitologia liberal". Mera pretensão desmedida, pois diria o autor: "com a simples cordialidade não se criam os bons princípios. É necessário algum elemento normativo sólido, inato na alma do povo, ou mesmo implantado pela tirania, para que possa haver cristalização social". Também em Buarque de Holanda a metáfora do edifício institucional precário se vê sobreposta à imagem da oligarquia, tradução e "prolongamento do personalismo no espaço e no tempo": compõe o problema, mas traz consigo a solução no chamamento à erradicação das raízes transpostas da mãe pátria para as terras colonizadas.

Outros desacordos ainda se interpõem, separando os dois autores. Oliveira Vianna, como já assinalado, fincara a relação "iberismo e agrarismo" no centro da explicação da sociedade brasileira, dela derivando a noção de "regime de clã" solidária à imagem do grande senhor rural reinando em seu território sobre seus dependentes; a imagem do homem isolado sobreposta à noção de "individualismo", noção ambígua em seus textos por não estar relacionada diretamente ao liberalismo, mas sim contraposta à ausência de "consciência de organização", de "espírito coletivo".[14] Somadas ainda à noção de clã viriam as de "solidariedade social", "consciência nacional", "opinião pública", "consciência cívica", todas qualidades ausentes do caráter do homem brasileiro. A imagem

---

14 Lembro que Oliveira Vianna debateu essa noção nesse capítulo II para contrapô-la à de sociedade: "O ponto de vista atomístico – ensina [Louis] Wirth – nasceu da tradição biológica e mecanicista do século XIX que levou a considerar o *indivíduo* como a verdadeira realidade, como a unidade da vida social. Contrariando este ponto de vista, o interesse pela psicologia social ... que culminou nos trabalhos da escola de Durkheim na França, nos levou, por sua vez, a uma exaltação da *sociedade* como entidade *sui generis*" (cf. p.41). Verifica-se não haver clara adesão de Oliveira Vianna ao ideário romântico, pois se elogia a vida rural por ser próxima da natureza, liberta do polimento e artificialidade urbana, se recorre à metáfora do organismo para elaborar a imagens de um país inorgânico, sem medula e coluna dorsal, combate vivamente a característica do "individualismo" brasileiro, noção cara aos românticos, em sua apologia ao anti-racionalismo, ao dobrar-se em si mesmo, à sensibilidade exarcebada. (cf. Lévy-Bertherat, 1994).

dos "clãs feudais e parentais", desdobrados em "clãs eleitorais", fazendo as vezes de partidos políticos manobrados por caudilhos, cola-se à do "conglomerado ganglionar", desenhando a representação da sociedade inorgânica. Entre esses "clãs privados" e sua corte de dependentes, o autor constatava haver soma, porém não "fusão", outra figura de linguagem querida ao autor, próxima à de "cooperação", base essencial à "solidariedade social" e ao "interesse coletivo". Da Colônia ao Império e à República, a "insolidariedade" e o "atomismo" resultariam do "insulamento *oikal* do domínio independente", do não-reconhecimento do Estado como órgão do interesse público (1974 a, v.I, p.290-300). Contudo, é possível indicar que essa seqüência argumentativa poderia prescindir do recurso à noção de "raça", já que a força do meio geográfico e climático dera as coordenadas do processo de colonização. Aliás, a palavra "raça" teria pouca ou nenhuma expressão em *Instituições políticas brasileiras*.[15]

Buarque de Holanda, por seu lado, usara a expressão "falta de coesão" para explicar o país e "a frouxidão da estrutura social", enfatizando, tal como Oliveira Vianna, a ausência de solidariedade entre nós. A resultante da insolidariedade e do aspecto familiar ou clânico da sociedade, partilhada por ambos e por Freyre (1996, p.41).[16] toca em um dos pontos sensíveis do desacordo interpretativo entre os dois autores. Para Oliveira Vianna, as instituições de solidariedade existiam entre os portugueses e se degradaram aqui, regredindo à forma pré-social da solidariedade familiar ou clânica, em vista das determinações do meio e do caráter racial moldável dos colonizadores, habituados à mestiçagem a ao convívio com as culturas africanas. Para Buarque de Holanda, a carência de solidariedade constituía característica herdada dos pais ibéricos e com eles viera – homens de condição fronteiriça entre Europa e África –

---

15 Neste livro, a noção de raça vem à tona na crítica teórica a vertentes sociológicas – o pan-culturalismo de Spengler e dos alemães – que conferiam, segundo ele, força transcendente à noção de cultura. Em suas palavras: "Tornou-se a *Kultur* uma entidade onipresente e onipotente, explicadora exclusiva da formação do homem e da civilização" (Cf. cap.II, "Cultura e pan-culturalismo", p.40 ss.).

16 Em trecho do capítulo II, o autor contrapõe entidades de assistência social presentes nas cidades e comenta as dificuldades opostas à formação de solidariedade no período colonial, que seria ainda precária no brasileiro de origem rural ainda nos dias atuais.

O charme da ciência e a sedução da objetividade

exibindo-se na "sobranceria" hispânica e nos "elementos anárquicos [que] sempre frutificaram aqui facilmente, com a cumplicidade ou a indolência displicente das instituições e costumes" (Holanda, 1969, p.5). Não constituía, portanto, "um fenômeno moderno" ou resultante de formas de sociabilidade degradadas entre nós.

Seria, pois, exatamente em termos de interpretação histórica que o desacordo se instala. Na argumentação, os estilos divergem. Se Oliveira Vianna afirmava radicar na unidade agrícola do solar patriarcal em terras brasileiras uma modificação profunda da tradição herdada dos pais portugueses, portanto criação nossa, e nessa interpretação se aproxima de Gilberto Freyre de *Casa-grande & senzala*, Buarque de Holanda não a compartilharia por considerar ser a "casa-grande" simples transplante do colonizador, pouco modificado, e não obra de criação ou mesmo de adaptação radical.

Querelas interpretativas? Discordâncias teóricas? Isso, e mais que isso. Creio necessário lembrar estar na base desse desacordo projetos políticos divergentes: manter os olhos voltados para usos e costumes, ou seja, para a tradição, e aperfeiçoá-la modernizando-a, como ambicionava Oliveira Vianna; fazer da tradição, de ... certa tradição, o fundamento do que melhor existira na sociedade e cultura brasileiras, adoçadas ou suavizadas pelo açúcar da grande propriedade senhorial, na proposta de Freyre; ou imputar à tradição nosso atraso e todos os desencontros sociais e políticos, na projeção de um futuro livre dessas raízes mal plantadas e indesejadas, como propunha Buarque de Holanda.

A despeito dos projetos diferenciados, as conclusões de Buarque de Holanda iam ao encontro das de Oliveira Vianna e Freyre na idêntica denúncia do erro cometido pelas elites dirigentes, quando da adoção constitucional do liberalismo democrático. O historiador e o bacharel-sociólogo fluminense desenvolvem um argumento assemelhado, ao atribuírem a impossibilidade de êxito das instituições liberais ao fato da "ideologia impessoal" não ter fincado raízes em meio a uma "aristocracia rural e semifeudal", somada à "distância entre o elemento 'consciente' e a massa brasileira". Freyre preferiu imputar o fracasso, em parte como os outros dois, à aceitação fácil de idéias e costumes exóticos trazidos do estrangeiro a partir de determinado momento, mas, principalmente, à ruptura com a tradição quase conventual da casa-grande e da cultura senhorial, herança dos pais lusitanos (ibidem, p.119-21).

A proposta do conservador Oliveira Vianna implicava em recuperar, atualizando, uma qualidade perdida pelas condições impostas pelo meio aos colonizadores: a dimensão de saudosismo medievalizante nas articulações estabelecidas, por exemplo, entre corporações de ofício e sindicatos de profissão, saídos da legislação trabalhista da Era Vargas.[17] De nada adiantara Oliveira Vianna protestar em entrevistas e artigos contra a relação entre suas idéias e os fascismos europeus. Não deixava de ressoar aos ouvidos mais atentos o projeto centralizador e autoritário proposto em 1920 em *Populações meridionais do Brasil*, atraído pela possibilidade de uma terceira via, inspirada sobretudo nos ideais dos solidaristas franceses, já que anterior aos movimentos fascistas europeus:

> Realizar, pela ação racional do Estado, o milagre de dar a essa nacionalidade em formação uma subconsciência jurídica, criando-lhe a medula da legalidade ... solução [que] só seria possível ... pela instituição de um Estado centralizado, com um governo nacional poderoso, dominador, unitário, incontrastável, ... provido de capacidades bastante para realizar ... a consolidação da nacionalidade e a organização de sua ordem legal. (Vianna, 1973, v.I, p.287).

Essa representação do Estado forte e unitário, responsável pela criação da "medula da legalidade" – novamente a metáfora orgânica –, guarda alguma semelhança com a proposta de Buarque de Holanda tecida no argumento da incompatibilidade entre "Estado despótico" e a "doçura de nosso gênio", exigindo do "mecanismo" do Estado que funcionasse com "harmonia e garbo", metáfora mecânica que guarda resíduos de noções cavalheirescas:

> O Estado, entre nós, não precisa e não deve ser despótico, – o despotismo condiz mal com a doçura de nosso gênio – mas necessita de pujança e compostura, de grandeza e solicitude, ao mesmo tempo, se quiser adquirir alguma força e também essa respeitabilidade que os nossos pais ibéri-

---

17 Cf. "As novas diretrizes da política social", BMTIC, p.99, e "Sindicalismo e corporativismo no mundo dos após-guerra", *Problemas de organização e problemas de direção* (1952, p.113 ss.).

O charme da ciência e a sedução da objetividade

cos nos ensinaram a considerar a virtude suprema da vida nacional. Mas é indispensável que as peças de seu mecanismo funcionem com certa harmonia e garbo. O Império brasileiro realizou isso em grande parte. (Holanda, 1969, p.131)

Sem dúvida, os dois autores concordam a respeito do relativo acerto e eficácia da política Imperial, partilhada também por Freyre. Contudo, a insistência na busca de "usos e costumes" existentes na sociedade brasileira para justificar institutos legais recém-implantados, procedimento mantido por Oliveira Vianna mesmo após 1945,[18] e por Freyre em seu elogio ao regionalismo nordestino, configura um elemento complicador a mais e campo aberto às críticas daqueles que, como Buarque de Holanda, já apostavam, desde os anos 1930, em uma "revolução". A idéia de "revolução" expressa em seu projeto político a "dissolução lenta, posto que irrevogável, das sobrevivências arcaicas"; a revogação da "velha ordem colonial e patriarcal", revolução sem "convulsões catastróficas" cujo sentido seria "o do aniquilamento das raízes ibéricas de nossa cultura". Revolução que nos livrasse, em suma, da maldição da herança portuguesa.

Afinal, Buarque de Holanda confere lugar central à imagem do país desencontrado consigo mesmo, afirmando ser um dos erros cometidos por nossos sucessivos reformadores acreditar na possibilidade de "compassar os acontecimentos segundo sistemas, leis ou regulamentos de virtude provada, em acreditar que a letra morta pode influir por si só e de modo enérgico sobre o destino de um povo". Também ele usaria o exemplo inglês, não para saudar a excelência de suas leis escritas, mas para ressaltar que, mesmo regendo-se por um sistema de leis confuso e anacrônico, revela capacidade de disciplina, obtida por "apurada educação política, alfabetização, aquisição de hábitos civilizados..." (ibidem, p.133). Para a ambicionada "inauguração de um estilo novo, que cris-

---

18 Cf. "Sindicalismo e corporativismo no mundo do pós-guerra", in *Problemas de organização e problemas de direção* (1952, p.111 ss.). Oliveira Vianna argumenta serem as instituições corporativas formações naturais das sociedades européias, e terem os regimes totalitários, no pós-guerra de 1914-1918, se apoderado delas para as usarem no sentido de seus objetivos de mando e expansão.

mamos, diria, talvez ilusoriamente de americano", apostava, acima de tudo, nos "movimentos simultâneos e convergentes" de dilatação dos centros urbanos e diminuição da influência dos centros rurais, transformados nesses meados do século XX em abastecedores das cidades.

Quem sabe por isso critique o autor de *Instituições políticas brasileiras* e seu "modelo utópico", que nomeou, de modo um tanto exagerado, de proposta de volta "às genuínas fontes de vida de nossa sociedade política ... não contaminadas pela intrusão de elementos espúrios". Essa imagem conservadora e mesmo retroativa à ética dos tempos coloniais condizia mais, sem dúvida, com a representação de Freyre da sociedade brasileira anterior à Independência, em sua exaltação aos valores do mundo fechado da casa-grande e seu complemento, a senzala.

Detenho-me na atribuição de mau uso pela população brasileira das instituições liberais representativas, mau uso afirmado por Oliveira Vianna e Buarque de Holanda – este último chega a dizer terem sido "os princípios do liberalismo uma inútil e onerosa superfetação" – creio que suas explicações se encontram na questão da insolidariedade e do personalismo-individualismo, mas divergem por apontarem para caminhos e soluções diferentes. Divergem também no contorno das imagens: Buarque de Holanda desenha com clareza as características da sociedade brasileira, mas o traço esmaece quando se refere à revolução. Não que as palavras sejam menos contundentes, é sua opção política que resiste a uma colocação aberta. Sabemos o que não quer e o que quer – "um regime autenticamente democrático" –; não sabemos, entretanto, como projeta alcançá-lo, se somente a ação do tempo daria conta da "'revolução' vertical que trouxesse à tona elementos mais vigorosos, destruindo para sempre os velhos e incapazes", ou se uma intervenção política deliberada se fazia necessária. Quais elementos vigorosos? Não sabemos. Não esclarece também, de modo claro, o significado de "regime autenticamente democrático" pois, em frase um tanto misteriosa do capítulo "Nossa Revolução", diria que "Uma **superação** da doutrina democrática só será efetivamente possível, entre nós, quando tenha sido vencida a antítese liberalismo-caudilhismo" (grifo meu) É bem verdade que, no início do parágrafo, havia afirmado pertencerem ao mesmo círculo de idéias dos princípios do liberalismo tanto a "despersonalização democrática" como o "caudilhismo", expressando a forma negativa da tese liberal. Alerta até para os perigos contidos na negação do liberalismo ter sido erigida em sistema político positivo pelos fascismos europeus. Avança, ainda, confirmando a importância do nosso "processo revolucionário", mas dele diz somente que sua vitória dependeria de se liquidar os "fundamentos personalistas", cujo processo teria "um significado claro", "o da dissolução lenta, posto que irrevogável, das sobrevivências arcaicas"(Holanda, 1969, p.134-5).

Fica, assim, no contraste entre a pouco esclarecedora proposta de "revolução" em Buarque de Holanda e a diretriz bem definida do projeto político de Oliveira Vianna, o diferente estímulo retórico à adesão dos leitores. Esse contraste se reproduz invertido no procedimento de construção historiográfica: o historiador segue em *Raízes do Brasil* um procedimento de análise pautado no recurso cuidadoso à documentação, aperfeiçoando-o no decorrer de sua trajetória acadêmica. Oliveira Vianna seria sempre criticado tanto pela adesão teórica ao tripé positivista como pela utilização ingênua da documentação nem sempre confiável e, por vezes, pela escolha deliberada de certo tipo de documento e por sua manipulação astuciosa das informações.

Sem minimizar as críticas de Buarque de Holanda às incompreensões teóricas e incorreções históricas praticadas por Oliveira Vianna, pode-se partir da suposição de que a noção de **ruptura** configuraria o verdadeiro divisor de águas entre os dois, ou melhor, entre Buarque de Holanda e os outros dois. A idéia de revolução, ainda que mal delineada, constitui momento importante no argumento do historiador.

Seria exatamente a dimensão estratégica conferida à noção de ruptura por Buarque de Holanda que causa estranheza por não a encontrarmos na erudita e pertinente crítica a *Sobrados e mucambos* e, de modo complementar, ao anterior *Casa-grande & senzala* de Gilberto Freyre. Não se encontra no texto do sociólogo pernambucano o mesmo desacordo em relação ao culto místico do passado.[19] Não que Buarque de Holanda deixe de mencionar criticamente o zelo manifesto e fervoroso de Freyre

---

19 As resenhas críticas aos livros de Gilberto Freyre compõem os capítulos 4, 5 e 6 de *Tentativas de mitologia* (1979, p. 99 ss.).

"em favor da preservação dos estilos e valores regionais em todo o Brasil". Acrescentaria ser esse um zelo, "em alguns casos, quase se pode dizer nostálgico – por certos valores e estilos tradicionais da área dominada, no passado, pela monocultura latifundiária e, em primeiro lugar, pela lavoura canavieira, fundada no braço escravo". Polemiza efetivamente com Freyre mostrando o equívoco de, representada a sociedade brasileira na imagem de "um arquipélago ou de uma constelação", ter ele localizado na "família de tipo patriarcal ... o alfa dessa constelação". Sua crítica historiográfica recai, sobretudo, nessa generalização estendida pelo autor à totalidade da sociedade brasileira. Em outras palavras, as críticas a Freyre visaram expor a fragilidade das conclusões de seus trabalhos, seja pelo modelo de sociedade assumido *a priori* como característico do Brasil, como pelo processo de trabalho intelectual de cunho "cumulativo" e seletivo, dele decorrendo a insuficiente e limitada documentação e a pouca referência a informações de estudos historiográficos mais recentes. O zelo do autor "em favor da preservação dos estilos e valores regionais", inequivocamente os da área nordestina de produção açucareira, teriam, no ver de Buarque de Holanda, negligenciado evidências importantes, de modo que seus "critérios e perspectivas se revelariam menos aptos para o estudo das demais regiões do país".

Voltaria a apontar esta limitação na resenha de outro livro de Freyre, *Ingleses no Brasil* (1948),[20] publicado um ano antes de *Instituições políticas brasileiras*, de Oliveira Vianna. Nessa resenha, as restrições ao método de Freyre ganham maior nitidez. Buarque de Holanda se refere à técnica "impressionista", adotada pelo sociólogo pernambucano, como sendo "antes cumulativa, do que expositiva e coerente", manifestando "um constante desdém por tratamento impessoal e sistemático". Seria menos o ensaísta de *Raízes do Brasil*, e mais o historiador[21] exigindo posição própria das ciências sociais daquele que se considerava discípulo

---

20 Foram duas resenhas e se encontram nas p.111-6 e 117-24 de *Tentativas de mitologia* (1979).

21 No "Prefácio" a *Caminhos e fronteiras* (1995), Fernando Novais disse ser em estudos como os constantes de *Monções*, de 1945, depois publicados com outros estudos em 1957, já com o título de *Caminhos e fronteiras*, que o trabalho de Buarque de Holanda passa da "sociologia" para a "história", do "ensaísmo" para a "pesquisa" (cf. p.7).

O charme da ciência e a sedução da objetividade

do antropólogo Franz Boas. A deliberada opção de Freyre por uma narrativa próxima à autobiografia com pretensões literárias – a referência a Proust[22] – trançava recordações de infância, histórias contadas por mucamas e escutadas no aconchego da casa-grande nas noites tropicais, trechos de documentos e estudos historiográficos, "evocações do passado de um povo – o brasileiro –".[23] Coerentemente, diria Buarque de Holanda, o novo livro do autor se estruturava em "uma seqüência de ilustrações, quase arbitrariamente ordenadas" sobre um problema central e implícito na obra: "o do encontro e contraste de uma civilização progressista, e já altamente industrializada, com uma sociedade ainda agarrada a rotinas rurais e patriarcais". A referência ao problema **implícito** em *Ingleses no Brasil* apontava exatamente para esse obscurecimento ou impossibilidade de ver o que seria evidente, não fossem as suposições *a priori* que as escondiam ao próprio autor.

Questão grave para um estudioso disciplinado em seu ofício, pesquisador e leitor inveterado, cultivado na erudição,[24] qualidades hoje e sempre imprescindíveis para o bom trabalho historiográfico. Na segunda parte da resenha do livro, Buarque de Holanda implode algo que poderia parecer, à primeira vista, um detalhe menor: a conclusão de Freyre quanto aos ingleses terem sido, nos inícios do século XIX, os introdutores do civilizado hábito do pão de trigo nas principais capitais do país. Em sua crítica, percebe-se o tom prazeroso (contentamento um tanto subjetivo) da aula de pesquisa histórica em que expõe o erro do escritor apressado em suas conclusões, fruto de uma seleção arbitrária da docu-

---

22 No "Prefácio" à primeira edição de *Casa-grande & senzala* (1933), Freyre diria que "A história social da casa-grande é a história íntima de quase todo brasileiro", e que "O estudo da história íntima de um povo tem alguma coisa de introspecção proustiana; os Goncourt já o chamavam *ce roman vra*". Mais adiante, prosseguia: "É um passado que se estuda tocando em nervos; um passado que emenda com a vida de cada um; uma aventura da sensibilidade, não apenas um esforço de pesquisa pelos arquivos" (cf., p.26).

23 Freyre deixava claro seu propósito de interpretar "tanto quanto possível dentro de uma sistemática nova – antes psico-sociológica, socioecológica e histórico-social, que puramente sociológica – a formação brasileira".

24 Na "Apresentação" a *Tentativas de mitologias* (1979), escrita em tom autobiográfico, Buarque de Holanda explica como, no início de sua vida profissional, se viu obrigado a devorar livro após livro para exercer com correção o ofício de crítico literário na imprensa periódica, tendo de dar conta de amplo espectro de escritos de natureza diversa.

mentação compulsada. Seleção limitada pelo recorte espacial restrito à Bahia, Pernambuco e Rio de Janeiro. Em seqüência narrativa, gradual e cuidadosa, que aproximaríamos da estética das belas argumentações retóricas, Buarque de Holanda constrói sua crítica no **estilo** do historiador exercitado no hábito da pesquisa documental, para colocar em evidência o equívoco elementar do sociólogo, dado o costume do pão de trigo ter presença comprovada na mesa brasileira em outras áreas e em período anterior aos indicados pelo autor. Contra o exclusivo consumo de farinha de mandioca entre brasileiros até finais do século XVIII, ele comprova com documentação de época a "importância da lavoura do trigo e da fabricação de pão nas capitanias do Sul, e não apenas no século XVII, mas já na era dos Quinhentos". Estende assim o hábito entre paulistas, "moradores de Minas Gerais, dos campos de Curitiba e, sobretudo, do Rio Grande de São Pedro", e até no Rio de Janeiro de 1793, onde "o trigo constituía talvez o principal dos produtos alimentícios importados 'de fora da barra ou das circunvizinhanças da cidade'". Pode-se negar ser esta uma inequívoca lição de pesquisa histórica?

A discordância relativa ao método usado por Freyre, com suas complicadas implicações, não impede Buarque de Holanda de conferir-lhe um feito notável: "ele iluminou de uma luz nova e muito viva alguns aspectos fundamentais de nosso passado colonial e imperial", tendo desse modo assegurado "um posto singular entre os estudiosos de nossa história social". Não o impede ainda de finalizar a resenha com elogios, condimentados com uma pitada de ironia, ao "estudo tão opulento e por tantos aspectos admirável, como Ingleses no Brasil". Assim, a resenha crítica não contempla a dimensão política do conservadorismo do cidadão Freyre, talvez por inexistir em seus livros uma proposta política clara, nem mesmo a da "túnica costurada pachorrentamente" do *Manifesto regionalista de 1926*, publicado, aliás, somente em 1955.

Como entender, entretanto, Buarque de Holanda ter silenciado, mesmo na "Apresentação" de 1979, sua discordância radical da versão otimista, enaltecedora dos valores culturais da sociedade anterior à Independência, de perfil quase conventual, tão nítido nos livros de Freyre? Teria sido o autor capturado pela sedução do estilo entre autobiográfico, literário e ensaístico com que Freyre valorizava, de modo positivo,

O charme da ciência e a sedução da objetividade

as características específicas dos brasileiros? Afinal, reconhecidamente, ele invertera o sinal negativo das características de portugueses, indígenas e africanos; enaltecera a figura do mestiço, imagens por vezes tão negativamente marcadas em estudos de Oliveira Vianna e em *Raízes do Brasil*. Seria possível aquilatar o poder da força afetiva da imagem exótica e pitoresca do brasileiro montada com esses retalhos cumulativos, pedaços da vida dos quatro séculos anteriores à República, imagens afetivas associadas e costuradas por tênues fios argumentativos, ainda quando descortinassem certas dimensões perversas do cotidiano das casas-grandes e sobrados?

Pode-se acreditar ter Buarque de Holanda se deixado seduzir pelo estilo pitoresco,[25] marcado pela associação de idéias, minucioso na exposição de detalhes dos costumes por vezes mórbidos, deliberadamente não conclusivo, do modo de pensar e compor a narrativa do autor pernambucano? Por que silencia o trabalho anterior de Paulo Prado tão recheado de comentários de situações pitorescas dos usos e costumes dos portugueses em íntimo contato com africanos e aborígines, em particular do sexo feminino, extraídas de relatos de viajantes, cronistas, textos de historiadores e documentos da Inquisição?[26] Seria pelo tom pessimista de suas conclusões, virado pelo avesso na apresentação da vida colonial, entre perversa e edulcorada, de Freyre? Sem dúvida, Buarque de Holanda aproxima-se bastante de Paulo Prado na avaliação negativa da herança lusitana, podendo fazer supor proximidade com a idéia de revolução exposta pelo autor no *Post-scriptum* de *Retrato do Brasil*, onde

---

25 A estética do pitoresco é normalmente atribuída a Uvedale Price, que teria mostrado a insuficiência das categorias do belo e do sublime retomadas de Longinus por Edmund Burke. São relacionadas ao belo várias características que o contrapõe ao sublime; retenho aqui a idéia de Price de que "o pitoresco desafia o espectador, porém não à primeira vista com significados figurativos". Desafiaria sim pelo impacto sobre os sentidos, no modo de apresentar cenas nas quais se misturam imagens agradáveis com outras de natureza mórbida, daí desconcertantes. Na montagem de paisagens, o pitoresco apresentaria a natureza com deformidades surrealísticas – "the pleasing deformity of a clump" – um estímulo que busca antes de tudo efeitos, entre eles, a excitação sensual. Cf. "Thematic Effects: Ambivalence, the Sublime, and the Picturesque" (in Fletcher, 1986, cap.5, p.220 ss.). Também Copley & Garside (1995).

26 Remeto para o saboroso, posto que pessimista, primeiro capítulo "A luxúria", de *Retrato do Brasil* (Prado, 1997).

enuncia a necessidade de se recorrer à cirurgia para eliminar "tão grandes males". Que cirurgia seria essa? Entre "duas soluções catastróficas – a Guerra e a Revolução –", o ensaísta pende para a "Revolução". Em seu particular entendimento do que seria essa "revolução", encontramos parentesco com a mesma noção em Buarque de Holanda, já que diria ser imprescindível:

> Não uma simples revolta de soldados, ou uma investida disfarçada para a conquista do poder – formas prediletas nos povos de meia civilização e que a desordem generalizada tem agora feito surgir em países tradicionalmente cultos. ... A Revolução virá de mais longe e de mais fundo. Será a afirmação inexorável de que, quando tudo está errado, o melhor corretivo é o apagamento de tudo o que foi malfeito. (Prado, 1973, p.209)

As considerações de Prado não se limitavam ao Brasil. Abarcavam nessa projeção de 1928 a "humanidade, acordada do falso sossego da anteguerra", caminhando para "a crise – a maior certamente de que tenha conhecimento a memória dos homens". Crise de magnitude tamanha, a exigir "a revisão dos antigos valores materiais e espirituais, até hoje consagrados, e pelos quais se bateram durante séculos Oriente e Ocidente". Vivia-se, de seu ponto de vista, um momento em que "entram em luta de vida ou morte os mais variados 'ismos' ...: capitalismo, comunismo, fordismo, leninismo", de modo a dar lugar à "força nova que surge como destruidora das velhas civilizações e das quimeras do passado". Termina enunciando a dimensão dessa nova força: "É a Revolução". Qual o papel que caberia ao Brasil em meio a esse "cataclismo"? – indaga o autor. Vem em seguida a resposta: "O da mais completa ignorância do que se passa pelo mundo afora. Dorme o seu sono colonial". Essas considerações melancólicas parecem encaminhar inevitavelmente o fecho do livro para o mais completo pessimismo em relação ao futuro do país; porém, nos últimos parágrafos, surge a esperança na figura do "revoltado" para quem "o estado de cousas presente é intolerável", levando-o até a destruição violenta de tudo que ele condena. Essa figura revela a dimensão projetiva e otimista que faz o "revolucionário" (penso no caso ser a própria auto-imagem) afirmar que acredita em "uma nova ordem" ... "pelo progresso natural do homem, numa melhoria em rela-

O charme da ciência e a sedução da objetividade

ção ao presente"! Onde localizamos, nesse "progresso natural", a ação do "revoltado" disposto a tudo destruir em nome de uma nova ordem? Ou sua pessoa não se confunde com a figura projetada do "revolucionário"?

O tom melancólico, desesperançado-esperançoso, de Paulo Prado faz vivo contraste à proposta claramente definida de Oliveira Vianna expressa em seus textos de análise da sociedade, nas propostas de legislação social das quais participou ativamente e na atribuição do papel que caberia a cada um cumprir na sociedade brasileira. Tomo novamente para exemplo do estilo retórico de chamamento racional e afetivo para a ação sua palestra para os alunos da Escola de Serviço Social em 30 de agosto de 1939.[27] Contrapondo o "quadro tenebroso" da condição do trabalhador "antes que o Estado, rompendo com os preconceitos doutrinários da liberdade econômica, se resolvesse a tomar as massas trabalhadoras a sua proteção" com a situação decorrente da "nova política social" que devolvia ao trabalhador, antes visto como "mero instrumento de produção", a condição "de PESSOA", Oliveira Vianna designa o papel fundamental a ser desempenhado pelo "voluntariado do Serviço Social" em consonância com a iniciativa do Estado. Ele confere dignidade e importância ao lugar estratégico destinado aos futuros colaboradores do governo na tarefa de "eliminar o absurdo social, que divide as sociedades civilizadas em dois grupos distintos: – o da gente e o da subgente. Um, composto de indivíduos na plena posse da sua dignidade de pessoa humana; outro, composto de indivíduos despojados, senão em todo, pelo menos em parte, desta suprema dignidade".

Não bastasse colocar em paralelo as imagens da "gente" e a da "subgente" e o estímulo explícito à colaboração na obra da organização de "um sistema de instituições sociais que tendam a elevar e a dignificar o trabalhador", adiciona o estímulo adicional na apresentação das alternativas à disposição, todas elas inoperantes, porém assustadoras:

> Para a nova política social, esse grande problema não encontra a sua solução no nivelamento geral de todos os homens, igualando-os em face

---

27 As novas diretrizes da política social. *Boletim do Ministério do Trabalho, Indústria e Comércio*, n.62, ano VI, Rio de Janeiro, 1939, p.91-118.

dos bens materiais, como faz, ou pretende fazer, o comunismo; mas sim, na elevação geral – embora mantendo-se as diferenças de fortuna ou a desigualdade econômica – desta vasta massa de proletários, até então reduzidos à condição de SUB-GENTE, à plena dignidade da sua condição humana, isto é, à posse desta igualdade substancial, a que alude o publicista português [Augusto Costa: *Fatos e Princípios Corporativos*, 1935] em face dos bens materiais e espirituais da civilização. (Vianna, As novas diretrizes..., p.100)

O texto apresenta-se recheado de citações que congregam a *Legislazione del Lavoro*, de V. Fantini (1938), e *Le Front du Travail Allemand*, de Soublet (1937), com, entre outros, "Privately Supported Social Work" e "Public Warfare Activities", ambos de S. H. Walker, publicados em *Recents Social Trends in the United States* (1933), *The Profession of Social Worker*, de Stuart Jaffary (1938), e *The Function of Social Service*, editado por Jones Marshall (1937). Esse procedimento o livrava da acusação de adesão fechada aos princípios fascistas e sublinhava a dimensão moderna das diretrizes do Estado Novo no Brasil, em concordância com a política adotada nos Estados Unidos, na França, Itália, Alemanha e Inglaterra. Sua conferência coloca o Estado no centro da distribuição das tarefas, mas diz também com todas as letras ter sido o serviço social "elevado à condição de uma função pública e de um serviço público", passando o assistente social a ser um "funcionário público" com caráter profissional que pressupõe formação técnica. O fecho de ouro da palestra novamente exige de suas palavras o recurso ao apelo emocional no esclarecimento a esses futuros colaboradores do Estado da exigência complementar à sua formação: "o impulso desinteressado e idealista naqueles que a ele se consagram".

Para a emulação ao trabalho de assistência social, Oliveira Vianna apoiava-se na posição em que se encontrava no Ministério do Trabalho, lugar institucional que lhe permitia falar como alguém inserido na "Revolução", que promovia "a nova política social", desenvolvida sob "novo clima espiritual", "novo meridiano de consciência, em que todos os homens estão sendo convocados para a composição de uma nova atitude, mais compatível com o espírito dos novos tempos e [detalhe importante] mais consentânea com as velhas tradições da nossa própria sensibilidade nacional" (ibidem, p.110-4).

O charme da ciência e a sedução da objetividade

Entretanto, como lembra Pierre Ansart, o trabalho de produção de sentimentos, entre eles, os sentimentos políticos, não se dá de modo espontâneo, destituído de normas, adstrito ao simples arbítrio dos que fazem uso das figuras de linguagem. Obedece certamente a condições específicas de produção, pois as imagens contidas nas figuras de linguagem só atingem seu objetivo ao serem compreendidas, aceitas ou rejeitadas pelo público que as consome. Ou seja, embora possam participar da "face velada da política", talvez mesmo por isso, oferece ... um recurso eficaz que exige o compartilhamento de um campo de trocas simbólicas. Constituem meios poderosos de persuasão emocional, mesmo que nem sempre formalmente assumidos (Ansart, 1983, p.18-19).

Há, não obstante todas as divergências entre os três autores – Oliveira Vianna, Gilberto Freyre e Sérgio Buarque de Holanda –, um ponto em comum a uni-los como intelectuais formadores de opinião que escreviam para um público amplo: a valorização da "elite" e de sua participação imprescindível em qualquer mudança política para um país com as características do Brasil. Suas palavras dirigem-se, portanto, a elas, no sentido de mobilizá-las, arrancá-las das paragens das idealizações fantasiosas das idéias importadas. O chamamento podia ser em defesa das peculiaridades regionais no sentido de um movimento, digamos parafraseando, organicamente brasileiro – a túnica costurada aos poucos e toda sob medida, como propunha Freyre no *Manifesto de 1926*; ou ter em vista reverter em suas mentes o horror à nossa realidade que as mantinha em um mundo fora do mundo, como desejava Buarque de Holanda; ou ainda ambicionar, como Oliveira Vianna, que deixassem a condição de fumadores de ópio ou de idealistas utópicos para ser tornarem idealistas orgânicos, combativos. Nenhum dos três operou com propostas dirigidas à população em geral. São chamados claramente direcionados à elite pensante. O projeto político – nenhum deles – encontra possibilidade de efetivação sem a presença ativa dos "ideólogos" de variado matiz. Os projetos políticos – todos eles, seja qual for o matiz – encontram possibilidade de efetivação somente com a presença ativa dos "ideólogos".

Ora, se suas mensagens são dirigidas a nós, acredito ser imprescindível lembrar, mais uma vez, as reflexões de Ansart sobre a importância estratégica da persuasão, que ocorre mesclada aos argumentos de convencimento racional. Razão e sentimentos formando as convicções duradouras, como preconizava Germaine de Staël. Desse modo, a persuasão coloca a delicada questão do trabalho de produção de sentimentos, entre eles, os sentimentos políticos que não acontecem de modo espontâneo, destituído de normas, adstrito ao simples arbítrio dos que fazem uso das figuras de linguagem. Obedece, certamente, a condições específicas de produção, pois as imagens contidas nas figuras de linguagem só atingem seu objetivo ao serem compreendidas, aceitas ou rejeitadas, pelo público, aqueles que as consomem.

Assim, se o estilo seco com pretensão à objetividade de Oliveira Vianna causa particular desconforto, até quando recorre a figuras de linguagem de forte apelo imagético, e isso ocorre com freqüência, talvez seja pela rígida lógica da definição de diretrizes e do lugar a ser assumido por cada um de nós. Sua retórica deixa pouco espaço para a imaginação, a criatividade e a iniciativa pessoal; tudo está prescrito, previsto e orientado por um projeto político centralizado no Estado. Um projeto político estruturado de tal maneira que torna imprescindível a "colaboração" de seus idealizadores e de seus pares. Penso, por isso, ser equivocado aceitar a interpretação que se tornou praticamente lugar-comum entre os estudiosos do "período Vargas": a de que o Estado teria obtido a colaboração dos intelectuais oferecendo-lhes cargos públicos, dadas as poucas opções no mercado de trabalho do país. Esse engajamento explica por que, embora as palavras "sentimento" e "solidariedade" se repitam incansavelmente em seus textos, o estilo de escrita carrega o peso de uma tarefa árdua e, quando realizada sem convicção emocional, pouco prazerosa. Desconforto adicional causa a pesada carga de ressentimento em suas palavras quando, após o fim do Estado Novo, não divisa uma resolução próxima e efetiva.

Já Freyre, em seu estilo inconclusivo, como por alguns foi rotulado, usa e abusa de nosso desejo de captar e vivenciar emoções; dá a conhecer a intimidade das casas-grandes e casarões urbanos alimentando o *voyerismo* confesso ou inconfesso de todos nós. A narrativa, associando imagens, retalhos de lembranças, pedaços de documentos, pretende a espontaneidade, um ato quase involuntário de dobrar-se ao desejo de adentrar subjetividades, a do próprio autor que de si constrói uma ima-

O charme da ciência e a sedução da objetividade

gem, a expõe e a faz extensiva a todos os brasileiros. Pouco importa que seja peculiar, exótica, contraditória – fora do lugar, quando pisa a neve mole do Brooklin em Nova York, adequada na sala de aula do professor Franz Boas em Columbia. É sempre uma imagem acabada, acolhedora e cúmplice, que se dispõe a ganhar afetivamente o leitor para o universo doméstico, a política diluída confundindo-se com os interesses patriarcais, ainda que essa seja uma construção imaginada–imaginária.

E Buarque de Holanda, qual o segredo do sucesso com que nos atrai e nos faz leitores assíduos, a despeito de concordarmos ou não com suas análises, conclusões e propostas? Talvez seja pela forma ensaística de *Raízes do Brasil*, a escrita correta, vocabulário invejável, figuras de linguagem colocadas em trechos estratégicos, narrativa fluente e aparentemente fácil, dominando com mestria o uso retórico da linguagem. Para mim, como leitora e historiadora, foi sobretudo seu impulso criativo, ousadia poética de recobrir os que o lendo respondessem ao seu chamado sob o manto de "bárbaros". Um campo aberto à imaginação. Tudo por fazer, por criar. Começar do zero. Macunaímas.

Essas considerações finais têm um objetivo: trazer para o debate a proposta de Octavio Ianni sobre estilos – de pensar e de escrever –, lembrando ainda com Pierre Ansart que, embora possam participar da "face velada da política", e talvez por isso mesmo, os apelos aos sentimentos compõem recurso eficaz, exigindo forçosamente o compartilhamento de um campo de trocas simbólicas. As figuras de linguagem constituem, sem dúvida, meios de persuasão emocional de extrema importância, nem sempre formalmente assumidos.

Inegável que, com estilos aproximados em certos pontos, distanciando-se exatamente na elaboração da projeção da orientação política, esses autores merecem até hoje leituras e críticas positivas ou destruidoras, em função exatamente da posição assumida, da maneira como relacionaram a imagem identitária do brasileiro, quase sempre uma identidade ressentida, a possibilidades opostas – seu futuro aberto a novas experiências ou voltado para melancólicas lembranças açucaradas, aconchegantes e para sempre ressentidas.

Pergunto se a atração que ainda exercem sobre nós, eles e outros autores, como Caio Prado Júnior, e mais recentemente Darcy Ribeiro, não reside exatamente nessa intenção/pretensão de interpretar o país e seu sentido, de compor uma imagem da identidade brasileira, no caso, uma imagem recoberta com o manto do ressentimento? E mais, na convergência para um **lugar-comum** a que temos, quase invariavelmente, recorrido em nossos trabalhos, em apoio de projeções políticas futuras, sempre dispostos a revertê-lo? Dos três autores mais visitados neste estudo, talvez seja a projeção de Buarque de Holanda em *Raízes do Brasil* a que se fixou como a mais poética, desejável, estimulante, por nos propor a ruptura, o desafio do novo, mesmo sem contornos definidos. A força dessa imagem somente se vê superada pelas palavras no texto de 1922 que podemos denominar de o **seu** Manifesto quando proclamou a necessidade dos "bárbaros" assumirem seu papel, conclamando a *intelligentsia* de vanguarda a aceitar a condição de "bárbaros" e a ir avante.

Afinal, Oswald de Andrade voltaria à idéia dois anos depois no *Manifesto da poesia pau-brasil*, elaborando a imagem da nação jovem dividida entre "a floresta e a escola", contrapondo a "seca lógica de *Port Royal*" à nossa espontaneidade, prática e pitoresca. Em um chamado à ação, propunha a "reação contra todas as indigestões da sabedoria", estimulando-nos a sermos "apenas brasileiros de nossa época". "Práticos. Experimentais. Sem reminiscências livrescas. Sem comparações de apoio. Sem pesquisa etimológica. Sem ontologia. Bárbaros, crédulos, pitorescos e meigos". Incitava-nos "a *ver com olhos livres*". Apesar da convocação ser algo desconcertante por nos colocar no marco zero de uma história a ser iniciada, a seqüência de qualidades atribuídas ao brasileiro, indo do bárbaro ao crédulo, do pitoresco ao meigo, configura uma linguagem de inegável apelo afetivo e beleza poética.

Referências bibliográficas

Obras de Oliveira Vianna

Livros

Evolução do povo brasileiro. São Paulo: Monteiro Lobato, s.d.

Evolução do povo brasileiro. Rio de Janeiro: Editora Nacional, 1933. (1.ed. 1923).

Ensaios inéditos. Campinas: Unicamp, 1991.

História social da economia. Belo Horizonte: Rio de Janeiro: Itatiaia; UFF, 1987. 2v.

O idealismo na evolução política do Império e da República. São Paulo: Biblioteca d'O Estado de S. Paulo, 1922.

O idealismo da Constituição. São Paulo: Companhia Editora Nacional, 1930.

O idealismo da Constituição. 2.ed. São Paulo: Companhia Editora Nacional, 1939.

O idealismo da Constituição na evolução política do Império e da República. São Paulo: Biblioteca d'O Estado de S. Paulo, 1922.

Instituições políticas brasileiras. 3.ed. Rio de Janeiro: Record, 1974a.

O ocaso do Império. 3.ed. Rio de Janeiro: José Olympio, 1959a.

Pequenos estudos de psychologia social. 3.ed. São Paulo/Rio de Janeiro/Recife/Porto Alegre: Companhia Editora Nacional, 1942.

Populações meridionais do Brasil. Rio de Janeiro: Paz e Terra; UFF; Governo do Estado do Rio de Janeiro, 1973 (1.ed. 1920).

Maria Stella Martins Bresciani

Problemas de direito corporativo. 2.ed. Brasília: Câmara dos Deputados – Centro de Documentação e Informação Coordenada de Publicações, 1983.

Problemas de direito sindical. Rio de Janeiro: Max Limonad, 1943.

Problemas de organização e problemas de direção: o Povo e o Govêrno. Rio de Janeiro: José Olympio, 1952.

Problemas de política objetiva. 3.ed. Rio de Janeiro; São Paulo: Record Cultural; Fundação Oliveira Vianna; Governo do Estado do Rio de Janeiro, 1974b (1.ed. 1930).

Raça e assimilação. 2.ed. São Paulo: Companhia Editora Nacional, Rio de Janeiro: José Olympio, 1934.

_____. 4.ed. São Paulo: Companhia Editora Nacional; Rio de Janeiro: José Olympio, 1959b.

Impressões de São Paulo. Entrevista a *O Estado de S. Paulo*, 17 fev. 1924.

Artigos

Acervo da Fundação Oliveira Vianna

Origem dos paulistas antigos. *Correio da Manhã*, 19 out. 1925. Reg. n.1073.9.

O problema das elites. *Correio da Manhã*, numerados de I a VI, Fundação Oliveira Vianna: 29 out. 1925 (Reg.n.1073.11), 13 nov. 1925 (Reg. n.1073.12), 15 nov. 1925 (Reg.n.1073.13), 20 dez. 1925 (Reg. n.1073.14), 27 dez. 1925 (Reg. n.1073.15), e 3 jan. 1926 (Reg. n.107316).

Os nossos elementos ethnicos. *Correio da Manhã*, 11 abr. 1926. Reg. N.1073.25.

O nosso problema político. *Correio da Manhã*, 18 abr. 1926. Reg. n.1073-26.

Ainda o problema político. *Correio da Manhã*, 25 abr. 1926. Reg. n.1073-27.

Selecção immigrantista. *Correio da Manhã*, 15 set. 1926. Reg. n.1073.31.

Raças e pesquizas estatísticas. *Correio Paulistano*, São Paulo, 25 set. 1926. Reg. n.1073.32.

Jennings e a seleção racial, *Correio da Manhã*, 26 set. 1926. Reg. n.1073.33.

O crescimento da população. *Correio da Manhã*, 10 out. 1926. Reg. n.1073.34.

O imperialismo yankee... *Correio da Manhã*, 30 jan. 1927. Reg. n.1073.37.

O "povo" aqui e na Inglaterra. *Correio da Manhã*, 13 fev. 1927. Reg. n.1073.40

O eugenismo paulista. *Correio Paulistano*, São Paulo, 15 fev. 1927. Reg. n. 1073-41.

Raça e psychologia differencial. *Correio da Manhã*, 8 maio 1927. Reg.n.1073.49.

Educação e Democracia. *Correio da Manhã* (25.5.1927) Reg. n.1073-.50.

Os estudos sociologicos no Brasil. *Hierarquia*, ago. 1931. Reg. n.1073.59.

O problema da representação profissional. *Correio da Manhã*. 4 dez. 1932. Reg. n.1073-60.

O charme da ciência e a sedução da objetividade

O cidadão do Estado Novo. *Diário de Notícias*, 7 fev. 1939. Reg. n.1073.65.

Intercâmbio intellectual. *Diário de Notícias*, 14 fev. 1939. Reg.n.1073.66.

Crise e salário mínimo. *Diário de Notícias*, 7 mar. 1939. Reg. n.1073.67.

Crise e elites dirigentes. *Diário de Notícias*, 15 mar. 1939. Reg. n.1073.68.

O movimento de 37 e o seu sentido histórico. *A Manhã*, 10 nov. 1942. Reg. n.1073.72.

Duas concepções do Estado. *A Manhã*, 26 fev. e 14 mar. 1943. Reg. n.1073.75 e 1073.75.1

O conceito de "inimigo" na doutrina nacional-socialista, 19 mar. 1943. Reg. n.1073.76.

Consciência e inconsciência dos "simpatizantes" da Alemanha, *A Manhã*, 9 abr. 1943. Reg. n.1073-8.

A ilusão da neutralidade. *A Manhã*, 26 mar. 1943. Reg. n.1073.77.

Duas concepções de "espaço vital". *A Manhã*, 23 abr. 1943. Reg. n.1073.79.

O nazismo e as colônias alemãs no Brasil. *A Manhã*, 30 abr. 1943. Reg. n.1073.80

O conceito de "Aryano" na doutrina nazista. *A Manhã*, 7 maio 1943. Reg. n.1073.81

Razões da originalidade do sistema sindical brasileiro. *A Manhã*, 18 jun. 1943. Reg.n.1073.82.

O Estado moderno e o problema das elites. *A Manhã*, 19 jul. 1943. Reg.n.1073.84.

Individualismo e solidarismo. *A Manhã*, 8 out. 1943. Reg.n.1073.86.

Christãos novos em São Paulo", *Correio Paulistano* (s.d.) Reg. n.1073.96

O Brasil e a teoria das maiorias qualitativas. Reg. n.1073.97.

O "Herrenvolk" e os seus direitos... *A Manhã*, 5 mar. 1943. Reg.n.1073.98.

O homem brasileiro e o mundo de amanhã. Reg. n.1073.100. Publicado na cole-tânea *Problemas de organização e problemas de direção*: o povo e o governo. Rio de Janeiro: José Olympio, 1952. p.175.

Os conselhos technicos nos governos modernos. *O Jornal*, s.d. Reg. n.1073.101 2.

O problema da approximação entre a classe política e as outras classes. *O Jornal*, s.d. Reg. n.1073-102.

Artigos no *Boletim do Ministério do Trabalho, Indústria e Comércio*

Ministério da Revolução. Rio de Janeiro, n.4, ano I, p.97-132, dez. 1934.

O indivíduo e o syndicato. Rio de Janeiro, n.11, ano II, p. 112-22, jul. 1935.

As novas diretrizes da política social. Rio de Janeiro, n.62, ano VI, p.91-118, out. 1939.

Bibliografia geral

ALBUQUERQUE JR., D. M. *A invenção do Nordeste e outras artes*. Recife/São Paulo: Fundação Joaquim Nabuco/Massangana/Cortez, 1999.

AMADO, G. As instituições políticas e o meio social no Brasil. In: CARDOSO, V. L. (Org.) *À margem da história da República*. 2.ed. Brasília: UnB, 1981. 2v., t.I, p.45-59. (1.ed. 1924).

AMARAL, A. *O Estado autoritário e a realidade nacional*. Rio de Janeiro: José Olympio, 1938.

ANDRADE, O. de. Manifesto da poesia pau-brasil e Manifesto antropófago. In: *Do Pau-Brasil à antropofagia e às utopias*. Rio de Janeiro: Civilização Brasileira; MEC, 1972.

ANSART, P. _____. *La gestion des passions politiques*. Lausanne: L'Age d'Homme, 1983.

_____ (Org.) *Les cahiers du laboratoire de changement social:* sentiments et identité: les paradoxes du politique. n.4, Paris: Université Paris 7 – Denis Diderot, 1998.

ARANHA, G. *Chanaan*. Rio de Janeiro: Garnier, s.d.

BARRANCOS, D. *La escena iluminada:* ciencias para trabajadores. 1890-1930. Buenos Aires: Editorial Plus Ultra, 1996.

BASTOS, E. R., MORAES, J. Q. de. (Orgs.) *O pensamento de Oliveira Vianna*. Campinas: Unicamp, 1993.

BELLAING, L. M. de. Le solidarisme et ses commentaires actuels. In: CHEVALIER, J., COCHART, D. (Orgs.) *La Solidarité:* un sentiment républicain? Paris: PUF, 1992.

BOAVENTURA, M. E. (Org.) *A Semana de Arte Moderna vista pelos seus contemporâneos*. São Paulo: Edusp, 2000.

BOUGLÉ. C. L'Évolution du Solidarisme. *Revue Politique et Parlamentaire*, t.XXXV, p.480-505, mar. 1903.

BOURGEOIS, L. *Essai d'une philosophie de la solidarité*. Paris: Felix Alcan, 1902.

BRÁS-CHOPARD, A. Methamorphose d'une notion: la solidarité chez Pierre Leroux. In: CHEVALIER, J., COCHART, D. (Orgs.) *La solidarité:* um sentiment républicain?, Paris: PUF, 1992.

BRESCIANI, S. *Liberalismo e controle social:* um estudo sobre São Paulo, 1850-1910. São Paulo, 1976. Tese (Doutoramento) – FFLCH, Universidade de São Paulo.

_____. Metrópoles, as faces do monstro urbano. As cidades no séc. XIX, *Revista Brasileira de História* n.8-9, p. 35-68, São Paulo: Anpuh, 1985.

BRESCIANI, S. Le pouvoir de l'imagination: du for intérieur aux moeurs publiques. Germaine de Staël et les fictions littéraires. In: HAROCHE, C. (Org.) *Le for intérieur*. Paris: PUF, 1995.

_____. Forjar a identidade brasileira nos anos 1920 – 1940. In: HARDMAN, F. F. (Org.) *Morte e progresso:* cultura brasileira como apagamento de rastros. São Paulo: Editora UNESP, 1998a.

_____. Un regard sociologique sur l'identité nationale – la pensée autoritaire d'Oliveira Vianna au Brésil, In: ANSART, P. (Org.) *Les cahiers du laboratoire de changement social* – sentiments et identité: les paradoxes du politique, n.4. Paris: Université Paris 7 – Denis Diderot, 1998b.

_____. Melhoramentos entre intervenções e projetos estáticos: São Paulo (1850-1950). In: *Palavras da Cidade*. Porto Alegre: EdUFRGS, 2001a.

_____. O pensamento político conservador após a Comuna de Paris. In: BOITO JR., A. (Org.) *A Comuna de Paris na História*. São Paulo: Cemarx/IFCH-Unicamp/Xamã, 2001b.

_____. A casa em Gilberto Freyre: síntese do *ser* brasileiro? In: CHIAPPINI, L., BRESCIANI, S. (Orgs.) *Literatura e cultura no Brasil*: identidades e fronteiras. São Paulo: Cortez; Cesla-IAI/PKK; Fapesp, 2002a.

_____. O poder da imaginação: do foro íntimo aos costumes políticos. Germaine de Staël e as ficções literárias. In: SEIXAS, J., BRESCIANI, M. S., BREPOHL, M. (Orgs.) *Razão e paixão na política*. Brasília: UnB, 2002b.

BRESCIANI, S., NAXARA, M. (Org.) *Memória e (res)sentimento:* indagações sobre uma questão sensível. Campinas: Unicamp, 2001.

BUISSON, F. *La politique radicale:* étude sur les doctrines du Parti Radical et Radical-socialiste. Paris: V. Giard & E. Brière, 1908.

BURET, A. *La misère des classes laborieuses en Angleterre et en France*. Paris: Paulin Editeurs, 1840. Edição fac símile por EDHIS (Paris), 1979.

BURKE, E. *Reflexões sobre a Revolução em França*. Brasília: UnB, 1982.

_____. *Reflections on the revolution in France*. Harmondsworth: Penguin, 1986 (1.ed. 1790).

_____. *Uma investigação filosófica sobre a origem de nossas idéias do sublime e do belo*. Campinas: Papirus, 1993 (1.ed. inglesa 1756, 1.ed. francesa 1803).

CAMPOS, C. M. *A política da língua na Era Vargas:* proibição do falar alemão e resistências no sul do Brasil. Campinas, 1998. Tese (Doutoramento) – IFCH, Unicamp.

CAMPOS, F. *O Estado Nacional*. Rio de Janeiro: José Olympio, 1940.

CANCELLI, E. *O mundo da violência:* a política da Era Vargas. Brasília: UnB, 1993.

_____. *A cultura do crime e da lei. 1889-1930*. Brasília: UnB, 2001.

CANDIDO, A. O significado de Raízes do Brasil. In: HOLANDA, S. B. de. *Raízes do Brasil*. 5.ed. Rio de Janeiro: José Olympio, 1969.

CANDIDO, A. *Formação da literatura brasileira*. Belo Horizonte: Itatiaia, 1981.

_____. *O método crítico de Sílvio Romero*. São Paulo: Edusp, 1988.

CANETTI, E. *Massa e poder*. São Paulo: Melhoramentos; Brasília: UnB, 1983.

CAPELATO, M. H. *Multidões em cena:* propaganda política no varguismo e no peronismo. Campinas: Papirus, 1998.

CARDOSO, V. L. *À margem da História da República*. 2.ed. Brasília: UnB, 1981. 2v. (1.ed. 1924).

CARLYLE, T. *The French Revolution:* a history. Londres: Chapman & Hall, s.d. (1.ed. 1837).

_____. Signs of the Times (1829). In: *Thomas Carlyle Selected Writings*. Harmondsworth: Penguin, 1980a.

_____. Chartism (1839). In: *Thomas Carlyle Selected Writings*. Harmondsworth: Penguin, 1980b.

CARVALHO, J. M. de. *Os bestializados:* o Rio de Janeiro e a República que não foi. São Paulo: Companhia das Letras, 1987.

_____. *A formação das almas:* o imaginário da República no Brasil. São Paulo: Companhia das Letras, 1990.

_____. A utopia de Oliveira Vianna. In: BASTOS, E. R., MORAES, J. Q. de (Orgs.) *O pensamento de Oliveira Vianna*. Campinas: Unicamp, 1993.

CARVALHO, R. Bases da nacionalidade brasileira. In: *À margem da História da República*. 2.ed. Brasília: UnB, 1981, v.2.

CHALHOUB, S. *Cidade febril*. São Paulo: Companhia das Letras, 1996.

CHASIN, J. *O integralismo de Plínio Salgado*. São Paulo: Grijalbo, 1979.

CHAUÍ, M., FRANCO, M. S. de C. *Ideologia e participação popular*. São Paulo: Pioneira, 1983.

CINGOLANI, P. L'idée d'humanité chez Auguste Comte. Solidarité et continuité. In: CHEVALIER, J., COCHART, D (Orgs.) *La solidarité:* un sentiment républicain?, Paris: PUF, 1992.

COCHART, D. Démocratie politique, démocracie sociale. In: *Les usages sociaux du Droit*. Paris: PUF, 1990a.

_____. As multidões e a comuna. Análise dos primeiros escritos sobre a psicologia das multidões. *Revista Brasileira de História*, n.20, São Paulo: Marco Zero; Anpuh, p. 187-93, mar./ago. 1990b.

_____. La solidarité, un sentiment politique? In: CHEVALIER, J., COCHART, D (Orgs.) *La Solidarité:* un sentiment républicain?, Paris: PUF, 1992.

COCHART, D., HAROCHE, C. Les foules et la commune. Analyse des premiers écrits de psychologie des foules. *Recherches de Psychologie Sociale*, n.4, p.49-60, 1982.

O charme da ciência e a sedução da objetividade

COPLEY, S., GARSIDE, P. (Eds.) *The politics of the picturesque*. Cambridge: Cambridge University Press, 1995.

CORRÊA, M. *As ilusões da liberdade*: a escola Nina Rodrigues e a antropologia no Brasil. Bragança Paulista: Edusf, 1998.

D'ALLONES, M. R. *Le dépérissement de la politique*: généalogie d'un lieu commun. Paris: Aubier, 1999.

D'ANDREA, M. S. *A tradição re(des)coberta*: Gilberto Freyre e a literatura regionalista. Campinas: Unicamp, 1992.

DANTAS, L. *Um banquete no trópico*: introdução ao Brasil. São Paulo: Senac, 1999.

DECCA, E. S. de. *1930*: o silêncio dos vencidos. São Paulo: Brasiliense, 1981.

D'EICHTHAL, E. Solidarité sociale et solidarism. *Revue Politique et Parlamentaire*, t.XXXVII, p.7-116, 1903.

DÉLOYE, Y. A nação entre identidade e alteridade: fragmentos da identidade nacional. In: SEIXAS, J., BRESCIANI, M. S., BREPOHL, M. (Orgs.) *Razão e paixão na política*. Brasília: UnB, 2002.

DIDEROT, D. Èloge de Richardson (1762). In: *Oeuvres esthétiques*. Paris: Garnier, 1994a. p.29-48.

_____. Recherches philosophiques sur l'origine et la nature du beau. In: *Oeuvres esthétiques*. Paris: Dunod, 1994b. p.87-436.

DONZELOT, J. *L'invention du social*: essai sur le déclin des passions politiques. Paris: Fayard, 1984.

DUTRA, E. R. de F. *O ardil totalitário*: imaginário político no Brasil dos anos 30. Rio de Janeiro: UFRJ; Belo Horizonte: UFMG, 1997.

ELLIS JÚNIOR, A. *Capítulos da história social de São Paulo*. São Paulo: Cia. Editora Nacional, 1944.

ENGELS, F. *La situation de la classe laborieuse en Angleterre*: d'après les observations de l'auteur et des sources authentiques. Paris: Editions Sociales, 1960.

FILHO, T. *Praia de Ipanema*. 2. ed. Rio de Janeiro: Dantes, 2000 (1.ed. 1927).

FISCHER, E. *Rasse und Rassenentstehung beim Memschen*. Im Verlag Ullstein, 1927.

FLETCHER, A. *Allegory*: the theory of a symbolic mode. Ithaca, Londres: Cornell University Press, 1964.

FONSECA, A. M. M. da. *Das raças à família*: um debate sobre a construção da nação. Campinas, 1992. Dissertação (Mestrado), Unicamp.

FOUCAULT, M. *L'archéologie du savoir*. Paris: Gallimard, 1969.

FOUILLÉE, A. L'idée moderne du droit. *Revue des Deux-Mondes*, ano XLV, p.862-92, 15 abr. 1875.

_____. La fraternité et la justice réparatrice selon la science sociale contemporaine. *Revue des Deux-Mondes*, ano XX, p.281-311, 15 jan. 1880.

_____. *Psychologie du Peuple Français*. Paris: Félix Alcan, 1898.

FOUILLÉE, A. *La France au point de vue moral*. Paris: Félix Alcan, 1900.

_____. *Le Socialisme et la Sociologie Reformiste*. Paris: Félix Alcan, 1909.

_____. *La Démocratie Politique et Sociale en France*. Paris: Félix Alcan, 1910.

_____. *Esquisse psychologique des peuples européens*. Paris: Félix Alcan, s.d.

FRANCO, M. S. de C. All the world was America. John Locke, liberalismo e propriedade como conceito antropológico. *Revista USP*, n.17, p.30-53, mar./maio 1993.

FREYRE, G. *Casa-grande & senzala*. São Paulo: Círculo do Livro, s.d. (1.ed. 1933).

_____. *Ingleses no Brasil*. Rio de Janeiro: José Olympio, 1948.

_____. Manifesto regionalista de 1926. *Os Cadernos de Cultura*. Ministério da Educação e Cultura/Serviço de Documentação, 1955.

_____. *Ordem e progresso*. Rio de Janeiro: Record, 1990 (1.ed. 1959).

_____. *Sobrados e mucambos*. 9. ed. Rio de Janeiro: Record, 1996 (1.ed. 1936).

FREUD, S. *Psicologia de la masas y analisis del yo*, 1921. In: _____. *Obras completas*. 3.ed. Madrid: Editorial Biblioteca Nueva, 1973a. v.III.

_____. *El malestar en la cultura*. 1929. In: _____. *Obras completas*. 3. ed. Madrid: Editorial Biblioteca Nueva, 1973b. v.III.

GERBI, A. *O Novo Mundo:* história de uma polêmica (1750-1900). São Paulo: Companhia das Letras, 1996.

GILPIN, W. *Three Essays on Picturesque Beauty*. Londres: R. Blamire, 1794. Utilizei a versão francesa de 1791 *Trois essais sur le beau pittoresque – sur les voyages pittoresques et sur l'art d'esquisser les paysages, suivi d'un poème sur la peinture de paysage*, paru en 1792, et traduit de l'anglais par le Baron de Blumensteins en 1799. Adaptação do texto para ao francês contemporâneo, Isabelle Billiard. Paris: Editions du Moniteur, 1982.

GINNEKEN, J. Van. *Crowds, Psychology and Politics. 1871-1899*. Vechtstraat 175 (2), 1079 JJ Amsterdã, Holanda, pré-publicação do autor, 1989.

GIRARD, A. Apresentação. In: HALBAWCHS, M. *Morphologie sociale*. Paris: Armand Colin, 1970 (1.ed. 1938).

GOMES, A. de C. *História e historiadores*. Rio de Janeiro: Fundação Getulio Vargas, 1996.

_____. A práxis corporativa de Oliveira Vianna. In: BASTOS, E. R., MORAES, J. Q. (Orgs.) *O pensamento de Oliveira Vianna*. Campinas: Unicamp, 1993.

_____. A dialética da tradição. *Revista Brasileira de Ciências Sociais*, n.12, v.15, p.15-27, 5 fev. 1990.

GRANDMAISON, O. C. *Les citoyenneté en révolution (1789-1794)*. Paris: PUF, 1992.

GUERRA, A. *O homem primitivo*: origem e conformação no universo intelectual brasileiro (séculos XIX e XX). Dissertação (Mestrado) – Unicamp, 1990.

O charme da ciência e a sedução da objetividade

GUINSBURG, J. Romantismo, historicismo e história. In: *O Romantismo*, São Paulo: Perspectiva, 1987.

HALBAWCHS, M. *Morphologie sociale*. Paris: Armand Colin, 1970 (1.ed. 1938).

HARDMAN, F. F. (Org.) *Morte e progresso*: cultura brasileira como apagamento de rastros. São Paulo: Editora UNESP, 1998.

HAROCHE, C. Civilidade e polidez: os objetos negligenciados da ciência política. In: *Da palavra ao gesto*. Campinas: Papirus, 1998.

_____. O que é um povo? Os sentimentos coletivos e o patriotismo do final do século XIX. In: SEIXAS, J., BRESCIANI, M. S., BREPOHL, M. (Orgs.) *Razão e paixão na política*. Brasília: UnB, 2002. Do original Qu'est ce qu'un peuple? Les sentiments collectifs dans le patriotisme de la fin du XIXe siècle. In: ANSART, P. (Dir.) *Rencontres autour de Pierre Fougeyrollas*. Paris: L'Harmattan, 1993.

_____. Les sentiments collectifs dans le patriotisme de la fin du XIXe siècle. In: ANSART, P. (Org.) *Les cahiers du laboratoire de changement social*, n.4, p.27-42, Paris: Université Paris 7, 1998.

HAYWARD, J. E. S. Solidarist Syndicalism: Durkheim and Duguit. Parte I, *Sociological Review*, p.17-36, 1960a.

_____. Solidarist Syndicalism: Durkheim and Duguit, Parte II, *Sociological Review*, p.185-202, 1960b.

_____. The Official Social Philosophy of the French Third Republic: Léon Bourgeois and Solidarism, Parte II, *International Review of Social History*, v.VI, p.19-48, 1961.

HOLANDA, S. B. de. _____. *Raízes do Brasil*. Rio de Janeiro: José Olympio, 1936.

_____. *Raízes do Brasil*. 5.ed. Rio de Janeiro: José Olympio, 1969.

_____. *Visão do paraíso*. 3.ed. São Paulo: Companhia Editora Nacional, 1977 (1.ed. 1959).

_____. *Tentativas de mitologia*. São Paulo: Perspectiva, 1979.

_____. *O extremo oeste*. São Paulo: Brasiliense, 1986.

_____.*Caminhos e fronteiras*. São Paulo: Companhia das Letras, 1995.

HUME, D. *Uma investigação sobre os princípios da moral*. Campinas: Unicamp, 1995. (publicado na Inglaterra entre 1748 e 1751).

HUNT, J. D. *L'art du jardin et son histoire*. Paris: Odile Jacob, 1996.

IANNI, O. Estilos de pensamento. BASTOS, E., MORAES, J. Q. (Orgs.) *O pensamento de Oliveira Vianna*. Campinas: Unicamp, 1993.

IHL, O. *La fête républicaine*. Paris: Gallimard, 1996.

KANT, E. (1766) Observations sur le sentiment du beau et du sublime. In: *Oeuvres Philosophiques, I – Des premiers écrits à la Critique de la Raison Pure*. Paris: Gallimard, 1980.

KROPOTKINE, P. *L'entraide (un facteur de l'évolution)*. Paris: Les Editions de l'Entraide, 1978.

_____. *Mutual aid:* a fact of evolution. Nova York: New York University Press, 1972.

LE BON, G. _____. *Psychologie des Foules*. Paris: PUF, 1895.

_____. *Les lois psychologiques de l'évolution des peuples*. Paris: Ernest Flammarion, 1905.

_____. *La Révolution Française et la psychologie des révolutions*. Paris: Ernest Flammarion, 1920.

_____. *Bases cientificas de una filosofia de la Historia*. Trad. espanhola da M. Aguillar, Madri, 1931.

LEFEBVRE, G. *Etudes sur la Révolution Française*. Paris: PUF, 1962.

LEGER, F. Introdução. In: TAINE, H. *Les origines de la France contemporaine*. Paris: Robert Laffont, 1986.

LEITE, D. M. *O caráter nacional brasileiro*. São Paulo: Pioneira, 1983.

LEMOS, C. L. *Alvenaria burguesa*. São Paulo: Nobel, 1985.

LENHARO, A. *Sacralização da política*. Campinas: Papirus; Unicamp, 1986.

LEPENIES, W. *Les trois cultures:* entre science et littérature l'avènement de la sociologie. Paris: Editions de Maison des Sciences de l'Homme, 1990.

LE PLAY, F. *Ouvriers des deux mondes*. Paris: à l`enseigne Arbre verdoyant, 1983.

LÉVY-BERTHERAT, A.-D. *L'artifice romantique de Byron à Baudelaire*. Paris: Klincksieck, 1994.

LINTON, Ralph. *Cultura y personalidad*. México: s.n., 1945.

LOCKE, J. *De la conduite de l'entendement*. Paris: Librarie Philosophique J. Vrin, 1975. Original inglês *Of the conduct of the understanding* – carta de 1699 publicada em Londres por A. e J. Churchill at Black Swan at Pater-Noster Row, 1706.

_____. *Ensayo sobre el entendimiento humano*. México: Fondo de Cultura Economica, 1986. Original inglês *An Essay Concerning Human Understanding* (1690).

LONGINUS, C. *Du Sublime*. Paris: Rivages, 1993. Comentários de Jackie Pigeaud.

LOPES, M. B. *Corps inscrits:* vaccination antivarioloque et bio-pouvoir. Londres-Rio de Janeiro: 1840-1904. Paris, 1998. Tese (Doutorado) – Universidade de Paris 7.

_____. *O Rio em movimento:* quadros médicos e(m) História. Rio de Janeiro: Fiocruz, 2000.

LÖWY, M., SAYRE, R. *Revolte et mélancolie:* le romantisme à contre-courant de la modernité. Paris: Payot, 1992.

LUCA, T. R. de. *A Revista do Brasil:* um diagnóstico para a (N)ação. São Paulo: Editora UNESP, 1999.

LUECK, B. L. *American Writers and the Picturesque Tour:* the Search for National Identity, 1790-1860. New York: Garland, 1997.

MAGALHÃES, M. de B. de. *Pangermanismo e nazismo:* a trajetória alemã rumo ao Brasil. Campinas: Unicamp; Fapesp, 1998.

MARCHAND, J. Introdução. In: VOLTAIRE, F. M. A. *Essai sur les moeurs.* Paris: Editions Sociales, 1975.

MARSON, A. *A ideologia nacionalista em Alberto Torres.* São Paulo: Duas Cidades, 1979.

MARSON, I. A. *O império da "conciliação":* política e método em Joaquim Nabuco – a tessitura da revolução e da escravidão. Campinas, 2000. Tese (Livre-docência) – IFCH, Unicamp.

MARTINS, W. de. *História da inteligência no Brasil,* v.VI (1915-1933). São Paulo: Edusp; Cultrix, 1978.

MARTIUS, C. F. Ph. de. Como se deve escrever a Historia do Brasil. *Revista Trimensal de Historia e Geographia do Jornal do Instituto Historico e Geographico Brasileiro,* n.24, p.389-411, jan. 1844.

MARX, K. *O capital.* São Paulo: Victor Civita, 1983.

McCLELLAND, J. S. *The Crowd and the Mob from Plato to Canetti.* Londres: Unwin Hyman, 1989.

MEDEIROS, J. *Ideologia autoritária no Brasil. 1930-1945.* Rio de Janeiro: FGV, 1978.

MICELI, S. *Os intelectuais e classe dirigente no Brasil (1920-1945).* São Paulo: Difel, 1979a.

_____. Os intelectuais e o Estado. In: *Intelectuais e classe dirigente no Brasil (1920-1945).* São Paulo: Difel, 1979b.

_____. (Org.) *História das Ciências Sociais no Brasil.* São Paulo: Idesp; Vértice; Finep, 1989. v.1.

MILET, J. Introdução. In: TARDE, G. *Les transformations du Droit:* étude sociologique. Paris: Berg International, 1994 (1.ed. Paris: Alcan, 1893).

MIRANDA, P. de. Preliminares para a Revisão Constitucional. In: *À margem da história da República.* 2.ed. Brasília: UnB, 1981, 2v., t.II (1.ed. 1924).

MONTESQUIEU, C. L. de S. De l'Esprit des Lois. In: *Oeuvres Complètes.* Paris: Gallimard, 1951. v.II.

MOTA, C. G. *Ideologia da cultura brasileira (1933-1974).* São Paulo: Ática, 1977.

MOTA, L. D. (Org.) *Um banquete nos trópicos:* introdução ao Brasil. São Paulo: Senac, 1999.

NAMER, G. Posfácio. In: HALBAWCHS, M. *Les cadres sociaux de la mémoire.* Paris: Alcan, 1994.

NAXARA, M. R. C. *Estrangeiro em sua própria terra:* representações do brasileiro. 1870/1920. São Paulo: Annablume/Fapesp, 1998.

NAXARA, M. R. C. *Sobre campo e cidade*. Olhar, sensibilidade e imaginário: em busca de um sentido explicativo para o Brasil no século XIX. Campinas, 1999. Tese (Doutoramento) – Unicamp.

NEEDELL, J. D. History, Race, and the State in the Thought of Oliveira Vianna. *Hispanic American Historical Review* 75:1, Duke University Press, p.1-30, 1995.

ODÁLIA, N. Oliveira Vianna: a teoria do Estado. In: BASTOS, E. R., MORAES, J. Q. (Orgs.) *O pensamento de Oliveira Vianna*. Campinas: Unicamp, 1993.

_____. *As formas do mesmo*: ensaios sobre o pensamento historiográfico de Varnhagen e Oliveira Vianna. São Paulo: Editora UNESP, 1997.

OLIVEIRA, L. L. de. (Org.) *Elite intelectual e debate político nos anos 30*. Rio de Janeiro: Fundação Getulio Vargas, 1980.

_____. Apresentação e autoridade e política. O pensamento de Azevedo Amaral. In: OLIVEIRA, L. L., VELLOSO, M. P., GOMES, A. C. (Orgs.) *Estado Novo:* ideologia e poder. Rio de Janeiro: Zahar, 1982.

_____. Representações geográficas da identidade nacional; o caso norte-americano. In: *Discurso histórico e narrativa literária*. LEENHARDT, J., PESAVENTO, S. J. (Orgs.) Campinas: Unicamp, 1998.

ORTIZ, R. *Cultura brasileira e identidade nacional*. São Paulo: Brasiliense, 1985.

OZOUF, M. *L'école de la France:* essais sur la Révolution, l'utopie et l'enseignemet. Paris: Gallimard, 1984.

PAIM, A. (Org.) *Plataforma do positivismo ilustrado*. Brasília: UnB, 1980.

PAZ, O. Literatura de fundação. In: *Signos em rotação*. São Paulo: Perspectiva, 1990. PÉCAUT, D. *Os intelectuais e a política no Brasil*. São Paulo: Ática, 1990.

PEIXOTO, A. *Clima e saúde:* introdução bio-geográfica à civilização brasileira. São Paulo: Civilização Brasileira, 1938.

PICCHIA, M. del. *Soluções nacionais*. Rio de Janeiro: José Olympio, 1935.

PRADO JR., Caio. *Evolução política do Brasil e outros estudos*. São Paulo: Brasiliense, 1963.

_____. *Formação do Brasil contemporâneo*. São Paulo; Brasiliense, 1965.

PRADO, M. L. C. Natureza e identidade nacional nas Américas. In: *América Latina no século XIX. Tramas, Telas e Textos*. Edusc/Edusp, 1999.

PRADO, P. *Retrato do Brasil:* ensaio sobre a tristeza brasileira. São Paulo: Companhia das Letras, 1997 (1.ed. 1928).

REALE, M. *Formação da política burgueza*. Rio de Janeiro: José Olympio, s.d. (Prefácio de 28 nov. 1934).

RIBEIRO, D. Gilberto Freyre: uma introdução a Casa-grande & Senzala. In: *Sobre o óbvio*. Rio de Janeiro: Guanabara, 1986.

_____. *O povo brasileiro:* a formação e o sentido do Brasil. São Paulo: Companhia das Letras, 1995.

O charme da ciência e a sedução da objetividade

RICOEUR, P. O processo metafórico como cognição, imaginação e sentimento. In: SACKS, S. (Org.) *Da metáfora*. São Paulo: Educ/Pontes, 1992. p.145-60.

ROCHEBLAVE-SPENLÉ, A. M., MILET, J. Introdução. In: TARDE, G. *Ecrits de psychologie sociale.*Toulouse: Edouard Privat, 1973. p.9-42.

ROQUETTE-PINTO, E. *Ensaios de anthropologia brasiliana.* São Paulo: Companhia Editora Nacional, 1933.

ROUSSEAU, J.-J. *Discours sur les origines de l'Inégalité parmi les hommes* (1755). Paris: Union Générale d'Éditions, 1963.

RUDÉ, G. *The Crowd in the History.* Londres: Oxford University Press, 1972.

SACKS, S. *Da metáfora.* São Paulo: Educ/Pontes, 1992.

SAINTE-BEUVE. *Les Grandes Écrivains Français.* v.III: Hyppolyte Taine. Paris: Garnier, 1930.

SAINT GIRONS, B. *Fiat Lux:* une philosophie du sublime. Paris: Quai Voltaire, 1993.

SALLES, A. *Sciencia política.* Brasília: Senado Federal, 1997.

_____. *O governo popular.* In: PAIM, A. (Org.) *Plataforma do positivismo ilustrado.* Brasília: UnB, 1980.

SCHWARCZ, L. M. *O espetáculo das raças:* cientistas, instituições e questão racial no Brasil. 1870-1930. São Paulo: Companhia das Letras, 1993.

SEIXAS, J. A. De. *Mémoire et Oubli:* anarchisme et syndicalisme révolutionnaire au Brésil. Paris: Maison des Sciences de l'Homme, 1989.

_____. Anarquismo e socialismo no Brasil: as fontes positivistas e darwinistas sociais. *História & perspectivas,* Uberlândia, n.12-3, p.133-48, 1997.

SEIXAS, J., BRESCIANI, M. S., BREPOHL, M. (Orgs.) *Razão e paixão na política.* Brasília: UnB, 2002.

SÉRGIO, A. Prefácio. FREYRE, G. *O mundo que o português criou.* Rio de Janeiro: José Olympio, 1940.

SIGHELE, S. *A multidão criminosa:* ensaio de psicologia coletiva. Rio de Janeiro: Organização Simões, 1954.

SKIDMORE, T. *Black into White:* Race and Nationality in Brazilian Thought. Oxford: Oxford University Press, 1974.

_____. *O Brasil visto de fora.* São Paulo: Paz e Terra, 1994.

SOUZA, O. *Fantasia de Brasil:* as identificações na busca da identidade nacional. São Paulo: Escuta, 1994.

STAËL, G. de. Zulma. In: _____. *Oeuvres complètes de Mme la Baronne de Staël*: Publiés par son Fils, Précédées d'une Notice sur le Caractere et les Écrits de Mme de Staël par Madame Necker de Sausurre. Paris: Treuttel et Würtz, Libraires, 1820. v.II.

_____.*Essai sur les fictions* suivi. *De l'influence des passions sur le bonheur des individus et des nations.* Paris: Editions Ramsay, 1979 (1.ed. 1795).

STUART MILL, J. (1869) *Considerações sobre o governo representativo*. Brasília: UnB, 1981.

SÜSSEKIND, F. *Tal Brasil, qual romance?* Rio de Janeiro: Achiamé, 1984.

TAINE, H. *Étude sur Carlyle*. Paris: Librarie Germer-Baillère, 1864.

_____. *Voyage en Italie:* Naples et Rome. 3.ed. Paris: Hachette, 1873.v.1

_____. *Notes sur l'Angleterre*. 5.ed. Paris: Hachette, 1876.

_____. *Voyage em Italie:* Florence et Venise. 6.ed. Paris: Hachette, 1889. V.2.

_____. *Essais de Critique et d'Histoire*. 8.ed. Paris: Hachette, 1900.

_____. *Derniers Essais de Critique et d'Histoire*. 3. ed. Paris: Hachette, 1903.

_____. *Histoire de la Littérature Anglaise*. 12.ed. Paris: Hachette, 1905 (1.ed. 1864). 5v.

_____. *Essais de Critique et d'Histoire*. 15.ed. Paris: Hachette, 1920.

_____. *Les Origines de la France Contemporaine*. Paris: Robert Laffont, 1986.

TARDE, G. *Les lois d'imitation*. Paris: Slatkine, 1979 (1.ed. 1890).

_____. *Ecrits de psychologie sociale*. Toulouse: Eclouard Privat, 1973.

_____. *A opinião e as massas*. São Paulo: Martins Fontes, 1992.

THOMAS, K. *O homem e o mundo natural*. São Paulo: Companhia das Letras, 1989.

TOCQUEVILLE, A. de. *Voyages en Angleterre et en Irlande*. Paris: Gallimard, 1957.

_____. *A democracia na América*. Belo Horizonte: Itatiaia/Edusp, 1977.

_____. *De la Démocratie en Amérique*. Ed. revista e ampliada por Eduardo Nolla. Paris: Vrin, 1990.

TODOROV, T. *Nous et les autres:* la réflexion française sur la diversité humaine. Paris: Seuil, 1989.

TORRES, V. *Oliveira Vianna:* sua vida e sua posição nos estudos brasileiros de sociologia. Rio de Janeiro: Livraria Freitas Bastos, 1956.

TRINDADE, H. *Integralismo*. São Paulo: Difel, 1974.

TRISTAN, F. *Promenades dans Londres*, 1842. Paris: F. Maspero, 1978.

VERNIÈRE, P. Apresentação. In: DIDEROT, D. *Recherches philosophiques sur l'origine et la nature du beau. Oeuvres esthétiques*. Paris: Dunod, 1994.

VIEIRA, E. A. *Oliveira Vianna e o Estado corporativo*. São Paulo: Grijalbo, 1976.

_____. *Problemas de direito corporativo*. Brasília: Câmara dos Deputados – Centro de Documentação e Informação, 1983.

VOLTAIRE, F. M. A. Essai sur les moeurs et l'esprit des nations. In: *Oeuvres Complètes de Voltaire*. Paris: Garnier Frères, Libraires-Éditeurs, 1878.

_____. *Lettres Philosophiques*. Paris: Delagrave, 1910.

_____. *Essai sur les moeurs*. Paris: Éditions Sociales, 1975.

WHALE, J. Romantics, Explorers and Picturesque Travelers. In: COPLEY, S., GARSIDE, P. (Eds.) *The Politics of the Picturesque*. Cambridge: Cambridge University Press, 1995.

WHITE, H. *Meta-história:* a imaginação histórica do século XIX. São Paulo: Edusp, 1992.

WINOCK, M. *Le socialisme en France et en Europe:* XIXe-Xxe siècle. Paris: Seuil, 1992.

SOBRE O LIVRO

Formato: 16 x 23 cm
Mancha: 27,6 x 49 paicas
Tipologia: Iowan Old Style 10,5/15
Papel: Offset 75 g/m² (miolo)
Cartão Supremo 250 g/m² (capa)
1ª edição: 2007

Cromosete
Gráfica e editora Ltda.
Impressão e acabamento
Rua Uhland, 307 - Vila Ema
03283-000 - São Paulo - SP
Tel/Fax: (011).6104-1176
Email: adm@cromosete.com.br